读书不肯为人忙
——中山大学历史学系本科生中国古代史论文选集

主　编　刘志伟
副主编　曹家齐　黄国信

中山大学出版社
·广州·

版权所有　翻印必究

图书在版编目（CIP）数据

读书不肯为人忙：中山大学历史学系本科生中国古代史论文选集/刘志伟主编；曹家齐，黄国信副主编. —广州：中山大学出版社，2016.11
ISBN 978-7-306-05895-9

Ⅰ. ①读… Ⅱ. ①刘… ②曹… ③黄… Ⅲ. ①中国历史—古代史—文集 Ⅳ. ①K220.7-53

中国版本图书馆 CIP 数据核字（2016）第 267776 号

出 版 人：	徐　劲
策划编辑：	李海东
责任编辑：	李海东
封面设计：	曾　斌
责任校对：	何　凡
责任技编：	何雅涛
出版发行：	中山大学出版社
电　　话：	编辑部 (020) 84111996，84113349
	发行部 (020) 84111998，84111981，84111160
地　　址：	广州市新港西路 135 号
邮　　编：	510275　传　真：(020) 84036565
网　　址：	http://www.zsup.com.cn E-mail: zdcbs@mail.sysu.edu.cn
印 刷 者：	佛山市浩文彩色印刷有限公司
规　　格：	787mm×1092mm　1/16　31.25 印张　750 千字
版次印次：	2016 年 11 月第 1 版　2016 年 11 月第 1 次印刷
定　　价：	118.00 元

本书如有印装质量问题影响阅读，请与出版社发行部联系调换

序

刘志伟

这本文集收录的是近年来我系中国古代史专业的教师指导学生的一些习作，书名出自陈寅恪先生1929年写给北大学院己巳级史学系毕业生的七绝赠言，诗云：

> 天赋迂儒自圣狂，读书不肯为人忙。
> 平生所学宁堪赠，独此区区是秘方。

所谓"为人"，典出《论语·宪问》，"子曰：古之学者为己，今之学者为人。"何以"为己"，何以"为人"，今人可能有不同的理解。不过，我相信，最贴近陈先生赠言本意的诠释，应该是陈先生在《清华大学王观堂先生纪念碑铭》中所言："士之读书治学，盖将以脱心志于俗谛之桎梏，真理因得以发扬"。二千多年前的孔夫子已有"今之学者为人"之叹，则今日欲求"为己"而学，自是迂儒无疑！所谓"迂儒"，不通世情不合时宜之人也，今日之大学，因着教育普及渐成谋生之孔道，大学中人，恐怕要做学者的，已不在多数；少数以为要做学者之读书人，"为人"者亦在多数，"为己"者遂属稀罕之物。

当下中国的大学，高歌"创新创业"，上上下下，内内外外，都以"创新创业教育"为改革的主题和目标。但什么是"创新创业教育"，相信不同的人会有不同的理解。在我们这个工具理性传统深厚，功利主义弥漫的国家，教育早已走到极端急功近利的境地。于是，在主政教育之人的观念中，"创新创业"，实际上以创业为主调，为目的，为收获，其实质就是所谓的"创新引领创业、创业带动就业"，庶几成为今日公认的大学教育目标。各种"创新创业"的鼓噪声中，也不乏声言以培养能力和素质为目标的主张，不过观其内容和实现方式，仍不脱训练工匠的取径。大学里鼓励学生"创新创业"，常常具体化为"做项目"和"写论文"，文章成了一种罩着"创新"光环的产品，各种评价学生的场合，也都以学生发表论文的数量以及刊物的所谓"等级"为主要指标。在这种时势下，我们把近年来一些本科生的论文编成文集出版，毋需讳言，也不能尽脱"为人"的功利目的，免不了也是一种俗谛。

本来，读书与写作均是治学之正途。所谓学问，是在漫长的历史中一点点累积起来的，学生求学，必于书中求前人留下之学，故入史学门径之人，唯以读书为本分；读书有心得，笔记下来，有发明，阐发出来，也是读书之一种本事；治学渐有积累，对所读诸书中承载的知识义理生出点点疑惑，自立一题，从更多书中探源索解，创一新见，立一新说，撰成新作，寓读书之味于写作之中，亦不失为读书之蹊径。然而，这种读书写作，须与今日以"创新创业"标榜的教学划清界线。今日流行的功利教学，写作成了目的，论文篇数、字数成为效益之指标。或曰，制作论文，也会翻查书本，也是读书，但这种"为人忙"的读书，颠倒了读与写的关系，误导学生离开读书的本分，所谓读书，非但不能助人脱心志于俗谛之桎梏，反成俗谛生成之渊薮。此种风气下，"为己"之学，更不复可求。在这个读书之人日稀，"创新"之作日繁的时代，学术之传承，唯赖罕存之"迂儒"坚守。毋庸讳言，中山大学历史系这个象牙塔，也逃不过被滚滚俗流冲刷，但守护住这个"迂儒"得以存活，得以生生不息的精神家园，始终是我们不离不弃的办学宗旨。为此，我们用陈寅恪先生这一遗训作学生习作集的书名，表达心中仍存的学术信念，也提醒自己不忘求学之初心，存一点读书之本事。

有一大家熟知的朱子诗云："旧学商量加邃密，新知培养转深沉。"学人中传承旧学发明新知，为读书治学之本义，故学者读书"为己"之境界，亦需于商量与培养中求。学生在求学中，设一专题做研究，撰写论文，在今时今日的学术范式下，为商量与培养之基本法。因此，我们编集这本习作集的用意，更多是留下学生读书治学的行迹。编中诸文，不乏新发明与新见解，也不藏幼稚浅学之痕迹，但都无掩我捧读时之喜悦。望后来之学子，读此论集，或可得见前人读书之乐，治学之趣，若还能从中悟得一点脱俗之精神，留得一点读书"不为别人忙"之心意，则编辑者之辛劳，功莫大焉！

目 录

四川画像石棺双阙与天门关系述论 　　　　　　　　　　　　　　刘芝华　　1
　　——以简阳鬼头山3号石棺与张家沟2号崖墓石棺为例
两晋的清议与选士制度 　　　　　　　　　　　　　　　　　　　吴南泽　　21
试析谢灵运与庐陵王义真之交往及其在宋世的政治沉浮 　　　　　洪绵绵　　39
南北朝通聘中的政治形势与文化心理浅析 　　　　　　　　　　　周文俊　　64
晚唐两宋龙虎山天师道研究——以龙虎山天师世系为中心 　　　　刘　凯　　86
宋代流刑考——以流沙门岛的情况为主要事例 　　　　　　　　　杨　芹　　106
北宋元祐间经义、诗赋进士二科分合问题考论 　　　　　　　　　宋哲文　　115
南宋湖广总领所财政体系初探 　　　　　　　　　　　　　　　　周曲洋　　150
广西买马与南宋初期西南边疆政治关系 　　　　　　　　　　　　徐　莹　　180
明中期漕运改革中的卫所、运军和仓储体系 　　　　　　　　　　张程娟　　200
　　——以徐州地区为例
明嘉万财政与《万历会计录》之修撰 　　　　　　　　　　　　　黄壮钊　　248
　　——以边饷定额化为中心的考察
明万历年间刘元卿的出处考量与《大学新编》的编撰 　　　　　　林　展　　271
明末清初高攀龙理学形象的塑造及其转变 　　　　　　　　　　　黄友灏　　298
　　——以高氏著作的编刻为中心
清代杭州城市管理与社会变迁——以火政为中心的研究 　　　　　谢　湜　　335
大庾岭路与清代南雄州的虚粮 　　　　　　　　　　　　　　　　张素容　　412
环境、市场与政治：乾隆末年珠江三角洲盐场裁撤考论 　　　　　李晓龙　　426
蠲免钱粮与均田摊粮：以文斗寨为例试析清水江下游地区 　　　　卢树鑫　　450
　　清代田赋征收的形成与演变
堡的演变与乡村组织——以广东南海、顺德、番禺诸县为例 　　　陈海立　　463
编后记 　　　　　　　　　　　　　　　　　　　　　　　　　　　　　　491

四川画像石棺双阙与天门关系述论

——以简阳鬼头山3号石棺与张家沟2号崖墓石棺为例

刘芝华

指导教师：徐 坚 教授

　　双阙图大量出现在四川画像石棺上。一直以来，双阙被视为墓主官阶与地位的象征。但1986年简阳鬼头山3号石棺的发现，其中在双阙图之上注有榜题"天门"二字，无疑为认识双阙的功能提供了线索。① 赵殿增、袁曙光在简阳鬼头山3号石棺发表的资料基础上，结合重庆巫山铜牌饰（未发表清理简报），认为双阙是"天门"，而不是墓主官阶与地位的象征；而且整个画像石棺表达了升天成仙的思想，"天门"代表了升天成仙的入口。② 张勋燎利用发表的重庆巫山鎏金铜牌饰资料，进一步指出这些材料"反映的已经不是一般的升仙思想，而是早期天师道形成并传入蜀地发展为五斗米道、西王母在道教神系中具有相对固定地位后的产物，属于早期五斗米道的宗教遗迹"。③

　　画像石的内容，是在资料不断增加，以及对相关制度、文化内涵的了解上，通过画像之间的相互比较，得以逐步确定。④ 而有文字榜题出现的画像，有助于我们对某一类画像题材内容的确定。⑤ 对双阙功能的认识，依赖于"天门"榜题。但如果不加分析，认定双

---

　　① 简阳鬼头山3号石棺的情况，可以参考内江市文管所、简阳县文化馆：《四川简阳县鬼头山东汉崖墓》，《文物》1991年第3期，第22～23页；雷建金：《简阳县鬼头山发现榜题画像石棺》，《四川文物》1988年第6期，第65页。

　　② 赵殿增、袁曙光：《"天门"考——兼论四川汉画像砖（石）的组合与主题》，《四川文物》1990年第6期，第7～8页。

　　③ 张勋燎：《重庆巫山东汉墓出土西王母天门画像棺饰铜牌与道教——附说早期天师道的主神天帝》，安田喜宪主编：《神话 祭祀与长江文明》，北京：文物出版社，2002年，第146页。

　　④ 如20世纪50年代沂南画像石墓发掘报告认为是祭祀图的画像，现在已经定名为上计图，这都得益于对汉代上计制度的理解（扬之水：《沂南画像石墓所见汉故事考证》，《故宫博物院院刊》2004年第6期，第26～40页）。

　　⑤ 如邢义田就是在榜题的帮助下，辨认出"水陆攻占图"或"桥上战争图"，表现的是失传的故事"七女为父报仇"（邢义田：《格套、榜题、文献与画像解释——以一个失传的"七女为父报仇"汉画故事为例》，颜娟英主编：《美术与考古》，北京：中国大百科全书出版社，2005年，第175～215页）。

阙是天门,是否过于武断呢?张家沟2号崖墓石棺前档与一侧面皆出现双阙,如果还是毫无例外地把双阙称为天门,那么在此处,两处意义重叠的画像,目的何在?本文的写作,就是在对简阳鬼头山3号石棺与张家沟2号崖墓石棺分析的基础上,结合其他画像石棺,对双阙的功能进行探讨。笔者并不否认双阙天门意义存在的可能性,而是更注重在不同情境(context)下双阙的具体功能。

一、四川画像石棺及双阙情况介绍

四川画像的媒介多样,除了出现在崖墓、砖室墓、石室墓外,在石棺上也刻有。本文集中对四川画像石棺进行统计与分析。笔者所统计的40多具画像石棺各位置内容的情况见表1。① 四川画像石棺的表现技法一般为浅浮雕,局部加以阴线刻,对细部进行刻画。时间多集中在东汉中晚期,以东汉晚期居多。而且画像的分布也呈现出规律性的布置:石棺的前档一般为双阙,占总画像石棺的64%;伏羲女娲在后档,占43%;左右侧的内容不定,既有描绘日常生活场景,像宴饮乐舞杂技等,也有描绘仙境世界,像六博、西王母,也有简单的动物形象,如青龙、白虎。

表1 四川画像石棺情况一览

石棺	前档	后档	左侧	右侧	棺盖	备注
大邑县同乐村砖室墓石棺			车马临门(双阙)			出土"永元十五年造万世"纪年砖
宜宾市翠屏村7号石室墓	双阙	伏羲女娲	百戏人物鸟鱼			
泸州市洞宾亭崖墓石棺	双阙	伏羲女娲	青龙	白虎鸟鱼		
重庆沙坪坝1号石棺	双阙	伏羲				出土"元兴元年五月壬午"铜镜
重庆沙坪坝2号石棺	仙境	女娲				出土"元兴元年五月壬午"铜镜
内江市关升店崖墓石棺	双阙	楼阁	栓马、鸟鱼	伏羲女娲凤鸟		

① 此处对画像石棺的选择,首先依据于有简报发表。对于没有简报发表的石棺,结合罗二虎《汉代画像石棺》(成都:巴蜀书社,2002年)与高文《四川汉代画像石棺集》(北京:人民美术出版社,1998年)的相关介绍。对于1949年前新津崖墓石棺,因曾被分割过,有些石棺无法完整地复原,因此未统计在内。

续表1

石棺	前档	后档	左侧	右侧	棺盖	备注
宜宾公子山崖墓1号石棺	双阙	伏羲女娲	迎客图、观禽捕鱼图	迎客图、龙虎图		
宜宾公子山崖墓2、3号石棺	双阙	伏羲女娲	迎客杂技图、六博	庖厨宴客图、杂技		
重庆市一中石室墓石棺	双阙	伏羲女娲	车马出行	楼前迎宾图		
南溪长顺坡砖室墓1号石棺	双阙	凤鸟	翼虎	鸟鱼龟	柿蒂纹、双鱼	
南溪长顺坡砖室墓2号石棺	凤鸟踏两山	单阙伏羲女娲	蒂纹	蒂纹	柿蒂云气纹	
南溪长顺坡砖室墓3号石棺	双阙	凤鸟	西王母仙境图	斜线纹	柿蒂纹	
南溪长顺坡砖室墓4号石棺	双阙	凤鸟	拜谒西王母	鸟鱼		
荥经县陶家拐砖室墓石棺	双阙	凤鸟	秘戏图	饮马		
乐山市沱沟嘴崖墓石棺	双阙、西王母	太仓	宴饮、车马出行			
乐山九峰乡石棺	双阙	凤鸟	白虎衔雀	车马临门、龙鱼		
郫县新胜1号砖室墓石棺	双阙	伏羲女娲	漫衍、角抵、水嬉	宴客、乐舞、杂技		
郫县新胜2号砖室墓1号石棺	西王母	伏羲女娲	迎客图	鳌山图		
郫县新胜2号砖室墓2号石棺	凤鸟	伏羲女娲	西王母、六博	双阙楼阁		
郫县新胜2号砖室墓3号石棺	龙虎戏璧	伏羲女娲	迎宾图			
郫县新胜3号砖室墓1号石棺	西王母	伏羲女娲	迎宾图	宴饮、舞蹈		
郫县新胜3号砖室墓2号石棺	双阙	西王母	车马出行、莲池	宴饮图		

续表1

石棺	前档	后档	左侧	右侧	棺盖	备注
简阳鬼头山崖墓2号石棺			甲第双阙			
简阳鬼头山崖墓3号石棺	凤鸟	伏羲女娲、玄武	日月、仙人骑、仙人博	天门、太仓、白虎		
简阳鬼头山崖墓4号石棺	龙鹤争鱼	仙鹿、羽人				
简阳鬼头山5号石棺	朱雀		鱼鹰、羽人	甲第双阙		
彭山县双河崖墓石棺			双阙、仙境	西王母		
彭山县梅花村崖墓石棺	双阙	天禄	车马出行	六博、抚琴		
富顺县邓井观1号崖墓石棺	双阙	伏羲女娲、玄武	西王母	白虎、象人		
张家沟1号崖墓石棺	双阙	伏羲女娲	西王母	龙虎戏璧		
合江县草山砖室墓1号石棺	双阙	伏羲女娲	鸟鱼、夫妻交手	西王母		
合江县草山砖室墓2号石棺	双阙	伏羲女娲	西王母、网结纹	乐舞、象戏、舂米		
张家沟2号崖墓石棺	双阙	伏羲女娲	车临天门	神灵异兽		
合江五号石棺		伏羲女娲	车马出行	庭院图		
合江六号石棺	双阙		车马出行	庭院图		
泸州市大驿坝1号墓石棺	双阙	女娲	鼎人	天禄		
泸州市大驿坝2号墓石棺	双阙	凤鸟衔环	虎鸟衔鼎	鸟鱼		
泸州市杜家街墓石棺	双阙	伏羲女娲			柿蒂纹	

续表1

石棺	前档	后档	左侧	右侧	棺盖	备注
泸州市麻柳湾崖墓石棺	双阙	朱雀	双雀衔璧	巫术祈祷图	柿蒂纹	
泸州十一号石棺	单阙、门亭长	朱雀	车马、升鼎、宴饮	秘语、鸟鱼		
成都天回山3号崖墓石棺	双阙	房屋	伏羲女娲、鸟鱼、夫妻交手	宾主相见、庖厨图		
新津县城南砖室墓1号石棺	双阙	凤凰、灵芝	玄武、灵芝、朱雀、青龙	车马出行		
新津县城南砖室墓2号石棺	栓马	朱雀、饕餮	龙虎衔璧	玄武、六博、车马		
芦山县王晖砖室墓石棺	仙人半开	玄武	青龙	白虎		东汉建安十六年
三台郪江金钟山Ⅱ区二号崖墓石棺	双阙		双鹤争鱼	仙鹤、三鱼、天禄		
三台郪江红庙子二号墓石棺	栓马	凤凰	双凤	铺首衔环、鹤鱼、双阙		

其中，双阙的画像不一。四川画像石棺出现的双阙特征如表2所示。如果把其他侧面出现的双阙计算在内①，总共出现了36次，比例高达76.6%。双阙有单檐、重檐之分，有的甚至高达三檐。除了单纯的双阙建筑存在以外，还有凤鸟、人、门等的出现。凤鸟的只数不一：有二只的，分别立于双阙之上；也只有一只的，立于两阙之间。人有一人或至多二人，形象不一，有的持戟，有的持盾，有的拱手。对于门，有的会重点刻出几扇门，再加上百叶窗，有的甚至会创意性地把门表现为半开半掩的形式。可把双阙画像分解成几部分：单纯的双阙建筑、凤鸟、人、门。其中，双阙建筑是必需的，是最基本的构图要素；凤鸟、人、门则是带有选择性的，其出现与否并不影响对双阙功能的判断。因此，我们把注意力放在对单纯双阙建筑的分析之上。

---

① 单阙没统计在内，虽然单阙在石棺的作用应该相当于双阙。

表2 四川画像石棺双阙特征一览

石 棺	双阙特征	位置
大邑县同乐村砖室墓石棺	单檐，右侧一人捧盾、一人佩刀持戟	左侧
宜宾市翠屏村7号石室墓	单檐	
泸州市洞宾亭崖墓石棺	单檐，朱雀立壁上，下玄武，左东王公，右西王母	
重庆沙坪坝1号石棺	单檐，中有一楼，下有一门半掩	
内江市关升店崖墓石棺	重檐	
宜宾公子山崖墓1号石棺	单檐	
宜宾公子山崖墓2、3号石棺	单檐	
重庆市一中石室墓石棺	单檐	
南溪长顺坡砖室墓1号石棺	单檐，中间有星宿	
南溪长顺坡砖室墓2号石棺	单阙	后档
南溪长顺坡砖室墓3号石棺	单檐	
南溪长顺坡砖室墓4号石棺	重檐	
荥经县陶家拐砖室墓石棺	重檐	
乐山市沱沟嘴崖墓石棺	分层，三檐，下二犬，一人持盾、一人拱手	
乐山九峰乡石棺	重檐子母阙，下二人相对而立	
郫县新胜1号砖室墓石棺	单檐，中一门，一人捧盾、面右而立	
郫县新胜2号1号石棺	单檐，中一门，上一凤鸟	左侧
郫县新胜2号2号石棺	重檐子母阙，中有楼阁	左侧
简阳鬼头山崖墓2号石棺	单檐，下三门，上立凤鸟	左侧
简阳鬼头山崖墓3号石棺	单檐，上立二凤鸟，下一门一人	
简阳鬼头山崖墓5号石棺	单檐，下三门，上立凤鸟	右侧
彭山县双河崖墓石棺	重檐，中分二层，下层一凤鸟、天禄、二人捧盾相对而立	左侧
彭山县梅花村崖墓石棺	重檐子母阙	
富顺县邓井观1号崖墓石棺	单檐，一门，一人捧盾	
张家沟1号崖墓石棺	重檐	
合江县草山砖室墓1号石棺	重檐	
合江县草山砖室墓2号石棺	重檐子母阙，一人持棨戟而立	
张家沟2号崖墓石棺	前档重檐，左侧双层庑殿式重檐阙	前档、左侧
合江六号石棺	单檐	

续表2

石棺	双阙特征	位置
泸州市大驿坝1号墓石棺	单檐	
泸州市大驿坝2号墓石棺	单檐子母阙	
泸州市杜家街墓石棺	单檐	
泸州市麻柳湾崖墓石棺	单檐	
泸州十一号石棺	单阙，左一人拱手、右一人捧盾	
成都天回山3号崖墓石棺	双阙	
新津县城南砖室墓1号石棺	重檐子母阙	
三台郪江金钟山Ⅱ区二号崖墓石棺	重檐，凤鸟二	
三台郪江红庙子二号墓石棺	重檐	右侧

二、作为"天门"的双阙：以简阳鬼头山3号画像石棺为例

双阙作为构图元件，是否具有天门意义，只有放置在整个画像石棺脉络中，而不能脱离整个石棺画像，进行分析。巫鸿对四川画像石棺象征结构的分析中，强调要注意到画像的"配置意义"①，"具体到石棺这种形式，上面所刻画的每一个画面应当不是孤立存在的，而是有目的地与其他画面相组合，共同装饰一具石棺"②。

1986年简阳鬼头山3号石棺的出土，因石棺出现的榜题不止一处，据统计，达15处31字之多③，可谓意义重大，也引起学者的重视。简阳鬼头山3号石棺前档位置为凤鸟（残存），凤鸟出现在前档位置的画像石棺还有郫县新胜2号砖室墓2号石棺、简阳鬼头山5号石棺。后档为伏羲、女娲、玄武、鸠（图1）。左侧的画像从右往左依次为仙人博、仙人骑、车马、日月、柱铢、白雉、离利，右下角为一条游动的龙，在它的右边与上方有鱼游动，鱼的头向，一条与龙同向，向右游动，一条向下（图2）。龙鱼与上面画像的运动方向是相反的。

标有"天门"榜题的双阙，不像大部分石棺出现在前档位置，而是在石棺的右侧；也不是独立构图，而是与其他画像组合。据报告描述，此画像右侧为"一干栏式房屋建筑。底层离地较高。房顶上有通气窗。房右侧一仙鹤昂首而立，姿态安详。房左上方榜题'大

---

① 费慰梅在复原武梁祠时，提出注意画像的配置意义。详见：Wilma Fairbank, "The offering shrines of 'Wu Liang Tz'u'", *Harvard Jonrnal of Asiatic Studies*, 1941, Vol. 6, No. 1, p. 3.

② 巫鸿：《四川石棺画像的象征结构》，《礼仪中的美术——巫鸿中国古代美术史文编》，北京：生活·读书·新知三联书店，2005年，第170～171页。

③ 雷建金：《简阳县鬼头山发现榜题画像石棺》，《四川文物》1988年第6期，第65页。

苍'",中间为"单檐式双阙。阙顶各有一凤鸟,昂首对视而立。……阙上方榜题'天门'。下方站立一人,头戴冠,身着长袍,束腰。正面侧身,两手相拱,……阙左侧榜题'大可','可'字不识",左侧为"一虎。昂首翘尾,前肢(残)猛扑,后腿腾空。虎身上方榜题'白帝'即白虎"。① (图3)太苍、天门、白虎三者看起来没有多大联系,基本可以看作独立的,不构成一连续的叙事画面,但它们却服务于同一主题。因此,尝试把这三者当成死者通过天门,所享有的生活。"太苍",应为太仓,在和林格尔壁画上可以见到"人马皆食太仓"②的榜题,意指人、马都可以从太仓获得充足、丰富的食物。

另外,我们也注意到天门与白虎组合。根据其他位置上出现的朱雀、玄武、青龙,断定白虎是作为西方位守护灵的四灵之一,除此以外,是否可以提供更多的信息呢?让我们先看看其他跟天门有关的艺术形式。重庆巫山出土过14件鎏金铜牌饰,其中5件有榜题"天门"。在《重庆巫山县东汉鎏金铜牌饰的发现与研究》中,作者把这14件铜牌饰分为A、B、C、D、E五类:A类为圆形,无上下之区分,除A8以外,其他皆有双阙、人物等画面,有的还带有天门榜题;B类同样为圆形,画面有上下分区;C类为长方形,主要为人物画像;D类为柿蒂形,图案比较复杂,主要有四灵、人物和神兽等;E类为方形,四边锯齿形,刻有四灵与人物。③虽然各个类型之间的画像内容存在着差异,但这些差异并不是性质的不同,而是同一性质下"差异的大小程度不同而已。总的来说,它们都是属于同一文化系统、文化性质的材料"④。张勋燎认为这些铜牌饰应该纳入"西王母天门画像石棺铜牌饰"的范畴,并认为其他铜牌饰其实是B1(图4)、D1(图5)铜牌饰的局部画面。⑤ B1、D1铜牌饰的最顶端,虽有残缺,而且两个人物形象不同,但根据龙虎座,可以推测这两个人物形象表现的都是西王母。在四川画像石棺上,西王母形象还没有形成一固定的表现模式,但西王母与龙虎座一起,却是四川特有的表现方式。

绵阳市河边乡东汉崖墓出土的陶摇钱树座⑥(图6)与四川广汉杜家嘴21号墓出土的摇钱树座⑦(图7)上,也可以见到天门西王母这一主题的雕刻。绵阳市河边乡东汉崖墓

---

① 内江市文管所、简阳县文化馆:《四川简阳县鬼头山东汉崖墓》,《文物》1991年第3期,第23页。

② 见盖山林对和林格尔壁画榜题的统计(盖山林:《和林格尔汉墓壁画》,呼和浩特:内蒙古人民出版社,1977年,第7页)。

③ 重庆巫山县文物管理所、中国社会科学院考古研究所三峡工作队:《重庆巫山县东汉鎏金铜牌饰的发现与研究》,《考古》1998年第12期,第77~83页。

④ 张勋燎:《重庆巫山东汉墓出土西王母天门画像棺饰铜牌与道教——附说早期天师道的主神天帝》,安田喜宪主编:《神话 祭祀与长江文明》,第147页。

⑤ 张勋燎:《重庆巫山东汉墓出土西王母天门画像棺饰铜牌与道教——附说早期天师道的主神天帝》,安田喜宪主编:《神话 祭祀与长江文明》,第147~151页。

⑥ 何志国、朱俊辉、黄全祥、曾国明:《绵阳市出土摇钱树述考》,《四川文物》1999年第2期,第20页。

⑦ 四川广汉杜家嘴21号墓出土的摇钱树座情况,见巫鸿:《汉代艺术中的"天堂"图像和"天堂"观念》,《礼仪中的美术——巫鸿中国古代美术史文编》,第256页。

出土的陶摇钱树座上塑有重檐子母阙，阙上为端坐在龙虎座的西王母；广汉杜家嘴21号墓出土的摇钱树座上，增加了阙前的两个人物和阙内的灵异动物，这跟重庆巫山铜牌饰比较接近。

从铜牌饰、摇钱树座都可以见到双阙的指向是阙内的西王母。在文献记载中，西王母所在的地方，从庄子的"少广"①到《淮南子》中的"流沙之濒"②，"少广"在其他文献中很少出现，很有可能是庄子杜撰出来的，而"流沙之濒"同样是一个模糊性的概念。即便在司马迁的《史记》中，西王母的所在仍然处于传说之中，在《大宛列传》中提到"安息长老传闻条枝有弱水、西王母"③。再到后来西王母与昆仑山联系起来，明确地指出西王母居住在昆仑山上。不过这已经是公元2世纪的事情了。④ 从文献记载的模糊性到逐渐清晰与完备的过程，也是西王母不朽仙境世界逐步建立的过程。李凇指出西王母的领地有不断西移的倾向，⑤ 其中，西王母明显是与西方联系在一起的。而且，西王母所在画像石的位置，一般安排在西壁。

简阳鬼头山3号石棺虽没有直接出现西王母的形象，但白虎与双阙给我们一种暗示，即通过双阙，到达西王母所在的世界。因此，判断双阙是否具有天门的功能，一条重要的指标就是双阙的目的所在，即西王母所代表的仙人世界。张勋燎借此认定彭山双河石棺（图8、图9）与南溪长顺坡2号石棺（图10、图11）最接近于西王母天门这一主题，从而把彭山双河侧面出现的双阙断为"天门"，这是合理的。⑥南溪长顺坡2号石棺的侧面没有双阙的出现，只是在中间多出了一个门，半掩半开的门。半掩半开的门在四川画像石棺中也有不少，如紫经县陶家拐砖室墓石棺、芦山王晖石棺、合江五号石棺、合江六号石棺。双阙出现在石棺前档。张勋燎认为半开半掩的门只不过是在双阙所代表的天门与西王母之间增加了一道便门而已。⑦

三、作为楼阙的双阙：以张家沟2号崖墓石棺为例

张家沟2号崖墓石棺在前档与侧面皆出现了双阙，石棺的左侧为车临双阙图，画像右

---

① 《庄子·大宗师》："西王母得之，坐乎少广，莫知其始，莫知其终"。
② 《淮南子》卷四《地形训》："西王母在流沙之濒"。
③ 司马迁：《史记》卷一百二十三《大宛列传第六十三》，北京：中华书局，1959年，第3163～3164页。
④ Wu Hung, *The Wu Liang Shrine: The Ideology of Early Chinese Pictorial Art*, California: Stanford University Press, 1989, p.119.
⑤ 李凇：《论汉代艺术中的西王母图像》，长沙：湖南教育出版社，2000年，第36页。
⑥ 张勋燎：《重庆巫山东汉墓出土西王母天门画像棺饰铜牌与道教——附说早期天师道的主神天帝》，安田喜宪主编：《神话 祭祀与长江文明》，第152页。
⑦ 张勋燎：《重庆巫山东汉墓出土西王母天门画像棺饰铜牌与道教——附说早期天师道的主神天帝》，安田喜宪主编：《神话 祭祀与长江文明》，第152页。

边为一车马，带着卷篷的车，应为柩车①，中间为双阙，左边为西王母（图12）。据简报所讲，该画像是为了表现墓主"死后乘车进入天门，寻找一个美好的世界，升入天堂"的目的。此画像中部就是双阙，与前档双阙不同的是双阙之间有"庑殿式大门"，而且"重檐间楼阁处刻有百叶窗"。两者存在着差异，就像不同石棺上双阙的画像也不一致。② 根据上文的分析，可以断定这里的双阙是天门。石棺的右侧为蟾蜍、玉兔、九尾狐、三足乌、雀、三条鱼（图13）。雀与鱼的具体意义不明，有的认为雀与鱼具有吉祥的意味，也有的说雀鱼是阴阳的象征；但从蟾蜍、玉兔、九尾狐、三足乌与西王母的关系，把雀与鱼当成仙禽之类的，似乎更恰当些。石棺右侧是对西王母仙境的具体描述，可以看作左侧画像的延续。

石棺前档为双阙（图14），后档为伏羲女娲（图15），符合大部分石棺画像内容的分布规律。在简报中，仍认为前档双阙象征了墓主的身份与地位，但赵、袁二位已经否定了这一说法。那么，此处双阙的作用为何？相对于砖室墓、石室墓，石棺画像的表现空间是有限的。在有限的空间里，如何用画像内容准确地表达死者死后的愿望与追求，这是画工需要考虑的关键性问题。也就是说，如果没有特殊的原因，画工不至于刻画出两个承担同一功能的双阙。况且，画工的创作还受到格套与粉本的限制，各位置上的画像都有一固定的形式。张家沟2号崖墓石棺的前档与后档即为普遍题材，即双阙与伏羲女娲。即便如此，画工在对画像的表现方法与画像的组合上，有极大的灵活性。因此，张家沟2号崖墓石棺左侧与右侧可以自由发挥，对画像进行重新分配与组合。总的来说，张家沟2号崖墓石棺的画像安排是合理的，而不是出于疏忽，故意把两个双阙安排在同一石棺。这就得对双阙的天门功能作出某些修改，在同一石棺上，两个双阙可能承担不同的功能。

阙，又可称观。晋崔豹《古今注》说："阙，观也。古者每门树两观于其前，所以标表宫门。"③ 阙是用来标表宫门的，是建筑的组成部分。扬子山一号墓④、扬子山十号墓与新繁画像砖墓，在画像砖墓墓门处两壁各砌有单阙画像砖一块，各阙下有一执戟与捧盾的人，两单阙构成一完整的双阙。唐长寿认为砖室墓的双阙是模仿地面建筑，象征了庭院大门。⑤ 这显然跟古人"事死如事生"的观念有关，希望死后世界是生前世界的延续或者是对生前生活的升华，用来标表宫门的双阙也就成为死后世界的入口。那么，四川画像石棺上的双阙是否也是标志死后居住建筑的存在，代表了死后世界的入口呢？

---

① 巫鸿在讨论车马出行图时，区分了三种车马，即导车、魂车、柩车（巫鸿：《从哪里来？到哪里去？——汉代丧葬艺术中的"柩车"与"魂车"》，《礼仪中的美术——巫鸿中国古代美术史文编》，第260~266页）。

② 王庭福、李一洪：《合江张家沟二号崖墓画像石棺发掘简报》，《四川文物》1995年第5期，第65页。

③ 转引自杨宽：《中国古代陵寝制度史研究》，上海：上海人民出版社，2003年，第137页。

④ 扬子山一号墓两壁的车马是向不同方向行进的，此处的双阙应承担两项功能，即死后世界的入口与离开墓葬，从死到不朽追求的中转站。

⑤ 唐长寿：《汉代墓葬门阙考辨》，《中原文物》1991年第3期，第71页。

"室墓"的出现，是汉代墓葬形制变革中的大事记，这也是为了满足死者把死后世界设计成生前居住世界的愿望。从椁墓到室墓的转变，也可以见到从石棺艺术到室墓艺术转变过程中，室墓艺术模仿与照搬石棺艺术的痕迹，同时也发现室墓艺术对壁画与建筑关系处理上的混乱与不成熟。① 四川画像石棺，到底是一种艺术传统的延续，还是从墓室画像微缩成一画像石棺？从画像表达功能的相似性、画像内容分布位置呈现规律性等看，石棺画像与墓室画像是具有同一性质的。我们更乐于把石棺当成一微型的墓室，其中极具说服力的是一种特殊形制的房形石棺的出现。那么，砖室墓墓门处的双阙也就相当于石棺前档的双阙，石棺前档的双阙也就成为死后世界的入口，或者说象征死后居住建筑的入口。

在四川画像石棺上，用双阙来标志死后居住的楼阙，而没有刻出完整的楼阙。在扬子山十号墓前室南壁"双阙"画像砖与"宴饮乐舞"画像砖排列在一起，显然是用双阙简单地象征了楼阙。在四川画像石馆上，对建筑的表现方法，除了选择标志性的部分来代替整体，还可以见到只刻出建筑的一角，如新津一号石棺某一侧面画像左边，刻出一根柱子和一截屋檐，显示这是一间房屋。石棺前档的双阙就是选择建筑的标志性部分，来代替整体。

巫鸿在研究四川石棺画像的象征结构时，注意到四川丧葬艺术呈现出一种二元性："一方面，这种艺术反映了人们对超乎日常物质世界的不朽仙界的向往；另一方面，这种艺术又往往把死后的世界描绘成死者原有生活的延续，或表现为对现实生活的理想升华。"② 因此，我们尝试性地把四川石棺的画像内容分成两个不同的层次，一方面是对物质生活的追求，另一方面是对西王母不朽世界的向往。当然，各石棺的画像，既可表现单一层次的画像，也可把两者结合融进同一石棺中。照理说，张家沟2号崖墓石棺出现了两个双阙，除了作为天门的双阙，另一个应只是普通的楼阙象征。但在张家沟2号崖墓石棺上，没有见到对日常生活场景想象的踪影，其左右侧都是对升仙的追求。前档的双阙真的是象征楼阙，而不是为了弥补空间吗？作为前档的双阙，只是格套下的程序构图，本来是象征死后世界的入口，但在画工对左右侧面画像选择的过程中，前档双阙的意义会发生微妙的变化。在张家沟2号崖墓石棺上，画工选择了奔仙主题的左右侧面画像，同时刻画出天门。前档双阙作为程序构图存留下来，并不具有太多的意义，只是为了填补空白。

对日常生活场景的描摹与想象，不外乎宴饮、乐舞、杂技、车马出行③、庖厨、田猎等内容。在画像中，经常可以看到双阙与楼阁、宴饮、迎宾等画像组合在一起。如郫县新胜1号砖室墓石棺、成都天回山3号崖墓石棺、合江六号石棺等。这里的双阙只不过是普通楼阙的入口。与砖室墓、石室墓把双阙与宴饮、乐舞、杂技等组合在同一画像的做法不同的是，石棺是一有棱有角的物体，在面与面之间存在着转折处。同一主题的画像分配在

---

① 郑岩：《关于墓葬壁画起源问题的思考——以河南永城柿园汉墓为中心》，《故宫博物院院刊》2005年第3期，第56~74页。

② 巫鸿：《四川石棺画像的象征结构》，《礼仪中的美术——巫鸿中国古代美术史文编》，第178页。

③ 有必要区分日常生活场景的车马出行与升仙过程的车马。

不同面上，一般前档为双阙，左右侧面是对日常生活场景的描摹与想象。

四、"天门"观念的出现与演变

文献记载中最早提到天门的是楚国屈原的《离骚·九歌》，《大司命》中提到"广开兮天门，纷吾乘兮玄云"①。朱熹《楚辞集注》中注天门，即上帝所居紫微宫门也。② 在屈原其他作品中，虽然也提到了昆仑，但天门与昆仑还是两个互不相干的概念，而且明确地指出天门是上帝所居紫微宫门，天门是在天上的。

大约成书于公元前122年的《淮南子》，第一卷《原道训》有云："昔者，冯夷、大丙之御也，乘云车，入云蜺，游微雾，骛怳忽，历远弥高以极往。经霜雪而无迹，照日光而无景，扶摇抮抱羊角而上，经纪山川，蹈腾昆仑，排阊阖，沦天门。"③ 高诱注："夷，或作迟，丙，或作白，皆古之得道能御阴阳者也。"许慎注："冯迟、太白，河伯也。"阊阖，高诱注："始升天之门也"，天门，"上帝所居紫微宫门也"。④ 此处，虽然同时提到昆仑与天门，但两者的关系还不是很明确，而且这里清楚地区分了阊阖与天门的差异。在第三卷《天文训》中说："天有九野，九千九百九十九隅，去地五亿万里。五星，八风，二十八宿，五官，六府，紫宫，太微，轩辕，咸池，四守，天阿。"⑤ 高诱注，紫宫，太微，轩辕，咸池，四守，天阿，"皆星名"⑥。《淮南子》下文对此作了进一步的说明："太微者，太一之庭。紫宫者，太一之居也。轩辕者，帝妃之舍也。咸池者，水鱼之囿也。天阿者，群神之阙也。四宫者，所以守司赏罚。"⑦ 其中天阿，存在着较大的争议。王引之注："'天阿'本作'天河'，后人以天河非星名，故改为天阿也。"而且，指出"天阿非黄道所经，不得言群神之阙也"。这里的天河应指《史记·天官书》中的北河、南河。《开元占经·石氏中官占》中说："两戍间为天门，日月五星常出其门中。"⑧ 两戍即北河、南河。可见，天门是指由星辰所组成的一形象比喻。且这里的天门非特指天帝所居紫微宫门，而是群神之阙。第四卷《地形训》说："昆仑之丘，或上倍之，是谓凉风之山，登之而不死。或上倍之，是谓悬圃，登之乃灵，能使风雨。或上倍之，乃维上天，登之乃神，是谓太帝之居。"⑨ 这里没有提到天门，但从对昆仑山分层化的过程中，可以看到昆仑与天庭之间还是有通路可走，昆仑的最高处就是天庭所在，而天门就是天庭的入口，这就暗

---

① 朱熹撰：《楚辞集注》，上海：上海古籍出版社，2001年，第38页。
② 朱熹撰：《楚辞集注》，第38页。
③ 何宁撰：《淮南子集释》卷一《原道训》，北京：中华书局，1998年，第12～16页。
④ 何宁撰：《淮南子集释》卷一《原道训》，第12、16页。
⑤ 何宁撰：《淮南子集释》卷三《天文训》，第178～179页。
⑥ 何宁撰：《淮南子集释》卷三《天文训》，第179页。
⑦ 何宁撰：《淮南子集释》卷三《天文训》，第200～202页。
⑧ 何宁撰：《淮南子集释》卷三《天文训》，第180页。
⑨ 何宁撰：《淮南子集释》卷四《地形训》，第328页。

示了天门与昆仑的关系。在汉代早期，天门与昆仑二者已经有了些微的联系。

《易林》是另一部汉代的著作。最早把它运用于西王母与昆仑神话研究的，应首推巫鸿。一般认为《易林》这部著作出自公元1世纪的崔篆之手。在《易林》中有好几处提到天门。《比之第八·姤》："登昆仑，入天门，过糟丘，宿玉泉，同惠欢，见仁君。"① 同样的说法见于《震之第五十一·革》，明确了昆仑与天门的关系，即想进入天门，需从昆仑山上去。《履之第十·兑》："玄鬓黑颡，东归高乡。朱鸟导引，灵龟载庄，遂抵天门，见我贞君。"②《遁之第三十三·震》："骢骊黑骏，东归高乡，白虎推轮，苍龙把衡，朱雀道引，虚乌载游，遂叩天门，入见真君，马安人全。"③ 这两句话之间存在着一定的相似性，是指在动物的帮助下，抵达天门。如果撇开其他因素，只关注朱雀、玄武、苍龙、白虎、天门这些要素，会发觉这与重庆巫山铜牌饰在某些方面的相似性。

在汉代文献记载中，一般没有特别地提到西王母与天门的关系。但借助于昆仑山，天门与西王母间接地联系在一起。据巫鸿的研究，西王母与昆仑山神话传说整合在一起的时间，是在公元2世纪。从此以后，昆仑山成为西王母的居住地。而天门与西王母的联系，从时间上说应晚于公元2世纪。

对天门，一直存在着两种解释，一种是指天帝居住的紫微宫门，一种是指昆仑山。这两种解释都存在着把天门这一概念静止化的倾向。天门是逐渐从天上下降到仙界，也逐渐从天帝的紫微宫门转变为西王母仙界的入口。信立祥曾对汉代人的宇宙观念作了划分，分为四个层次，即天上世界、西王母居住的昆仑山所代表的仙人世界、现实的人间世界、地下的鬼魂世界。④ 巫鸿在讨论汉代人的天堂观念时，也认识到汉代人心目中的天堂与天的概念，是两个不同的概念。⑤ 或许，巫鸿的天堂，可以与信立祥的仙人世界等而同之。天门下降到仙境，转变成西王母仙境世界的入口，也就不足为奇了。而在中原地区形成的天师道传入四川，与本地文化结合发展成五斗米道。在此过程中，五斗米道"吸收当地西王母的神话材料加以改造，纳入本教神系，融会其为上天最高尊神天帝之女的旧说，赋予掌管凡人奉道是否具备成仙朝见天帝资格的重要仙真，成为成仙男女进入天门后第一位必先拜见的教神"⑥。其中，可以见到天上世界与仙人世界的界限逐渐模糊，最终仙人世界纳入天上世界，而原来在仙人世界居于主导地位的西王母，身份也被改造成天帝之女。仙境世界入口的天门，再一次回归天上，成为天帝所居紫微宫门，只不过在天帝与天门之间，

---

① 钱世明：《易林通说》（二），北京：华夏出版社，1992年，第26页。
② 钱世明：《易林通说》（二），第116页。
③ 钱世明：《易林通说》（五），北京：华夏出版社，1994年，第68页。
④ 信立祥：《汉代画像石综合研究》，北京：文物出版社，2000年，第60页。
⑤ 巫鸿：《汉代艺术中的"天堂"图像和"天堂"观念》，《礼仪中的美术——巫鸿中国古代美术史文编》，第248～257页。
⑥ 张勋燎：《重庆巫山东汉墓出土西王母天门画像棺饰铜牌与道教——附说早期天师道的主神天帝》，安田喜宪主编：《神话 祭祀与长江文明》，第166页。

增添了一道环节，即要朝见天帝，必先拜见西王母。但这只是文字层面，却忽视了图像这一关键问题，即天门为何要用双阙来表现。天门可能借鉴了双阙被用来象征死后居住建筑入口的做法，在功能上存在着某些方面的近似，因此可以实现两者的转换。

五、"都亭""亭"一类建筑的分析

1973 年 5 月，山东省博物馆与苍山县文化馆在山东省苍山县西城前村北发掘了一座画像石墓。报告将这座画像石墓的年代定为刘宋元嘉元年（424）。① 方鹏钧、张勋燎则把年代断为东汉元嘉元年（151）②，这一看法得到大多数学者的支持。该墓有一长篇题记，详细地描述了墓中画像石的位置及其内容。巫鸿把题记与画像相对照，发现题记与画像并非完全对应，其中"题记提到的画像中有两幅在墓中找不到，包括后室顶的奇禽异兽与车马，以及前室顶的瓜叶图案"③。也就是说，此题记很有可能是事先设计好的，早已有之，而不是事后添加上去的。但这无关紧要，我们无需一一对照画像与文字，把画像当成文字的注脚。相反，文字应该成为我们更好地了解画像内容的途径与手段。在题记中有一句提到"相随到都亭，游徼侯见，谢自便。后有羊车。橡（像）其躭，上即圣鸟乘浮云"。在画像中可以看到"左侧刻有大屋，庑殿顶，柱头斗拱作一斗二升。门扇一闭一开，门上刻有铺首衔环，环系绶带。门内刻二人，左拄杖、右执扇。房旁一人捧盾恭迎车骑。车骑由一导骑及两小軿车组成。軿车帷上有小窗，可见男乘者头部。前车驾一马，后车驾羊。车骑上刻九鸟飞翔浮云间"。④（图16）此报告的描述忽视了两点：其一，在正门旁还有一侧门，同样是半闭半开，一人探头而出；其二，在门上立着凤鸟。

在汉代社会中，都亭、亭既是地方基层组织，也是相当于传舍或驿舍的旅馆，给往来官员提供住宿。亭有都亭、乡亭、旗亭之分，本质上一致，只不过是级别之分。⑤ 那么，画像石墓中出现的都亭、亭这一类建筑的意义为何？信立祥认为它们既不是地下鬼魂世界的建筑，也绝不会是天上或西王母昆仑山仙境的建筑。因此，他倾向于把都亭当作人间的祠庙，而且他推测祠庙在画像中被称为"都亭"，应与两汉时期国家为功臣贵族营造坟墓

---

① 山东省博物馆、苍山县文化馆：《山东苍山元嘉元年画象石墓》，《考古》1975 年第 2 期，第 124 页。

② 方鹏钧、张勋燎：《山东苍山元嘉元年画象石题记的时代和有关问题的讨论》，《考古》1980 年第 3 期，第 271～278 页。

③ 巫鸿：《超越"大限"——苍山石刻与墓葬叙事画像》，《礼仪中的美术——巫鸿中国古代美术史文编》，第 216 页。

④ 山东省博物馆、苍山县文化馆：《山东苍山元嘉元年画象石墓》，《考古》1975 年第 2 期，第 127 页。

⑤ 关于汉代地方基层组织，可以参考严耕望：《中国地方行政制度史》（甲部）《秦汉地方行政制度》，台北："中央研究院"历史语言研究所，1990 年，第 58～66 页。

和祠堂的做法有着直接关系。① 信立祥的看法，延续了他对楼阁拜谒图的认识，即楼阁拜谒图其实是祠主或墓主受祭图。因此，他觉得都亭在墓中的作用，就像是暂时居住的地方，只不过在特定的日子，来到祠庙接受子孙的拜祭。很可惜的是，他的想法极富想象力，却极为勉强。如果都亭象征的是祠庙，那么为什么用都亭来代替呢？毕竟在其他祠堂画像中还可以见到祠堂这一建筑。为什么不直接用祠堂建筑表示祠堂？

画像石墓中出现的都亭、亭，只是现实世界的一个缩影，还是具有一种象征意义呢？人们对地下世界的认识，是受到现实世界的影响。在一些镇墓文中，可以看到一些地下官职名称，像地下二千石、冢丞冢令、丘丞墓伯、陌上游徼、主墓狱史、陌门卒史、墓门亭长、魂门亭长等，② 其中有些是汉代社会真实存在的官职名称，只不过在前面添加了地下、墓、冢等字眼来标志是地下世界的。因此，我们不妨设想，都亭这一类建筑，是否可能是借用了现实世界存在的建筑，移植到地下世界，但却不具有现实世界的功能？题记中提到的游徼侯不是现实的官员，而是地下世界的。那么，都亭、亭就成为人间世界与地下世界的转换点，入此门，即与现实世界没有任何瓜葛。而那些官员是地下派来迎接死者的。也许我们很难想象当时的人对死亡的恐惧感有多深，但从丧葬文书的口气来看，生死殊途，早已成为共识。在苍山题记中的"长就幽冥则决绝，闭圹之后不复发"③，就是最好的明证，期待死者死后不再干涉生者的生活，因此不遗余力地把丧葬过程及其目的地刻画出来。

相对于山东苍山都亭建筑，四川画像石棺上的双阙可以说是一个简写版本。如果抽离出都亭画像中的侧门、迎接的官员、门上的凤鸟，基本上就可以构成一个相对完整的双阙画像。这也是为什么过去会把四川画像石棺双阙下的人物认为是亭长的原因所在。但两者还是存在着一定的差异性。都亭、亭表示的是一个中转站，是地下世界派来迎接死者的地方，只作短暂的停留。而四川画像石棺上的双阙却已经是死后居住世界的入口了。

六、结　　论

四川石棺画像千差万别，以简阳鬼头山 3 号石棺与张家沟 2 号崖墓石棺为例，是否能够代表四川画像石棺的整体情况？石棺画像的含义至少表现在两个层次上：描述意义与阐释意义。描述意义只是画像的表面内容，画像内容的不同反映了赞助人的偏爱。各种题材画像的替换，并不影响整个石棺象征结构的完整性。因此，个案分析并不影响到对四川画

---

① 信立祥：《汉代画像石综合研究》，第 327 页。
② 吴荣曾：《镇墓文中所见到的东汉道巫关系》，《文物》1981 年第 3 期，第 60 页。
③ 山东省博物馆、苍山县文化馆：《山东苍山元嘉元年画象石墓》，《考古》1975 年第 2 期，第 127 页。

像石棺的整体判断。① 双阙在不同的画像脉络体系中,具有不同的作用,双阙是作为楼阙还是作为天门,只有结合整个石棺画像,才能作出判断。一般情况下,与日常生活场景结合在一起的双阙,只是普通的双阙,代表了死后世界的入口。双阙是否提升为天门,则要看墓主个人的选择,如果出现跟西王母仙境相关的因素,双阙就转换成为仙境的入口,也就是天门。而天门的出现,是否跟五斗米道的传播有关呢?或者说是不是早期道教的宗教遗物?单单"天门"画像,是不足以称为早期道教艺术的,而必须考虑各种画像的组合以及画像以外的因素。罗二虎从服食、房中术、符箓、方士等方面去探讨四川画像中存在的神仙方术与早期道教因素。② 巫鸿则从更广的范围去讨论四川艺术形式中存在的早期道教因素,像摇钱树、铜镜、画像崖墓与石棺上某些特殊的符号,如胜等等。③ 这一切都足以证明天门的出现不是孤立的现象,而与五斗米道的传播有着密切的关系。

附　图

图1

---

①　巫鸿:《四川石棺画像的象征结构》,《礼仪中的美术——巫鸿中国古代美术史文编》,第178页。
②　罗二虎:《四川汉代画像墓与神仙方术和早期道教》,安田喜宪主编:《神话　祭祀与长江文明》,第206～219页。
③　巫鸿:《地域考古与对"五斗米道"美术传统的重构》,《礼仪中的美术——巫鸿中国古代美术史文编》,第485～508页。

图 2

图 3

图 4

图 5

图6

图7

图8

图9

图 10

图 11

图 12

图 13

图 14

图 15

图 16

两晋的清议与选士制度

吴南泽

指导教师：景蜀慧 教授

一、前言：汉魏的乡论与选士传统

清议是一项肇端于东汉末年士大夫社会的舆论活动，其根源是两汉以来乡举里选制度下的乡论传统。乡间之议是以由观察、品鉴为核心的①，但也诚如论者所言，乡举里选乃是一种以静态的自然社会为基础所产生的理想的选举制度，而随着乡邑社会豪族势力的发达与社会流动增大，乡邑选举逐渐失实，乡论的作用也显得微弱无力。② 针对这种状况，汉末的清流士大夫发起了一场"激扬名声，互相题拂，品核公卿，裁量执政"的清议运动。但是这场政治运动很快就因党锢而止息，这一事件及其意义和影响，前辈学者已有了深入的讨论，兹不赘言。③

针对汉末选举失实以及浮华交会之风盛行的问题，曹魏政权建立之后，积极推行以刑名法术为指导思想的政策，纠正汉末选举之中名实不符的弊病。曹魏时期所创立的九品选士的制度④，关于其性质和运作历来众说纷纭。其中比较有代表性的观点如唐长孺先生认

---

① 例如《汉书》卷六十《杜周传附杜钦传》载钦对策曰："观本行于乡党，考功能于官职，达观其所举，富观其所予，穷观其所不为，乏观其所不取，近观其所为主，远观其所主。"这说明乡论的形成并非一朝一夕，而是须经过乡老对于士人长期而全面的观察。

② 参见刘显叔：《东汉魏晋的清流士大夫与儒学大族》，《劳贞一先生七秩荣庆论文集》抽印本，1978年。

③ 可参见陈寅恪：《陶渊明之思想与清谈之关系》，北京：燕京大学哈佛燕京学社，1945年；唐长孺：《九品中正制度试释》，氏著：《魏晋南北朝史论丛》，北京：中华书局，2009年；何兹全：《中国古代社会》第三章，北京：北京师范大学出版社，2001年。

④ 关于该项制度的名称，学术界有"九品中正制"与"九品官人法"的争论，可参宫崎市定、越智重明、陈长琦、胡宝国、陈琳国、张旭华、胡舒云等先生的研究。拙文本不拟考辨其名称，因关注点更倾向讨论以中正为基础的，包括司徒府、尚书吏部等机构在内的一整套选举体制与"清议"的关系，兹权且搁置其争议。

为九品之制是"经过汉末丧乱,人士流移,政府选举无法考察乡间的评议,因而一方面顾全乡间评议的传统,另一方面适应人士流移的新环境而设立的"①。因此,我们可以认为九品中正制度实际上是在政府选士的需要和乡论传统之间的一个平衡点。曹魏中后期的思想界曾有过关于才性四本的辩论②,并且在制度上直接影响了九品中正体系对于士人品状和选用的标准。在具体的制度运作层面上,夏侯玄曾提出分叙之议:"夫官才用人,国之柄也,故铨衡专于台阁,上之分也;孝行存乎间巷,优劣任之乡人,下之叙也。"③ 对此,业师景蜀慧先生曾指出,夏侯玄强调说明对士人的德性的评定,固然得由传统乡里组织的替代者中正根据清议作出,而对士人量才任用、黜徙升降,则由中央台阁负责,两者之间不可偏废,权责必须分辨清楚。④

夏侯玄的议论在多大程度上直接影响了当时及后世的选士制度,尚待深入研究。但从九品中正制在魏以后,特别是在两晋的制度运作和发展来看,台阁量人授职与中正品状人士确是在相互配合之间选取平衡,从而完成对于清议的控制。清议于由汉末的政治批判运动,逐渐转变为依附于九品中正体制下的士林舆论。拙文所拟探讨的,正是两晋时期在九品制的运作中这一转变的进程。

二、九品中正体系及其与清议之关系

九品选士制度是魏晋之际选官体制上一项显著的变化,而这一制度在西晋时逐步得到完备。有论者认为,九品中正体制的作用仅在考核,而不具备教育培训、选士授官等功能。⑤ 诚然,不论中正的意见具有多大影响力,其法定的职权确实仅在于品状;但无论是从更为宏观的制度层面考虑,还是从当时人的认识来看,九品中正制都应该是一种考核与

---

① 参见唐长孺:《九品中正制度试释》,氏著:《魏晋南北朝史论丛》,第82页。
② 关于才性之辨,思想史方面的研究可参见陈寅恪:《书〈世说新语·文学〉类"钟会撰〈四本论〉始毕"条后》,氏著:《金明馆丛稿初编》,北京:生活·读书·新知三联书店,2001年;唐长孺:《魏晋才性论的政治意义》,氏著:《魏晋南北朝史论丛》;汤用彤:《读〈人物志〉》,氏著:《魏晋玄学论稿》,上海:上海古籍出版社,2001年。
③ 《三国志》卷九《魏书·夏侯尚传夏侯玄传》。
④ 事实上,夏侯玄的议论在思想本质上还是才性分辨的问题,在现实政治上则还牵涉到曹魏政权自曹操执政以来循名责实的政策,以及九品中正制的选士弊端[详参景蜀慧:《才性同异离合与夏侯玄选举"分叙"之议》,《中山大学学报》(社会科学版)2003年第5期]。
⑤ 如汪征鲁先生指出:"九品中正体制和察举、征辟体制不一样,它本身不构成一个独立的选官系统。它仅仅是诸选官系统这一母系统之下考核子系统中的一个考核环节、考核层次。即九品中正体制仅仅只有考核功能,它既没有教育、培训功能,也没有严格意义上的选士功能,更没有授官功能。"(氏著:《魏晋南北朝选官体制研究》,福州:福建人民出版社,1995年,第295页)

选官的集成体①，同时还可能担负着控制舆论、整顿风俗的任务。

首先要指出的是，这里所讨论的"九品中正制"或"九品中正体系"，不仅仅是指中正品状士人这个单一的环节，而是由州郡中正、司徒府、尚书吏部构成的一整套从地方到中央的选士授官的体系②。这一体系从西晋开始，逐步完成对乡论清议的严格控制。

九品中正体制选士的基本过程，大致是州郡中正为士人评定乡品，呈报司徒府，而后由尚书吏部根据品状对士人进行选用。下面即试分析这一制度选士授官的各个环节与乡论清议之关系。

（一）州郡中正

中正之职，两汉本无，是曹魏时期的创制。中正制度最早创立的时间，学术界仍有争议。③ 据《通典》卷十四《选举》二记载：

> 魏氏革命，州郡县俱置大小中正，各取本处人任诸府公卿及台省郎吏有德充才盛者为之，区别所管人物，定为九等。

同书卷三十二《职官》十四记载：

> 魏司空陈群以天台选用，不尽人才，择州之才优有昭鉴者，除为中正，自拔人才，铨定九品，州郡皆置。

可以确定的是，至迟到魏文帝时期，中正已经在各州郡普遍设置。司马懿设立州大中正④

---

① 《晋书》卷四十五《刘毅传》载毅上疏陈九品制"八损"曰："凡所以立品设状者，求人才以理物也，非虚饰名誉，相为好丑。（中略）今则反之，于限当报，虽职之高，还附卑品，无绩于官，而获高叙，是为抑功实而隆虚名也。"又如《晋书》卷三十六《卫瓘传》："中间渐染，遂计资定品，使天下观望，唯以居位为贵，人弃德而忽道业，争多少于锥刀之末，伤损风俗，其弊不细。"《文选》卷四十六《王文宪集序》注引《晋诸公赞》曰："傅宣定九品未讫，刘畴代之，悉改宣法。于是人人望品，求者奔竞。"（萧统编：《文选》，上海：上海古籍出版社，1986年，第2080页）所谓"求人才以理物"，说明从国家的角度来看，九品制曾被认为是简拔人才的制度，而"天下观望""人人望品"则说明士人也认为九品制是他们上进的一条途径，因此在当时士人的认识中，九品制并不仅仅是一种考核性的制度。

② 《册府元龟》卷六百二十九《铨选部·条制》："晋依魏氏九品之制，内官吏部尚书、司徒左长史，外官州有大中正，郡国有小中正，皆掌选举。"

③ 此处虽然争议纷纭，然而大体可以分为两种意见。其一是认为九品制度创立于曹操时期，持此观点者如张旭华先生（参见氏著：《九品中正制萌芽探讨》，《中国古代史论丛》1982年第2辑）、胡宝国先生（参见氏著：《魏晋时代的九品中正制》，《北京大学学报》1987年第1期）；其二是认为制度始建于曹丕时期，如唐长孺先生（参见氏著：《九品中正制度试释》），但唐先生还补充过一个相对折衷的意见，即制度是在延康时期由陈群建议创立的，但建安年间已经推行，只是并未形成制度而已（参见氏著：《东汉末期的大姓名士》，氏著：《魏晋南北朝史论拾遗》，北京：中华书局，1983年）。

④ 另吴有大公平之职，职掌盖与大中正相类。《通典》卷三十二《职官》十四载："吴有大公平，亦其任也。"

之后，州郡大小中正的体制基本完善。《南齐书》卷三十四《王谌传》记载：

> 明帝好围棋，置围棋州邑，以建安王休仁为围棋州都大中正，谌与太子右率沈勃、尚书水部郎庾珪之、彭城丞王抗四人为小中正，朝请褚思庄、傅楚之为清定访问。

宋明帝出于对围棋的喜好而设置的"围棋州邑"及其中正系统，显然是仿照现实中中正系统、为品评士人棋力而设。因此，这条材料虽与选官制度没有直接关系，却是传世文献中为数不多的完整记录了中正系统建制的史料。据此可知，大中正之下有小中正，而中正之下另有清定、访问等属员。清定、访问的执掌，史料中的记载并不明确，然诚如陈仲安、王素二位先生所言，这两个职位的执掌内容可有其名称推断①，大抵是负责具体事务的吏员。访问的职务是"铨邑人品状"②，特别是在州中正设立之后，中正或如时人所言"一州阔远，略不相识"，因此访问之职责在于替中正承担大部分对本地士人的具体品评。《晋书》卷三十六《刘卞传》记载：

> 访问令写黄纸一鹿车，卞曰："刘卞非为人写黄纸者也。"访问知怒，言于中正，退为尚书令史。

这段材料中的"访问"一怒之下可以通过中正令刘卞贬官，这种现象虽然可能较为罕见，但此事至少反映出访问工作的两个特点：其一是访问仅负责具体的品状工作，对于定品的决定权依然掌握在中正手中；其二是访问虽然只是属员，但他们的意见对于中正确定士人的品第有着非常重要的作用。中正的另一个属员是清定，如石尠墓志记载他曾担任过"国清定、大中正"③，清定的工作当是为中正的品状进行审核厘定，《晋书》卷一〇六《石季龙载记上》中所记载"魏始建九品之制，三年一清定之"的工作，大抵即是由中正属员清定来完成。尽管史料中往往并不明确记载中正属员访问、清定的具体办事流程，这也是容易为以往的研究者所忽略的，但是我们推测，中正在为一般士人定立品第时，大部分的具体操作是由访问、清定等属员进行的，中正对于清议的控制也不是仅靠一己之力，而是依靠这套中正及其属员的体系来完成，而这种体系也被两晋南北朝所沿用。

中正的职责是"计资定品"，亦即所谓"品状"——"品"以叙德行高下，"状"兼

---

① 参见陈仲安、王素：《汉唐职官制度研究》，北京：中华书局，1993年，第260~261页。
② 《晋书》卷五十六《孙楚传》记载："初，楚与同郡王济友善，济为本州大中正，访问铨邑人品状，至楚，济曰：'此人非卿所能目，吾自为之。'"可见访问所负责的是对一般士人的具体品状。李慈铭先生亦曾指出："访问者，魏、晋制，中正以下，皆设访问。"（余嘉锡笺疏：《世说新语笺疏》上册，周祖谟等整理，北京：中华书局，2007年，第102页）
③ "石尠"，《晋书》卷一零四《石勒载记》写作"石鲜"，"鲜""尠"同，今从墓志［参见赵万里编：《汉魏南北朝墓志集释》（上），台北：新文丰出版公司，1986年，第291页］。

表才行所任。中正所定的品第并非一成不变,而是会依据士人的德行、名声进行升降。①《通典》卷十四《选举》二记载:

> 其有言行修著,则升进之,或以五升四,以六升五;傥或道义亏阙,则降下之,或自五退六,自六退七矣。

具体史例则如《晋书》卷六十《张辅传》记载:

> 梁州刺史杨欣有姊丧,未经旬,车骑长史韩预强聘其女为妻。辅为中正,贬预以清风俗,论者称之。

所以中正品第并不仅仅是作为一种仕官的资格或者参考标准,同时还具有一定的社会现实意义。刘毅在批评中正肆意定品时曾提出:"今立中正,定九品,高下任意,荣辱在手。(中略)公无考校之负,私无告讦之忌。用心百态,求者万端。廉让之风灭,苟且之俗成。天下讻讻,但争品位,不闻推让,窃为圣朝耻之。"②潘岳也曾说:"夫观民宣化,为治之本,虽实小邑,犹须其人。又中正之身,优劣悬殊,苟知人者智,则不知者谬矣。"③他们的议论或多或少带有批评的意味,反映了当时一部分士大夫的观点,即中正如何定品、品状是否名实相符,实际上攸关政治清明与否和社会风气好坏。

然而中正所担负的为朝廷"观民宣化"的职能,与两汉的乡老在出发点上有很大的不同,因为中正往往是由朝官兼任的。正如阎步克先生所指出的,最初中正定品结状时还具有"庶人柄议"的乡论之风,但在发展中最终是背离了民间舆论。④其实在两晋以降,中正所扮演的角色通常是乡里舆论的掌控者。《晋书》卷四十五《刘毅传》载毅上疏论九品制"八损"曰:

> 置州都者,取州里清议,咸所归服,将以镇异同,一言议。不谓一人之身,了一州之才,一人不审便坐之。(中略)置中正,委以一国之重,无赏罚之防。人心多故,清平者寡,故怨讼者众。听之则告讦无已,禁绝则侵枉无极,与其理讼之烦,犹愈侵枉之害。今禁讼诉,则杜一国之口,培一人之势,使得纵横,无所顾惮。诸受枉者抱怨积直,独不蒙天地无私之德,而长壅蔽于邪人之铨。使上明不下照,下情不上闻。

刘毅的言辞比较激愤,可能存在夸张的成分,但也在一定程度上反映了问题所在。他认为无论是州大中正,还是郡国中正,其弊端都是限制了士林的清议,不仅造成了选官的名实不符,而且导致民间的枉屈壅蔽。刘毅在对选官制度的看法上具有复古的倾向,这也代表

---

① 有时候,不仅仅是中正,其他一些高官似乎也能左右品第的评定。例如晋初张轨为五品,中书监张华器之,升为二品(参见《晋书》卷八十六《张轨传》);又如中正举霍原为二品,司徒不过,而张华奏为上品(当为二品)(参见《晋书》卷九十四《霍原传》)。
② 详见《晋书》卷四十五《刘毅传》。
③ 《艺文类聚》卷五十二《治政部·论政》载潘岳《九品议》。
④ 参见阎步克:《察举制度变迁史稿》,北京:中国人民大学出版社,2009年,第138页。

了当时一批事功派官僚的观点①,他们所支持的是两汉乡论举士的理想化制度,而对于背离甚至遏制乡论清议的九品制提出了严厉的批评。

这种呼吁"清议"的思想并不是西晋初年的偶然现象,早在曹魏后期曹氏与司马氏的政治斗争中就已经出现。《艺文类聚》卷二十二《人部·公平》载曹羲《至公论》云:

> 清议非臧否不显,是非非赏罚不明。故臧否不可以远实,赏罚不可以失中。若乃背清议,违是非,虽尧不能一日以治;审臧否,详赏罚,故中主可以万世安。

《至公论》成文年代未见明确记载,但推断大致是作于司马懿设立州大中正前后。史载司马懿欲"除九品,州置大中正",正如唐长孺、宫崎市定等先生所指出,州置大中正的意义正在于控制清议。②曹羲曾明确反对司马懿设置州大中正③,《至公论》很可能就是在这样一种背景下写成的。他强调清议是长治久安的基础,因此中正品评人才,绝不可脱离甚至压制清议。这与刘毅"镇异同,一言议"的尖锐言辞正可对应,他们分别从正反两方面批评中正对清议的控制。再如《太平御览》卷二百六十五《职官部·中正》引傅畅《自序》云:

> 时请定九品,以余为中正。余以祖考历代掌州乡之论,又兄宣年三十五,立为州都令,余以少年复为此任,故至于上品。

傅畅生年不详,但史载其卒于咸和五年(330),大致推断其任中正的年代应该是在西晋的末期。傅畅在提到自己任中正时,特别强调傅氏"历代掌州乡之论",正可见中正之职责。上引数例表明,九品中正制之设立,确有通过中正一职控制舆论,提升朝廷的威权,并以此发挥在基层社会教化民众的作用。

(二) 司徒府

司徒之职古已有之,是《周礼》六官中的地官,是"掌邦教"的职官。西汉依照秦制,省司徒而置丞相,至汉哀帝元寿二年(前1)改丞相为大司徒,后汉建武二十七年(51)省"大"字。④建安末改为相国,魏黄初中复改为司徒。晋初或置司徒,或设丞相,

---

① 这批"事功派"官僚包括了刘毅、卫瓘、刘颂、杜预、李重等。关于他们在西晋初年的"清议"呼吁,参见阎步克:《西晋之"清议"呼吁简析及推论》,《中国文化》1996年第2期。
② 参见唐长孺:《九品中正制度试释》,氏著:《魏晋南北朝史论丛》第96~98页;(日)宫崎市定著:《九品官人法研究》,韩昇等译,北京:中华书局,2008年,第90~96页。
③ 《太平御览》卷二百六十五引曹羲《九品议》曰:"伏见明论,欲除九品,而置州中正,欲捡虚实。一州阔远,略不相识,访不得知,会复转访本郡先达者耳。此为问州中正而实决于郡人。"
④ 《汉书》卷十九《百官公卿表第七上》:"相国、丞相,皆秦官,(中略)哀帝元寿二年更名大司徒。"《后汉书·百官志》一"司徒"条注曰:"世祖即位,为大司徒,建武二十七年,去'大'。"

未尝并立,直至晋怀帝永嘉元年,始见二职并置。① 如同其字面意思所示——司者,主也;徒者,众也——司徒的职权在于管理人民,特别是东汉的司徒,其职掌包括了天下教化等事。② 如《礼记·王制》所云"乡论秀士,升之司徒",汉代司徒应当还管理着一部分与察举相关的事务。但是,以司徒总理九品中正事务,并且掌管天下清议,则应是晋以后才出现的制度。

晋人孙尹说司徒"兼执九品,铨十六州论议"③,李重也说"司徒总御人伦,实掌邦教,当务峻准评,以一风流"④,所谓"人伦"自然包括人伦鉴识,由此可以看出,在制度上,司徒是天下中正的长官,是九品中正事宜的总负责人,因此自然也负担着掌控清议的职责。具体如《通典》记载,元康二年,虞濬、陈湛、王崇等人有兄弟丧而嫁女、娶妇,司徒王浑认为他们"冒丧婚娶,伤化悖礼,下十六州推举,今本州中正各有言上",而王浑建议的罪名和处罚是"亏违典宪,宜加贬黜,以肃王法。请台免官,以正清议"。⑤ 可见当士人违礼逾法之时,司徒有权命令中正予以评议,并根据中正汇报的情况予以判罚。此例之中有一微妙之处在于,对于明确已知有违礼法的士人,"总御人伦"的司徒并没有直接予以处罚,而是先下中正评议,而后方根据中正的意见进行奏劾。这样一套形式,可以看出司徒与中正之间确有一种统辖关系,而且以这样的形式处罚"亏违典宪"的士人,可以起到控制清议、教化民众的作用。

司徒以下有司徒左长史。晋元康二年,司徒加置左右长史各一人,秩千石。⑥ 司徒左长史的职权,按照干宝之说,是"掌差次九品,铨衡人伦"⑦,亦即掌握着评次人才、总齐清议之实权,而且整个中正系统的管理事务是由司徒左长史具体负责的。总而言之,左长史的一项主要工作是复核中正对于人才的品评意见,并且有驳回的权力。如《晋书》卷四十六《李重传》记载:

时燕国中正刘沈举霍原为寒素,司徒府不从,沈又抗诣中书奏原,而中书复下司

---

① 《通典》卷二十《职官》二:"晋司徒与丞相通职,更置迭废,未尝并立。至永嘉元年,始两置焉。"
② 《后汉书·百官志》一"司徒"条本注曰:"掌人民事。凡教民孝悌、逊顺、谦俭,养生送死之事,则议其制,建其度。"
③ 《晋书》卷四十五《刘毅传》。
④ 《晋书》卷四十六《李重传》。
⑤ 《通典》卷六十《礼》二十"周丧不可嫁女娶妇议"条记载元康二年司徒王浑奏弹虞濬等冒丧婚娶:"前以冒丧婚娶,伤化悖礼,下十六州推举,今本州中正各有言上。太子家令虞濬有弟丧,嫁女拜时;镇东司马陈湛有弟丧,嫁女拜时;上庸太守王崇有兄丧,嫁女拜时;夏侯俊[骏]有弟子丧,为息恒纳妇,恒无服;国子祭酒邹湛有弟妇丧,为息蒙娶妇拜时;蒙有周服;给事中王琛有兄丧,为息棱娶妇拜时,并州刺史羊暨有兄丧,为息明娶妇拜时;征西长史牵昌有弟丧,为息彦娶妇拜时。湛职儒官,身虽无服,据为婚主。案《礼》:'大功之末可以嫁子,小功之末可以娶妇。'无齐缞嫁娶之文。亏违典宪,宜加贬黜,以肃王法。请台免官,以正清议。"
⑥ 参见《晋书》卷二十四《职官志》。
⑦ 虞世南:《北堂书钞》卷六十八《设官部·长史》引干宝《司徒仪》。

> 徒参论。司徒左长史荀组以为："寒素者，当谓门寒身素，无世祚之资。原为列侯，显佩金紫，先为人间流通之事，晚乃务学，少长异业，年逾始立，草野之誉未洽，德礼无闻，不应寒素之目。"

这里司徒左长史认为中正所举之人名实不符，因而反对其举为寒素。尽管霍原最后在李重的奏议下还是得举寒素①，但不可否认的是司徒左长史确实有权对中正的意见表示反对。不仅如此，左长史还有权对中正提出任免。《晋书》卷四十七《傅玄传附傅咸传》记载：

> 咸以（豫州大中正夏侯）骏与夺惟意，乃奏免骏大中正。司徒魏舒，骏之姻属，屡却不署，咸据正甚苦。舒终不从，咸遂独上。舒奏咸激讦不直，诏转咸为车骑司马。

当时傅咸的职位就是司徒左长史，而且史载其在位"多所执正"。傅咸罢免夏侯骏豫州大中正的奏议被他的上司、司徒魏舒驳回，这表明司徒握有中正人选的决定权，也反映出司徒府这一机构内部关于处置中正的意见和人选的运作情况。

司徒左长史维系或掌控清议的职责，史料中有明确的记载。傅咸出任司徒左长史时，潘尼曾作《答傅咸诗（并序）》赠之：

> 司徒左长史傅长虞，会定九品。左长史宜得其才，屈为此职。此职执天下清议，宰割百国，而长虞性直而行，或有不堪。余与之亲，作诗以规焉。
>
> 悠悠群吏，非子不整。嗷嗷众议，非子不靖。忽荷略纽，握纲提领。矫矫贞臣，惟国之屏。②

司徒左长史这一职位显赫清贵，且手握重权，为掌控士林清议之职，故而潘尼有"此职执天下清议，宰割百国""嗷嗷众议，非子不靖"等语。诗歌最可见人心志，亦可反映一定程度之历史特征。潘尼的用语也许难免带有恭维的成分，但从"矫矫贞臣，惟国之屏"，可以看出在当时士大夫的眼中，"执天下清议"是对皇朝统治的维护，更是维系一种选官治民所赖以正常进行的文化秩序，是以非忠贞之臣而不能为之，这与前引"观民宣化，为治之本，虽实小邑，犹须其人"的思想基调是一致的。当然，这一时期的"清议"与汉末"清议"的内涵已有所不同，汉末一部分清流士大夫那种"澄清天下之志"以及"天子不得臣，诸侯不得友"的志向与风骨，在晋以后已几乎难得一见，因而"清议"一词也失去了其原本的政治批判性，继而逐渐转变为一般化的士林舆论。

---

① 案《晋书》卷九十四霍原本传记载为："及刘沈为国大中正，元康中，进原为二品，司徒不过，沈乃上表理之。诏下司徒参论，中书监张华令陈准奏为上品，诏可。"
② 《艺文类聚》卷三十一《人部·赠答》引。

（三）尚书吏部

汉代尚书的设置，是在成帝建始四年（前29）。两汉时尚书属少府①，其职掌从西汉的"通掌图书秘记"到东汉"出纳王命，敷奏万机"②，所谓"虽置三公，事归台阁"，尚书的职权日益加重，演变成为中央政府重要的政务官。光武帝改尚书常侍曹为吏曹，主选举事；灵帝时，又以梁鹄为选部尚书，这应当是后世尚书吏部的前身。曹魏时期，尚书台从少府分离，并改选部为吏部，晋以后皆沿用此制。③

尚书吏部的主要职责在于"量人授职"，并不直接参与对清议的控制。然而在这一过程中，其选人授官实体现出朝廷对于风俗教化的要求。

《北堂书钞》卷六十引《晋起居注》载武帝泰始八年诏曰：

> 议郎山涛，至性简静，凌虚笃素，立身行己，足以励俗，其以涛为吏部尚书。

《晋书》卷四十三《山涛传》记载：

> 太康初，迁右仆射，加光禄大夫，侍中、掌选如故。涛以老疾固辞，手诏曰："君以道德为世模表，况自先帝识君远意。吾将倚君以穆风俗，何乃欲远舍朝政，独高其志邪？"

山涛咸宁初以尚书仆射领吏部，故太康初"掌选如故"当谓山涛以右仆射领吏部、掌选举。山涛在晋初受武帝委任而长期执掌吏部，原因就在于他"至性简静，凌虚笃素"，而这种特质被认为"足以励俗"，"道德为世模表"。无独有偶，山涛之后的朱整也有同样的经历。《北堂书钞》卷六十《设官部·吏部尚书》引《晋起居注》载武帝太康四年诏曰："选曹铨管人才，宜得忠恪寡欲，抑华崇本者。尚书朱整周慎敬让，以道素自居，是其人也，其以整为吏部尚书。"正是因为他们在道德上被认为具有足以表率天下的特质，所以武帝司马炎将倚之"以穆风俗"。这也表明一个具有这种道德特质的吏部尚书对于皇帝和朝廷，乃至对于社会风俗的教化，都具有十分重要的作用。又《通典》卷二十三《职官》五本注引山涛《启事》曰：

> （涛）启曰："访闻诜丧母不时葬，遂于所居屋后假葬，有异同之议，请更选

---

① 徐坚编：《初学记》卷十一《职官部上》引《汉官》："初，秦代少府，遣吏四人在殿中，主发书，故号尚书，尚犹主也。汉因秦置之。故尚书为中台，谒者为外台，御史为宪台，谓之三台。"

② 参见《通典》卷二十二《职官》四："至成帝建始四年，罢中书宦者，又置尚书五人，一人为仆射，四人分为四曹，通掌图书、秘记、章奏之事及封奏，宣示内外而已，其任犹轻。至后汉则为优重，出纳王命，敷奏万机，盖政令之所由宣，选举之所由定，罪赏之所由正。"

③ 参见《晋书》卷二十四《职官志》："及魏改选部为吏部，主选部事，又有左民、客曹、五兵、度支，凡五曹尚书、二仆射、一令为八座。及晋置吏部、三公、客曹、驾部、屯田、度支六曹，而无五兵。咸宁二年，省驾部尚书。"

之。"（武帝）诏曰："君为管人伦之职，此辈应为清议与不，便当裁处之。"

士人"丧母不时葬"，在当时看来乃是有违礼法之事，故山涛"请更选之"，清楚地表明了尚书吏部在选士授官这一环节对于教化之作用。相反，王戎在掌管吏部时，制定了"凡选举皆先治百姓，然后授用"的甲午制，这一制度的具体内容今天已不得而知，但王戎却因此而受到傅咸弹劾："戎不仰依尧舜典谟，而驱动浮华，亏败风俗，非徒无益，乃有大损。宜免戎官，以敦风俗。"① 王戎甲午制的设计是设立官员的试用制度，可能也是为了纠正当时选举之中名实不符的问题。但从傅咸的批评来看，甲午制非但没有收到预期效果，还适得其反。由此可见，尚书吏部"量人授职"这一工作的意义不仅仅在于为朝廷铨选官僚，更深层的意义还在于，以国家道德教化的标准选士授官，从而教化万民。因此，无论是山涛或是朱整，掌管吏部选职的士大夫身上总是具备某些为统治者所需的道德特质。

吏部尚书以下则有吏部郎。吏部郎的职掌是辅佐尚书管领选举的事务，据《通典》卷二十三引山涛《启事》称："吏部郎主选举，宜得能整风俗、理人伦者。"《晋书》卷四十六《李重传》记载：

（重）迁尚书吏部郎，务抑华竞，不通私谒，特留心隐逸，由是群才毕举。拔用北海西郭汤、琅邪刘珩、燕国霍原、冯翊吉谋等为秘书郎及诸王文学，故海内莫不归心。

又如《晋书》卷六十一《周浚传附周馥传》：

司徒王浑表"馥理识清正，兼有才干，主定九品，检括精详。臣委任责成，褒贬允当，请补尚书郎。"许之。稍迁司徒左长史，吏部郎，选举精密，论望益美。

以上两个史例反映出，担任吏部郎的士人首先要做到用人公平的前提。但正如王浑评价周馥的"理识清正"，吏部郎的人选实际上还有更深层的要求。"理"指的是魏晋以来的循名责实的名理之学②，"识"则是指汉代以来的人伦鉴识，因此"理识"一词具有一定的玄学背景，它是曹魏时期才性辨论的延续，具体而言，则实以形名之辨的名理学方法对人才进行品识赏鉴，以达到选举用人的名实相符。"清"是汉末以来指称名士品格和素养，同时也是称述士大夫群体身份特质的语辞，③ 而"正"则是如前所述的公平。"理识清正"在当时的语境下，不仅是指一种道德特质（即前引山涛《启事》之"整风俗"），还应该

---

① 参见《晋书》卷四十三《王戎传》。
② 关于魏晋名理学学术上的探讨，前辈学者已有许多探讨，拙文不再赘述。具体可参见汤用彤：《言意之辨》，氏著：《魏晋玄学论稿》，上海：上海古籍出版社，2005 年；王晓毅：《黄老复兴与魏晋玄学的诞生》，《东岳论丛》1994 年第 5 期；等等。
③ 参见阎步克：《察举制度变迁史稿》，第 113 页；田晓菲：《烽火与流星》，北京：中华书局，2010 年，第 22 页。

包括选士用人上具有一定玄学背景的、校练名理的识鉴能力（即山涛《启事》之"理人伦"）。

汉魏以来，玄学的方法论逐渐地产生了深远的影响。在人物品鉴上，以名理学为基础的一套人物鉴识方法逐渐取代了汉代乡老的长期观察，刘劭所作《人物志》即是其例。许多由儒入玄的名士也因此受到一定的名理学方法的训练，具备着一般士人所不具备的人伦鉴识的能力。这也使得许多玄学名士，甚至包括一些貌似不适合担任选职的清谈放达之士，曾经出任或被推荐出任吏部选职而并未遭受异议。① 因此，周馥因"理识清正"而出任选职，很可能具有上述玄学之思想背景。

清议在从汉到晋的转型过程中，尽管逐渐从一种自发于清流士大夫群体的政治批判活动，转变为依附在九品中正体制下的一般性舆论活动，但是清议的主题始终是选举用人的问题。选举名实不符，是引发汉末清议运动的原因之一，当时有谣言曰："举秀才，不知书；察孝廉，父别居。寒素清白浊如泥，高第良将怯如鸡。"② 汉末清议遭遇党锢而逐渐走向低潮之后，取而代之的是曹氏父子的破除浮华、打击朋党以及名理学上才性辨论的兴起。这种具有玄学思想背景的名理学方法在人伦鉴识上的运用延续到了两晋，并且成为量人授职所需的能力。

在东晋以后，伴随着门阀政治的兴起和巩固，选士上还是出现了"上品无寒门，下品无士族"的局面。但是，从晋初思想上的发展，以及前述刘毅、卫瓘等官员的"清议"呼吁和对于九品中正选拔体系每一个环节的要求来看，无论是裁量人士，还是选士授官，都曾被期望尽可能地保持选举的公平。目前虽然没有直接的证据表明这些主持选举的官僚就是出于对汉末前车之鉴的反思，只是在当时乡论清议依然是选官形式上或理想上的基础，因而维护选举的公平与名实相符、杜绝浮华虚伪，一方面固然是直接在现实政治上维护国家的命脉，另一方面很可能也是为了维护乡论清议所提供的文化秩序。

（四）各种机制的相互作用

下面，我们仍希望援引前已提及的霍原入仕的事例，来尽可能地分析说明九品中正制这一复杂的体系的实际运作过程中，各个环节和各种机制所起的综合作用。

霍原为燕国人，少年时即表现出优异的才能和品性，士友多仰慕之，并被同郡刘岱评

---

① 如山涛领选"周遍百官，举无失才，凡所题目，皆如其言"（《世说新语·政事》）；又如"任达不拘"的阮咸被山涛认为"贞识清浊"而推荐其出任选职（《晋书》卷四十九《阮籍传附阮咸传》）；又如毕卓担任吏部郎时，常"饮酒废职"，甚至因盗酒被缚，但却并未因此致罪或被撤销选职（《晋书》卷四十九《毕卓传》）。从某种角度来说，这些清谈放达名士并非浪得虚名，他们对人才的识鉴能力实际上是作为吏部人选所不可或缺的。

② 葛洪著，杨明照校笺：《抱朴子外篇校笺》下册，北京：中华书局，1991年，第393页。

价为"慕道清虚,方成奇器"①。后燕国中正刘沈举原为寒素②,然而司徒府不从;刘沈又"抗诣中书",中书监张华认为可举霍原为上品。③ 但是司徒左长史荀组表示反对,其反对之理由如前引文所言:

> 寒素者,当谓门寒身素,无世祚之资。原为列侯,显佩金紫,先为人间流通之事,晚乃务学,少长异业,年逾始立,草野之誉未洽,德礼无闻,不应寒素之目。④

一方面霍原当时已经位为列侯,"显佩金紫",与"寒素"之名不符。另一方面,荀组认为他"先为人间流通之事",应是指其早年游学太学的经历,或许带有浮华交会的倾向;"草野之誉未洽"则是指其缺乏"乡曲之誉"而不具备入仕资格;"德礼无闻"则指具体的道德品性而言。霍原之所以被司徒府拒绝举寒素,主要有两方面原因,其一是名实不符,其二则是在乡誉上没有达到要求。综合来看,当时司徒府仍然比较重视乡论清议的影响,因此也需要借选士来维护清议的正常进行。

刘沈推荐霍原为寒素,虽然被司徒府拒绝,但是时任尚书吏部郎李重却认同霍原的才能、品性,认为可以举原为二品。针对荀组的意见,李重上奏曰:

> 案如《癸酉诏书》:"廉让宜崇,浮竞宜黜。其有履谦寒素靖恭求己者,应有以先之。"如诏书之旨,以二品系资,或失廉退之士,故开寒素以明尚德之举。(中略) 沈为中正,亲执铨衡。陈原隐居求志,笃古好学,学不为利,行不要名,绝迹穷山,韫韣道艺,外无希世之容,内全遁逸之节,行成名立,搢绅慕之,委质受业者千里而应,有孙孟之风,严郑之操。(中略) 如沈所列,州党之议既举,又刺史班诏表荐,如此而犹谓草野之誉未洽,德礼无闻,舍所征检之实,而无明理正辞,以夺沈所执。且应二品,非所求备。但原定志穷山,修述儒道,义在可嘉。若遂抑替,将负幽邦之望,伤敦德之教。如诏书所求之旨,应为二品。⑤

李重首先指出设置"寒素"科目的意义在举用一些因门第等缘故尚不足以应举二品的"廉退之士",以补救"二品系资"的弊端。而后又逐一反驳了荀组的意见,认为霍原不但具有学识和风操,而且在乡党中间也有很好的名声和评价,道德上也符合寒素一科的"明尚德之举"。如若拒绝霍原举为寒素,不仅有悖于清议,也有伤社会风教。最后,朝廷接受了李重的意见,霍原举为二品。

---

① 参见《晋书》卷九十四《霍原传》。
② "寒素"之科目,唐长孺先生已然指出,当时唯有二品方为上品,仕途与三品以下者截然不同。当时下诏求贤,本来限于二品,如果低于二品者可以由中正以寒素资格提升为二品,始能被举(参见氏著:《九品中正制度试释》,氏著:《魏晋南北朝史论丛》,第106页)。
③ 《晋书·霍原传》记载刘沈进原为二品,"司徒不过,沈乃上表理之。诏下司徒参论,中书监张华令陈准奏为上品,诏可",然此似有不尽之处。《晋书·李重传》中有更详尽的记载。
④ 《晋书》卷四十六《李重传》。
⑤ 《晋书》卷四十六《李重传》。

霍原的案例基本揭示了九品中正体制下人才选拔的过程和标准，同时也告诉我们，九品选士并不是一个简单的过程。一个士人通过九品入仕，实际上是经过了中正、司徒府、尚书吏部，有时候还会包括中书监甚至御史中丞等多方博弈的结果，这个过程中的各个环节和各种机制既相互配合，同时也相互牵制。而在此之上，尚有皇帝掌握着选士授官最终裁可的权力。特别需要指出的是，尽管对于霍原的才能和德行，司徒府和尚书吏部给出了截然相反的两种评价，但他们都声称自己是出于对乡论清议及社会风教的维护。我们很难相信当时的官员所给出的意见都是单纯地出于这一目的而不涉及任何政治斗争的因素或各方的利益纠葛，但至少他们的意见表明，九品中正体制选用士人，其能力固然是必备的条件，但是选举在士林和社会舆论中所带来的影响，也是其不得不考虑的一个问题。

霍原的经历只是一个个例。笔者限于篇幅和学力，无法对史籍记载的每一个个例作全面的分析，只是大致地梳理了九品中正选士体系的框架和这一框架的每一环节对于乡论清议的控制，以及由此而产生的推行风俗教化的作用。但诚如章太炎先生所言："魏晋者，俗本之汉，陂陀从迹以至，非能骤溃。"① 乡论清议的传统，起源于汉代，在魏晋时期尽管为九品中正体制所控制，但这种控制在两晋时期并不是绝对的，而是在朝廷和士林之间的一种平衡或妥协，因而士林清议在当时仍然具有不可忽视的影响力。

三、乡论清议传统的其余影响

在这里我们需要指出的另一个问题是，尽管西晋时乡论清议已逐渐被国家的制度所控制，也逐渐地失去实际政治上的批判意义，但是其传统可能依然在选士方面发挥着作用。如潘岳辟司空掾，成为贾充僚属时，据其自述，是"少窃乡曲之誉，忝司空太尉之命"②。从潘岳特别指出"乡曲之誉"这一点来看，乡论的品评是潘岳入仕辟为司空掾的一项凭借，说明至少在当时乡论还是为入仕者所看重的。这种"乡曲之誉"的表现形式往往是带有汉代谣言或题目之色彩的评语，如潘岳"少以才颖见称，乡邑号为'奇童'"③；荀闿（字道明）"亦有名称，京都为之语曰：'洛中英英荀道明。'大司马、齐王冏辟为掾"；④又如刘舆（字庆孙）、刘琨（字越石）"名著当时。京都为之语曰：'洛中奕奕，庆孙、越石。'辟宰府尚书郎"⑤。此类史例甚多，无须赘举。可见获得此种"乡曲之誉"的士人往往会受公府辟召而走上仕宦之路，缺乏"乡曲之誉"的士人仕途则有可能受阻。例如《晋书》卷五十六《孙楚传》记载：

---

① 章太炎：《五朝学》，《章太炎全集》（四），上海：上海人民出版社，1985年，第73页。
② 潘岳：《闲居赋》序，参见《文选》，第698页。
③ 《晋书》卷五十五《潘岳传》。
④ 《晋书》卷三十九《荀闿传》。
⑤ 《晋书》卷六十二《刘舆传》。

楚才藻卓绝，爽迈不群，多所陵傲，缺乡曲之誉。年四十余，始参镇东军事。

又如《世说新语·任诞》"阮浑长成"条注引《竹林七贤论》曰：

籍之抑浑，盖以浑未识己之所以为达也。后咸兄子简，亦以旷达自居，父丧，行遇大雪，寒冻，遂诣浚仪令，令为它宾设黍臛，简食之，以致清议，废顿几三十年。①

同书同卷"阮仲容先幸姑家鲜卑婢"条曰：

阮仲容先幸姑家鲜卑婢。及居母丧，姑当远移，初云当留婢，既发，定将去。仲容借客驴，著重服自追之，累骑而返。

注引《竹林七贤论》曰：

咸既追婢，于是世议纷然。自魏末沉沦闾巷，逮晋咸宁中，始登王途。

以上三例之中，孙楚虽有才识，却因为缺少了乡曲之誉而迟迟不得仕进；阮简因为服丧期间饮酒食肉而被认为违犯礼法，而遭致"清议"；阮咸同样是因为在服丧期间越礼追婢而"世议纷然"，因此亦不得仕进。② 这一时期的"清议"实际上指的就是一般乡间的舆论或品评，"致清议"或"世议纷然"与"缺乡曲之誉"的意义大致相同，但与后世所见"处人清议"之类的处罚尚略有差别。在西晋时乡论清议不仅可以作为士人通过察举征辟入仕的一项凭借，同时早期的九品选士的体制中，中正品第也被要求依照乡论清议作出。据《晋书》卷四十八《阎缵传》记载：

缵侨居河南新安，少游英豪，多所交结，博览坟典，该通物理。父卒，继母不慈，缵恭事弥谨。而母疾之愈甚，乃诬缵盗父时金宝，讼于有司。遂被清议十余年，缵无怨色，孝谨不怠。母后意解，更移中正，乃得复品。

阎缵"被清议十余年"，其遭遇和阮咸、阮简是十分相似的，都是因违犯礼法而不能获得乡曲的好评，导致他们在仕途上滞涩多年。但值得我们注意的是，前引关于孙楚、阮咸、阮简经历的记载，仅仅提到了他们遭致清议而未能仕进，至于其入仕的方式我们却不得而知。阎缵的经历却表明，"乡曲之誉"亦即乡论清议的评价作为入仕的凭借，非但在察举征辟上有很重要的影响，而且早期中正的品第也还比较看重乡论清议的评价，因而遭致清议的士人将无法获得接受中正品状的资格；只有当乡论清议重新给予其好评或撤销之前的不良评价，才有可能重新获得这种资格。

阎缵的事例中还有一层信息可以注意的是，前述之孙楚、阮简与阮咸，之所以遭致清

---

① 《世说新语笺疏》下册，第863页。
② 根据程炎震先生的考证，泰始五年荀勖正乐时，阮咸已为中护军长史、散骑侍郎，并非咸宁中"始登王途"（参见《世说新语笺疏》第864页）。尽管如此，阮咸的经历还是能一定程度地表现出清议对于士人仕途的重要性。

议，均由于他们被认为"行止不检"而为乡闾所斥，但阎缵的不同之处在于他被继母诬告时，已然"讼于有司"，其后方才"被清议十余年"。换言之，阎缵之致清议，并非完全取决于乡里，我们已经可以看到朝廷的意见在其中有着比较重要的影响。这种清议受制于国家制度的情形在西晋已经出现，而到了东晋之后则变得更为严厉。如前所论，乡论清议在西晋时逐渐被纳入国家政权特别是九品中正体制的控制之下，因而在东晋以降，对于一些违犯礼法的士人，尤其是在婚嫁、丧葬和家庭奉养上不合礼制的士人的处罚，往往呈现为清议的处罚。例如《通典》卷六十《礼》二十记载，王籍周丧娶妻，司直①刘隗上言弹劾：

> 文学王籍有叔母服，未一月，纳吉娶妻，亏俗伤化，宜加贬黜，辄下禁止。妻父周嵩，知籍有丧而成婚，无王孙耻奔之义，失为父之道。王廙、王彬，于籍亲则叔父，皆无君子干父之风，应清议者，任之乡论。

又据《晋书》卷七十《卞壸传》载，淮南小中正王式继母，前夫终，更适式父。式父终，丧服讫，议还前夫家。前夫家亦有继子，奉养至终，遂合葬于前夫。式自云："父临终，母求去，父许诺。"卞壸奏劾之曰：

> 式为国士，闺门之内犯礼违义，开辟未有，于父则无追亡之善，于母则无孝敬之道，存则去留自由，亡则合葬路人，可谓生事不以礼，死葬不以礼者也。亏损世教，不可以居人伦诠正之任。

卞壸弹劾之后，王式即被免去中正职务，并"付乡邑清议，废弃终身"。再如同书同卷《锺雅传》载晋明帝崩，尚书梅陶私奏女妓，雅奏劾之曰：

> 肃祖明皇帝崩背万国，当暮来月。圣主缟素，泣血临朝，百僚惨怆，动无欢容。陶无大臣忠慕之节，家庭倡靡，声妓纷葩，丝竹之音，流闻衢路。宜加放黜，以整王宪。请下司徒，论正清议。

以上三条史料均是士人因违犯礼法、遭致清议而仕进受阻的史例。这种处罚的方式与西晋时大致相同，即通过乡论清议对士人的批评，使其失去入仕的凭借，而这种凭借在九品中正制和察举征辟制——特别是后者——当中都是具有相当程度的影响力的。但东晋与西晋的"清议"有所不同的是，其处罚的方式可能大体相同，但是实施的主体和主动权已经移归政权的掌握者所有，即国家首先判定士人有违犯礼法的既成事实，而后要求乡论清议作出相应处罚。这种情形虽然在西晋已然出现，但是从史料的记载情况来看，在东晋应当更为普遍。这正是顾炎武在《日知录》卷十三"清议"条中所言："凡被纠弹付清议者，即

---

① 司直，即"丞相司直"，主刑宪断狱等。两晋南朝之际也有称御史中丞为"司直"者，然此处盖指丞相司直而言（参见《晋书》刘隗本传）。

废弃终身，同之禁锢。"① 执政者既然可以要求乡间对于触犯礼法的士人作出清议的处罚，那么理应也有权撤销清议，温峤的遭遇便是一个比较典型的例子②。实际上南朝以还，在朝廷完全将清议置于控制之下后，以清议作为行政处罚的情况更加普遍。因此刘宋以后每逢改元等大事，皇帝的诏书中往往会出现"荡涤乡论清议"的条文。正如周一良先生所指出，这是两晋南朝清议的一项重要转变，即政权的掌握者可以运用政治权力来否决清议。③

总而言之，依附于选官体制下的清议在两晋的选官制度上还是颇有影响的，但是随着历史的演进，不仅越来越丧失了汉末那种现实政治上的批判性及其自发于乡间的主动性，而且其精神也不再是汉末清流士大夫式那种"品核公卿，裁量执政"的独立人格，而是转变为与皇权合作、为帝国意识形态移风易俗。

四、余论：汉晋清议转型的政治思想推论

汉晋之间的二百余年，在政权、制度、风俗、思想等方面，都是一个剧烈的转型期。拙文所探讨的清议，虽然只是汉晋之际的转变中的一小部分，但我们却有理由相信它必然密切地牵涉着其他更为宏大的转变。笔者囿于学力、精力与篇幅，无法对汉晋清议转型背后的巨大的时代变迁作全面的分析，在此只想对全文所述拙见作一点总结，并就清议转型的政治思想背景上的一些问题提出若干粗浅的猜想。

清议从东汉到东晋，其形式大概没有太大的转变，始终是围绕着所谓"人伦鉴识"为核心而进行的人物品题。正如石虎所言：

> 魏始建九品之制，三年一清定之，虽未尽弘美，亦缙绅之清律，人伦之明镜。从尔以来，遵用无改。先帝创临天下，黄纸再定。至于选举，铨为首格。自不清定，三载于兹。主者其更铨论，务激浊扬清，使九流咸允也。吏部选举，可依晋氏九班选制，求为揆法。选毕，经中书、门下宣示三省，然后行之。其著此诏书于令。铨衡不奉行者，御史弹坐以闻。④

石虎这段话虽然不是史官对于晋朝制度的记载，但是后赵的制度模仿晋制，因此也可以看作对于晋朝九品制度的反映。这里除了描述九品选士的基本流程以外，特别是"缙绅之清律，人伦之明镜""务扬清激浊，使九流咸允"等语表明，尽管一批晋朝士大夫极力反对

---

① 顾炎武著，黄汝成集释，栾保群、吕宗力校点：《日知录集释》，石家庄：花山文艺出版社，1990年，第597页。
② 《世说新语·尤悔》："温公初受刘司空使劝进，母崔氏固驻之，峤绝裾而去。迄于崇贵，乡品犹不过也。每爵皆发诏。"（《世说新语笺疏》下册，第750页）
③ 周一良：《两晋南北朝的清议》，氏著：《魏晋南北朝史论集续编》，北京：北京大学出版社，1991年，第119页。
④ 《晋书》卷一零六《石季龙载记》。

九品选士，但是在统治者看来，九品制却是管理士林清议、整顿人伦、化民成俗的一种手段。因此，从汉到晋，作出清议的主体和清议的实质内涵与精神都发生了变化。两晋正是这一转型进程中的一个重要转折点，如前所述，经过汉末的党锢事件和曹魏君主对于浮华交会的摧抑，士林的"清议"已然逐渐丧失其在政治上的主导权和现实意义。拙文粗略地梳理了这一过程，简而言之，两晋时期清议一方面在中正、司徒府和尚书吏部的相互配合之下，逐渐地被纳入九品中正体制的控制之下；另一方面，清议在察举征辟制度上仍有一定程度的影响力，但是这种影响的程度随着历史的演进也逐渐地为国家权力所掌控。乡论清议的自主性虽然在不断减小，但长期存在的原因是，在两晋甚至南朝的漫长历史时期内，乡论清议的传统——或者更准确地说是其形式上的传统——又不能被完全地抛弃，因为它正如川胜义雄和阎步克两位先生所指出的，是维持当时国家和社会正常运转的基本文化秩序。①

实际上，清议在从汉到晋的国家化的进程是一个双向的需求，一方面国家需要倚靠清议或清议的形式来提供文化上的秩序，另一方面士人亦希望依附国家权力从而取得仕进。因此士大夫群体的心态显得至关重要。也许在两晋南朝的士大夫心目中，锋芒毕露的政治批判一则毕竟不为世主所容，二则于自身有身家性命之虞。汉魏间摧抑"清议"的前车之鉴尚在，所谓"轻者抵訾呵骇，重者死压穷摈"②，入仕并且迅速取得高官厚禄方为理想③，如此便须与国家权力相配合。因此在西晋以降，乡论清议中批判性色彩被逐渐淡化，加之门阀政治的发展和士族对于皇权的分割与限制也注定了清议的精神无法恢复汉代之旧。④

清议在两晋时期为国家体制所掌控的另一个显著表现是，清议越来越严格地——或者

---

① 川胜义雄先生提出"乡论主义"的概念，并指出这种"乡论主义"的传统也就是主张应与过去的基层乡论一样，通过认定贤者、有德者的人物评价，建立一个政治社会的等级秩序。通过3世纪约百年的实际成就，人们开始意识到，这种乡论主义的意识形态乃是维持公共秩序的唯一原理（氏著：《六朝贵族制社会研究》，徐谷芃、李济沧译，上海：上海古籍出版社，2007年，第51页）。阎步克先生则指出：在西晋事功派官僚看来，一个精干向上而富于活力的政治机器的运转，尤其他们所着重讨论的考课、监察、选官等王朝命脉所系者的顺利实施，都依赖于一种文化秩序的支持。汉代那种民间与士林的"乡论""清议"，本是可以或曾经提供过这种支持的；然而在西晋中朝，这种"清议"正在或业已丧失（氏著：《西晋之"清议"呼吁简析及推论》，《中国文化》1996年第2期）。
② 《宋书》卷八十二《周朗传》载朗上书曰："凡无世不有言事，未时不有令下，然而升平不至，昏危是继，何哉？盖设令之本非实也。又病言不出于谋臣，事不便于贵党，轻者抵訾呵骇，重者死压穷摈，故西京有方调之诛，东郡有党锢之戮。"
③ 这种情形如《晋书》卷四十六《刘颂传》记载："（颂）转吏部尚书，建九班之制，欲令百官居职希迁，考课能否，明其赏罚。贾郭专朝，仕者欲速，竟不施行。"
④ 晋初士大夫刘颂、杜预、卫瓘、刘毅、李重等，他们在司马炎建立西晋、平定孙吴的十余年间，先后履建谏言。他们的意见和建议包括了废除九品中正制、恢复乡举里选、选士任之乡论、肃清议等等，总体而言即是申说乡论清议之于舆论、选士、考课、风教等方面实属不可或缺，而这对于刚刚统一的西晋政权尤为重要，因而必须恢复。这些谏议晋武帝当然看到，并且"善之""诏优之"，但正是由于门阀士族蒸蒸日上，因此"卒不能改"。

说越来越被要求严格地——依照礼法律令作出。西晋庾纯之父年老,纯不求供养,武帝令据礼典正其臧否,所谓"正其臧否",大抵即是"处入清议""付之乡论"之类的意思。当时的太傅何曾、太尉荀顗、骠骑将军司马攸上言:"凡断正臧否,宜先稽之礼、律。"① 可见清议的操作是要以国家的礼法律令为准绳的。前文已然提及,特别是在婚丧、奉养之仪上,清议对于士人行为举止的管束尤为严格。对此吕思勉先生曾评论道:"士夫之所守,率多违人情而不可行。"② 此言虽或以今度古,但也确实指出了当时清议之严峻。两晋特别是东晋以降,清议之所以严厉地依照礼法进行,必然是为其时代背景和特质所造成。这也许与当时门阀政治日益巩固,士族矜尚门第而强化礼法相关,也许与一部分士大夫群体之中夷夏之防、崇儒抑玄等更为宏大的时代思潮相关。然则鉴于拙文篇幅所限,只能就两晋的清议与选士体制的关系作一简单梳理,此间所述政治思想上之推论仅仅是笔者粗浅的猜想,唯待他日另有机缘再行辟文阐述。

---

① 详见《晋书》卷五十《庾纯传》。
② 吕思勉:《两晋南北朝史》,上海:上海古籍出版社,2005年,第881页。

试析谢灵运与庐陵王义真之交往及其在宋世的政治沉浮

洪绵绵

指导教师：景蜀慧 教授

一、引　言

　　现代学界关于谢灵运的研究，主要在以下四个方面：作品整理与年谱纂修，政治史研究，文学史研究，思想史研究。

　　在作品整理与年谱修纂方面，黄节先生1924年完成《谢康乐诗注》①，此后其门人萧涤非先生根据先生课堂讲授作《读康乐诗札记》②；顾绍柏先生1987年完成《谢灵运集校注》③。陈祖美先生编有《谢灵运年谱汇编》，收录叶瑛先生、丁陶庵先生、郝立权先生、郝昺衡先生、杨勇先生、顾绍柏先生六家年谱，附有宋红先生《谢灵运年谱考辨》。④

　　在政治史研究方面，缪钺先生《论〈述祖德诗〉》与《谢灵运的政治活动》两篇札记

---

① 黄节：《黄节注汉魏六朝诗六种》，北京：人民文学出版社，2008年，第563～704页。
② 见葛晓音编选：《谢灵运研究论集》，桂林：广西师范大学出版社，2001年，第9～20页。
③ 郑州：中州古籍出版社，1987年。然而尚有不少篇目、异文被辑出，对于部分具体篇目，也有学者作精审的考辨解读。黄节先生注意到《升庵诗话》所录康乐逸句，见萧涤非《读康乐诗札记》。张靖龙先生《谢灵运佚诗考辨》纠正了胡雪冈先生辑佚的失误，并考辨天一阁藏刊本《万历黄岩县志》佚诗、康熙二十四年《温州府志》《行田登海口盘屿山诗》佚句、周天锡《慎江诗类》佚诗《往松阳始发至三洲》及《北亭》《读书斋》异文，见《谢灵运研究论集》，第316～319页。罗国威先生作《新发现的谢灵运佚文及〈述祖德诗〉佚注》，见《辽宁大学学报》（哲学社会科学版）1996第3期。王邦维先生作《谢灵运〈十四音训叙〉辑考》，见《北京大学百年国学文粹》之语言文献卷，北京：北京大学出版社，1998年，第631～646页。李雁先生则在《谢灵运研究》中辑补《法门颂》，见氏著：《谢灵运研究》，北京：人民文学出版社，2005年，第178～179页。林文月先生作有《谢灵运临终诗考论》，见氏著：《中古文学论丛》，台北：大安出版社，1989年。邓小军先生《三教圆融的临终关怀——谢灵运〈临终诗〉考释》以《法苑珠林》本为底本并参校诸本，校订《临终诗》，见葛晓音主编：《汉魏六朝文学与宗教》（"香港浸会大学人文中国学术丛书"），上海：上海古籍出版社，2005年，第346～388页。
④ 桂林：广西师范大学出版社，2001年。

分析了谢灵运为其祖父谢玄塑造的新型政治家的形象，以及谢灵运的政治活动及悲剧命运。① 沈玉成先生《谢灵运的政治态度和思想性格》、陈伟强先生《从刘宋王朝和谢氏家族的关系看谢灵运的政治悲剧》从性格与家族方面考察其政治悲剧。② 齐益寿先生《"达人"形象与谢氏门风——谢灵运〈述祖德诗〉析疑》则指出谢安、谢玄并未符合"达人"形象。③

在文学史研究方面，以山水诗研究成果最为丰富。缪钺先生《六朝五言诗之流变》《清谈与魏晋政治》，王瑶先生《玄言·山水·田园——论东晋诗》，葛晓音先生《走出理窟的山水诗——兼论大谢体在唐代山水诗中的示范意义》考察了玄学清谈对康乐山水诗的影响④；周勋初先生《论谢灵运山水文学的创作经验》与赵昌平先生《谢灵运与山水诗起源》分析谢灵运山水诗写作对魏晋文学创作经验的继承⑤；张国星先生《佛学与谢灵运的山水诗》，钱志熙先生《谢灵运〈辨宗论〉和山水诗》，李小荣先生、张志鹏先生《净土观想与谢灵运山水意象及意境之关系略探》则通过山水诗论述了佛教思想对谢灵运的浸染⑥；冈村繁先生《"庄老告退，山水方滋"考——淝水の战の文化史的意义》认为山水文学是贵族文化的夸示⑦；王国璎先生《中国山水诗研究》指出谢灵运山水诗的成功在于在遣词造句上力图变新，"追琢返于自然"⑧。此外，沈振奇先生《陶谢诗之比较》与白振奎《陶渊明谢灵运诗歌比较研究》从各个角度对比了陶渊明、谢灵运二人的诗歌。⑨ 张紫君先生《徘徊去就——论谢灵运山水用〈易〉诗中展现的意境与人生》与铃木敏雄先生《谢灵运の诗表现の一特色——〈楚辞〉との关联 中心に》则从用典考察谢氏诗文。⑩

---

① 《缪钺全集》第七卷《冰茧庵札记》，石家庄：河北教育出版社，2004 年，第 223～225 页。
② 沈文见《社会科学战线》1987 年第 2 期，陈文见《北京大学学报》（哲学社会科学版）1992 年第 2 期。
③ 北京大学中国传统文化研究中心编：《文化的馈赠——汉学研究国际会议论文集》（语言文学卷），北京：北京大学出版社，2000 年，第 155～171 页。
④ 《六朝五言诗之流变》，《缪钺全集》第二卷《冰茧庵古典文学论集》，第 56～59 页；《清谈与魏晋政治》，《缪钺全集》第一卷（上）《冰茧庵读史本稿》，第 126～148 页。王文见氏著《中古文学史论》，北京：北京大学出版社，1986 年，第 242～260 页。葛文见《谢灵运研究论集》，第 223～240 页。
⑤ 周文见《谢灵运研究论集》，第 156～171 页；赵文见《谢灵运研究论集》，第 187～210 页。
⑥ 张文见《谢灵运研究论集》，第 271～285 页；钱文见《谢灵运研究论集》，第 286～301 页；李、张文见《社会科学研究》2007 年第 5 期。
⑦ 《中国文学论集》第三十二号，2003 年。
⑧ 《中国山水诗研究》第一部分之三"中国山水诗的流变——南朝至晚唐"，第一章"山水与庄老名理并存"，台北：联经出版事业股份有限公司，1986 年，第 151～178 页。
⑨ 沈书，台北：台湾学生书局，1986 年；白书，上海：上海辞书出版社，2006 年。
⑩ 张文见《辅大中研所学刊》2002 第 12 期；铃木文由宋红翻译，见《世界华学期刊》1982 年第 6 期。

因思想史研究与本文主题关系不大，故暂不赘。①

以上成果为本研究的展开奠定了坚实的基础，尤其是缪钺先生《谢灵运的政治活动》从宏观上把握康乐宰相之志，黄节先生《谢康乐诗注》于细微处见康乐心志，对笔者启发良多。但可以看到，谢灵运的文学家形象远较政治家形象丰满，而对于其文学作品中的政治意味也未有较为系统的解读。

谢灵运为谢玄之孙，自负良才，有很强的功名心。出于维持门第的需要及对玄学理想人格的追求②，他在政治上积极进取，然而一生仕宦并不得意。少帝世，灵运出守永嘉，在郡一年即隐居；文帝世，被征为秘书监，两年后再次隐居。最后因被诬谋反，流放广州，终于弃市。③

谢灵运与刘义真的交往，不少学者都曾注意到，④但对二人的内心情感以及这种交往给谢灵运宋初政治处境带来的影响，则鲜有深入分析。笔者认为，谢灵运与庐陵王义真的交往，是其少帝世政治悲剧的直接原因，并间接影响其文帝世的政治命运。

史籍中关于二人的交游，主要有三条史料，以下试作分析。

第一条出自《宋书·武三王传》：

> 义真聪明爱文义，而轻动无德业。与陈郡谢灵运、琅邪颜延之、慧琳道人并周旋异常，云得志之日，以灵运、延之为宰相，慧琳为西豫州都督。徐羡之等嫌义真与灵运、延之昵狎过甚，故使范晏从容戒之。义真曰："灵运空疏，延之隘薄，魏文帝云鲜能以名节自立者。但性情所得，未能忘言于悟赏，故与之游耳。"⑤

从这段材料可以看出，义真"轻动无德业"，灵运"空疏"，延之"隘薄"，三人有不轨之

---

① 汤用彤先生曾四写谢灵运，1946年发表之《谢灵运〈辨宗论〉书后》置谢氏于玄学、禅宗、理学的脉络之中，分析此论的思想史意义，见《魏晋玄学论稿》，《汤用彤全集》第四卷，石家庄：河北人民出版社，2000年，第96～102页。陈寅恪先生1933年《天师道与滨海地域之关系》一文指出谢灵运亦名客儿及以"灵"为名字当因其家世信仰道教，见《金明馆丛稿初编》，北京：生活·读书·新知三联书店，2001年，第1～46页；1935年《武曌与佛教》论及谢灵运《辨宗论》之华夷分别，见《金明馆丛稿二编》，北京：生活·读书·新知三联书店，2001年，第153～174页；1945年《陶渊明之思想与清谈之关系》指出灵运《从游京口北固应诏诗》反映了名教自然合一说，该文分天师道世家对待佛教之态度为排斥、皈依与调和三种，见《金明馆丛稿初编》，第180～205页。而其弟子周一良先生1981年《论梁武帝及其时代》一文沿此思路，指出东晋南朝存在天师道世家子弟改信佛教的现象，谢氏即为一例，见《魏晋南北朝史论》，《周一良集》第一卷，沈阳：辽宁教育出版社，1998年，第427页。
② 缪钺：《清谈与魏晋政治》。
③ 《宋书》卷六十七《谢灵运传》，北京：中华书局，1974年，第1743～1779页。
④ 如祝总斌先生《晋恭帝之死和刘裕的顾命大臣》，《北京大学学报》1986年第2期，又见氏著：《中国古代史研究》，西安：三秦出版社，2006年，第240～273页（收入该书时更名为《晋恭帝之死与宋初政争》）。如王永平先生《庐陵王刘义真之死与刘宋初期之政局——从一个侧面透视晋宋之际士族与寒门的斗争》，《江苏社会科学》2009年第4期。此外，谢灵运研究者也注意到灵运少帝世的政治命运与义真相关。
⑤ 《宋书》卷六十一，第1634～1635页。

心,希图"得志"。

第二条出自谢灵运《庐陵王墓下作》李善注：

> 属少帝失德,朝廷谋废立之事,次在庐陵,言庐陵轻诡,不任主社稷,因其与少帝不协,徐羡之等奏废庐陵为庶人,徙新安郡。羡之使使杀庐陵也。后有谮灵运欲立庐陵王,遂迁出之。后知其无罪,追还。①

这条材料中的某些内容,与传世正史所载颇有出入。李善并未注明史源,或是根据当时尚存于世的一些史籍概括而成。值得注意的是,其中有"灵运欲立庐陵王"的说法,此事是否真实,因史料缺失已难以确考。但此说法至少代表时人对二人关系的一种认识,联系第一条材料"得志之日"云云,并非无根之谈,至少暗示二人有不同寻常的交往关系,以致引起当政者之猜忌。

第三条出自《宋书·谢灵运传》：

> 庐陵王义真少好文籍,与灵运情款异常。少帝即位,权在大臣,灵运构扇异同,非毁执政,司徒徐羡之等患之,出为永嘉太守。②

值得注意的是：其一,对比起第一条材料,史臣的这段话则显得相当中性,以"情款异常"替代"周旋异常",显示二人交游出于真心,并非纯粹为了在政治上互相利用；其二,对比起第二条材料,则谢灵运出守永嘉的真实原因是"非毁执政",而并非"欲立庐陵王"。

缪钺先生考察陈寿《三国志》,曾经指出：

> ……古人著书,常有不便明言者,而用巧妙的笔法以寄托其深意微旨。……陈寿身为晋臣,撰修史书,当然不便也不敢揭发批评司马氏,甚至于要为他们粉饰；……不过,陈寿在某些地方,还是有时用微妙曲折的笔法透露一点自己的意见,尽管这些意见往往是不符合司马氏心意的。③

这段话或可移之于沈约。沈约对谢灵运的文学才华相当推崇,对谢灵运本人的政治悲剧可能也持较为同情的态度,故在其列传中留下了这样的材料。

这提示我们,谢灵运出守永嘉、隐居始宁的真实原因,应当放回景平年间的政坛,置于与庐陵王义真、徐羡之等"执政"的人际关系之中,重新加以考察。

陈寅恪先生曾提出"文史互证"的方法,景蜀慧师指出此方法对魏晋南北朝史研究的意义主要在于史料之拓展与阅读之深入,并将魏晋南北朝诗文的史料价值概括为以下两点：其一,在政治、思想、文化、社会风习、个人生活等方面,可补正史之阙；其二,大

---

① 《谢康乐诗注》,第650页。
② 《宋书》卷六十七,第1735页。
③ 《陈寿评传》,《缪钺全集》第四卷《〈三国志〉与陈寿研究》,第262～263页。

量个人情感心态成分本身即构成当时历史的一个侧面。①

具体到本文的研究上，谢灵运为刘宋一代最具高名的诗人之一，擅于以情赅事，借古讽今，不少作品看似空洞，实则可加以系年，落实于史事。故相应地具有如下史料价值：一是将康乐诗文与史书记载相互发明，考察其仕宦经历，补正史之阙；二是通过诗文解读，考察其情感与寄托，从而把握其政治追求及思想理念。

陈寅恪先生著《柳如是别传》曾指出："解释古典故实，自当引用最初出处，然最初出处，实不足以尽之，更须引其他非最初；而有关者，以补足之，始能通解作者遣词用意之妙。"② 康乐诗文注家甚多，多重在引用古典以解释词句，考证本事。笔者则在此基础之上，发掘"其他非最初而有关者"以补之。

因此，本文将从少帝世的政治背景入手，考察景平政坛的形势，进而以"文史互证"的眼光审视谢灵运之诗文，把握其仕宦经历与政治追求。

二、刘宋景平年间的政治背景

永初三年（422）三月，刘裕不豫，以司徒庐陵王义真为车骑将军、开府仪同三司、南豫州刺史。五月，刘裕病重，遗诏以徐羡之、傅亮、谢晦、檀道济顾命。武帝崩后，少帝即位，刘义真镇历阳。景平二年（424）二月癸巳，义真被废为庶人，徙新安郡。五月，徐羡之、傅亮、谢晦、檀道济废义符。六月，徐羡之遣使杀义符、义真。八月，义隆即位。③

顾命集团（徐羡之、傅亮、谢晦、檀道济）与刘义真集团（刘义真、谢灵运、颜延之、释慧琳）的对抗推动了景平政局的发展。在此期间，有以下三点值得注意：刘义真与刘义符的关系，刘义真在历阳的政治活动，谢晦对刘义真集团态度的转变。以下试分论之。

（一）刘义真与刘义符的关系

武帝世，义符、义真地位升降如下：

义熙二年（406），十月刘裕被封为豫章公。义熙十一年（415），义符拜豫章公世子，为兖州刺史。义熙十二年（416），义符为豫州刺史，徐、兖二州刺史。义熙十三年（417），八月刘裕北征发京师，义符为中军将军，监太尉留府事，义真从征；十二月刘裕

---

① 景蜀慧：《"文史互证"方法与魏晋南北朝史研究》，《中山大学学报》（社会科学版）2000年第1期。

② 陈寅恪：《柳如是别传（上）》，北京：生活·读书·新知三联书店，2001年，第11页。

③ 《宋书》卷三《武帝纪下》，第58～59页；卷四《少帝纪》，第63～66页；卷五《文帝纪》，第72页。

东还,义真留为雍州刺史。义熙十四年(418),六月刘裕受相国宋公九锡之命,义符拜宋世子,中军将军,副贰相国府;十月雍州刺史义真被征还,为司州刺史,改除扬州刺史。元熙元年(419),刘裕进爵为宋王,义符进为宋太子。永初元年(420),六月丁卯武帝受禅;八月癸酉义符立为皇太子,义真封庐陵王。永初二年(421),正月丙寅以扬州刺史庐陵王义真为司徒,五月己酉置东宫屯骑、步兵、翊军三校尉官。永初三年(422),刘裕不豫,以义真为南豫州刺史,出镇历阳,未出镇而高祖崩。①

在此期间,义符的储君之位并不稳固,有两条材料值得注意。第一条出自《宋书·张邵传》,曰:

> 十四年,以世子镇荆州,邵谏曰:"储贰之重,四海所系,不宜处外,敢以死请。"从之。②

正月刘裕欲出义符为荆州刺史,因张邵之谏而以义隆代之,而六月宋台建,十月刘裕召还义真,以之为扬州刺史。另一条出自《南史·宋宗室及诸王传上》,曰:

> 初,少帝之居东宫,多狎群小,谢晦尝言于武帝曰:"陛下春秋既高,宜思存万代。神器至重,不可使负荷非才。"帝曰:"庐陵何如?"晦曰:"臣请观焉。"晦造义真,义真盛欲与谈,晦不甚答,还曰:"德轻于才,非人主也。"由是出居于外。③

武帝曾有意以义真代义符继位。因此,当武帝最终择定义符,便将义真迁出,避免二子相争造成政局的动荡。

由此可见,少帝与庐陵王之间关系颇为微妙。作为世子之义符,对义真应是不无猜忌的。

(二) 刘义真在历阳的政治活动

《宋书·庐陵王传》曰:

> (义真)及至历阳,多所求索;美之等每裁量不尽与,深怨执政,表求还都。而少帝失德,美之等密谋废立,则次第应在义真,以义真轻訬,不任主社稷,因其与少帝不协,乃奏废之,曰:

> "……先帝贻厥之谋,图虑经固,亲敕陛下,面诏臣等,若遂不悛,必加放黜;至言苦厉,犹在纸翰。而自兹迄今,日月增甚,至乃委弃藩屏,志还京邑,潜怀异图,希幸非冀,转聚甲卒,征召车马。陵坟未干,情事犹昨,遂蔑弃遗旨,显违成规,整桴浮身,以示归志,肆心专己,无复咨承。……"

---

① 《宋书》卷一《武帝纪上》,第1~23页;卷二《武帝纪中》,第27~48页。
② 《宋书》卷四十六,第1394页。
③ 《南史》卷十三,北京:中华书局,1975年,第365页。

>乃废义真为庶人,徙新安郡。①

《宋书·何尚之传》记载:

>少帝即位,为庐陵王义真车骑咨议参军。义真与司徒徐羡之、尚书令傅亮等不协,每有不平之言,尚之谏戒,不纳。②

从两段引文可以看出,庐陵王义真与执政徐羡之、傅亮积怨,并曾表求还都。而义真所以表求还都,徐羡之谓为"潜怀异图,希幸非冀"。周一良先生《刘义庆传之"世路艰难"与"不复跨马"》一文曾指出,"刘义庆唯恐政治上遭猜忌,不敢复跨马驰骋,遂转而召集聚文学之士,游心于著述","东晋南朝后期骑马一事在某种程度上竟成政治野心之表现,恰可与义庆'不复跨马'之事相参证"。③刘宋猜忌防嫌宗室,而刘义真竟"表求还都",其事之性质更远过于"跨马",为当政者所忌自不待言。然而,若义真确实图谋不轨,似不应以"表求还都"的方式将自己的野心暴露于少帝之前。

最初注意义真求还之事的为吕思勉先生。吕思勉先生治秦汉史,曾指出史书所言昌邑王罪状皆不足信,其被废黜乃是因有收回霍光权力之迹象④;治刘宋史时,对义符义真被废之事也并不轻信史家所言。1948年出版《两晋南北朝史》,第八章"宋初南北形势"第一节"宋初内衅"之中,注意到《范泰传》载泰谏少帝之辞曰"伏闻陛下,时在后园,颇习武备",并结合《义真传》《谢灵运传》《颜延之传》关于三人与徐羡之等的矛盾,作出如下的推测:

>盖少帝年少,羡之等不免专权。延之、灵运,皆轻躁之徒,疏于虑患,遂乘机构扇义真,兄弟合谋,欲除其偪。后园之习武备,淮左之求入朝,所图正是一事。云庐陵与少帝不协,则适得其反矣。⑤

吕思勉先生的推测并未得到学界足够的重视,当是因为先生并未找到材料支持此说,作进一步论证。然而,颜延之的《祭屈原文》却保留了一定的线索。

颜延之与谢灵运相似,任职东宫而与义真交好。义熙十二年八月,颜延之为豫章公世子中军行参军。义熙十三年,颜延之为奉常郑鲜之举为博士,迁世子舍人。永初元年,颜延之任太子舍人。⑥

少帝世,颜延之出守始安,途中作《祭屈原文》。杨晓斌先生通过精细考证,指出此文应当作于景平二年五月五日,并指出颜延之离都为徐傅废立策略之一,即"外放亲信大

---

① 《宋书》卷六十一,第1636~1637页。
② 《宋书》卷六十六,第1733页。
③ 周一良:《魏晋南北朝史札记》,北京:中华书局,1985年,第159~161页。
④ 吕思勉:《秦汉史》,上海:上海古籍出版社,2005年,第135页。
⑤ 吕思勉:《两晋南北朝史》,上海:上海古籍出版社,2005年,第299~302页。
⑥ 《宋书》卷七十三《颜延之传》,第1891~1892页。

臣，使刘义符彻底成为孤家寡人"。①

笔者认同其考证，但以下两点则可与之商榷：其一，作者注意到颜延之与义符的关系，却对其与义真的关系未给予足够的重视，颜延之所以被外放，不止因义符亲信大臣之身份，亦因与义真周旋异常。而景平元年（423）春颜延之身在建康，在吕说的基础上，我们不妨推测，颜延之可能便是沟通义符义真的桥梁，因此触怒徐傅。其二，外放者或者不仅是徐傅，可能是义符亲为，可以想见，这是徐傅挑拨义符义真的结果。而挑拨所以成功，则是因武帝朝义符义真确有嫌隙。

《祭屈原文》有云：

> 日若先生，逢辰之缺，温风急时，飞霜急节。嬴芈遘纷，昭怀不端；谋折仪尚，贞蔑椒兰。

李注曰：

> 嬴，秦姓；芈，楚姓。王逸《楚辞序》曰：是时秦昭王使张仪谲诈怀王，令绝齐交，又使诱怀王请与俱会武关，遂胁与俱归，拘留不遣，卒客死于秦。……《史记》曰：楚怀王既绌屈平，秦乃令张仪事楚。秦昭王欲与怀王会，欲行，屈平曰：秦不可信。王问子兰，兰劝王行。秦因留怀王。②

秦昭王与张仪之谲诈应是影射徐傅二人，而楚怀王听信谗言、留秦不还，暗指义符。在义真集团与顾命集团的角力中，少帝最终偏于权臣而疑忌庐陵王诸人，结果在景平二年五月乙酉被废，而此事，恰发生在本文写作的前后。此外，元嘉三年（426）《和谢监灵运》之"吊屈汀州浦，谒帝苍山蹊"亦暗用此典。③

结合吕思勉先生的猜测与颜延之的《祭屈原文》，可以推测，刘义真之"表求还都"，可能正是少帝的意旨，而颜延之则是沟通义符义真的桥梁；但兄弟之合谋最终因徐傅的挑拨而失败，义真"表求还都"之事遂被扣上"希幸非冀"的罪名。

除了颜延之《祭屈原文》可以证实吕思勉先生的推测，时人对于义真形象的认识也可佐证此说。《南史·王华传》记载王华劝文帝入奉大统，有谓"（徐傅）畏庐陵严断，将来必不自容"④，以"严断"形容义真，与所谓"轻动无德业""轻訬，不任主社稷"相当不同。这显示"畏庐陵严断，将来必不自容"方为义真被徐傅废为庶人的真实原因，"废昏立明"仅为借口，刘义真"希幸非冀"当亦出于捏造。

---

① 杨晓斌：《颜延之生平与著述考》，兰州：西北师范大学博士学位论文，2005 年，第 36～45 页。
② 《文选》卷六十，上海：上海古籍出版社，1986 年，第 2607 页。
③ 《文选》卷二十六，第 1206 页。
④ 《南史》卷二十三，第 626 页。

（三）谢晦对刘义真集团态度的转变

以上在吕说的基础上，指出义符为对抗权臣，曾放下猜忌，与义真联合。而可以与此并观的是，顾命集团成员之一的谢晦，对于义真集团的态度也呈现出转变的过程。

从以上《南史·宋宗室及诸王传上》之引文可以看出，义真"盛欲与谈"的态度显示其有意拉拢谢晦，而武帝世义真出镇历阳，主要决策者即为谢晦。但在义真集团与顾命集团的抗争中，谢晦却对前者表现出同情的态度。

《宋书·谢灵运传》曰：

> 在郡一周，称疾去职，从弟晦、曜、弘微等并与书止之，不从。①

灵运去职，谢晦曾与书止之。而灵运赴任及隐居，途中曾两次寄书谢晦。②

《宋书·颜延之传》曰：

> 庐陵王义真颇好辞义，待接甚厚；徐羡之等疑延之为同异，意甚不悦。少帝即位，以为正员郎，兼中书，寻徙员外常侍，出为始安太守。领军将军谢晦谓延之曰："昔荀勖忌阮咸，斥为始平郡，今卿又为始安，可谓二始。"③

则与颜延之有矛盾的是徐傅二人，谢晦则指斥徐羡之。

范泰对义真集团持同情态度。④ 其元嘉三年上表，中有一事即为谢晦妇女求情，而此书上奏后，文帝乃原谢晦妇女。⑤ 显示谢晦与义真集团关系较好，这与徐傅相当不同。

因此，有必要审视谢晦在顾命集团中的地位。《宋书·王华传》曰：

> 太祖入奉大统，以少帝见害，疑不敢下。华建议曰："羡之等受寄崇重，未容便敢背德，废主若存，虑其将来受祸，致此杀害。盖由每生情多，宁敢一朝顿怀逆志。且三人势均，莫相推伏，不过欲握权自固，以少主仰待耳。今日就征，万无所虑。"⑥

"三人势均，莫相推伏"是徐傅谢三人关系的真实写照。

《宋书·徐羡之传附兄子佩之传》曰：

---

① 《宋书》卷六十七，第1754页。
② 见《谢灵运集校注》，第271～272页，第302～306页。
③ 《宋书》卷七十三，第1892页。
④ 《宋书》卷六十《范泰传》记载："徐羡之、傅亮等与泰素不平，及庐陵王义真、少帝见害，泰谓所亲曰：'吾观古今多矣，未有受遗顾托，而嗣君见杀，贤王婴戮者也。'"（第1620页）又记载，义隆即位后范泰意欲上表谏加赠庐陵王，自谓"复沾庐陵矜顾之末"，终因诸子的阻止而作罢（第1621页）。
⑤ 见《宋书》卷六十《范泰传》，第1622页。
⑥ 《宋书》卷六十三，第1676页。

景平初，以羡之秉权，颇豫政事。与王韶之、程道惠、中书舍人邢安泰、潘盛相结党与。时谢晦久病，连灸，不堪见客。佩之等疑其托疾有异图，与韶之、道惠同载诣傅亮，称羡之意，欲令亮作诏诛之。亮答以为："己等三人，同受顾命，岂可相残戮！若诸君果行此事，便当角巾步出掖门耳。"佩之等乃止。①

祝总斌先生认为徐羡之、佩之等怀疑谢晦，实际上正是刘裕怀疑谢晦的延续，②恐怕尚未能得其实，颇怀疑谢晦所以托疾不见客，当因不愿参与徐傅二人对义真集团的打击，而佩之所谓"异图"，或是指倒戈投向义真阵营。

而谢晦对义真集团态度的转变，可能出于以下两个原因：

一是与谢灵运的亲属关系。东晋淝水之战奠定了陈郡谢氏在晋末宋初的政治地位，谢安谢玄都身居高位，维持家族门第的愿望在谢氏后人身上得到不同程度的体现，最典型的即谢混、谢晦、谢灵运。③此时正是东晋门阀政治转入南朝君主政治的过渡时期，父祖一辈的功名尚是鲜明的记忆，谢晦、谢灵运可能有意再造陈郡谢氏与司马氏共治天下的局面，谢晦为谢灵运族弟，若谢晦辅佐义符，谢灵运辅佐义真，二人联手则可使谢氏成为刘宋王朝的高门。谢晦谢灵运二人的努力可以视作西晋末年王氏"三窟"之计不成功的翻版④，后者以"王与马，共天下"开创了江左门阀政治之格局，前者却无能挽救谢氏由高门沦为衰宗的命运。

二是徐傅二人之门第与谢晦有高下之别，在顾命名单中却反居谢晦之前。《南史·王华传》有谓"徐羡之中才寒士，傅亮布衣诸生"⑤。按徐羡之出身东海徐氏，"起自布衣，又无术学"⑥。门第甚寒；傅亮出身北地傅氏，亦非望族。而武帝临终安排顾命大臣，徐羡之为司空、录尚书事，傅亮为中书令，谢晦为领军将军，檀道济为镇北将军；少帝即位后，傅亮为中书监、尚书令，谢晦则为中书令。祝总斌先生指出，从汉代以来，领、录尚书事的权力视君主委任程度而定。而东晋朝，录尚书事出现以下四点变化：除特殊原因外，一直设立，没有中断；在制度上明确规定录尚书事权力是"职无不总"，同时录尚书事名目增加；从具体人选看，高级士族借助录尚书事制度控制朝政之性质，便更为清楚；录尚书事在实际政治操作中握有大权，被称作宰相。而绝大多数情况下，尚书令、仆射当受录尚书事支配。直到宋文帝消灭义康势力，录尚书事权力方被削弱。此外，东晋中书

---

① 《宋书》卷四十三，第1335页。
② 见祝总斌前揭文，氏著：《中国古代史研究》，第255～257页。
③ 参见田余庆：《陈郡谢氏与淝水之战》，氏著：《东晋门阀政治》，北京：北京大学出版社，2005年，第163～209页。
④ 参见田余庆：《释"王与马共天下"》，氏著：《东晋门阀政治》，第1～31页。
⑤ 《南史》卷二十三，第626页。
⑥ 《宋书》卷四十三《徐羡之传》，第1331页。

监、令往往同时是录尚书事宰相，权力因此相当之大。① 可见，徐傅谢三人之中，徐羡之最为尊宠，傅亮次之。可以想见，谢晦对于徐傅二人之弄权，或有可能产生抵触情绪，因此转而对同与徐傅对抗的义真集团产生同情心理。

三、诗文所见谢灵运对刘义真的情感与寄托

刘义真曾许灵运为宰相，灵运对其寄望颇深，刘义真之表求入都、被废、被杀，都以微妙曲折的方式体现于灵运诗文之中。而文帝世，灵运仅以文义见接，政治上的失意使其对当年义真的知遇之恩分外感念，这也不免流露于笔端。以下试分析谢灵运景平年间与元嘉年间的诗文。

（一）少帝世对义真的寄托与情感

刘义真永初三年秋离开京城，景平二年二月被废始安，超过一年半的时间在历阳，期间事迹仅可见"表求还都"。然而，不独其求还建康的真实原因被徐傅抹去，其上表时间亦不见于史籍。此外，义真被杀之时间，史传记载也互有出入，《宋书》之中，《少帝纪》系于二月②，《武三王传》则系于六月③，《徐羡之传》系在六月④，《南史·宋本纪上》则系在二月⑤。司马光《通鉴考异》认为六月为是：

> 《宋》《南史》本纪二月废义真，徙新安之下即云执政使使者诛义真于新安，《宋》《义真传》六月癸未羡之等遣使杀义真于徙所，《羡之传》亦云废帝后杀义真于新安，杀帝于吴县。按《长历》，六月庚寅朔，无癸未，盖癸丑也。⑥

司马光亦是出于推测，并未给予具体的考证。

在义真被出、被废、被杀的过程中，谢灵运永初三年七月离开京城前往永嘉，八月到达，景平元年秋即称疾离任，隐居故乡始宁。义真上表、被杀之时间，史书没有明确书写，但灵运诗文中有可供发覆的线索，以下试作考释，作一解说，并且通过对灵运与义真相关之诗文的解读，把握灵运对义真的情感与寄托。

---

① 祝总斌：《两汉魏晋南北朝宰相制度研究》，北京：中国社会科学出版社，1990年，第179～187页，第198～201页。
② 《宋书》卷四，第65页。
③ 《宋书》卷六十一，第1638页。
④ 《宋书》卷四十三，第1332页。
⑤ 《南史》卷一，第30页。
⑥ 《资治通鉴》，北京：中华书局，2009年，第3769页。

1. 永嘉任上

谢灵运离开京城,作《永初三年七月十六日之郡初发都》,诗曰:

> 述职期阑暑,理棹变金素。秋岸澄夕阴,火旻团朝露。辛苦谁为情,游子值颓暮。爱似庄念昔,久敬曾存故。如何怀土心,持此谢远度。李牧愧长袖,郤克惭躧步。良时不见遗,丑状不成恶。曰余亦支离,依方早有慕。生幸休明世,亲蒙英达顾。空班赵氏璧,徒乖魏王瓠。从来渐二纪,始得傍归路。将穷山海迹,永绝赏心晤。①

首句交待出守时间。"述职"指诸侯治事②,"阑暑"指夏末暑气将尽,故"述职期阑暑"或当指灵运曾期望在武帝身后辅佐义真。"理棹变金素"之"变"字则暗指武帝驾崩前后政局之变换,义真被出,少帝继位,灵运也被出永嘉。

诗中"英达"当指义真。按"赏心"一词六见康乐笔下,本诗而外,尚有《晚出西射堂》(全诗见下)之"含情尚劳爱,如何离赏心",《游南亭》(全诗见下)之"我志谁与亮,赏心惟良知",《田南树园激流植援》之"赏心不可忘,妙善冀能同"③,《拟魏太子邺中集诗》序之"天下良辰、美景、赏心、乐事,四者难并;今昆弟友朋,二三诸彦,共尽之矣"④,《酬从弟惠连》之"永绝赏心望,长怀莫与同。末路值令弟,开颜披心胸"⑤,《酬》诗交待二人过从始末,在"永绝赏心望"后谓"末路值令弟",则"赏心"非为惠连而当指义真。

而"空班"句有空怀才能,辜负义真之意,"久敬曾存故"亦暗含此意,黄节先生注引《韩诗外传》典故,曾子答子夏有三费,灵运取其第三费,"久友交而中绝",而第二费即为"事君有功,轻而负之"。⑥

谢灵运抵达永嘉之后,永初三年秋作《晚出西射堂》,诗曰:

> 步出西城门,遥望城西岑。连障叠巘崿,青翠杳深沉。晓霜枫叶丹,夕曛岚气阴。节往戚不浅,感来念已深。羁雌恋旧侣,迷鸟怀故林。含情尚劳爱,如何离赏心。抚镜华缁鬓,揽带缓促衿。安排徒空言,幽独赖鸣琴。⑦

---

① 《谢康乐诗注》,第611页。
② 李善注引《尚书大传》曰:"古者诸侯之于天子,五年一朝,朝见其身,述其职",《汉书·王吉传》曰:"昔召公述职,……舍于棠下而听断焉",方虚谷据此解作诸侯治事(《谢康乐诗注》,第611、613页),叶笑雪与顾绍柏先生则认为指任职地方(见叶笑雪选注:《谢灵运诗选》,上海:古典文学出版社,1957年,第22页;顾绍柏:《谢灵运集校注》,第36页)。
③ 《谢康乐诗注》,第642页。
④ 《谢康乐诗注》,第682页。
⑤ 《谢康乐诗注》,第663页。
⑥ 《谢康乐诗注》,第612页。
⑦ 《谢康乐诗注》,第618页。

"步出"句仿阮籍《咏怀·其九》"步出上东门,北望首阳岑"①,原诗借伯夷叔齐不食周粟之典表达对魏晋革命的不满。"安排"李善注引《庄子》:"仲尼谓颜回曰:'安排而去化,乃入于寥天一。'"郭象注曰:"安于推移,而与化俱去,故乃入于寂寥,而与天惟一也。"②"幽独"李善注引《楚辞》:"幽独处乎山中"③。"鸣琴"则当是用阮籍《咏怀·其一》"夜中不能寐,起坐弹鸣琴"意④,末句表达此番深衷且不能借老庄之"安排"遣之。纵观全篇,"节往"以下四句可谓本诗的核心,"节往"暗指政局之变动,灵运深为感念,并以"羁雌""迷鸟"自比,以"旧侣""故林"指代义真,接以"如何离赏心"之问,表现了诗人内心之愤懑迷惘及对故人的思念。

景平改元,康乐心志则在是年春诸诗文中留下痕迹,频频借节物之变换写政权之更替。

《登池上楼》曰:

> 潜虬媚幽姿,飞鸿响远音。薄霄愧云浮,栖川怍渊沉。进德智所拙,退耕力不任。徇禄反穷海,卧疴对空林。衾枕昧节候,褰开暂窥临。倾耳聆波澜,举目眺岖嵚。初景革绪风,新阳改故阴。池塘生春草,园柳变鸣禽。祁祁伤豳歌,萋萋感楚吟。索居易永久,离群难处心。持操岂独古,无闷征在今。⑤

"初景"以下三句描绘时间之推移、节物之变换、诗人之所感,前人已注意到此中所隐含的政治意味。清吴淇曰:

> 余览《吟窗杂录》云:"康乐坐此诗得罪,池塘二句,因托阿连梦中授此语。客有请于舒王曰:'不知此诗何以得名于后世?何以得罪于当时?'王曰:'权德舆已尝评之,公若未寻绎尔。'客退而求德舆集,弗得,复以为问。王诵其略曰:'池塘者,泉洲潴溉之地,今日生春草,是王泽竭也。豳风所纪,一虫鸣则一候变,今日变鸣禽者,候将变也。'"
>
> 由舒王此言观之,则于鸣禽句之下,即接以祁祁句,是叹周公之不作也。萋萋句以庄舃自喻,谓外补远郡,无异羁囚也。⑥

---

① 陈伯君校注:《阮籍集校注》卷下,北京:中华书局,1987年,第240页。
② 《谢康乐诗注》,第618页。
③ 《谢康乐诗注》,第618页。
④ 陈伯君校注:《阮籍集校注》卷下,第210页。
⑤ 《谢康乐诗注》,第619页。
⑥ 《谢康乐诗注》,第620页。陈应行《吟窗杂录》卷三八原文略有不同,作"灵运坐此诗得罪,遂托以阿连梦中授此语。有客以请舒王曰:'不知此诗何以得名于后世?何以得罪于当时?'舒王曰:'权德舆已尝评之,公若未寻绎尔。'客退而求德舆集,了无所得,复以为请。舒王诵其略曰:'池塘者,泉川潴溉之地,今日生春草,是王泽竭也。豳诗所纪一虫鸣则一候变,今日变鸣禽者,候将变也。'"(《吟窗杂录》,北京:中华书局,1997年,第1052页。吴淇《六朝选诗定论》原文字句略有出入,见《四库全书存目丛书补编》11册,济南:齐鲁书社,2001年,第294下~295上)

《吟窗杂录》为宋陈应行所作,舒王即王安石。"池塘"句,确如舒王所言。"祁祁"句,则似尚有可发覆之处。"祁祁伤豳歌"出《豳风·七月》"春日迟迟,采蘩祁祁"①,吴淇谓叹周公不作,揆之今典,此处当暗指义真。按义真当时之处境颇与周公类似。《毛诗》序谓:"《七月》,陈王业也。周公遭变,故陈后稷先公风化之所由,致王业之艰难也。"《毛诗正义》陆德明解题谓:"周公遭流言之难,居东都,思公刘、大王为豳公,忧劳民事,以此叙己志而作《七月》《鸱鸮》之诗。"② 而义真因被猜忌,出镇历阳,正有类于周公之"遭流言之难""遭变故"而"居东都"。值得注意的是,《豳风·七月》"采蘩祁祁"句下,更有"女心伤悲,殆及公子同归"之句③,此二句李善注中未引,但恐正为康乐用此典深意之所在。"萋萋感楚吟"吴淇谓指庄舄,不若取李善注引楚辞"王孙游兮不归,春草生兮萋萋"④ 为恰,盖《石门新营所住四面高山回溪石濑茂林修竹》(全诗见下)之"裊裊秋风过,萋萋春草繁。美人游不还,佳期何由敦",《悲哉行》(全诗见下)之"萋萋春草生,王孙游有情,差池燕始飞,夭袅桃始荣",亦为游人未归而发。此联中之公子与王孙,当是暗指义真。缪先生论屈原作品之文学价值,有曰:

> 屈原作品中喜用美人香草,香草自喻其德行节操,美人则比君主。《大雅》《小雅》写政治上之感愤哀怨,皆明言之,而屈原则借男女离合亲疏幽忆怨断之情以表达之,《诗经》仅温柔敦厚,《楚辞》则更芳馨悱恻,此点影响后世文学者尤巨。⑤

康乐亦承袭了《楚辞》这个传统。

其乐府《悲哉行》云:

> 萋萋春草生,王孙游有情。差池燕始飞,夭袅桃始荣。灼灼桃悦色,飞飞燕弄声。檐上云结阴,涧下风吹清。幽树虽改观,终始在初生。松茑欢蔓延,樛葛欣藟萦。眇然游宦子,晤言时未并。鼻感改朔气,眼伤变节荣。侘傺岂徒然,澶漫绝音形。风来不可托,鸟去岂为听。⑥

康乐此乐府历代注家难于系年,细绎其内容与情调,多与《登池上楼》相符,节气变改,有感而发,故姑系于此。"差池燕始飞"用《邶风·燕燕》之典:"燕燕于飞,差池其羽。之子于归,远送于野。瞻望弗及,泣涕如雨。"⑦ "夭袅桃始荣"用《周南·桃夭》之典:

---

① 《谢康乐诗注》,第 620 页。
② 《毛诗正义》卷八,阮刻《十三经注疏》,北京:中华书局,1980 年,第 119 页中。
③ 程俊英、蒋见元:《诗经注析》,北京:中华书局,1991 年,第 409 页。
④ 《谢康乐诗注》,第 620 页。
⑤ 《缪钺全集》第六卷之"中国文学史讲演录(唐以前)"第二章"《楚辞》",石家庄:河北教育出版社,2004 年,第 42 页。
⑥ 《谢康乐诗注》,第 587 页。
⑦ 《诗经注析》,第 69 页。

"桃之夭夭，灼灼其华。之子于归，宜其室家。"① "松茑欢蔓延"典出《小雅·頍弁》："茑与女萝，施于松柏。"② 此典亦见《古诗十九首》之八："与君为新婚，兔丝附女萝。" "樛葛欣虆萦"典出《周南·樛木》："南有樛木，葛藟累之。"③ 四个典故借写男女之欢爱，伤己君臣之不遇。

《郡东山望溟海》曰：

开春献初岁，白日出悠悠。荡志将愉乐，瞰海庶忘忧。策马步兰皋，绁控息椒丘。采蕙遵大薄，搴若履长洲。白花皜阳林，紫蘤晔春流。非徒不弭忘，览物情弥遒。萱苏始无慰，寂寞终可求。④

"开春"以下至"搴若履长洲"，隐括《楚辞·九章》及《离骚》，描绘春日景物。而目睹此景，"非徒不弭忘，览物情弥遒"。"萱苏"句，黄节先生注引宋玉《九辩》："君弃远而不察兮，虽愿忠其焉得，欲寂漠而绝端兮，窃不敢忘初之厚德"⑤，诗人览物生情，不能排遣。

《登上戍石鼓山》曰：

旅人心长久，忧忧自相接。故乡路遥远，川陆不可涉。汨汨莫与娱，发春托登蹑。欢愿既无并，戚虑庶有协。极目睐左阔，回顾眺右狭。日没涧增波，云生岭逾叠。白芷竞新苕，绿蘋齐初叶。摘芳芳靡谖，愉乐乐不燮。佳期缅无像，骋望谁云惬。⑥

"发春托登蹑"黄节先生注引《楚辞·招魂》："献岁发春兮，汨吾南征。" "白芷"句则注引同文："绿蘋齐叶兮白芷生。" "佳期缅无像，骋望谁云惬"注引《楚辞·九歌》："登白蘋兮骋望，与佳期兮夕张。"⑦ 屈原以有约不来表达政治理想之破灭，康乐即袭此意，不仅是对自己出守在外的感叹，更或暗指义真之失势。

缪先生《论李义山诗》曾谓：

昔之论诗者，谓吾国古人之诗，或出于《庄》，或出于《骚》，出于《骚》者为正，出于《庄》者为变。斯言颇有所见。盖诗以情为主，故诗人皆深于哀乐，然同为深于哀乐，而又有两种殊异之方式，一为入而能出，一为往而不返，入而能出者超

---

① 《诗经注析》，第16页。
② 《诗经注析》，第686~687页。
③ 《诗经注析》，第12页。
④ 《谢康乐诗注》，第633页。
⑤ 《谢康乐诗注》，第634页。
⑥ 《谢康乐诗注》，第627页。
⑦ 《谢康乐诗注》，第627~628页。

旷,往而不返者缠绵,庄子与屈原恰好为此两种诗人之代表。①

康乐赴任途中多以庄老自遣②,然永嘉任上以上三春诸诗则云"安排徒空言""离群难处心""萱苏始无慰,寂寞终可求""佳期缅无像,骋望谁云惬",则复由庄返骚,用《楚辞》典故表达政治理想破灭之感。

同样作于是年春的《过白岸亭》则曰:

> 拂衣遵沙垣,缓步入蓬屋。近涧涓密石,远山映疏木。空翠难强名,渔钓易为曲。援萝聆青崖,春心自相属。交交止栩黄,呦呦食苹鹿。伤彼人百哀,嘉尔承筐乐。荣悴迭去来,穷通成休戚。未若长疏散,万事恒抱朴。③

"交交"以下两句黄节先生注曰:"案《诗·秦风·黄鸟》三章,'知可赎兮,人百其身'。……《鹿鸣》之一章,'吹笙鼓簧,承筐是将'。……盖《黄鸟》哀三良之死,《鹿鸣》燕群臣嘉宾之诗也。"④ 灵运乐府《相逢行》(全诗见下)有谓"九族悲素霰,三良怨黄鸟",《庐陵王诔》亦曰"命如可延,人百其赎"⑤,俱用《黄鸟》典故,则此诗当为义真而发。不过,值得注意的是,此处用"黄鸟",与另外两处颇有不同。

按《秦风·黄鸟》含义有两种不同的解说。《毛诗》谓"黄鸟,哀三良也,国人刺穆公以人从死,而作是诗也",则重在刺穆公。三良乃殉君而死,诗人或取其忠义入诗,如曹植之《三良诗》⑥,王粲之《咏史诗》⑦,陶渊明之《咏三良》⑧,则重在咏三良之忠义。《相逢行》与《庐陵王诔》应取第一义,穆公指少帝;《过白岸亭》则应取第二义,穆公指义真。

按以"人百哀"对比"承筐乐",或是以义真之失势对比徐傅之得势,或是以义真集

---

① 《缪钺全集》第二卷《冰茧庵古典文学论集》,第131页,原载《思想与时代》第25期,1943年8月。
② 见《永初三年七月十六日之郡初发都》《邻里相送至方山》《过始宁墅》《富春渚》《初往新安至桐庐口》《七里濑》,《谢灵运集校注》,第35~53页。
③ 《谢康乐诗注》,第625~626页。
④ 《谢康乐诗注》,第626页。
⑤ 《谢灵运集校注》,第355页。
⑥ "功名不可为,忠义我所安。秦穆先下世,三臣皆自残。生时等荣乐,既没同忧患。谁言捐躯易,杀身诚独难。揽涕登君墓,临穴仰天叹。长夜何冥冥,一往不复还。黄鸟为悲鸣,哀哉伤肺肝。"(黄节《曹子建诗注》,《黄节注汉魏六朝诗六种》,第379页)
⑦ "自古无殉死,达人共所知。秦穆杀三良,惜哉空尔为。结发事明君,受恩良不訾。临殁要之死,焉得不相随。妻子当门泣,兄弟哭路垂。临穴呼苍天,涕下如绠縻。人生各有志,终不为此移。同知埋身剧,心亦有所施。生为百夫雄,死为壮士规。黄鸟作悲诗,至今声不亏。"(俞绍初校点:《王粲集》,北京:中华书局,1980年,第7页)
⑧ "弹冠乘通津,但惧时我遗。服勤尽岁月,常恐功愈微。忠情谬获露,遂为君所私。出则陪文舆,入必侍丹帷;箴规向已从,计议初无亏。一朝长逝后,愿言同此归。厚恩固难忘,君命安可违!临穴罔惟疑,投义志攸希。荆棘笼高坟,黄鸟声正悲。良人不可赎,泫然沾我衣。"(逯钦立校注:《陶渊明集》,北京:中华书局,1979年,第130页)

团此前相从之乐对比此时失势之悲,而此句下即接以"荣悴迭去来,穷通成休戚",则两个典故应是用来对比义真集团前后的不同际遇。"伤彼人百哀"则以穆公指义真,以三良指自己与颜延之、释慧琳诸人,所感叹的,是义真表求入朝受挫对整个集团造成的打击。

诗末康乐强自开解,而作于是年夏的《游赤石进帆海》《游南亭》《登江中孤屿》则延续这种较为超脱的态度。

《游赤石进帆海》作于首夏,诗曰:

> 首夏犹清和,芳草亦未歇。水宿淹晨暮,阴霞屡兴没。周览倦瀛壖,况乃陵穷发。川后时安流,天吴静不发。扬帆采石华,挂席拾海月。溟涨无端倪,虚舟有超越。仲连轻齐组,子牟眷魏阙。矜名道不足,适己物可忽。请附任公言,终然谢天伐。①

"虚舟有超越"李善注以为出自《庄子》,"方舟而济于河,有虚船来触舟,虽有褊心之人不怒",黄节先生以为善注恐非,当取《易》"利涉大川,乘木舟虚"之意,谓"言以忠信而济难,若乘虚舟以涉川也"。②笔者认同黄节先生的论断,而以忠信指虚舟则略可商榷。按王弼注曰:"乘木于用舟之虚,则终已无溺也。用中孚以涉难,若乘木舟虚也。""中孚"之象曰:"中孚,柔在内而刚得中,说而巽,孚,乃化邦也。"王弼注有曰:"刚得中,则直而正;柔在内,则静而顺。说而以巽,则乖争不作。如此,则物无巧竞。敦实之行著,而笃信发乎其中矣。"③康乐盖取静而顺,说而以巽之意,或因政治受挫而反省从前对抗权臣的锋芒态度。

《游南亭》曰:

> 时竟夕澄霁,云归日西驰。密林含余清,远峰隐半规。久痗昏垫苦,旅馆眺郊歧。泽兰渐被径,芙蓉始发池。未厌青春好,已睹朱明移。戚戚感物叹,星星白发垂。药饵情所止,衰疾忽在斯。逝将候秋水,息景偃旧崖。我志谁与亮,赏心惟良知。④

"泽兰渐被径,芙蓉始发池"句,李善注引《楚辞·招魂》:"皋兰被径兮斯路渐"⑤。值得注意的是,此典故亦见阮籍《咏怀·其十一》:"湛湛长江水,上有枫树林。皋兰被径路,青骊逝骎骎。远望令人悲,春气感我心。三楚多秀士,朝云进荒淫。朱华振芬芳,高蔡相追寻。一为黄雀哀,涕下谁能禁!"⑥而灵运之"泽兰渐被径"即阮籍之"皋兰被径路",灵运之"芙蓉始发池"即阮籍之"朱华振芬芳"。关于阮籍此诗,景师蜀慧尝作精

---

① 《谢康乐诗注》,第629页。
② 《谢康乐诗注》,第630页。
③ 楼宇烈校释:《王弼集校释》,北京:中华书局,1980年,第516、515页。
④ 《谢康乐诗注》,第621~622页。
⑤ 《谢康乐诗注》,第622页。
⑥ 《阮籍集校注》,第251页。

细分析，指出本诗写正始十年（249）高平陵之变，反思曹爽兄弟被诛之事。① 康乐或用此意，反思少帝庐陵王兄弟合谋之未果，盖因义符之失德，义真之轻动。

《登江中孤屿》曰：

> 江南倦历览，江北旷周旋。怀新道转迥，寻异景不延。乱流趋正绝，孤屿媚中川。云日相辉映，空水共澄鲜。表灵物莫赏，蕴真谁为传。想象昆山姿，缅邈区中缘。始信安期术，得尽养生年。②

按灵运《还旧园作见颜范二中书》以"焚玉发昆峰"③ 指代义真，则此处"昆山姿"亦同此意。而"表灵物莫赏，蕴真谁为传"则同《从斤竹涧越岭溪行》"情用赏为美，事昧竟谁辨"④ 之意，忆念二人之遇合，就庐陵含冤之事自我开解。

灵运永嘉任上诸诗，大略可以《过白岸亭》划分前后，至郡后至次年春，康乐感于景平改元、义真失势，由庄返骚，缠绵郁结，而后则谢于夭伐，转入庄老、佛道⑤、神仙之学。义真求入朝，可能即是灵运由庄返骚的起点；灵运复又出骚入庄，可能即是义真入朝失败的结果。因此，义真在历阳"表求还都"，当在景平元年春前后。

是年秋，灵运在郡一周，称疾去职，实际原因是义真入朝的失败，此番因缘虽然不便显诉笔端，却亦不免微露端倪。灵运途中作有《辞禄赋》，赋有阙文，现存末句为"服缨佩于两宫，执鞭筴于宰蕃"。所谓"两宫"，可有三种理解：东晋与刘宋，顾绍柏先生即持此解；武帝与少帝；义符与义真。按《宋书·周朗传》记周朗答羊希书，其中有谓"其末则餍饴而出，望旐而入，结冕两宫之下，鼓袖六王之间，俯眉胁肩，言天下之道德，嗔目扼腕，陈从横于四海"⑥，以"两宫"对应"六王"，则所指两宫同时存在。可能康乐之"两宫"亦为此意，所指为义符与义真。

2. 隐居始宁

《宋书·隐逸传》记载颜谢并相钦重王弘之，谢灵运曾与书义真，其中有曰：

> 殿下爱素好古，常若布衣，每意昔闻，虚想岩穴，若遣一介，有以相存，真可谓千载盛美也。⑦

《田南树园激流植援》中之"赏心不可忘，妙善冀能同"亦透露以山林之志规箴义真之意味。

---

① 景蜀慧：《魏晋诗人与政治》，北京：中华书局，2007年，第147～150页。
② 《谢康乐诗注》，第631页。
③ 《谢康乐诗注》，第653页。
④ 《谢康乐诗注》，第661页。
⑤ 见《过瞿溪山饭僧》，《谢康乐诗注》，第624页。
⑥ 《宋书》卷八十二，第2091页。
⑦ 《宋书》卷九十三，第2282页。

此外，灵运《于南山往北山经湖中瞻眺》曰：

> 朝旦发阳崖，景落憩阴峰。舍舟眺迥渚，停策倚茂松。侧径既窈窕，环洲亦玲珑。俯视乔木杪，仰聆大壑淙。石横水分流，林密蹊绝踪。解作竟何感，升长皆丰容。初篁苞绿箨，新蒲含紫茸。海鸥戏春岸，天鸡弄和风。抚化心无厌，览物眷弥重。不惜去人远，但恨莫与同。孤游非情叹，赏废理谁通。①

此诗顾绍柏先生系于元嘉二年（425），谓此诗作于春天，而"南山新居盖建成于去年下半年，故知去年春不可能作此诗"②。笔者以为，南山新居虽建成于去年下半年，而灵运于南山往北山殊不必在此之后。而"不惜去人远，但恨莫与同。孤游非情叹，赏废理谁通"似为义真发。若果如此，则元嘉二年义真已死，康乐当无"去人远"之叹，则此诗应系于元嘉元年（424）春。若此推测正确，则可证明《通鉴考异》将义真之死系于六月是正确的，是年春义真尚在。

此外，灵运《王子晋赞》曰：

> 淑质非不丽，难以之百年。储宫非不贵，岂若登云天。王子爱清净，区中实嚣喧。冀见浮丘公，与尔共缤翻。③

按汉乐府有《王子乔》，有曰："三王武帝不足令，令我圣明应太平，养民若子事父明，当究天禄永康宁。玉女罗坐吹笛箫，嗟行圣人游八极，鸣吐衔福翔殿侧：圣主享万年！悲吟：皇帝延寿命！"朱秬堂《乐府正义》认为此诗以王子乔比戾太子，所以"悲吟皇帝延寿命"，"盖太子遭人伦之惨，疑于衔怨，故以惓惓之心明其孝思；其曰'悲吟'，则以见太子之心之可哀，而所以哀，武帝若亦在其中矣"。④谢灵运未必即以戾太子指义真，但义真被诬不忠，与乐府中王子的遭遇相似。此外，阮籍《咏怀》诗中多用"王子"之典故，陈伯君先生曾指出："阮籍咏怀诗中凡用'王子'或'王子晋'者，似皆指魏帝之年少者，盖传言王子晋十五而仙去也。"⑤景师蜀慧进一步指出王子大致只代指齐王曹芳和高贵乡公曹髦。⑥可以看出，义真的命运正有类于"才慧夙成，好问尚辞……然轻躁忿肆，自蹈大祸"⑦的高贵乡公。本诗意在规劝义真。

而灵运规箴义真，并非如书信中所言，期望义真"爱素好古，常若布衣"，真实意图当是为保义真性命。这可从范泰与谢灵运之奉佛推测得出。

《宋书·范泰传》记载：

---

① 《谢康乐诗注》，第658~659页。
② 《谢灵运生平事迹及作品系年》，《谢灵运集校注》附录2，第435页。
③ 《谢灵运集校注》，第349页。
④ 黄节：《汉魏乐府风笺》，《黄节注汉魏六朝诗六种》，第70~71页。
⑤ 《阮籍集校注》，第222页。
⑥ 《魏晋诗人与政治》，第158，159~160，163~164页。
⑦ 《三国志·魏书》卷四，北京：中华书局，1959年，第154页。

>（范泰）暮年事佛甚精，于宅西立祇洹精舍。①

关于此事，《高僧传·释慧义传》记载较为详细，曰：

>宋永初元年，车骑范泰立祇洹寺。以（慧）义德为物宗，固请经始。……宋元嘉初，徐羡之、檀道济等，专权朝政，泰有不平之色，尝肆言骂之，羡等深憾。闻者皆忧泰在不测，泰亦虑及于祸，乃问义安身之术，……（慧义）因劝泰以果竹园六十亩施寺，以为幽冥之祐，泰从之，终享其福。②

范泰建成此寺后，曾作《佛赞》并与书灵运，灵运作《答范光禄书》，并附《和范光禄祇洹像赞三首并序》；其从弟惠连亦作《无量寿颂》，灵运又作《和从弟惠连无量寿颂》。按范泰书中有曰"祇洹中转有奇趣，福业深源，森兮满目"，灵运则答以"承祇洹法业日茂，随喜何极！六梁徽缘，窃望不绝"，且告以在所住山南经始招提之寺。③ 这暗示我们，范泰与谢灵运并有以敬佛功德祈福消灾之意，而令其忧惧者正为徐傅集团，可以想见其时政治情势之紧张。

景平二年，二月义真被废，徙新安郡；六月，徐羡之遣使杀之。是年夏，灵运作《石壁精舍还湖中作》，诗曰：

>昏旦变气候，山水含清晖。清晖能娱人，游子憺忘归。出谷日尚早，入舟阳已微。林壑敛暝色，云霞收夕霏。芰荷迭映蔚，蒲稗相因依。披拂趋南径，愉悦偃东扉。虑淡物自轻，意惬理无违。寄言摄生客，试用此道推。④

"清晖能娱人，游子憺忘归"句似从《九歌·东君》化来，原句作"羌声色兮娱人，观者憺兮忘归"⑤，这提示我们康乐或有借景代人，以清晖代声色之可能。"林壑敛暝色，云霞收夕霏"句则显从灵运之《江妃赋》化来，原句作"于时升月隐山，落日映岐。收霞敛色，回飙拂渚"。因此灵运此诗表面绘景，其实写人，以日暮之色写庐陵王，取其清晖娱人而为时难久之意。此外，《江妃赋》有谓"承嘉约于往昔，宁更贰于在今。倘借访于交甫，知斯言之可谌"，末又谓"虑一别之长绝，眇天末而永违"⑥，乃为义真事发。

是年夏，灵运还作有《南楼中望所迟客》，诗曰：

>杳杳日西颓，漫漫长路迫。登楼为谁思？临江迟来客。与我别所期，期在三五夕。圆景早已满，佳人犹未适。即事怨睽携，感物方凄戚。孟夏非长夜，晦明如岁

---

① 《宋书》卷六十，第1623页。
② 汤用彤校：《高僧传》，北京：中华书局，1992年，第266～267页。
③ 《谢灵运集校注》，第308～314页。
④ 《谢康乐诗注》，第647页。
⑤ 朱熹：《楚辞集注》，上海：上海古籍出版社，2001年，第179～185页。
⑥ 《谢灵运集校注》，第374页。

隔。瑶华未堪折，兰苕已屡摘。路阻莫赠问，云何慰离析？搔首访行人，引领冀良觌。①

按阮籍《咏怀·其十六》有"是时鹑火中，日月正相望"之句，李善注引孔安国云"十五日，日月相望也"，黄节先生参考清代何焯的意见认为此诗正指司马师废齐王事。②"期在三五夕"应是用此典故。此外，阮籍《咏怀·其三十七》谓："嘉时在今辰，零雨洒尘埃。临路望所思，日夕复不来。人情有感慨，荡漾焉能排。挥涕怀哀伤，辛酸谁语哉？"景师蜀慧解谓："可以发现这两组诗句（案：此诗与第五十五首），都有暗斥王沈王业辈欺君卖主，将高贵乡公之谋夤夜奔告司马氏，一去而不返的卑劣行径之意。"③谢灵运此诗应用此典，与佳人所期者或即兄弟合谋对抗权臣而不幸失败之事。

"三五"之典亦见灵运《怨晓月赋》，赋曰：

> 卧洞房兮当何悦，灭华烛兮弄晓月。昨三五兮既满，今二八兮将缺。浮云褰兮收泛滟，明舒照兮殊皎洁。墀除兮镜鉴，房栊兮澄澈。④

"三五既满，二八将缺"似呼应"与我别所期，期在三五夕"之意。此外，月为阴象，喻臣道，灵运或以晓月自比，曾经圆满，如今却由盛转衰。此赋虽有阙，然似可推测亦为此事而作。

另外，是年夏灵运作《从斤竹涧越岭溪行》，其中有"想见山阿人，薜萝若在眼""情用赏为美。事昧竟谁辨"之句，刘坦之谓康乐以山鬼指庐陵王义真，甚是。⑤

以上诸诗作于景平二年夏，盖因义真之死而作，可见义真之死在是年六月而非二月。

除以上诗作，灵运还有乐府《相逢行》《折杨柳行》《鞠歌行》《豫章行》，虽难于系年，似皆与义真之死相关。《相逢行》曰：

> 行行即长道，道长息班草。邂逅赏心人，与我倾怀抱。夷世信难值，忧来伤人，平生不可保。

> 阳华与春渥，阴柯长秋槁。心慨荣去速，情苦忧来早。日华难久居，忧来伤人，谆谆亦至老。

> 亲党近愠庇，昵君不常好。九族悲素霰，三良怨黄鸟。迹朱白即颓，忧来伤人，近缟〔缟〕洁必造。

> 水流理就湿，火炎同归燥。赏契少能谐，断金断〔斯〕可宝。千计莫适从，忧来伤人，万端信纷绕。

> 巢林宜择木，结友使心晓。心晓形迹略，略迹谁能了？相逢既若旧，忧来伤人，

---

① 《谢康乐诗注》，第648页。
② 黄节：《阮步兵咏怀诗注》，《黄节注汉魏六朝诗六种》，第487页。
③ 《魏晋诗人与政治》，第161～163页。
④ 《谢灵运集校注》，第373～374页。
⑤ 《谢康乐诗注》，第662页。

片言代纼缟。①

此诗显为义真事发。"九族悲素霰"句，顾绍柏先生注谓：

> 《诗·小雅·频弁》："有频者弁，实维在首。尔酒既旨，尔殽（肴）既阜。岂伊异人，兄弟甥舅。如彼雨雪，先集维霰。死丧无日，无几相见。乐酒今夕，君子维宴。"……《毛诗》序云："《频弁》，诸公刺（周）幽王也。暴戾无亲，不能宴乐同姓、亲睦九族，孤危将亡，故作是诗也。"灵运用此典故，暗喻皇帝众叛亲离，难挽颓势。②

"九族悲素霰，三良怨黄鸟"，今典应即指少帝庐陵王政治策划之破产，"九族悲素霰"言少帝之殁，"三良怨黄鸟"指庐陵之诛。

除上引《江妃赋》《怨晓月赋》，灵运还作有《伤己赋》③。此赋始言"旷代之渥惠"，继而谓"始春芳而羡物，终岁徂而感己"，接着又言"眺幽闺之清阴"，皆有义真意象在其中。最后曰"照《白华》而绝曲，奏蒲生之促调"。按《白华》出自《小雅》，发怨妇之叹，灵运或取"鼓钟于宫，声闻于外，念子懆懆，视我迈迈""之子无良，二三其德"之句④，暗指义符之王族身份，并交代义符之反复是兄弟合谋失败的重要原因。《蒲生》为乐府《塘上行》，灵运或取"众口铄黄金，使君生别离。念君去我时，独愁常苦悲"⑤，交代与义真分离之缘由。

从以上诗文可以看出，义真集团政治活动失败之后，谢灵运隐于始宁，并以山林之志规劝义真，以期其晦迹远害，保全性命，而义真最后却死于权臣之手，这对谢灵运来说是重大的政治打击。

（二）文帝朝对义真的感怀

元嘉三年三月，颜延之被征为中书侍郎，谢灵运被征为秘书监，释慧琳亦被召还京。⑥ 然而，值得注意的是，三人虽同因参与义真集团而被征，之后的政治命运却并不相同，其中唯有慧琳参与权要，并由此引起颜延之不满。《宋书·颜延之传》记：

> 时沙门释慧琳，以才学为太祖所赏爱，每召见，常升独榻，延之甚疾焉。因醉白

---

① 《谢灵运集校注》，第219页。
② 《谢灵运集校注》，第220页。
③ 《谢灵运集校注》，第317～318页。
④ 《诗经注析》，第732、733页。
⑤ 《汉魏乐府风笺》，第126～127页。
⑥ 释慧琳被召还京的时间正史与《高僧传》俱未载，《资治通鉴》卷一二〇定在元嘉三年，第3785页。

上曰："昔同子参乘，袁丝正色。此三台之坐，岂可使刑余居之。"上变色。①

颜延之所以贸然抗颜者，"刑余"仅是借口，恐怕慧琳与义真的特殊关系才是真实原因。可以想见，颜谢二人之不得意，当与未能忘怀义真有关。

谢灵运被征为秘书监，初不就，再召，又不赴，文帝使范泰敦奖之，始入朝就职。途经丹徒，谒庐陵王墓，成《庐陵王墓下作》，本诗李善注曰：

> 后知其无罪，追还，至曲阿，过丹阳，文帝问曰："自南行来，何所制作？"对曰："过庐陵王墓下作一篇。"②

事实上，少帝被废之后，无论是位次还是名望，庐陵王比文帝都更具继位的条件。正因如此，在文帝面前提及义真并毫不掩饰对义真的情感，其实是颇犯忌讳之举。先前两召不出的谢灵运，对文帝之问刻意如此作答，不仅是出于其向来的骄傲性格，其内心所持的不合作立场亦隐隐可见。而此种不识时务的态度亦见于康乐之《还旧园作见颜范二中书》③。

灵运在京任秘书监，至元嘉五年（428）春即告假离京，隐居始宁，直至元嘉八年（431）被孟𫖮构陷。隐居期间，谢灵运作有《石门新营所住四面高山回溪石濑茂林修竹》，诗曰：

> 跻险筑幽居，披云卧石门。苔滑谁能步，葛弱岂可扪。袅袅秋风过，萋萋春草繁。美人游不还，佳期何由敦。芳尘凝瑶席，清醑满金尊。洞庭空波澜，桂枝徒攀翻。结念属霄汉，孤景莫与谖。俯濯石下潭，仰看条上猿。早闻夕飙急，晚见朝日暾。崖倾光难留，林深响易奔。感往虑有复，理来情无存。庶持乘日车，得以慰营魂。匪为众人说，冀与智者论。④

顾绍柏先生以美人为谢惠连，故系此诗于元嘉七年（430）春。笔者以为所写当为义真。"萋萋春草繁"即"萋萋感楚吟"之意；"佳期何由敦"则"佳期缅无像"之意；而"崖倾光难留，林深响易奔"亦见于灵运为义真所作之诔文，原文作"矜急景之难留，悼惊波之易沦"⑤；"感往虑有复，理来情无存"则同于《庐陵王墓下作》"理感心情恸，定非识所将"⑥。

《登石门最高顶》之"惜无同怀客，共登青云梯"⑦，《石门岩上宿》之"美人竟不来，阳阿徒晞发"⑧，似俱为怀念义真而发。

---

① 《宋书》卷七十三，第1902页。
② 《谢康乐诗注》，第650页。
③ 《文选》卷二十五，第1195～1197页。
④ 《谢康乐诗注》，第643～644页。
⑤ 《谢康乐诗注》，第355页。
⑥ 《谢康乐诗注》，第650页。
⑦ 《谢康乐诗注》，第657页。
⑧ 《谢康乐诗注》，第658页。

元嘉七年,因被孟𫖮诬告谋反,灵运还京诣阙自理,文帝以之为临川太守。出守之时,谢灵运作《道路忆山中》,诗曰:

> 采菱调易急,江南歌不缓。楚人心昔绝,越客肠今断。断绝虽殊念,俱为归虑款。存乡尔思积,忆山我愤懑。追寻栖息时,偃卧任纵诞。得性非外求,自己为谁纂?不怨秋夕长,常苦夏日短。濯流激浮湍,息阴倚密竿。怀故叵新欢,含悲忘春暖。凄凄明月吹,恻恻广陵散。殷勤诉危柱,慷慨命促管!①

"采菱"一联黄节先生注引《楚辞·招魂》语②,"楚人"再发此前"萋萋感楚吟"之意。"怀故叵新欢,含悲忘春暖","怀故"指义真,"新欢"为义隆,"含悲"指武帝少帝世义真之政治失败,"春暖"则指元嘉之治也。《广陵散》为嵇康临刑所作,而嵇康所以不见容于晋朝,乃是因为他"非汤武而薄周孔"的不合作态度。《明月吹》李善注以为取古乐府之"明月皎夜光",刘坦之以为指古乐府横吹曲之《关山月》③,而结合"广陵散",则"明月吹"当取向秀《思旧赋》"于时日薄虞渊,寒冰凄然。邻人有吹笛者,发音寥亮"之意。《思旧赋》为怀念嵇康而作,有曰"悼嵇生之永辞兮,顾日影而弹琴。托运遇于领会兮,寄余命于寸阴"④,谓嵇康以不事二朝而死,己身不能随之,乃是为了保全余命。《晋书》谓向秀入晋后"在朝不任职,容迹而已"⑤。揆之今典,谢灵运与刘义真的关系,则实有类于向秀与嵇康的关系,义真已死,灵运却出仕文帝之朝,故其诗中用此典故,以向秀自比,说明自己在义真死后接受义隆的征召之衷曲,表达了虽接受朝廷官职但却无意为文帝倾心效命的隐微心情。⑥

谢灵运参与义真政治集团的背景,是文帝诛权臣后将其召还的主要原因;同时,灵运对义真的不能忘怀,也是文帝仅以文义相接的原因。而现实政治的失意,更使得谢灵运对当年与义真之遇合分外怀念。

四、结 论

本文考察了刘宋景平政局,分析指出,少帝世顾命集团与义真集团对抗,少帝曾放下猜忌,与义真合谋对抗权臣,谢晦对义真集团则持同情态度,但兄弟合谋终因权臣的挑拨

---

① 《谢康乐诗注》,第671页。
② 《谢康乐诗注》,第672页。
③ 《谢康乐诗注》,第671~672页。
④ 《文选》卷十六,第720~722页。
⑤ 《晋书》卷四十九《向秀传》,第1375页。
⑥ 令人慨叹的是,向秀终能"容迹",灵运却遭"弃市",而两人的不同命运,却似早在对答新君时就决定了的。《晋书》卷四十九《向秀传》记载:"康既被诛,秀应本郡计入洛。文帝问曰:'闻有箕山之志,何以在此?'秀曰:'以为巢、许狷介之士,未达尧心,岂足多慕。'帝甚悦。"(第1374~1375页。灵运对答见上文引文)

而失败。进而，通过康乐少帝世诗文的解读，指出义真"表求还都"或在景平元年春，被杀在景平二年六月，而谢灵运对义真寄望颇深，参与了义真集团的政治活动，失败后隐居故乡，为保全义真曾加以劝退，义真之死则使康乐宰相理想终归破灭。最后，通过对康乐文帝世诗文的解读，指出谢灵运不能忘怀义真，是其文帝世政治悲剧的原因之一，而这反过来也使其对义真的知遇之恩分外感念。

南北朝通聘中的政治形势与文化心理浅析

周文俊

指导教师：万　毅　副教授

一、前　言

　　南北朝之南北形势表现战和不定，不论在战争时期，还是在和平时期，双方均有通使的现象。通观而论，战时通使究竟是在非常态之下的外交活动，双方的通使主要还是出现在和平时期。南北朝交聘活动，作为这个分裂时期的一种交往形式，代表双方关系存在一定程度的缓和。这种缓和的存在以及双方通聘之所以实现，与南北朝政治形势相持这一特殊性有关。作为相对于战争的另一种南北接触的形式，反映为双方在武力以外层面上的竞争，其中的文化心理，在南北对立冲突的历史背景下犹有深意。故拟就其中的历史现象，尝试对政治形势与通聘政策的关系以及南北交聘中的文化心理作一探讨。

　　南北通使交聘作为重要的政治文化现象，历代学者均有讨论分析。宋代如洪迈《容斋随笔》、叶适《习学记言》，明代如王夫之《读通鉴论》，清代如赵翼《廿二史札记》等相关著作，都关注过这一问题。当代不少著名的学者更将南北通聘引入系统的学术研究之中。如周一良先生《魏晋南北朝史札记》之"酉阳杂俎记魏使入梁事"条[1]，为具体的通聘个案经典研究。陈寅恪先生《隋唐制度渊源略论稿》中多次引南北交聘事论证江左制度的北输。[2] 唐长孺先生晚年关注唐代南朝化的问题，加深了关于对南北通聘问题认识的深度。诸位先生在文化、制度等领域作了十分深入细致的研究，其中的思考角度或有不同，然而都视南北朝的交聘活动为南北交流的重要表现，这一点应该是没有疑问的。

　　近年来学界在前贤深厚的基础上，继续开拓南北朝交聘问题的研究视野。黎虎先生在

---

[1] 周一良：《魏晋南北朝史札记·〈梁书〉札记》，"酉阳杂俎记魏使入梁事"条，北京：中华书局，1985年，第277页。
[2] 陈寅恪：《隋唐制度渊源略论稿》，北京：生活·读书·新知三联书店，2001年。

这方面的研究成果非常丰富,如《魏晋南北朝史论》中有《郑羲使宋述略》①,为深入的个案研究。他的另一部专著《汉唐外交制度史》则着重考察南北朝时期与外交活动匹配的相关制度与职能的情况及其演变。② 台湾大学历史学研究所蔡宗宪先生《南北朝交聘使节行进路线考》,从历史地理的角度,参考各种材料,考证出各个时期交聘路线的变迁,勾勒了多条使节行经的历史路线。③ 王友敏先生《南北朝交聘礼仪考》,以通识的眼光对南北朝交聘的各种表现形式进行了广泛的考察,使散见于史籍中的交聘事迹有了系统的整理。④ 至于其他学者,亦关注到南北朝交聘与政治、文化的联系。如陶贤都先生《北朝汉族士人对待南朝政权的态度分析》,探讨了北朝士人的正统观念和对南朝复杂的态度。秦冬梅先生《略论北朝遣使制度》,也是在制度的层面上对交聘的研究。⑤ 侯廷生先生《南北朝时期的北南通和使者身份、地位和作用疏议》,着重从职官制度和史籍记载的归类讨论南北交聘的特质。⑥ 洪卫中先生《南北朝妙简外交使者简析》,则强调交聘对政权内外的影响。⑦ 上述研究都对笔者有或多或少的启发和指导,谨列于此,以昭示前人研究工作的意义。

二、南北相持形势与通使交聘

南北朝是中国历史上南北政治分立的时期。其间金戈铁马、兵戎迭起的情景,是这个时期惯有的一个历史现象。南北朝双方均有统一或征服的政治愿望,双方在不同的历史时期,均有大兴征伐的举动,故师旅纵横、干戈相寻的战争场景,在南北朝的史籍中屡屡可见。兵甲过后,双方控制之领地往往发生变易。

清代学者赵翼曾论南朝境域的变化,云:"晋南渡后,南北分裂,南北之地,惟晋末宋初最大,至陈则极小矣。"⑧ 此论可谓扼要概括了南朝统治疆域不断缩小的总体历史过程,对认识南北朝南北双方的势力消长,很有启发。吕思勉先生指出:"自景平之初,至于元嘉之末,宋魏战争,历三十年,宋多败衄,北强南弱之势,由此遂成,此实关系南北

---

① 黎虎:《魏晋南北朝史论》,北京:学苑出版社,1999年。
② 黎虎:《汉唐外交制度史》,兰州:兰州大学出版社,1998年。
③ 蔡宗宪:《南北朝交聘使节行进路线考》,《中国历史地理论丛》2005年第4辑,第49~61页。
④ 王友敏:《南北朝交聘礼仪考》,《中国史研究》1996年第3期,第144~153页。
⑤ 秦冬梅:《略论北朝遣使制度》,《青海民族研究》(社会科学版)2003年第2期,第70~73页。
⑥ 侯廷生:《南北朝时期的北南通和使者身份、地位和作用疏议》,《邯郸大学学报》1998年第1期,第44~49页。
⑦ 洪卫中:《南北朝妙简外交使者简析》,《青岛大学师范学院学报》2006年第4期,第51~56页。
⑧ 赵翼著,王树民校证:《廿二史札记校证》,"南朝陈地最小"条,北京:中华书局,1982年,第259页。

朝百六十年之大局，非徒一时之得失也。"① 此通识之论更点出了南北朝军事上的强弱形势。

通观南北朝的疆域变化，南朝屡屡失地，最后为北方政权武力所平。然如将此趋势仅归因于北朝武功之盛，则或还有未合史实之处。《资治通鉴·梁纪三》载北魏游肇论云："往昔开拓，皆因城主归款，故有征无战。"胡三省注云："不因薛安都、常珍奇、沈文秀，魏不得淮、汝、青、徐；不因裴叔业，魏不得寿阳。游肇之言，可谓深知当时疆事者。"② 按游肇"有征无战"之见解，蕴含其时南北相争不纯以武力相敌的深意。胡注所举史例则进一步丰富了此论的历史情境。观南北朝时期，双方发动的几次大规模征伐行动，均未能获取实地，反而因战伐造成自身国力、民力的严重损耗，如南朝周朗就有"自华、夷争杀，戎、夏竞威，破国则积尸竟邑，屠将则覆军满野，海内遗生，盖不余半"③ 的议论。在此不妨略举南北朝期间数次大规模征伐的事例，知纯粹武力政策的施用，并未对自方造成有利局面，更有甚者，还会引发严重的外部危机。

如宋文帝元嘉七年遣到彦之等将北伐，以图收复河南之地，失败而还，檀道济仅以兵略使全军免于覆灭。史言："元嘉七年，太祖遣到彦之经略河南，大败，悉委弃兵甲，武库为之空虚。"④ 又如元嘉二十七年，宋文帝又遣王玄谟大举北伐，"王公妃主及朝士牧守，各献金帛等物，以助国用，下及富室小民，亦有献私财至数十万者。又以兵力不足，尚书左仆射何尚之参议发南兖州三五民丁"，玄谟出发时"军众亦盛，器械甚精"，最后却溃败而还，丧师失地，引来魏太武帝南侵，军至瓜步，"声欲渡江"，引起了南朝极大的危机。⑤ 再如梁武帝信"时魏降人王足陈计，求堰淮水以灌寿阳"，下令筑浮山堰，天监十四年，"堰将合，淮水漂疾，辄复决溃，众患之"，"梁缘淮城戍村落十余万口，皆漂入海"，"夏日疾疫，死者相枕，蝇虫昼夜声相合"，"是冬又寒甚，淮、泗尽冻，士卒死者十七八"，造成非常严重的后果。⑥

北魏数次发动南征，自身损失亦属巨大，而未有取得很大的战果。如太平真君十一年，魏太武帝"自率步骑十万寇汝南"，"攻围悬瓠城，城内战士不满千人"，"（陈）宪婴城固守，焘尽锐以攻之，宪自登郭城督战。……虏肉薄攻城，死者甚众，宪将士死伤亦过半"，"攻城四十二日不拔，死者甚多"。同年击败南朝北伐之师，趁势南进，"车驾临江，

---

① 吕思勉：《两晋南北朝史》，上海：上海古籍出版社，1983 年，第 390 页。
② 司马光编，胡三省注：《资治通鉴》卷一四七《梁纪三》，天监十三年条，北京：中华书局，1956 年，第 4609 页。
③ 《宋书》卷八十二《周朗传》，北京：中华书局，1974 年，第 2094 页。关于上疏时间，《宋书》系在宋孝武帝即位（454）后。而《通鉴》系于元嘉三十年（453）七月，未知所据。《宋书》本传有"世祖即位，时普责百官谠言，朗上书。"前因后果交代明确，姑从《宋书》。
④ 《宋书》卷八十一《顾琛传》，第 2076 页。
⑤ 详见《宋书》卷九十五《索虏传》，第 2349 页；《宋书》卷七十六《王玄谟传》，第 1974 页。
⑥ 详见《梁书》卷十八《康绚传》，北京：中华书局，1973 年，第 291 页；《北史》卷四《孝明帝纪》，北京：中华书局，1974 年，第 145 页。

起行宫于瓜步山","因攻盱眙,尽锐攻城,三十日不能克,乃烧攻具退走。焘凡破南兖、徐、兖、豫、青、冀六州,杀略不可称计,而其士马死伤过半,国人并尤之"。① 这次征伐乃是乘南朝北伐溃败之际,趁势进行的南侵,但劳师动众,战果仍然有限。所谓破南兖、徐、兖、豫、青、冀六州,仅为抄掠而已,其时仍然未取得彭城等淮北重镇,而征伐损失已非常大,最后引军而还。再如魏孝文帝太和二十一年,六月,"诏冀、定、瀛、相、济五州发卒二十万,将以南讨";七月,"车驾南讨"。其后两年,军旅迭起,魏"得沔北五郡"。然至太和二十三年,孝文帝在军旅途中"不豫",未及还洛阳而逝。这次大规模的南征于此告终。②

按宋文、梁武不可谓碌碌无为之君,太武、孝文亦可谓雄才伟略之主,然终未能通过纯粹军事手段达成统一。知当时征服成功与否,受诸多历史条件所限。南北双方在很长时间内相持不下,客观因素之一为地理形势与民风习俗。《宋书·索虏传》传末论曰:

> 夫地势有便习,用兵有短长。胡负骏足,而平原悉车骑之地;南习水斗,江湖固舟楫之乡。代马胡驹,出自冀北;梗枏豫章,植乎中土,盖天地所以分区域也。若谓毡裘之民,可以决胜于荆、越,必不可矣;而曰楼船之夫,可以争锋于燕、冀,岂或可乎!虞诩所谓"走不逐飞",盖以我徒而彼骑也。因此而推胜负,殆可以一言蔽之。③

南北朝在各自疆域各有地理与战术优势,成为相持态势形成的重要条件。《魏书·高闾传》载其论云:

> 昔世祖以回山倒海之威,步骑数十万南临瓜步,诸郡尽降,而盱眙小城,攻而弗克。班师之日,兵不戍一郡,土不辟一尘。夫岂无人,以大镇未平,不可守小故也。堰水先塞其源,伐木必拔其本。源不塞,本不拔,虽翦枝竭流,终不可绝矣。寿阳、盱眙、淮阴,淮南之源本也。三镇不克其一,而留兵守郡,不可自全明矣。……踵太武之成规,营皇居于伊洛。畜力以待敌衅,布德以怀远人,使中国清穆,化被遐裔。④

高闾之论指出其时军事重镇在南北形势中的重要地位,结合上引胡三省所举事例,可知若其非镇将倒戈,而轻动征伐,必事倍功半,甚至师出无功。又《魏书·邢峦传》载其上表议论攻取淮南重镇钟离之事,云:

---

① 详见《宋书》卷九十五《索虏传》,第2350~2353页,按南北史籍对此事记载各有立场,记载差异颇大。《魏书》于此事颇有讳饰,只载战绩,颇多失实之处,即辉煌的战绩记录与魏师最后却退走的结果,故不尽信取。《宋书》虽亦有矫饰处,但叙事详细,前后事件连续,较《魏书》可取。
② 详见《魏书》卷七《高祖纪》,北京:中华书局,1974年,第182页;《南齐书》卷五十七《魏虏传》,北京:中华书局,1972年,第998页。
③ 《宋书》卷九十五《索虏传》,第2359页。
④ 《魏书》卷五十四《高闾传》,第1207页。

> 夫图南因于积风,伐国在于资给,用兵治戎,须先计校。非可抑为必胜,幸其无能。若欲掠地诛民,必应万胜;如欲攻城取邑,未见其果。得之则所益未几,不获则亏损必大。……若臣之愚见,谓宜修复旧戍,牢实边方,息养中州,拟之后举。又江东之衅,不患久无,畜力待机,谓为胜计。①

"伐国在于资给"之语,反映时人清楚认识到大规模的军事行动,是以经济实力与后勤保障为坚实基础的。军事征伐未必能取得成果,但往往造成国力损耗。故邢氏"得之则所益未几,不获则亏损必大",代表了当时对征战拓土之利弊权衡反复考虑后的一种观点。

犹可注意者,高闾和邢峦提出了相似的意见,闾谓"畜力以待敌衅",峦谓"畜力待机",说明现实因素不允许双方单纯以武力相争,其时促成统一的政治、文化、军事等各种条件尚未具备,故积蓄实力,待时而发,相机而动,是南北相持局面下,军事讨伐的另一种策略与手段。为此需要。而出现双方对通和交聘的接受。王夫之《读通鉴论》云:"滑台陷,青州没,宋师燔,而拓拔氏旋遣使人聘宋以求和亲,逾年而宋报礼焉,此南北夷夏讲和之始也。宋大败,而刘振之且弃下邳以奔逃,拓拔氏乘之以卷江、淮也易矣;顾敛兵以退而先使请和,岂其无吞宋之心哉?力疲于蠕蠕,而固不能也。乃乘宋之惴栗以收宋,知宋之得释重忧,必欣然恐后,此虏之狡也。"② 此论不仅交代了南北交聘的起始,也提到当时通和与军事形势的关系,更点出了此举背后的政治权谋性质,由此理解南北朝遣使通聘之政策,实际上是另外一种形式的竞争手段。《魏书·游明根传》云:

> 诏以与萧赜绝使多年,今宜通否,群臣会议。尚书陆叡曰:"先以三吴不靖,荆梁有难,故权停之,将观衅而动。今彼方既靖,宜还通使。"明根曰:"中绝行人,是朝廷之事,深筑醴阳,侵彼境土,二三之理,直在萧赜。我今遣使,于理为长。"高祖从之。③

陆叡指出通和为策略之一面,南北通和并非意味着双方真正的和平,只是面对军事相持这样的现实局面,双方都能暂时接受的一种妥协而已。又如《魏书·宋弁传》记载:"使于萧赜……高祖曾论江左事,因问弁曰:'卿比南行,入其隅隩,彼政道云何?兴亡之数,可得知不?'"④ 其中利用使臣观察敌国的意图十分明显,背后即蕴含着深刻的竞争意识。

南北朝时期双方亦战亦和,统治集团亦屡有变迁,南朝鼎祚三迁,北朝政分东西,然南北对峙局面,延至一百五十余载未变。南北交聘,因循形势,时断时续,然作为南北朝特殊之历史现象,则未尝废止,贯穿于南北朝史之中,直至隋灭陈前夕。检南北朝聘使往来记录,南朝宋齐梁陈,每朝均有一段时期与北朝通和,使节间往来频繁:宋时为文帝元嘉八年至二十二年(431—445),孝武帝大明四年至七年(460—463),明帝泰始三年至

---

① 《魏书》卷六十五《邢峦传》,第1444页。
② 王夫之:《读通鉴论》卷一五,北京:中华书局,1975年,第493页。
③ 《魏书》卷五十五《游明根传》,第1214页。
④ 《魏书》卷六十三《宋弁传》,第1414页。

顺帝升明三年（467—479）；齐时为武帝永明元年至郁林王隆昌元年（483—494）；梁时为武帝大同二年至太清二年（536—548）；陈时为文帝天嘉二年至宣帝太建七年（561—575），宣帝太建十三年至后主祯明二年（581—588）。则南北朝双方通聘，在一段不算短期的时间里面进行，此亦时势之使然。由此而知，南北通和交聘政策，既是竞争方式中武力以外的另外一种形式，同时又是一种妥协，故在时人的理解上，存在文化心理层面上的特殊之处，此待下文析之。

三、南北朝交聘之文化心理探讨

赵翼《廿二史札记》云"南北朝通好以使命为重"条云："南北通好，尝借使命增国之光，必妙选行人，择其容止可观，文学优赡者，以充聘使。"此条札记集中了史籍所载南北朝交聘中的使臣事迹，并认为这些使臣在交聘之中，"不徒以言语文学见长而已"，而有"能为国家折冲樽俎之间，使邻国不敢轻视"。[①] 这些观点足见赵氏细致而敏锐的洞察。然而，赵氏或有未审史家溢美的失误。其所引《南齐书》之《刘绘传》实已有暗示："后北虏使来，绘以辞辩，奉敕虏使。事毕，当撰《语辞》。绘谓人曰：'无论润色未易，但得我语亦难矣。'"[②]由此说明两国聘使往来对接事后会撰写记录，并以文笔润色，使增华彩。[③] 所撰记录或出于竞争的心理，有自抬身价之嫌，未可以之为直笔而直接引为信史。王鸣盛在《十七史商榷》之"纪载不明"条，论道："六朝人纪载实事，每不明析。因直书其事，恐词义朴僿，观者嫌之，乃故作支缀。不知书事但取明析，何用妆点？"[④] 此论能指出六朝史料之"妆点"，自有见地，然而其缘由当不止于"恐词义朴僿"那么简单，背后又有双方竞争和正统观念等影响因素，因而在记载上存在曲笔，讳恶溢美。[⑤] 史籍中南北交聘记载亦不例外，文字的背后隐隐折射出双方微妙的文化心理。

文化心理之形成，很大程度上是基于双方在文化水平上的差距。自西晋末年，北方长时间处于战乱状态，原有的文化进程被打断。《隋书·经籍志一》云："惠、怀之乱，京华荡覆，渠阁文籍，靡有孑遗。……其中原则战争相寻，干戈是务，文教之盛，苻、姚而

---

① 《廿二史札记校证》，第 294～297 页。
② 《南齐书》卷四十八《刘绘传》，第 842 页。
③ 《南齐书》卷四十七《王融传》，有"自上《甘露颂》及《银瓮启》《三日诗序》《接虏使语辞》"之语，亦可为旁证。陈寅恪先生《读〈哀江南赋〉》（《金明馆丛稿初编》，上海：上海古籍出版社，1980 年，第 213 页）有"杜杲使陈语录，必为子山直接或间接所知见"一语，笔者认为这种语录在当时已流行于世。而使臣增饰文采，为己张本，博名于时，恐在所难免。
④ 王鸣盛：《十七史商榷》卷六十三，北京：中国书店，1987 年。
⑤ 在六朝史籍中此例甚多。如钱大昕在《廿二史考异》中，释《梁书·临川王宏传》之"会征役久，有诏班师"一语，云："梁史于宏洛口溃师之役，皆讳而不书，不如南史之直笔。"由此例可明王鸣盛所谓"不明析因"，不完全在于词义的华丽上面，而又有由于需要回护避讳而隐瞒己方不光彩的事实。

已。宋武入关,收其图籍,府藏所有,才四千卷。赤轴青纸,文字古拙。"① 《北史·儒林传上》亦云:"自永嘉之后,宇内分崩,礼乐文章,扫地将尽。"② 由此可知北方文化遭受严重摧残的情况。周一良先生札记有"江氏世传家业与南北文化"条,对南北文化作了比较,认为:"北朝文化,与东晋南朝相较,终有逊色。南朝时期,文学艺术之发展达到一定高度,能出现对文学写作及诗书画等艺术加以理论分析概括之专门论述……以文学作品及作者数量而言,宋齐梁陈人数篇数皆数倍于北方。此种对比多少说明问题。其原因甚多,而北方社会经济始终比较落后,五胡竞争之后,继之以长时期'鲜卑车马客'之统治,亦不无关系。"③ 在武功上,南北朝大致呈现北强南弱的态势;在文治上,则南朝一直存在文化方面的优势。此文化差距,亦导致双方在交聘中表现出不一样的文化态度与心理特征。

通观《魏书》的历史书写方式,每书南朝使臣来聘,必写为"朝贡",于帝纪详记交聘的具体时间,又在《岛夷传》(即南朝君主各传)之中,详记来聘的南朝人物,并在其他列传里面盛载南朝对北朝人物之赞许。可谓隆重其事,其唯恐逊于南人之心理跃然纸上,恰以反映其内心自知在文化上不如南人,故多加虚美之辞。周一良先生已注意到:"《梁书》本纪不载遣使于魏事,或与当时南北双方对于对方之态度看法有关。北朝对南方政治上虽未必重视,文化上恐不免于自卑,汉族士大夫甚至如高欢所云,以梁朝为衣冠礼乐所在,故北朝国史中郑重记载使梁之事也。"④ 其精辟见解很具启发。

再看南朝史书,除了周先生提到的《梁书》以外,其余三部《宋书》《南齐书》《陈书》,都没有多花笔墨记载遣使北聘之事,对北方来聘之事亦疏于记述,多仅书以"魏人遣使来聘"。盖南朝在文化心理上,始终有轻北之心,史法讳之,不欲彰显其事也。

仅从此点而言,已见双方之心态。在史籍运用的笔法以外,更有其他与交聘有关之人事,反映双方在文化心理层面上的态度和理解。以下尝试分别从南、北朝探析之。

(一) 南朝对交聘的理解及文化心理

1. 从南朝前期通和政策的讨论看南朝对北聘的文化理解

南朝与之前的统一王朝相比较,虽属偏居江左,然自西晋永嘉衣冠礼乐南渡以来,相对于北方纷立的胡族政权,南方政权素以华夏文明正胤自居。在夷夏之辨的强烈观念影响下,南朝不可能把南北交聘理解成双方平等的外交举动。南朝对北通使,最初更多是建立

---

① 《隋书》卷三十二《经籍志一》,北京:中华书局,1973年,第907页。
② 《北史》卷八十一《儒林传上》,第2703页。
③ 周一良:《魏晋南北朝史札记·〈魏书〉札记》,"江氏世传家业与南北文化"条,第383~384页。周先生具体统计了严可均《全上古三代秦汉六朝文》和丁福保《全汉三国晋南北朝诗》,大致得出南北朝的作者人数和作品篇数,很能说明问题。
④ 周一良:《魏晋南北朝史札记·〈梁书〉札记》,"酉阳杂俎记魏使入梁事"条,第277~279页。

在汉代对匈奴采取和亲政策的历史理解上。南朝前期,对是否与北通和的问题,存在过不同意见,此类意见的背后,颇能反映南朝士人对北聘的理解和对北魏的态度。

《宋书·何承天传》载何承天在"索虏(北魏)侵边,太祖访群臣威戎御远之略"的情形下奏《安边论》,主张"安边固守,于计为长",其论提到"汉世言备匈奴之策,不过二科,武夫尽征伐之谋,儒生讲和亲之约,课其所言,互有远志",他所借鉴的历史,是汉代的匈奴政策。有意思的是,此论较多着墨于"征伐"带来的害处,对于"和亲"的优劣,只是以"然和亲事重,当尽庙算,诚非愚短,所能究言"一言带过,未有详加讨论。① 如果联系北魏数次向宋文帝请求通婚,而宋文帝有"每依违之"这样的处境,则大致可以解释何承天未敢显论"和亲"的微妙心态。按南朝极重婚宦,当时人更目北魏皇室为兽类,与之通婚,是有失国体的事;但北强南弱的形势,未便绝和亲之途。如《宋书·江湛传》云:

> 虏遣使求婚,上召太子劭以下集议,众并谓宜许,湛曰:"戎狄无信,许之无益。"劭怒,谓湛曰:"今三王在厄,讵宜苟执异议。"声色甚厉。②

当时刘宋面临着国体与形势的两难抉择,朝廷在取舍上即分为两派意见。不难理解,何承天将"和亲"归之庙算,未作深论,里面应有着复杂的心理因素。《宋书》载北魏在宋文帝元嘉二十八年及宋孝武帝孝建初年请求互市,南朝上层官员面对北魏的通和请求,同样存有正反两种意见。③ 史书记载颜竣、谢庄的反对之议,颇能反映南朝士人群体对北魏的心态。《宋书·颜竣传》云:

> 竣议曰:"愚以为与虏和亲无益,已然之明效。何以言其然?夷狄之欲侵暴,正苦力之不足耳。未尝拘制信义,用辍其谋。昔年江上之役,乃是和亲之所招。历稔交聘,遂求国婚,朝廷羁縻之义,依违不绝,既积岁月,渐不可诬,兽心无厌,重以忿怒,故至于深入。幸今因兵交之后,华、戎隔判,若言互市,则复开囊敝之萌。……寇负力玩胜,骄黠已甚,虽云互市,实觇国情,多赡其求,则桀慠周已,通而为节,则必生边虞。不如塞其端渐,杜其觊望,内修德化,外经边事,保境以观其衅,于是为长。"④

---

① 详见《宋书》卷六十四《何承天传》,第1705~1710页。本传不载此论上于何年。《通鉴》系此事于元嘉二十三年(446)。
② 《宋书》卷七十一《江湛传》,第1849页。
③ 元嘉二十八年之请互市,见《宋书》卷七十五《颜竣传》:"(元嘉)二十八年,虏自彭城北归,复求互市";孝建初年之请互市,见《宋书》卷九十五《索虏传》:"世祖即位,索虏求互市,江夏王义恭、竟陵王诞、建平王宏、何尚之、何偃以为宜许;柳元景、王玄谟、颜竣、谢庄、檀和之、褚湛之以为不宜许。时遂通之。"
④ 《宋书》卷七十五《颜竣传》,第1959页。史言何偃与颜竣有隙(见《宋书·何偃传》),二人在这里意见相左,未知是否存有政争成分。但本文旨在探讨其论背后之对北观念态度,此点当不致对论据构成太大影响。

颜峻强烈反对与北魏通和,其论"和亲无益"的理据很多,而最能代表里面的文化态度的,是"华、戎隔判"一语。文中提到"侵暴""兽心无厌""负力玩胜""骄黠"等对北魏的形容,明显是从华夏礼乐文化仁义的角度,对北魏的固有观感与认知。《宋书·谢庄传》载谢庄议曰:"臣愚以为獯狁弃义,唯利是视,关市之请,或以觇国,顺之示弱,无明柔远,距而观衅,有足表强。……何为屈冠带之邦,通引弓之俗,树无益之轨,招尘点之风。交易爽议,既应深杜;和约诡论,尤宜固绝。"① 其发议同样是基于"獯狁弃义,唯利是视"的华夷立场,可见对南北通和持反对意见的士人,普遍以文化优越的立场作为重要理据。

不唯如此,即使是主张与北方通好的南朝士人,对北魏的观感和理解,与上述颜峻、谢庄等人并无二致。如《南齐书·孔稚珪传》载稚珪在南齐时"以虏连岁南侵,征役不息,百姓死伤,乃上表",云:

> 匈奴为患,自古而然,虽三代智勇,两汉权奇,算略之要,二涂而已。一则铁马风驰,奋威沙漠;二则轻车出使,通驿虏庭。权而言之,优劣可睹。……唯宜胜之以深权,制之以远置,弘之以大度,处之以蟊贼。……好战之功,其利安在?战不及和,相去何若?……北虏顽而爱奇,贪而好货,畏我之威,喜我之赂,畏威喜赂,愿和必矣。②

孔稚珪主张遣使通好政策,主要是从休养国力、爱惜民命的角度出发。他在论证其可行性时,就是建立在"虏顽而爱奇,贪而好货"这样的认识上,亦知其内心对北魏之立场,与谢庄所认为之北魏"唯利是视",理解正同。

由此说明,南朝对于南北通聘,虽然因应时势变化与利害权衡,而有正反之观点差异,但对北朝政权的文化观感与心态则是一致的。

2. 从南朝使臣交聘事迹看北聘的性质

南朝早期对北遣使带着明显的军事政治性质。这可从《宋书》记载,南北交战时派遣使臣穿梭于军旅之间可知。元嘉年间南方派遣使者,其职务有不少是殿中将军。参考《魏书》所载南朝史臣,田奇、吉恒、孙横之、黄延年、赵道生等人均以殿中将军聘魏。这是以皇帝近侍武官为使者,此类出使活动多少反映了南朝对北聘性质的理解。③ 这种军事政治色彩鲜明的交聘延至南齐早期亦没有改变。《南齐书·魏虏传》载"上(齐高帝)未遑外略,以虏既摧破,且欲示以威怀,遣后军参军车僧朗北使",又载"虏使李道固报聘,

---

① 《宋书》卷八十五《谢庄传》,第2168页。
② 《南齐书》卷四十八《孔稚珪传》,第838~840页。
③ 殿中将军为负责宫廷禁卫的武官。《宋书·百官志下》之"殿中将军、殿中司马督"条云:"晋武帝时,殿内宿卫,号曰三部司马,置此二官,分隶左右二卫。江右初,员十人。朝会宴飨,则将军戎服,直侍左右,夜开城诸门,则执白虎幡监之。"

世祖（齐武帝）于玄武湖水步军讲武，登龙舟引见之。自此岁使往来，疆场无事"。① 齐武帝选择在龙舟迎接北使李彪，与齐高帝"示以威怀"的策略是一致的，通过讲武展示军威，以达到威慑对手的目的，其义甚明。② 南朝使者在此类交聘活动中之地位任务，是值得探讨的。《南齐书·刘善明传》云：

> （泰始）五年，青州没虏，善明母陷北，虏移置桑乾。……善明以母在虏中，不愿西行，涕泣固请，见许。朝廷多哀善明心事。元徽初，遣北使，朝议令善明举人，善明举州乡北平田惠绍使虏，赎得母还。③

此次北聘亦载于《魏书·岛夷刘裕传》："昱（宋后废帝）遣员外散骑常侍田惠绍、员外散骑侍郎刘惠秀朝贡。"④ 田惠绍为刘善明所举荐而充任使者，所负任务为赎人，非如史书通常所记之以文学才情相竞等雅事，则如田惠绍之徒，很大可能是名位不高的寒士，或者是寒人。此点或有旁证，如《南史·孝义上·丘冠先传》云：

> 丘冠先，字道玄，吴兴乌程人也，少有节义。齐永明中，位给事中。时求使蠕蠕国，尚书令王俭言："冠先虽名位未升，而义行甚重。若为行人，则苏武、郑众之流也。"于是使蠕蠕。⑤

当时朝廷遇事需遣派使者出使北方胡族政权，是以"名位未升"之人充任使北之臣，其时聘使之社会地位当不为高。⑥此或反映出南朝上层士人对北方胡族政权在文化心理上的抗拒和排斥，而士人不乐使北，与聘使在较早时期不为朝廷礼重有关。《南齐书·竟陵文宣王子良传》载萧子良言论，云：

> 狡虏玩威，甫获款关，二汉全富，犹加曲待。如闻使臣频亦怨望，前会东宫，遂形言色。昔宋氏遣使，旧列阶下，刘缵衔使，始登朝殿。今既反命，宜赐优礼。⑦

这里提到"使臣频亦怨望"与"宋氏遣使，旧列阶下"，均是朝廷不甚重视北聘的缘故。不过"刘缵衔使，始登朝殿"的记载，还是说明南齐武帝时，聘北使臣的礼遇地位相比刘宋时代是有所提高的，这或许暗示了南朝对北聘态度的一种转变。萧子良认为刘缵"宜赐优礼"，应是朝野对交聘之事逐渐重视以后的建议。按刘缵北聘，副使为河东裴昭明，其本传云："永明三年，使虏，世祖谓之曰：'以卿有将命之才，使还，当以一郡相赏。'还为始安内史。"⑧ 裴昭明为南朝的才学之士，被齐武帝认为有出使才能而委以北使任务，

---

① 《南齐书》卷五十七《魏虏传》，第989页。
② 在龙舟上接见北使，或因南方水军胜于北方，尤有凸显自方军事优势的深层意味。
③ 《南齐书》卷二十八《刘善明传》，第523页。
④ 《魏书》卷九十七《岛夷刘裕传》，第2150页。
⑤ 《南史》卷七十三《孝义上·丘冠先传》，北京：中华书局，1975年，第1819～1820页。
⑥ 南朝前期聘北使臣事迹多不见于传记，而仅留名字而已，或许也是这些人才地俱微的一个例证。
⑦ 《南齐书》卷四十《武十七王·竟陵文宣王子良传》，第698页。
⑧ 《南齐书》卷五十三《良政传·裴昭明传》，第919页。

3. 试析南朝对北聘理解的变化与交聘政策性质的转变

永明年间,发生"虏使遣求书,朝议欲不与。(王)融上疏"之事。①王融上疏的内容,对北方政治的判断,颇有别于当时流行的观点,此或可视为南朝士人对北魏的某种认识和理解,其论云:

> 臣侧闻佥议,疑给虏书,如臣愚情,切有未喻。夫虏人面兽心,狼猛蜂毒,暴悖天经,亏违地义,逿窜烛幽,去来豳朔,绵周、汉而不悛,历晋、宋其逾梗。……前中原士庶,虽沦慑殊俗,至于婚葬之晨,犹巾裸为礼。而禁令苛刻,动加诛轘。于时獯粥初迁,犬羊尚结,即心徒怨,困惧成逃。自其将卒奔离,资峙销阙,北畏勍蠕,西逼南胡,民背如崩,势绝防断。于是曲从物情,伪窃章服,历年将绝,隐蔽无闻。……凶谋岁窘,浅虑无方,于是稽颡郊门,问礼求乐。若来之以文德,赐之以副书,汉家轨仪,重临畿辅,司隶传节,复入关河,无待八百之师,不期十万之众,固其提浆伫俟,挥戈愿倒,三秦大同,六汉一统。又虏前后奉使,不专汉人,必介以匈奴,备诸觇获。……今经典远被,诗史北流,冯、李之徒,必欲遵尚;直勒等类,居致乖阻。……冯、李之徒,固得志矣,虏之凶族,其如病何?于是风土之思深,愤戾之情动,拂衣者连裾,抽锋者比镞,部落争于下,酋渠危于上,我一举而兼吞,卞庄之势必也。……臣请收籍伊瀍,兹书复掌,犹取之内府,藏之外籓,于理有惬,即事何损。若狂言足采,请决敕施行。②

王融对"虏"的描述仍然为凶残的异族形象,但他对北方的分析不局限于此,在疏中突出了胡汉存在的矛盾。他认为中原汉族并不甘心于胡族的统治,可通过借书这一文化途径,激化北方的矛盾,达致"无待八百之师,不期十万之众","三秦大同,六汉一统"的理想局面。牟发松先生已指出王融的"思想和表达不无浪漫色彩,对文化功效的估计也充满着书生气",此属正解。不过值得注意的是,齐武帝对此回答却是"吾意不异卿。今所启,比相见更委悉"。作为臣子,其上疏内容带有理想主义,或有脱离现实处,是可以理解的,毕竟这还是一份建议。但作为最高决策者的齐武帝,不但没有表示不同意,反而"意不异卿",并予以可商量的余地,说明齐武帝对于北魏遣使求书之事,其所想所虑或已超出以往的一般观念,个中微妙,颇可考量。

在南朝宋末至齐武帝统治的这段时间,刚好是北魏文明太后临朝、孝文帝在位,改革

---

① 牟发松先生《王融〈上疏请给虏书〉考析》一文〔《武汉大学学报》(人文科学版)1995年5期〕对此事有非常详尽而精辟的见解。牟先生考出北魏求书之年在永明七年,解释了上疏最终未被采纳的原因,并指出王融"力主赐魏图书,一个最基本的理由,是他认为通过文化渗透,可以'无待干戈',即不费一兵一卒而统一北方"。这些观点都很有启发意义。

② 《南齐书》卷四十七《王融传》,第818~820页。

不断推行和深化的时期。南朝虽对北朝始终存在深刻的华夷观念,但这种态度随着北魏改革进程的深化而有所变化。如萧子显在《南齐书·魏虏传》中,虽对北魏多贬斥之辞,但对于孝文帝这位北魏的君主亦未完全抹杀否定,谓:"宏知谈义,解属文,轻果有远略。"① 如《魏书·任城王澄传》云:"萧赜使庾荜来朝,荜见澄音韵遒雅,风仪秀逸,谓主客郎张彝曰:'往魏任城以武著称,今魏任城乃以文见美也。'"② 史载任城王元澄能解《易》及受命赋诗,则知其深受汉化熏陶。所谓"音韵遒雅,风仪秀逸"或是溢美,未可作为定论,但南朝使者接触到如元澄之类的北魏贵族,可能会改变以往对"索虏"纯粹野蛮的固有观念。③ 联系前面裴昭明北使和齐武帝答王融上疏,会发觉南朝统治阶层已有一部分人不再纯以军事对立的角度看南北对峙,开始注意到了文化的潜在能力。在聘北政策上,文化的意味愈加浓厚。

与此历史趋势相对应的是,南朝后期对使臣的身份地位越加重视。萧梁时期文教大盛,甚至派遣最负盛名之文士出使北朝。当时徐陵、庾信以诗文闻名,二人在梁末均相继将命聘北。④《周书·庾信传》云:"时(庾)肩吾为梁太子中庶子,掌管记。东海徐摛为左卫率。摛子陵及信,并为抄撰学士。父子在东宫,出入禁闼,恩礼莫与比隆。既有盛才,文并绮艳,故世号为徐、庾体焉。当时后进,竞相模范。每有一文,京都莫不传诵。"⑤ 可见当时徐、庾在北朝文坛享有崇高名声。南朝派遣徐陵、庾信出使,与北方在文化上的竞争之意非常明显。

除聘北使臣以外,在北朝南聘的接待人选上,南朝亦愈加重视。黎虎先生注意到:"南朝政权一向以文化、学术陵轹北朝,随着北方文化、学术水平的提高,更不容北朝在外交领域的文化、学术斗争中占了上风,故其选拔博学高才出任主客郎更是不遗余力。"⑥《魏书·李平传附李谐传》云:

> 萧衍求通和好,朝廷盛选行人,以谐兼散骑常侍,为聘使主。谐至石头,萧衍遣其主客郎范胥当接。谐问胥曰:"主客在郎官几时?"胥答曰:"我本训胄虎门,适复今任。"谐言:"国子博士不应左转为郎。"胥答曰:"特为接应远宾,故权兼耳。"⑦

---

① 《南齐书》卷五十七《魏虏传》,第990页。
② 《魏书》卷十九中《景穆十二王传》,第464页。按《魏书》所载,庾荜使魏在太和十六年,即南齐永明十年。
③ 《资治通鉴》卷一五三《梁纪九》云:"(陈)庆之自魏还,特重北人,朱异怪而问之,庆之曰:'吾始以为大江以北皆戎狄之乡,比至洛阳,乃知衣冠人物尽在中原,非江东所及也,奈何轻之?'"此或有其个人偏好等原因,然亦可约略窥见北魏孝文帝华化政策在文化层面上是卓有成效的。
④ 按《魏书》卷九十八《岛夷萧衍传》,庾信北使在东魏武定三年(梁大同十一年,545年)。徐陵北使在东魏武定六年(梁太清二年,548年)。
⑤ 《周书》卷四十一《庾信传》,北京:中华书局,1971年,第733页。
⑥ 黎虎:《汉唐外交制度史》,第184页。
⑦ 《魏书》卷六十五《李平传附李谐传》,第1460页。

像范胥这样的才学之士,降阶以迎北使的情况,在梁末大概是比较普遍的。这说明南朝在这段时期,对北朝来使才学水平的提高,内心也是认同的。故在竞争的心理下,而有盛选人才与北使对接的举动。赵翼有"南北朝通好以使命为重"之札记,所举南朝使臣"以言语文学见长"者多发生在萧齐永明年之后,大概亦能说明南朝交聘政策的转向。

总结以上分析,南朝对北朝影响深远的汉化运动有着诸多反响,其表现之一,即在较长的历史时段中,对北交聘政策性质逐渐转变,从早期纯粹的军事政治之交涉,逐步演变为文化层面的竞争。

(二) 北朝对南朝之态度及交聘所显示之文化心理

1. 从交聘事看北朝之心态

史籍记北魏太武帝遣使欲与宋皇室通婚,此事或有策略的一面,但亦看出其有慕华之心。《通鉴》所载,关于其时南北遣使所为通婚者,有四事:

> (元嘉八年六月)魏主遣散骑侍郎周绍来聘,且求昏;帝依违答之。
>
> (元嘉十年二月)魏主如河西,遣兼散骑常侍宋宣来聘,且为太子晃求婚;帝依违答之。
>
> (元嘉十四年三月)帝遣散骑常侍刘熙伯如魏议纳币,会帝女亡而止。
>
> (元嘉二十七年)(魏主)举手指天,以其孙示(田)奇[宋使]曰:"吾远来至此,非欲为功名,实欲继好息民,永结姻援。宋若能以女妻此孙,我以女妻武陵王,自今匹马不复南顾。"①

除遣使求聘,于军旅之中亦不忘"结姻援",这种希望与宋室联姻的心态,可谓达到了求之若渴的地步。就元嘉十四年之事而言,宋室始终未有与魏太武结成姻亲,"会帝女亡"或真有其事,或仅为托辞,但刘宋不欲与其视为胡类之北魏结亲,当是实在的事实。

至如《魏书·世祖纪下》载"(刘)义隆使献百牢,贡其方物,又请进女于皇孙以求和好。帝以师婚非礼,许和而不许婚"②,吕思勉先生已认为"此非实录",并论:"魏此时虽战胜,其视中原,尚如天上。姚兴嫁女与明元,明元以后礼纳之,况于天朝乎?"③吕

---

① 《通鉴》所载,查《宋书》《魏书》可与之相印证。元嘉八年(431)六月之聘,《宋书·索虏传》:"其后焘又遣使通好,并求婚姻,太祖每依违之。"元嘉十年(433)之聘,《魏书·岛夷刘裕传》:"(延和)二年二月,诏兼散骑常侍宋宣使于义隆,且为皇太子结亲。"元嘉十四年(437)之事,《魏书·岛夷刘裕传》:"(太延)三年三月,义隆遣其散骑常侍刘熙伯朝贡,且论纳币。六月,义隆女死,不果为婚。"元嘉二十七年(450)之事,《魏书·岛夷刘裕传》载:"义隆遣黄延年朝于行宫,献百牢,贡其方物,并请和,求进女于皇孙。世祖以师婚非礼,许和而不许婚";《宋书·索虏传》载:"(焘)遣使饷太祖骆驼名马,求和请婚。……又求嫁女与世祖"。
② 《魏书》卷四《世祖纪下》,第105页。
③ 吕思勉:《两晋南北朝史》第八章"宋初南北情势",第385页。

先生尖锐地觉察出记载里面的问题。《魏书》这段失实的记载恰恰真实反映出北魏太武帝对南朝衣冠文物的攀援心态。

然此不独魏太武帝有慕与南朝皇室结亲之心态，至隋文帝仍看重与萧梁的联姻。《隋书·后妃·萧皇后传》云：

> 炀帝萧皇后，梁明帝岿之女也。江南风俗，二月生子者不举。后以二月生，由是季父岌收而养之。未几，岌夫妻俱死，转养舅氏张轲家。然轲甚贫窭，后躬亲劳苦。炀帝为晋王时，高祖将为王选妃于梁，遍占诸女，诸女皆不吉。岿迎后于舅氏，令使者占之，曰："吉。"于是遂策为王妃。①

《周书·萧詧传》亦载："开皇二年，隋文帝备礼纳岿女为晋王妃。又欲以其子玚尚兰陵公主。"② 其时后梁仅为北朝之附庸，又炀帝萧皇后在娘家时，两度"转养"，"躬亲劳苦"，未为家人所宠重，地位不高。但杨氏热衷于与萧氏联姻，不计其嫌，其中颇能反映北朝君主看重南朝皇室之心态。

通婚以外，北朝对南朝人物亦存仰慕。如《宋书·谢庄传》载"元嘉二十七年，索虏寇彭城，虏遣尚书李孝伯来使，与镇军长史张畅共语，孝伯访问庄及王微，其名声远布如此"，此为当时北人在交聘中慕南心态之流露。③《北齐书·祖珽传》载"（祖）珽弟孝隐，亦有文学，早知名。词章虽不逮兄，亦机警有辩，兼解音律。魏末为散骑常侍，迎梁使。时徐君房、庾信来聘，名誉甚高，魏朝闻而重之，接对者多取一时之秀，卢元景之徒并降阶摄职，更递司宾。孝隐少处其中，物议称美。"④庾信当时文名誉满天下，故其北使，引起邺下轰动。关于北朝人对南朝人物的态度，周一良先生注意到"（《水经注》）书中所表露对于南朝人物之态度"，指出《水经注》对五胡各族君主几乎都是直指其名，而对南朝君主，特别是刘裕，其称谓"时而尊敬，时而亲昵"，"流露崇敬赞叹之意"，并由此引北朝墓志等文字看出"北魏末叶北人对于南朝人物的态度"是相当肯定的。⑤

北魏君主虽出自胡族，但境域地处中原，故雄才之主，必以正统中夏之主自居。《魏书·卢玄传》云："高祖诏（卢）昶曰：'卿便至彼，勿存彼我。密迩江扬，不早当晚，会是朕物。卿等欲言，便无相疑难。'"⑥ 即是这种心态的反映。《南齐书·东南夷传》云：

> 虏置诸国使邸，齐使第一，高丽次之。永明七年，平南参军颜幼明、冗从仆射刘思敩使虏。虏元会，与高丽使相次。幼明谓伪主客郎裴叔令曰："我等衔命上华，来造卿国。所为抗敌，在乎一魏。自余外夷，理不得望我镳尘。况东夷小貊，臣属朝

---

① 《隋书》卷三十六《后妃·萧皇后传》，第1111页。
② 《周书》卷四十八《萧詧传》，第865页。
③ 《宋书》卷八十五《谢庄传》，第2167页。
④ 《北齐书》卷三十九《祖珽传》北京：中华书局，1972年，第521页。
⑤ 周一良：《魏晋南北朝史札记·〈魏书〉札记》，"郦道元"条，381～383页。
⑥ 《魏书》卷四十七《卢玄传》，第1055页。

廷,今日乃敢与我蹑踵。"思敩谓伪南部尚书李思冲曰:"我圣朝处魏使,未尝与小国列,卿亦应知。"思冲曰:"实如此。但主副不得升殿耳。此间坐起甚高,足以相报。"思敩曰:"李道固昔使,正以衣冠致隔耳。魏国必缨冕而至,岂容见黜。"幼明又谓房主曰:"二国相亚,唯齐与魏。边境小狄,敢蹑臣踪!"①

观颜幼明、刘思敩之强烈反应,已可想见北魏安排齐使"与高丽使相次"这件事上,有着强烈的象征意义。这就是北魏以中原正统的姿态,以南齐为"边境小狄"之一员。予南朝君主以"岛夷"之谓,大概就是这种心态的最为直接的反映。然魏"置诸国使邸,齐使第一",又说明虽欲藐视南朝,但内心仍然重而视之的复杂心态。

2. 北朝聘使地位与文化心理

与南朝相较,北朝遣南之聘使出自北方世家大族的情况非常普遍,甚至有一门数代连续出使南朝的情况出现。这在南朝是不多见的。②如《北齐书·李浑传》云:"(浑)子湛,字处元。涉猎文史,有家风。为太子舍人,兼常侍,聘陈使副。袭爵泾阳县男。浑与弟绘、纬俱为聘梁使主,湛又为使副,是以赵郡人士,目为四使之门。"③此为最直接之明证。

早在北魏前期,北方大族相继有士人出使南朝,其中就有范阳卢氏、广平宋氏、广平游氏、河间邢氏等。出使士人多为太武帝神䴥四年所征召的名望之士。《魏书·高允传》之《征士颂》列有此次所征召的士人,其中有使南记录的为:

中书侍郎、固安伯范阳卢玄子真	延和二年十月(433)
行司隶校尉、中都侯西河宋宣道茂	延和二年二月(433)
中书郎、武恒子河间邢颖宗敬	太平真君元年二月(440)
沧水太守、浮阳侯勃海高济叔民	太平真君五年八月(444)
秘书监、梁郡公广平游雅伯度	太延二年七月(436)
广平太守、列人侯西河宋愔	太平真君六年正月(445)

从北魏神䴥四年至太平真君六年(431—445),有记载的聘南记录为九次,上述这批被征召的人士参与其中的占六次。④这个比例应算比较高的。按陈爽先生的观点,神䴥四年进入北魏政权的这批世家大族,是早期与北魏政权采取合作态度的家族。⑤这批被征召的士

---

① 《南齐书》卷五十八《东南夷传》,第1009~1010页。
② 检南朝正史,南朝使臣出于同一家族的有吴郡陆氏(陆晏子、陆琼、陆琛),南乡范氏(范云、范缜),但其家族关系并非直系亲属,未如北朝范阳卢氏和赵郡李氏等之父子兄弟相继将命。
③ 《北齐书》卷二十九《李浑传》,第394页。
④ 其余三人为周绍、邓颖、张伟。三人中,惟周绍无传,邓颖传在《魏书》卷二十四,张伟传在《魏书》卷八十四。他们同样具备很高的学术修养。《魏书》帝纪还载有太延四年冬十二月,"诏兼散骑常侍高雅使刘义隆"。高雅为高祐之孙,其活动年月在天平年间。疑为误记。《通鉴》亦不取,故从《通鉴》省去。
⑤ 详参陈爽:《世家大族与北朝政治》,北京:中国社会科学出版社,1998年。

人,大概都有传统儒学的学术背景。他们作为当时北魏政权里面掌握深厚文化的特殊群体,而屡有聘南之委任,大概可窥见北朝与江左在文化上竞争的心态。《魏书·邢峦附祐传》云:

> (邢)峦叔祖祐,字宗祐。少有学尚,知名于时。征除著作郎,领乐良王傅。后假员外散骑常侍,使于刘彧。以将命之勤,除建威将军、平原太守,赐爵城平男。
>
> (祐)子产,字神宝。好学,善属文。少时作《孤蓬赋》,为时所称。举秀才,除著作佐郎。假员外常侍、鄚县子,使于萧颐。产仍世将命,时人美之。①

在北朝因"仍世将命"而受称美,这种数代有出使记录,而能为家族带来良好声誉的情况,亦见其时聘南使臣之地位。再如《北齐书·魏兰根传》载"赵郡李浑将聘梁,名辈毕萃,诗酒正谨"②,聘南践行甚至成为北齐士人群体的文化交游活动,亦反映出他们对南朝存在倾慕的文化心理。《文馆词林》载《北齐武成帝命韦道孙兼正员迎陈使敕》,文曰:"伏波将军侍御史前太尉府中兵参军韦道孙,理识温敏,词艺清华,迎劳远宾,佥论斯在。可兼散骑侍郎,至境道迎接陈使"③,反映当时接待南朝使节,亦选文华之士充任,足见北朝对南方来聘具有强烈的文化竞争心态。

四、南北朝通聘文化与学术、家族之关系
——以南北朝使臣个案为例

南北通聘之中,多见使臣出于同一家族者,究其原因,或与学术与家族之紧密联系有关。陈寅恪先生认为,"盖自汉代学校制度废弛,博士传授之风气止息以后,学术中心移于家族,而家族复限于地域,故魏、晋、南北朝之学术、宗教皆与家族、地域两点不可分离。"④ 北朝之范阳卢氏,为典型家世儒学的大族,南朝之南乡范氏则在这一通则下有其特殊之处,两家在南北通聘事例上颇有代表性。故以此为个案,浅析如下,以明使臣之家世、学术等背景与通聘文化之联系。

(一)南朝之南乡范氏

《梁书·儒林传·范缜传》云:"永明年中,与魏氏和亲,岁通聘好,特简才学之士,以为行人,缜及从弟云、萧琛、琅邪颜幼明、河东裴昭明相继将命,皆著名邻国。"⑤ 范

---

① 《魏书》卷六十五《邢峦附祐传》,第1449页。
② 《北史》卷二十四《崔逞传附休子甗传》,第872页。
③ 许敬宗:《日藏弘仁本文馆词林校证》,北京:中华书局,2001年,第411页。
④ 陈寅恪:《隋唐制度渊源略论稿》,第20页。
⑤ 《梁书》卷四十八《儒林传·范缜传》,第664页。

缜与范云二人,均为南朝才学之士,声名闻于北方。按《魏书·岛夷萧道成附子赜传》所记,范缜出使之年在北魏太和十五年(491,永明九年)九月,范云出使之年在北魏太和十六年(492,永明十年)十二月。① 他们相继出使颇具有代表意义。

考范氏家世,《梁书》载范云、范缜为南乡舞阴人,钱大昕对其地望有解释:"按宋齐二志,俱无南乡郡,而有南乡县,为顺阳郡治所,舞阴则南阳之属县也。盖梁时避武帝父讳,改顺阳郡为南乡耳。"② 范云为梁武帝佐命之臣,其后功高位重,但其家世未为当时之一流高门。周一良先生在《论梁武帝及其时代》一文,已指出"范云是东晋范汪的六世孙,但亦非士族中的高门",并认为褚绪"建武以后,草泽底下悉化成贵人,吾何罪而见弃"之语是针对范云而发,颇能说明问题。③ 又《南史·锺嵘传》载锺嵘评语:"观休文众制,五言最优。齐永明中,相王爱文,王元长等皆宗附约。于时谢朓未遒,江淹才尽,范云名级又微,故称独步。故当辞密于范,意浅于江。"④ 既谓范云"名级又微",大概也是范云门第不高的旁证。另据史传所载,范缜"起家齐宁蛮主簿",范云"起家郢州西曹书佐",均以地方军府、州府职僚起家,则范氏为一般士族,而非显赫的高门大族。他们的仕进前途较少依凭门资,而更多需要自身才能及官场际遇。朝廷对他们的北聘委任,大概是基于才学方面的考虑,而非门第因素。

从学术思想的角度观察,范缜与范云二人的学术思想颇有不同。《梁书·儒林传·范缜传》载缜"博通经术,尤精《三礼》",是以精通礼学经术闻名的儒士。本传载他"年未弱冠,闻沛国刘瓛聚众讲说,始往从之,卓越不群而勤学,瓛甚奇之,亲为之冠。在瓛门下积年"⑤。其学术师承自礼学硕儒刘瓛⑥。至于范云,《梁书·范云传》载:"琰令赋诗,操笔便就,坐者叹焉。……少机警有识,且善属文,便尺牍,下笔辄成,未尝定藁,时人每疑其宿构。"⑦ 当时范云获名于世,恐怕主要是因为其深厚的文学才华。可见,范缜精礼,范云善文,均是聘北使臣的重要才能条件。除学术修养以外,范缜精于论辩,其著《神灭论》,为世所熟知,当时"子良集僧难之而不能屈",史言范缜"好危言高论,不为士友所安。唯与外弟萧琛相善,琛名曰口辩,每服缜简诣"。范缜无疑具备出色辩才。范云亦是"风姿应对,傍若无人",有其过人的仪态风度。这些无疑也十分符合作为使节

---

① 《魏书》卷九十八《岛夷萧道成附子赜传》,第2164页。范云出使时间,《南齐书》卷五十七《魏虏传》记在永明十年,亦可为证。

② 钱大昕《廿二史考异》卷二十六,"范云传"条,北京:中华书局,2004年,第441页。

③ 周一良:《论梁武帝及其时代》,载《魏晋南北朝史论集》,北京:北京大学出版社,1997年,第347页。

④ 《南史》卷七十二《锺嵘传》,第1779页。

⑤ 《梁书》卷四十八《儒林传·范缜传》,第664页。

⑥ 《南齐书》卷三十九《刘瓛传》载:"(刘瓛)少笃学,博通《五经》。聚徒教授,常有数十人。……遇病,子良遣从瓛学者彭城刘绘、顺阳范缜将厨于瓛宅营斋。……所著文集,皆是《礼》义,行于世。"

⑦ 《梁书》卷十三《范云传》,第229页。

的要求。南朝对使臣的文化才能有越加重视的趋势。揆之史籍,范缜永明九年出使北方,确有与礼学相联系的线索。《魏书·礼志三》载文明太后的祥日祭礼,云:

> (太和十五年九月)丁亥,高祖宿于庙。至夜一刻,引诸王、三都大官、驸马、三公、令仆已下,奏事中散已上,及刺史、镇将,立哭于庙庭,三公、令仆升庙。……引太守外臣及诸部渠帅入哭,次引萧赜使并杂客入。①

范缜即在"萧赜使"之列,以他的学术背景推断,他应是受朝廷委派观察北魏礼制情形。关于此点,可作进一步说明。《魏书·孝文帝纪》载,文明太后崩于太和十四年九月癸丑。②《魏书·岛夷萧道成传附子赜传》载太和十五年二月,南齐"遣员外散骑常侍裴昭明、员外散骑侍郎谢竣朝贡"③。《魏书·成淹传》载:"太和中,文明太后崩,萧赜遣其散骑常侍裴昭明、散骑侍郎谢竣等来吊,欲以朝服行事。"④ 从时间上看,裴昭明、谢竣一行北使,距文明太后去世已有数月,他们在出发前肯定已获知此消息。裴昭明"少传儒史之业",曾任太学博士,参与讨论朝廷礼仪。⑤ 或可推断南齐派遣他们出使,是有一窥北魏国丧仪礼的用意。太和十五年二月、九月的两次北聘,均有精通礼学的士人担任使节,并带有察看北魏国家礼仪的意图。这反映南朝之北聘已逐步上升到文化层面。

永明九年范缜出使,之后又有永明十年范云北聘,不难发现是先儒后文,使臣之学术素养有所转换。这可能也说明了南朝对于北朝儒家礼学,内心仍有肯定之处,故南朝派遣范云,背后有以文学相高之意。北魏对此应是有所触动。范云永明十年的出使,即可说明一二。《南齐书·魏虏传》载:

> (永明)十年,上遣司徒参军萧琛、范云北使。……每使至,宏亲相应接,申以言义。甚重齐人,常谓其臣下曰:"江南多好臣。"伪侍臣李元凯对曰:"江南多好臣,岁一易主;江北无好臣,而百年一主。"宏大惭,出元凯为雍州长史,俄召复职。⑥

《南齐书》谓魏孝文帝有"江南多好臣"一语,流露出对范云此次来聘的仰慕态度,或非溢美修饰之辞。魏孝文帝选派的接应大臣,为当时北方的才学之士,接待规格颇高。如《魏书·李顺传附式子宪传》:"(李)宪,字仲轨。清粹,善风仪,好学,有器度。……

---

① 《魏书》卷一〇八之三《礼志三》,第2788~2789页。
② 《魏书》卷七下《孝文帝纪下》,第166页
③ 《魏书》卷九十八《岛夷萧道成传附子赜传》,第2164页。
④ 《魏书》卷七十九《成淹传》,第1751页。
⑤ 《南齐书》卷五十三《良政传·裴昭明传》,第918~919页。
⑥ 《南齐书》卷五十七《魏虏传》,第992页。按《北史》卷二七《李先传附孙预传》云:"(李)预,字元凯。太和初,历秘书令、齐郡王友、征西大将军长史,带冯翊太守。"李预应即《南齐书》之李元凯。

雅为高祖所赏。稍迁散骑侍郎，接对萧衍使萧琛、范云。"① 又《魏书·崔辩附子逸传》："（崔）景俊，梗正有高风，好古博涉。以经明行修，征拜中书博士。历侍御史、主文中散。受敕接萧赜使萧琛、范云，高祖赐名为逸。"② 又《魏书·裴骏附修弟宣传》："（裴）宣，字叔令，通辩博物，早有声誉。少孤，事母兄以孝友称。举秀才，至都，见司空李欣，与言自旦及夕，欣嗟善不已。司空李冲有人伦鉴识，见而重之。高祖初，征为尚书主客郎，与萧赜使颜幼明、刘思效、萧琛、范云等对接。"③ 此其见载于史籍者。值得注意的是，这些北朝士人之才学，均有"经明行修"的汉代旧学特点，范云诸人之学则接轨于魏晋之新学，从魏孝文帝的汉化立场出发，这是否也是一种比较，从而得出"江南多好臣"之叹呢？

（二）北朝之范阳卢氏

范阳卢氏，为北朝高门大族，《魏书》称"卢玄绪业著闻，首应旌命，子孙继迹，为世盛门"。就聘南一事而言，卢氏一门自卢玄起，四代均有出使记录，"子孙继迹"的情况尤其明显。卢氏出使南朝者，其关系为：

卢玄—卢度世—卢昶—卢元明

但这个在北魏时期家世儒学的大族，在出使事上却未能让人尽为称道，反而出现因失将命之体而见罢黜的事情发生。今略举《魏书·卢玄传》所见卢氏家族使南事迹，列之如下：

卢玄："后转宁朔将军、兼散骑常侍，使刘义隆。义隆见之，与语良久，叹曰：'中郎，卿曾祖也。'既还，病卒。"

卢度世："后除散骑侍郎，使刘骏。遣其侍中柳元景与度世对接，度世应对失衷。还，被禁劾，经年乃释。"

卢昶："及昶至彼，值萧鸾僭立，于是高祖南讨之，昶兄渊为别道将。而萧鸾以朝廷加兵，遂酷遇昶等。昶本非骨鲠，闻南人云兄既作将，弟为使者。乃大恐怖，泪汗交横。"归国后，受到孝文帝的严厉苛责，"遂见罢黜"。

卢元明："天平中，兼吏部郎中，副李谐使萧衍，南人称之。"④

卢玄之出使，史籍未有具体的评价，仅载宋文帝"中郎，卿曾祖也"一语，大概是修史者认为这句话可以与传中崔浩赞叹卢玄"对子真，使我怀古之情更深"的记载相呼应，从而理解为卢玄有乃祖之古风。实或因未解南朝观念，而将贬语视为褒誉。

卢玄之曾祖即卢谌，卢玄本传载"曾祖谌，晋司空刘琨从事中郎"。按《晋书·刘琨

---

① 《魏书》卷三十六《李顺传附式子宪传》，第 835 页。
② 《魏书》卷五十六《崔辩传附子逸传》，第 1251 页。
③ 《魏书》卷四十五《裴骏传附修弟宣传》，第 1023 页。
④ 详见《魏书》卷四十七《卢玄传》，第 1045～1060 页。

传》，刘琨于永嘉元年（307）任并州刺史，其后先后与匈奴之刘聪、羯之石勒等胡族武装作战，最后于建武元年（317）为鲜卑之段匹䃅杀害。然琨死后，东晋欲利用段匹䃅的力量压制石勒，遂"不举琨哀"。就这件事，史言："（建武）三年，琨故从事中郎卢谌、崔悦等上表理琨"。这件事促成晋元帝下诏吊祭刘琨，并追赠赐谥。此为刘琨与卢谌作为上下级之一段因缘，而又为东晋南朝所知悉之故事。而刘琨奋勇抗胡、卢谌忠诚事主的形象必亦深入南朝人观念之中，可见宋文帝之语或是有所针对。①《宋书·索虏传》云："索头虏姓托跋氏，其先汉将李陵后也。陵降匈奴，有数百千种，各立名号，索头亦其一也。"②《南齐书·魏虏传》云："魏虏，匈奴种也，姓托跋氏。"③ 由此可知南朝人认为北魏为匈奴之后。刘琨抗击匈奴，卢谌随之。卢玄则出仕北魏，宋文帝特意提及卢谌，岂非对卢玄有"数典忘祖"之讥？或退一步论之，即使其时南朝已认北魏为鲜卑，但刘琨为鲜卑所杀，卢谌为之抗争，于南人观念中，亦明卢谌与鲜卑之对立，言语所针对者，仍为卢玄。此语暗含典故，借古讽今，疑魏人以己出自鲜卑，或未觉其中包含卢谌与刘琨之因缘，故不之觉，反以为赞。

姑不论卢玄在南朝受嘲之隐语，仅观其子孙（卢度世与卢昶），如上文所引述，即明确在出使事上遇到不少的挫折。何以一个有文化底蕴的家族，在出使南朝的事情上会遇上不少曲折呢？或许里面有着偶然性，如齐明废郁林等。但从孝文帝在卢昶出使前的叮嘱之语，或可以看出南北文化的内在冲突。《魏书·卢玄传附渊弟昶传》载：

> （孝文帝）敕副使王清石曰："卿莫以本是南人，言语致虑。若彼先有所知所识，欲见便见，须论即论。卢昶正是宽柔君子，无多文才，或主客命卿作诗，可率卿所知，莫以昶不作，便复罢也。"④

史言卢昶"学涉经史，早有时誉"，而孝文谓其"无多文才"，当非谓卢昶学问不足，而是特指其缺乏文学修养。其时出使至南方，即事赋诗似乎也是使臣所要具备的素养，大概南朝文风盛行，而北朝来使亦不得不在这种风气下表现文才的一面。如《魏书·李彪传》载：

> 彪将还，赜亲谓曰："卿前使还日，赋阮诗云'但愿长闲暇，后岁复来游'，果如今日。卿此还也，复有来理否？"彪答言："使臣请重赋阮诗曰'宴衍清都中，一去永矣哉'。"赜惘然曰："清都可尔，一去何事？观卿此言，似成长阔，朕当以殊礼相送。"赜遂亲至琅邪城，登山临水，命群臣赋诗以送别，其见重如此。彪前后六度

---

① 曾阅读周一良先生《王敦桓温与南北民族矛盾》（《魏晋南北朝史札记·〈晋书〉札记》），引桓温传之言，此笔者所未及检视者，云："温自以雄姿风气是宣帝刘琨之俦。有以其比王敦者，意甚不平。"颇能说明刘琨在南朝人心目中的形象。
② 《宋书》卷九十五《索虏传》，第2321页。
③ 《南齐书》卷五十七《魏虏传》，第983页。
④ 《魏书》卷四十七《卢玄传附渊弟昶传》，第1055页。

衔命，南人奇其謇谔。①

根据这段文字所载，李彪赋阮籍咏怀之诗，实际上自己没有创作，只能说明李彪机敏。史传载李彪在高悦家中，取其丰富的典籍，"手抄口诵，不暇寝食"。大概博闻强记，故能以前人之诗赋，应其时之情景；但在文学修养上，岂非稍逊一筹，故不敢在南人面前板门弄斧？即使本传所载南人之评价，亦在于"謇谔"，没有提及其文才。如《魏书·许彦传附许赤虎传》云："涉猎经史，善嘲谑。延兴中，著作佐郎，与慕容白曜南讨。后使江南，应对敏捷，虽言不典故，而南人颇称机辩滑稽焉。"② 大概也是相似的情况。从中可以看出当时北方在文学上，相对于南方实有未及之处。

相对于祖父辈出使的曲折，卢元明作为李谐副使，出使梁朝，似取得成功。究其缘故，或与其学术转变有关。史言卢元明"涉历群书，兼有文义，风彩闲润，进退可观"，知卢元明已不再恪守于家世传统儒学，而兼在文学上有所研治。《北齐书·文苑传》序云：

> 有齐自霸图云启，广延髦俊，开四门以纳之，举八纮以掩之，邺京之下，烟霏雾集，河间邢子才、巨鹿魏伯起、范阳卢元明、巨鹿魏季景、清河崔长孺、河间邢子明、范阳祖孝徵、乐安孙彦举、中山杜辅玄、北平阳子烈并其流也。③

可见卢元明的文才在当时是得到承认的。《北齐书》卷三十七《魏收传》："先是南北初和，李谐、卢元明首通使命，二人才器，并为邻国所重。"④ 由此推知卢元明的出使至少得到了北方的肯定。大概卢元明从儒转文，适应南朝之文化要求，故能不辱使命，完成聘南的任务。

五、结　语

南北朝虽为分裂的历史时代，然而作为承上启下的历史阶段，相较西晋永嘉南渡后的混乱形势，实已蕴含了统一的因素。唐长孺先生在《魏晋南北朝隋唐史三论》中，在"南北统一与历史的衔接"一节中，阐述了一个很重要的观点：

> 随着南北政治上的重归统一和文化上的融汇交流，南北分裂时期出现的种种差异逐渐缩小。如前所述，唐代经济、政治、军事以及文化诸方面都发生了显著的变化，它标志着中国封建社会由前期向后期的转变。但这些变化，或者说这些变化中的最重要部分，乃是东晋南朝的继承，我们姑且称之为"南朝化"。⑤

---

① 《魏书》卷六十二《李彪传》，第1390页。
② 《魏书》卷四十六《许彦传附许赤虎传》，第1038页。
③ 《北齐书》卷四十五《文苑传》，第602～603页。
④ 《北齐书》卷三十七《魏收传》，第485页。
⑤ 唐长孺：《魏晋南北朝隋唐史三论》，武汉：武汉大学出版社，1993年，第486页。

在南北朝的聘和中，也看到唐先生所说的"南朝化"的端倪。通观这段交聘的历史，可以看出"南北统一与历史的衔接"的因素在不断积累。在南北朝前期，交聘存在浓厚的军事政治色彩，这可以说是双方在军事上对立场的一种延伸，其出发点是在双方相持的情况下的一种策略运用。这种策略的性质，应该说，终南北朝之世一直存在，只是随着时间的推移，其竞争的性质，除军事之外，更添入了丰富的文化元素，使南北通聘一时间蔚为大观。在交聘事例中，如范阳卢氏数代出使的成败，都可以看到北朝的调整，在适应南朝的文化价值观，以求在与南朝的文化对话中，取得平等乃至优势。南朝亦顺势而为，大兴文化。随着北朝的文化适应，前期严重的夷夏对立情绪逐渐淡化。双方在某种文化意义上不断合流。在南北朝交聘记载中，但见双方唇枪舌战，或以智力相敌，或以辩才相胜，或以文华相争，比之战场上之刀光剑影，其激烈程度未必逊色。在这些纷纭的交往中，已暗暗隐含一股统一的历史潜流。

当然，如缪钺先生在《东魏北齐政治上汉人与鲜卑之冲突》一文已揭示了北方内部存在民族矛盾冲突。①缪先生的研究正可说明本文所未有触及的领域——关于北朝内部的民族问题及其文化心理表现。就程度而言，北朝内部的胡汉矛盾并不比南朝对北方的夷夏对立情绪要来得轻。故关于南北朝文化心理之探讨，不能仅将目光局限于南北的分野，而应有更大的研究空间和进一步探讨之意义，此为本文言外引申之义。

---

① 缪钺：《冰茧庵读史存稿》，《缪钺全集》第一卷（上），石家庄：河北教育出版社，2004年，第288～302页。

晚唐两宋龙虎山天师道研究

——以龙虎山天师世系为中心

刘 凯

指导教师：王承文 教授

一、前　言

汉末张陵创立五斗米道，即有组织的道教团体的第一次出现，无疑是中国道教史上的里程碑式事件。五斗米道（或天师道）由张陵初创，经张衡而于张鲁，张鲁在汉中建立三十余年政教合一的政权，使天师道日臻兴盛。建安二十年（215），张鲁降于曹操，天师道不仅没有消亡，反而由汉中及巴蜀一隅而走向中原这一更宽广的舞台。有关"三张"时期天师道的历史，前人研究成果已多。①

根据各种道书记载，江西龙虎山天师道由张鲁之子，即所谓第四代天师张盛创立，一直传到民国时期的第六十三代天师，历经一千六百余年的历史而长盛不衰。本文主要讨论宋代和宋代以前的龙虎山天师道的历史；空间范围则以江西龙虎山为主，兼及与龙虎山道教相关联的各种史实。江西龙虎山位于现在江西省鹰潭市贵溪县西南，道书称为第三十二福地。《太平寰宇记》卷一百七江南西道五"饶州"条："龙虎山，二山相对，连信州界，乃张天师得道之所。"②《方舆胜览》卷十八"信州"条："龙虎山，在贵溪西南百里。《方舆记》：'两石相峙，山峰屹立，状若龙虎，乃汉张道陵所居。'"③

从上述文献材料可知，龙虎山及其所在的信州处在一个比较特殊的地理位置上。信州

---

① 相关研究可参考唐建：《天师张陵族系及里籍考辩》，《宗教学研究》2005 年第 3 期；龙显昭：《论曹魏道教与西晋政局》，《世界宗教研究》1985 年第 1 期；傅勤家：《中国道教史》，北京：商务印书馆，1998 年；汤一介：《早期道教史》，北京：昆仑出版社，2006；柳存仁：《道教史探源》：北京：北京大学出版社，2000 年。

② 乐史：《太平寰宇记》卷一百七，《文渊阁四库全书》第 470 册，第 143 页，台北：台湾商务印书馆，1986 年。

③ 祝穆：《方舆胜览》卷十八，北京：中华书局，2003 年。

南北为两条平行的山系，中间为信江冲积成的狭长平原，其东北端与浙江衢州的狭长平原相连，可称为广义上的仙霞岭地区，为浙赣交通之咽喉，历代兵家必争之地，今日浙赣铁路便经行于此。龙虎山现属鹰潭市。鹰潭是清季民初因铁路而勃兴的近代城市，中华人民共和国建立后，修建鹰潭与厦门间的鹰厦铁路，从而使鹰潭成为浙赣、鹰厦两条铁路的交叉点。由此可见，于古于今龙虎山地理位置之优越。

本文试图利用较为全面的史料，即使用官修及私修史书、笔记、文集等各种文献资料，与道书记载相互考证，以梳理晚唐两宋时期龙虎山天师道的发展脉落。全文以龙虎山天师世系为中心，围绕龙虎山天师道的起源、二十四代天师张正随是否受封"真静先生"、二十六代天师张嗣宗与龙虎山天师道的一度中衰、北宋天师谱系的混乱及其原因、"虚静先生"封号是否世袭、南宋龙虎山天师道的统领"三山符箓"及三十五代天师张可大的作用等几个重要问题展开讨论。

二、学术史

唐宋时期的龙虎山天师道，是道教史研究的重要课题，相关的论著已经相当丰富，这里只对其中最为重要的进行介绍。① 陈寅恪先生的《天师道与滨海地域之关系》②，讨论了汉末至魏晋南北朝时期众多历史事件、人物与滨海地域天师道的密切关系。该文发表于1933年，为研究天师道较早者。陈先生的另外一篇重要文章《崔浩与寇谦之》③，围绕北魏寇谦之改革天师道这一重大历史事件，讨论了寇谦之的天师道家学渊源、佛教对天师道的影响、崔浩支持改革的深层次背景等问题。陈国符先生的《南北朝天师道考长编》④，对汉末至南北朝天师道作了最为系统的研究与考证，是早期研究天师道的集大成者。柳存仁先生的《道教史探源》，对五斗米道的起源、"三张"事迹、天师道与巴蜀地域之关系等问题进行了十分深入的讨论。李刚的《曹操与道教》⑤和龙显昭的《论曹魏道教与西晋政局》都对天师道早期历史进行了较深入的研究，对史料的运用也较为妥当。

有关龙虎山天师道的论文则更多。在龙虎山起源于唐末五代说上具有重要意义的是李

---

① 在专著方面有郭树森等的《天师道》、张继禹的《天师道史略》和傅利民的《斋醮科仪　天师神韵——龙虎山天师道科仪音乐研究》。前两部书都是对天师道的通史性介绍，这两部书都著于上世纪90年代初，对天师道研究有开创性的作用；但两书在材料上过于倚重道书，缺乏对其他史料的利用，介绍有余，而研究不足。傅利民的专著开创了龙虎山研究新的角度，内容以研究龙虎山道教音乐为主，由于我不懂音乐，因此不敢妄加评论。
② 陈寅恪：《陈寅恪集·金明馆丛稿初编》，北京：生活·读书·新知三联书店，2001年，第1～46页。
③ 陈寅恪：《陈寅恪集·金明馆丛稿初编》，第120～158页。
④ 陈国符：《道藏源流考》附录四，北京：中华书局，1963年。
⑤ 李刚：《曹操与道教》，《世界宗教研究》，2001年第4期。

刚的《唐代江西道教考略》①，该论文结合大量的史料，十分有说服力地反驳了龙虎山汉晋起源说和北宋起源说。在龙虎山起源的问题上，巴瑞特（T. H. Barrett）的 The Emergence of the Taoist Papacy in the T'ang Dynasty（《唐代天师教权的出现》）② 一文也具有重要学术意义。此文主要说明直到唐玄宗时代，才又一次正式建立起张天师的家世谱系及其对全国道教的象征性领导地位；并且举出杜光庭《道教灵验记》中的两则记载，这两则记载都是既出现了第十三代、第十九代、第二十二代天师，同时与之对应的地点也为江西贵溪龙虎山，由此巴瑞特认为在晚唐时期张氏家族已经在龙虎山开坛设教。此文是在李刚文章的基础上的又一重大补充。小林正美的新著《唐代の道教と天師道》③，其核心观点认为六朝至唐代的所谓道教各派别，从根本上讲，都应归为广义的天师道。葛兆光先生的《攀龙附凤的追认？——从小林正美〈唐代の道教と天師道〉讨论佛教道教宗派研究的方法》④ 重新审视了宗派研究存在的问题及应持有的方法。在有关第三十代天师张继先的研究上，日本学者二阶堂善弘的《天師張虛靖のイメージについて》（《关于天师张虚静的形象》）⑤ 最有价值。这篇论文利用详尽的史料，结合元明戏曲、小说中张虚静的各种形象，在北宋天师谱系、"虚静先生"这一封号是否世袭、张继先与雷法等问题上进行了卓有成效的讨论。以上是对龙虎山天师道研究的简要介绍，较为详细的学术史将在行文中进行讨论。

三、龙虎山天师道在晚唐五代的起源问题

历史上记录龙虎山天师道谱系及起源中，最为详细、系统的都是所谓的道书。按时间顺序为元代赵道一《历世真仙体道通鉴》⑥（简称《仙鉴》）、明代的《汉天师世家》⑦ 以及清雍正年间龙山道士娄近垣完成的（重修）《龙虎山志》⑧。这三种文本有着明显的传承关系，《仙鉴》文字最为简易，内容上神异的色彩最浅；《汉天师世家》在内容上则较《仙鉴》大为扩充，其所扩充的内容明显不是来自《仙鉴》，而另有所属；《龙虎山志》中的天师世系则大部分照搬《汉天师世家》，只是在个别细节上有所简省，可能是有鉴于《汉天师世家》中虚妄的内容太多，故而裁汰之。在有关龙虎山天师道问题上，三书都秉

---

① 李刚：《唐代江西道教考略》，《世界宗教研究》1992 年第 1 期。
② T. H. Barrett：The Emergence of the Taoist Papacy in the T'ang Dynasty, Asia Mayor, 1994, vol. 7, Issue 1, pp. 89～106.
③ 小林正美：《唐代の道教と天師道》，知泉書館，2003 年。
④ 葛兆光：《攀龙附凤的追认？——从小林正美〈唐代の道教と天師道〉讨论佛教道教宗派研究的方法》，荣新江主编：《唐研究》第十卷，北京：北京大学出版社，2004 年。
⑤ 二阶堂善弘：《天師張虛靖のイメージについて》，《東洋大学中國学會會報》7 号，2000 年。
⑥ 赵道一：《历世真仙体道通鉴》，《道藏》第五册，上海：上海书店等，1994 年。
⑦ 张宇初等：《汉天师世家》，《道藏》第三十四册，上海：上海书店等，1994 年。
⑧ 娄近垣：《龙虎山志》，《藏外道书》第十九册，成都：巴蜀书社，1992 年。

承张鲁之子第四代天师张盛于汉末（一说西晋永嘉）迁于江西龙虎山创教之说；并都列有较为详尽的从第一代天师起的天师谱系（三书在早期天师谱系上略有差异）。宋元以来的官方、私人的记载大多不出于此一窠臼，即使是当代一些历史学或宗教学的研究者都对此深信不疑，常见诸如此类之话语："自东汉顺帝年间（126—144）张道陵在江西贵溪龙虎山创教以来，历魏、晋、南北朝而日臻完善，其后盛衰交替于唐、宋、元、明、清之季，道教绵绵相传，天师之位世代承袭，延续不绝，迄今六十三代，长达一千八百余年，考之中外历史除曲阜孔子世家外无可与匹者，不但世人感到惊奇，连皇帝也为之动容。"① 如此相信道书之记载，可谓尽信书矣！在这一千八百多年的历史中，又含有多少的水分，我将在下文论证。

有关龙虎山天师道起源问题，一些相关的道教史著作都曾有所提及，但大多未曾进行详细的分析论证。大多数学者仍坚持龙虎山天师道起源于汉末或西晋的张盛南渡说②，但南渡后龙虎山天师道长达六百余年的历史不见于史籍和各种文字，显然使上述学者不能自圆其说。曾召南、李刚等学者提出的唐末五代说最为可信，且有丰富的历史证据来证明；傅勤家、卿希泰等先生提出的起源于宋真宗时的第二十四代天师张正随的论点，如果能够证明唐末五代已经出现龙虎山天师道，那么此论也将不攻自破。

李刚的《唐代江西道教考略》和巴瑞特的 The Emergence of the Taoist Papacy in the T'ang Dynasty（《唐代天师教权的出现》）在此一问题上有过深入的分析，是最重要的两篇论文。李刚认为，上述道书所载的从第一代天师到唐中期的"世系实际上是杜撰的，尤其是从魏晋到唐初这一段，简直没有任何可信的历史依据。所谓龙虎山张天师自张盛起已经形成香火不断的说法是不可靠的"。并且认为："根据笔者已掌握的史料，本文提出这样一个假说：张天师世系的复苏约在盛唐时，且此时张陵后人既不在龙虎山，也无法确认为多少代天师；到唐末五代时，可以确定张天师一系已移居龙虎山，并且已经构造好天师的传承代数。"③ 在下文中，他利用已经掌握的史料来证明以上论点。首先指出是唐玄宗于天宝七年下诏寻找张天师后人，从而引起"张天师世系的复苏"的热潮，如南阳道士张探玄及其子嗣的中选；进而引用晚唐诗人李翔《涉道诗》之一的《献龙虎山张天师》，证明龙虎山天师道在唐末已经出现。至于证明天师道在五代的活动，则引用五代徐锴的《茅山道门威仪邓先生碑》和陈乔《新建信州龙虎山张天师庙碑》分别证实了第十九代天师和第二十一代天师的存在，特别是《新建信州龙虎山天师庙碑》中有第二十一代天师（碑文上刻为第二十二代）张秉一这一与《仙鉴》等三部道书所载世系相吻合的天师姓名。此

---

① 柔弱：《龙虎山天师世系琐谈》，《江西社会科学》1991年第4期。
② 例如郭树森等的《天师道》中，详尽论述了张盛创教的理由。但其论点是建立在相信道书的基础上而得出的，并且试图运用反证法——证明其他人的观点不正确，来反证自己论点的正确。并且作者将魏晋南朝在江南出现的许多天师道的起义和天师道人物与张盛的龙虎山相联系，显然是牵强的，因为上述事件与人物的记载中没有任何的龙虎山天师道的记录。
③ 李刚：《唐代江西道教考略》。

外,该文章还点出杜光庭《道教灵验记》中提到第十六代、第十八代天师的记载,以及刘处静《洞玄灵宝三师记》中提到第十八代天师的记载。

我基本上同意李刚和巴瑞特的论点,即从第四代张盛到唐代前中期天师的谱系是杜撰的,唐末五代才是龙虎山天师道的初创期。在盛唐时复苏的唯有张探玄家族,这是经过唐政府严格审定后认可的谱系。但自从唐玄宗下诏搜寻张天师人之后,自称为天师后人的便大有人在,只是都未经政府的承认而已,龙虎山的张天师一家便应属于此种情况。但因历经宋元明等朝代,龙虎山张氏在官方及世俗社会都确立了天师张陵后人的正统地位,因此其初始来源的合法性一直鲜有人怀疑。李刚的《唐代江西道教考略》和巴瑞特的 The Emergence of the Taoist Papacy in the T'ang Dynasty 已经例举了许多证明龙虎山天师道起源于唐末五代的证据,我这次又找到了一些新的证据,将在下文讨论之。

南唐沈汾所撰《续仙传》卷上有《宋玄白》传:"宋玄白,……南游到信州,又逢大旱祈祷,有道士知玄白能致雨,州乃请之。遽作术,飞钉城隍神双目。"① 此文中出现了信州道士,我们不能肯定此一道士就是龙虎山的道士,但这种可能性是较大的。

宋祝穆《方舆胜览》卷十一"建宁府"有:"灵济庙,在建安县登仙里。神姓倪,讳彦松,大唐人。祖居贵溪,世授龙虎山天师,法游建安,家于党溪。"② 这段材料没有给出详细的时间,只是笼统地说是"大唐人",并且很难在其他史料中找到倪彦松这个名字,因此我们不能断定倪彦松生活在唐代的什么时候。但从材料可知,龙虎山天师道在倪彦松生活的时代已经在贵溪当地有了一定的影响力,否则就不会出现倪氏家族"世受"天师法的现象。而倪彦松到建宁府建安县活动,也是与贵溪及龙虎山的地理位置相接近。龙虎山与浙江、福建相邻,向东北为浙江衢州,向东南就是福建建宁。

宋初吴淑的《江淮异人录》有两条非常重要的史料。该书卷上"陈允升"条有:

> 陈允升,饶州人也,人谓之陈百年。少而默静,好道,家世弋猎,允升独不食其肉,亦不与人交言。十岁诣龙虎山入道,栖隐深邃,人鲜得见之者。家人或见之,则奔走不顾。天祐中,人见于抚州麻姑山,计其去家七十年矣,而颜貌如初。升元中,刺史危全讽早知其异,迎置郡中,……③

从这段材料中可知陈允升是饶州人(距龙虎山甚近),少年时曾入道龙虎山。根据天祐(904—907)中已经"去家七十年矣"计算,其入道的具体时间应为834—837年。即使七十年这一数字有被夸张的嫌疑,但根据引文后半段的记载,"后危与吴师战",可知此时为

---

① 沈汾:《续仙传》卷上,《文渊阁四库全书》第1059册,第591页,台北:台湾商务印书馆,1986年。《续仙传》是南唐沈汾编撰的一部记录神仙传说故事的著作,共三卷,收录唐朝到五代十国三十六人的成仙事迹,其中除了道士以外,几乎包括了社会各阶层的人士。《四库提要》有:"虽其中附会传闻均所不免,而大抵因事缘饰,不尽子虚乌有之流。"有关宋玄白的事迹,在多种资料中出现,如《太平广记》卷四十七。
② 祝穆:《方舆胜览》卷十一,第195页。
③ 吴淑:《江淮异人录》卷上,《文渊阁四库全书》第1042册,第906页。

五代的初期。而这一事件的可信性明显较高，因此判断陈氏入道龙虎山的时间应不晚于唐末，确切地说，应不晚于天祐中。这段史料在两宋之际曾慥所编《类说》卷十二"丰城橘美"条有简写版："陈允升，入龙虎山。天祐中，人见于麻姑山，计去家七十年矣，颜貌如初。刺史迎置郡中，夜坐，尝曰：'丰城橘美，颇思之。'允升少选，携数百枚至。"①清人吴任臣则几乎全文摘抄吴淑的《江淮异人录》，收入他的《十国春秋》中，唯独"天祐中"改称"天祐末"，并在最后加上"升元时，允升犹往来抚州山中，不知所终"② 一句话而已。

另据《江淮异人录》卷上"聂师道"条：

聂师道，歙人，少好道。……吴太祖闻其名，召之广陵，建紫极宫以居之。……后，吴朝遣师道往龙虎山设醮，道遇群贼，劫之，将加害，……后卒于广陵。时方遣使于湖湘。③

设醮是历朝重要的官方祭祀活动，其对象为五岳四渎及各道教名山，设醮于某地，有着重要的现实及象征意义，既表示了君主的宗教虔诚，又表明了该君主对这一地域的统治。龙虎山历来就不属于所谓的五岳四渎，"吴朝遣师道往龙虎山设醮"，就表示龙虎山在当时应为重要的道教名山，且表明了吴朝对龙虎山及信州地区的统治权。从引文可知，聂师道卒于"吴朝遣使于湖湘"这一时间段。根据史书记载，"遣使于湖湘"的时间应为928年吴楚之战，由此可知"吴朝遣师道往龙虎山设醮"的时间应早于928年。清人吴任臣再一次将这段史料抄入他的《十国春秋》，只是将"吴太祖"等称谓改为"太祖"等更为亲切的第一人称，以及修改润色了个别词组而已。④

《江南馀载》卷上载："张泪云：'尝至信州龙虎山，值乡民产子者，手执金如意一枚而生，此子后为道士，不知所之。'"⑤ 也可看到五代时龙虎山天师道在本地已有一定的影响。

以上几条史料是我的一些新的发现，足可补证龙虎山复兴于唐末五代的论点。

四、龙虎山天师道在北宋发展的状况

龙虎山天师道虽然在唐末五代已经确立，但还没有进入官方的记录中。到北宋时期，龙虎山天师道则屡见于官方正史了。

第一位觐见宋代皇帝的是第二十四代天师张正随。三部道书对张正随的记载存在着根

---

① 曾慥：《类说》卷十二，《文渊阁四库全书》第873册，第211页。
② 吴任臣：《十国春秋》卷三十四，北京：中华书局，1983年，第474页。
③ 吴淑：《江淮异人录》卷上，《文渊阁四库全书》第1042册，第904页。
④ 吴任臣：《十国春秋》卷十四，第179页。
⑤ 无名氏：《江南馀载》卷上，《文渊阁四库全书》第464册，第153页。

本性的分歧。成书于元代的《仙鉴》没有提到真宗对张正随的召见与赏赐，只是"追封真静先生"而已①；而后出的《汉天师世家》②和《龙虎山志》③则记载张正随受到过真宗召见，并有"王钦若为奏立授箓院"，并"赐号真静先生"；《汉天师世家》尤为详尽，时间上具体到"大中祥符八年乙卯"。宋代尊崇道教的皇帝，真宗和徽宗是最有名的。在真宗崇道时，王钦若是最积极的参与者，王钦若又是江西人，很可能对龙虎山天师道较为熟悉，因此由他来向真宗推荐张正随是再合理不过的事情。《江西通志》卷一百四：

> 宋张正随，字宝神，季文子，汉天师第二十四世。性质敦朴，不与俗接。大中祥符八年，真宗召至阙，赐号真静先生。④

《江西通志》认定张正随是受到真宗的封赐的。但我们只要稍微注意一下这部书的成书年代，便可知它是清代的作品。由此可认为它很可能是抄了前面提到的道书，特别可能是抄的同样具有官修色彩的《汉天师世家》，因此这条史料不能证明张正随是受了真宗封赐的。尤其值得注意的是，诸如《宋史》《续资治通鉴》等最重要的宋史著作中并无张正随受封的任何记载。

元末明初鲁贞撰《桐山老农集》卷一《武安王庙记》称："宋祥符七年，解州盐池水干，召龙虎山张天师治之。天师符神（关羽）往数日，盐池水赤，神斩蛟，持其首出水中，盐池复故。"⑤ 明代陈耀文的《天中记》卷四十六亦有《盐池减水》："宋真宗祥符间，解州盐池减水……既而蚩尤数数构患，形诸梦寐，群臣具奏，遣使信州龙虎山，语天师至阙下，举英勇一将制之。天师奉旨召来，即蜀关将军，乃真君也！……剿除蚩尤，盐池如故。"⑥ 这两条史料都是有关关羽武安王庙的记载，都涉及张天师对关羽的调遣，并且时间也是大中祥符年间。如果根据三部道书的天师世系，这个张天师就应是张正随，但文中并未提及赐号受封之事。另据《江西通志》卷一百五仙释"徐继先、王齐祥"条：

> 石城县东一里峰子山太极观中，有紫竹、升仙二台，相传徐、王二真人飞升之处。《舆地纪胜》云："大中祥符时，里有许家女，为鬼所魅，祷于龙虎山。真人曰：'太极观有二仙，盍不就近求之？'遂还扣观门"。⑦

由此可见龙虎山天师道于宋真宗大中祥符时，在民间社会，特别是它附近的各州县有一定

---

① 赵道一：《历世真仙体道通鉴》，《道藏》第五册，第211页。
② 张宇初等：《汉天师世家》，《道藏》第三十四册，第825页。
③ 娄近垣：《龙虎山志》，《藏外道书》第十九册，第464页。
④ 谢旻等修，陶成等纂：《江西通志》卷一百四，台北：成文出版社，1989年，第1948～1949页。
⑤ 鲁贞：《桐山老农集》卷一，《文渊阁四库全书》1219册，第134页。
⑥ 陈耀文：《天中记》卷四十六，《文渊阁四库全书》967册，第217页。
⑦ 谢旻等修，陶成等纂：《江西通志》卷一百五，第1976页。

的群众基础。这位真人叫许家去求太极观，而不自己亲自驱鬼，也符合张正随"不与俗人交通，遇诸途则趋而避之"的宗教性格。

有关第二十五代天师张乾曜，《仙鉴》记载："张乾曜……天圣八年五月召赴阙，赐'澄素先生'之号。"该段文中附有双行小字："《会要》云：'大中祥符八年，召信州道士张乾曜于京师上清宫，置坛传箓度人。'"① 《汉天师世家》记为："二十五代天师讳乾曜……宋天圣八年（1030年），仁宗召赴阙，问以冲举之事……上嘉之，赐号澄素先生。"②《龙虎山志》有关第二十五代天师的记载与上面两书的内容基本一致，兹不例举，但唯独最为重要的时间不一致。该书记载为："宋神宗召问冲举之事"③。张乾曜进京受封到底为何时呢？是真宗大中祥符八年，还是仁宗天圣八年，抑或是神宗时代呢？如果是前者，那么第二十四代张正随于真宗大中祥符八年的觐见又是怎么回事呢？我们继续求助于相关史料来进行分析。

根据各种记录张乾曜的史料，在他于何时进京受封的问题上都是一致的，即仁宗天圣八年；但在受封的封号上出现了明显的分歧，所存疑问便是赐号为"澄素先生"还是"虚静先生"。最早的两条宋代史料陆游撰《老学庵笔记》、李焘撰《续资治通鉴长编》记为"虚静先生"④，而《宋史》、明何乔新撰《椒邱文集》、《通鉴续编》等书记为"澄素先生"⑤。根据几条史料的成书年代，记为"虚静先生"的明显早于记为"澄素先生"的，可信性较高。

综上所述，第二十五代天师张乾曜确实是在仁宗天圣八年觐见并受封，但封号是哪个，各种记载却不尽相同，而为"虚静先生"的可能性更高。再回过头来考察关于第二十四代天师的矛盾记载，我认为事实的真相很可能是这样的：第二十四代天师张正随确实在真宗大中祥符八年进京拜见了真宗皇帝，但真宗皇帝并没有赐予其"真静先生"的封号；到第二十五代天师张乾曜时，受到仁宗皇帝的封赐，张乾曜便于此时向皇帝提议追封其父，或者是仁宗皇帝主动做的。皇帝给予臣子封赏，往往会上施与其父祖，下惠与其子孙，张正随在此时被追封便是顺理成章的。时间一久，人们便分不清事情的真相了；特别是龙虎山的弟子们，更是希望龙虎山的历史越早越辉煌就越好，便在有意无意间改动了历史真相，成为现在大多数资料所称的张正随是在真宗大中祥符八年进京觐见皇帝，并受封"真静先生"的文本。至于造成这两代天师形象模糊的原因，二阶堂善弘在《天师张虚靖

---

① 赵道一：《历世真仙体道通鉴》，《道藏》第五册，第211页。
② 张宇初等：《汉天师世家》，《道藏》第三十四册，第825页。
③ 娄近垣：《龙虎山志》，《藏外道书》第十九册，第464页。
④ 陆游：《老学庵笔记》卷五，《文渊阁四库全书》第856册，第47页；李焘：《续资治通鉴长编》卷一〇九，《文渊阁四库全书》第315册，第681页。
⑤ 脱脱：《宋史》卷九，第一册，第188页，北京：中华书局，1977年；何乔新：《椒邱文集》卷五，《文渊阁四库全书》第1249册，第74页；陈桱：《通鉴续编》，《文渊阁四库全书》第332册，第534页。

のイメージについて》一文中有详细的讨论，我将在下文对此进行分析。但有一点是可以确定的，龙虎山天师道得到官方的承认是在宋真宗和宋仁宗时代。

有关宋仁宗时代龙虎山天师道的史料还有一条，南宋周辉撰《清波杂志》卷一：

> 天圣初元，内出圣祖神化金宝牌，令景灵宫分于在京宫观、寺院，及外州名山圣迹之处。牌长三尺许，厚寸余。文十二，曰：'玉清昭应宫成，天尊万寿金宝。'背文五，曰：'永镇福地敕。'其周郭隐应虬龙花葩之状，精彩焕耀。封以绛囊，盛以漆匣，或云用王居正药金所制。凡不经兵革州郡，皆宝藏之。辉尝见于上饶天庆观，盖留龙虎山。①

由此可见，在仁宗天圣初年，也就是第二十五代天师张乾曜受封之前，龙虎山就已被列为"外州名山圣迹之处"，而得到皇室的御赐金宝牌。

第二十六代天师时期的龙虎山天师道本可以有进一步的大发展，但在此期间却受到儒家士大夫激烈的反击，先后发生两件影响龙虎山历史的大案，使龙虎山大受打击，成为北宋龙虎山天师道历史的转折点。

《仙鉴》记载："张嗣宗……封虚白先生。"该段文中附有双行小字："《会要》云：'至和三年（1056）八月，赐号冲静先生。'"②《汉天师世家》云："二十六代天师讳嗣宗，字荣祖……至和二年（1055）乙未宋仁宗召赴阙，祈祷有应，奉敕迁上清观于山之阳。年七十八，貌若童颜，赐号'虚白先生'。"③《龙虎山志》的记载大体上与《汉天师世家》一致④，兹不赘述。另外，宋代李焘撰《续资治通鉴长编》卷一百七十六有："赐信州贵溪县龙虎山上清观汉天师二十六代孙张嗣宗为'冲靖先生'。"⑤由此可见，对于张嗣宗本人来说，他仍旧受到晚年的仁宗皇帝的封赏与宠信。但在此时，却连续发生了两件对龙虎山历史有重大影响的大案。宋代吴曾撰《能改斋漫录》卷十三"林绩毁张嗣宗妖术印"条（潘永因《宋稗类钞》卷二有相同内容⑥）载：

> 南剑尤溪林绩，仁宗时，为吉州安福令。时有张嗣宗者，挟妖术作符箓，自称汉师君三十三代孙。率其徒自龙虎山至，谓能却祸邀福。百姓翕然以从。绩视其印文，曰：'嘻，乃贼物耳。……今有道之世，讵容妖贼苗裔，公肆诳周，以害吾治耶！'于是收治之，闻于朝，毁印。而江左妖学遂息。"⑦

宋黄裳撰《演山集》卷三十三墓志铭"中散大夫林公墓志铭"：

---

① 周辉：《清波杂志》卷一，《文渊阁四库全书》第1039册，第8页。
② 赵道一：《历世真仙体道通鉴》，《道藏》第五册，第211页。
③ 张宇初等：《汉天师世家》，《道藏》第三十四册，第826页。
④ 娄近垣：《龙虎山志》，《藏外道书》第十九册，第464页。
⑤ 李焘：《续资治通鉴长编》卷一七六，《文渊阁四库全书》第316册，第675页。
⑥ 潘永因：《宋稗类钞》卷二，《文渊阁四库全书》第1034册，第245页。
⑦ 吴曾：《能改斋漫录》卷十三，上海古籍出版社，1979年，第381页。

>公讳积,字功济……庆历六年(1046)公举进士,中乙科……知吉州安福县,改殿中丞……有道士张嗣宗率其徒由龙虎山而来,自称汉师君二十六代孙,持铜印出符箓,其文曰:'阳平治都功印'。所至风从,有欲必得,公探其伪而治之……力究其弊,奏毁印废恩例。势要或为之地,莫能救,江左妖学遂熄。①

这一案件发生于嘉祐元年(1056)之前,与张嗣宗受封的至和二年或三年非常接近。有关这一事件,清华大学历史系皮庆生《以神祠为中心的民众宗教集会——宋代"祠赛社会"初探》曾有所涉及,但他的着眼点不在龙虎山天师道上,而是在民间宗教结社活动与官府的冲突上。②

第二件大案记载于南宋赵汝愚编《宋名臣奏议》卷八十四赵抃《上仁宗论道士传授符箓惑众》的奏折中:

>臣窃闻有信州龙虎山道士王守和,见在寿星观内寄居。昨秋中曾纠集京师官员、百姓、妇女等一二百人,以授符箓神兵为名,夜聚晓散。兼知近日此法浸盛,传众作法,希腾街坊,又欲取今月十五日夜于本观登坛聚众作法,希求金帛,惑乱风俗。岂宜辇毂之下,容庇妖妄之人?深属不便。臣欲乞特降指挥,下开封府捉搦勘断,押回本乡,免致动民生事。(至和元年十月上,时为殿中侍御史)③

北宋赵抃撰《清献集》卷六"奏议"《奏状乞勘断道士王守和授箓惑众》有完全相同的记载,时间上更加明确为"十月四日"。④ 此案的时间明确:"至和元年(1054)十月",为张嗣宗受封的前不久。这明显存在着令人迷惑的问题,龙虎山天师道刚刚遭到"整治",却又受到仁宗皇帝"冲静先生"的封号。但事实就是这样矛盾,其间很可能发生了许多不为人知的事情。

从两件大案可以看出,在第二十六代天师张嗣宗时期,龙虎山天师道经历了自唐末兴起以来一次重大的挫折。虽然张嗣宗仍然于仁宗后期的至和年间受到了皇帝的封赐,但却经历了两次儒家士大夫的反击。一次是天师本人在龙虎山邻近州县作符箓,被斥为"妖贼苗裔"而遭到"收治之,闻于朝,毁印。而江左妖学遂息"的境况。如果引文所述属实,那么龙虎山天师道在自己的根据地"江左"的发展必在一定时期内处于停滞期。另一次重大打击则发生在北宋的京畿重地,且为张嗣宗受封的前一两年,这次的结果是龙虎山道士王守和"押归本州",受罚总算不是太重。但这次丢失了首都这样一个能够大大宣传自身的重要场所。从王守和能够"纠集京师官员、百姓、妇女等一二百人",而造成"近日此法浸盛,传众作法,希腾街坊"的后果来看,受到官方打击之前,龙虎山天师道在开封的

---

① 黄裳:《演山集》卷三十三,《文渊阁四库全书》第1120册,第220页。
② 皮庆生:《以神祠为中心的民众宗教集会——宋代"祠赛社会"初探》,第二届中国史学国际会议论文。
③ 赵汝愚:《宋名臣奏议》卷八十四,《文渊阁四库全书》第432册,第45页。
④ 赵抃撰《清献集》卷六,《文渊阁四库全书》第1094册,第830页。

势力已经颇具规模,且有急剧膨胀之势,因此引起了儒家士大夫的恐慌而遭沉重打击。第二十六代天师张嗣宗时期可谓龙虎山天师道在北宋由盛转衰的转折时期,因此我将第二十六代天师时期作为划分北宋龙虎山天师道发展的分水岭。有关这两件重要的大案,在之前的讨论龙虎山天师道的文章中均未曾引起学者的注意。①

第二十七代天师张象中、第二十八代天师张敦复以及第二十九代天师张景端时期,约相当于北宋英宗、神宗、哲宗皇帝在位时期。经历了第二十六代张嗣宗时期的重大挫折,此一时期的龙虎山天师道一直未曾得到官方的承认。

《仙鉴》《汉天师世家》《龙虎山志》中有关张象中的记载基本一致,都是在七岁时随其父觐见仁宗,并赐紫衣,这一时间应为张嗣宗进京的至和二年或三年,不是张象中掌教后的事。

有关第二十八代天师张敦复,三书的记载则有显著的不同。《仙鉴》称张敦复并未受召觐见,所赐的"葆光先生"是追赠的;《汉天师世家》中张敦复则有神宗熙宁间"召赴阙,命醮于内殿,赐号'葆光先生'"的记载;《龙虎山志》的记载则更与《仙鉴》一致,在其对张敦复所加的按语中批评《汉天师世家》道:"是敦复未尝赴阙,而先生之号乃追赠也!旧《世家》云'神宗召赴阙,命醮于内殿,赐号葆光先生',其误明矣!"②

有关第二十九代张景端的记载三书基本一致,都承认其在徽宗大观二年得到"葆真先生"的封号,只是《仙鉴》中更加明确地提到这个封号是其死后追封的。钱塘厉鹗撰《宋诗纪事》卷九十"张景端"条:

> 景端字子仁,嗣汉二十九代天师,大观初赠"葆真先生"。《题梅山》:"作尉南昌日,投书北阙频。忠言不悟主,直节耻为臣。汉室多灾异,吴门念隐沦。挂冠忘宠辱,蒙袂出埃尘。虹屈英雄气,鸥群自在身。永怀三洞诀,高谢九江春。择地开仙馆,看云翦寿巾。……③

这是一条十分重要的史料,从某种意义上,可看作第二十九代天师张景端的自传,它为我们提供了道书中所不能记录的内容。值得注意的是,文中的"大观初赠'葆真先生'",用的是"赠"字,而不是"封"字。"作尉南昌日,投书北阙频;忠言不悟主,直节耻为臣",可见张景端曾做过南昌的地方官,并且颇为勤政,屡次向皇帝上书直谏。但作为天师的张景端怎么可以做起朝廷的地方官吏呢?原来张景端并非第二十八代天师张敦复的亲生子,《仙鉴》记载:'张景端字子仁,乃二十四代之后名迪第五子也。'④ 他与第二十八代天师还是远房亲戚,但因张敦复无子而继承了天师之位。张景端作为远房而入主天师之位

---

① 葛兆光:《严昏晓之节——古代中国关于白天与夜晚观念的思想史分析》(《台大历史学报》第32期,2003年)曾经引用过王守和在开封被收治的材料,但他的着眼点不在龙虎山天师道上面。
② 娄近垣:《龙虎山志》,《藏外道书》第十九册,第464页。
③ 厉鹗:《宋诗纪事》卷九十,《文渊阁四库全书》第1485册,第689页。
④ 赵道一:《历世真仙体道通鉴》,《道藏》第五册,第211页。

的详细原因我们虽不可知，但曾经"作尉南昌"，且"投书北阙"，说明他有一定的学识和资历；"挂冠忘宠辱，蒙袂出埃尘""永怀三洞诀，高谢九江春。择地开仙馆，看云蔚寿巾"可看作其对世俗官僚生活的厌倦，而对道士隐居生活的向往，从诗文后半部分全为道语仙话来看更是如此。可能正是因为以上原因，张景端才以远房亲戚的身份入主天师之位。

综上所述，第二十七代天师张象中只在其七岁时授赐紫衣，张敦复、张景端则完全没有接召赴阙，更加没有得到当时皇帝给予的封号，"葆光先生"和"葆真先生"的封号，全是在第三十代天师张继先受宠后由徽宗追封的。因此，龙虎山天师道在第二十七代至第二十九代这三代天师时期并未得到朝廷的宠信，这是第二十六代天师时期遭受挫折的延续，是龙虎山天师道发展历程中的第一次低潮期。宋代陈师道撰《后山集》卷十二《白鹤观记》有：

> 嘉祐中，农者赵真病死，梦御鹤适野……寤而愈，以为老氏之祥，尽其有以报焉。道士刘归真与其徒李道亨，又协众而继之，以成其名……刘行数千里，受天师之箓于龙虎山……元符元年九月甲寅，东里陈师道撰。①

"农者赵真"是否真的病死，我们不得而知，但作为龙虎山道士的刘归真与李道亨的事迹则明显不是出于虚构。这则故事发生于"彭城之西乡"，北宋时期，徐州为连结首都开封与江南杭州的运河的交通枢纽，龙虎山天师道沿当时最为繁忙的交通枢纽向北方传播是颇为合情合理的。龙虎山道士"刘归真与其徒李道亨"积极在民间行动，赢得了作为儒家士大夫的陈师道的赞扬，反映了两宋时代三教合一的历史现象。此为北宋后期龙虎山天师道在民间社会蓬勃发展的又一例证。宋慕容彦逢撰《摛文堂集》卷十五"墓志"《孙氏墓志铭》有：

> ……夫人孙氏，父曰秉阳，盖常州宜兴人。……善教子，幼课以读书，长诲以行己。自熙宁以经术造士，夫人之四子相继擢进士第。……夫人自中年不事脂泽，与朝请公（其丈夫）同受箓于龙虎山，道服诵经，事观音像甚勤。尝苦臂疾，梦白衣女人按穴刺之，出白气丈余，翌日乃瘳。……（卒于）崇宁五年十月二十五日，享年七十有六。以大观二年十二月二十有七日附于邑西大芦山朝请公之墓。②

这是一位有成就的母亲的墓志铭，培养出四位进士儿子，虽不能说史上绝无仅有，但也可称得上是史所罕见了。而最能难能可贵的是，作为显赫的儒家士大夫世家，能够信奉龙虎山天师道，且"与朝请公同受箓于龙虎山，道服诵经"。在这里天师道已不是一种欺人钱财的迷信活动，而真正是一种给人以精神寄托的高级宗教了。此一墓志铭的女主人享年七十有六，去世于宋徽宗崇宁五年十月；她自中年开始信道，可见其信奉天师道的时期恰为北宋的后期。这一家族又是江南的常州宜兴人，符合龙虎山天师道的传播地域（大运河沿

---

① 陈师道：《后山集》卷十二，《文渊阁四库全书》第1114册，第631页。
② 慕容彦逢：《摛文堂集》卷十五，《文渊阁四库全书》第1123册，第477~478页。

线)。这则材料表明,作为道教的龙虎山天师道能够深深打入儒家士大夫的上层分子中,可见该教在北宋后期所具有的信仰力量是多么的巨大,再一次反映了宋代三教合一的现象,绝不仅仅是学说上的融合,在信奉群体上亦出现了一定的重合。少时业儒,老来从道,于古于今又何尝不是如此呢?

两宋之间,龙虎山天师道经历了第一次辉煌的时期。经过唐末五代两百余年的发展,龙虎山天师道已经渐渐成熟起来,各种教规教义日益完善;在中央政府有过封赐,亦经历过挫折;在以江南为中心的地方上声势日炽。这一切都为北宋末期龙虎山天师道再一次辉煌奠定了基础。

宋徽宗是中国历史上有名的崇道皇帝,搜罗全国各地的名道,尤其信任道士林灵素,自称"道君皇帝"。这一时期的龙虎山第三十代天师张继先,抓住了这一时机,实现了龙虎山的大发展。有关宋徽宗崇道和第三十代天师张继先生平事迹的论文已经相当的多①,很多问题经过多年来多位学者的研究,已经日益清晰。这些已经较清晰的问题,不是本文讨论的重点。本文将对一些尚未讨论过或者本人有新的发现的问题进行讨论。

张继先时代之所以重要,首先是龙虎山在此一时期第一次与茅山、阁皂山并列为三山符箓。南宋周必大《文忠集》卷一百八十三《记阁皂登览》有:"盖天下授箓,唯许金陵之茅山、信州之龙虎山,与此山(阁皂山),为三院管辖。"②

第三十代天师张继先是以"虚静先生"而著称于世,但从前文已知第一位受封"虚静先生"的是第二十五代天师张乾曜。日本学者二阶堂善弘的《天师張虚靖のイメージについて》是讨论第三十代天师最有价值的一篇论文,他在文中讨论了对北宋天师谱系的混乱和"虚静先生"的封号是否世袭的问题。他结合各种史料,认为这一封号是世袭的,并且各种道书将第二十四代、第二十五代、第三十代天师的事迹搞混了。我认为二阶堂善弘先生的观点是有一定道理的。

第一条证据是三位天师的事迹中都出现了对山西解州盐池治理的问题。前引元鲁贞撰《桐山老农集》和明陈耀文的《天中记》中都有张天师在宋真宗祥符间,解决解州盐池减水问题的事迹,按照道书的时间,这位天师应为第二十四代张正随;元杂剧《关云长大破蚩尤》(也是天师解决解州盐池的问题)中则有"贫道姓张,名乾曜,道号澄素。我祖传道法,戒律精严。三十二代,辈辈留传。贫道在这信州龙虎山居住,每日修行辨道"的记载;对于第三十代天师张继先,《大宋宣和遗事》中再一次出现张天师为解决解州盐池而斩蛟的记载,只是这次不是"水减"造成的,而是"水溢"了。同样的事件又同样出现在龙虎山的三位天师身上,显然是把三位天师的事迹搞混了。

第二条证据是前引各种材料中对第二十四代、第二十五代天师于何时受封、所受的封

---

① 相关论著可参考汪兴海《三十代天师张继先生平简述》,郭树森《天师道的创立及其沿革》《天师道主要支派考略》,詹石窗《南宋金元的道教》,任继愈《中国道教史》等。
② 周必大:《文忠集》卷一百八十三,《文渊阁四库全书》第1149册,第65页。

号是什么的矛盾记载。例如《汉天师世家》和《龙虎山志》都记载第二十四代天师张正随在大中祥符觐见并受封"真静先生",但在《仙鉴》中却有在大中祥符八年觐见的是第二十五代天师张乾曜的记载。这是明显地把两位天师的事迹搞混了。

北宋的几位天师之所以被搞混,二阶堂善弘先生并未详细论述产生这种混乱的原因。经过分析,我认为主要有以下几个原因。第一个原因是北宋时期(除第三十代天师所处的北宋末年以外)的龙虎山天师道处于刚刚得到官方认可、在官方层面及社会层面影响力都十分有限的时期,因此相关的史料保存下来的较少,即使有材料保存下来,我们也无法确定该材料记录的具体是哪位天师的事迹。第二个原因是记载龙虎山天师世系的大都是上面引用的三部道书,而这三部道书的成书年代都距离北宋较远,最早的《仙鉴》也已经是元代中期的作品了。第三个原因是第三十代天师张继先在龙虎山乃至道教界的影响力太大,使得他前代天师的一些事迹在有意无意中附会到了他的头上。第四个原因是民间戏剧的影响。龙虎山在元明两代达到鼎盛,有关它的许多事迹都被写进了诸如杂剧、小说之中,而这些文艺作品是很难保证历史客观性的。由于这些文艺作品在民间影响巨大,许多不真实的东西在经过一段时间后便成为人人皆知的历史真实了。第五个原因是"虚静先生"这一封号世袭造成的。在三部道书中没有提到这一封号是世袭的,但种种证据使我们相信北宋时期的天师是世袭"虚静先生"这一封号的。《水浒传》第一回中出现的虚静先生被许多学者不假思索地认为是第三十代天师张继先。学者们的确注意到了第一回提到的是宋仁宗时代,而张继先却是徽宗时的人,但往往以《水浒传》是文学作品为由,而忽视它的写实性。第二十五代天师张乾曜就是仁宗时人,而且从一些较早的史料来看,他的封号正是"虚静先生"。因此《水浒传》中的"虚静先生"为第三十代张继先的可能性大大地令人怀疑。最能说明问题的是前面已经引用过的陆游的《老学庵笔记》卷五:"信州龙虎山汉天师张道陵后世,袭'虚静先生'号,蠲赋役,自二十五世孙乾曜始,时天圣八年也。今黄冠辈谓始于三十二代,非也!又独谓三十二代为张虚静,亦非也!"同样是虚静先生,但后人又不知道这段历史,因此几位天师被搞混也在情理之中了。以上是我得出的北宋几位天师被搞混的五点原因。

在前引陆游《老学庵笔记》有:"时天圣八年也。今黄冠辈谓始于三十二代,非也!"的记载,二阶堂善弘也认为天圣八年的天师应为第二十五代的张乾曜,对于第三十二代的说法也与陆游一样,认为是错的。其实"黄冠辈谓始于三十二代"并没有说错,只是天师世系的另一种计算方法而已。前文引用的杂剧《关云长大破蚩尤》也称张乾曜是第三十二代;宋吴曾撰《能改斋漫录》卷十三"记事林绩毁张嗣宗妖术印"条中有"时有张嗣宗者,挟妖术作符箓,自称汉师君三十三代孙",第二十五代张乾曜、第二十六代张嗣宗在多种史料中被称为"三十二代""三十三代",两位天师都相差七代,难道都是道士的口误或著述者的不小心吗?研究过龙虎山天师道世系历史的学者都知道,天师的世系往往都是追述到东汉的张陵,现存大多数记载都是这样,以张陵为第一代,后代逐一累加。但也有少量道书一直追述到西汉的留侯张良,称张陵为张良的八世孙,谁不想使自己的祖先追溯得更久远呢？最为明显的就是明代宋廉的《汉天师世家序》，把张氏的祖先上溯到了张良那里。张良与张陵相差的七代就是造成两种说法的原因。因此陆游"错怪"了那些道士，他们没有错，只是换了一套天师世系的计算方法而已。我们从这里可以窥见，在龙虎山天师道内部（因为三十二代、三十三代的说法或是天师自称，或是黄冠辈的宣传），曾有一段时间是以西汉张良作为第一代天师，至少可以确定宋仁宗时的张乾曜和张嗣宗两位天师是这样做的，并且这种说法在陆游时代还曾在道教徒中广为流传。

五、南宋时期龙虎山天师道的发展

有关第三十一代天师张时修的记载，三部道书基本一致，但《龙虎山志》更为详尽：

> 虚靖不娶，无子，有弟渊宗为道士，欲令嗣教。后泗州临化，时以印、剑付时修，众遂推以嗣教，辞曰："继先吾从子也，吾乌得后之。"众曰："法统所在，孰得而□？"从之。平居静退，年六十一。①

如果上述记载准确，那么张继先羽化后必然有一番争夺天师职位的斗争。张时修作为前任天师张继先的长辈而得以继位，一是因为张继先在泗州羽化具有一定的突然性，天师的印、剑为其所控制；二是因为龙虎山的"长老院"对张时修的全面支持，毕竟此时正是金人南下，两宋之际的动荡时代，选出一位年长的天师似乎对龙虎山更为有利。（按：此时张时修应为四十七岁，而张继先羽化时才三十五岁，那么作为其弟的张渊宗必不超过此数。）陈焯编《宋元诗会》卷五十一南宋江万里诗《龙虎山》有："凿开风月长生地，占却烟霞不老身；虚靖当年仙去后，未知丹诀付何人。"②《龙虎山志》对张时修的继位也颇存疑虑："今三十一代为虚靖从叔，岂渊宗已先虚靖卒，故时修不获已而嗣教邪？旧无明文，阙疑备考。"③

张时修的掌教时间是1126—1140年，有关他本人的相关记载很少，但龙虎山的道士却未因为战乱而都"平居静退"。《浙江通志》卷二百三十三"寺观八"《洞神宫》载：

> 洞神宫，《明一统志》："在遂安县西百余步，宋绍兴间龙虎山道士倪太和迁于今处……绍兴初，载有道士倪太和，自龙虎山来，寓岱岳行宫东偏。草创数楹，卑以偪庂，不足以奉高真，常请于郡，复洞神之名，欲增广之。"④

---

① 娄近垣：《龙虎山志》，《藏外道书》第十九册，第466页。"孰得而"后面的字原文模糊，看不清，或为"辞"字。
② 陈焯：《宋元诗会》卷五十一，《文渊阁四库全书》1464册，第13页。
③ 娄近垣：《龙虎山志》，《藏外道书》第十九册，第466页。又，本段几处引文中，"虚靖"又作"虚静"。
④ 稽曾筠等监修，沈翼机等编纂：《浙江通志》卷二百三十三，上海：商务印书馆，1944年，第3992页。

这则材料正好向我们展现了绍兴初年因社会的动荡不安，遂安县的洞神宫倾圮的故事，而首先进行修复工作的不是当地政府的地方官员，而是来自江西龙虎山的道士倪太和。它反映了在中央政府处于瘫痪，对地方控制减弱，统治机器失灵的情况下，龙虎山天师道等宗教势力起到了一定的安抚地方社会的作用。中央统治权不稳定之时，往往是各种宗教势力活跃的时期，宗教势力的活跃一般会起到两种截然相反的作用：一种是成为农民起义、叛乱等事件的重要原因，成为统治者的心腹大患；另一种则如同上文，成为稳定社会的力量。但在学术界，似乎过多地强调了作为破坏社会稳定的前者，而长期忽视宗教作为稳定社会力量的存在。这则材料发生的地点是处于通向杭州的浙赣走廊上的浙江遂安，这恐怕又不是一件偶然的事情。

无论怎样，在张时修嗣教后，在那个战乱不断的动荡时期，龙虎山天师道却得到了稳步向前的发展。南宋政府将"行在"设在了杭州，但这个行在却"行"了一百五十余年，终南宋之世也未曾变过。这对龙虎山乃是大大的利好消息，位于浙赣走廊的龙虎山凭借其邻近行在杭州的优越的地理位置，不断地与南宋政府发生关系，并最终在第三十五代天师张可大时期达到了它的顶峰——提举三山符箓，成为中国南方道教的领袖。由第三十代张继先时代的与茅山、阁皂并称三山符箓，到第三十五代张可大时代的提举三山，统领南宋道教，龙虎山天师道只用了不足一百五十年。

张时修后的第三十二代、第三十三代、第三十四代天师时期是龙虎山天师道稳步向前发展的时期。《浙江通志》卷二百三十三《洞明宫》载：

> 龙虎山道士张守廉来游吴越，道经富阳，乡民诉有妖鱼为患。守廉投以铁符，遂息。乡人感之，相与结茅于棋盘山。未几，徙居桐庐松山之阳，四方羽客闻风辐辏，乃益广其居，号为东阳洞。"①

这则材料充分反映了民间社会对龙虎山天师道的热烈欢迎，以及龙虎山天师道在江南民间社会的兴盛。张守廉只不过是龙虎山普通的游方道士，《龙虎山志》中也没有他的任何记录，然而他却能够使"四方羽客闻风辐辏"，由此可见龙虎山的影响力。

元代李存撰《俟庵集》卷十五《云锦观记》载："淳熙间（1174—1189），都录刘君用光以道术显于时，有拨赐没入田而以食其众。"② 这则材料反映了龙虎山一座几经破落的道观修葺的历史，淳熙间来自龙虎山的道录刘用光（也作留用光）利用自己职权之便，使其有了赐田。龙虎山在南宋政府中也得到了信任，有了在官方的代言人，这是中国道教史上各种道派得以兴旺的重要原因。陆九渊《象山集》卷二十八墓志铭《张公墓志》载：

> 公讳琬，字禹锡，姓张，系出汉留侯。世居信之龙虎山，曾祖嗣宗，赐"虚白先生"；祖大方，赠武功郎；考念，承信郎。公生于元符二年（1099）十有一月五日癸

---

① 稽曾筠等监修，沈翼机等编纂：《浙江通志》卷二百三十三，第3991页。
② 李存：《俟庵集》卷十五，《文渊阁四库全书》第1213册，第684～685页。

酉，卒于淳熙八年（1181）三月十有四日庚申，享年八十有三。公甫冠，应举不利，乃去，入京师。宣和间，应募破方腊，补进义副尉。建炎初，自京师从冯獬等诣济南府，扈从至南京，转进校尉。明年，以尝从使房，转承信郎。倾侧扰攘，汴淮之间，所志不就，浩然归休，居家处乡。孝慈悌顺，无所违拂，留意吐纳，希踪乔柳。……公继室，余表姊也，明之又尝从余游，不可辞。青田陆某记。①

陆九渊就是贵溪本地人，他讲学的象山也与龙虎山为邻，他对龙虎山是相当了解的。在其有关龙虎山的记载中，多为游记一类，有关龙虎山天师道的资料不多。这则材料是不可多得的史料，记录了天师世家其他支系的经历，并且具有一定的代表性。墓主张琬是第二十六代天师张嗣宗最小的儿子张大芳的孙子，他先是业儒，这是许多无法成为嗣教天师的天师后裔的一种选择，前面引用的一些文献已经有所显示（例如第二十九代天师张景端未作天师之前）；张琬业儒并不成功，在两宋之际的动荡时局中，转投军旅，并且还取得了一定成就（征方腊，转承信郎）。但其最终向往的还是道家的隐逸生活，可见作为其家学的天师道还是深深影响着他。从这则材料中，我们还可看到，作为天师的后裔，在南宋的生活还是比较优越的。张琬小时候能够读书业儒，辞官归家后，其生活亦是有保证的，"家既饶给，益自燕适"，其去世之前便已经子孙满堂了，可见龙虎山张氏在宋代是有一定的经济基础的。

在所有讨论宋代龙虎山天师道的著作与论文中，几乎都把第三十代天师张继先作为首选目标，或者偶尔提及第二十四代天师张正随的首次觐见。但其他天师与他们所处的时代，也有一定的史料，也是值得讨论的，特别是在龙虎山天师道历史中经常被忽略的第三十五代天师张可大。张可大嗣教的时间是理宗绍定三年（1230）到景定四年（1263），达三十三年之久。此时的南宋帝国虽然没有立即崩溃的可能，但种种危机已经明显地表现了出来，亡国的种子已经在此时埋下了。根据种种历史经验，社会越是动荡，中央政府的控制力越是孱弱，往往是各种宗教团体发展的大好时机。身为第三十五代天师的张可大，恰好抓住了这个时机。《龙虎山志》载："三十五代可大……绍定三年，年十二嗣教。端平间，累召赴阙，赐镪经资，鄱阳水溢，钱塘潮决，诏投符治之，水皆立退。又以旱蝗，命醮于太乙宫，雨作而蝗殪。嘉熙三年，赐号观妙先生。"② 由这段文字我们可知道，到张可大时，龙虎山与南宋政府间的联系日趋紧密了，这既与皇帝个人崇教有关，也与南宋政权不稳有关。

元代刘埙撰《隐居通议》记录了三十五代天师张可大时期相当多的史料。《隐居通议》卷三十《天师退潮》载：

> 宋理宗时，浙江潮溢，犯杭都，久不退，朝野危之。有旨召天师却潮，时三十五代天师则观妙真人可大也。既至而潮退，理宗大喜，加封锡赉甚侈……今大德二年戊

---

① 陆九渊：《象山集》卷二十八，《文渊阁四库全书》第1156册，第488～489页。
② 娄近垣：《龙虎山志》，《藏外道书》第十九册，第467页。

> 戌岁，春潮犯盐官州……父老援宋事，请于江浙行省，宜迎天师退潮。①

可见张可大的确曾在宋理宗时施法退却浙江潮而受到理宗的封赏，并且其影响力长期存在于杭州百姓的心中，才会出现元代"父老援宋事，请于江浙行省，宜迎天师退潮"的历史重演。《隐居通议》卷十六亦载：

> 至穆陵（宋理宗）赐号观妙先生可大，甫三十五代。其退潮、拯旱尤信，由是龙虎山宫观压东南，为福地第一，化人之蒙袂四出者、致方物修士之赢粮访道者、贾挚币祈者、谢者、不宁令者，膝行而踵至，居如市，市如邑。儿童下走，顺风而呼应，而售者滋，富至莫辨，于是用物宏矣。②

这则材料是张可大时代龙虎山天师道最为全面而生动的写照，其时龙虎山之盛，完全可用万人空巷来形容。此时已是南宋政权比较困难的时刻，理宗欲利用道教巩固统治的目的甚为明显，于是便成全了龙虎山天师道，使其"宫观压东南，为福地第一"。普通老百姓对龙虎山更是到了顶礼膜拜的地步，无论老幼、贫富、士庶，他们都能得到心灵的寄托，龙虎山正是为他们提供了一个在其他环境下所不能奢望的平等的活动舞台。《隐居通议》卷三载：

> 邵武自宋代绍定庚寅之变，比岁不靖。端平甲午岁……建黄箓醮，邀龙虎山张天师至……命道士林逍遥拜章。初拜未得达，逍遥行持再往……（天师）具言上帝以邵武醮事精度，特赐邵武太平四十年，两斋官皆得厚赏。自是郡果宁息，生齿日繁。③

上文说"邀龙虎山张天师至"，却不见天师本人，主角是道士林逍遥。可能是天师未亲至，而派遣手下的道士来建醮。但不论是谁，从"端平甲午岁"的时间来看，必定是第三十五代张可大掌教时期无疑。引文中详细记录了道士建醮的过程，在当时人眼中，天师道的符箓是何等的灵验，以至成为地方的保护神。在地方官员、士绅、普通百姓心目中，只有建醮祭神，才能保一方平安，而所选择主持建醮的道士的法力强弱是建醮能否成功的重要原因，张天师及其弟子在当时成为首选。邵武位于福建西北部的武夷山区，是福建距离龙虎山最近的府县之一，龙虎山在当地有这种影响是十分有可能的。

元代王逢撰《梧溪集》卷三《题谢叠山先生所撰高士薛君墓志铭后有序》有：

> 君名伯英，字俊夫，号秋潭。青溪儒家子也，学老子于龙虎山。理宗朝以术排潮，复驱旱魃，咸有征，召见复古殿，甚异之。事父母孝，友于兄弟。……谢先生曰："以君志，谊措为天下用，岂肯听祖宗神州赤县沦没百三十年而不归乎？岂肯视生灵怨愁国步颠危而不出一策拯救乎？……君咸淳六年（1270）卒。④

---

① 刘埙：《隐居通议》卷三十，《文渊阁四库全书》第866册，第258页。
② 刘埙：《隐居通议》卷十六，《文渊阁四库全书》第866册，第146页。
③ 刘埙：《隐居通议》卷三，《文渊阁四库全书》第866册，第257页。
④ 王逢：《梧溪集》卷三，上海：商务印书馆，1935年，第135页。

这则材料记载了龙虎山一位道士薛伯英的生平,被作者誉为当世伟才。从"君咸淳六年(1270)卒"可知,薛道士活动的大部分年代应为张可大掌教时期,从他在"理宗朝以术排潮,复驱旱魃,咸有征,召见复古殿"看,他是跟从张可大身边的重要弟子。"以君志,谊措为天下用,岂肯听祖宗神州赤县沦没百三十年而不归乎?岂肯视生灵怨愁国步颠危而不出一策拯救乎?"反映了南宋社会的动荡和民族危亡的局面。而作为儒家士大夫的谢叠山能超越儒道的界限而鼓励薛道士为国效力,也是因为他明显带有儒家的成色,"事父母孝,友于兄弟",再一次反映了宋代三教合一的大趋势。宋代陈著撰《本堂集》卷五十《信州龙虎山象元观记》有:

> 凝妙师林元素……尝提点二道教事。未几谢去,主越之龙瑞宫,意欲托老子祠,为翛然远引计。裔其徒者,吴禹锡,为于信之龙虎山西买旧隐者址,相与悉心毕力,审面势以崇栋宇,开林壑以纳光景。……而吾陆先生文安公书堂,实在招真岩下,或时信步瞻忽之。①

从文中看,林元素似乎并非龙虎山道士,他与其徒吴禹锡之所以到龙虎山建立象元观是因为龙虎山当时良好的道教氛围,以及龙虎山对道教其他派别的开放态度。这则材料的具体写作时间不得而知,但从文中的"吾陆先生文安公书堂"一句,大体时间可确定为陆九渊(1139—1193)的后辈人,陈著又是宋末元初人,龙虎山已经成为四方道士向往的道家圣地了,大有赶超世代为三山符箓首领的茅山的气势。

龙虎山天师道在张可大时期已经成为中国南方道教三山符箓之首,但此时加封它的宋王朝已经处于北方蒙古政权的严重威胁之下,身为掌教的张可大不得不为龙虎山的未来考虑。于是便有"当宋季,元世祖闻其神异,密遣使讯之。可大授以灵诠,谓使人曰:'善事尔主,后二十年当混一天下'"这样的政治投机举动。不论他的这句谶语是否为他安抚蒙古使者的手段,但却成为龙虎山天师道在元代兴盛的开始。第三十六代天师张宗演是宋末元初人,但其主要的活动都发生在元代,因此本文暂不涉及。

六、结 论

研究龙虎山天师道的文章及著作已经不少,但真正有价值者并不多,其主要的原因,便是各位学者在史料的运用上,过于依赖可信程度较低的道书,而忽视官方正史、私修史书、各种文集、传记甚至诗词的史料价值。本文试图将道书与上述史料相互考证,发现新的史料及新的问题。本文主要围绕龙虎山天师道的起源、第二十四代天师张正随是否受封、第二十六代张嗣宗以后龙虎山的低潮、第三十代天师张继先的历史地位、南宋龙虎山天师道的稳定发展及第三十五代天师张可大的突出贡献等几个问题展开讨论。从龙虎山晚

---

① 陈著:《本堂集》卷五十,《文渊阁四库全书》第1185册,第246页。

唐两宋历史的研究中，可发现它清晰的历史脉络：一是唐末五代为龙虎山天师道的初创期；二是在第二十四代天师张正随和第二十五代天师张乾曜时期龙虎山天师道第一次得到皇帝的接见与封赏；三是在第二十六代天师张嗣宗时龙虎山天师道遭受重大打击，并持续到北宋末年；四是第三十代天师张继先时期为龙虎山的中兴期，并且第一次与茅山、阁皂山并列为三山符箓；五是南宋时期的龙虎山稳步向前发展，在第三十五代天师张可大时达到新的高峰——提举三山符箓，第一次成为南方道教的领袖。

本文尽量寻找新的史料及提出新的问题，希望能够为相关研究作出微薄的贡献。由于我的学识浅薄，难免出现这样那样的错误或问题，希望老师批评指正。

原载《中山大学研究生学刊》（社会科学版）2010年第3期

宋代流刑考

——以流沙门岛的情况为主要事例

杨 芹

指导教师：曹家齐 教授

　　流刑又称流放，即将犯人强制遣送到边远地区服役，严厉监控使其不得随意迁回原籍的刑罚，是中国古代主要刑罚方式之一。流刑始于虞舜，至隋唐已臻于完备。宋代刑罚在隋唐五刑制的基础上有了进一步的发展，除了仍以笞、杖、徒、流、死作为惩治犯罪的手段以外，又"自立一王之法"，创立了独立于五刑之外的折杖法、编配法等。近人关于宋代流刑的研究大多认为，宋代在出现了折杖、刺配等新刑种以后，传统流刑基本上没有得到行用，其地位已被取代，因而将大部分眼光投向了对新刑制的研究。[①] 在笔者看来，所谓"流刑"，应该包括流罪罪名的确定和流放行为的执行。如果理解没错的话，那么说宋代流刑废而不用的观点就与宋代的实际情况不符合。笔者认为，新刑罚的实施，并不意味着流刑这一刑等的缺失；相反，由于有这些新内容的补充，使得宋代流刑更具有自己的特色，更能有效地惩治犯罪并适应时代的需要。下面笔者就以沙门岛为主要例子，尝试着对宋代流刑进行通贯的考察和完整的阐述。

一、宋代特殊刑罚体系下的流刑

　　《宋刑统》载："《书》云：'流宥五刑。'谓不忍刑杀，宥之于远也。"[②] 可见，流刑在很大程度上是作为对犯死刑者的一种宽恕形式，带有"不忍刑杀"的色彩，宋朝也不例外。宋初的流刑仍承前制，《文献通考》载："宋太祖皇帝开宝时定刑制，凡流刑四，徒

[①] 如郭东旭认为，宋代"法定的封建五刑中的流、徒、杖、笞已名存实改"，"流刑与杖、黥、徒结合，形成了刺配刑"（郭东旭：《宋代法制研究》，保定：河北大学出版社，2000年，第207页）。戴建国提出，"作为五刑本刑的流罪，被折杖法替代后，就地配役，已失去了流徙的性质，仅成为量刑的一种依据"（戴建国：《宋代法制初探》，哈尔滨：黑龙江人民出版社，2000年，第142页）。

[②] 窦仪等撰：《宋刑统》卷一《名例律》，北京：中华书局，1984年，第3页。

刑五。流配旧制止于远徙不刺，而晋天福中始创刺面之法，遂为戢奸重典，宋因其法。"①《宋会要辑稿·刑法》四开篇亦云："国朝凡犯罪，流罪决讫，配役如旧条。"② 所谓"旧条"，就是宋以前之唐制也。隋唐流刑由二千里至三千里分为三等，并皆加徒一年；宋代流刑在此三等之外增添了加役流，构成四等。可以说，宋初的流刑，无论在刑名还是内容方面，都具有与前代的流刑一脉相承的特点。

宋太祖为行宽仁之治，"洗五代之苛"，于立国之初，即建隆四年（963）制定了"折杖之法"。具体说来，是将过去五刑中的流、徒、杖、笞四种刑名，分别按照各自不同罪等，以常行杖折合决罚。就流刑而言，即"加役流决脊杖二十，配役三年。流三千里决脊杖二十，配役一年。流二千五百里决脊杖十八，配役一年。流二千里决脊杖十七，配役一年"③。折杖之后，"流罪得免远徙"，犯人不必流徙远地，就地服役即可；而"徒罪得免役年，笞杖得减决数"，"省刑之意，遂冠百王"。④ 折杖法的出现是宋代刑罚制度上的一个重大变化，它的实施，突出体现了宋初轻刑省罚的理念，在缓和社会矛盾、稳定社会秩序方面有一定的积极作用。

宋代的刺配法，亦是于五刑之外增创的一个新刑种，即用杖脊、刺面、流配、徒役处罚死罪特贷命者的刑罚方法，其出发点或是为了宽贷杂犯死罪，但在其广泛使用过程中，却因其日益烦密的科条，多刑并用的严酷，成为时人"多议其非，欲改而终不行"的一种刑罚。在宋代，凡应刺配者，均要先杖脊，后黥面，再发配到边远地区或指定场所强制服劳役或兵役，也就是说，犯人往往以一人之身而兼受三刑。⑤ 宋代史书中记载有大量有关刺配的例子，体现了其法条既繁、用刑亦重的特点。早在宋仁宗时，翰林学士张方平就指出："今刺配者，先具徒、流、杖之刑，而更黥刺服役终身，其配远恶州军者，无复地里之限。"⑥ 孝宗淳熙十一年（1184），校书郎罗点亦言："刺配之法，视前代用刑为重"，"比年以来，所在流配人甚众，强盗之狱，每案必有逃卒，积此不已，为害不细。臣尝推原其端，盖由配法太繁"。⑦

宋代折杖法、刺配法存在时间之长、行用范围之广，均是不争的事实。然而，这是否意味着五刑之一的流刑就被取代，不复施行了呢？答案是否定的。笔者以为，宋代的流刑是以一种比较特殊的形式存在于刑罚体系当中。

其实，无论是"轻刑省罚"的折杖法，还是"积重难返"的刺配法，都只是五刑的

---

① 马端临：《文献通考》卷一六八《刑考七·徒流配役》，北京：中华书局，1986年，第1459页。
② 徐松：《宋会要辑稿·刑法》四之一，北京：中华书局，1957年，第6622页。
③ 《宋刑统》卷一《名例律》，第3～4页。
④ 《文献通考》卷一六八《刑考七·徒流配役》，第1461页。
⑤ 参见郭东旭：《宋代刺配法述论》，邓广铭、漆侠等编：《宋史研究论文集》，石家庄：河北教育出版社，1989年，第239～254页。
⑥ 张方平：《乐全先生文集》卷二四《请减刺配刑名》，《北京图书馆古籍珍本丛刊》集部89册，北京：书目文献出版社，1988年据明正德八年方良节刻本影印，第71页。
⑦ 《文献通考》卷一六八《刑考七·徒流配役》，第1460页。

执行刑或附加刑（也有称"从刑"的），而五刑作为本刑的地位是无法改变的。流刑亦是如此。尽管折杖行刑后，流罪就地配役，不再远流，似乎其流徙的性质已消失，不能再冠冕堂皇地称之为"流刑"，不过，笔者认为这是对宋代流刑的误解。首先，流刑作为本刑，亦是量刑的一种依据和标准。决脊杖的数目，显然是根据流刑的等级而定的；流刑在折杖法中是以配役加"脊杖二十""脊杖十八"和"脊杖十七"的形式出现的。按照戴建国在《宋代刑罚体系研究》一文中的说法，"折杖法制定后，在宋代文献中就出现了两种不同系统的刑罚名称，一种为笞、杖、徒、流、死五刑系统之法定刑名称，即本刑"，"另一种为宣告刑名称，是本刑经折杖法比折后的刑罚"，而"宣告刑一般来说，即是实际执行刑"。① 我们不能因为流刑形式的改变而否认其精髓的存在。其次，折杖法具有的刑轻而法简的特点，实际上是不利于单独使用的。宋神宗时官员曾布就曾说过："折杖之法，于古为鞭扑之刑，刑轻不能止恶，故犯法日益众，其终必至于杀戮，是欲轻而反重也。"② 上文提到的校书郎罗点也说过："本朝折杖之制，视前代用刑为轻。"③ 另有宋人曰："徒、流折杖之法，……愚顽之民虽坐此刑，其创不过累旬而平，则已忘其痛楚，又且无愧耻之心，是不足以惩其恶也。"④ 由此可见，折杖法是无法满足宋统治者惩治犯罪、镇压民众的需要的。而事实上，宋统治者也经过探索，采用了在主刑笞、杖、徒、流刑基础上附加从刑的方法，加重对犯人的刑事处罚。刺配法的产生即是一个典型。再者，从部分刺配案例的考察中可以发现，主刑为流罪的犯人在决杖之后，根据其罪行的轻重，有刺配二千里、三千里和广南州军三种处理方式；死者在决杖之后，也存在刺配二千里、三千里、广南州军和海外州军四个等级。如果说，流罪在实际操作中业已通过杖脊的形式而加以执行，并未真流的话，那么，当犯人被刺配远地时，还是具有了原本五刑之流刑的性质和功能。也就是说，宋代流刑并未因为折杖、刺配等新刑种的实施而丧失其应有的地位；相反，它不再以单纯的流放意义，而是以更丰富的内涵而被统治者所接受和发挥。笔者认为，我们应该以发展变化的眼光来看待宋代的流刑，更多地从实际的司法活动及其结果中来全面地考察这种曾经在宋代刑法中发挥着重要意义的刑罚手段，而不应停留在对于刑名的简单理解之上。

由于宋代刑种纷繁复杂，笔者认为在关注宋代流刑的时候，必须注意以下几点：

第一，在宋代文献中，"流"有时等同于刺配法中的"配"。如《宋史·雷允恭传》中载（司天监）邢中和"流沙门岛"，《资治通鉴后编》卷三十五则说"邢中和决配沙门岛"。两书记载，名称虽异，然实际上指的是同一刑罚，可见，在某些文字记录中，"流"与"配"是相通的。但反过来，"配"不一定就是指"流"。《文献通考》卷一六八所载

---

① 戴建国：《宋代法制初探》，第141页。
② 《文献通考》卷一六七《刑考六·刑制》，第1449页。
③ 《文献通考》卷一六八《刑考七·徒流配役》，第1460页。
④ 李焘：《续资治通鉴长编》（简称《长编》）卷二一四，熙宁三年八月戊寅条，北京：中华书局，2004年，第5212页。

孝宗时大理寺、刑部奏言："其后坐（死）特贷者，方决杖、黥面，配远州牢城。而舜之九刑，始并用其三。黥为墨，配即流，杖乃鞭，三者始萃于一夫之身。"① 其中"配即流"三字常被有关论者摘取，引以为据，断定"配"与"流"是一回事。其实不然。宋代立法上的"配"是"以本犯情罪轻重立定地分远近"的，从最低等级之"本州"到最高等级之"沙门岛"，差别是很大的。如果这些等级均适用于"流"的话，那么，宋代的流刑就不仅完全颠覆了传统的定义，而且也不可能起到应有的威慑和惩治的作用。再回到那则奏言，我们发现，"配即流"是针对"配远州"这一特定现象而言的，所以，并不是所有的"配"都具备"流"的功能。在笔者看来，"流"的基本要求是"流远"，"配"则侧重于"配役"的解释，所以只有当"配"达到了一定的地理等级（笔者认为至少是二千里）时，"配"与"流"才是相通的。

第二，"宋法，不文面而流者谓之编管"。② 然编管并不属于五刑流罪之列，不能被"流"字所迷惑。所谓编管，即以编录名籍，限制犯人人身自由，接受监督管制为特征。编管也存在一个地里远近之分，但其等级仅为邻州、五百里、千里、二千里，相对于流罪刑等要轻；编管人所受的控制也相对较小，例如编管法规定，如果编管人有人作保，准许其在编管城内从事教书或与人交往，在一定条件下还有上书言朝政得失的权利，等等。③故编管似流非流，不能一概论之。不过，它有时也跟决杖、徒役、流配等结合并用，以便更能适应不同犯罪类型和不同罪情的要求而罚当其罪。

二、宋代流刑执行的具体情况

（一）流放地点

历史上，对于流放地点的要求，一般是就远就偏，宋代也不例外。《宋刑统》就规定："诸流人应配者，各依所配里数，无要重城镇之处，仍逐要配之，唯得就远，不得就近。"④ 当然，流放地点还应该在中央政权有效控制的范围内，并能通过其独特的地理、气候等因素而起到一定的威慑、惩戒作用。《宋史·刑法志》中就明文规定"重者沙门岛寨，其次岭表，其次三千里至邻州"⑤。宋王朝一直有选择海岛作为犯人发配地的惯例。像沙门岛者，之所以成为宋代流放重罪犯人的首选之地，与其地理位置有莫大的关系。据史籍记载，沙门岛"在（登州）府城西北六十里海中，凡海舟渡辽者，必泊此以避风"⑥，

---

① 《文献通考》卷一六八《刑考七·徒流配役》，第1461页。
② 徐元瑞：《吏学指南》之《杂刑》，杭州：浙江古籍出版社，1988年，第79页。
③ 郭东旭：《宋代法制研究》，第222～230页。
④ 《宋刑统》卷三《名例律》，第48页。
⑤ 脱脱：《宋史》卷二〇一《刑法志三》，北京：中华书局，1985年，第5018页。
⑥ 李贤等：《大明一统志》卷二十五《登州府》，明万寿堂刊本，第4册，第1707页。

"中多礁石，居民二百数十户"①。北宋时期，尽管岛上住有居民，且常有往来船只避风于此，但相对来说，沙门岛仍是一个只有驻军和囚徒的孤岛，地处偏僻，四面皆水，具有防止罪犯逃跑的自然条件，只要控制住来往岛上的船只，它就成了与世隔绝的禁地，且岛上环境恶劣，口粮奇缺，"至者多死"，因此也成为流放罪犯的理想场所。宋初也有流配至西北边疆的，但太宗以其"多亡投塞外，诱羌戎为患，乃诏自今当徙者勿复隶秦州、灵武、通远军及缘边诸州。时江南、湖广已平，于是罪人皆流南方"②。然而之后还是存在南人北配的现象。南宋时，随着版图的缩小和统治力量的薄弱，再加上盗贼猖狂等因素，流配地点也相应有所变化。"（绍熙二年）九月十六日，知琼州黄揆言：'今中外之奸民以罪抵死而获贷，必尽投之海外以为兵，是聚千百虎狼而共寘之一丘也。……乞自今凡凶恶贷死而隶于流籍者，许分之沿江诸屯及其他远恶之地，无专指海外以为凶薮，庶几阴销潜削，不至滋蔓，流毒偏方。'从之。"③

（二）执行对象

《宋刑统》是宋初修订、编辑而成的一部刑事法典④，它详细列举了各种罪状并指明了其相应的刑事处罚，其中涉及流罪的条文不少，主要集中在《贼盗律》《斗讼律》两律令中。

如《贼盗律》中规定"诸谋反及大逆者，皆斩"，其"伯叔父、兄弟之子，皆流三千里"；犯谋叛罪之人身得斩罪，妻子仍流三千里；等等。《斗讼律》中也有如"诸斗殴损人二事以上（谓殴人一目瞎及折一支之类），及因旧患令至笃疾，断舌及毁败人阴阳者，流三千里"等的若干规定。

《宋刑统》中也提到了"折杖法"——在宋代刑罚操作中作为笞、杖、徒、流刑的执行刑而真实存在，并使得"流罪得免远徙"的刑罚。尽管如此，笔者认为，《宋刑统》中有关流罪的规定还是反映了宋廷一定的司法思想，也就是说，在宋统治层的心目中，流罪定刑的标准是什么，到底什么样的犯罪才构成触犯了流罪的标准而需被处以流刑。故不能因为其有不被执行的可能性而加以忽视或抹杀。

在宋代的实际司法活动中，流放这种行为往往是作为对犯死罪者的一种宽贷而存在，同时附加以刺配而实现的。至于哪些罪犯会比较容易成为流放的对象，笔者认为大体有几类：犯赃至死特贷之官吏、犯罪之军士、强劫盗不至死者、杂犯罪重者以及死罪会降从流者等。流刑的适用范围仍较广泛。当然，十恶、四杀、犯赃、监主自盗、伪造符印等重大罪行往往不在贷死、降罪之列，非特权阶层的人犯死罪而逃脱死刑的机会也较少。在这个

---

① 《蓬莱县续志》，清光绪八年刻本。
② 《文献通考》卷一六八《刑考七·徒流配役》，第1459页。
③ 《宋会要辑稿·刑法》四之五九至六〇，第6651页。
④ 对于《宋刑统》在北宋中期以后的法律地位，学术界多有争议，这里尚不展开。

问题上，如果以沙门岛为依托来看的话，可能会比较具体和清楚。

美国学者布莱恩·E. 麦克莱特在他的一篇关于沙门岛的文章中，曾推测"官员和军士构成该岛罪犯人口较大比例，也许接近半数"；而且，"少数涉及到中央政府官员，大多数涉及地方行政长官中以各种形式贪赃枉法的罪犯"。并且，他认为，所有在原始资料中被描述的官员的罪行都有可能先被判以死罪，然后被赦免流放，"那些得到如此赦免者是幸运的"。① 关于这一点，就笔者所看到的关于沙门岛的材料而言，犯人中确实不乏处于统治阶层的人物，如兵部郎中、枢密直学士冯瓒，著作佐郎高清，前许州司马韩伦等就都曾因贪赃受贿而被治罪配隶沙门岛，也有因为其他原因而遭流放的，如滥用权力、非法处死他人等等。相对于政府官员来说，平民百姓因作奸犯科而被长流沙门岛的记载在正史中较难见到，但这并不能否认这个事实的存在；相反，他们也有可能占了沙门岛罪犯的绝大多数。

（三）押送制度

与流刑相应的，必有一套押送制度。宋时流人一般是一个季节遣送一批，诸强盗同伙杀人放火、窃盗，徒党"不得同时上道"②。长送远役的流放，对罪犯及其同行家属都是一种残酷的折磨，"缘路非理而死者，常十五六"③。

宋代押送罪人规定了严格的递配交割手续和监押将校的责任。按编敕规定："配送罪人，须分明置历管系，候到配处，画时，具交割月日，回报元配之处。若经时未报，即移文根问；若在路走失者，随处根逐，元监送人紧行捕捉。"④ 也就是说，凡流配人应部送者，最初的审判机构会备录案卷，注明所配地里日数及配所管辖，随押送军士带去，待到配所，办理了移交手续，取了交领公文，回最初的审判机构报告。如果计程应至配所而未报到交收者，则要即时移文沿路州县会问。如果罪犯在路逃亡，要严责原监送人追捕。对于流放远地的罪犯的押送就更为严格，如司法部门就专门为刺配沙门岛的人犯制定了包括其籍贯、年龄、罪行、触犯的法律条文和判决词的公文，这种公文由押送犯人者交给登州地方政权。而且，负责押送人犯的要"选有行止衙校前去"⑤，"差兵防护"⑥。罪犯所经过的指定的沿途各州县要负责遣派士卒和公人护送其抵达另一州县，"递相交割"，将罪犯移交给下一州县派来的负责人。朝廷不时增添防护的兵士，并规定了重罚，以杜绝押送官

---

① （美）布莱恩·E. 麦克莱特：《宋代最大程度的防备设施：中沙门岛上的设备》，罗家祥译，《宋史研究通讯》1988 年第 1 期。
② 谢深甫：《庆元条法事类》卷七五《编配流役》，续修四库全书本，第 588 页。
③ 洪迈：《容斋四笔》卷一三《国初救弊》，北京：中华书局，2005 年，第 783 页。
④ 《宋会要辑稿·刑法》四之一二，第 6627 页。
⑤ 《宋会要辑稿·刑法》四之一二，第 6627 页。
⑥ 《宋会要辑稿·刑法》四之九，第 6626 页。

兵玩忽职守，受贿纵释罪犯以及"马递铺军士受赃、窝盘劫贼、供食、指导、侦探巡捕者"的现象。① 司法机关还被要求在判决罪人流放沙门岛、广南或其他边远州县后，限次月将其犯状刑名、遣行日月扼要地向尚书刑部作一汇报，并要"每年终具数闻奏"②。当然，政府也采取其他措施来避免流放途中一些突发情况的发生。例如，天圣六年（1028）五月，京东转运使萧贯言："乞今后流配军人，如有盘缠钱物，于长牒内具数，交与管押之人。如罪人要用，即于牒内批凿给付，庶免侵盗，以安流窜。"奏可。③ 时至南宋，拦路盗劫的问题给押送罪人带来了不少困扰，罪人沿途逃亡也更加频繁，因此宋廷对押送者的要求和惩罚也更严厉，"仍令通判常切觉察，每月本州交传过人数，有无截留、走失，申本路帅司检察"④。总之，押送制度执行之强硬与否、有效与否，在很大程度上决定了流刑的效果及影响。

（四）流人管理

当流放人犯经过长途跋涉到达配所后，一般都要被收容监禁，并被强制服劳役或兵役。对这些流人的管理，不同流放点所采取的方式会有差别，但大都秉着"因地制宜"的宗旨，以求能最有力地控制罪犯并让其在被惩处的同时能发挥某些积极作用。毋庸讳言的是，流囚的生活条件、人身地位都是非常低下的，有时还要遭受一些非人的折磨。前面所述，流放沙门岛是宋代最严厉的刑罚之一，下文即就犯人在沙门岛上的某些画面来窥探一下流犯管理的大致情况。

沙门岛上建有沙门寨，屯兵把守。沙门寨既是一个兵营，又设有监狱。凡刺配到沙门岛的犯人，在脸上均刺有七分长的"刺配沙门岛"的字样。一个小小的岛屿所能承受的人口数是有限的，沙门岛上的犯人数却往往超出三百人的额定编制，"每年约收罪人二三百人，并无衣粮，只在岛户八十余家佣作。若不逐旋去除，即岛户难为赡养"⑤。由此可见，这岛上的八十多户居民所能提供给这二三百名罪犯的物资实在是杯水车薪。生活上的难以负担，仅仅是犯人数目超额的后果之一，此外还产生了防守之兵相对不足等诸多问题，"配沙门岛罪人已逾额数一倍，所配隶皆贷命强恶之人，防托之兵其数甚少，虑不足以制奸恶"⑥。对此，宋朝政府也采取了一系列相应的措施，如"诏沙门岛流人量给口粮"，增加屯兵数，严格控制罪犯数额，等等，当然还有"量其所犯，轻者徙至近地"的。⑦ 但也

---

① 《宋会要辑稿·刑法》四之一二，第 6627 页。
② 《宋会要辑稿·刑法》四之一二，第 6627 页。
③ 《宋会要辑稿·刑法》四之一五，第 6629 页。
④ 《宋会要辑稿·刑法》四之五五，第 6649 页。
⑤ 《宋会要辑稿·刑法》四之二四，第 6633 页。
⑥ 《宋会要辑稿·刑法》四之三三，第 6638 页。
⑦ 《宋会要辑稿·刑法》四之五至四之七，第 6624～6625 页。

有个别极端做法，即将多余的犯人装入袋中，投到海中活活淹死。《宋史·马默传》之记载就证明了这种情况。马默知登州，他发现寨主李庆用"投诸海"的方式，两年内杀了囚犯七百人，于是"为奏请，更定配岛法凡二十条，溢数而年深无过者移登州"①。对囚犯的虐待引起了朝廷的重视，朝廷任命提点五岛使臣进行调查，登州州府和京东转运使也参与了对岛上事务的讨论。针对个别罪犯偷船逃跑的特殊情况，宋廷曾于景祐三年（1036）专门下诏，命令沙门岛的驻军对"船筏严加钤辖"。罪犯在岛上是要服劳役即"佣作"的，《宋大事记讲义》中写道："乾德元年八月，女真来贡，蠲登州沙门岛居民租税，令专治舟船，渡所贡马。"②可见，罪犯也帮岛户们造船以运送女真马匹。在这个层面上说，沙门岛上的犯人对宋代的民族交往也起过一定作用。

岛上的生活是异常艰苦的。嘉祐三年（1058）十二月六日，京东转运使王举元在其上书中曾举出这样一组数字，他说，沙门岛"每年配到三百人，十年约有三千人，内除一分死亡，合有二千人"③。死亡率如此之高，着实超出了一般的监狱。物资供应的紧张、气候的难以适应、淡水的紧缺、医疗卫生条件的恶劣等都是导致高死亡率的原因，再加上诸如寨主李庆这样肆意杀人、草菅人命的驻军，囚犯们即使不死，也是"昼监夜禁，与死为邻"④。在时人眼里，发配到沙门岛就意味着到"鬼门关"，有去无回，因此不少人就选择在前往的路上逃跑。

沙门岛作为流放地的历史在金兵南侵的兵荒马乱中宣告结束，它作为罪情最重者所流放之地，是比较典型的。与此地位相当的还有通州海岛等。

（五）遇赦移配

谈到宋代的流刑，必然涉及另一个在宋代司法体系中也相当重要的问题，即"移配"。随着刺配法使用范围的扩大，请减刺配刑名呼声的高涨，宋代逐渐有了"不移不放及移放条限"⑤，又"有量移叙免之法"⑥。所谓量移，即遇有恩赦，量原犯罪情轻重及配到后有无过犯，依移放条限进行移配，"量其所犯，轻者徙至近地"⑦。对于流放者来说，量移无疑是比较重要的，因为它意味着他们有可能会被转至处境较好的地方编管。如神宗熙宁五年（1072）闰七月诏："沙门岛罪人赵能等四十四人量移过海，再详情理轻重，分配

---

① 《宋史》卷三四四《马默传》，第 10948 页。
② 吕中：《宋大事记讲义》卷三，影印文渊阁四库全书本，第 686 册，第 220 页。
③ 《宋会要辑稿·刑法》四之二四，第 6633 页。
④ 《宋会要辑稿·刑法》四之三六，第 6639 页。
⑤ 《文献通考》卷一六八《刑考七·徒流配役》，第 1461 页。
⑥ 《宋会要辑稿·刑法》四之三九，第 6641 页。
⑦ 《宋会要辑稿·刑法》四之七，第 6625 页。

诸路。"①

移配制度的出现，看似给流放者带来减刑的形式和机会，但流放之人仍有增无减，牢城溢额也是不争的事实，而且宋朝统治者的政策动机是值得思考一番的。他们的这种经常性的降罪移配举动，虽然表面上看来，是出于"天道贵生，在所矜恤"②，但内里应该有其周密的考虑。就如配隶到沙门岛的人，可以说都不是等闲之辈，往往是触犯了十恶等重罪而贷命免死的，他们有不可忽视的潜在的爆发力，长时间聚集在一起的话，对朝廷来说，不能不算是一个大威胁。再加上驻军力量薄弱，沙门岛这个孤岛又为他们提供了对抗朝廷的天然屏障。宋朝统治者深知人民力量的巨大，所以，让罪犯们保持一定的流动性和不稳定性，在某种程度上，可减少他们集结起事的可能性。

三、结　论

以沙门岛作为主要个案来研究宋代的流刑或许不足以用来作为广泛概括的基础，但有关沙门岛的材料还是集中地反映了宋代刑罚制度中某些关键性的方面，譬如说宋代之流放海岛的政策出发点、流罪的适用范围、流人的生活待遇，等等。诚然，沙门岛是较为典型的，例如罪犯被当地民户用作劳动者，流放者与其家人相分离，等等。但是，这些特点也是宋代流刑一个必不可少的组成部分，将有助于更深入地了解宋代的刑罚体系。而通过将其与宋代刑法方面的其他史料相结合，确也勾勒出了宋代流刑之面貌：宋代流刑作为解释中国刑法的传统成规被维持下来，其自身也随着时代的变迁和统治者的需要而不断地发展变化，它以有效惩治降死一等的重罪为预定目标，吸纳了折杖、刺配等新形式并加以灵活运用，通过流人押送、流人管理等一整套制度的实施和完善，在宋朝社会发挥着深刻影响。研究宋代的流刑，不仅有利于全面地了解宋代历史，而且便于与其他朝代的刑罚体系和刑法制度进行比较考察，从而更深入地认识中国古代社会。

原载《中山大学学报》（社会科学版）2005 年第 1 期

---

① 《长编》卷二三六，熙宁五年闰七月戊辰条，第 5751 页。
② 《宋会要辑稿·刑法》四之三六，第 6639 页。

北宋元祐间经义、诗赋进士二科分合问题考论

宋哲文

指导教师：曹家齐 教授

一、引　言

宋承唐制，省试进士科初以诗赋、论、策、帖经、墨义为考试内容，其中又以诗赋为重。自太宗时代起，越来越多的士人对这种以诗赋为主的取士方式提出异议，认为应该提高策论、经义在进士考试中的地位。熙宁二年（1069），议更贡举法，欲罢进士诗赋考试。熙宁三年举，殿试进士科取消诗、赋、论三题考试，以策题取而代之。熙宁六年举，省试进士科也取消了诗、赋、帖经、墨义的考试，代之以通考经义、论、策之制。[①] 进入元祐时期，新法逆转，朝中恢复进士科诗赋考试之议复起，这为诗赋考试的恢复带来了机会。元祐元年（1086）闰二月，侍御史刘挚提出："自唐以来，至于今日，名臣钜人致君安民，功业轩天地者，磊落相望，不可一二数，而皆出于诗赋，则诗赋亦何负于天下哉！或取一诗赋，或取一经义，无异道也。"请求："试法复诗赋，与经义兼用之。进士第一场试经义，第二场试诗赋，第三场试论，第四场试策。""（朝廷）诏礼部与两省学士、待制、御史台、国子司业集议闻奏。所有将来科场，且依旧法施行。"[②]

据《长编》此条下李焘注引《新录》辩云："国朝用诗、赋取士，得人为多，至是复

---

① 对于熙宁罢诗赋之时间，祝尚书《宋代科举与文学考论》有"熙宁贡举罢诗赋考"一题（郑州：大象出版社，2006年，第233～236页）专论。此处采用祝尚书先生关于熙宁间进士科罢试诗赋问题的结论。

② 李焘：《续资治通鉴长编》（简称《长编》）卷三六八，哲宗元祐元年闰二月庚寅条，北京：中华书局，2004年，第8859～8861页。参看徐松：《宋会要辑稿》（简称《宋会要》）选举三之四九《科举条制》，北京：中华书局，1957年，第4286页；马端临：《文献通考》卷三十一《选举考四·举士》，杭州：浙江古籍出版社，1988年，第294～295页；刘挚：《论取士并乞得贤良科疏》，《忠肃集》卷四，北京：中华书局，2002年，第94页；彭百川：《太平治迹统类》（简称《治迹统类》）卷二十七《祖宗科举取人·哲宗》，景印文渊阁四库全书史部·杂史类，台北：台湾商务印书馆，1986年，第695页。

祖宗之旧。"① 可知，以上"且依旧法施行"中所依之"旧法"即兼以诗、赋取士的"祖宗之旧"。这是朝廷自熙丰变革科举以来，首次诏复诗赋考试。恢复进士科尤其是省试进士科中的诗赋考试，带来了对于经义、诗赋两种考试内容孰重孰轻、孰主孰次的一番争论。在恢复诗赋与否的争论声中，"新党"与"旧党"以及"旧党"中之诸派别等均开始以主张经义取士与支持诗赋取士二派之身份参与科场制度的论战，从而在元祐年间便出现了进士科诗赋进士与经义进士二科之分合问题。②

然而，关于元祐间进士分二科考试之制是否确曾实行的问题，学界却有不同看法。《宋史·选举志》有载："四年，乃立经义、诗赋两科。"③ 但何忠礼在《宋史选举志补正》中，对此记载进行了一番论证。他根据《续资治通鉴长编》《宋会要辑稿》《太平治迹统类》等，结合宋代党争问题论述，考证出元祐间实际上未实行过进士分二科考试之制的结论。④

尽管何忠礼有此说法，大部分学者仍认为北宋元祐间确曾实行过进士分二科之制。但是，认同此制确曾实行的学者又往往对此制定立时间、实行时间等问题持有不同的说法。一些学者在提到此制时，往往只是笼统地采用元祐四年（1089）进士分立经义、诗赋二科的说法。⑤ 此类叙述，既未明此制定立所据之诏令，也未明此制施行之具体时间，多只以前述"四年，乃立经义、诗赋两科"的记载为依据，未尽准确。

另外一些学者在论及北宋元祐间进士二科分合问题时，比较明确地把此制定立的时间

---

① 《长编》卷三六八，哲宗元祐元年闰二月庚寅条，第8861页。
② 刘挚在上引奏言中，提出了一种兼考经义、诗赋的进士"四场法"。这种进士"四场法"对所有进士科举子统一分四场通考经义、诗赋、论、策四种科目。其后，一些朝臣又提出了进士科分经义、诗赋二科考试的设想。为方便讨论，我们姑且把后者看作进士"分"二科之制。对应于这种"分"进士科为二科的制度，我们把刘挚提出的，兼考经义、诗赋的进士"四场法"称作"合"二科为一科之制。具体而言，在进士分二科考试之制中，每一科同样各以四场考察举子，只是两科所考内容有所不同。其中，"经义科"即"经义进士科"，其四场考试无诗赋考试在内，前两场全为经义考试，第三、四场考论、策；"诗赋科"实际指"经义诗赋进士科"，其四场考试则包括诗赋考试在内，第一场仍考经义，第二场则考诗、赋，第三、四场考论、策。由于二种设想关乎经义、诗赋考试之轻重主次，是不同取士标准的反映，故哪一种设想被定为制度，付诸实行，成为朝臣们争论的焦点。在不同的举次中，究竟哪一个制度得到了施行？这正是本文所要讨论的进士二科分合问题。
③ 《宋史》卷一五五，志第一〇八《选举一》，北京：中华书局，1986年，第3620页。
④ 何忠礼：《宋史选举志补正》，杭州：浙江古籍出版社，1992年，第54页。
⑤ 请参看杨春俏、吉新宏：《北宋中晚期科举考试中的诗赋、经义之争》，《辽宁大学学报》（哲学社会科学版）2007年第1期，第92页；徐梓：《经义诗赋 随时更革——宋朝科举制度建设之三》，《中国教师》2008年第11期，第33页；刘海峰、李兵：《中国科举史》，上海：东方出版中心，2004年，第188～189页（刘、李在论及元祐元年十一月、元祐二年、元祐三年六月中进士科的变化时，行文均明显地带有何先生论证的影子。但在叙述到元祐四年进士科问题时，他们没有采用何先生的最后结论，而仍持《宋志》之说）；龚延明、祖慧：《宋代科举概述》，傅璇琮主编，龚延明、祖慧编撰：《宋登科记考》，南京：江苏教育出版社，2009年，附录（在对元祐间进士科省试考试内容进行介绍时，龚、祖亦只是提到"元祐四年进士科分为两科"，并未详析此制实行的具体时间与状况）。

与实际施行的时间分开。祝尚书认为,对此问题,"宋人有元祐二年、四年两说"。在论证"元祐四年说"之合理性时,先生得出了此制于元祐六年实行的结论。① 此一观点值得重视,但因先生对元祐间整个进士二科分合过程未及细析,故其结论虽甚具启发,论证却稍欠精准。钱建状《南宋进士分科考试制度的形成契机——兼论宋代科举史上的"经义与诗赋之争"》②一文,仍采用祝先生关于元祐间进士分科的结论。林岩之《北宋科举考试与文学》一书以《续资治通鉴长编》为主要依据,总结出北宋元祐年间共颁科举敕令三次,并提出"只有元祐六年执行了元祐四年经义与诗赋两科并行均取的规定"③ 的结论。但因为林先生的考察重点并不在进士二科之"分"与"合"上,故对一些在这个问题上甚为重要的材料,先生未予关注,以至于仍然未能从真正意义上辨清元祐间进士二科之分合问题。

实际上,无论进士分科之制有否实行,何时实行,都有一个前提,那就是进士解试、省试诗赋考试的恢复。虽然朝廷允从了刘挚关于恢复诗赋考试的建议,但从实际施行的层面上讲,解试、省试进士诗赋考试有无真正得到恢复,在何时才被恢复呢?这个问题,作为元祐间进士二科分合问题的前提,必须被梳理清楚。然而,一些学者在论及元祐间进士分二科之制时,往往对诗赋考试恢复时间这一基本问题缺乏分析,造成了对元祐间经义、诗赋进士二科分合问题认识之不足。祝尚书曾提出,元祐三年举没有实施"增设兼诗赋进士"④ 的规定,因为从元祐三年(1088)权知贡举的苏轼及其门人李廌的材料中没有发现曾试诗赋的记载。林岩在《北宋科举考试与文学》一书中亦参考并采用此一结论。⑤ 这一说法提醒我们在考察元祐进士二科分合问题时,应该重新考虑元祐进士诗赋考试恢复时间的问题。不过,由于祝尚书就此问题之分析仅此一语,未作展开,而其所用材料亦有所局限,故甚有必要重头考察此问题,从而对元祐间进士二科分合问题有一个准确而深入的认识。

另外,元祐间进士经义、诗赋二科分合问题产生于不同取士标准之间的矛盾,以及由此矛盾所带动的设科理念变化。而关于选才方式、取士标准的争论,自宋初便有,而经庆历新政、熙丰变法日趋激烈。不同设科理念之冲突,在元祐进士科分科问题中突出体现后,又深深地影响了南宋以及其后的科举制度。因而,在究明元祐间进士科分科问题史实的同时,亦必须对其背后设科理念之变化及影响加以考察。

---

① 祝尚书:《宋代科举与文学考论》,郑州:大象出版社,2006年,第190~209页。
② 钱建状:《南宋进士分科考试制度的形成契机——兼论宋代科举史上的"经义与诗赋之争"》,《厦门大学学报》(哲学社会科学版)2008年第5期,第85~91页。
③ 林岩:《北宋科举考试与文学》,上海:上海古籍出版社,2006年,第167页。
④ 祝尚书:《宋代科举与文学考论》,第237页。
⑤ 林岩:《北宋科举考试与文学》,第159页。

二、元祐三年举进士科试法状况

在正式展开对元祐间进士二科分合问题的讨论之前,我们首先要明了元祐年间的开科时间。按,元祐间曾开两次贡举,第一次在元祐三年,第二次在元祐六年(1091)。即是说,元祐三年春、元祐六年春举行省试,而之前的元祐二年(1087)秋、元祐五年(1090)秋则举行发解试。无论此间朝臣怎样论争,诏令如何更易,我们最终还是要看此间所开贡举之状况,才能确定进士二科分合的真正实行情况。

(一) 元祐三年举之疑云

首先,我们来分析元祐二年秋发解试、元祐三年春省试中,进士科试法之情况。

上文所引刘挚之建议中,出现了一种兼考经义、诗赋的进士"四场法":"进士第一场试经义,第二场试诗赋,第三场试论,第四场试策"。按,北宋初期,省试进士科所试为:"诗、赋、论各一首,策五道,帖《论语》十帖,对《春秋》或《礼记》墨义十条。"① 虽然后来又经过一些变化,但直到熙宁六年举正式取消诗赋、帖经、墨义考试以前,省试进士科所试内容大致仍是包括诗赋、论策、帖经、墨义的,而这种进士旧法,显然与刘挚建议的"四场法"不同。元祐元年(1086)闰二月,朝廷依刘挚所请,诏"所有将来科场,且依旧法施行"。据上文结合李焘下注分析可知,此诏固然意在恢复诗赋考试,但其中的"旧法"一词让人疑惑,似乎朝廷欲以熙宁废罢诗赋以前的进士旧法考试进士。虽然这种旧法与刘挚所议之"四场法"同样兼考诗赋,但两者的考试内容与考试方式都有不同。所以,到底元祐元年闰二月此诏意在以何种试法来恢复诗赋考试,还是需要通过文献的查考来辨析清楚的。

元祐元年三月,司马光在反对恢复诗赋考试的奏状中有言:"伏睹朝廷改科场制度。第一场,试本经义;第二场,试诗赋;第三场,试论;第四场,试策……"② 如此则可推知,前述刘挚所请行之"四场法"大概也已在诏复诗赋考试的同时为朝廷所允。这样,就可以解开上段所言的疑惑了。然而,这次朝廷所诏"依旧法施行"及似乎已被允定之所谓"四场法"真的对接下来的元祐第一举产生影响了吗?虽然朝廷恢复了刘氏建议的诗赋考试,但毕竟未在诏令中直接令行刘氏所言之"四场法",而即便真的如上推测,允行了"四场法",也还未见有对"四场法"作出具体的规定。所以,朝廷此诏离这一进士"四场法"的真正实施还有距离。

---

① 《宋史》卷一五五,志第一〇八《选举一》,第 3604 页。
② 《长编》卷三七一,哲宗元祐元年三月壬戌条,第 8974 页;司马光:《起请科场劄子》,《传家集》卷五四,章奏三七,景印文渊阁四库全书集部·别集类,台北:台湾商务印书馆,1986 年,第 490~491 页。

接下来的《长编》元祐元年夏四月庚寅条载：

> 右司谏苏辙言："臣伏见礼部会议科场欲复诗赋，议上未决，而左仆射司马光上言，乞以九经取士，及朝官以上保任举人为经明行修之科。至今多日，二议并未施行。臣窃惟来年秋试，自今以往，岁月无几，而议不时决，传闻四方，学者知朝廷有此异议，无所适从，不免惶惑溃乱。盖缘诗赋虽号小技，而比次声律，用功不浅。至于兼治它经，诵读讲解，尤不可轻易。要之来年，皆未可施行。臣欲乞先降指挥，明言来年科场一切如旧，但所对经义兼取注疏及诸家议论，或出己见，不专用王氏之学。仍罢律义，令天下举人知有定论，一意为学，以待选试。然后徐议元祐五年以后科举格式，未为晚也。"从之。①

依苏辙所见，为免举人无所适从，朝廷当尽快议定取士之法。无论用礼部议，抑或用司马光议，在近期内施行都有较大难度。因为对于举人来说，学习诗赋技巧，又或兼习它经，皆非易事。因此，苏辙认为，明年科举考试暂时仍依神宗时的制度施行，只是不要再以王安石的一家之说为科考的标准答案就行了。又，《长编》于元祐元年四月辛亥条诏后载：

> 先是，司马光言："昨已有朝旨，来年科场且依旧法施行。窃闻近有圣旨，其进士经义，并兼用注疏及诸家之说或己见，仍罢律义，先次施行。臣窃详朝廷之意，盖为举人经义、文体，专习王氏新学，为日已久，来年科场欲兼取旧学，故有此指挥，令举人预知而习之。臣所乞置经明行修科者，欲使举人知向去科场，朝廷崇尚行义，不专取文学，所以美教化，厚风俗，比于经义、文体，尤为要切，宜使举人预知。欲乞亦降朝旨，先次施行，况与进士旧法两不相妨。"从之。

下注云："经义兼用注疏及己见，仍罢律义，四月三日从苏辙奏请也。"② 从此注可见，司马光所言"窃闻近有圣旨，其进士经义，并兼用注疏及诸家之说或己见，仍罢律义"便指上引苏辙所奏，结合苏辙言后"从之"二字理解，朝廷确实已依苏辙之请。另外，司马光此言意在表明自己所乞置的经明行修科也是符合朝廷"崇尚行义，不专取文学"的考核方式的，希望朝廷在前面颁布的诏令之基础上"亦降朝旨，先次施行"。从这番大意理解，"来年科场且依旧法施行"必然与"进士经义，并兼用注疏及诸家之说或己见，仍罢律义"一样，都符合朝廷"崇尚行义，不专取文学"的旨意。所以，这里的"昨已有朝旨，来年科场且依旧法施行"应该仍指苏辙建议之"来年科场一切如旧"，而非前此应刘挚所

---

① 《长编》卷三七四，哲宗元祐元年夏四月庚寅条，第9060页。参看苏辙：《栾城集》卷三八《言科场事状·四月初三日》，上海：上海古籍出版社，1987年，第832～833页；《治迹统类》卷二十七《祖宗科举取人·哲宗》，第696页。

② 《长编》卷三七六，哲宗元祐元年夏四月辛亥条，第9117～9118页。

言而诏的"且依旧法施行"①。从"昨已有朝旨"之表述看出,苏辙所建议之"来年科场一切如旧"已被朝廷所允。如此,即规定来年科场——元祐二年"秋试"、三年(1088)"春试"仍用前次开科时的进士试法,先不考诗赋,只考经义、论、策。就此分析,进士科诗赋考试的恢复又被推迟了。

查找文献,自依苏辙请后,未见有明文重新规定在元祐二年秋、三年春的贡举恢复诗赋考试,直到元祐元年十一月才有"三省奏立经义、词赋两科,下群臣议。从之"② 的记载。就此番表述看来,宋廷似乎又欲赶在元祐第一举前恢复诗赋考试。而且,这里还出现了进士分经义、词赋二科的表述,元祐年间进士二科之分合问题于此首次明确地浮现了。何忠礼先生在分析元祐间进士二科分合问题时,首先列举此条材料,认为这是"倡导进士分立经义、诗赋两科取士之开端"③。那么,在接下来的这次贡举考试中,进士科有无按照此处所倡分为二科呢?

分析元祐元年十一月这一记载,十分重要。可以说,有了这条材料,就有了关于此间二科分合问题的更为复杂的变化。正是这一材料的出现,使其前其后看似毫无疑问的记载必须得到重新的梳理与推敲。然而,一些学者在研究相关问题时,对此条材料未予足够关注。

林岩在《北宋科举考试与文学》里提到:"因为考虑到元祐二年的秋试,以及举人们要去礼部聚集准备参加省试,而以上各人的提议都没有最后定夺,所以苏辙元祐元年四月建议即将举行的科场大考还是依照旧的办法实行,并要求取消律义考试。这一要求获得批准。所以元祐三年的贡举考试还是沿袭了熙宁、元丰以来的考试制度。"④ 他在并未关注元祐元年十一月"三省奏立经义、词赋两科,下群臣议。从之"这一记载的情况下就已经断定了元祐三年举的施行状况。这一论证显然不够严密,它既忽视了元祐元年十一月这条记载的重要性,也使得本应得到更为严密的推敲的问题一下子变得简单。正如何忠礼所言,元祐元年十一月这条记载是"倡导进士分立经义、诗赋两科取士之开端"。所以,如果忽略这条材料,整个问题将变得表浅,甚或失却整体推理的框架,这将使得研究不能真正在元祐间进士二科分合问题上展开。从史学的精度上说,多一条材料的出现,所意味的往往不是结论仍然相同与否的问题,而是达至问题真相的路子必须如何重走的问题!以不同的方式得出的结论,即使仍然相同,其可信度也总会存在差异。林岩之所以未能关注元

---

① 《长编》卷三六八,哲宗元祐元年闰二月庚寅条,第8859~8861页。参看《宋会要》选举三之四九《科举条制》,第4286页;《文献通考》卷三十一《选举考四·举士》,第294~295页;《治迹统类》卷二十七《祖宗科举取人·哲宗》,第695页。

② 《长编》卷三九二,哲宗元祐元年十一月戊寅条,第9533页。参看《治迹统类》卷二八《祖宗科举取人·哲宗》,第697页。

③ 何忠礼:《宋史选举志补正》,第54页。

④ 林岩:《北宋科举考试与文学》,第159页。其结论参考祝尚书:《北宋后期科举罢诗赋考》,《文史》第53辑,北京:中华书局,2000年。

祐元年十一月这条材料，是因为他的考察并不着眼于元祐年间进士二科的"分"与"合"，他把考察重点放在了此间所颁科举敕令的次数、内容以及背后"主张经义取士"与"主张诗赋取士"两派的不同观点上。而忽视元祐元年十一月这一记载，也决定了林氏该文仍然未能从真正意义上辨清元祐间进士二科之分合问题。

林岩关于元祐三年举的论述所参考的是祝尚书先生关于这方面的结论。前文已述，祝文认为元祐三年举并未"增设兼诗赋进士"，其依据是："元祐三年正月，朝廷任命翰林学士、知制诰苏轼权知贡举，据现存所有苏轼资料，以及是科参考的苏轼门人李廌事迹，皆没有曾经试诗赋的记载。"① 虽然祝文的结论值得关注，但单凭未注出处的苏轼及其门人李廌的材料，以数十字论证这一问题，力度仍嫌单薄。另外，因为所用文献与论证方式的局限，祝文同样忽视了元祐元年十一月那条记载。这就决定了，祝文的论述依然不可能是在元祐间进士二科分合问题的维度上展开的。

鉴于一些学者在以往的研究中对元祐元年十一月"三省奏立经义、词赋两科，下群臣议。从之"这一材料关注不足，我们必须重新考察元祐三年省试、殿试进士科的情况。本来，依据苏辙的奏请，元祐三年贡举未复诗赋考试似乎毫无疑问。但因为有了元祐元年十一月的记载，其前后的诏令、奏言必须被重新梳理分析。这所关乎的并不是结论的是非问题，而是结论的合理性问题。

另外，在以往很多学者的研究中，被忽视的不仅有元祐元年十一月的那条材料，接下来的元祐二年正月这条材料同样很少被利用。因为有了元祐元年十一月的那条材料，所以有必要对元祐二年正月的这条材料进行分析。

元祐二年正月，朝廷又诏：

> 自今举人程试，并许用古今诸儒之说，或出己见，勿引申、韩、释氏之书。考试官于经义、论、策通定去留，毋于老、列、庄子出题。②

从"于经义、论、策通定去留"看来，朝廷似乎又决定仍按熙丰之制行科场之法了，即仍然没有恢复诗赋考试。

不过，按照常理，举人都应该在更早的时候便预知试法，好做考试准备。从理论上讲，元祐二年正月的诏令似乎会对未举行的元祐三年举产生影响，但从情理上推测，这条诏令的颁布时间距离元祐二年秋发解试举行未足一年，故其对二年秋、三年春的考试产生直接影响的可能性很小，所以，此诏应该还是针对往后的科举考试的。同样，按照这种思路分析，前述元祐元年十一月诏分经义、词赋两科离元祐二年秋试时间也不到一年，所以似乎也不会影响到元祐二年秋就要举行发解试的元祐三年举。

那么，到底元祐三年举状况如何呢？恢复诗赋考试没有？如果没有，那么诗赋考试又

---

① 祝尚书：《宋代科举与文学考论》，第237页。
② 《长编》卷三九四，哲宗元祐二年春正月戊辰条，第9593页。参看《宋会要》选举三之五〇《科举条制》，第4286页。

是从何时开始恢复的呢？

（二）元祐三年举之真相

正因为有了元祐元年十一月以及二年正月的两条材料，元祐三年举的状况必须得到更进一步的考证。笔者认为，元祐三年举确实还没有恢复诗赋考试，所以更不要说分二科考校了。其实，恢复诗赋考试要到元祐六年举才得以实行。

元祐二年十一月，三省奏：

> 检会元祐元年闰二月二十二日指挥，今来科场且依旧法施行；四月十二日指挥，仍罢律义；六月十二日指挥，"今后科场程试不得引用《字说》，并许用古今诸儒之说或己见，即不许引用申、韩、释氏之书，考试官不得于老、列、庄子内出题。……"上件逐次朝旨并已施行外，今欲依下项：一、考试进士分为四场，第一场试本经义二道、《论语》或《孟子》义一道，第二场试律赋一首、律诗一首，第三场试论一首，第四场问子、史、时务策三道。以四场通定去留高下。一、新科明法依旧试断案三道、刑统义五道，添论语义二道、孝经义一道，分为五场。仍自元祐五年秋试施行。其诸路举到经明行修人，如省试不合格，即未得黜落，别作一项奏取指挥。①

此奏被朝廷所允。按照其下注文提示，"元祐元年闰二月二十二日指挥"当为从刘挚奏请之诏，按前文分析，即恢复兼考经义、诗赋的祖宗旧法；"四月十二日指挥"乃从苏辙所言"仍罢律义"，时在四月三日而非十二日。至于这里所载的"六月十二日指挥"，翻查《长编》前文及《宋会要辑稿》等可知，实际上只有"自今科场程试，毋得引用《字说》"一条内容，其后之"并许用古今诸儒之说或己见，即不许引用申、韩、释氏之书，考试官不得于老、列、庄子内出题"，则未见有载，似采用了元祐二年正月诏之部分内容。按照此处引文"上件逐次朝旨并已施行外，今欲依下项"之表述可知，这里的新诏令"四场法"是在以上几条"指挥"实施的基础上提议推行的。

这里，三省奏立通考经义、诗赋、论、策的进士"四场法"，即恢复诗赋考试并以兼考经义、诗赋的方式考试进士，可以说，朝廷把刘挚所请立的进士四场考试法移到此处具体化了。但是元祐二年十一月显然在元祐二年"秋试"后，所以此奏已不是针对元祐三年举而言，而且，其后明明白白地写着"仍自元祐五年秋试施行"，故此处的"四场法"当是就元祐五年秋、六年春的贡举考试而规定的。这是元祐六年举恢复诗赋考试的首条明确诏令。

---

① 《长编》卷四○七，哲宗元祐二年十一月庚申条，第9899页。参看《宋会要》选举一五之二五《发解》，第4508页。注：何忠礼先生在引述元祐元年十一月"三省奏立经义、词赋两科，下群臣议。从之。"那条材料后，又列出这一条材料，认为进士两科因此而又合作一科（何忠礼：《宋史选举志补正》，第54页）。

在元祐三年夏四月左正言丁骘奏言中，有"窃睹明诏，欲于后次科举以诗赋取士，天下学者之幸也"①之表述。从其措辞中，我们可以读出这样的意思：此前未复诗赋，现在将要在下一举中恢复了，真是天下学者的幸运。所谓"欲于后次科举以诗赋取士"即是下一次科举——元祐六年举将恢复诗赋考试。所以，这不但说明元祐六年将恢复诗赋考试，还反证出元祐三年举未有恢复诗赋的事实。

元祐三年三月，是年省试发榜后，翰林学士朝奉郎、知制诰苏轼同孙觉上《乞不分经取士》劄子，言："臣等近奉敕权知贡举，窃见自来条贯分经取士，既于逐经中纽定分数取人，或一经中合格者少，即取词理浅谬卷子，以足其数，如合格者多，则虽优长亦须落下，显是弊法。将来兼用诗赋，不专经义。欲乞今后更不分经，专以工拙为去取。取进止。"②意思是，分经取士有如此弊端，以后的科举将要"兼用诗赋"，故建议不再分经取人。从其中的"将来兼用诗赋，不专经义"可见，恢复诗赋乃将来之事，刚过去的元祐三年举仍未复诗赋考试。紧接着，苏轼、孙觉于同月又上《乞不分差经义诗赋试官》劄子，其中言："臣等近奏，为将来科场既复诗赋，乞更不分经取人，已奉圣旨依奏。今来却见礼部新立条贯，将来科场如差试官三员者，以二员经义，一员词赋，两员者各差一员。臣等窃谓，既复诗赋与经义、策、论通考，举人尚不分经，而试官乃分而为二，甚无谓也。"③苏轼等认为，既然恢复诗赋与经义、策、论通考，且朝廷已经采纳他们之前提出的意见，不再分经取士了，那么试官也没有必要分差。从其措辞及大意均可看出，恢复诗赋，确为将来之计划，而非已行之策。

元祐八年（1093）六月五日，礼部言："检准元祐五年二月十六日敕，科场新兼诗赋，虑诸路阙诗赋试官，其通判内有可差之人，亦许差充。"④所谓"检准元祐五年二月十六日敕"就是说参照元祐五年二月十六日的敕令，而这条敕令规定的是什么呢？那就是针对"科场新兼诗赋"而下的选差试官之法，所以"科场新兼诗赋"的表述是属于元祐五年二月敕的。既然五年二月敕有此表述，则在其前必已有欲于元祐六年举恢复诗赋考试的规定。所以元祐五年二月敕中有"科场新兼诗赋"的表述，正好证明元祐六年举"新兼诗赋"，即首次恢复诗赋考试。反过来，这更说明了元祐三年举确实没有恢复诗赋考试！

又，查阅《宋会要辑稿》等史料，可得知元祐三年、六年等榜的进士状元。首先，元祐三年举进士状元为李常宁，六年举状元为冯涓。接着，翻查《太平治迹统类》，则知元

---

① 《长编》卷四〇九，哲宗元祐三年夏四月戊寅条，第9963页。
② 苏轼：《省试发榜后劄子三首·乞不分经取士》，《苏轼文集》，孔凡礼点校，第二册，卷二十八，北京：中华书局，1986年，第812页。
③ 苏轼：《省试发榜后劄子三首·乞不分差经义诗赋试官》，第812页。参看《宋会要》选举一九之一九《试官》，第4572页；《长编》卷四〇九，哲宗元祐三年三月乙亥条，第9960～9961页。按，笔者对此处标点略有改动。
④ 《宋会要》选举一九之一九《试官》，第4572页。

祐三年李常宁以下更有刘寿、章援、杨彭、史愿、史通、范致虚、费贡等人及第①，元祐六年冯涓以下更有朱绂、张庭坚、吴时、蒲于之、孙曾、杨绾等及第②。通过这些人名，可查找到与当举情况相关的记载。

通过一些地方志，我们可以查找到中举人的名录。《淳熙三山志》"人物类"之"科名"除载有历举本地中举人名外，更有一些与当举相关的其他记载。书中，每当诗赋、经义问题发生变化时，该榜之下都会注明，未有特别注出的榜别则按前一次注出之法行。例如，"（绍兴）十五年（乙丑）刘章榜"下注："是举复经义通诗赋、论、策为三场。"③"（绍兴）三十年（庚辰）梁克家榜"下注："是举经义、诗赋兼行。"④ 等等。查阅元祐三年举状况发现，"元祐三年（戊辰）李常宁榜"⑤下未有任何注明；在"元祐六年（辛未）马涓榜"下，则注明了是年有"兼诗赋人"与"专治经人"⑥分考之法。这大概也可以旁证元祐六年举新复诗赋，而元祐三年举确实仍如以上分析的那样并未恢复诗赋考试。

不过，仍要强调的是，对元祐三年举产生直接影响的诏令，不太可能是距离元祐二年秋较近的元祐二年正月诏，而应该仍然是较早前元祐元年四月所从之苏辙奏请，即来年科场仍依熙丰不考诗赋之旧法，"但所对经义兼取注疏及诸家议论，或出己见，不专用王氏之学"⑦。到此，元祐三年举并未恢复诗赋考试的结论才算明了。

三、元祐六年举进士二科分合问题

既然朝廷计划在元祐六年举中恢复诗赋考试，则进士经义、诗赋通考抑或分作二科，就明显地呈现为朝臣论争之问题。

（一）元祐六年举欲行进士"四场法"

根据上文引述过的元祐二年十一月三省奏疏看来，朝廷已经确定了元祐六年举以通考经义、诗赋的进士"四场法"考校进士。那么，这一"四场法"真的在元祐六年举中实

---

① 《治迹统类》卷二十七《祖宗科举取人·哲宗》，第 698 页。
② 《治迹统类》卷二十七《祖宗科举取人·哲宗》，第 702 页。
③ 梁克家：《淳熙三山志》卷二十八《人物类三·科名》，景印文渊阁四库全书史部·地理类，台北：台湾商务印书馆，1986 年，第 388 页。
④ 《淳熙三山志》卷二十九《人物类四·科名》，《宋元方志丛刊》册八，中华书局，1990 年，第 8046 页。
⑤ 《淳熙三山志》卷二十七《人物类二·科名》，第 365 页。
⑥ 《淳熙三山志》卷二十七《人物类二·科名》，第 365 页。此处作"马涓"，《宋会要辑稿》《太平治迹统类》下则作"冯涓"，应为形近字误。《续资治通鉴长编》卷四五六亦载作"马涓"。
⑦ 《长编》卷三七四，哲宗元祐元年夏四月庚寅条，第 9060 页。参看《栾城集》卷三八《言科场事状·四月初三日》，第 833 页。

行了吗？

哲宗元祐三年二月，礼部状：

> "都省送下朝奉郎、监察御史、充集贤校理赵挺之奏：'伏睹近制更易科举，参用经义、辞赋取人。以臣愚见，科场之中，得人失人，皆在试官能否。盖《六经》之义，固有渊意妙旨，而辞赋声律，就其术而论之，亦有精微至理。昔之学经义者，造道不能无精麤；学辞赋者，属辞不能无巧拙。以麤以拙者，尚不能知精巧者之所存，况其未尝诵读习学，而遽令主试考校，则去取、升降安有不谬者哉？辞赋之罢，几二十年，世以进士登科者，止治一经。向来科举差官，只问出身，而不论元初登科所治何经。以治《礼》之人乃使考《书》，以治《诗》之人乃使考《易》，是以一经登科而令遍考《五经》，往往差失谬乱，今若更令参考辞赋，窃恐难为去取、升降，其幸而得与不幸而失者必多，恐非朝廷设科取士，务在得人之意。臣愚欲乞特下有司，明立将来选差试官之法：每经各差试官一员，只考本经；别差辞赋登科，或曾应辞赋得解，后来用经入仕之人，专考词赋，量举人多少立定员数。如难得其人，即乞于通判人内兼差，或乞聚邻近州、军三五处，于一会要大郡类试，所贵试官之员易为充足，而考校之艺必须精致。看详发解及省试虽兼用经义、辞赋、论策，然而各分一场引试，故学者得以尽其所长。若廷试并合经义或策论、辞赋同为一日引试，深恐迫于晷刻，使举人仓遽难为尽工。欲乞依旧只试策一道，使其引古验今，足以见平日学识智虑之所存。'本部看详所差试官，欲乞将来科场如差三员者，以二员经义、一员辞赋；两员者，各差一员。所有考校，自依条试。所乞聚类邻近州军三五处类试，恐一郡之中难为应办，且依旧条施行。其殿试，经义、辞赋举人并试策一道。合取自朝廷指挥，内外各依此差官。"诏并依礼部所定，仍先施行。

接下一段又载：

> 诏殿试，经义、辞赋举人，并试策一道。从赵挺之请也。①

据此，元祐三年二月，礼部斟酌赵挺之奏言，乞定经义、辞赋分差试官的选官之法，顺便对殿试考察方式提出建议。赵挺之认为，罢试词赋将近二十年，这二十年来的进士登科之人都"止治一经"，而选差试官之时又往往不论其所治为何经，造成试官考经之时的"差失谬乱"。在此情况下，若再加考诗赋，则试官更加"难为去取、升降"。从"明立将来选差试官之法"，"欲乞将来科场如差三员者，以二员经义、一员辞赋"的措辞看来，这里对试官选差之法的建议是针对下一次科举即元祐五年"秋试"、六年"春试"及其后科举而言的。

然而，礼部对殿试考核方式的建议中，却有"其殿试，经义、辞赋举人并试策一道"

---

① 《长编》卷四〇八，哲宗元祐三年二月癸巳条，第9938页。参看《宋要会》选举八之三六《亲试杂录》，第4392页。按，笔者对此处标点略有改动。

之语，其下更诏"殿试，经义、辞赋举人，并试策一道"。其中"经义举人"与"辞赋举人"的表述，让人生疑。从措辞看来，这应该是对应进士分经义、诗赋二科的情况而言的。但结合前文分析，元祐二年十一月定立了自元祐六年举开始施行的进士"四场法"，此乃通考经义、诗赋之制，不分经义、辞赋举人，而直至元祐三年二月此诏前，似未另有诏令重定经义、诗赋分科之法，所以，此诏所言情况应该顺随已定之进士"四场法"才对，为何会出现"经义、辞赋举人"这种表述呢？

元祐三年三月，苏轼、孙觉就二月礼部所定选差试官之法提出不同意见：

> ……今来却见礼部新立条贯，将来科场如差试官三员者，以二员经义，一员词赋，两员者各差一员。臣等窃谓，既复诗赋与经义策论通考，举人尚不分经，而试官乃分而为二，甚无谓也。凡差试官，务在有词学者而已。若得其人，则治《易》及第不害其能问《春秋》，经义入官不害其能考诗赋。若不得人，虽用本科，不免乖错。须自声律变为经义，则诗赋之士，便充试官，何曾别求经义及第之人然后取士。若必用本科各考所试，则经义、策、论、诗赋四场，文理不同，亦须各差试官一人而后可。此本议者私忧过计，而有司不察，便为创立此条，使一试院中有两头项试官，自有科场以来，无此故事。自来试官，患在争竞不一，又分为两党。试经义者主虚浮之文，考诗赋者主声病之学。纷纭争竞，理在不疑，举人闻之，必兴词讼，为害如此，了无所益。今来朝廷既复诗赋，又立此条，深恐天下监司，妄意朝廷必欲用诗赋之人为试官，不问有无词学，一例差充。其间久离科场之人，或已废学，若用虚名差使，显不如经义及第有文之人。人之有材，何施不可，经义、诗赋等是文词，而议者便谓治经之人，不可使考诗赋，何其待天下士大夫之薄也。欲乞特赐指挥，今后差试官不拘曾应经义、诗赋举者，专务选择有词学人充。其礼部近日所立条贯，更不施行。取进止。①

苏轼此番奏论仍针对二月礼部从赵挺之请所立试官之法，提出"今后差试官不拘曾应经义、诗赋举者，专务选择有词学人充"之建议。从其中"若必用本科各考所试，则经义、策、论、诗赋四场，文理不同，亦须各差试官一人而后可"的说法中，我们可以分析出此奏言必定是建立在朝廷定立了通考经义、诗赋的进士"四场法"基础上的。另外，"臣等窃谓，既复诗赋与经义策论通考……"之表述说明，苏轼等此番针对试官新法之建议果然仍是在预定施行兼考之"四场法"的基础上提出的。所以说，元祐三年二月礼部从赵挺之请所定试官之法也应该是就此"四场法"而言的。既然这一试官之法是在此"四场法"

---

① 苏轼：《省试发榜后劄子三首·乞不分差经义诗赋试官》，第812～813页。按："则治《易》及第不害其能问《春秋》，经义入官不害其能考诗赋。"一句原标点为"则治《易》及第不害其能问《春秋》经义，入官不害其能考诗赋。"，误。"经义"与"入官"不可断开。"经义、策、论、诗赋四场"原标点为"经义、策论、诗、赋四场"，亦误。策、论应为两场，诗赋应为一场。参看《长编》卷四〇九，哲宗元祐三年三月乙亥条，第9960～9961页；《宋会要》选举一九之一九《试官》，第4572页。

的大前提下设定的,那么被作为立定那试官之法参照的赵挺之奏也必定是在这同一个前提下的。所以,即使赵挺之奏言内出现了"殿试,经义、辞赋举人,并试策一道"① 的表达,也不代表他的奏言是在分经义、诗赋两科取士的基础上提出的。

再者,直到元祐三年五月,仍有就此差官之法发出的奏状:

> 礼部状:"准都省送下翰林学士苏轼等札子,奏:'近为将来科场既复诗赋,乞更不分经取人,已奉圣旨依奏。今来窃见礼部新立条贯,将来科场如差试官三员者,以二员经义、一员诗赋;两员者,各差一员。臣等欲乞今后差试官不拘曾应诗赋、经义举者,专务选择有词学人充。其礼部近日新立条贯,乞不施行。'所有苏轼举奏,别无批降指挥,已行附案。尚书省看详上条内差三员处,经义不必须差二员。今欲科场所差试官三员处,参差经义、词赋人,更不指定员数,余依元降指挥。"五月二十九日,奉圣旨依,仍先次施行。②

由此可见,针对元祐三年二月癸巳礼部依赵挺之请所立的选差试官之法的议论,到五月仍有出现,这间接说明了此法的施行基础——元祐二年十一月所立通考经义、诗赋的进士"四场法"至迟到此也还没有被推翻。

直到元祐三年六月,又有如下诏:

> 将来一次科场,如有未习诗赋举人,许依旧法取。应解发合格人,不得过解额三分之一。应解二人者,均取。即有零分及解额一人者,并通取文理优长之人。③

按照此诏的政策,元祐六年举中若有未习诗赋之人,则可依照熙丰、元祐三年举之旧法仍只考经义、论、策,只是在解发之时,这类人不得超过规定解额的三分之一而已。笔者认为,此诏是为兼考经义、诗赋的"四场法"的最终实行而采取的一种"权宜之法",是为了让没有准备好兼考诗赋的举人,能在元祐六年举中照常考试。这样一来,元祐六年举虽将按照元祐二年十一月诏实行进士"四场法",但仍允许部分举人"依旧法取",只考经义、论、策。所以从实际效果上看,大部分人将通考经义、诗赋,一小部分人将仍然不兼诗赋,这就有点类似于分成"二科"考试了,只不过这不是真正意义上的进士二科,而是旧法过渡到新法(进士"四场法")的缓冲。如此看来,至少直到元祐三年六月此诏颁布时,通考经义、诗赋的"四场法"仍然被预定为元祐六年举之试法。所以,不能因为元祐三年二月癸巳条中"诏殿试,经义、辞赋举人,并试策一道"④ 的表述就怀疑已在元祐二年十一月颁定的通考二科之"四场法"被推翻!

祝文提出,关于进士分为两科之制的定立时间,"宋人有元祐二年、四年两说"⑤。他

---

① 《长编》卷四〇八,哲宗元祐三年二月癸巳条,第 9937~9938 页。
② 《长编》卷四一一,哲宗元祐三年五月甲戌条,第 10011 页。
③ 《长编》卷四一二,哲宗元祐三年六月庚辰条,第 10018 页。
④ 《长编》卷四〇八,哲宗元祐三年二月癸巳条,第 9938 页。
⑤ 祝尚书:《宋代科举与文学考论》,第 237 页。

在归纳出"元祐二年说"之时,首先以《宋会要辑稿》选举三的一条记载为依据。这条材料是这样的:"[元祐二年]十一月十二日,诏:礼部立诗赋格式以闻,既而礼部脩立考校条令,《礼部韵》中备载,见遵用。"① 而其实,在《宋会要辑稿》选举一五中,还有这样的记载:"[元祐]二年十一月十二日,诏:进士以经义、诗赋、论、策通定去取,明法增《论语》《孝经》义一次,科场未习诗赋人,依旧法取,应解发不得过元额三分之一。令礼部立诗赋格式以闻。"② 后者与前者实记一事,而《哲宗旧录》中更有一条材料与后者相同,曰:"[元祐二年十一月十二日]诏:进士以经义、诗赋、论、策通定去留,明法增《论语》《孝经》义。将来一次科场,未习诗赋人依旧法取,应解额法不得过元额三分之一,令礼部立诗赋格式以闻。"③ 其中,"进士以经义、诗赋、论、策通定去留"所表述的正是前引《长编》元祐二年十一月庚申条所载,诏行进士"四场法"的内容。在《长编》此条之下,李焘有注辨析,认为《哲宗旧录》中"将来一次科场"以下内容,实际应为"三年六月五日指挥",不该系于元祐二年十一月。④ 又,李焘于前引元祐三年六月庚辰条下同样注文说明,《哲宗旧录》曾将三年六月这条材料并入二年十一月十二日下,《哲宗新录》因之,且云:"令礼部立诗赋格式以闻"。李焘据《诸州编录条贯册》元祐三年六月五日圣旨,把此解法之诏移归三年六月庚辰。⑤ 如此可知,《宋会要辑稿》中的记载,沿《旧录》《新录》之误,把元祐二年十一月立"四场法"之诏与元祐三年五月所颁之解法混在一个系年之下了。至于"令礼部立诗赋格式以闻"一语,李焘对其亦表示疑惑,认为不该出现此语。⑥ 综上可知,祝文所引《宋会要辑稿》选举三那条材料,无论如何都不是在说增设兼诗赋进士科一事,故不可据以认为宋人曾对增设兼诗赋科的时间持有"元祐二年说"。

另外,祝文在分析"元祐二年说"时,据苏轼及李廌资料得出这样的结论:"元祐二年虽有增设兼诗赋进士的规定,但元祐三年开科取士时,实际上并未实施。"⑦ 这番表述,显然是以《宋会要辑稿》这条材料作用于元祐三年举为前提的。然而,此条诏令系年在"元祐二年十一月十二日",当在三年举发解试后,故此诏本来就不可能是就元祐三年举而发的,其所影响的必定是下一举。所以,从论证逻辑上看,祝文对"元祐二年说"之分析仍有欠缺。

---

① 《宋会要》选举三之五〇《科举条制》,第 4286 页。
② 《宋会要》选举一五之二五《发解》,第 4508 页。
③ 转引自《长编》卷四〇七,元祐二年十一月庚申条,第 9899 页。
④ 《长编》卷四〇七,元祐二年十一月庚申条下注,第 9899 页。
⑤ 《长编》卷四一二,哲宗元祐三年六月庚辰条,第 10018 页。对于此材料,本文仍以李焘系年为准。
⑥ 《长编》卷四一二,哲宗元祐三年六月庚辰条下注,第 10018 页。
⑦ 祝尚书:《宋代科举与文学考论》,第 237 页。

（二）由解法之议引起的"欲合还分"

接下来，就上引元祐三年六月关于未习诗赋举人解法的诏令，朝臣们不断地提出不同意见。其中，元祐三年闰十二月，御史中丞李常、侍御史盛陶、殿中侍御史翟思、监察御史赵挺之和王彭年所言值得注意。他们首先指出朝廷下诏"将来一次科场，如有未习诗赋举人，许依旧法取，应解发合格人，不得过解额三分之一"，就等于说朝廷"更无用经术设科取人之理，止以旧人未习诗赋，且于将来一次科场，量以分数收取，而欲阴消之故也"。又谓："盖以士人操术趣向，皆视朝廷好恶，今于诗赋科内虽曰量留一经，若废经义本科，则天下学者必谓朝廷好声律，恶经义，不复更为根柢义理之学。""虽今诗赋举人，兼治一经，或并设而不均，以分数取之，则名存而实亡，以多而诱其寡。盖学者晓然知科举虽存经义，其去取升降皆不在是，尚复留意讲习耶？异时不过如昔日帖经，为一场之数，此与不令治经何以异也？又以多而诱其寡，度不数年，经义之学绝矣。"于是，为了保留经义取士的真义，他们提出"留经义与诗赋各为一科，而均取其人"之建议，即仍然保留与诗赋进士科并立之经义进士科。① 并且，他们还提出了经义进士科与诗赋进士科两科的具体试法：

一、经义进士科。欲试四场：第一场试经义六道，每经二道；（秦注云：欲于《易》《书》《诗》《春秋》《礼记》内，第一场各出题二道，人许占对三经，以古今注疏及己见所长，文理通赡者为合格，不得如旧日止记诵一家之义。）第二场试经义三道，每经一道，《论语》《孟子》各一道，共五道；第三场试论一首；第四场试策三道，并问子、史、时务。

一、诗赋进士科。四场：第一场试诗赋各一首；第二场试经义四道，出题同第一场，人许占对一经，试本经三道，《论语》《孟子》一道；第三场试论一首；第四场试策三道，并问子、史、时务。②

以上引文，有"今于诗赋科内虽曰量留一经，若废经义本科，则天下学者必谓朝廷好声律，恶经义"以及"虽今诗赋举人，兼治一经，或并设而不均"数语。这里出现了"诗赋科""诗赋举人"的表述，这使人怀疑朝廷此前曾经颁布进士分经义、诗赋二科考试。但是，结合前文分析，元祐三年六月关于未习诗赋举人取解问题之诏仍是在兼考经义、诗赋之"四场法"颁立的基础上发出的，是为过渡到"四场法"采取的"权宜之法"。李常等人此处议论乃针对三年六月诏而发，所以，其奏言必定也同元祐三年六月诏拥有同一大

---

① 《长编》卷四二〇，哲宗元祐三年闰十二月戊辰条，第 10168～10174 页。参看《治迹统类》卷二十七《祖宗科举取人·哲宗》，第 699～700 页。

② 《长编》卷四二〇，哲宗元祐三年闰十二月戊辰条，第 10170 页。参看《治迹统类》卷二十七《祖宗科举取人·哲宗》，第 700 页。按，笔者对此处标点略有改动。

前提——元祐二年十一月颁立的"四场法"。因此，李常等这番奏言所反映出的不可能是进士分经义、诗赋二科之情况。

李常等人对于元祐三年六月朝廷为未习诗赋举人所颁的解法比较敏感，认为朝廷"止以旧人未习诗赋，且于将来一次科场，量以分数收取"是欲"阴消"经义考试的举动，所以，对已定立的试法，他们也认为有"阴消"经义的倾向。结合前文分析以及"若废经义本科"的表述看来，李常等所言乃针对兼考经义、诗赋之"四场法"，其所言之"经义本科"当指熙丰以来只考经义的试法。他们认为，现在朝廷定下通考经义、诗赋之"四场法"，等于说取消了熙丰以来只考经义的试法，而在这种"四场法"里，经义考试比例大大减少，这就相当于将来的赴考之人全部参加一种变相的进士"诗赋科"，从"诗赋科内虽曰量留一经""今诗赋举人，兼治一经"的表述看来，李常等显然是把朝廷定立的兼考经义、诗赋的"四场法"看作只兼一经的"诗赋科"了。①

在这种兼考诗赋、经义的"四场法"中考经义，按李常等所言则"不过如昔日帖经，为一场之数"，使经义考试名存实亡。基于这种担心，李常等提出"留经义与诗赋各为一科，而均取其人"的建议，实际上就是建议设立"经义进士"一科，使其与那兼试一经的"诗赋科"并行均取，而不是如朝廷日前所诏那样分数取之，只有这样，才能从真正意义上存留经义。这也相当于要求在兼考诗赋、经义的"四场法"外更添置类似熙宁六年以来所行进士试法的"经义科"。当然，李常等就朝廷所诏"四场法"及对未习诗赋举人的暂时照顾政策便认定朝廷必欲渐渐消除对经义的考查，或许只是出于一种为臣者的政治敏感，正如李焘下注所言："岂朝廷果尝欲废经义科耶？"②

不过，尽管李常等人的奏议可能出于一种"过虑"，但他们所提议的分立"经义进士"科与"诗赋进士"科的方案确实对后来曾一度实行的进士分科考校制度产生了深刻的影响。事实证明，此后实行的进士分科试法，在考试内容的结构上确实类似于他们所提出的方案。

李常等提出一种保留经义科，并与诗赋科均取的试法后，一些反对保留经义科的朝臣，便立即就此进行辩驳。

元祐四年三月，中书侍郎刘挚上言：

> 昨元祐元年，两制、侍从、台省臣僚，讲议定夺，凡一年有余，又经圣览，方此施行，亦是将祖宗先帝之法，合诗赋、经义为一科，是万世有利无害可行之法。今人情已定，止是安石之党，力要用经义。臣愿陛下坚守已行之法，勿为浮议所动。③

---

① 《长编》卷四二〇，哲宗元祐三年闰十二月戊辰条，第10168～10174页。参看《治迹统类》卷二十七《祖宗科举取人·哲宗》，第700页。当然，从李常等所提出的二科具体试法看来，其"诗赋进士"以诗赋考试为首场，与刘挚首倡、元祐二年十一月所定的进士"四场法"以经义考试为首场不同，亦不能完全对等。

② 《长编》卷四二〇，哲宗元祐三年闰十二月戊辰条李焘注，第10168～10174页。

③ 《长编》卷四二三，哲宗元祐四年三月甲申条，第10246页。

同月，右正言刘安世上言"七事"，其"第六事"言：

> 先帝已知经术取士久而有弊，因欲复用词律。昨者有司请于经义之外，加以诗赋，朝廷采纳，已为定制，而安石之党，必欲沮挠。①

接着，刘安世还指责李常等曰：

> 常以屡乞改用经义，其徒翕然誉之。赖陛下圣明，主执不轻变易，而常等言之不已，背公死党……②

从措辞上看，无论是刘挚抑或刘安世都已经把问题上升到了经义取士、诗赋取士的是非问题上了。他们认为李常等乞在诗赋兼考经义的"四场法"外更设"经义进士"一科的建议，是对朝廷恢复诗赋考察的一种否定，是"安石之党"对"加以诗赋"的"沮挠"，是"力要用经义"，恢复经义考试独尊的表现。

以上，李常等与刘挚、刘安世的争辩，实际上源于朝廷元祐三年六月所诏："将来一次科场，如有未习诗赋举人，许依旧法取。应解发合格人，不得过解额三分之一。应解二人者，均取。即有零分及解额一人者，并通取文理优长之人。"③ 之后，李常等由解额问题出发，引出使诗赋、经义各为一科的方案，刘挚、刘安世则循诗赋、经义问题进行论辩。虽然李常等人的意见受到了诸如刘挚等人的反对，但朝廷仍然兼顾到了李常一方的意见，在进士考试方案与解额问题上，都作出了平衡双方的决定。

元祐四年（1089）夏四月戊申诏：

> 应进士不兼试诗赋人，许依旧法取，应于本经外增治一经，增试一场，《论语》《孟子》分两场试。合格人将解额与兼试诗赋人各解五分，令礼部立法以闻。④

相对于元祐三年六月诏而言，此诏最关键在于使"不兼试诗赋人"与"兼试诗赋人""各解五分"。先前李常等就是因为朝廷下诏使来年科场中"不兼诗赋人"解额不得过三分之一才认为朝廷欲"阴消"经义的，如今解额的平均在一定程度上消除了李常等人的顾虑。不但如此，朝廷还使"不兼诗赋人""于本经外增治一经，增试一场"，等于也加大了经义考试的分量。所以说，此处诏令是充分考虑到了李常等一方的立场的。

接下来，承接元祐四年夏四月戊申对"不兼诗赋人"与"兼试诗赋人"的诏令，科举试法又发生了重大改变，即原先在元祐二年十一月诏中预定于元祐六年举实行的进士"四场法"被推翻，正式颁行进士分二科考试之法。

元祐四年夏四月戊午，从礼部所定"经义诗赋进士"与"经义进士"具体试法：

---

① 《长编》卷四二四，哲宗元祐四年三月条，第 10262 页。
② 《长编》卷四二四，哲宗元祐四年三月条，第 10262 页。
③ 《长编》卷四一二，哲宗元祐三年六月庚辰条，第 10018 页。
④ 《长编》卷四二五，哲宗元祐四年夏四月戊申条，第 10269 页。参看《宋会要》选举一五之二五《发解》，第 4508 页。

> 经义诗赋进士听习一经，第一场试本经义二道，《论语》《孟子》义各一道；第二场赋及律诗各一首；第三场论一首；第四场子、史、时务策二道。经义进士并习两经，以《诗》《礼记》《周礼》《左氏春秋》为大经，《周易》《书》《公羊》《穀梁》《仪礼》为中经，愿习二大经者听，即不得偏占两中经，其治《左氏春秋》者，不得以《公羊》《穀梁》为中经。第一场试本经义三道，《论语》义一道；第二场本经义三道，《孟子》义一道；余如前。并以四场通定高下去留，不以人数多寡，各取五分，即零分及元额解一人者，听取辞理优长之人。①

此中，"经义进士""第一场试本经义三道，《论语》义一道；第二场本经义三道，《孟子》义一道"应该是就元祐四年夏四月戊申诏"应进士不兼试诗赋人，许依旧法取，应于本经外增治一经，增试一场，《论语》《孟子》分两场试"提出的具体方案。"经义诗赋进士"之试法，实与元祐二年十一月所定通考经义、诗赋的进士"四场法"相类，只是二者所考题数仍有不同。例如，兼考之"四场法"第一场除本经义二道外，只试"《论语》或《孟子》义一道"，"经义诗赋进士"则试"《论语》《孟子》义各一道"；"四场法"第四场试子、史、时务策三道，"经义诗赋进士"则试子、史、时务策二道。因为从考试内容看，二种试法基本相同，所以，从实际施行层面看，此处所定的进士分二科考校之法相当于在兼考经义、诗赋的进士"四场法"之外再加一"经义进士"科。不过，因为兼考之"四场法"乃对所有进士均适用的进士试法，"经义诗赋进士"科则只是进士分科试法中的一科，二者定位不同，有着本质区别，加上其具体所考亦确有差别，二者不可简单等同。

关于元祐四年夏四月戊午这一条材料，《文献通考》有一条相关记载：

> 哲宗元祐二年，更科场法，进士分四场，第一场试本经义二道，《语》《孟》各一道，第二场赋及律诗各一首，第三场论一道，四场子、史、时务策二道。经义进士不兼诗赋人许增治一经，诗赋人兼一经。以《诗》《礼记》《周礼》《左氏春秋》为大经，《书》《易》《公羊》《谷梁》《仪礼》为中经，愿习二大经者听，即不得偏占两中经。②

前文已述，祝氏曾提出，关于进士分为两科之制的定立时间，宋人有元祐二年、四年两说。他在归纳出"元祐二年说"之时，除了以前文分析过的《宋会要辑稿》中的那条材料为依据外，更引用了《文献通考》此条记载。笔者以为，《文献通考》此条差谬甚多，或不可以据为一说。

比较上引《长编》元祐四年四月戊午条与《文献通考》此条材料可知，《文献通考》

---

① 《长编》卷四二五，哲宗元祐四年夏四月戊午条，第10280页。参看《宋会要》选举三之五〇一五一《科举条制》1957年，第4286~4287页；《治迹统类》卷二十七《祖宗科举取人·哲宗》，第700~701页；《宋史》卷一五五，志第一〇八《选举一·科目上》，第3620~3621页。何忠礼认为，此条材料乃《宋志》所载"乃立经义、诗赋两科"之由来（何忠礼：《宋史选举志补正》，第54页）。

② 《文献通考》卷三十一《选举考四·举士》，第295页。

所载"哲宗元祐二年"更定的"进士分四场"考试之法,与《长编》元祐四年夏四月戊午条中的"经义诗赋进士"试法相同。其次,其"经义进士不兼诗赋人许增治一经"之载,也与元祐四年夏四月戊申诏"应进士不兼试诗赋人,许依旧法取,应于本经外增治一经"吻合,故《文献通考》此处所述似为进士分二科试法之诏无疑。然而,让人疑惑的是,《文献通考》未把此处分四场之法标明为"经义诗赋进士"试法,更未另述"经义进士"具体试法,只以"进士分四场"统述。而且,此条材料系于"元祐二年",结合"进士分四场"之表述看,甚有与元祐二年十一月所诏"四场法"相混之嫌。又,《文献通考》此条下之注文,载刘挚议复诗赋之奏,乃元祐初所上之《论取士并乞得贤良科疏》(已见前文引述)。按,刘挚上此奏乃在元祐元年,首倡恢复诗赋考试并倡行兼考经义、诗赋之进士"四场法"。前文已析,元祐二年十一月诏行"四场法"乃将刘挚建议具体化,《文献通考》于此标引刘挚所奏,仿佛意在说明所载"哲宗元祐二年,更科场法,进士分四场"之事乃缘于刘挚建议,似乎此即为元祐二年十一月诏"四场法"一事。况且,《长编》所载元祐四年四月"经义诗赋进士"之试法,实与元祐二年十一月所定进士"四场法"相类,故马端临确实极有可能误将二试法混为一谈。综上所述,从马氏这段记载的组成上看,大概其所谓"哲宗元祐二年,更科场法,进士分四场"的表述,乃缘于元祐二年十一月定"四场法"之诏,而其后所列"分四场"之法,实则为元祐四年夏四月戊午诏立之"经义诗赋进士"试法。而"经义进士不兼诗赋人许增治一经"乃缘于元祐四年夏四月戊申所诏"应进士不兼试诗赋人,许依旧法取,应于本经外增治一经"。正是这种文献传抄的差失,才使得《文献通考》中出现了元祐二年立进士分两科考试之法的记载。祝文提到的所谓"元祐二年"说,实际上正是沿袭马氏之论而未辨所致。

从文献的可信度看,《长编》元祐二年十一月庚申条以及元祐四年夏四月戊午条所记,均有《宋会要辑稿》等旁证可索,故在其与《文献通考》记载有所抵牾的情况下,我们仍应以其所载为是。尤其是元祐四年四月颁立进士分两科试法之事,在《宋会要辑稿》《太平治迹统类》中也均有明确记载,甚至《宋志》亦采用此说。① 而元祐二年立进士分二科试法之说却只见于《文献通考》此条,别无旁证。②

此外,在《文献通考》此条最后,出现了关于大经、中经的规定。祝尚书先生在引此条为"元祐二年说"之依据时,并未把这段规定引用进来。按,此规定之表述与上引

---

① 元祐四年四月颁立进士分两科试法之记载,除见于《长编》外,还见于《宋会要》选举三之五〇—五一《科举条制》1957年,第4286~4287页;《宋史》卷一五五,志第一〇八《选举一·科目上》,第3620~3621页;《治迹统类》卷二十七《祖宗科举取人·哲宗》,第700~701页。祝尚书《宋代科举与文学考论》亦据《宋会要》《宋史》此条材料归纳出"元祐四年说"。但是,祝先生未有引用《长编》元祐四年夏四月条内容。

② 祝先生归纳"元祐二年说"时还曾把《宋会要》选举三之五〇《科举条制》中的一条材料引为依据。而对于此条材料,前文已作分析,认为其并不能成为"元祐二年说"之依据。故此处认为,《文献通考》此条乃孤证。

《长编》元祐四年四月戊午条中关于"经义进士"所习大经、中经的规定相同,当为同一叙述。然而,《文献通考》将此规定移至"经义进士不兼诗赋人许增治一经,诗赋人兼一经"的表述之后,不能明确此规定针对何种进士科而言,仿佛这是对所有进士科参考举人的规定。据《长编》所载,此规定乃针对"经义进士"而设,《宋会要辑稿》等亦如《长编》所载。于是可知,《文献通考》所载此规定,乃被误附于尾,未明所指。《文献通考》此条材料之差失谬误,于此又可见一斑。

祝文分析"元祐二年说"时,提出结论:"元祐二年虽有增设兼诗赋进士的规定,但元祐三年开科取士时,实际上并未实施。"可见,该文虽然提出元祐三年举未有实行分科之制,但却默认元祐二年有此规定,等于没有推翻"元祐二年说"。而在默认"元祐二年说"之基础上论证接下来的"元祐四年说"之合理,即等于没有最终解决进士分二科考试之制定于何时的问题,未足取信。实际上,《文献通考》中这一记载,本身不可据为一说。如果一定要辨析其所代表的所谓"元祐二年说",则应该对比分析其他不同记载与其之间存在的异同,找出相对可信的一说。

如上分析,笔者认为,进士科分二科考试之制乃由元祐四年夏四月戊午诏颁立,其中,仍分进士科为"经义诗赋进士"与"经义进士"的方案,相当于采纳了李常等保留经义进士科与兼试经义的诗赋进士科并行的建议。对照前此李常等所建议的两科试法看,我们不难发现,他们的方案的确对四年四月分科方案有很大的影响。

正是针对元祐三年六月那一取解法条的一场论争导致了进士试法从原先预行的兼考经义、诗赋之进士"四场法"变为元祐四年四月定立的进士分科试法。

(三) 元祐六年举二科分合之真相

自元祐四年四月定立进士分二科试法及平分取解之制后,朝中争论再起。在这番论争与反复后,元祐六年举进士科究竟采用了怎样的考试方法呢?

元祐四年六月,梁焘又就解额问题提出不同意见,曰:

> "臣伏睹科举之制,以经义、词赋进士各取五分。窃闻进士多从词科,十常七人,或举州无应经义者。如此,则五分之限固不可行。臣愚欲乞圣慈特赐指挥,更不以两科分取,止以两科入试人数多寡,用解额均取合格之人。南省奏名依此。所贵事归乎一,允协至公,上副陛下乐育英材之意焉。"贴黄:"假令有十人解额,却有百人入试,七十人经义,三十人词赋,即以七人解经义,三人解词赋;如有零分,则通取词理优长之人。"①

也就是说,他认为现在的进士"多从词科",故经义诗赋进士与经义进士平分解额是不实

---

① 《长编》卷四二九,哲宗元祐四年六月戊辰条,第10377页。

际的。所以，他提出不要两科平分解额，而应该依照两科入试人数多寡来灵活分配解额。

元祐四年冬十月，苏轼奏：

> 右臣今月五日，据本州进士汪溉等一百四十人诣臣陈状，称："准元祐四年四月十九日敕，诗赋、经义各五分取人。朝廷以谓学者久传经义，一旦添改诗赋，习者尚少，遂以五分立法，是欲优待诗赋，勉进词学之人。然天下学者，夤夜竞习诗赋，举业率皆成就，虽降平分取人之法，缘业已习就，不愿再有改更。兼学者亦以朝廷追复祖宗取士故事，以词学为优，故士人皆以不能诗赋为耻。比来专习经义者，十无二三，见今本土及州学生员，多从诗赋，他郡亦然。若平分解名，委是有亏诗赋进士，难使捐已习之诗赋，抑令就经义之科。或习经义多少，各以分数发解，乞据状敷奏"者。
>
> ……臣在都下，见太学生习诗赋者十人而七。臣本蜀人，闻蜀中进士习诗赋者，十人而九。及出守东南，亲历十郡，又多见江湖福建士人皆争作诗赋，其间工者已自追继前人，专习经义，士以为耻。以此知前言天下学者不乐诗赋，皆妄也。……今臣所据前件进士汪溉等状，不敢不奏，亦料诸处以此申明者非一。
>
> 欲乞朝廷参详众意，特许将来一举随诗赋、经义人数多少，各纽分数发解，如经义零分，不及一人，许并入诗赋额中。仍除将来一举外，今后并只许应诗赋进士举，所贵学者不至疑惑，专一从学。谨录奏闻，伏候敕旨。
>
> 贴黄：诗赋进士，亦自兼经，非废经义也。①

苏轼指出现今应进士举人多习诗赋、少应经义的情况，表明诗赋取士乃人心所向，乞请朝廷因应众意，于将来一举，即元祐六年举中"随诗赋、经义人数多少，各纽分数发解。如经义零分，不及一人，许并入诗赋额中"。并且，苏轼还更进一步要求朝廷在元祐六年举后的所有贡举中规定只许应诗赋进士举，以让举人专一从学。接着，他在贴黄中又补充说："诗赋进士，亦自兼经，非废经义也。"也就是说，其奏言中的"诗赋进士"性质仍类似上文所言的经义诗赋进士科。苏轼的建议是，在元祐六年举后便取消经义进士科，只留兼经的经义诗赋进士科，甚至也相当于恢复实行之前曾预定过的考诗赋而兼一经的进士"四场法"。

元祐四年十二月，梁焘在弹劾宋肇之言中又再次提到："又以举人习经义者少，习诗赋者多，乞更不各取五分，只以入试人数，用解额考校合格之人。"②

---

① 苏轼：《乞诗赋经义各以分数取人将来只许诗赋兼经状》，《苏轼文集》，第三册，卷二十九，第844～845页。参看《长编》卷四三四，哲宗元祐四年冬十月甲寅条，第10466～10467页；《文献通考》卷三十一《选举考四·举士》，第295页。
② 《长编》卷四三六，哲宗元祐四年十二月甲寅条，第10504页。

经过梁焘、苏轼等臣僚建议，朝廷对元祐四年四月所定的二科"各取五分"① 之制产生了动摇。元祐四年十二月，礼部言：

> 诸路申请贡举，敕经义兼试诗赋进士及经义进士解额各取五分。窃虑两科应者不齐，拘定五分，则似未尽，乞行均取。看详进士两科，试法不一，举人互有轻重难易之论；兼就试人数不定，则解额难以均当，终非通法，似不可久行。

于是，诏：

> 来年科场，以试毕举人分数均取。后一次科场，其不兼诗赋人解额，依元祐三年六月五日所降朝旨，如有未习诗赋举人，许依旧法取应解发合格人，不得过解额三分之一。已后并依元祐二年十一月十二日敕命。考试进士分为四场：第一场本经义二道，《论语》或《孟子》义一道；第二场律赋一首，律诗一首；第三场试论一首；第四场问子、史、时务策三道。以四场通定去留高下，内仍减时务策一道。②

何忠礼在《宋史选举志补正》中同样引用了元祐四年十二月这条材料，但其在引述时省略了"考试进士分为四场"前的内容，只根据此处四场法之记载而判定元祐四年四月十八日所诏之分立二科"尚未及实行，已再度被合成一科"，且最终得出元祐年间进士科未行分科的结论。③ 如果仅按该书中有省略的引文看来，结论似乎是正确的。但笔者重新翻查解读史料原文发现，结论似不能如先生所言。

按原文看来，此处诏令分三层，层层递进，逐步收窄对"经义进士"举人的照顾，并最终取消"经义进士"科，实行通考经义、诗赋的进士"四场法"，即渐进式地从李常等的方案向梁焘、苏轼等的方案倾斜。

此诏第一层言"来年科场"仍实行"分数均取"。元祐四年六月，梁焘就解额问题提出的意见中有这样的说法："更不以两科分取，止以两科入试人数多寡，用解额均取合格之人。"其贴黄称："假令有十人解额，却有百人入试，七十人经义，三十人词赋，即以七人解经义，三人解词赋；如有零分，则通取词理优长之人。"④ 据此，结合礼部所言"窃虑两科应者不齐，拘定五分，则似未尽，乞行均取"可知，诏言中的"分数均取"乃据两科入试举人人数多少而按比例取人的取解制度，是对元祐四年四月曾出台的"各取五分"之制的一种颠覆。即是说，"来年科场"仍分经义进士与经义诗赋进士考试，但在取解问题上则不再采用平分解额的方法，而是实行按比例取解之制。

此诏第二层言"后一次科场"，对不考诗赋的经义举人仍采取元祐三年六月所定的发

---

① 《长编》卷四二五，哲宗元祐四年夏四月戊午条，第10280页。参看《宋会要》选举三之五一《科举条制》，第4287页；《宋史》卷一五五 志第一〇八，《选举一·科目上》，第3621页。
② 《长编》卷四三六，哲宗元祐四年十二月庚申条，第10507页。参看《宋会要》选举一五之二五至一五之二六《发解》，第4508页；《治迹统类》卷二十七《祖宗科举取人·哲宗》，第701页。
③ 何忠礼：《宋史选举志补正》，第54页。
④ 《长编》卷四二九，哲宗元祐四年六月戊辰条，第10377页。

解之法，即"应解发合格人，不得过解额三分之一。应解二人者，均取。即有零分及解额一人者，并通取文理优长之人"①。就取解方式言，这"后一次科场"中经义举人的取解比例被硬性规定为"不得过解额三分之一"，比起"来年科场"据人数多少按比例分配解额而言，对经义举人的照顾显然收窄。这里，还要说明一点，笔者曾于前文就元祐三年六月所诏解法进行分析，认为此乃为兼考经义、诗赋的"四场法"的最终实行所确立的一种"权宜之法"。当时，为了让未习诗赋举人不至一下子失去应试机会，使其在新试法中仍然得以获解，故朝廷提供这种取解之法，以使科场之法顺利从熙丰以来的进士旧法过渡到兼考经义、诗赋之"四场法"。同样地，在元祐四年十二月此诏中，之所以使用此种解法，也是为了让未习诗赋举人对以后将行的新试法有个适应过程。但与元祐三年六月时不同的是，朝廷这次是想让进士分科之法更好地过渡为兼考经义、诗赋的"四场法"。可见，同样的解法，在元祐三年六月与元祐四年十二月诏中所承担的过渡作用是不同的。不过，无论如何，这种取解方式下的进士考试绝对是存在已兼诗赋之人与未兼诗赋之人两类考生的，所以，从实际效果上看，必定是分为"二科"考校的。只是，在元祐三年六月的语境下，其相对的"二科"实际是当时预定实施的进士"四场法"（已兼诗赋人应）与熙丰以来的进士旧法（未兼诗赋人应），不是真正意义上的进士二科；在这里的语境下，"二科"则是元祐四年四月颁定的"经义诗赋进士"与"经义进士"两科，是真正的进士二科。在元祐四年十二月此诏中，朝廷是想在元祐六年举的再下一举——绍圣元年举中以明确限制"经义进士"解额的方式进一步缩窄"经义进士"科的份额，准备在绍圣元年举的再下一举中实施"四场法"。

此诏第三层述"已后"科场试法，并具体订立了元祐六年、绍圣元年（1094）两举后所有进士科考试将要实行的进士"四场法"，即规定"已后并依元祐二年十一月十二日敕命"不再分进士两科。从此诏可以看出，朝廷规定接下来两举之后才开始实行全部进士科举人通考经义、诗赋、论、策的"四场法"，不再分科；而元祐六年举，即"来年科场"仍分经义进士科与经义诗赋进士科考试，只是在解额上不再采用平分之法。

结合前文李常等人与梁焘、苏轼等人的不同意见看来，此诏乃对梁焘、苏轼等关于解额问题建议的一种采纳。可以说，从元祐三年六月颁行"将来一次科场，如有未习诗赋举人，许依旧法取。应解发合格人，不得过解额三分之一"②，到元祐四年四月改定平分解额之制这段时间里，是朝廷听取李常等人意见，渐渐向其立场靠近的过程；从元祐四年四月解额均取之法颁行后到这里的元祐四年十二月重定按比例取解之制的一段时间内，则是朝廷在以梁、苏为代表的一派的争取下重新倾向接纳他们的建议的过程。可见，随着进士经义、诗赋问题的发展、深化，不同政见、派别的朝臣的争论越发激烈，朝廷的决策也呈现反复变化。

---

① 《长编》卷四一二，哲宗元祐三年六月庚辰条，第10018页。
② 《长编》卷四一二，哲宗元祐三年六月庚辰条，第10018页。

虽然，此诏是在倾向于诗赋取士一方的基调下颁发的，但它仍然充分地考虑到了可行性问题。所以，在牵涉举子考试成败最为密切的设科问题上，此诏是循序渐进的，即没有马上把进士科的分科考试制度取消。因为元祐五年秋就将举行发解试，所以从情理上推测，这个元祐四年十二月下旬才颁布的进士"四场法"当然也不太可能在元祐六年举实行。为了使举人对接下来的考试有充分准备，朝廷这次对科场法度的更改是渐进式的，虽然"来年科场"不再平分取解，但进士科仍分二科考试，而所分之进士二科当仍依元祐四年四月戊午条进行。

因此，无论是从文献的记载上，还是从情理的判断上，我们都不能由此诏得出元祐年间未行分科的结论；相反地，我们还应该由此诏得出元祐六年举仍将实行分科之结论。

虽然从上诏可知朝廷仍计划在元祐六年实行进士科分科，但元祐六年举的真正状况又是不是这样的呢？就四场考试，哪一部分定去留、哪一部分定高下的问题，朝臣也有一番争论。从此番争论中，也可窥得元祐六年举进士科试法具体操作的真情。

元祐五年冬十月，刘唐老指出，现今科场中，"主司以其四场通定之文，复于去取议论，所主不一，或以经义，或以诗赋，或以策论，各随习尚，互为升黜"。"举人所系利害大者，在于得失，而高下又其次焉。须其去留、高下之闲，二者分为约束。"又，"今既经术、词赋别成两科，须理各有所主，治经者必以义对为先，作赋者当以章句为重"，所以"乞将治经者以大义定去留，诗赋而兼经义者，以诗赋主取舍，策论止于定高下，不豫去留之例，依旧更不分经考校"。对此，朝廷予以允从。①"今既经术、词赋别成两科"的表述以及"治经者以大义定去留，诗赋而兼经义者，以诗赋主取舍，策论止于定高下"的建议都与进士分二科考试的情况相合，表明进士分二科考试至此仍乃朝廷成法。元祐五年冬十月，时间已在发解试前后，故元祐六年举的发解试中，进士科肯定仍按元祐四年四月戊午颁立之试法分二科施行。这也与元祐四年十二月诏关于"来年科场"的计划符合，即进士科两科没有在这一举中就合作一科。

针对刘唐老所言，殿中侍御史上官均有一番奏论，认为刘氏所议之定去留高下之法不当。李焘于刘唐老奏言后载上官均所上二疏。在前一奏疏中，上官均表示，"臣窃观今次科场，以两科均取进士"（以两科入试人数按比例取解），应经义科考试者"绝十分之二"。况且，举人应考，"以得失为重，高下次之"，现在又有"治经之人以大义定去留，论策定高下；词赋而兼经义者，以诗赋定取舍，经义、论策定高下"之制，则举人们肯定"尽力于诗赋，以幸有司之选"，哪里还会"以高下为计"？这样下来，必定会造成"天下之士皆应诗赋"的局面。② 又，李焘于上官均两疏后注曰："均后疏称以十一月二十六日上前疏"，由此可知，上官均言"臣窃观今次科场，以两科均取进士"，其时乃在十一月，

---

① 《长编》卷四四九，哲宗元祐五年冬十月己未条，第 10801 页。参《宋会要》选举三之五三《科举条制》，第 4288 页；《治迹统类》卷二七《祖宗科举取人·哲宗》
② 《长编》卷四四九，哲宗元祐五年冬十月己未条，第 10802 页。

当在五年秋的发解试后。从"今次科场"的表述看，元祐六年举进士科确曾分两科考校。

又，在十一月二十六日所上的这一疏中，针对新定的这种定去留、高下的取士之法所带来的弊端，上官均建议仍"依元祐二年条制，以四场通定去留高下"。从此疏所上之时间看，这一建议所针对的应是下一举。而据其后一疏可知，他的这一建议"未蒙施行"①。按，上官均前一疏于十一月二十六日上，后一疏更在其后必然。由此可知，直到其上后一疏之时，朝廷仍决定按元祐四年十二月计划，在元祐六年举之下一举中继续实行进士科分二科考试之制。

祝文亦认为，元祐六年举确实已行进士分科之制。在论述过程中，此文引用了上官均后一奏疏中"臣昨具奏论，科举条制不当专用诗赋去留，乞依元祐二年指挥，以四场通定去留高下，未蒙施行"之语，并把其看作元祐五年秋发解试前的讨论，提出"到元祐五年贡举举行发解试前，讨论才告一段落，结果是增设了经义兼诗赋进士科"的结论。② 然而，上官均此语乃后一疏接前一疏所言，如前所述，上官均之前一疏上于十一月二十六日，后一疏当更在其后，所上之时，发解试必已举行。因此，不可将"臣昨具奏论……未蒙施行"云云，认作元祐五年贡举发解试前之讨论。祝先生因仍把上官均此言系年归于元祐五年冬十月下，故未析明细。另外，即使这番讨论确实存在于发解试前，也绝不可能在其"告一段落"后就马上出现增设经义兼诗赋进士科的"结果"，因为离开科之日太近，若骤改试法，举人根本无法适应。故从论述逻辑上看，本也不该有"到元祐五年贡举举行发解试前，讨论才告一段落，结果是增设了经义兼诗赋进士科"的表述。

虽然祝文的论证仍有缺陷，但他显然已经从文献的解读中感知出了元祐六年举增设经义兼诗赋进士科之事实，而其在论述此一观点时，更引了《永乐大典》卷二四〇一中的《宋故通直郎苏叔党（过）墓志铭》为佐证："元祐五年，先生（苏轼）知杭州，叔党年十有九，以诗赋解两浙路，礼部试，下。"③ 此条材料亦甚有价值。先生据此提出："苏过所参加的考试，正是元祐六年礼部的兼诗赋进士，头年秋亦以诗赋取解。"④ 可见，这条材料也说明了元祐六年举曾行进士分二科考试之制。

又如前述，翻查《淳熙三山志》"人物类"之"科名"可见，在"元祐六年（辛未）马涓榜"下，有简单注明是年"兼诗赋人"与"专治经人"试法，这也可以作为元祐六年举确实实行过进士分经义、诗赋二科考试的辅证。

元祐七年（1092）夏四月，姚勔指出，"学者自复诗赋以来，于今五六年，颇有未能工者"，而"习诗赋者仍试经义"，"则两难尽善"，经义诗赋举人"若用意散漫，则两俱不精；倘能偏长，则必有一短"。另外，"经义一科，行之稍久，壮齿以上，所业已成，一

---

① 《长编》卷四四九，哲宗元祐五年冬十月己未条，第10802页。
② 参见祝尚书：《宋代科举与文学考论》，第237页。
③ 参见祝尚书：《宋代科举与文学考论》，第237~238页。
④ 参见祝尚书：《宋代科举与文学考论》，第238页。注：关于苏过所试乃元祐六年礼部兼诗赋进士一说，先生并未说明根据。

且销磨,亦甚可惜,而况通经辨道,不犹愈于雕虫"?而如今所定的取解制度中,"将来经义举人,所取分数不多,而诗赋兼经者,又皆灭裂,则是经义之名苟存,而六艺之学寖废也"。针对以上状况,姚勔认为应"并立诗赋、经义,各为一科,随所试人数多少,均为取士之格",如此则"学者专精一艺,易见成就"。①

首先,姚勔言"学者自复诗赋以来,于今五六年",姚勔言于元祐七年,这么一算,诏复诗赋大概就是元祐二年左右的事。根据前文论述可知,元祐元年始有刘挚等人议复诗赋,后经苏辙议,为免举人无所适从,在即将来临的一举中先依熙丰旧法,故元祐三年举进士考试仍先依旧法,但恢复诗赋考试已经提上日程。其后的元祐二年十一月,朝廷预定元祐六年举实行兼考经义、诗赋的进士"四场法",等于正式恢复了诗赋考试。所以,笔者的分析与姚勔所言之"于今五六年"是相合的。另外,从姚勔的措辞看,他此篇奏言里的"诗赋科"与之前的兼习经义、诗赋的"经义诗赋科"是不同的。在这篇奏言的设想中,我们才首次看到了独立、纯粹的"诗赋科""经义科"概念,这比起之前李常等建议的分科方案又进了一步。但是,这种能让举人"专精一艺,易见成就"的"诗赋科""经义科"似乎只存在于姚勔等臣僚的设想中,甚至连具体考法如何也还未有体现,朝廷对此种设想也暂未见有相关回应。

元祐八年(1093)三月,中书省指出,"进士御试答策,多系在外准备之文,工拙不甚相远,难于考校",且"祖宗旧制,御试进士赋、诗、论三题"施行已久,也得人甚多,故应当恢复殿试进士三题之制。又言:"检会已降指挥,将来一次科场,如有未习诗赋举人,许依旧法取应,解发合格人不得过解额三分之一,已后并兼试诗赋。取到国子监状,太学见管生员二千一百七十五人,内二千九十三人习诗赋,八十二人经义不兼诗赋,以此可见中外学者习诗赋人数极多。"应以上所言,有诏:"来年御试,将诗赋举人复试三题,经义举人且令试策,此后全试三题,其杂犯举人未得黜落,别作一项闻奏。"②

从上言"检会已降指挥"可见,此处诏令明显也是与元祐四年十二月诏配合的。所以说,直到元祐八年,元祐四年十二月诏仍然对来年科场规制起作用,即"将来一次科场""其不兼诗赋人解额,依元祐三年六月五日所降朝旨,如有未习诗赋举人,许依旧法取应解发合格人,不得过解额三分之一"。"已后"才"并依元祐二年十一月十二日敕命"③行通考经义、诗赋的进士"四场法"。元祐八年中书省所言仍在四年十二月诏基础上讨论来年科场"诗赋举人"与"经义举人"的问题,可见元祐四年十二月诏到元祐八年此时都还被遵行,暂未有另外的诏令对其推翻。因此,不仅元祐六年举肯定已经按照此诏计划举行过分两科考校的进士考试,而且绍圣元年举也仍将按照元祐四年十二月计划分二科考校!

---

① 《长编》卷四七二,哲宗元祐七年夏四月甲寅条,第11260页。
② 《长编》卷四八二,哲宗元祐八年三月庚子条,第11472~11473页。参《宋会要》选举八之三六至八之三七《亲试杂录》,第4392页;《文献通考》卷三十一《选举考四·举士》,第296页。
③ 《长编》卷四三六,哲宗元祐四年十二月庚申条,第10507页。

哲宗亲政后，重尚熙丰新法，表现在科举制度上，则有对进士诗赋考试的重新罢废。

绍圣元年（1094）五月四日，诏："进士罢试诗赋，专治经术"，并定立新的进士"四场法"：

> 第一场试大经义三道、《论语》义一道，第二场试中经义三道、《孟子》义一道，第三场试论一首，第四场试子、史、时务策二道。①

新的进士"四场法"与熙宁间颁行之进士"四场法"相似，均只试经义、论、策，诗赋考试又被从进士科考试中罢除了。如此，元祐间进士科诗赋、经义二科之分合问题才算告一段落。按，绍圣元年举，乃元祐六年举之下一举，其"秋试"在元祐八年秋，"春试"则于绍圣元年春，重新罢试诗赋乃在绍圣元年五月，绍圣元年五月四日此诏，按道理应该作用于绍圣四年举才对，绍圣元年举显然不受废除诗赋考试之影响。《新安志》关于进士题名的记载中，"[绍圣]四年何昌言榜"下注："罢诗赋"②，可见，诗赋考试确实于绍圣四年举才得以废罢，绍圣元年举当按元祐四年十二月诏之计划，继续实行进士分二科考试之法。

所以，结合前文分析可见，元祐四年十二月诏在真正作用于元祐六年举、绍圣元年举后，未及继续实现其对此两举后所有科场的那条规定，便已因进士诗赋考试的取消而中断。也就是说，朝廷未及按照元祐四年十二月诏实行兼考经义、诗赋的进士"四场法"合进士经义、诗赋为一科，就已经重新废除了诗赋考试。

一些学者认为，绍圣元年诗赋考试重新被废，故进士分二科考试之制进入绍圣即被废止。林岩先生《北宋科举考试与文学》中提出这样的结论："围绕着诗赋取士派和经义取士派的争论，朝廷总共颁布了三次科举考试制度，而最终希望经义和诗赋合为一科，以此取士。但是在实际的实行中，可能只有元祐六年执行了元祐四年经义与诗赋两科并行均取的规定。到了绍圣元年，新党重新执政后，这些科举制度又被重新取消。"③ 这一说法显然没有考虑到绍圣元年举的实际情况。

综上所述，元祐三年举，朝廷为免举人难以适应，故仍按熙丰间不考诗赋之旧法试进士；其后屡经争论、反复，才又于元祐四年定立进士分两科考校之法。依上文分析，元祐六年举、绍圣元年举均实行进士科分"经义进士"与"经义诗赋进士"两科取人，而自元祐二年十一月便诏立的对所有进士举人通考经义、诗赋、论、策的进士"四场法"几经反复，终元祐之世未能施行。进入绍圣年间，此"四场法"又因诗赋考试的废罢而不能按元祐四年十二月诏所设想的那样实行。进士科分两科考校的情况在元祐年间的确存在，只是这种分科是在"经义进士"与"经义诗赋进士"的概念下进行的，即所谓"诗赋举人"

---

① 《宋会要》选举三之五五《科举条制》，第4289页。按，笔者对此处标点略有改动。
② 赵不悔修，罗愿纂：《新安志》卷八《叙进士题名》，《宋元方志丛刊》册八，中华书局，1990年，第8039页。
③ 林岩：《北宋科举考试与文学》，第167页。

也是要考一场经义的。至于如姚勔所言的那种能使举人"专精一艺"的"经义进士""诗赋进士"分科,则一般只存在于一些臣僚的设想中,并未有具体规定,也没有材料证明有所实行。

在这里,笔者要对学界经常提及的"经义进士""诗赋进士"概念提出一点辨析。在论证进士二科分合的问题时,我们常常只会简单称述"经义进士"与"诗赋进士",致使概念混乱,给史实的辨清带来阻力。尤其是在元祐年间分科问题上,我们应该注意到曾经实行过的分科试法中,其所谓"诗赋进士"实际上是"经义诗赋进士",即既考诗赋又兼考经义的科目,前此引述过的李常等人的分科建议中,曾把这种兼考经义的诗赋科也简称为"诗赋进士",大概也因为有过这样的表述,才致使学者们将"经义诗赋进士"与"诗赋进士"称呼混用。当然,也不排除有部分学者的确没有注意到诗赋科兼经之事实才误用此名,导致史实考辨之不清。笔者前文已经提到,根据姚勔的设想,其建言中所提到的"诗赋进士"才是真正对应这个名称的不兼经义的诗赋科,只是这种诗赋科只在其构想的层面,并未于元祐间实行。所以,笔者一直认为,分析这些概念的内涵,厘清其间之关系,对研究进士科分合问题有着十分重要的意义。另外,在元祐间进士二科分合的问题中,一直与"经义进士""经义诗赋进士"相"较量"的一个概念是对所有进士举人通考经义、诗赋、论、策的进士"四场法",因为其对每位进士举人都进行经义、诗赋二方面的考核,所以为了表述方便与形象,不管是以往的学者抑或笔者本文都暂且将此"四场法"定位成把进士二科"合"作一科的试法。

四、元祐进士二科分合问题之由来及影响

前文已述,自哲宗元祐元年闰二月刘挚倡复进士科诗赋考试以来,朝中对于经义、诗赋两种考试内容孰重孰轻、孰主孰次的争论越发激烈,由此而出现了元祐年间进士二科之分合问题。实际上,关于哪种考试内容才能更好地考选人才的争论,自宋初便有。经过庆历新政、熙丰变法等对科举的更革,这种不同取士标准、设科理念之间的矛盾更为激化,并由于元祐更化的到来而再次爆发。元祐间所出现的进士二科分合问题,正是这一矛盾聚合点的产物。

宋初承唐风,进士科无论是殿试还是省试都以诗赋考核为重,而进士、诸科考经也较多以帖经、墨义等方式进行。不过,自太宗时代开始,对重诗赋、记诵取士方式的反思与更革就逐渐多了起来。"儒者之术,不以广记隐奥为博学,不以善攻奇巧为能文。"[①] 这种观念在此后不断地作用于科举更革之中。正如杨渭生先生所关注到的那样,"北宋中期及其后的科举改革","以义理代替记诵,重议论先于声律,为其改革的基本精神"[②]。那么,

---

① 《长编》卷五十三,真宗咸平五年十一月庚申条,第1169页。
② 杨渭生等:《两宋文化史研究》,杭州:杭州大学出版社,1998年,第404页。

元祐二年所出现的进士二科分合问题又是怎样在这种设科理念的演变中逐渐变化而来的呢？

太宗太平兴国三年（978）九月，殿试进士科首次加考论一题。① 从此，殿试进士科从只考赋、诗二题变为考赋、诗、论三题。所谓"诗赋可以见辞艺，策论可以见才识"②，殿试进士三题之制的确立，首次在制度上明确地体现出宋人设科理念从重"辞艺"到重"才识"的变化。进士科殿试考题的变化，引起了省试考察方式的调整。真宗咸平五年（1002）十一月，张知白上疏提出应该先策论，后诗赋，"责治道之大体，舍声病之小疵"。③ 这是较早提出的对省试进士科中策论、诗赋考试之先后进行调整的建议。自后，更多士人对以诗赋进退的考试制度提出质疑。大中祥符元年（1008）春正月，冯拯提出："比来省试，但以诗赋进退，不考文论。江、浙士人，专业诗赋，以取科第。望令于诗赋人内兼考策论。"④ 朝中士人对于策论考试的重视，终于引起了进士科定进退等第之标准的变化。仁宗天圣五年（1027）春正月，诏礼部贡院曰："将来考试进士，不得只于诗赋进退等第，今后参考策论，以定优劣。"⑤

庆历三年（1043），范仲淹上《答手诏条陈十事疏》，其"精贡举"一条陈述了自己对科举改革的构想。他认为，当今科举之制"专以词赋取进士，以墨义取诸科"，以至"士皆舍大方而趋小道，虽济济盈庭，求有才有识者十无一二"，提出："其取士之科，即依贾昌朝等起请，进士先策论而后诗赋，诸科墨义之外，更通经旨。""其考较进士，以策论高、词赋次者为优等，策论平、词赋优者为次等；诸科经旨通者为优等，墨义通者为次等。"⑥ 就这样，在庆历改革大幕拉开后，依范仲淹等人奏请，开始改变进士、诸科两科中考察之着重点。进士考试，"先策论以观其大要，次诗赋以观其全才"⑦诸科考试，除考墨义外，还要考经义。

从北宋前期士人们对取士标准的反思看来，策论考试的地位之所以日渐提升，是因为它更能考察应举人的文论能力，体现其为政才能。对于进士科这样一种主要选官途径来说，能更好地考核举人为政才能的考试内容必然更受青睐。举人们对经术的学习，本来也是为了具备更强的执政能力，如果考察方式得当，经学考试同样能体现应试人处理政事才

---

① 《宋会要》选举七之一一三《亲试》，第4356～4357页。
② 《宋会要》选举三之二二《科举条制》，第4272页。参看《文献通考》卷三十一《选举考四·举士》，第290页。
③ 《长编》卷五十三，真宗咸平五年十一月庚申条，第1169页。
④ 《长编》卷六十八，真宗大中祥符元年春正月癸未条，第1522页。
⑤ 《宋会要》选举三之一五《科举条制》，第4269页。参看《长编》卷一○五，仁宗天圣五年春正月己未条，第2435页。
⑥ 《长编》卷一四三，仁宗庆历三年九月丁卯条，第3436～3437页。据此条中李焘注，范奏科举改革措施于庆历四年三月实施。
⑦ 范仲淹：《上执政书》，《范文正集》卷八，景印文渊阁四库全书集部·别集类，台北：台湾商务印书馆，1986年，第637页。

能的高下。由于帖经、墨义所考的仅是举子对经文的熟悉程度，故其成绩所体现的是应试者记诵功夫的高下，而非对经旨大义的理解深浅。针对此点，太宗太平兴国八年（982）十二月曾下诏规定，省试进士科免除帖经考试，只试墨义二十道，皆以经中正文大义为问题。① 虽然宋廷于雍熙二年（985）恢复了进士科的帖经考试②，但太平兴国八年十二月那一规定，使得进士科考经的标准开始从重经文记诵向重经旨大义转变。自后，针对诸科以帖经、墨义取士的弊端，许多士人提出在帖经、墨义考试之外加考经义，也就是加考举子对经文大义的理解，以体现其对经术实学的掌握程度。范仲淹所建议的"诸科墨义之外，更通经旨"便是如此。经过这种对诸科考试的更革，考察经旨大义的考经方式在进士科中也同样越发受人重视。庆历四年（1044）三月，宋祁与王拱辰、张方平、欧阳修等合奏，提议进士、诸科帖经之类"皆苛细而无益，一切罢之"③。应宋祁等议，诏，进士试三场："先策，次论，次诗赋，通考为去取，而罢帖经墨义"，"士子通经术，愿对大义者，试十道，以晓析意义为通，五通为中格"。④ 这里，宋廷首次罢废进士科中的帖经、墨义考试，并加入对经文大义的考察。不过，在不久后的庆历四年六月，范仲淹罢参知政事职，新法逆转，此法未及实施。庆历五年（1045）三月，应知制诰杨察建议，诏："礼部贡院进士所试诗赋，诸科所对经义，并如旧制考校。"⑤

虽然新政受到阻碍，使庆历四年三月诏立之试法未及施行，但其罢进士帖经、墨义考试并许对经文大义之举，可以说是接下来熙丰新法进士科试法更革的前奏。不过，此法虽然罢去了进士科的帖经、墨义考试，却只于策、论、诗赋三场之外，许自愿应试经义十道，并未把经义列为通考内容。这样一来，进士科不再必考经学，只试三场，这就考察举子的为政能力而言，无疑是一种缺失。另外，虽然策论考试的地位在此法中已经得到提升，但也正是由于经学考试在通考科目中的缺失，使得诗赋考试反而更显突兀。因此，自庆历新政后，进士科中的诗赋考试更受人诟病，而经义考试不但越发受人重视，更成为了继策论之后与诗赋"对阵"的主要科目。宋代进士科中的经义、诗赋之争⑥，就这样正式形成了。

庆历四年三月试法对经义考试的关注启发了后来的科举更革，而其对经义考试设置的

---

① 《宋会要》选举三之四、三之五《贡举杂录》，第 4263～4264 页。参看《长编》卷二四，太宗太平兴国八年十二月癸卯条，第 560 页。
② 《长编》卷二十六，太宗雍熙二年春正月癸亥条，第 594 页。
③ 《长编》卷一四七，仁宗庆历四年三月甲戌条，第 3563 页。
④ 《长编》卷一四七，仁宗庆历四年三月乙亥条，第 3565 页。
⑤ 《长编》卷一五五，仁宗庆历五年三月己卯条，第 3761 页。
⑥ 更多关于宋代尤其是北宋科举经义、诗赋之争的具体论述，可参看田建荣：《中国考试思想史》，北京：商务印书馆，2004 年，第 187～191 页；王卉：《北宋中期变法运动贬抑诗赋倾向分析》，《理论导刊》2005 年第 9 期，第 93～96 页；杨春俏：《北宋熙宁变法前诗赋取士制度的沿革》，《唐山师范学院学报》2006 年第 1 期，第 64～68 页；杨春俏、吉新宏：《北宋中晚期科举考试中的诗赋、经义之争》；徐梓：《经义诗赋 随时更革——宋朝科举制度建设之三》。

不足又直接推动了熙宁进士试法的诞生。考察经文大义的考经方式，能较好地体现士子对经术实学的掌握程度，很有必要正式取代进士科的帖经、墨义，成为必考之科目。熙宁二年（1069），议更贡举法，欲罢进士诗赋考试。熙宁六年举，省试进士科取消了诗、赋、帖经、墨义的考试，代之以通考经义、论、策之制。① 到此，经义考试正式成为进士科中必考之科目，而且被安排在头两场进行。这是北宋经义、诗赋之争中经义一方的一次胜利。经义、论、策几种考试内容，所考察的是举人的经术实学以及文论能力，在很多士大夫的心目中，这样选取出来的人才必定更具有真才实学，更能担当执政重任。所谓"以义理论之，则以经术劝士为先，声律为下"②。经义考试所考察的是士人对义理之学的掌握程度，熙丰间废进士诗赋考试，将宋代科举设科理念从重"辞艺"的一头推向了重"义理"的一端。然而，任何事物一旦发展到极点，便会引来反向的思考。熙丰间经义考试地位甚有独尊之势，加之王安石又以《三经新义》与《字说》这一家之学作为科考的标准答案，故许多士人开始对进士科只考经义与策论之制进行反思，诗赋考试的优点又重新浮现在士人的眼中。另外，因为北宋中后期，党争问题越发严重，士人背后不同的地方背景、文化背景、政治利益与科场中的经义、诗赋之争纠缠在一起，使其更为复杂。

进入元祐，新法逆转，恢复诗赋考试之议纷起，使经义、诗赋之争更趋激烈。可以说，熙丰进士试法一方面使经义考试的地位得到很大程度的提升，另一方面又使诗赋考试的地位下降。这种设科理念及选才标准的微妙变化，使得即使在新法逆转的元祐年间重提诗赋考试也面临尴尬。首先，到底要不要恢复进士诗赋考试呢？其次，如果恢复诗赋考试，那么在哪一举恢复才能让举人不至无所适从呢？再者，恢复诗赋考试后，又应如何选差试官为好呢？又，在恢复诗赋考试之首举中，对未及习诗赋之举人应作何安排？应如何分配未兼诗赋人与已兼诗赋人的解额？面临如此种种问题，找出一种能在恢复诗赋考试的前提下很好地处理经义、诗赋间的关系的进士试法，成为元祐年间科举制度中面临的一大难题。

鉴于进士科中的经义考试已取代帖经、墨义并确立了较高的地位，故北宋前期兼考诗赋、论、策及帖经、墨义的"四场法"已不再适用。于是，一种新的试法诞生了，这就是刘挚首倡的进士"四场法"。但是，在经义、诗赋之争日趋激烈的背景之下，举子适应、试官选差、解额分配等方面的问题，都对此法的施行造成阻碍。正在此"四场法"面临的问题未能解决之时，另外一种关于进士试法的设想相应诞生，那就是进士分经义、诗赋二科考试之法。此后，兼考经义、诗赋的"四场法"与分经义、诗赋二科之法作为元祐进士试法的两种方案，绞缠着日趋复杂的选才标准之争，成为北宋中后期科举更革中"对阵"最为激烈的两方。最终，进士分科之法于恢复诗赋考试的首举——元祐六年举中被付

---

① 对于熙宁罢诗赋之时间，祝尚书《宋代科举与文学考论》有"熙宁贡举罢诗赋考"一题（第233~236页）专论。此处采用祝尚书关于熙宁间进士科罢试诗赋问题的结论。
② 《长编》卷四二〇，哲宗元祐三年闰十二月戊辰条，第10168页。

诸实行，并在绍圣元年举中得到延续；兼考经义、诗赋的进士"四场法"虽一度确立，却终未施行。

一些学者在述及元祐间进士分科试法之时，往往只把此制笼统称为对经义、诗赋两派的一个"折衷"方案①。笔者以为此说不确。按，刘挚所倡之进士"四场法"先考经义，次考诗赋，再考论、策，大概是在前述庆历四年三月所诏试法的基础上演变而成的，所试内容既包括北宋初期备受重视的诗赋，又包括在北宋前期、中期地位逐渐上升的策论，以及后来越发为人所重的经义，甚为周全。其四场之先后，首试经义，适应了熙丰以来人们重视经义考试的心理惯性；次试诗赋，彰明了此种考察方式乃选才良法，唤起人们对其的重新重视；最后仍试论策，确保对士子文论能力的考察不至落空。熙丰新法后，经义考试几有独尊之势。这一背景决定了，若要顺利恢复进士诗赋考试，则必须想出一种可以综合平衡各考试内容比例，以保证至少不会激起支持经义一方反感的周全试法。所以，兼考经义、诗赋的进士"四场法"虽由支持诗赋取士的刘挚首倡，却可算是在当时的矛盾下产生的折衷调和之法。在欲逐渐推行"四场法"的过程中，一些支持经义取士的朝臣因不满对未习诗赋人的取解安排而正式提出进士分经义、诗赋二科考试的具体方案，以使只考经义不考诗赋的试法在兼考经义、诗赋之"四场法"之外仍然得以保留，保证经义考试在进士科中仍为最重要之科目。所以，从此法出台之过程看，其并非一个对赞成和反对恢复诗赋考试两派的折衷方案。一些学者之所以认为其乃折衷之法，大概是因为仍未厘清分科之法出台的来龙去脉。另外，从进士分科试法之考试内容看，"经义诗赋进士"科分四场试经义、诗赋、论、策，类似于兼考经义、诗赋之"四场法"；"经义进士"科则无须试诗赋，以二场试经义，一场试论，一场试策，相当于熙宁六年举到元祐三年举所行的进士试法。可见，经义考试在此中仍占主要地位。因此，我们不能认为元祐间诞生的进士分科试法是经义、诗赋之争下产生的折衷之法。

另外，在就此二法进行讨论的过程中，不少朝臣以支持经义或诗赋取士的立场分别加入支持二法的阵营中，这样就很容易使人给二科分合之结果贴上经义、诗赋之争某方胜利的标签。实际上，从元祐四年十二月之诏对元祐六年举及其后两举的安排看来，朝廷的计划是要最终实行兼考经义、诗赋的进士"四场法"，进士分科之制只是作为过渡，以使"四场法"顺利实施。谁知，绍圣元年五月，进士诗赋考试重新被罢，这使得实行"四场法"之计划最终落空。正是这样"阴差阳错"，才造成了进士分科之法得到实施，而"四场法"终未施行的结果。所以说，虽然经义考试在进士分科试法中仍占主要地位，但其最终得以施行却并不意味着支持经义取士的一方胜出。又，因为兼考经义、诗赋的进士"四

---

① 祝尚书先生提出："随着时势的发展，尤其是否定王安石'新学'的斗争加剧，要完全保留熙宁科举法已无可能。但若遽复诗赋，反对者仍众，当时不得已采纳了一个折中的方案：将进士科改为经义进士、经义兼诗赋进士两类。"（祝尚书：《宋代科举与文学考论》，第236～237页）。另，关于"折衷"一说，还可参看杨春俏、吉新宏：《北宋中晚期科举考试中的诗赋、经义之争》，第92页；徐梓：《经义诗赋 随时更革——宋朝科举制度建设之三》，第33页。

场法"可谓一种经过周全考虑的调和之法，故虽然朝廷最终计划后得以实行，也只能说相对有利于平衡诗赋、经义在进士科中的考察比例。综上，元祐间进士二科分合之结果，并不代表经义、诗赋之争中的哪一方胜出。

元祐间进士二科分合之争不但向前关涉到北宋的设科理念转变问题，还向后牵涉着南宋的经义、诗赋之争。元祐所定进士分科之法更为南宋进士试法奠定了基础。

南渡后的宋政权，在许多方面都延续了北宋的矛盾与纷争。科场中的经义、诗赋之争也同样被延续下来。建炎二年（1128），南宋朝廷首次诏分进士为经义、诗赋两科，但此时诏立之二科与元祐间所分二科含义不同。据《宋会要辑稿》选举四载，建炎二年五月三日，中书省言：

> 已诏后举科场讲元祐诗赋经术兼收之制，今参酌拟定。《元祐法》，习诗赋兼试经义。今欲习诗赋人止试诗赋，不兼经。第一场诗、赋各一首；第二场论一首；第三场策三道。《元祐法》不习诗赋人令治两经，今欲习经义人依见行止习一经。第一场本经义三道、《论语》《孟子》义各一道；第二场论一首；第三场策三道。解额省额，旧法考校，依条以所治经十分为率均取，若有余不足，听通融相补，各不得过三分。今欲计数各取，通定高下，除诗赋自无有余不足外，将诸经听通融相补，不得过三分，数内逐经各留一分添取，诗赋如无合格人，听阙。殿试并同试策。诗赋、经义两科欲注疏三经义，许从使用，取文理通者。音义如不同，听通用。（徐尹平音义同）余并依格。从之。①

《建炎以来系年要录》亦载，建炎二年五月丙戌，诏：

> 后举科场，讲元祐诗赋、经术兼收之制，中书省请习诗赋举人不兼经义，习经义人止习一经。解试、省试并计数各取，通定高下。②

从以上所载试法看来，建炎诏分两科（拟于绍兴二年举实行）乃实质的、独立的"诗赋进士科"与"经义进士科"，与元祐间所行"经义诗赋进士科"及"经义进士科"不同。③ 前文已有指出，元祐间分立的进士二科是"经义进士"与"经义诗赋进士"，元祐习诗赋者实仍兼经，如姚勔所言的那种能使举人"专精一艺"④ 的"经义进士""诗赋进士"分科则一般只存在于一些臣僚的设想中，并未有具体规定，亦未实行。从南宋的情况看来，建炎此诏（拟于绍兴二年举实行）之"诗赋进士科"只试诗赋、论、策而不用考经义，似乎元祐间姚勔等人的分科设想到此时才得到了真正的实现。另外，还有一点值得注意的是，建炎所诏分立两科之试法也从元祐间的四场试法变为三场试法。

---

① 《宋会要》选举四之二一《考试条制》，第4301页。
② 李心传：《建炎以来系年要录》（以下简称《系年要录》）卷一十五，高宗建炎二年五月丙戌条，北京：中华书局，1988，第316页。
③ 祝尚书先生曾提过这点（参阅祝尚书：《宋代科举与文学考论》，第201~202页）。
④ 《长编》卷四七二，哲宗元祐七年夏四月甲寅条，第11260页。

当然，在建炎二年诏分二科后，南宋关于诗赋、经义进士分合问题仍常有争论。绍兴元年（1131），曾统与吕颐浩之间掀起了诗赋、经义之争，高宗大概倾向于诗赋一方。① 据《淳熙三山志》载"绍兴二年（壬子）张九成榜"下注："是举初复诗赋，仍额试。"② 可知，绍兴二年确实还是如建炎二年诏计划恢复考试诗赋。绍兴六年（1136）八月，随着诗赋、经义之争的天平逐渐倾向经义，礼部再诏诗赋进士兼经。③ 绍兴议和后，推重经义取士的倾向更越发明显。又，经查考，《淳熙三山志》所载"（绍兴）十五年（乙丑）刘章榜"下注："是举复经义通诗赋论策为三场。"④ 据此可见，绍兴十五年举合诗赋、经义为一，通考三场。绍兴十五年（1145）正月，朝廷又诏进士分为二科，诗赋人不用兼经，经义、诗赋进士各考三场。⑤《淳熙三山志》所载"（绍兴）十八年（戊辰）王佐榜"下注："是岁经义、诗赋复分两科。"⑥ 可见，到了绍兴十八年举，朝廷确实也按绍兴十五年诏恢复了二科分考之法。也是因为重视经义的风气后来又渐渐被推重诗赋之风压倒，高宗更加担心士人"习经义者绝少"⑦，故于绍兴二十七年（1157）二月下诏，令应试举人"兼习经义、诗赋；内第一场大小经各一道，永为定制"⑧。于是把两科又合为一科。因为此诏乃绍兴二十七年二月所下，已过绍兴二十七年举之解试、省试，故其实行当在下一举，即绍兴三十年举。另，《淳熙三山志》所载"绍兴二十七年（丁酉）王十朋榜"下未有任何关于此举诗赋、经义分合问题之注明⑨，而其后"（绍兴）三十年（庚辰）梁克家榜"下则注"是举经义、诗赋兼行"⑩。如此更加证明，绍兴二十七年所诏合二科为一，实施乃在绍兴三十年举，而非如一些学者所认为那样在绍兴二十七年开科之时⑪。其后，经过反复讨论，宋廷才又于绍兴三十一年（1161）诏复分进士为二科。⑫《淳熙三山志》

---

① 《宋会要》选举四之二四《举士十》，第4302页。
② 《淳熙三山志》卷二十八《人物三·科名》，《宋元方志丛刊》册八，第8034页。
③ 阙名：《附释文互注礼部韵略》附《韵略条式》，常熟瞿氏铁琴铜剑楼藏宋刊本，《四部丛刊续编》，上海书店，1985年。转引自刘海峰、李兵：《中国科举史》，第204～208页。
④ 《淳熙三山志》卷二十八《人物三·科名》，《宋元方志丛刊》册八，第8039页。
⑤ 《宋会要》选举四之二八《举士十》，第4304页。
⑥ 梁克家：《淳熙三山志》卷二十八《人物类三·科名》，景印文渊阁四库全书史部·地理类，台北：台湾商务印书馆，1986年，第390页。参看《福建通志》卷三四，《选举二·宋科目》，景印文渊阁四库全书史部·地理类，台北：台湾商务印书馆，1986年，第53页。《宋元方志丛刊》收纳的《淳熙三山志》此条未有下注。但四库全书本则有。另，查《福建通志》，此条下亦有注明。
⑦ 《宋会要》选举四之三一《举士十》，第4306页。
⑧ 《系年要录》卷一七六，高宗绍兴二十七年二月丁酉朔条，第2903页。
⑨ 梁克家：《淳熙三山志》卷二十九《人物类四·科名》，《宋元方志丛刊》册八，北京：中华书局，1990年，第8045页。
⑩ 《淳熙三山志》卷二十九《人物类四·科名》，《宋元方志丛刊》册八，第8046页。
⑪ 刘海峰、李兵曾提出绍兴二十七年所诏分科乃在"绍兴二十七年丁丑科得到实行"（刘海峰、李兵：《中国科举史》，第206页）。
⑫ 《宋会要》选举四之三四《举士十》，第4307页。

载"（孝宗）隆兴元年（癸未）术待问榜"下注："是举经义、诗赋复分两科，仍免殿试。"① 由此可知，绍兴三十一年分科诏于孝宗隆兴元年举实行。自后，虽在孝、光、宁等朝仍有关于经义、诗赋之争，但也没有能够改变进士分二科考试之制。

五、结　语

自北宋神宗熙宁六年举到哲宗元祐三年举，省试进士科均只试经义、论、策。进入元祐，恢复诗赋之议复起，由刘挚首倡的兼考经义、诗赋的"四场法"成为首个恢复省试进士诗赋考试的方案。对于元祐三年举是否恢复、如何恢复诗赋考试的问题，朝臣展开一番争论。此间，更有分立经义、词赋两科之议。一系列论争与诏令的变化，使得元祐三年举进士科试法状况显得迷离。经考察得知，省试进士科诗赋考试直到元祐六年举才得以恢复。而在元祐六年举与绍圣元年举中，进士分"经义诗赋进士""经义进士"二科考试。绍圣四年举，省试进士诗赋考试被重新废罢，这使得曾计划实施的进士"四场法"未能得到践行。

北宋开国以来，对科举考试中的诗赋、策论、经义诸项之考察比重一直存在着激烈的论争。此项论争看似简单，却蕴藏着复杂的内涵，它既是宋廷对人才选拔标准争议的反映，又是背后纷繁政争的折射。不过，虽然此间不乏党争影响，但总的说来，此番论争所体现的仍是朝中之士对选取人才的真切关注。无论是主经义抑或主辞赋，实际上都是为了使士子的发展更为全面，具有更好的政治才能。从总体上看，入宋以来，科举设科理念中存在着一种从重"诗赋辞艺"到重"义理才识"的变化倾向，这种转变的背后，是宋廷对士子政事才能的更为重视。这一点，即使到了绍圣元年诏设宏词科之时，也仍未改变。进士诗赋考试的重新废罢，使得精于公牍的人才需要通过宏词科的选拔加以补充，故宏词科的设立，仍出于对政事才能的重视。

应该说，元祐进士分二科考校的设想与实践既是入宋以来设科理念变化与选才标准之争背景下的独特产物，也是推动后世科考制度转变的重要环节。它不仅聚合了北宋前、中期关于经义、诗赋的矛盾，也奠定了南宋进士分科考校的基础，更影响及辽、金选举之制，甚至在诗赋、经义之争平息之后，它仍间接地深刻影响着元代及以后的科考制度。②

原载《文史》2012年第4期

---

① 《淳熙三山志》卷二十九《人物类四·科名》，《宋元方志丛刊》册八，第8048页。
② 杨春俏、吉新宏曾提出："元祐年间经义、诗赋分科取士虽在北宋只实施较短时间，却奠定了南宋科举考试的基本格局，并为同时代的金朝科举制度所借鉴，对元代科举制度亦有一定影响。"（杨春俏、吉新宏：《北宋中晚期科举考试中的诗赋、经义之争》，第92页）

南宋湖广总领所财政体系初探

周曲洋

指导教师：吴　滔 教授

一、引　言

靖康二年（1127）五月，宋高宗赵构于南京应天府即位，改年号为建炎，是为南宋之始。然而直到绍兴十一年（1141）收兵权及宋金和议签订，南宋政权才真正稳固下来。收兵权在制度层面而言，是将岳飞、韩世忠及张俊等将领的军队收为直属赵家的"御前诸军"，并分隶于十都统制。① 之后为了接管诸将的财权，宋廷又设立了淮东、淮西、湖广、四川四个总领所分领诸处大军的财务。② 终南宋一代，总领所制度一直得以延续并扮演着重要的角色。《山堂考索》中称嘉定时朝廷每岁上供收入三千五百万缗，只有一千九百万缗归户部，其余均供给各总领所，以至于"西蜀、湖广、江淮之赋类总司，其供京师者惟仰闽浙而已"。③ 足可见总领所在南宋的财政体系中所占的比重。

正如日本学者寺地遵所指出的："自建炎元年至绍兴十二年的政治过程，其历史意义并不止于以高宗为中心的政治权力体的确立。我们应该注意到，以后百五十余年间，贯穿南宋朝的基本架构，与国家营运大纲，都已在绍兴十二年前的南宋政权确立过程中整备完成。"④ 以往学者多注重研究收兵权的过程，或诸将领的命运，却往往忽视这一过程中蕴含的制度变化及其流衍。作为收兵权的制度性产物、南宋政权确立过程中重要的一环，总

---

① 李心传：《建炎以来朝野杂记》甲集卷十八"御前诸军"条，乙集卷十三"十都统制"条，北京：中华书局，2000年，第403、733页。

② "诸将既罢兵，乃置三总领，……凡镇江诸军钱粮，隶淮东总领，治镇江。建康、池州诸军钱粮，隶淮西总领，治建康。鄂州、荆南、江州诸军钱粮，隶湖广总领，治鄂州。……十五年，复置四川总领，治利州，天下凡四总领矣。"（《建炎以来朝野杂记》甲集卷十一"总领诸路财赋"条，第226页）

③ 章如愚：《山堂考索》续集卷四十五，北京：中华书局，1992年，第1184～1185页。总司即总领所的简称。

④ 寺地遵：《南宋初期政治史研究》，台北：稻禾出版社，1995年，第276页。

领所的设置实质上构成并反映了南宋政权的某些核心特质。就更大的历史脉络而言，唐宋两代在财政领域发生了若干重大变革。① 唐建中元年实行两税法，一方面反映了"唯以资产为宗，不以丁身为本"② 的趋势，另一方面形成中央与地方财赋分隶的格局（上供、留州、送使），正式划清了国家财政与地方财政的领域，并深刻影响着宋代的财政结构。③ 而唐中叶以后府兵制的瓦解、募兵制的兴起，导致养兵之费剧增，军费开支在宋代国家财政所占比重加大。总领所制度可谓上述新动向的进一步发展，有其独特的重要性。

中文学界目前尚无专门讨论总领所的专著问世，而相关的论文关注的问题点非常集中。最早发表的是张星久《关于南宋户部与总领所的关系》一文，其中主要分析了户部与总领所的关系，认为总领所是隶属于户部的派出机构，其职能受户部约束。④ 袁一堂《南宋的供漕体制与总领所制度》一文通过考察绍兴二年废除发运使的事件，指出总领所的设立实际上是对战乱后地方供漕体系的重建，其职能已超出户部的范围，对张星久一文提出了商榷。⑤ 余蔚随后发表了多篇论文，一定程度上延续并深化了张、袁两人的讨论，他认为北宋的地方行政实行多个监司共同领导的"分离制"；南宋时在路级之上设立制置司与总领所等半正式组织，各行政组织亦有合并的趋势，逐渐演变成"完整制"，中央集权逐渐减弱。此外，他指出，北宋的财政体系围绕开封组建，各种资源通过中央进行重新配置，是强调中央集权的内敛模式；南宋因为外敌压力，及制置司、总领所制度的建立，形成了四川、京湖、江淮各地区独立分工、各自为政的模式，中央出现放权的趋势。⑥ 另外，一些学者还从政治史或制度史的角度出发对总领所制度进行了考察，具体观点将随文征引介绍，此处恕不一一赘述。⑦

日本学界在总领所研究方面多以财政史为本位。川上恭司撰写的《南宋の総領所について》一文，将总领所的财政职能划为正税、专卖、屯田等部分，是第一篇全面介绍总领

---

① 参见包伟民先生的总结（包伟民：《宋代地方财政史研究》，上海：上海古籍出版社，2001年，第3页）。
② 陆贽：《陆贽集》卷二十二"均节赋税恤百姓六条"，北京：中华书局，2006年，第722页。
③ 参见黄永年：《论建中元年实施两税法的意图》，《陕西师范大学学报》（哲学社会科学版）1988年第3期；包伟民：《宋代的上供正赋》，《浙江大学学报》（人文社会科学版）2001年第1期。
④ 张星久：《关于南宋户部与总领所的关系》，《中国史研究》1987年第4期。
⑤ 袁一堂：《南宋的供漕体制与总领所制度》，《中州学刊》1995年第4期。
⑥ 余蔚：《宋代的财政督理型准政区及其行政组织》，《中国历史地理论丛》2005年第3期；同氏：《完整制与分离制：宋代地方行政权力的转移》，《历史研究》2005年第4期；同氏：《两宋政治地理格局比较研究》，《中国社会科学》2006年第6期。
⑦ 邓炽安：《南宋总领所制度》，香港珠海书院中国历史研究所硕士学位论文，1983年（按该文笔者未见，感谢香港珠海书院周正伟先生提供目录与摘要信息）；何玉红：《试析南宋四川总领所的职能》，《四川师范大学学报》（社会科学版）2008年第5期；雷家圣：《南宋高宗收兵权与总领所的设置》，《逢甲人文社会学报》第16期，2008年；同氏：《从转运使到总领——两宋理财官僚之比较》，邓小南主编：《宋史研究论文集（2008）》，昆明：云南大学出版社，2009年，第217～235页；同氏：《南宋四川总领所地位的演变——以总领所与宣抚司、制置司的关系为中心》，《台湾师大历史学报》第41期，2009年。

所财政制度的论文。① 长井千秋因袭了川上恭司较为静态的研究方法，对淮东总领所的职能与财政状况做了个案考察。② 此后的学者，如金子泰晴则更关注总领所具体的财政运作过程。其《荆湖地方における岳飞の軍費調達—南宋湖广総領所前史—》一文指出在湖广总领所成立之前，岳家军已经通过回易等商业活动筹集军费，这为后来湖广总领所的运作模式奠定了基础③；《南宋初期の湖广総領所と三合同関子》一文，则关注了三合同会子的发行与湖广总领所财政岁计的关系，勾勒出湖广总领所离中央较远和未设権货务这两大特征④。樋口能成在金子泰晴的基础上，进一步强调了商业与湖广总领所之关系，以及长江水系在其中的沟通作用。⑤ 这类研究的视角侧重制度的动态过程，有助于我们打破以往分块分类叙述职能的静态模式，从整个财政运作过程中考察和认识总领所制度，是本文所乐于借鉴的。

综上所述，中外学者对总领所制度的研究，其背后的关怀主要还是南宋时期中央与地方、财政与商业的关系问题。而这类问题的引发都与南宋时期政权的特点或新生的现象有关。首先，南宋是一个江南政权，其政治地理格局势必与传统的中原王朝有所不同。刘子健先生就曾总结南宋政权"背海立国"的形势，认为除行在外，南宋还形成了淮河、襄阳、川陕等几大辅助区。⑥ 另外，以往学界多认为宋代商业繁荣，已形成了全国性的市场圈。⑦ 南宋时纸币的大量发行，也被认为是商业信用达到一定程度的反映。⑧

近年来一些学者关于财政史的研究，则为我们理解这些问题提供了新的视角。宫泽知之指出北宋时期国家通过食盐专卖的手段，促使商人运输物资至沿边军事区，认为北宋时期贯穿南北的全国性物流主要是因为军事财政需要而形成的。⑨ 寺田隆信对明代的研究也揭示了类似机制的存在。⑩

这引发我们进一步思考：南宋时期的商业繁荣与纸币发放是否与当时军事财政的需求

---

① 川上恭司：《南宋の総領所について》，《待兼山論叢》12（史学篇），1978年。
② 参见長井千秋：《淮東総領所の機能》，《待兼山論叢》22（史学篇），1988年；同氏：《淮東総領所の財政運営》，《史学雑誌》101~7，1992年。
③ 金子泰晴：《荆湖地方における岳飞の軍費調達—南宋湖广総領所前史—》，宋代史研究会编：《宋代の規範と習俗》，東京：汲古書院，1995年，第155~190页。
④ 金子泰晴：《南宋初期の湖広総領所と三合同関子》，《史観》123，1990年。
⑤ 樋口能成：《南宋湖北会子の市場構造》，《史滴》28，2006年；同氏：《南宋総領所体制下の長江経済—湖広総領所と四川の関係から—》，《早稲田大学大学院文学研究科紀要》51，2006年。
⑥ 刘子健：《背海立国与半壁山河的长期稳定》，氏著：《两宋史研究汇编》，台北：联经出版事业公司，1987年，第21~40页。
⑦ 参见斯波义信：《宋代商业史研究》，台北：稻禾出版社，1997年。
⑧ 对此学界已有反思，参见包伟民：《试论宋代纸币的性质及其历史地位》，《中国经济史研究》1995年3期。
⑨ 宫泽知之：《北宋的财政与货币经济》，刘俊文主编：《日本中青年学者论中国史（宋元明清卷）》，上海：上海古籍出版社，1995年，第75~135页。
⑩ 寺田隆信：《山西商人研究》，太原：山西人民出版社，1986年。

有关，总领所在其中扮演了怎样的角色？上述两个朝代能够形成这类机制，一大原因是唐宋以来经济重心南移导致经济中心与军政中心分离，国家需要借助商人将物资由南方的财赋区运往较北的军需区。南宋偏安江南，地理形势有所不同，中央与地方在财政上的关系如何？当时军事财政的运作体制又是怎样的？

本文拟以上述问题作为主要切入点，围绕学界所关注的中央与地方、财政与商业等问题展开讨论。鉴于南宋所设置的四大总领中，四川与其他三处不同，其财政基本属于自给自足，情况较为特殊。① 而东南三总领中，湖广总领所在财政运营上比其他两所更具地域特色，不仅有利于直接回应以上问题，亦可针对学界相关成果进行对话，故本文选择其为个案研究的对象。全文拟分为三部分：首先简要介绍南宋总领所制度的体制特点与地理概况，为后文做背景铺陈。之后两节将依时间线索分别对湖广总领所的财政收支情况展开讨论，内容上互为补充。前一部分主要关注湖广总领所的收入来源，将纸币的发行及长江沿流商业的关系作为论述的核心；后一部分则关注湖广总领所的军费支出，考订当时军事体制变迁对总领所的影响，及作为长江支流的汉江、湘江与总领所补给体系之间的关系。

二、南宋总领所体制略说

正如一些学者所指出的，南宋总领之制其实并不始于绍兴十一年（1127），此前即有许多总领活跃于各支大军，进行军粮的筹备。② 可是，绍兴十一年总领所的设立，并不仅仅是这一制度的延续，从某种意义上说，更是宣告南宋建立了一套完全不同于北宋的财政体制。

就制度层面而言，总领所的主要财政职能是管理供军财赋和发放军俸，下设组织有大军仓、分差粮料院与审计院等。③ 其运作方式是"诸路大军每遇招收到人，并先具姓名报总领所"，即总领所掌握有大军士兵的名历。④ 需要发俸时，粮料院根据掌握的兵额和相关法规出具给俸券历，并送审计院核准，最后交由大军仓发放财物。⑤ 这看似与北宋时期禁军军俸的发放过程并无本质区别。⑥

但需注意的是，南宋四大总领所分别置司于建康、镇江、鄂州与利州（图1），都是长江沿流的重要都会。其相关机构亦往往临江而建，以镇江的淮东总领所为例：

---

① 时人对这点亦多有议论，参见徐松辑：《宋会要辑稿》职官四一之六六，北京：中华书局，1957年，第3199页。

② 参见金子泰晴《荊湖地方における岳飛の軍費調達—南宋湖広総領所前史—》及雷家圣《南宋高宗收兵权与总领所的设置》。

③ 《宋会要辑稿》职官四一之四四，第3188页。

④ 《宋会要辑稿》职官四一之五一，第3192页。

⑤ "诸军戍兵稍食，（粮料院）以式法为之券，授审计院会之，而诏廪藏给焉。"（脱因、俞希鲁：《至顺镇江志》卷十七，《宋元方志丛刊》，北京：中华书局，1990年，第2843页）

⑥ 参见汪圣铎：《宋粮料院考》，《文史》2005年第1辑。

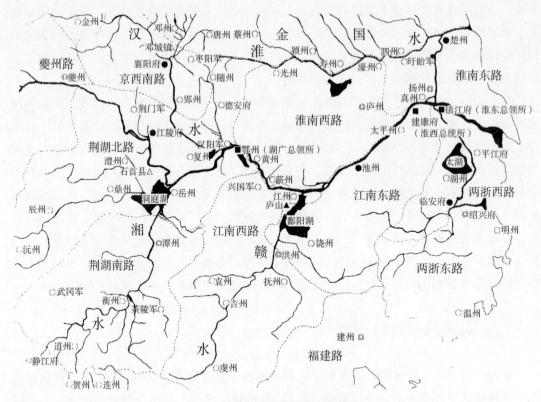

图1 南宋东南三总领所地理概图

资料来源：据金子泰晴《荆湖地方における岳飞の军费调达——南宋湖广总领所前史——》文中附图改绘。

> 今京口转般仓实依大江而立，一水环其前后，前引上河头以南致浙右之米，后出甘露港以北馈两淮之军，通彻无碍，措置曲尽，养兵百万不费一夫担夯力也。……不独转般仓为然，大军北仓正与转般仓夹河而立，南仓亦由此河而北，此河通则凡装运皆便。①

这种布局显然有利于财赋的运输与发放。再者，总领所是绍兴收兵权的产物，主要服务于当时新设立的十处御前大军。南宋偏安江南的现实令时人常常联想起六朝旧事，从中吸引经验，在战略上强调江浙、荆湖与四川等地的连衡："东南立国之势，腹心江浙，腰膂荆襄，维蜀道之山川，如人身之头目。"②《舆地纪胜》称湖广总领所"总领湖南北、广东西、江西、京西六路财赋，应办鄂州、江陵、襄阳、江州驻扎大军四处"③。湖广总领所

---

① 黄震：《黄氏日钞》卷七十二《申提刑司乞浚甘露港状》。关于湖广总领所在鄂州的布局，参见杨果：《宋代鄂州城市布局初探》，氏著：《宋辽金史论稿》，北京：商务印书馆，2010 年，第 222～242 页。
② 洪咨夔：《平斋文集》卷廿五《上安宣抚启》
③ 王象之：《舆地纪胜》卷六十六，北京：中华书局，1992 年，第 2257～2258 页。

负责供应的鄂州、江陵①、江州三处大军，②都处于长江的孔道之上，这既是出于军事战略上的需要，也是为了方便各处大军通过长江水运进行补给。

北宋时期，国家的财赋通过大运河源源不断地供给汴京，又以汴京为中心，向沿边军需地区分配。③正如曹家齐先生所指出的，"南宋时，因政治重心南移，东南与四川、荆湖地区之联系大大加强，长江成为物资转输的大动脉"④。笔者认为，总领所制度的建立，一定程度上使长江继承了大运河的功能，成为构建南宋财政体系的核心。下文将就湖广总领所在这一体制下的财政收支问题分别展开论述。

三、货币、商业与湖广总领所的财政收入

关于总领所的财政收入，《建炎以来朝野杂记》（以下简称《朝野杂记》）中有一段概况性文字，可谓理解这一问题的关键：

> 淮东西、湖广三总领所，自休兵后，朝廷科拨诸州县财赋及榷货等钱与之。……至乾道中，……湖广总领所岁费为钱九百六十余万缗，米九十万石，诸路所输率亦常负十分之三。……凡三总领所，岁用户部经常钱九百万缗，而榷货所支不预。湖广始发三合同关子，乾道中，以关子折阅，诏岁增拨四川钱帛为三百万缗补之。（钱一百七十万缗，绸绢丝绵在外。）淳熙末，尽捐之，以损四川盐酒重课，而内府偿焉。⑤

首先需要说明的是，宋朝的中央财政，最初主要分为左藏与内藏两大系统。前者由三司管理，主要是地方的上供常赋；后者则由君主管理，是为国家储备金，以待边费。北宋熙宁年间，王安石实行变法，积累了大量新法钱物，宋朝的财政收入就此一分为三，免役、坊场等新法收入归于朝廷财物（又称封桩钱物），由皇帝与宰相统领，户部长官不能干预。⑥徽宗时期，蔡京大变茶盐之法，将大部分茶盐之利从地方收归中央，亦划归朝廷钱物。南渡之后，宋廷续行蔡京之政，设榷货务进行茶盐交易，并由尚书都省提领，不隶户部，其收入成为朝廷钱物的主体。⑦故从《朝野杂记》中可知，总领所的主要财源来自"朝廷科

---

① 按南宋于建炎四年建荆南府，淳熙年间改称江陵府（脱脱：《宋史》卷八八《地理四》，北京：中华书局，1977年，第2193页）。

② 襄阳一军为南宋中期因时局变化所设，见后文详论。

③ 参见青山定男（雄）：《北宋漕运法》，驹井和爱等：《中国历代社会研究》，上海：商务印书馆，1935年，第169～199页。

④ 曹家齐：《唐宋时期南方地区交通研究》，香港：华夏文化艺术出版社，2005年，第88页。

⑤ 《建炎以来朝野杂记》甲集卷十七"淮东西湖广总领所"条，第390页。

⑥ 元丰改制后宋朝中央计司由三司变为户部，原三司钱物归左曹管理，朝廷钱物归右曹管理，户部长官不得干预右曹。

⑦ 以上参见梅原郁：《宋代の内藏と左藏—君主独裁制の财库》，《东方学报》42，1971年；包伟民：《宋代的朝廷钱物及其贮存的诸库务》，《杭州大学学报》（哲学社会科学版）1989年第4期。

拨诸州县财赋及榷货等钱与之",即属于户部的上供钱和属于朝廷钱物的榷货收入。

绍兴末年,湖广总领所每岁接受诸路上供钱五百一十万缗,仍需朝廷贴降一百六十万缗经费。① 上供钱五百万缗的数额到嘉定年间(1208—1224)仍维持原数②,这与宋代财政受"原额主义"制约有关。③ 可见户部经费缺乏弹性,光凭上供钱一项,显然不足以应付总领所一年"九百六十余万缗"的岁计。而淮东和淮西总领所的所在地(即镇江与建康)都设有榷货务。乾道三年(1167),中央规定了临安、建康、镇江三处榷货务每年的岁额:临安八百万缗,建康一千二百万缗,镇江四百万缗。④ 镇江榷货务每月需支三十万缗赡军,其绝大多数收入都归于总领所⑤;建康总领所更是"支遣万数浩瀚,别无朝廷科降钱物,全借务场入纳茶盐等钱应副"⑥。没有设置榷货务的湖广总领所显然亟需另辟财源。《朝野杂记》中所谓"凡三总领所,岁用户部经常钱九百万缗,而榷货所支不预",即指明了榷货务在总领所收入中的作用。但这段文字在之后突兀地插入"湖广始发三合同关子"一语,殊难理解。"始"字在此处与上文似有因果关系,这提示我们将三合同关子的发行与榷货务问题联合起来思考。

(一) 三合同关子

有关三合同关子的资料,目前宋代文献遗留下来的只有数条,现征引如下:

> (绍兴二十九年五月丁卯)户部侍郎赵令誏等言:"诸路屯驻大军例当贴降钱应副,欲下榷货务场印给公据、关子,赴三路总领所招诱客人等。请淮西湖广各关子八十万缗,淮东公据四十万缗,皆自十千至百千凡五等,内关子作三年行使,公据作二年,许钱银中半入纳,依自来优润分数。"从之。⑦

> (绍兴三十年六月)庚戌,用右文殿修撰知临安府钱端礼议,复令榷货务给降诸军见钱公据、关子三百万缗,为楮币张本。淮东总领所四十万缗,淮西、湖广总领所各百二十万缗,平江府、宣州各十万缗,听商人以钱银中半请买。⑧

---

① 李心传:《建炎以来系年要录》卷一百八十三,绍兴二十九年八月丁卯条,上海:上海古籍出版社,1992年。
② 嘉定十年时湖广总领所上供钱为五百零七万缗(《山堂考索》续集卷四十五,第1185页)。
③ "原额主义"是两税法制度的特性之一,地方每年的上供一旦确定不会轻易改变(斯波义信:《宋代江南经济史研究》,南京:江苏人民出版社,2001年,第248~255页)。
④ 《建炎以来朝野杂记》甲集卷十七,"榷货务都茶场"条,第388页。
⑤ 关于淮东总领所的收入情况,参见長井千秋:《淮東総領所と財政運営》,《史学雑誌》101-7,1992年。
⑥ 蔡戡:《定斋集》卷三《乞依行在场务优润状》。
⑦ 《建炎以来系年要录》卷一百八十二,绍兴二十九年五月丁卯条。
⑧ 《建炎以来系年要录》卷一百八十五,绍兴三十年六月庚戌条。

（绍兴三十年八月）十六日，湖广总领所言："节次降到临安府一合同关子共三十万贯余，已卖到钱一万九千贯外，其余并无客人请买。却有降到三合同关子八十万贯，令本所卖钱桩管，比之一合同颇为快便。乞许本所于三合同关子内已卖到银钱，对换一十八万一千贯应副支用。乞缴还一合同关子，却行换给支末茶长短引共二十八万一千贯应副支遣，将卖到钱拨还所借支过三合同关子钱，仍旧却揍八十万贯依已降指挥桩管。"从之。①

由上引材料可见，三合同关子是由榷货务于绍兴末年发行，令各总领所与商人兑换银钱。关子最早见于南宋绍兴元年发行的见钱关子，其本意为了节省从行在运输物资至驻军处的费用，令商人在军需地纳钱，再凭关子到榷货务领取见钱。② 故榷货务支降给湖广总领所的三合同关子，实际上是远程将湖广的军需负担转嫁于自身，这恰好弥补了湖广总领所处没有设置榷货务的问题。由此，《朝野杂记》在相关叙述中将三合同关子的发行与榷货务联系起来的疑惑，或可迎刃而解。

从湖广总领所的答复中可以看出，当时发行了"一合同"与"三合同"两种关子，而"一合同关子"冠有"临安府"字样，只对应临安府一处榷场。所谓"三合同"则是相对"一合同"而言，指可以在镇江、建康、临安三处榷货务进行兑换的关子，"比之一合同颇为快便"，故当时商旅乐于兑换。而湖广总领的回复中对关子所换得钱银的处置，仍有待解明之处。《建炎以来系年要录》中亦载有绍兴三十年（1160）八月十六日湖广总领的回复："辛酉，湖广总领所言：'昨降一合同钱关子三十万缗卖钱桩管，今已逾岁，所卖仅二万缗，乞支末茶长短引兑易。'从之。"③ 一合同关子此时已经"逾岁"，可证绍兴二十九年（1159）所发行的应该是一合同关子。上引《宋会要》的回复中称该关子是"节次降到"，故此时只有三十万贯，未达到发行时八十万贯的额度。④ 该关子本意是为辅助总领所财政而发行的，收入归总领所支配。上引《宋会要》中湖广总领回复云"却有降到三合同关子"，说明三合同关子此时刚刚降到，应当对应绍兴三十年六月的发行，其目的是"为楮币张本"，即替将要发行的行在会子收集本金，⑤ 湖广总领所只是代为出售，所得仍归中央。故当三合同关子较一合同关子销售更为便捷之时，湖广总领所便请求将出

---

① 《宋会要辑稿》职官四一之五〇，第3191页。
② 参见加藤繁：《南宋初期的见钱关子、交子和会子》，氏著：《中国经济史考证》（第二卷），北京：商务印书馆，1963年，第60~87页。
③ 《建炎以来系年要录》卷一百八十五，绍兴三十年八月辛酉条。
④ 这或许是因榷货务只拿出收入的一部分兑换关子，故一次不能发行过多。如绍兴初期"提辖榷货务都茶场郭川等请，令临安府本务将每日入纳钱三分之一桩还见钱关子"（《建炎以来系年要录》卷八十三，绍兴四年十二月丙申条）。
⑤ "（绍兴三十年十二月乙巳）初，命临安府印造会子，许于城内外与铜钱并行。至是，权户部侍郎兼知府事钱端礼乞令左藏库应支见钱并以会子分数品搭应副。从之。东南用会子自此始。"（《建炎以来系年要录》卷一百八十七，绍兴三十年十二月乙巳条）提议发行三合同关子的钱端礼正是行在会子的主事者。

售三合同关子的收入转为总领所的财政费用,而将一合同关子换成茶引继续出卖,凑足八十万桩管以交给朝廷。此处的"桩管"提示我们,三合同关子最初应属于需要封桩的朝廷钱物范畴。而由于总领所的请求,到乾道三年时则有"户部支降三合同关子一十万贯,应副湖广总领所,量州军事力均拨收籴"① 的记载,透露出此后三合同关子逐渐取代一合同关子,由朝廷的封桩钱物正式归入湖广总领所的财政费用。②

然而,三合同关子发行后不久便出现了问题。《朝野杂记》中称:"乾道中,以关子折阅,诏岁增拨四川钱帛为三百万缗补之。钱一百七十万缗,绸绢丝绵在外。"所谓"折阅"即现代所说的贬值。乾道四年(1168),朝廷曾发出"五分优润"三合同关子三十万贯供修建营寨使用③,表明当时关子的价格仅为见钱之一半,折价非常厉害。故时人论称:"国家利源,蹉茗居半,自合同关子行,遂亏常აا。丞相命君(陈从古)即都堂条救弊之策,于是关子罢而岁入增矣。"④ 鉴于当时合同关子的折价已经影响了茶盐的税收⑤,朝廷不得不逐渐停止合同关子的使用。乾道九年(1173)时,户部尚书杨倓提议:"乞将行在榷货务都茶场算请茶盐内六分轻赍,许用关子三贯外,并用四分本色银两,余听用余银、会子从便入纳,余并依见行条法。镇江、建康务场依此。"⑥ 相对于乾道二年(1166)的情况⑦,虽然轻赍与见钱的比例没有变化,但是关子可用的数额还是被严格控制了,可见当时朝廷有意逐步限制关子的使用。

关于此后朝廷岁拨四川钱物援助湖广总领所的情况,与本节的主旨关系不大,学界亦有考证,⑧ 此处不拟赘述。但其中有一个问题需要注意,《朝野杂记》中记载四川所拨钱帛合计为三百万缗,其中钱的部分占一百七十万缗。乾道元年,时任湖广总领司马倬上奏称:"近承指挥,令取拨四川白契税钱一百五十万贯趁本所桩管,缘四川系行使铁钱地分,计置轻赍赴鄂州军前,止得七十五万贯,深恐缓急不足支用。今欲乞于内更行取拨五十万贯,补助三大军岁计支用。"⑨ 可见因为当时四川主要使用铁钱,运往鄂州必须用其他较轻的钱物替代,其中损耗竟达一半之多,以致湖广总领不得不向中央请求补助。淳熙四年

---

① 《宋会要辑稿》食货四〇之四七,第5532页。

② 日本学者金子泰晴曾对三合同关子的发行做过相关考订,但文中将绍兴二十九年赵令詪提议发放的八十万贯关子,直接与总领所收到的八十万贯三合同关子等同,恐怕错判了两次发行合同会子的情况。这也导致其无法正确解读总领所对两种关子的不同处置,在这一部分做了模糊处理(金子泰晴:《南宋初期の湖広総領所と三合同関子》)。

③ 《宋会要辑稿》兵六之一九,第6864页。

④ 周必大:《文忠集》卷三十四《朝散大夫直秘阁陈公从古墓志铭》。

⑤ 商人可持关子赴榷货务换取茶引(《宋会要辑稿》食货三二之二一,第5368页)。

⑥ 《宋会要辑稿》食货二七之四二,第5276页。

⑦ "行在榷货务都茶场算请,依自来指挥,茶、盐、矾见系六分轻赍,谓金、银、关子,四分见钱。"(《宋会要辑稿》食货二七之二一、二二,第5266页)

⑧ 参见包伟民《宋代地方财政史研究》,第225~226页;樋口能成:《南宋総領所体制下の長江経済—湖広総領所と四川の関係から—》。

⑨ 《宋会要辑稿》职官四一之五二,第3192页。

(1177) 时，湖广总领所岁计内"四川合起纲运一百六万余贯，除折阅一半外，实有五十三万贯"①，可见转运过程中折损一半的情形已经成为常例。《朝野杂记》中虽称四川解发湖广钱物在"淳熙末，尽捐之，以损四川盐酒重课"，实际上只是因刘光祖之请减免了三年。② 到嘉定年间，蜀臣仍上奏云："蜀中津运至鄂州，虽曰顺流，而江道险阻，运纲之费甚夥"③，依靠四川的辅助显然不能完全解决湖广总领所的财政问题。

（二）湖北会子（附论广东上供银）

关子折阅之后，除了上述的四川补贴外，湖广总领所另有一重要财源，惜乎《朝野杂记》中失载。此处先从湖北会子（直便会子）的发行说起，《文献通考》记载：

> 孝宗隆兴元年，湖广饷臣（即总领）王珏言，襄阳、郢、复等处大军支请，以钱、银品搭，令措置于大军库堆垛见钱，印造五百并一贯直便会子，发赴军前，当见钱流转……从之。④

关于湖北会子的发行数额与界分，前辈学者已多有论述⑤，此处不赘，只对有关湖广总领所财政的问题加以考察。湖北会子是由湖广总领所负责发行的，与军需直接相关。隆兴元年（1163）宋金战事紧张，大军屯于襄阳前线，参照上文所论四川铁钱输给湖北的例子，军俸如继续用铜钱支给，运输上显然并不便利，这或许是湖广总领所发行会子的原因之一，故湖北会子亦称直便会子。

白银作为轻赍，显然是解决运输问题的较好手段，当时也曾实行"钱、银品搭"的支给方式，不过其使用却受限于当时的客观条件。湖广总领所的白银主要来源于广东的上供，《永乐大典》中存有一段《湟川志》的佚文：

> 提刑廖颢任提举日，奏《均减上供银表》：窃惟广东不便于民者，莫大于每岁买发上供银。一路十四州之中，上供银额最重者五州，曰韶、曰连、曰惠、曰英、曰南雄。盖以大观间，五州境内各有银坑发泄，银价低少，每两只六百或七百文，易于买纳，所以分得银额最重。后来银坑停废，又累经盗贼残扰，价增数倍，每两至三贯陌。绍兴前诸州并无银本钱，其他州岁计优裕，银价不多，官司自能买发，不及于民。惟此五州银额既多，岁计窘乏，不得已白科于民，细民凋瘵之余，极以为苦。契

---

① 《宋会要辑稿》食货五一之十，第5679页。
② 佚名：《续编两朝纲目备要》卷二，北京：中华书局，1995年，第29页。
③ 度正：《性善堂稿》卷六《重庆府到任条奏便民五事》。
④ 马端临：《文献通考》卷九《钱币二》，北京：中华书局，1986年，第100页。
⑤ 参见刘森：《宋金纸币史》，北京：中国金融出版社，1993年，第109～117页；王曾瑜：《南宋的新铁钱区及淮会与湖会》，车迎新主编：《宋代货币研究》，北京：中国金融出版社，1995年，第1～20页；汪圣铎：《两宋货币史》，北京：社会科学文献出版社，2003年，第742～752页。

勘每岁合发上供，计钱十五万缗，例系分下诸州买银。近年漕司每岁桩办得钱五万缗，均分诸州作银本，尚阙十万缗。其他诸州粗可支吾，惟韶、连、惠、英、南雄五州银额数多，无所从出，将漕司支到本钱，置场随钱买银，其银数浩瀚，不免白科于民。①

这段材料大致反映的是乾道年间（1165—1173）的情形②，从中可见当时广东因银坑耗竭，银价上涨，已无力交纳贡赋。部分州军"岁计优裕"，可以拨款买银，③此外负责上供的转运司自己筹集了一些银本钱，但本钱不够的部分只好由百姓负担。稍后的淳熙六年（1179），广东运判蔡戡亦上奏称：当时广东需纳上供银三万四千三百余两，通计钱十五万二千一百六十九贯，而漕司只有银本钱五万贯，百姓困于科买。并乞求朝廷免去诸州的上供，由转运司另行措置资金买银起发，以纾民力。④而这种情况不单只令广东的地方官感到头痛，湖广总领也曾于绍兴二十九年抱怨称："（广东）买发银价最高，支用折阅则岁计不足，不免暗借寄桩，以纾目前之急。"⑤此后的数年宋金战事频频，可以想见，到了湖北会子发行的隆兴元年，白银更是不敷支用。

岭南地区自唐代以来即有上贡金银的传统，到了宋代，政府的白银收入则渐渐从任土作贡转化为官府控制下的银坑税收。⑥故连州士人称当地一旦"银坑盛发"，便有"胥吏至揽诸郡上供银额，以利其赢余"。通过胥吏的活动，这些银坑被纳入官方体制下，开始交纳赋税，形成定额。由于宋代财政奉行原额主义，即使银坑已经耗竭，银额也不能减少。在当地已无白银的情况下，地方官司只能"运钱于广州、于湖南多方散买"⑦。现存南宋银锭的实物中，有数枚新州（时属广南东路）解发鄂州（即湖广总领所）的纲银，上面均有临安金银铺的标记，可见都是专门买来应付上供的。⑧而除了广东之外，当时不

---

① 《永乐大典方志辑佚》，马蓉等点校，北京：中华书局，2004年，第2589页。

② 据《宋会要》可推断至迟在乾道八年廖颙已提举广东茶盐（《宋会要辑稿》选举三〇之二五，第4721页）。

③ 当时知惠州的吴褒，从属于州军地方财政的公使钱中掏出一万七千贯替百姓买银，受到了褒奖（蔡戡：《定斋集》卷二《臧否守臣奏状一》）。

④ 《定斋集》卷一《乞代纳上供银奏状》。虽然孝宗时期很多士人上奏要求减免，但广东的上供银直到理宗时期仍然存在，时任广东转运使的吴泳奏称："本司一年管催十四郡上供金银，解赴湖广总领所，纲解虽办于诸郡，而银本则实隶于本司。合诸郡上供计之，共当银四万二千八百八十七两有奇，又金十五两。本司岁支银本钱四万六千六百九十八贯有奇，各郡添贴之数不与焉。"（吴泳：《鹤林集》卷二十二《奏宽民五事状》）这显然仍与宋代财政顽固的"原额主义"有关。

⑤ 《宋会要辑稿》职官四一之四八，第3190页。

⑥ 加藤繁曾根据唐宋总志制作了一张唐宋产银地列表，从中可看出唐代各地均备注贡银，宋代则多备注有银场或银坑，未设银场处始贡银（加藤繁：《唐宋时代金银之研究——以金银之货币机能为中心》，北京：中华书局，2006年，第391～431页）。

⑦ 《永乐大典方志辑佚》，第2588页。

⑧ 李晓萍：《尘封千年的国家宝藏：南宋金银铤收藏与鉴赏》，杭州：浙江大学出版社，2008年，第43～44页。

通水路的州军也起发白银①，湖广总领所辖区内的房州与荆门深受其害。房州"为州束以乱山，舟车不通，商贾不由，凡百货材药物，邈无一有，其间最不易得者银与楮币。上司非不知，然亦上下皆不得已。常赋责是二者，卑官每岁不免科买于州，若吏若民无免者"②，荆门更是"难得银子，寻常贡赋多是担钱至荆南府买银"③。这些事例均说明当时的白银并未自发进入市场流通，而是更多依附于国家赋税及军需体系之下。④

白银供给困难，或许是湖广总领所放弃在前线"钱银品搭"支给，转而发放湖北会子的一个原因。另外，大量铜钱从边境向金国流失，一直困扰着南宋朝廷。⑤ 宋廷曾于乾道二年尝试在两淮地区建立铁钱区："诏两淮行铁钱，铜钱毋过江北"，并令"两淮总领所许自造会子"。⑥ 此事之后虽有所反复，但京西在淳熙年间（1174—1189）亦成为铁钱区，⑦ 总领所弃用铜钱、自造会子，与当时的铜禁或许有一定的联系。

而无论是银钱，抑或是会子的使用，都离不开沿边的商人。绍兴和议后，宋廷陆续在盱眙、楚州、光州、枣阳等地设置榷场，与金国展开贸易。高宗末年因战事短暂停歇后，于乾道元年复置，⑧ 此举显然推动了当时沿边商人的活动。以往的研究往往忽略了榷场与总领所财政运作的关系。以湖广为例，绍兴十二年（1142）初置榷场时即规定总领兼提领官，负主要责任。⑨ 乾道年间宋金一度休战，枣阳榷场移至襄阳府重建，总领所仍在其中扮演重要角色：

> （乾道元年）诏随州枣阳县榷场移置于襄阳府邓城镇，其合置榷场官属及给降物货于本钱等，照应旧例施行。于是权兵部尚书、湖北京西路制置使沈介言："今于邓城镇修置榷场，欲依旧令总领官司漕臣提领措置，依例支降本钱五万贯，于湖南（广）总领所支拨，令用博易物色匹帛香药之类，从朝廷支降，付场博易。其余合行事件，并依盱眙军体例施行。"从之。⑩

榷场买卖货物的本钱，既由总领所出资，榷场的收入自然有部分要归于总领所的财计。虽

---

① 《宋会要辑稿》食货四四之九，第5579页。
② 陈造：《江湖长翁集》卷二十五《与杨总领书》。
③ 洪适：《盘洲文集》卷五十一《荆门军论茶事状》。
④ 最近有学者认为连州的白银税负与"千里之外的金融市场"密切相关，实在是去真相太远（刘光临：《市场、战争和财政国家——对南宋赋税问题的再思考》，《台大历史学报》第42期，2008年）。
⑤ 就湖广总领所所辖的京西路边境而言。乾道三年有时臣汇报称，宋商前往金国榷场交易时，每人至少要交三贯铜钱。而金国商人来宋朝交易，却不经榷场，在京西边境的光州、枣阳等地私相交易，其多欲宋人支付铜钱，甚至用短陌的方式招诱（《宋会要辑稿》食货三八之四二，第5487页。）
⑥ 《宋史》卷三十三《孝宗纪》，第635～636页。
⑦ 关于铁钱区的建立问题，参见前揭王曾瑜《南宋的新铁钱区及淮会与湖会》一文。
⑧ 关于南宋与金国的贸易，以及榷场的制度与设置，参见加藤繁：《宋代和金国的贸易》，氏著：《中国经济史考证》（第二卷），第202～230页。
⑨ 《宋会要辑稿》食货三八之三九，第5486页。
⑩ 《宋会要辑稿》食货三八之四十，第5486页。

然当时也有许多边境贸易并不经过榷场进行①，但无论如何，边境商人的活动有利于沿边物资的流通，也蕴含了巨大的商机。

湖广会子即是在这样的大背景下发行的，故其发行本意虽是为了方便前线补给，却又与当时客商的活动相作用，产生了辅助湖广总领所收入的奇特效果。

首先要说明是，湖北会子必须在规定的区域内使用，最初限于荆湖北路，至淳熙十一年（1184）始通行于边境驻军所在的京西路。②但彭龟年在绍熙二年（1191）的上奏中称：

> 缘湖北会子当来止于湖北、京西界内行使，襄汉戍卒月得料钱，全靠客旅贸易，然其会子止到鄂州便着兑换，而官司无以权之，总司入纳，又视市价不同见钱，每一贯会子止可作五百左右。③

可见虽然当时湖北会子名义上已能在京西路通行，但其本身发行的目的即利用商人输纳沿边，以弥补边境地区见钱不足，故商人自然不能在京西路兑换到见钱。当时供应军需的多是来往各路的大客商，湖北会子在出湖北路后不能通行，故他们在离开之前，往往只能选择在鄂州兑换见钱。总领所又趁机低价收购会子，令客商蒙受损失。正如时人所言，荆南府是长江干流上连接四川与湖广的要地，若湖北会子不能出道，显然不利于长江流域的商业流通。④

于是，乾道以降，朝廷一度听取众人意见，收回湖广总领所印制会子的印版⑤，打算用可通行于诸路的行在会子兑换、取代湖北会子⑥。此时⑦，湖广总领周嗣武力谏不可，并点明了湖北会子之于总领所财政运营的重大意义：

---

① 如前引关于铜禁材料中提到的宋金商人在枣阳私相贸易，宋朝一度想在枣阳军添置榷场，最终作罢（《宋会要辑稿》食货三八之四一，第5487页）。

② 《建炎以来朝野杂记》甲集卷十六"湖北会子"条，第363页。

③ 彭龟年：《止堂集》卷一《论雷雪之异为阴盛侵阳之证疏》。原文小注谓作于"绍熙二年二月"。

④ "乾道元年春，杨倓帅荆南，以为不可通行于诸路"（《建炎以来朝野杂记》甲集卷十六"湖北会子"条，第363页）。《宋史》作："且总所所给止行于本路，而荆南水陆要冲，商贾必由之地，流通不便。"（《宋史》卷一百八十一《食货志》，第4412页）

⑤ "乾道三年，收其会子印板。……五年，诏户部给行在会子五十万，付荆南府兑换。"（《宋史》卷一百八十一《食货志》，第4412页）

⑥ "乞令户部以五十万缗兑换。其后遂收三百万缗，止余四百万。淳熙五年冬，又令户部印给三百万缗。"（《建炎以来朝野杂记》甲集卷十六"湖北会子"条，第363页）由下引周嗣武的发言可知，这里用以兑换湖广会子的主要是行在会子。

⑦ 《朝野杂记》的记载将湖广总领周嗣武这段话系于淳熙五年，而汪圣铎认为当系于乾道五年（氏著《两宋货币史》，第744～745页）。从文献的内证来看，前引《宋史》的记载称乾道五年，朝廷发五十万贯行在会子赴荆南收换湖北会子。《朝野杂记》则称户部在发放五十万贯行在会子后，到了淳熙五年，又想再发三百万贯，由此引起了周嗣武的发言。从事件发生的顺序来看，此事系于淳熙五年更为合理。更重要的是，汪氏忽略了当时体制上的"外证"，从下文将要分析的茶引发放情况来看，周嗣武所述的这一财政运作体系的成立，当在淳熙以后。

> 江陵、鄂州商旅辐辏之地，每年客贩官盐动以数百万缗，自来难得回货，又湖北会子不许出界，多将会子就买茶引，回往建康、镇江等处兴贩。今既有行在会子可以通行，谁肯就买茶引？缘每年帖降引数多，若卖不行，军食必阙。①

可见湖广总领所通过限制湖北会子的使用地区，使从事长江沿流贸易的客商在离开湖北路前必须将其转手。由于总领所故意压低会子的兑价，将湖北会子直接换成见钱并不合算。而随着乾道以后三合同关子的贬值，中央逐渐开始向湖广总领所支降茶引作为经费来源。当时有大量客商从江南运输淮盐到达湖广后，便开始用输边所得的湖北会子从湖广总领所购买茶引，并返回江南贩卖。长江中下游繁荣的茶盐贸易体系开始形成，这使贩卖茶引在湖广总领所收入中的比重逐渐加大，并在淳熙年间开始成为湖广总领所收入的支柱。②

故为了维持湖广总领所的岁计，宋廷取消了停用湖北会子的决定，甚至又"再印给湖北会子二百万贯，收换旧会"③。周必大在淳熙十二年（1185）写给蔡戡的信中说："便会子屡于榻前极陈其故，然非主计者协力，岂能尽革？大要是堂吏贪赏，多给茶引，为总所之害。"④ 即使湖北会子有诸多不便，但是因为茶引贸易的原因，始终难以被取缔。

（三）茶　引

正如前文所述，乾道年间关子贬值，宋廷为补贴湖广总领所的岁计，必然要另寻方法。当时边境商业的重兴与湖北会子的发行，显然提供了一个契机。而湖广总领所所在的鄂州，并没有像镇江与建康（两淮总领所所在地）那样设置榷货务，这导致了湖广总领所榷货收入的缺失。故宋廷正是从这方面入手，通过向湖广发放茶引，在当地售卖给客商，以弥补关子的财政缺口。

淳熙十六年（1189），户部曾详细罗列湖广总领所的岁计收入来源：

> 湖广总领所申，除湖南创置飞虎军，系别降钱物应副外，有江鄂州、江陵府屯驻及襄阳府出戍共四大军，并差出德安府、随、郢州、信阳军、光、黄、沅、靖州、常德府及大冶、麻城县等处军马，合用淳熙十七年分岁计钱物，乞科降。本部准淳熙九年十月二十一日指挥科降，每月以五十八万九千四百三十余贯为约，一岁计钱七百七万三千二百贯九十四文。今科拨下项：京西襄、郢等处见屯军马，合用铁钱，令转运司于舒、蕲州见桩管并续铸到铁钱内，各取拨七万五千贯赴湖广总领所交纳。所有诸

---

① 《文献通考》卷九《钱币二》，第100页。
② 以往研究湖北会子的学者多注意到了周嗣武的发言，但对此背后蕴含的湖广总领所财政运作模式缺乏深度挖掘。日本学者樋口能成对以湖北会子为中心形成的长江中下游贸易圈有所关注，但其主要着眼点在于当时的商人与商业活动（樋口能成：《南宋湖北会子の市場構造》）。
③ 《文献通考》卷九《钱币考》，第100页。
④ 周必大：《文忠集》卷一百九十六《劄子·蔡定夫少卿》。

路州军纲运钱,科拨五百七万二千六百八十二贯一百四十七文。数内有四川提刑司催发钱二十五万二千四百三十贯,近缘免起三年,乞下舒、蕲州,于今年分铸到正剩铁钱内,各取拨一十二万五千贯赴本所补还。朝廷钱贴降二百万五百一十七贯九百四十七文,数内贴降四川总领所拘桩纲运钱并贴降江西茶短引各一十五万贯,拘截四川合起行在窠名纲运钱三十万贯,朝廷应副四川免起三年钱六十万贯。京西提举司见桩钞盐钱内取拨三十万贯,就发鄂州桩管。去年改换江西茶长引二十万贯,榷货务都茶场于见在散乳香内品搭给降二十万贯,就拨鄂州军前大军库卖引司桩管。茶引钱二十七万五千贯,其余一百二万五千五百一十七贯九百四十七文,乞行下都茶场品搭给降江西、湖南北茶长、短引,应副给遣。①

其中五百零七万贯的经费取自诸路上供钱,终南宋一代变化不大。② 其余的二百万贯的亏空原本多依赖四川总领所的援助,但这笔经费在淳熙末年一度减免。《朝野杂记》中称四川钱免去后,由"内府偿焉",说明宋廷从朝廷钱物中出资进行补贴。从引文中可见,宋廷正是以大量发放茶引作为湖广总领所的主要财源。③《宋会要辑稿》中保存了乾道至淳熙年间湖广总领所接收茶引的一系列材料,笔者据以制表如下(表1)。

表1 乾道到淳熙年间湖广总领所岁收茶引情况

年份	总额	总领所意见	处理办法	资料来源
乾道二年(1166)	茶盐钞引共五十万贯	无	无	《宋会要辑稿》食货四十之四四
乾道八年(1172)	岁计七十万贯	无	无	《宋会要辑稿》食货五六之五五
淳熙元年(1174)	不明	将其中江西长引十五万贯换成湖南长引二万贯、江西短引十三万贯	"江西短引系行在指拟给卖之数,若尽行换给,有妨行在支遣",只换给湖南长引五万贯、江西短引十万贯	《宋会要辑稿》食货三一之二二

---

① 《宋会要辑稿》职官四一之六一,第3197页。
② 此时京西已成为铁钱区,故舒、蕲等钱监提供了部分铁钱作为补充。
③ 金子泰晴曾敏锐地指出,淳熙之后朝廷贴降湖广总领所的茶引有增多的取向,但并未做进一步考察(金子泰晴:《南宋初期の湖广总领所と三合同関子》)。

续表1

年份	总额	总领所意见	处理办法	资料来源
淳熙二年（1175）	不明（发往地方贩卖的茶引中，有一半改为小引）	1. 岁计中有三十万贯短引，非常快便。但因客商要求，请求另发湖南北长引十万贯。 2. 将江州贩卖的长、短引尽换成江西短引	1. 从之。 2. 江州处长引均改为短引，但收入归行在都茶场	《宋会要辑稿》食货三一之二二、二三
淳熙三年（1176）	岁计七十五万二千贯，又增发江西长引三十万贯	1. 请将江西长引十万贯、小引二十万贯换成江西短引三十万贯。 2. 乞求收回江西安抚司与江州处贩卖二十一万贯茶引中的小引	1. 从之。 2. 发十万五千贯江西短引赴江西安抚司与江州收回小引	《宋会要辑稿》食货三一之二三、二四
淳熙五年（1178）	不明	总领所称在岁计之外尚能卖三十万贯茶引，请求支降江西长引五万贯，短引二十五万贯	从之。所卖数额另行桩管，不得擅支	《宋会要辑稿》食货三一之二四
淳熙十年（1183）	岁计江西长引一百三十五万贯（从淳熙十一年户部答复可见，该年应另有五万贯短引）	发卖不敷，虚占岁额，请求在其中换短引五万贯	从之	《宋会要辑稿》食货三一之二六

续表 1

年份	总额	总领所意见	处理办法	资料来源
淳熙十一年（1184）	不明	请求将茶引二十八万贯改为长引（？）	淳熙十年已经改换过长引（？）五万贯，江西长引（？）是行在榷货务"指准给卖之数，若从所乞尽降长引（？），愈见行在务场岁额亏少"。故维持淳熙十年的数额不变	《宋会要辑稿》食货三一之二六

正如前文所述，当时与湖广总领所收入密切相关的商业活动，主要是大量客商往返长江中游与下游之间所进行的茶盐贸易，表 1 中的数据必须置于此背景方能凸显其意义。

首先有必要介绍一下南宋时期的盐法与茶法。南宋基本继承了北宋末年的新盐法，商人在榷货务入中见钱买得盐钞后，去产盐州县请盐，再运往指定区域销售，湖广总领所所辖的两湖、京西、江西等地即是在淮浙盐的行盐区之中。① 茶法与之类似，采用以引榷茶的方式。商人在榷货务入纳见钱换得茶引后，按茶引规定的区域与种类去园户处买茶销售。湖广总领所处虽未设榷货务，但朝廷向其贴降了大量茶引，商人亦能在其相关机构处购买。茶引主要又分为长引与短引两种，南宋初长引许跨路通行，短引则只能在本路流转。但随着隆兴和议后宋金贸易的发展，边境私贩茶叶情况严峻，故乾道中期宋廷对茶引进行了改革，长短引的划分标准，由是否出路，转变为是否过江贩卖。商人若需要前往淮南、京西等边境贩茶，必须持有长引。孝宗时期还新发了小引，在引价和可贩斤数上做了缩减，便于小商兴贩。②

由于表 1 所反映的时期，茶引制度已经过改革，跨路从湖北返回江南贩茶的客商必须购买短引。故我们从中可以看到这样的趋向——湖广总领所不断向朝廷要求将所得长引改换短引。这正反映了当时长江沿线商业活动的兴盛。再者，朝廷于淳熙二年向湖广总领所发放了大量小引，但在湖北、江西购买茶引的多是来往各路的大客商，③ 小引自然无人请

---

① 南宋的钞盐制度，详见戴裔煊：《宋代钞盐制度研究》，北京：中华书局，1981 年，第 336～365 页。

② 关于南宋榷茶的相关制度与变迁，参见黄纯艳：《宋代茶法研究》，昆明：云南大学出版社，2002 年，第 121～146 页。

③ "绍熙元年五月十六日，榷货务都茶场言：'湖南、北、江西路皆系巨商兴贩，尚且给降小引。'"（《宋会要辑稿》食货三一之二九，第 5355 页）

买。淳熙三年（1176），朝廷遂在总领所的请求下收回了小引。淳熙十四年（1187）之后又有大量小引发售的情况，这主要是因为当时"每到春时，有江西、福建、湖南管下州军客人聚在山间，般贩私茶"，时臣"乞量行给降小引，以息私贩"。① 南宋的私茶问题一直非常严重，尤以湖广总领所管辖的两湖、江西一带最盛。南宋的诸处驻屯大军，除了对外作战外，经常还要赴内地驻屯对付茶寇。如湖广总领所负责供给的江州大军，其组成时便"杂以江西茶盗"②，此后还要负责弹压茶贩③。此问题关乎湖广总领所的收入，值得另行关注。④

除了长江沿流的客商活动外，隆兴以后宋金边境商业的兴盛亦不容被忽视，而宋金贸易中非常重要的一项商品即是茶叶。乾道以后，前往边境卖茶的商人必须购买长引。虽然表1中湖广总领经常要求朝廷将长引改支短引，但这并不意味着边境茶叶贸易的减少。从淳熙三年增发的三十万贯及淳熙十年岁计的一百三十五万贯茶引均为长引可以看出，正是因为长引所占的比重大大超于短引，湖广总领所才会担心发卖不敷，要求部分改换短引。而淳熙二年亦有因发短引过多而客商要求购买长引的情况。这都暗示了当时边境贸易的活跃。不过由于宋朝不许商人直接与金人交易茶叶，商人只能将茶叶运往边境并卖给榷场，由榷场再加价转卖给金人，在这一过程中还要支付翻引、牙息等杂费，⑤ 导致不少商人选择冒险在边境与金人私相交易，这也在一定程度上影响了长引的贩卖。

由以上的分析可以看出，淳熙年间茶引已经成为朝廷辅助湖广总领所的重要手段，这又与当时长江流域与宋金边境的商业流通有关。其科拨总数大致由乾道末年的七十万贯增加到淳熙十年的一百四十万贯，宁宗嘉定时，这一数额更一度增长到三百五十万贯。⑥

最后需指出的是，榷货务及相关的茶盐收入统属于朝廷钱物的范畴，特别是临安榷务直接与行在收入相关，其根基不容触动。乾道三年（1167），朝廷规定了临安、建康、镇江三处榷货务每年的收入定额。各处榷货务为了完成定额，不得不相互竞争。⑦ 如表1所示，淳熙年间（1174—1189）湖广总领所数次要求将长引替换为短引，朝廷却屡次以妨碍

---

① 《宋会要辑稿》食货三一之二八、二九，第5354～5355页。
② 《建炎以来朝野杂记》甲集卷十八"绍兴内外大军数"条，第405页。
③ 《宋会要辑稿》兵五之二九，第6854页。
④ 目前学界关于南宋茶寇的研究，可参见黄宽重：《南宋茶商赖文政之乱》，氏著：《南宋军政与文献探索》，台北：新文丰出版公司，1990年，第141～161页；同氏：《南宋地方武力——地方军与民间自卫武力的探讨》，北京：国家图书馆出版社，2009年，第186～213页。
⑤ 关于宋金边境的茶叶贸易，参见加藤繁：《宋金贸易中的茶、钱和绢》，氏著：《中国经济史考证》（第二卷），第231～246页。
⑥ 《宋会要辑稿》食货三一之三三，第5357页。
⑦ 淳熙时期，临安榷货务因与镇江争夺课利，甚至禁止镇江务钞引前往临安（《建炎以来朝野杂记》甲集卷十七"榷货务都茶场"条，第389页）。

行在税额的理由加以拒绝。① 淳熙五年（1178），虽答应替换，却要求另行封桩、不得擅支，可见朝廷与湖广总领所在岁计问题上存在利益的冲突。开禧末年（1207），朝廷更因两淮榷货务之财"总所得专其权，朝廷无所稽考"，故设分司提辖以夺其权，但终因财政管理分离、出纳不便而于嘉定六年（1213）废除，② 宋廷与总领所之间的财源斗争进一步热化。

到了理宗淳祐年间（1241—1252），时任京湖制置使、湖广总领的李曾伯上奏云"朝廷收诸司茶局之利，尽归公上"，当时"制、总两司岁仰茶利以佐军费，总所约收数百万，制司亦收数十万"，由此尽失之。总所私自留存鄂州金口一处贩卖，但当地都是"各处土著，些小食茶，皆以步担往来，初非连艘巨贩"，乞求朝廷加以补贴。③ 可知当时朝廷突然收回了湖广总领所的茶利，总领所只得在金口一处贩卖，但远不能跟淳熙年间巨商兴贩的盛况相比。

对理宗朝收回茶利一事，学界关注较少。因史料阙如，笔者只能在此作一简略勾勒。李曾伯在此后的上奏中言：

> 乃若上流茶税，往年借以通融，贴助岁收甚夥，自臣到任，归之国用。今江州分司岁收未暇计，先来鄂、岳两场自淳祐十二年二月至今年四月收七百余万，通而计之，何翅几千万。是皆向来总所所有也，今无是矣。④

文中云"自臣到任，归之国用"，考李曾伯上任京湖制置使在淳祐十年（1250）⑤，故朝廷收回茶利大致在此期间。

考察此时盐法的情况，或许可以给我们一些线索。南宋嘉熙、淳祐年间，食盐钞法屡变，总体的趋向是由原来的商贩转为官鬻，而利权收归中央。⑥ 嘉熙四年（1240）理宗"创制置茶盐使，以户部尚书岳珂为之"⑦，是为改革的重要一环，从"茶盐"并称可知茶法大概也随盐法的改革而动。制置茶盐使一职，《宋史全文》嘉熙四年七月戊寅条作"淮南、江、浙、荆湖制置茶盐使"⑧，其职权范围包括荆湖、江西。李曾伯在两次上奏中都提到"诸司茶局"及"江州分司"等机构，考景定《建康志》中称舒滋在淳祐九年提

---

① 笔者颇疑表1淳熙十一年条中之"长引"应尽改为"短引"。因为就淳熙元年户部答复来看，属于行在场务税额的应为江西短引而非长引，又此条谓淳熙十年曾换湖广总领所长引五万贯，与淳熙十年条矛盾。

② 参见《建炎以来朝野杂记》乙集卷十三"四提辖"条，第727页；《宋会要辑稿》职官四一之六七、六八，第3200页。

③ 李曾伯：《可斋杂稿》卷十九《奏废罢茶局科助》。

④ 李曾伯：《可斋续稿》卷三《四乞休致奏》。

⑤ 佚名：《宋史全文》卷三十四，哈尔滨：黑龙江人民出版社，2005年，第2289页。

⑥ 参见梁庚尧：《南宋盐榷——食盐产销与政府控制》，台北：台湾大学出版社，2010年，第159～194页。

⑦ 周应合：景定《建康志》卷二十六《官守志》，《宋元方志丛刊》，第1776页。

⑧ 《宋史全文》卷三十三，第2237页。

领江淮茶盐所后,曾创立江州分司,当与李曾伯所述为一事。而此后"凡上江茶,每一长引收钱二百贯,以三十贯入分司,百七十贯入本所(按:即提领茶盐所)。每一短引收钱百七十贯,以二十贯归分司,百五十贯归本所。皆名曰贴纳钱"①。可见此时长江中上游的茶利,已多数收归提领茶盐所所有。宝祐年间,提领马光祖又提出省并诸局之议:"照对上江之茶下江之盐,紧要纂节去处,诚不可不置立局分。前此所创子局,星罗棋布,不分紧慢,月益日增。"② 其中提到提领茶盐所在各地广设分局,掌控了上江之茶与下江之盐,进一步证实了收回茶利与设置提领所之间的关系。

南宋时期的客商对政策变更非常敏感。乾道四年淮东积盐,总领所官搬前往鄂州贩卖,竟导致"远方客人疑官中欲变盐法,建康务场数月之间,顿亏入纳二百万贯文"③。理宗朝全面推行食盐官鬻后,更导致"人心皇惑""民疑满腹""商旅不行"的记载充盈文献,财政收入亦不增反减。④ 此外,制置司亦趁火打劫,大量派军人私贩食盐。⑤ 这最终导致了整个长江中下游茶盐贸易的崩坏(李曾伯云商贩"皆以步担往来,初非连艘巨贩"),对湖广总领所的财政运营造成了不可弥补的恶果。

综上,理宗时期对茶盐之利的收回,实质上反映了朝廷与总领所之间财赋分配矛盾的进一步发展。其初衷本是"可以资籴,又省造楮"⑥,却未能挽回宋廷残破的局面,最终只得将其与公田法一同归罪于贾似道。⑦

四、湖广总领所的粮食供给体制及其变迁

以上部分主要就湖广总领所的收入问题作了大致的勾勒,本节则将重点讨论湖广总领所的军费供给问题。由于这一问题与军事财政有关,分析其运作方式时,不得不考虑宋金、宋元战争演进带来的影响。

《宋会要》中保存了一段嘉定年间臣僚的上奏,对我们了解湖广总领所的补给体制有重要价值:

---

① 景定《建康志》卷二十六《官守志》,《宋元方志丛刊》,第1777页。
② 景定《建康志》卷二十六《官守志》,《宋元方志丛刊》,第1777页。
③ 《宋会要辑稿》食货二七之三七、三八,第5274页。
④ 梁庚尧:《南宋盐榷——食盐产销与政府控制》,第167~170页。
⑤ 时人称"臣窃谓茶盐为今日之大利,乃擅于诸阃(即制置司)"(杜范:《清献集》卷十《八月已见札子》),或称"场务苛征,客旅困滞。而其为害之尤大者,莫甚于诸司军人之私贩"(徐鹿卿:《清正存稿》卷一《奏己见札子》)。
⑥ 《宋史全文》卷三十四,淳祐五年三月癸丑条,第2266页。这一说辞与贾似道创设公田法的理由极为类似,由此也可窥悉南宋末年的财政情况。
⑦ "德祐元年,谢太后诏有司曰……贾似道秉国以来,多行不恤之政,民甚苦之,如买公田,更茶盐市舶法又其甚者。"(史弥坚:嘉定《镇江志》附录,《宋元方志丛刊》,第2565页)这里将更茶盐法与买公田一同归为贾似道的"不恤之政",事实上理宗改革盐法早在贾似道秉国之前。

> （嘉定）十五年三月二十五日，臣僚言："国以兵为威，以食为命，天下四总，无非钱谷之所聚。而湖广总所，实饷京襄，万灶云屯，嗷嗷待哺。每岁改拨纲运，或襄阳或鄂州或均州或光州四处以交卸，米多自湖南拨运，谷多自江西拨运，其水路之艰险，脚钱之不敷，以至纲运之欠折，虽纲官有顾借者，亦有所不能免。盖边烽宁息之时，重兵屯于武昌，纲运改拨于京襄者有限。若湖南、江西之纲，多是指鄂州交卸而已。比年残虏假息于汴，本朝宿兵于边，舳舻蔽江，殆无虚日，势使然也。①

该段文字大致描述了当时湖广总领所粮食运输的地理概况（可参考图1），即从湖南、江西等地接收纲米，并发往襄阳边境供给驻屯大军。

（一）湖广总领所的稻米供应

首先就粮食的来源进行分析，湖广总领所的稻米主要来自州军上供与和籴。绍兴三十年（1160）的一组数据反映了湖广总领所岁收上供米的情况：

> （绍兴三十年正月）癸卯，户部奏科拨诸路上供米斛，鄂州大军岁用米四十五万余石，系于全、永、郴、邵、道、衡、潭、鄂、鼎州科拨，荆南府大军岁用约米九万六千石，系于德安、荆南府、澧、纯、复、潭州、荆门、汉阳军科拨。②

> （同年六月）江州转般仓取拨桩管江西上供米六万石，并充江州戍军支用。③

正如嘉定时臣所述，湖广总领所的纲米主要自湖南、江西等地拨运，在承平年间发往驻屯在鄂州、荆南与江州的三处大军。受"原额主义"的影响，绍兴三十年的上供数额维持了较长的一段时间。到了嘉定臣僚上奏时，湖南发往鄂州的上供米为四十七万余石，江西发往江州大军的上供米为四万五千二百石，与此数额仍相距不远。④ 但将以上的上供总额相加，只得六十万六千石，显然不能满足湖广总领所一岁九十万石的用米量⑤，这就需要和籴来补足。

绍兴初年，宋廷曾"以盗寇多，贡赋不继，始命户部降本钱下江、浙、湖南和籴米，以助军储"。到绍兴和议以后，南宋政权地位逐渐稳固，贡赋逐渐恢复秩序，但上供仍长年亏欠一百万石。⑥ 户部遂于绍兴十八年"奏免和籴，而命三总领所置场籴之"，令行在与淮东、淮西、湖广三总所共置场籴米一百二十二万五千石（其中湖广十五万石），并将

---

① 《宋会要辑稿》食货四十四之二十，第5593页。
② 《建炎以来系年要录》卷一百八十四，绍兴三十年正月癸卯条。
③ 《建炎以来系年要录》卷一百八十五，绍兴三十年六月辛未条。
④ 《宋会要辑稿》食货四十四之二十，第5593页。
⑤ 《建炎以来朝野杂记》卷十七"淮东西湖广总领所"条，第390页。
⑥ 南宋初期继承了北宋的上供租额，除去因战乱荒芜的两淮地区，皆定为四百六十九万石。

上供原额从四百六十九万石减为三百六十七万石,以取平衡。① 从此,湖广总领所基本确立了每岁定额和籴的制度。② 湖广总领所和籴米的主要来源仍是湖南、江西等地,往往选取"丰熟沿流州县"籴米③,平时亦有常德、潭州、澧州等地的客旅贩米至鄂州籴场中籴。④ 潭州因处于湘江水运的中心地带,一直承担着较重的和籴负担。⑤ 可见自南宋之初,"湖南于潭州置籴,于鄂州置转般仓,以给襄汉"的补给体系已宣告成立。⑥

(二) 荆鄂都统制及襄阳军事力量演变对总领所补给的影响

回到前引嘉定年间臣僚上奏一文,该文的主旨其实是指出战争状态对湖广总领所补给体制的影响。其中称"边烽宁息之时,重兵屯于武昌,纲运改拨于京襄者有限。若湖南、江西之纲,多是指鄂州交卸而已",但"比年残虏假息于汴,本朝宿兵于边",上供米必须沿汉水一直运输到襄阳一带,运费大增,官司不堪其重。可见承平时期,湖广一带主要的兵力集中在鄂州都统司,湖南与江西的上供米只用运输到鄂州总领所处交付。但嘉定七年以后,金朝迁都汴京,并以宋朝不纳岁币为由频频出兵宋朝边境,导致宋朝军队大量布防在襄阳一线,于是才出现了上述的情况。

以往关于军事财政的研究,最常出现的叙述模式即比较战前与战时的军费开支,排列大量的数字,以说明战争对财政的影响。但嘉定年间臣僚的上奏却提示我们,战争带来影响的并不仅仅表现在数字层面上,其背后所蕴含的整个体制的转变,或许更值得我们关注。

襄阳在绍兴四年被岳飞北上收复,此后便一直是宋金边境上的军事重镇。清人顾祖禹言:"湖广之形胜在武昌乎?在襄阳乎?抑在荆州乎?曰,以天下言之则重在襄阳,以东南言之则重在武昌,以湖广言之则重在荆州。"⑦ 南宋湖广地区的军事力量即围绕此三地

---

① 其中湖南、湖北蠲减后的原额分为五十五万石与十万石,可见前引绍兴三十年的上供数额正是这一改革后的体现。以上相关材料,见《建炎以来朝野杂记》甲集卷十五"东南军储数"条,第332~333页。日本学者岛居一康对这一事件有较详细的研究,参见岛居一康:《宋代税政史研究》,東京:汲古書院,1993年,第445~481页。

② 《建炎以来系年要录》在叙述此事件后称:"三总领所旧不立额,及是比行下。"(《建炎以来系年要录》卷一百五十八,绍兴十八年闰八月壬戌条)

③ "(绍兴二十八年九月十六日)户部契勘:'除荆湖北路总领所已承朝旨于鼎、澧、岳州及京西襄阳府、郢州取拨钱,收籴客贩米斛一十五万石充戍兵岁用外,其湖南路今欲依所请支降本钱二十万贯,专委转运司选委有心力清强官,于本路丰熟沿流州县置场招诱,措置收籴并客贩米斛。'从之。"(《宋会要辑稿》食货四十二之三十,第5523页)

④ 蔡戡:《定斋集》卷三《乞免增籴二十万石桩管米劄子》。

⑤ 到嘉定年间其负担又有增加,详见真德秀:《西山先生真文忠公文集》卷十《申朝省借拨和籴米状》。

⑥ 《建炎以来系年要录》卷一百十八,绍兴八年三月壬寅条。

⑦ 顾祖禹:《读史方舆纪要》,北京:中华书局,2005年,第3484页。

部署。荆湖地带的军队最初只以鄂州都统司为核心,至绍兴三十年才补设荆南都统司①;襄阳则一直没有固定的驻扎机构,主要靠内陆军队前往出戍。绍兴至嘉定年间,荆、鄂两司有分有合,轮流负责襄阳一带的军务,但总体的趋势是军事重心不断向襄阳一带转移。由于总领所是绍兴十一年收兵权的产物,其主要职能是供给从属中央的十处驻防大军(即十都统司),都统司设置的变化显然会对总领所的财政体制造成重大影响。故以下将就绍兴至嘉定年间荆、鄂都统司对襄阳的守备问题及襄阳一带军力的演变做一考察。

绍兴十一年收兵权后,田师中任鄂州都统制,接管了岳飞在荆湖的军队,笔者并未见到其在襄阳活动的材料。至绍兴三十一年(1161)四月,金军大举南侵,当时荆南都统制李道与鄂州都统制田师中分驻于荆、鄂两地,已无兵力可分。朝廷只得临时招利州西路都统制吴拱带四川兵三千人戍卫襄阳②,并于八月诏吴拱为鄂州都统制③。

因为当时吴拱以蜀将援襄,其兵额隶属于利州西路都统制,故湖广总领所上奏申请"将吴拱带行官兵钱粮草料……责令旧应副官司发赴襄阳府交纳"④,即要求四川总领所代为输纳粮草。时任四川总领王之望当即上奏反对,称吴拱官兵一岁所用折钱引达一百二万余道,若由四川千里运至襄阳还需水脚钱,四川无力应付,乞求于京西常平米与鄂州和籴米中拨五万石供吴拱支用。⑤ 户部遂罢湖广之请。

此后鄂州都统制左军统制郝㬎取代吴拱守备襄阳。⑥ 绍兴三十二年(1162)五月,又以"鄂州驻札御前左军副统制王宣权知襄阳府,将带所部军马权就本府屯驻"⑦。可见至绍兴末年,逐步形成了以鄂州都统司发兵驻屯襄阳的体制,这显然是对岳飞时期传统的延续。⑧ 此时的军费已转由湖广总领所负责,奠定了此后襄阳布防的格局。

到了隆兴元年(1163),宋廷谋划收复失地。从时任湖北、京西宣谕使虞允文的上奏中可见,当时襄阳府的防务,曾一度由赵撙与王宣帅荆、鄂两军共同负责。⑨ 此时王宣已由鄂州左军副都统转为荆南都统⑩,隆兴和议之后,襄阳府的防务遂由荆南都统司接管。至乾道九年(1173),时臣陈从古回忆隆兴故事,认为当时王宣、赵撙率领荆、鄂两军一

---

① 《建炎以来系年要录》卷一百八十四,绍兴三十年正月戊子条。
② 《建炎以来系年要录》卷一百八十九,绍兴三十一年四月甲辰条。
③ 《建炎以来系年要录》卷一百九十二,绍兴三十一年九月庚辰条。
④ 《建炎以来系年要录》卷一百九十三,绍兴三十一年十月癸卯条。
⑤ 王之望:《汉滨集》卷八《乞令湖广应付吴拱襄阳官兵钱粮朝劄》。
⑥ 徐梦莘:《三朝北盟会编》卷二百三十四,上海:上海古籍出版社,1987年,第1684页。按此条纪事未书年月,李心传对此事时间亦存疑,见《建炎以来系年要录》卷一百九十二,绍兴三十一年九月庚辰条。
⑦ 《建炎以来系年要录》卷一百九十九,绍兴三十二年五月乙未条。
⑧ 鄂州都统司的部队主要来自岳飞的旧部(《建炎以来朝野杂记》甲集卷十八"绍兴内外大军数"条,第405页)。
⑨ 虞允文:《亲临唐邓措置修城之役疏》,杨士奇编:《历代名臣奏议》卷三三六,上海:上海古籍出版社社,1987年。
⑩ 《建炎以来系年要录》卷二百,绍兴三十二年六月己巳条。

同驻防襄阳，意见不一，是不立统帅之失，故请求朝廷将鄂州都统司与荆南都统司"合为一军，择宿将为都统屯武昌，置副使屯襄阳，或一年许其更戍，则号令归一"。朝廷采纳其意见，将两司合并，以鄂州为荆鄂驻扎诸军都统，荆南为副都统，并进一步确立了荆南对襄阳的防卫责任。① 可见当时荆湖地区的军事重心已经开始北移。乾道年间，大军虽不再常驻前线，但仍需要每岁出戍襄阳。若从鄂州前往襄阳，水路"两千一百里，滩浅水急，非两月不可到"②。而荆南前往襄阳，陆路仅五百里，由荆南府派兵出戍襄阳显然更为方便。③

不过每岁出戍，仍然给荆南的大军造成不小负担。故乾道五年（1169）荆南知府刘珙曾作出调整："先是荆南兵戍襄阳者，累年不得归。公奏为半年番休之法，春夏三军，秋冬四军，更迭往来，军士感悦。"④ 至乾道七年（1171），荆南都统制秦琪首次提出移屯（即派兵常驻襄阳）的策略，这一提议引起了朝廷的讨论，但最后于乾道九年宣告失败，重归此前轮番出戍之制。⑤ 淳熙十年（1183），荆鄂副都统郭杲再次提议将江陵兵一万二千人并家属永屯襄阳，周必大与之力争，最后许移屯万人。⑥ 绍熙年间遂有荆鄂副都统屯襄阳的记载。⑦

开禧北伐前夕，宋廷暗自在襄阳一带加紧军事部署，湖广总领陈谦亦前往襄阳措置漕运。⑧ 开禧用兵之后，荆鄂都统及副都统更是尽集襄阳，"宣司虽在鄂渚，徒拥虚名"⑨。此后，赵方制置京湖，并于嘉定十年（1217）移治襄阳。⑩ 时人称："近年赵制置方多抽戍襄阳挈老小上边，而江陵兵额始不如旧，并军帅亦移治襄阳，而江陵府止总留务。"⑪

---

① 周必大：《文忠集》卷三十四《朝散大夫直秘阁陈公从古墓志铭》。王曾瑜对荆鄂两都统司的分合有所研究，但就乾道九年这一事件并未引用该条材料，文中认为荆鄂两司"对荆襄一带的军务，在制度上讲，已不容互相推诿，须是共同负责"（王曾瑜：《宋朝兵制初探》，北京：中华书局，1983年，第150页），似值得商榷。

② 蔡戡：《定斋集》卷三《论屯田劄子》。

③ 彭龟年：《止堂集》卷六《江陵条奏边备疏》。虽然水路比陆路运输费用更低，但从军事角度而言，陆路显然更为快便。绍兴初年四川宣抚使与总领曾就这一问题有过争论（《建炎以来系年要录》卷一百二，绍兴六年六月辛酉条）。

④ 朱熹：《晦庵先生朱文公文集》卷八十八《观文殿学士刘公神道碑》。

⑤ 关于乾道年间移屯一事，可参见小岩井弘光：《宋代兵制史の研究》，東京：汲古書院，1998年，第468页。需指出的是，该文对材料的理解偶有偏差，如误将吴拱带三千士兵驻屯襄阳一事系于乾道四年，亦没有意识到乾道年间的移屯最终以失败告终。

⑥ 楼钥：《攻媿集》卷九十四《少傅观文殿大学士致仕益国公赠太师谥文忠周公神道碑》。

⑦ 袁燮：《絜斋集》卷十五《武功大夫合门宣赞舍人鄂州江陵府驻扎御前诸军副都统制冯公行状》。

⑧ 叶适：《水心文集》卷二十五《朝请大夫提举江州太平兴国宫陈公墓志铭》。

⑨ 曹彦约：《昌谷集》卷十二《上宇文宣抚论置司鄂州劄子》。

⑩ 《宋史》卷四百三《赵方传》，第12204页；吴廷燮：《北宋经抚年表·南宋制抚年表》，北京：中华书局，1984年，第498页。

⑪ 《舆地纪胜》卷六十四，第2196页。

可见绍兴以来荆湖军事重心的北移到此达到巅峰。

以上主要针对绍兴以来荆湖地区军事体制的变动做了初步分析。在本节最后，笔者将所见绍兴至嘉定期间襄阳的驻军数字与岁耗米量做一列表（表2），以求对这一时段内襄阳军事地位与补给需求的变动有一直观印象。

表2　绍兴至嘉定间襄阳地区驻军与补给米数

年份	驻军数	补给米数	资料来源
绍兴三十一年（1161）	三千二百人	五万石	《建炎以来系年要录》卷一百八十九，绍兴三十一年四月甲辰条；王之望：《汉滨集》卷八《乞令湖广应付吴拱襄阳官兵钱粮朝劄》
隆兴元年（1163）	总四万二千人，分戍唐州约六千人	总数不明，唐州需用十一万四千石	《历代名臣奏议》卷三三六，虞允文：《论唐邓不可弃疏》及《论固守唐邓兵势粮运疏》
乾道七年（1171）	一万五千五百七十二人	不明	《宋会要辑稿》兵五之二八
淳熙年间	一万人	十五万石	蔡戡：《定斋集》卷三《论屯田厉害状》，卷八《乞更运京西桩管米疏》
淳熙十年（1183）	一万人	不明	楼钥：《攻媿集》卷九十四《少傅观文殿大学士致仕益国公赠太师谥文忠周公神道碑》
绍熙年间[1]	二万人	不明	王炎：《双溪类稿》卷二《上葛密院书》
绍熙四年（1193）	七千人	不明	辛弃疾：《论荆襄上流为东南重地》（邓广铭辑校：《辛稼轩诗文钞存》，上海：古典文学出版社，1957年，第55页）
开禧三年（1207）	二万至三万人	不明	黄榦：《勉斋集》卷一六《与宇文宣抚言荆襄事体》
嘉定十五年（1222）[2]	不明	六七十万石	《宋会要辑稿》食货四十四之二十

1) 材料中所提及的葛密院当为葛邲，其于绍熙元年知枢密院事，又于四年拜左丞相（《宋史》卷三百八十五《葛邲传》，第11828页），可见文中所述当为绍熙年间之情况。
2) 文中言军兴之前只需运米十五万石，与淳熙年间的数字相符。

（三）水路运输与前线补给之困局

由上文的分析可知，绍兴至嘉定年间，随着京湖地区军事重心的不断北移，满足襄阳一带驻屯大军的需求成为湖广总领所的一项重要职能。但湖广总领所的主要粮食来源在湘江、赣江沿流腹地，如何将当地的粮食转搬到襄阳成为一大难题。

前文所引嘉定年间某臣僚上奏，其内容中尚有大段言及当时鄂州至襄阳漕运之状况，值得加以重视。首先，承平年间湖南等地发送的纲米多是运至鄂州交付，其水脚钱由总领所以铜钱与交子支付。但军兴之后，纲米多需改拨襄阳，由鄂州溯汉水而上的这段路程尤为艰阻，脚钱却只支付湖广会子。当时湖会折阅严重，脚钱自然不敷，负责押运的船户只有"取办于官米，纲官明知船户盗窃，而势不容戢，亦付之，无可奈何。及到仓交卸，而官米之存者仅及其半，仓官斗吏，或复诛求"①。可见在运输过程中，粮米损失非常严重。绍熙年间，湖广总领詹体仁称当时"鄂州见屯军马，每岁合用米料共约支一万七千余石，每年常科拨纲运四万余石前去应副支用"②。拨运的粮米为实际消费的两倍余，或许也与这种运输损失有关。

故该臣僚站在漕臣的立场，希望湖广总领能在每纲发运前指明目的地，并预支一半的脚钱。湖广总领在随后的回复中称脚钱问题已有所改善，但提前确定改拨地较难实行。因为当时汉水只有夏季涨水后才能通航，入冬以后水即干涸，而湖南等地的纲运经常愆期，总领所只能趁涨水之际随到随拨。③

若将汉水的这一特点置于当时的大环境下来看，南宋时常有"防秋"之议，当时的军事防备也主要放在这一时间。如前文所述，乾道以后荆南形成了以军队分番出戍襄阳的制度，此后便有臣僚担心："荆南诸军依已降指挥，分番荆襄更休出戍。今来防秋之际，守戍襄阳边面人数不多。"④ 汉水自秋冬以后断流，这意味着在每年军务最紧张的时期，总领所却无法将物资转运至襄阳前线，这势必对前线的军需造成影响。

故历代总领也积极尝试用其他方式补给前线。如淳熙年间，蔡戡任湖广总领，认为"与其仰于馈运，不若取之土产"，欲与都统司合作措置屯田。⑤ 但南宋京襄一带的屯田多有弊端，隆兴年间曾出现"以其无耕田之民而课之游民，游民不足而强之百姓。于是百姓舍己熟田而耕官生田"的情况。⑥ 淳熙时，襄阳一带田地久经荒废，又与民田错杂，⑦ 恐怕亦难免重蹈覆辙。

由屯田的事例又可窥见，当时边地的军事供给已尤为艰难，而百姓亦有难言之苦。绍熙三年（1192），知襄阳府张构上奏称：

---

① 《宋会要辑稿》食货四十四之二十，第5593页。
② 《宋会要辑稿》食货六二之六八，第5982页。
③ 《宋会要辑稿》食货四四之二十，第5593页。
④ 《宋会要辑稿》兵六之三，第6856页。
⑤ 蔡戡：《定斋集》卷三《论屯田劄子》。
⑥ 关于宋代军屯之弊害，参见汪圣铎：《两宋财政史》，北京：中华书局，1995年，第317～318页。
⑦ 《宋会要辑稿》食货六三之五七，第6015页。

> 本府系居极边，殊无储蓄，入秋江涨，居民陆种尽被水伤，本府逐岁所仰皆自江陵、荆门、复州等处般贩前来，遂至在市无米，今常［平］出粜已尽，深虑边民乏食。诏许于见管粳粟米内借拨八千石充赈粜，二千石充赈济。①

这段话颇有不易解之处，其中所言"本府逐岁所仰皆自江陵、荆门、复州等处般贩前来"，似乎与前文所描述的由汉水至襄阳的补给体制有一定出入。而最后"诏许于见管粳粟米内借拨"，既然是"见管米"，又不知为何要"借拨"。在此之前的淳熙十年，襄阳府臣僚亦有一则类似的上奏：

> 本府地临极边，民多系西北唐、邓等处归正之人。去秋旱伤，今夏大雨，庐舍漂荡，常平米止有二千余石，赈济尽绝。乞于本府寄桩大军米内支降应副赈济。②

对比两条材料，文意大可理清。当时属于地方官司的常平米已经用完，襄阳府所借用于赈济的，其实是属于总领所大军仓中的军粮。在当时经济发达的浙西严州，亦有类似的记载，称当地"官兵月廪率取米于邻郡以给，而百姓日籴则取于衢、婺、苏、秀之客舟"③。甚至淮西总领所的所在地建康，也出现了"民无盖藏，全仰客贩，客舟稀少，价即踊贵"④的现象。

此前学者多注意到总领所具有赈济的职能。⑤ 事实上，这样的职能往往并非出于主动。官府无奈乞求的背后，反映出当时驻屯诸军有总领所体制提供稳定的军需保障，而百姓却要仰给于漂泊不定的客商这一事实。在前线粮食的补给上，军民之间显然有一道难以跨越的鸿沟。

而即使是地方官司，处境也极为窘迫。绍熙末年，江陵知府彭龟年就曾上奏言，江陵府作为军事要地，虽然是御前诸军分屯之地，但绝大部分士兵都出戍襄阳。本府厢禁军又都是乌合之众，全不中用，只能依靠神劲军一支军队。现欲招义勇万余人，又无处筹集资金，唯一可以依靠的酒利却归属于都统制。⑥ 可见当时以都统制与总领所为代表的御前诸军体制，大量侵夺了地方军队的空间与资源，亦造成了地方财政的紊乱。

（四）总领所供给体制的崩溃

但这样的情况并未维持太久，到了嘉定年间（1208—1224），京湖制置使赵方"合官、民、兵为一体"，打破地方武力与御前诸军的界限，重用神劲军等新军，自此都统制制度

---

① 《宋会要辑稿》食货六八之九三、九四，第 6300 页。
② 《宋会要辑稿》兵十六之八，第 7032 页。
③ 方逢辰：《蛟峰文集》卷四《严州新定续志序》。
④ 景定《建康志》卷二十三《城阙志》，《宋元方志丛刊》，第 1687 页。
⑤ 见何玉红《试析南宋四川总领所的职能》一文。
⑥ 彭龟年：《止堂集》卷六《江陵条奏边备疏》。

逐渐崩坏。① 此外，他又"通制、总司为一家"②，这也导致此后制置使开始肆意侵夺总领之权。

嘉定之后，襄阳地区屡经变乱，先是端平三年（1236）一度因内讧落入叛军之手，此后又遭蒙古攻略。嘉熙二年（1238），孟珙收复京湖，但并未派军驻屯襄阳，襄阳逐渐成为弃地。直到淳祐十一年（1251），李曾伯受命重新经理襄阳并长期驻防，襄阳方重新成为军事重地。③

当时战事激烈，军队调动频繁，大军的支给主要根据生熟券制度，军队出戍外地者给生券，本地驻屯者则给熟券。④ 孟珙任京湖制置使时与湖广总领朱鉴不合，曾"责生券甚急，公（即朱鉴）核其虚籍以闻，诏珙自认生券"，生券钱米遂拨为制置司所管。⑤ 孟珙于淳祐六年去世后，贾似道继任，此后制置使多兼摄总领之职。⑥ 故当李曾伯重新经理襄阳，面对类似嘉定时期千里馈饷的问题时，采取的方式是令湖南转运司与掌管生券的京湖制置司共同筹办，总领所被排出于供给体系之外。⑦ 另外，当时荆湖地区的主要军事力量已由御前大军转为制置使手下的诸多新军，总领所原本供应都统司的钱粮往往被通融支给新军。⑧ 制置司逐渐取代了总领所以往的职能，湖广总领所至此名存实亡。

咸淳四年（1268），决定宋朝命运的宋元襄樊之战开始。《齐东野语》中记载了一个非常悲壮的故事，咸淳八年（1272）时，襄樊被围已久，而邓、郢之道断绝，城中虽有宿储可持，但仍缺盐薪布帛。⑨ 当时民兵张顺、张贵欲援襄阳：

> 先于均州上流名中水峪立硬寨，造水哨、轻舟百艘，每艘三十人，盐一袋，布二百。且令之曰："此行有死而已。或非本心，亟去，毋败吾事。"人人感激思奋。是岁五月，汉水方生，于二十二日，稍进团山下。越二日，又进高头港口结方阵。各船置火枪、火炮、炽炭、巨斧、劲弩。夜漏下三刻，起碇出江，以红灯为号。贵先登，顺为殿，乘风破浪，径犯重围。至磨洪滩以上，敌舟布满江面，无罅可入。鼓勇乘锐，

---

① 参见王曾瑜：《宋朝兵制初探》，第185页。
② 《宋史》卷四百三《赵方传》，第12206页。
③ 以上参见李天鸣：《宋元战史》，台北：食货出版社，1988年，第948页。
④ 参见安部健夫：《生熟券支给制度略考》，氏著：《元代史の研究》，東京：創文社，1972年，第319～362页。以往学界并未关注生熟券制度的形成时间，有些学者直接定为绍兴和议之后（王曾瑜：《宋朝兵制初探》，第234页）。就笔者所见材料，该制度恐怕在理宗朝前后始凸显，此处暂存疑，留待详考。
⑤ 刘克庄：《后村先生大全集》卷一百五十八《方景楀墓志铭》，此文刊印时误将朱鉴事迹混入。
⑥ 方震华指出，从淳祐七年到南宋灭亡前的德祐元年（1247—1275），湖广总领皆由京湖制置使兼任（方震华：《晚宋边防研究（A.D. 1234—1275）》，台湾师范大学历史研究所硕士学位论文，1992年，第25页。感谢方先生从台湾惠赐此文）。
⑦ 李曾伯：《可斋杂稿》卷十九《奏湖南运司合支水脚》。
⑧ 参见方震华：《晚宋边防研究（A.D. 1234—1275）》，第40～41页。
⑨ 这类物资的缺乏或与前文所述理宗后期长江中下游茶盐贸易的崩溃有关。

> 凡断铁緪攒筏数百，屯兵虽众，尽皆披靡避其锋。转战一日二十余里，二十五日黎明，乃抵襄城。城中久绝援，闻救至，人人踊跃，气百倍。及收军点视，则独失张顺，军中为之短气。越数日，有浮尸溯流而上。被介胄，执弓矢，直抵浮梁，视之，顺也。身中四枪六箭，怒气勃勃如生，军中惊以为神，结冢敛葬，立庙祀之。然自此围益密，水道连锁数十里，以大木下撒星桩，虽鱼鳖不得度矣。①

可见在总领所的粮食供给体制失效后，边境军队已无有效办法得到供应。就在此年，宋廷亦下令"以钱千万，命荆湖制司籴米百万石，输襄阳府积贮"②，但这些物资显然绝无可能运达襄阳。次年，吕文焕降元，襄阳失守，就此宣告了南宋灭亡的命运。

五、结　论

综括全文，绍兴十一年总领所的设置，事实上重构了整个南宋的财政体系。长江在这一体系中扮演着越来越重要的角色：就横向言，长江中下游繁荣的茶盐贸易与湖广总领所的财政收入息息相关，期间宋廷发行了多种纸币，③它们的初衷均是服务于财政目的，最后却或多或少诱导了当时商业活动的走向；在纵向上，湖广总领所的军事补给主要围绕湘江、汉水等长江支流进行，因战时状态引起的军事体制变动，使湖广总领所不得不面临财赋供给地与军需地分离的难题，这也为宋末襄樊之战的补给留下了隐患。若我们从总领所设置的背景来思考，不难看出总领所毕竟是收兵权与绍兴和议后的产物，其制度设计更适用于承平时期，一旦战事兴发，其体系必然走向崩溃，最后被权力集中、效率更高的制置使所取代。

在此，笔者欲回应本文开头所提出的两个问题，即南宋时期中央与地方、财政与商业的互动关系。首先，以往学者多从人事职权或机构架设的层面讨论代表中央的户部与总领所之间的关系，却没有考虑财赋来源的问题。一方面，南宋朝廷偏安江南，可以支配的税收较北宋大为减少。以湖广总领所一年所需九百六十万缗经费为例，其中常赋只能满足五百万缗，户部钱物在其中的作用是有限的，剩余部分需通过其他渠道（特别是榷货务的茶盐通商）补足，而榷货务的收入属于朝廷钱物的范畴，故在钱物的支配权方面中央对总领所始终表现出既支援又有所竞争的态度。另一方面，朝廷钱物由王安石新法演生而来，继承了其从流通经济处开源的特点。这有效解决了两税法体制下原额凝固导致财赋来源与数

---

① 周密：《齐东野语》卷十八"二张援襄"条，北京：中华书局，1983年，第341~342页。
② 《宋史》卷四十六《度宗本纪》。按《宋史》中凡有关南宋末期的记载，其中的"钱"多指楮币（高桥弘臣：《宋金元货币史研究——元朝货币政策之形成过程》，上海：上海古籍出版社，2010年，第205页脚注）。
③ 虽然时人认为"夫钞引即钱物也"（《宋会要辑稿》职官四一之六八，第3200页），但从今天的货币理论来看，三合同关子、湖北会子与茶引都并非严格意义上的纸币，此处只为方便而作此叙述。

额僵化、无法满足战争等突发事件需求的问题，使宋朝的财政体系更为多元、富有弹性。① 整个南宋时期朝廷的岁入也表现出这一结构，茶盐榷货、商税、海外贸易等收入在财政收入中占了很大的比重，所谓的宋代商业发达必须置于这一背景下去理解。

综括而言，南宋时期的中央与地方、财政与商业之间一直维持着一种巧妙的平衡，却又暗藏着矛盾。一旦有一方挑起矛盾，欲以自身的意志支配对方，则会造成整个体系的崩溃，最终酿成苦果。

---

① 包伟民先生对宋代这种"重征榷轻正赋"的赋税结构有较好的解释（氏著：《宋代地方财政史研究》，第 308～315 页）。

广西买马与南宋初期西南边疆政治关系

徐 莹

指导教师：曹家齐 教授

一、前　言

向边疆民族或政权购买马匹，一直为历代朝廷所重视。根据实际需要的不同，市马既可以补充战马、充实军事力量，也可以实现对边疆民族的羁縻、安抚。两宋边境面临多个少数民族政权的军事威胁，无论是对战马的需求，还是对边疆政权的安抚，都显得极为重要。因此，市马也成为影响两宋政府边疆关系的重要事项之一。

宋政府南渡以后，马源地大幅减少，与大理国、自杞、罗殿等西南边疆政权之间进行的广西买马由此兴起，广西也成为了南宋政府的重要马源地之一。自北宋以来，因为战事频繁等原因，宋政府把更多的精力投放在西北、东北一线。而在现实需要下，南宋政府不得不与西南边疆有更多的接触，这种接触主要体现在市马活动上。因为广西买马的兴起，自杞、罗殿等国随之壮大，南宋在西南边疆面临着更多的新问题。而对于宋理关系，终南宋一代，广西买马也几乎成为两国之间唯一的官方交流。因此，广西买马与南宋处理西南边疆关系有着至关重要的联系。

目前学术界对于南宋广西买马的研究，相比于北宋的茶马贸易，虽然仍不算丰富，但已有不少成果。专论南宋广马的，有潘培志先生的《南宋时期广西盐马贸易兴盛原因初探》[1]、张芳芳的《南宋广南西路市马交通考》[2]、小凤的《南宋广西马市论略——广西商品经济史考论》[3]、魏天安先生的《南宋广西买马制度》[4]、周宗贤先生的《宋代邕州马

---

[1] 潘培志：《南宋时期广西盐马贸易兴盛原因初探》，《河池师专学报》1989年第4期，第10~12页。

[2] 张芳芳：《南宋广南西路市马交通考》，广州：暨南大学硕士学位论文，2010年。

[3] 小凤：《南宋广西马市论略——广西商品经济史考论》，《广西地方志》2001年第2期，第45~49页。

[4] 魏天安：《南宋广西买马制度》，《广西社会科学》2007年第4期，第12~16页。

市》①、刘复生先生的《宋代的"广马"贸易》② 等。兼论南宋广马的，有林文勋先生的《宋代西南地区的市马与民族关系》③、胡昭先生的《宋朝市马三题》④、尚平的《南宋马政研究》⑤、杜建录先生的《宋代市马钱物考》⑥ 和《宋代沿边市马贸易述论》⑦、朱文慧等对广西贸易经济的研究⑧等。以上学术成果，对于南宋广西买马的兴起和发展过程，以及具体实施和制度等都作出了比较充分的研究，具有一定的参考价值。但是，前人多从经济交往和民族关系的角度分析广西买马，既然广西买马与南宋西南边疆有密切关系，笔者希望能从政治的角度作一些专门的探讨。

在对宋理或宋与西南关系的研究中，学者多指出南宋政府对西南边疆持有防范态度，如段玉明先生的《大理国的周边关系》⑨、刘永生先生的《两宋王朝与大理国关系研究》⑩ 等。但是，前人研究多集中在宋理关系上，而且把南宋政府的防范态度归因于对唐南诏之祸的借鉴和对北宋宋理关系的继承，缺乏对南宋现实需要的分析。除了指出这种防范态度外，也有学者认为广西买马具有羁縻边疆的作用，如朱文慧的《宋代广南西路对外贸易初探》⑪、张芳芳的《南宋广南西路市马交通考》⑫ 等。张陈呈先生的《南宋广西买马路对广西与大理两地关系的影响》⑬，既认为广西买马加强了南宋政府与西南边疆的政治联系，也认为南宋政府的防范态度阻碍了这种政治联系的发展，在这一点上似乎略显矛盾，值得继续探讨。

北宋的茶马贸易，多带有羁縻边疆的作用。但对于南宋广西买马的羁縻作用，应该区分考量。笔者认为，分布在两宋边境的少数民族政权众多，各自的具体情况存在差异，羁

---

① 周宗贤：《宋代邕州马市》，《中国民族》1984 年第 6 期，第 48~49 页。
② 刘复生：《西南史地与民族——以宋代为重心的考察》第四章，成都：巴蜀书社，2011 年。
③ 林文勋：《宋代西南地区的市马与民族关系》，《思想战线》1989 年第 2 期，第 66~72 页。
④ 胡昭：《宋朝市马三题》，《中国农史》1986 年第 3 期，第 46~55 页。
⑤ 尚平：《南宋马政研究》，北京：首都师范大学博士学位论文，2009 年。
⑥ 杜建录：《宋代市马钱物考》，《固原师专学报》1992 年第 1 期，第 35~40 页。
⑦ 杜建录：《宋代沿边市马贸易述论》，《固原师专学报》1991 年第 3 期，第 54~63 页。
⑧ 朱文慧：《宋代广南西路对外贸易初探》，广州：暨南大学硕士学位论文，2006 年；朱文慧、范立舟：《对外贸易视角下宋代广南西路经济发展》，《广西社会科学》2010 年第 7 期，第 95~98 页；朱文慧：《南宋广南西路横山寨的贸易》，《北方民族大学学报》（哲学社会科学版）2011 年第 4 期，第 41~45 页；朱文慧：《试论宋代广南西路对外贸易的发展》，《江西社会科学》2010 年第 5 期，第 160~164 页；朱文慧、王元林：《宋代广南西路的三大博易场和海南岛的对外贸易》，《海南大学学报》（人文社会科学版）2010 年第 5 期，第 14~17 页。
⑨ 段玉明：《大理国的周边关系》，《云南社会科学》1997 年第 3 期，第 54~64 页。
⑩ 刘永生：《两宋王朝与大理国关系研究》，《佳木斯大学社会科学学报》2006 年第 1 期，第 80~82 页。
⑪ 朱文慧：《宋代广南西路对外贸易初探》。
⑫ 张芳芳：《南宋广南西路市马交通考》。
⑬ 张陈呈：《南宋广西买马路对广西与大理两地关系的影响》，《临沧师范高等专科学校学报》2007 年第 4 期，第 22~25 页。

縻政策实施的效果也有所差别。而且两宋共历三百余年，不同时期对于补充战马和羁縻边疆的侧重也有所不同。因此，应该根据时期和对象的不同，对买马的政治因素区分评价。本文将先讨论广西买马的兴起和目的，辨析广西买马在羁縻作用上的实际效果，从而探究当中反映的西南边疆政治，以及南宋政府采取这种政治态度或政策的原因及其对广西买马乃至南宋全局的影响。另外，本文把关注的时间段放在了南宋初期的高、孝两朝。一是因为孝宗以后相关史料相对匮乏，不便研究；二是因为广西买马在高、孝时期最为兴盛，在政策等问题上也较具有继承性和代表性。但即使如此，笔者不希望把目光局限在一个小角落，而尽量联系当时的历史环境，作出分析和评价。

二、南宋广西买马的兴起与目的

宋政府向边疆政权买马，北宋主要在河东、陕西、川峡三路[①]，南宋则仰川、秦、广三边[②]。南渡以后，随着北方国土的大面积丢失，宋政府买马地的重心由西北转向西南，广西买马也由此兴起。但实际上，广西买马早于北宋神宗时期就已经出现，并为南宋时期的发展奠定了基础。据《岭外代答》记载，神宗元丰年间，"广西帅司已置干办公事一员于邕州，专切提举左右江峒丁同措置买马"[③]。《宋会要》也记载，元丰年间，广西两江峒丁"睹王师讨伐交人，因马取胜，愿习战"，于是在元丰元年，广南西路经略司乞置马社，市战马千疋，分给峒丁，所买为"蛮马"。[④] 这可以视为广西买马的起始。

当时广西边境分布的少数民族聚落众多，除大理国外，亦已有罗殿、自杞、特磨等。《桂海虞衡志》记载："其（汉蛮）南连邕州，南江之外，稍有名称者，罗殿、自杞以国名，罗孔、特磨、白衣、九道等以道名，此皆成聚落，地皆近南诏。"[⑤] 南宋时，广西收买的"蛮马"，"出西南诸蕃，多自毗那、自杞等国来，自杞取马于大理"[⑥]。北宋政府购买大理马，在《云南买马记》中有记载："熙宁六年，陕西诸蕃作梗，互相誓约不欲与中国贸易，自是蕃马绝迹而不来。明年，朝旨委成都路相度，募诸色人入诏，招诱西南夷和

[①] 《宋史》卷一九八《兵十二》，北京：中华书局，1985年，第4932页。
[②] 李心传：《建炎以来朝野杂记》甲集卷十八《兵马》"孳生监牧"条，北京：中华书局，2000年，第432～433页。
[③] 周去非：《岭外代答》卷五《财计门·经略司买马》，上海：上海远东出版社，1996年，第100页。
[④] 徐帆：《宋会要辑稿》兵四之三四，北京：中华书局，1957年，第6837页。
[⑤] 马端临：《文献通考》卷三百二十八《四裔考五》"充州"条"石湖范氏《桂海虞衡志》曰"，浙江：浙江古籍出版社，1988年影印，第2578页。
[⑥] 范成大：《桂海虞衡志》卷七《志兽》，严沛校注：《桂海虞衡志校注》，南宁：广西人民出版社，1986年，第55页。

买。……将假道于虚恨，以使南诏。"① 杨佐应募到大理买马，但并非从广西邕州入，而是从成都府路出发，假道虚恨部，再入大理。至徽宗政和年间，大理国入贡，黄璘于广西宾州置局。② 可见大理国与北宋的接触，一可自成都府路，一可自广南西路。元丰年间的广西买马，虽不能判断是直接向大理国买马，还是收买经西南诸蕃转卖的大理马，但对于南宋开展广西买马，已具有参考意义。大理马多产于西戎，属于优良战马。但当时北宋政府"以陕西诸蕃就汉境贸易如初，而西南市马之议罢"③，不再接受大理国前来卖马，可见北宋政府对西南买马并不十分重视。

南渡以后，广西买马再度兴起。兴起的原因，前人已多作论述，大致可以总结为以下五点：一是西北马源大量丢失，二是南宋初期战事频繁导致战马需求量大，三是南宋初期括官民马失败，四是南宋自己养马失败，五是川秦马纲通塞不常。④ 可见，战马紧缺，是南宋广西买马兴起的主要背景。

建炎三年，宋政府命广西提举峒丁李棫即邕州置使买马，可视为南宋广西买马的开始。虽然没有史料直接表明南宋广西买马的兴起是参考北宋广西买马，但从以左右江峒丁买马，以及买马对象来看，不可否认北宋广西买马对南宋有一定影响。北宋神宗时期，因为陕西诸蕃不与中国贸易，西北马源断绝，政府才在川、广地区向大理等西南诸蛮买马，西南买马作为补充战马的途径而存在。此后西北马源恢复，政府不复与大理买马，不惜致使蕃人"颇出怨语"⑤。南宋广西买马也有类似，绍兴六年九月，翰林学士朱震言："异时西北路通，则渐减广西买马之数，庶几消患于未然。"⑥ 由此可见，广西买马或向西南诸蕃买马，在宋政府看来，只是增加战马的权宜之计，从外购马还是以西北为先。因此，广西买马兴起的目的，首要在于补充战马。

广西买马市于大理、自杞、罗殿等西南诸蛮，自杞、罗殿本不产马，多转卖大理马。"大理连西戎，故多马，虽互市于广南，其实犹西马也。"绍兴年间，规定"须四尺二寸已上乃市之，其直为银四十两，每高一寸增银十两，有至六七十两者"。也即可以买到四尺五寸的好马。所买马"择其良赴三衙，余以付江上诸军"⑦，也曾"以三百骑赐岳飞，二百骑赐张俊，又选千骑赴行在"⑧。虽然时有官员市得"弱不堪用"的马匹，但朝廷往

---

① 李焘：《续资治通鉴长编》卷二六七"神宗熙宁八年八月庚寅朔"条注引，北京：中华书局，1995年，第6539～6540页。
② 《宋史》卷四八八《列传·外国四》，第14072页。
③ 《续资治通鉴长编》卷二六七"神宗熙宁八年八月庚寅朔"条注引，第6541页。
④ 参考潘培志先生的《南宋时期广西盐马贸易兴盛原因初探》、张芳芳的《南宋广南西路市马交通考》、小凤的《南宋广西马市论略——广西商品经济史考论》、刘复生先生的《宋代的"广马"贸易》等。
⑤ 《续资治通鉴长编》卷二六七，神宗熙宁八年八月庚寅朔条注引，第6541页。
⑥ 《宋会要辑稿》蕃夷四之六〇，第7743页。
⑦ 《宋史》卷一九八《兵十二》，第4956页。
⑧ 《建炎以来系年要录》卷五十五，绍兴二年六月癸巳条，第966页。

往以贬官或撤换官员的方法,对马匹质量严加控制,保证战马供应。绍兴三年有言,广西买马"岁得千匹,虽道毙者半,然于治军亦非小补"①。因此,在实施过程中,广西买马在补充战马方面也确实取得了成效。与北宋不同的是,南宋不具备恢复西北马源的条件,绍兴年间自行牧马的试验又告失败,广西买马作为补充战马的重要来源之一,得以长期存在。

关于南宋广西买马的发展过程,前人亦已有较详细的论述。如尚平在《南宋马政研究》中,把广西买马分为三个时期:高宗时期、孝宗时期、孝宗以后至南宋末期。其中高宗朝为广西买马制度的创设和走向正轨的时期,孝宗朝则是广西买马稳定发展的时期。②在此期间,虽然买马地和买马机构屡有更改,但基本确定于邕州横山寨置司买马,并定立买马马格、买马钱物、官员赏罚等规定。南宋末期,随着蒙古军队南下,广西买马走向衰落。

三、对南宋广西买马羁縻作用的再认识

与边疆少数民族政权进行市马贸易,不仅可以补充马匹,还因为双方建立了一种经济上供求互补的联系,而起到羁縻、安抚少数民族政权的作用。这是北宋茶马贸易所能体现的,也是以后一些王朝加以利用并以此来稳定边疆的。因此,带有羁縻目的的市马贸易,可以体现一国政府对待边疆政治的态度。

对边疆少数民族政权的羁縻,是中央王朝对他们给予政治上的封赏、经济上的恩待,或是提供其生活所需,以表示安抚或控制,通常借助经济贸易来实现。在这个过程中,中央王朝重视少数民族的需求和利益,以使他们能够稳定地提供本国所需,同时防止边患的发生。在市马贸易中,羁縻作用可能伴随购买战马的目的而生,而成为次要目的;也可能直接就以羁縻边疆为主要目的。市马活动侧重于市战马,还是羁縻边疆,视乎中央王朝的实力、现实需要以及对待边疆的态度而定。

两宋茶马贸易,多带有羁縻边疆的目的,可以分为两种情况。一是在西北的茶马贸易,羁縻与市马并重。熙宁七年,经略使王韶言:"西人颇以善马至边,其所嗜唯茶,而乏茶与之为市,请趣买(卖)茶司买之。"又元符末,程之邵答徽宗马政,言:"戎俗食肉饮酪,故贵茶,而病于难得,愿禁沿边鬻茶,专以蜀产易上乘。"结果获马万匹。③北宋借助西北边疆民族所必需的茶来换战马,既可以收买战马,又可以实现用茶安抚和控制边疆民族,达到羁縻的效果。二是在西南川蜀地区的茶马贸易,以羁縻边疆为主要目的。《宋史·食货志》记载:"南渡以来,文、黎、珍、叙、南平、长宁、阶、和凡八场,其

---

① 《建炎以来系年要录》卷六十二,绍兴三年正月壬午条,第1065页。
② 尚平:《南宋马政研究》,第51页、第69页。
③ 《宋史》卷一六七《职官七·都大提举茶马司》,第3969页。

间卢甘蕃马岁一至焉,洮州蕃马或一月或两月一至焉,叠州蕃马或半年或三月一至焉,皆良马也。其他诸蕃马多驽,大率皆以互市为利,宋朝曲示怀远之恩,亦以是羁縻之。"① 宋政府收买驽马,对于补充战马作用不大,却是为了起到安抚诸蕃的作用。

前人学者在研究广西买马时,有时会以理解茶马贸易的思路去理解广西买马。如潘培志先生的《南宋时期广西盐马贸易兴盛原因初探》,认为广西买马以盐作为主要的买马物,而大理国和西南诸蛮缺乏食盐,且经济相对落后,对南宋较为依赖,同时,南宋在战马的需求上对西南也有所依赖,因此买卖双方存在与茶马贸易相类似的供求互补关系。② 有时则把广西买马纳入茶马贸易中进行论述,并未明确指出广西买马与茶马贸易的不同之处,容易把二者混淆。如郭孟良先生在《"蜀茶总入诸蕃市,胡马常从万里来"——宋代茶马贸易述论》中,认为"为了弥补战马的不足,南宋积极在四川、广西等地购买羁縻马以应急需,数量甚至超过秦州购买的马匹"③。笔者认为,广西买马与其他地区的茶马贸易有所区别,羁縻作用也应该区分讨论。

首先从供求互补的关系来看。南宋在广西买马,特别之处在于用盐买马,因而学界又把广西买马称为"盐马贸易"。但实际上,广西买马的买马物多种多样(表1)。

表1 南宋广西买马钱物

时间	买马钱物	备注	出处
绍兴元年七月九日	上供钱	不得过十万贯	《宋会要》兵二二之一五,第7151页
绍兴二年六月四日	内藏库钱	三十万贯	
绍兴二年七月五日	广西度牒、盐变卖	度牒五百道,盐七十万斤	
绍兴二年七月九日	钱	官员自备钱	
绍兴二年七月	钦州盐	二百万斤	《要录》卷五十六,绍兴二年七月癸亥条,第977页
绍兴三年二月十五日	盐、彩、绝、绢		《宋会要》兵二二之一七,第7152页
绍兴三年二月二十六日	钦州盐	一百万斤,上供钱拨还买盐本钱	《宋会要》兵二二之一八,第7152页
绍兴三年二月	上供钱、钦州盐	钱二十七万缗,盐二百万斤	《要录》卷六十三,绍兴三年二月辛卯条,第1068页

---

① 《宋史》卷一八四《食货·茶下》,第4511页。
② 潘培志:《南宋时期广西盐马贸易兴盛原因初探》。
③ 郭孟良:《"蜀茶总入诸蕃市,胡马常从万里来"——宋代茶马贸易述论》,《河南商业高等专科学校学报》2000年第6期,第8页。

续表1

时间	买马钱物	备注	出处
绍兴三年四月二十三日	盐、彩		《宋会要》兵二二之一九,第7153页
绍兴三年八月二十七日	钱、盐、彩帛		
绍兴三年十一月二十一日	赡学、经制钱	十一万贯。通其余见在窠名计五十一万贯	《宋会要》兵二二之二〇,第7153页
绍兴四年二月十九日	钦州盐	一百万斤	《宋会要》兵二二之二一,第7154页
绍兴四年二月二十五日	盐、彩		《宋会要》兵二二之二二,第7154页
绍兴七年	黄金、中金、锦、绮、廉州盐	黄金五镒,中金二百五十镒,锦四百端,绮四千匹,廉州盐二百万斤,而得马千匹	《朝野杂记》甲集卷十八《兵马·广马》,第599页
绍兴三十年九月	盐		《要录》卷一八六,绍兴三十年九月丁丑条,第3115页
绍兴三十二年十二月二十四日	上供钱、经制赡学钱、静江府买钞钱、锦、盐	上供钱七万贯,经制赡学钱五万贯,静江府买钞钱八万贯,锦二百匹,盐二十万斤	《宋会要》兵二二之二七,第7157页
隆兴元年六月二十四日	彩帛、盐银、度牒		《宋会要》兵二二之二九,第7158页
隆兴二年八月七日	金银		《宋会要》兵二二之三一,第7159页
乾道九年冬	书籍	《文选》《五经》《国语》《三史》《初学记》及医、释等书	《朝野杂记》甲集卷十八《兵马·广马》,第600页

按绍兴四年二月十九日李预言"取拨盐一百万斤,可以当钱七万余贯"①,考虑到当时物价可能有所波动,取与之相近的绍兴三年二月二十六日,以钦州盐一百万斤买马,则大约相当于以七万余贯钱买马;绍兴二年七月,以钦州盐二百万斤买马,则大约相当于以十五万贯钱买马。相比起绍兴二年六月四日以三十万贯钱买马、绍兴三年十一月二十一日

---

① 《宋会要辑稿》兵二二之二一,第7154页。

以五十一万贯钱买马,盐并不占大部分。尤其在绍兴三十二年十二月二十四日,以上供钱、经制赡学钱、静江府买钞钱、锦、盐等买马,盐仅有二十万斤。因此在广西买马中,盐只是与钱、彩帛、金银等地位平等的买马物。

当时买马官员认为,"蕃蛮要盐,如川陕用茶"①。又言与罗殿、自杞买马,要"从蛮人所愿,或用彩帛,或用盐银等物,依彼处市价博易"②。西南地区,以云南大理国为例,其地自汉代始已生产井盐。清代康熙年间的《滇南盐法图》记载的九个盐井地区,其中至少有六个在宋代以前就已经开始使用。③ 但是盐井分布不均,多集中在滇中、滇西、滇南地区,而自唐代起流通的盐币也反映了云南境内缺盐的情况。④ 因此,西南地区对盐确实有需求,但从他们卖马实际换取的钱物来看,并不如茶马贸易中卖马方对茶的需求紧张。

绍兴三十二年,孝宗即位后,有官员论广西买马之弊,可见于《宋会要》记载:

> 市马之弊,每与蕃蛮博易,则支与铤银,或要器皿,以铤银打造。今者多集银匠,以铤银钎销夹入赤铜。元法:每盐一箩计一百五斤,算银五两,折与蕃蛮。今则以二箩分作三箩,折银一十五两。元每马四尺一寸,算银三十六两,每高一寸,加一十两。今市马作两样赤度等量。旧每银一两,折钱二贯文足。唯时(特)磨不晓银价低昂,只取见钱。以高补低,是以每岁有出剩之数,暗将入己。⑤

广西买马以银博易,有官员在银中掺入赤铜,导致银价降低。特磨不知情况,卖马不取盐帛,而取现钱。当中可见盐并非蕃蛮急需之物。

又有自杞国向大理国买马转卖于宋,"自杞国以锦一疋博大理三马,金镯一两博二马"⑥。在西南蕃蛮间贸易,也并非用盐。因此,即使西南蕃蛮缺盐,盐在广西买马中,也并不如茶在茶马贸易中具有牵制边疆民族的作用。自杞国、罗殿国等依赖转卖大理马于南宋而致富,大理国卖马给南宋,不仅求金银盐帛,也求书籍文化,如果说广西买马具有羁縻的作用,可能更体现在这些方面。因此不能仿照茶马贸易的思路评论广西买马。

南宋以盐易马,更多是因为自身财用匮乏。南宋之初,李纲建议募民出财助国。建炎年间,又借鉴大观、宣和间以钱市珠玉之弊,罢市无用之物。在国库空虚的情况下,广西"马价涌贵,比年时已过四五倍"⑦,只能多方筹置买马钱物。恰好其时因两广盐法不便,导致广西盐积压难售,而蕃蛮又需要盐,才促成盐马贸易的形成。

---

① 《宋会要辑稿》兵二二之二一,第 7154 页。
② 《宋会要辑稿》兵二二之二九,第 7158 页。
③ 朱霞:《从〈滇南盐法图〉看古代云南少数民族的井盐生产》,《自然科学史研究》2004 年第 2 期,第 132～147 页。
④ 赵小平:《历史时期云南盐币流通探析》,《盐业史研究》2007 年第 2 期,第 13～19 页。
⑤ 《宋会要辑稿》兵二二之二八,第 7157 页。
⑥ 《黄氏日抄》卷六十七之五十三、五十四《桂海虞衡志》佚文,《景印文渊阁四库全书》子部一四第 708 册,台北:台湾商务印书馆,1986 年,第 627 页。
⑦ 《宋会要辑稿》兵二二之一五,第 7151 页。

如上一节所述，广西买马兴起的目的是购买战马，因此在实施过程中也处处为收买战马考虑，以收买战马为先。建炎三年，提举峒丁李棫募人入大理国招马，开始了南宋与大理国的市马贸易。但随后李棫被罢，买马地由邕州移至宾州，大理国因道里迂远，不来卖马。宋政府即"遣效用人蛮，许借官钱，多市盐彩，结托山獠及诸蛮，令开拓道路，庶几诸蛮忻慕，曲尽招马之术"①。此处可见对西南边疆的友好，只是为了招买马匹。绍兴四年二月，监察御史明橐针对遣人入大理国买马，论买马之术有七法，可见于《宋会要》记载：

> 前广西提举买马李棫差效用韦玉等十二人，厚赍盐、彩入外国，计置买马。虽一时逐急措置，然于边防未见其便。讲究买马之术，其说有七：不惜多与马价，一也；厚其缯、彩、盐货之本，二也；待以恩礼，三也；要约分明，四也；禁止官吏亏损侵欺，五也；信赏必罚，以督官吏，六也；马悉归于朝廷，而后付于将帅，七也。七说若行，西南诸国所产可以毕至。今来遣人深入蛮国招诱，小必失陷官物，大必引惹边隙。欲行下广西提刑司，根究诸司盐剩利钱去著，应副买马。仍乞令提举买马司照应臣前件七说，不须差人计置招诱，自足办集。②

北宋熙宁年间向大理买马，曾遣杨佐入大理求市。南宋之初，李棫也募人入大理。及其后，李棫被罢，大理因买马地道远不便不来卖马，官员同样遣人入大理招诱。尚平先生认为，李棫在广西影响力较大，南宋政府可能是担心李棫利用市马扩充势力，引起西南之乱，因此罢去其市马之职。③ 明橐直指李棫遣人入大理招马，是"于边防未见其便"，大概也是因为有这种担心。但继李棫之后也有官员入大理招马，明橐同样不作提倡，而提出买马七术，多为借在买马贸易上对西南诸蛮优待、不侵害他们的利益，以吸引诸蛮前来卖马，则不仅出于对李棫势力的防范，同时也是对西南诸蛮的防范。

绍兴三年，大理请入贡，朝廷止令卖马，不许其进贡。绍兴六年，大理以马及驯象入献，朝廷只措置买马，却还驯象。南宋初期财用紧张，建炎四年三月，大食国遣人进珠玉宝贝，南宋以浪费财用为由，却而勿受。大概只行买马，也有出于节省国家财用的考虑。但从官员的言论当中，更多可见南宋对西南诸蛮的防范。

绍兴六年五月，大理国以马五百匹及驯象入献，朝廷诏命官员"更切相度，如无它意，即措置收买，仍密为防备，毋致引惹生事"④。绍兴六年九月，翰林学士朱震言：

> 按大理国，本唐南诏。大中、咸通间，入成都，犯邕管，召兵东方，天下骚动。艺祖皇帝鉴唐之祸，乃弃越巂诸郡，以大渡河为界，欲寇不得，欲臣不得，最得御戎之上策。今国家南市战马，通道远夷，其王和誉遣清平官入献方物，陛下诏还其直，

---

① 《建炎以来系年要录》卷六十四，绍兴三年四月戊申条，第1096页。
② 《宋会要辑稿》兵二二之二一、二二，第7154页。
③ 尚平：《南宋马政研究》，第56页。
④ 《建炎以来系年要录》卷一〇一，绍兴六年五月乙亥条，第1652页。

却驯象，赐敕书，即桂林遣之，是亦艺祖之意也。然臣有私忧，不可不为陛下言之。今日干戈未息，战马为急，桂林招买，势不可辍。然而所可虑者，蛮人熟知险易，商贾囊橐为奸，审我之利害，伺我之虚实，安知无大中、咸通之事？愿密谕广西帅臣，凡市马之所，皆用谨信可任之士，勿任轻猥生事之人，务使羁縻而已。异时西北路通，渐减广马，庶几消患未然。①

在战马上对西南的依赖，以及吸取前朝经验对西南保持防范的态度，一定程度上是互相对立的。南宋希望能像北宋熙宁年间于西南买马那样，若西北马源恢复，则渐减广西买马，以消除可能发生的边患。但南宋西北马源始终未能恢复，川秦马源又持续疲弱，广西买马只能继续维持。在防范的态度指导下，南宋官员于广西买马总是小心翼翼，谨防引惹边患。体现在广西买马的具体实施上，就是对西南诸蛮给以优待，一方面是为招买马匹，保障马源稳定，另一方面是防止西南诸蛮趁卖马作乱。从这一点上看，南宋广西买马带有羁縻诸蛮的作用。但是，广西买马的兴起缘于对战马的需求，因此更侧重于求战马，而非借买马羁縻诸蛮。所以，不能把广西买马看作羁縻西南边疆的工具，这也并非南宋政府的主要目的，最多只是附带的目的和效果。

尽管对西南有着防范的心理，南宋政府仍然想方设法保持广西买马马源的稳定，一方面多方筹措买马钱物，另一方面对西南诸蛮优偿马直，极尽安抚，体现出南宋政府对战马需求的紧张。站在诸蛮的角度，一旦在贸易中利益受损，诸蛮便以不卖马来获取南宋的恩待。因此在买卖双方供求互补的关系中，南宋受到的牵制反而更强。总的来说，南宋与西南边疆的关系，既有战马上的依赖，也有政治上的防范。

四、南宋对西南边疆的态度及其原因

南宋时期与广西买马相关的西南边疆政权众多，不仅限于一国。《岭外代答》有言："产马之国曰大理、自杞、特磨、罗殿、毗那、罗孔、谢蕃、滕蕃等。每冬，以马叩边。"② 其中多见于史籍的，主要是大理国、罗殿国、自杞国、特磨道等。大理国于后晋天福二年，由段思平战胜杨干贞后所立，拥据唐代南诏之疆域，都阳苴咩城，至南宋宝祐年间为蒙古所灭，共历二十二世、三百五十年。③ 罗殿国在广西融州、宜州以西，邕州之西北，唐代会昌年间，其帅受封为罗殿王，世袭爵。自杞国本小蛮④，在邕州西北，因转卖大理马而兴起，发展壮大。特磨道位于邕州西部，地处大理、广西之间，亦转卖大理马至南宋（参见图1）。

---

① 《建炎以来系年要录》卷一〇五，绍兴六年九月癸巳条，第1713页。
② 《岭外代答》卷五《财计门·经略司买马》，第100页。
③ 冯苏：《滇考》卷上《段氏大理国始末》，台北：成文出版社，民国1967年，第176～195页。
④ 《文献通考》卷三百二十八《四裔五》"充州"条"石湖范氏《桂海虞衡志》曰"，第2578页。

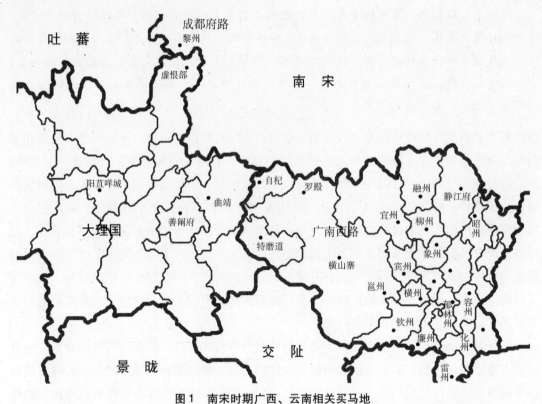

图1 南宋时期广西、云南相关买马地

资料来源：谭其骧：《中国历史地图集》，北京：中国地图出版社，1996年重印，第六册42～43页。

大理国地接西戎，西戎多产良马，这也是南宋广西买马马匹的主要来源。但是，自大理进入广西的道路被多个少数民族政权阻隔。《岭外代答》言："马产于大理国。大理国去宜州十五程尔，中有险阻，不得而通，故自杞、罗殿皆贩马于大理，而转卖于我者也。"①《宋史》记载："自杞诸蕃本自无马，盖转市之南诏。"②又《桂海虞衡志》记，大理国到邕州横山寨卖马，因"自杞人争利，不敢度。自杞而东，别有一路，自菩（善）阐府经特磨道来，甚捷"③。由此可见，广西买马的马匹来源主要有四线：一是自大理至自杞，再由自杞转卖于广西；二是自大理至罗殿，再由罗殿转卖于广西；三是自大理经善阐府到特磨，再由特磨转卖于广西；四是大理国直接卖马到广西。因为第四线道路遥远且多阻绝，常"北梗自杞，南梗特磨"④，故"广西买发纲马，多是西南诸蕃罗殿、自杞诸

---

① 《岭外代答》卷五《财计门·宜州买马》，第101页。
② 《宋史》卷一九八《兵十二》，第4956页。
③ 《黄氏日抄》卷六十七之五十四《桂海虞衡志》佚文，《景印文渊阁四库全书》子部一四第708册，第627页。
④ 《文献通考》卷三百二十九《四裔考六》"南诏"条"石湖范氏《桂海虞衡志》曰"，第2586页。

国蛮将马前来邕州横山寨"①。南宋招买蕃蛮马,也不仅于大理一国。绍兴三年八月,言旧法是"于本路邕州横山寨招买特磨道等蕃马",又乞"差招马官前去罗殿国等处蕃蛮,别行招诱,赴官收买"②。因此,广西买马中,与自杞、罗殿、特磨等民族政权的接触,并不比大理国少。

但是,从南宋官员对广西买马过程中提防边患的言论来看,他们似乎更加关注大理国。绍兴三年十月,大理国求入贡买马,朝廷"止令卖马,不许其进贡"③。绍兴四年二月,监察御史明橐言李棫遣人入大理国买马,"于边防有所未便,小必失陷官物,大则引惹边衅"④。绍兴六年五月,大理国有马一千余匹来卖,官员"至时暗作隄(提)备,不许张皇,引惹生事"⑤。同年九月,翰林学士朱震因李棫募人入大理招马,论及与大理国买马的利弊形势,借鉴唐代南诏之祸和北宋太祖对大理的防范态度,表明担心"蛮人熟知险易,商贾囊橐为奸,审我之利害,伺我之虚实"⑥。南宋官员的这些言论,反映了南宋政府对大理国的态度和相应的政治关系。

关于宋理之间的关系,历史上流传着"宋挥玉斧"的传说。北宋初年,"王全斌受命平蜀,欲因兵威取滇,以图进上。太祖鉴唐之祸基于南诏,以玉斧画大渡河,曰:'此外非吾所有也。'由是云南不通中国。"⑦ 学界一般认为,"宋挥玉斧"是虚构的故事,但也反映了北宋以大渡河为界,尽量疏远大理国的事实。北宋政和七年,宋政府首次确定与大理国的藩属关系,册封大理国王段和誉为金紫光禄大夫、检校司空、云南节度使、上柱国、大理国王,但双方并没有进一步发展政治关系。而且,大理国请于大渡河外置城邑,以便互市,宋政府仍惦记"宋挥玉斧"的祖训,没有批准大理国的请求。⑧ 南渡以后,至绍兴六年,朱震仍以"宋挥玉斧"作为借鉴,就说明南宋继承了北宋对大理国的政治态度和处理方式。尽管与大理国时有交往,但总体来说,两宋对大理国仍以防范为主。

前人学者对于宋朝与大理国的关系,已有较为丰富的研究。如刘永生先生认为,宋朝对大理国采取防范的态度,原因主要有两个:一是两宋内忧外患、国势衰微,无力顾及西南;二是宋王朝吸取了唐诏关系的历史教训。⑨ 郑炜先生在《北宋民族关系思想研究》中指出,宋太宗时期以"中国一统"为目标,凡"曾是汉唐旧疆,继承了'正朔'的宋王朝都有权收回"。⑩ 南诏于唐朝已独立成国,而且与中央王朝发生冲突,因此不在宋政府

---

① 《宋会要辑稿》兵二二之二九,第7158页。
② 《宋会要辑稿》兵二二之一九,第7153页。
③ 《宋史》卷一八六《食货下八》,第4565页。
④ 《建炎以来系年要录》卷七十三,绍兴四年二月乙巳条,第1217页。
⑤ 《宋会要辑稿》兵二二之二三,第7155页。
⑥ 《建炎以来系年要录》卷一〇五,绍兴六年九月癸巳条,第1713页。
⑦ 《滇考》卷上《段氏大理国始末》,第180~181页。
⑧ 《滇考》卷上《段氏大理国始末》,第189页。
⑨ 刘永生:《两宋王朝与大理国关系研究》,第80页。
⑩ 郑炜:《北宋民族关系思想研究》,兰州:兰州大学硕士学位论文,2011年,第18页。

收复的范围之内，这大概也是影响宋理关系的因素之一。

但是，尽管宋政府对大理国处处防范，大理国对宋政府的实际威胁却并不明显。继承南诏政权而兴的大理国，在外交事务上也多借鉴前朝经验。五代后周时期，大理第四任国王段思聪继位，其间曾有进攻孟蜀之议，如《滇考》记载：

> 时蜀王孟昶不理国事，日务奢纵，委任非人。大理觇知之，欲乘衅攻蜀。高侯不可，言："蒙诏强盛时，与吐蕃连兵，尚不能侵夺巴蜀，卒以黩武酿内变，宗社不保。今闻周主英明，削平僭乱，孟蜀必为所并。吾国第当修葺城堡，练兵养民，以观时变。何必劳师远征，启衅召祸？"思聪从其言，不敢入犯。①

大理国不敢进攻巴蜀，一方面是因为自身实力不足，鉴于前朝经验，贸然出兵外侵，容易引致内政不稳；另一方面，大理国关注中原政权的兴衰，中原政权强大时，也可能会威胁到大理国的存在。后周为五代小朝廷，大理国对其尚抱有畏惧之心，对于立国之初屡屡吞并周边政权的北宋，大理国更是不敢轻举妄动。北宋建国后，大理国一直未有侵犯宋境。至北宋侬智高乱时，"时宋兵驻邕，大理震动，因遣高护军至曲靖，以防不测"②。可见大理虽有一定的军事实力，但宋政府没有威胁到其安全时，大理国亦不敢贸然起兵。终北宋、南宋两代，尽管宋政府时常担忧大理国会像南诏一样引起兵乱，大理国却未曾侵扰宋境。

不仅在军事上没有侵犯，在政治、经济和文化上，大理国对宋政府抱有友好和归顺的态度。北宋侬智高乱时，侬智高逃入大理，北宋募死士使大理，以求智高，大理国"遂函其首，以归于京。至是段氏始与宋通"。神宗熙宁八年，大理国王段思廉"素慕中国，尝欲求通。至是遣人入贡"，但神宗"以远人向化不深，欲拒"。③ 政和五年，黄璘奏"南诏大理国慕义怀徕，原为臣妾，欲听其入贡"④。胡绍华先生在《大理国与宋朝关系新探》中指出：

> 大理国积极要求臣属于宋，与宋朝建立友好关系。大理国是在唐时南诏国灭亡后的基础上建立的，南诏国与唐朝的关系直接影响了大理国，因此大理国建立后其统治阶层就积极寻求与中原的中央王朝建立友好关系。⑤

除此以外，宋朝文化也是大理国对宋政府友好的一个重要因素。政和六年，大理国遣进奉使天驷爽彦贲李紫琮、副使坦绰李伯祥来宋，"紫琮等过鼎，闻学校文物之盛，请于押伴，求诣学瞻拜宣圣像"，又"乞观御书阁，举笏扣首"。⑥ 南宋乾道九年，大理人李观音得等

---

① 《滇考》卷上《段氏大理国始末》，第180页。
② 《滇考》卷上《段氏大理国始末》，第184～185页。
③ 《滇考》卷上《段氏大理国始末》，第184～185页。
④ 《宋史》卷四八八《列传·外国四》，第14072页。
⑤ 胡绍华：《大理国与宋朝关系新探》，《商丘师范学院学报》2002年第6期，第42页。
⑥ 《宋史》卷四八八《列传·外国四》，第14073页。

二十二人至横山寨求市马，所求为《文选》《五经》《国语》《三史》《初学记》及医、释等书。① 可见大理国对宋政府友好，一定程度上也因为仰慕中原文化。

尽管大理国并无意进犯宋朝，南宋政府依然遵循北宋遗训，对以大理国为主的西南边疆抱有防范的态度。不仅是针对宋理关系，也是针对宋与西南边疆的关系，笔者认为可以从南宋初期的一些实际情况进行分析，即南宋政府对待西南边疆政治关系的现实考虑。

首先是对于边疆安全的考虑。从南宋官员的言论当中可以看出，当时南宋政府对于边疆安全的担忧，主要可以分成三类。一是在互市过程中，因利益关系处理不当而导致生事。如绍兴三年八月，进义副尉、前权广西路邕州靖远寨知寨黄迥言："窃见蕃蛮将马中卖，其买马官除支官钱收买数尽，诸州般运钱、盐未到，无钱可支。蛮人尚有数中卖，官司买之未尽，各依旧牵控，退回巢冗（穴），咸有怨嗟之言。"② 建炎二年，大臣论川陕茶马贸易，认为"今长吏旁缘为奸，不时归货，以空券给夷人，使待资次，夷人怨恨，必生边患"③。因利益受损而生事，在各地也有可能发生。但是西南边疆蕃蛮杂处，少数民族众多，而且中央政权控制能力不足，一旦引起贸易纷争，很容易演化成为民族问题，进而引起更大的边患。因此，为了防止边患，南宋政府力求给予蕃蛮较好的利益，并且监督官员公平贸易，即体现所谓羁縻之意。

二是因互市道路多开而使蕃蛮熟知内地情形，不便于边防。北宋大中祥符三年，交阯求互市于邕州，上曰："濒海之民，数患交州侵寇，仍前止许廉州及如洪砦互市，盖为边隅控扼之所。今或直趋内地，事颇非便。"④ 类似情况在广西买马中也有所见。绍兴三十一年，自杞与罗殿有争，因近宜州而不近邕州横山寨，遂直抵宜州卖马。于是有官员建议，宜州买马良便，应就近买马，但帅臣以宜州近内地不便而却之。自杞国因卖马而兴，孝宗时曾"恃强骄横，至不书正朔，人情汹汹"⑤。若沿边互市多开且深入内地，确实对边疆安全有一定威胁，因此南宋政府的考虑也有一定道理。

三是地方势力或个人势力影响市马贸易，于边防不便。绍兴四年二月，监察御史明橐针对李械募人入大理国招马，认为"遣人深入蛮国招诱，小必失陷官物，大必引惹边隙"，建议"不须差人计置招诱"。⑥ 绍兴六年九月，翰林学士朱震言："乞密谕广西帅臣，凡是买马去处，并择谨密可信之士，勿遣轻儇生事之人，务使羁縻勿绝，边疆安静。"⑦ 前人曾经指出，南宋因担心李械借市马扩充势力，于边防不便，因此罢之。⑧ 招诱买马之人，

---

① 《宋史》卷一九八《兵十二》，第4956页。
② 《宋会要辑稿》兵二二之一九，第7153页。
③ 《宋史》卷三七四《列传·赵开》，第11596页。
④ 《宋史》卷四八八《列传·外国四》，第14065页。
⑤ 陆心源：《宋史翼》卷十四"吴儆"条，北京：中华书局，1991年，第146页。
⑥ 《宋会要辑稿》兵二二之二二，第7154页。
⑦ 《宋会要辑稿》蕃夷四之六〇，第7743页。
⑧ 尚平：《南宋马政研究》，第56页。

为沟通宋政府与西南边疆政权的桥梁,因此于双方关系具有一定的影响力。故南宋官员强调,须"择谨密可信之士",也是出于对地方势力或个人势力可能影响市马贸易和边防安定的担心。

其次是军事力量的考虑。自北宋建国以来,北方和西北游牧民族对宋政府的安全构成了主要威胁。而西南地区少数民族杂居,虽然民族关系复杂,中央势力难以有效统治,但西南也没有形成统一且强大的军事集团与宋政府相对抗。因此,自北宋以来,宋政府军事力量的重心更多投放在西北至东北一线,即所谓"重北轻南"。南渡以来,宋政府不仅受到北方金国的军事威胁,而且兵力严重不足。"建炎南渡,收溃卒,招群盗,以开元帅府。其初兵不满万,用张、韩、刘、岳为将,而军声以振。"① 但是,国初李纲所上三议中,首要即为募兵,可见南宋政府初期,军事力量受到战争的极大削弱。其时,南宋官员论国初形势,言:

> 今天下之势,可谓危矣。既失中原,止存江、浙、闽、广数路而已,其间亦多曾经残破。浙西郡县,往往已遭焚劫。浙东一路,在今形势,漕运皆非所便,若不移跸于上流州军,保全此数路,及渐近川、陕,使国家命令易通于四方,则民失耕业,号令阻绝。俄顷之间,已至秋冬,金人复来,则虽欲追悔无及矣。②

又李纲于建炎元年六月论守战策略,见于《要录》:

> 大略谓今日之事,欲战则不足,欲和则不可。窃恐国论犹以和议为然,盖以二圣播迁,非和则所以速二圣之祸。臣窃以为不然。……为今之计,莫若一切罢和议,专务自守之策,建藩镇于要害之地,置帅府于大河及江、淮之南。修城壁,治器械,教水军,习车战,使其进无抄掠之得,退有邀击之患。则虽有出没,必不敢深入。三数年间,军政益修,甲车咸备,然后大举以讨之,报不共戴天之仇,雪振古所无之耻。③

南宋初期的军事布置,一方面要以较多的兵力应对北方金国的进犯;另一方面要以仅存的江、浙、闽、广数路为据,既保证政权生存所依赖的大后方的稳定,又留有足够的力量支援前线战争。南宋初期兵力紧缺,宋政府无法各路兼顾,只能把更多的兵力投放在北方;对于军事威胁相对较小的西南,则以防范为主,避免引起边衅,尽量减少浪费兵力。

最后是财政负担的考虑。南宋初期,国家财用紧缺。为筹措资金充实国库,以备政府运行和北边战事,李纲甚至建议"募民出财助军费"。建炎二年八月,显谟阁待制孙觌论罢诸路常平官之弊及国初财政形势曰:

> 自罢提举官,常平之财,所存一二,犹以亿万计,皆为他司妄用。今转运使漕挽

---

① 《宋史》卷一八七《兵一》,第4570页。
② 《建炎以来系年要录》卷四十九,绍兴元年十一月戊戌条,第871~872页。
③ 《建炎以来系年要录》卷六,建炎元年六月庚申条,第142~143页。

军储,上供之外,无一金之藏。他时大水旱、大举措,经画残破,召募军马以备缓急之须,皆非转运使所能办。时方多事,财用为急,望复置官。①

在这种情况下,财政支出能省则省。绍兴三年十月,大理国求入贡及售马,朝廷诏"止令卖马,不许其进贡"②,以"不欲以虚名劳民也"③。绍兴六年,"大理国献象及马五百匹,诏偿其马直,却象勿受"④。虽然宋政府对大理国多加防范,少有政治往来,但是大理国常来进贡,宋政府为稳定两国关系,也需要"优礼答之"⑤;自杞、罗殿、特磨等政权,以广西买马而获利,更是以经济利益为先。如果宋政府与西南边疆发展进一步的政治关系,那么,花费在抚慰少数民族和朝贡贸易上的财用将会更多。

综上所述,南宋对广西边疆的西南少数民族抱有相对防范和冷淡的政治态度,一方面是受到唐代南诏之祸和北宋"宋挥玉斧"政策的影响,另一方面也是出于南宋初期实际情况的考虑。对于防止因买马贸易引起的纷争边患的发生,稳定南宋西南后方,以及节省国家财用,南宋对西南边疆采取的这种政治态度有一定积极意义。

五、西南边疆政治与广西买马的联系

因为南宋政府对广西边境的西南边疆维持一种相对防范和冷淡的政治关系,尽管广西买马是南宋政府补充战马的重要途径,也是政府积极保障和维持的,广西买马依然受到这种政治关系的影响,并在实际操作上有所体现。

这种影响主要体现在买马地点上。南宋广西买马地最初设在邕州,建炎三年,"命广西提举峒丁李棫即邕州置使买马"⑥。这可能是参考了北宋广西买马的经验:神宗元丰年间,"广西帅司已置干办公事一员于邕州,专切提举左右江峒丁同措置买马"⑦。绍兴三年正月,邕州置买马司收买战马。同年二月,因任彦辉代领李棫买马,移司宾州买马。但因"道远不便,又盐彩价高,公私多弊,故良马不可得"⑧,朝廷于绍兴四年复置司邕州。此后邕州一直为主要买马地,虽然其间有于宜州买马之议,但并未动摇邕州在广西买马中的地位。

南宋高、孝两朝,关于在邕州买马还是在宜州买马,有两次比较重要的讨论。广马贸易中同样转卖大理马的自杞国和罗殿国,罗殿近邕州,自杞到邕州需借道罗殿,因此两国

---

① 《建炎以来系年要录》卷十七,建炎二年八月癸丑朔条,第 343 页。
② 《宋史》卷一八六《食货下八》,第 4565 页。
③ 《宋史》卷四八八《列传·外国四》,第 14073 页。
④ 《宋史》卷一八六《食货下八》,第 4565 页。
⑤ 《宋史》卷四八八《列传·外国四》,第 14073 页。
⑥ 《建炎以来系年要录》卷三十三,建炎四年五月戊辰条,第 653 页。
⑦ 《宋会要辑稿》兵二二之二六,第 7156 页。
⑧ 《建炎以来系年要录》卷六十三,绍兴三年二月辛卯条,第 1068 页。

常有纷争。绍兴三十一年，自杞与罗殿再起矛盾。因为到宜州更加方便，自杞遂驱马直抵宜州城下。"宜人峻拒不去"①，买马官员只好暂时收买马匹，并与自杞约定，今后不许再到宜州买马。其时有官员借此建议在宜州买马，《宋会要》记载：

> 自是有献言于朝，宜州买马良便，下广西帅臣议。前后帅臣，皆以宜州近内地不便。本朝隄（提）防外夷之意，可为密矣。高丽一水可至登莱，必令自明州入贡者，非故迂之也，政不欲近耳。今邕州横山买马，诸蛮远来，入吾境内，见吾边面阔远，羁縻州数十，为国藩蔽，峒丁之强，足以御侮，而横山夐然，远在邕城七程之外。置寨立关，傍引左右江诸寨丁兵，会合弹压，买马官亲带甲士以临之，然后与之为市。其形势固如此。今宜州之境，虎头关也，距宜城下三百里，一过虎关，险阻九十里，不可以放牧。过此即是天河县平易之地，已副宜城矣。此其可哉？②

又乾道九年十二月，南丹州莫延葚建议于宜州买马，《宋会要》记载：

> 窃见朝廷买马，全借罗殿诸蕃将马前来邕州博买。或遇春雨连绵，溪水暴涨之时，阻绝马路，蕃人将马复回，是致博买不登岁计之数。兼出马之地，至邕州横山寨五十余程，自横山至静江府二十余程，加之路途险阻，水草不利，马多瘠瘦，未至静江，往往倒毙。兼诸蕃出马之处，至本州一十程，道路平坦，水草丰足，兼无险阻。自本州至静江一十三程，比之邕州路近三十余程，止将路途比较，已为利便。顷岁本路经略张维已曾陈奏，乞于本州买马。虽蒙省部行下，缘宜州避创事之劳，巧陈利害，其议遂罢。今因宜州沿边溪洞都巡检使常恭赴阙，谨将买马利害附托上进。③

建议一出，检详文字李寿翁即有反对，言：

> 邕远宜近，人熟（孰）不知，前迂其涂（途），岂无意？况今莫氏方横，乃欲为之除道，而擅以互市之饶，误矣！小吏妄作，将启边衅，请论如法。④

但当时宋政府仍命从议郎李宗彦于宜州买马。至淳熙元年九月，官员再奏宜州买马"于边防利害不便，及与邕州买马有妨"⑤，于是朝廷遂罢宜州买马。

两次讨论中，第一次因为自杞国进逼宜州而提出建议，第二次是南丹州蛮莫延葚自己提出建议。而南丹州莫延葚亦不安分，《桂海虞衡志》言："南丹州尤羁縻之甚，其酋莫延葚乾淳间扰边。"⑥ 因此，官员以防范诸蛮的态度，以宜州买马于边防不便为由而作罢，

---

① 《宋会要辑稿》兵二二之二七，第7157页。
② 《宋会要辑稿》兵二二之二七，第7157页。
③ 《宋会要辑稿》兵二三之一〇、一一，第7164~7165页。
④ 《宋会要辑稿》兵二三之一一、一二，第7165页。
⑤ 《宋会要辑稿》兵二三之一二，第7165页。
⑥ 《黄氏日抄》卷六十七之六十一《桂海虞衡志》佚文，《景印文渊阁四库全书》子部一四第708册，第630页。

也不足为奇。但实际上，邕州的军事力量确实比宜州要强。

邕州地"有左右两江。左江在其南，外抵安南国。右江在西南，外抵六诏、诸蛮"①。又言"欲制大理，当自邕管始云"②，"邕为边要害地"③，可见邕州对于边防的重要。因此，南宋政府在邕州投放了较多的兵力。邕州"两江之间，管羁縻州峒六十余，用为内地藩，而内宿全将五千人以镇之"④。而邕州、宜州对比，"广西控扼夷蛮，邕屯全将，宜屯半将"⑤。且宜州已近广西腹部，深入内地，而且附近蕃蛮众多，如果开放买马，一旦引起纷争，则容易威胁到内地的安定。因此，"凡安南国及六诏、诸蛮有疆场之事，必由邕以达。而经略安抚之咨询边事，亦唯邕是赖。朝廷南方马政，专在邕"⑥。朝廷不惜让蕃蛮绕行远路，也要把他们控制在邕州，不仅是源于对蕃蛮的防范之心，也是出于对边防的实际考虑。

除了买马地以外，南宋政府对待西南边疆的政治态度也影响着广西买马的实际施行，因而从广西买马中可以窥见南宋与西南边疆的政治关系。因为广西买马主要为买战马而兴，南宋政府也致力于保证战马马源，因此，即使对蕃蛮有所防范，实际上也未禁绝广西买马，退而采取类似于羁縻安抚的措施：一方面给予蕃蛮适当的利益，吸引他们前来卖马；另一方面，把广西买马把握在可掌控的范围内，防止边患发生。这不仅是继承了自北宋以来对西南边疆的态度，也是出于南宋初期国家力量的现实要求。

六、余　　论

南宋政府对待西南边疆的态度和具体措施，对于南宋全局形势有一定的影响。前人学者在评价西南边疆政治时，多对南宋采取的防范措施有所批评。如刘永生先生的《两宋王朝与大理国关系研究》⑦、赵鸿昌先生的《大理国史研究综述》⑧等，都认为南宋的防范态度不仅阻碍了汉民族与西南少数民族的交往，也使得蒙古有机会对南宋腹背包抄，最终导致南宋灭国。

南宋理宗时期，蒙古开始对西南有较为密集的军事行动。端平二年六月，蒙古命令侵蜀。同年，蒙古势力已控制川蜀北部的凤州、河池、沔州等地。端平三年九月，蒙古攻大安军，长驱入蜀，"一月之间，成都、利州、潼川三路俱陷没。四蜀所存，惟夔州一路及

---

① 《岭外代答》卷一《边帅门·邕州兼广西路安抚都监》，第23～24页。
② 《宋史》卷四八八《列传·外国四》，第14073页。
③ 《宋史》卷三九二《列传·赵崇宪》，第11992页。
④ 《岭外代答》卷一《边帅门·邕州兼广西路安抚都监》，第24页。
⑤ 《岭外代答》卷一《边帅门·宜州兼广西路兵马都监》，第24页。
⑥ 《岭外代答》卷一《边帅门·邕州兼广西路安抚都监》，第24页。
⑦ 刘永生：《两宋王朝与大理国关系研究》。
⑧ 赵鸿昌：《大理国史研究综述》，《云南社会科学》1988年第6期，第90～95页。

潼川顺庆府而已"。嘉熙三年八月，蒙古自新井入，"取汉、邛、简、眉、蓬州、遂宁、重庆、顺庆府"，川蜀地区已多被蒙古控制。① 淳祐三年，余玠任兵部侍郎四川制置使。《宋史》总结当时情况：

> 自宝庆三年至淳祐二年，十六年间，凡授宣抚三人，制置使九人，副四人，或老或暂，或庸或贪，或惨或缪，或遥领而不至，或开隙而各谋，终无成绩。于是东、西川无复统律，遗民咸不聊生，监司、戎帅各专号令，擅辟守宰，荡无纪纲，蜀日益坏。②

可见当时内政不修，是造成川蜀州县接连被蒙古所取的重要原因。余玠守蜀后，"元不能入，乃议由吐蕃出大理"。蒙古先攻大理，再攻南宋的策略由此而定。南宋淳祐十二年，"元复议南征"。南宋宝祐元年十一月，蒙古"进薄大理。兴智及其相高泰祥迎战，大败。兴智奔善阐，泰祥奔姚州，被执，谕之降，不屈，命斩于五华楼"。③ 大理国由此被灭。

大理国被灭后，蒙古进攻南宋就可以实现腹背包抄，一定程度上加速了南宋的灭亡。尤中先生在《"宋挥玉斧"新解》中引倪蜕《滇云历年传》之语："滇将不得不并于元，而宋亦归于无可复之（至）。"认为由于南宋在政治上放弃大理国，以至于蒙古灭大理之后，对南宋进行腹背包抄的挟击，南宋政权最终无可退据之途，终至灭国。④ 但笔者认为，早在蒙古开始侵蜀之时，南宋内政已破败不堪，军事力量不足以抵挡南下的蒙古兵。即使在政治上不放弃大理国，也无法拨出更多的财力兵力支援大理，使其成为自己的屏障和退路。

大理国在受到蒙古进攻时，对蒙古军队有所抵抗。而与广西买马相关的自杞国，在面临蒙古进攻时，也同样展开了顽强的斗争。刘复生先生的《自杞国考略》对自杞国在宋蒙战争中的作用作出了评述。刘复生先生指出，南宋与蒙古军队在西南地区的角逐中，自杞国是双方争夺的战略要地。为了防范蒙古军队自大理国包抄南宋，宋政府企图利用自杞国的力量来阻止蒙古军队东进。据《可斋续稿》记载，自杞国在被蒙古所灭后，也曾向南宋提供军事情报。⑤ 这说明大理、自杞这些边疆政权，并没有因为南宋的防范态度而与南宋为敌。西南边疆民族政权多依赖南宋广西买马而兴国，尽管宋政府采取较为冷淡的政治态度，他们仍然在买马贸易中获得不少利益。在蒙古入侵西南的过程中，笔者并不认为南宋西南边疆政治关系是导致其灭国的主要原因。西南边境政权众多，无法形成统一而强大的军事集团，以对蒙古作出抗击，则可能是蒙古在西南进军顺利的其中一个原因。

---

① 陈邦瞻：《宋史纪事本末》卷九十三《蒙古连兵》，北京：中华书局，1977年，第1043～1052页。
② 《宋史》卷四一六《列传·余玠》，第12469页。
③ 《滇考》卷上《段氏大理国始末》，第192～193页。
④ 尤中：《"宋挥玉斧"新解》，《思想战线》1985年第6期，第73页。
⑤ 刘复生：《自杞国考略》，《民族研究》1993年第5期，第78～83页。

如前文所述，南宋对广西边境的西南边疆采取以防范为主的政治态度，政治关系相对冷淡，有出于现实的考虑，因而具有一定的合理性。表现在广西买马上的西南政治对于南宋全局的影响，一方面体现在战马的供应上，另一方面则体现在西南边疆政局的稳定上。南宋政府因为对西南边疆持有防范态度，因此对广西买马严加控制，不仅有效地防止了较大型边衅的发生，也保障了广西买马的顺利进行。尽管广西买马也经常存在马匹"弱不堪用"的情况，但对于补充南宋军事力量有一定成效。南宋广西买马中，虽然与多个西南边疆少数民族政权有所交往，但宋政府把这种交往控制在经济交往的层面，一定程度上避免了政治问题的发生，使西南边疆处于一种较为稳定、公平贸易的氛围当中，减少了政治忧虑，同时也节省了兵力和财力。因而，尽管这种防范的态度减少了民族之间的交往，但是在南宋政府的实际形势上，依然起到较为积极的作用。

总的来说，南宋广西买马的兴起与南宋初期战马的缺乏密切相关，其主要目的和作用，也是购买战马。出于对唐代南诏之祸的借鉴和对北宋宋理关系的继承，南宋对以大理国为主的西南边疆抱有一定的防范态度，但在战马的需求上又对西南边疆产生一种依赖。因此，在广西买马中体现的西南边疆政治，在防范之余又带有羁縻的效果。南宋政府对西南边疆的防范，不仅有前朝的影响，也有其对于边疆安全、军事力量和财政负担的现实考虑，因此具有一定的合理性；在对南宋全局的影响中，也带有一定的积极意义。

明中期漕运改革中的卫所、运军和仓储体系

——以徐州地区为例

张程娟

指导教师：谢 湜 教授

一、引　言

　　学界对于明代漕运制度改革过程的研究已经取得一定的成就，彭云鹤的《明清漕运史》①、鲍彦邦的《明代漕运研究》②、黄仁宇的《明代的漕运》③ 以及梁方仲的《明代粮长制度》④ 和李文治、江太新的《清代漕运》⑤ 等著作均对明代漕运方式改革有所论及，梳理了改革过程中的政治和制度的变化。这些著作认为，明代前中期的漕运制度大致经历了从支运、兑运（与支运同时兼行）和长运三个发展阶段，即永乐十三年实行支运法，宣德五年推行兑运法，成化七年又行"改兑法"（长运法），成化十一年完全"改兑"。其中，鲍彦邦的《明代漕运研究》对于漕运运输方式的改革的研究较为详细，并提出了漕运制度改革的总趋势，即由军运代替民运和由长运代替分程接运。⑥ 在《明代漕粮兑运的程序及其措施》一文中，作者详述了兑运的具体程序，得出了明代漕粮兑运是漕运的主要方式的结论。⑦

　　另外，学界多关注改革过程中运费分配的问题，尤为关注民户加耗的问题。彭云鹤在《明清漕运史》中认为支运是军民分任其劳，运费均摊在税粮中，支运劳役是一种无酬劳役；兑运延长的军运部分之费用，则由各纳粮民户，按照运程远近，给运军以一定数额的

---

① 彭云鹤：《明清漕运史》，北京：首都师范大学出版社，1995年。
② 鲍彦邦：《明代漕运研究》，广州：暨南大学出版社，1995年。
③ 黄仁宇：《明代的漕运》，北京：新星出版社，2005年。
④ 梁方仲：《明代粮长制度》，北京：中华书局，2008年。
⑤ 李文治、江太新：《清代漕运》，北京：中华书局，1995年版。
⑥ 鲍彦邦：《明代漕运研究》。
⑦ 鲍彦邦：《明代漕运研究》。

耗费和轻赍银；长运之后，运军路程增加，民户需要另加"过江之费"。① 鲍彦邦在《明代漕运研究》中讨论漕运改革的原因时，认为民运漕粮日益困难及其严重危害是运输方式改变的原因，由民运到军运的转变并不意味着农民的负担减轻。② 范金民、夏维中的《苏州地区社会经济史（明清卷）》对洪熙、宣德年间，苏州地区进行了一些财税制度的调整的背景下，对漕运征解制度先后进行了从支运法到兑运支运相参以及兑运法的改革做了详细论述。③ 他们均着眼于漕运的"赋役性质"，考察三种运输方式的改变对民户的影响及引发的赋役变革。

以上学者的研究，大多以实录、明史和明会典等正史、政书为主要材料，着眼于"三次转变"的总体趋势。值得注意的是，《明史·食货志》的记载固然精捃，而明实录和《漕运通志》④ 等文献中的记载，或更为详细，或间有抵触，有必要加以考证和探究。以兑运改革为例，从支运到兑运的过程中，其实颇有一番周折和反复。复行支运的宣德四年，也是关键的一年，我们所说的从支运到兑运的变化，更确切地说应该是从宣德四年算起，即"兑运"之前的"支运法"，应为宣德四年复行的"支运法"（而非永乐十三年的支运法）。从支运到兑运的关键转变涉及卫所、运军、仓储等机构的调适。再者，对于"支运兑运相参"的时期，两种方式是如何运作的，运输路线和仓储体系发生了怎样的变化，长运法实行后，原来处于支运"旧"体系的仓储，其角色与功能发生了怎样的变化，等等问题，亟待细致的研究。

清水泰次的《明代之漕运》⑤、星斌夫的《明代漕运の研究》⑥ 以及黄仁宇的《明代的漕运》等研究中，学者们对于运输方式的变化做了详细的考证与研究，引用了大量的史料，但似乎也未从卫所、运军和仓储的角度对漕运改革的变化进行详述。

关于漕运改革中的卫所问题，国内学界关注还不是很多。于志嘉以作为腹里卫所的江西卫所为个案，对江西地区卫所的屯田与军役进行了探讨，认为漕运是江西卫所军役中极其重要的一环，集中厘清了明代江西卫所屯田与漕运的关系。⑦ 王晓慧的硕士学位论文《山东运河沿岸卫所研究》介绍山东运河沿岸的卫所，指出山东卫所的运粮职能的变化是与漕运制度的变化相对应的，⑧ 但未进一步说明漕运制度改革是如何影响卫所及运军的。

---

① 彭云鹤：《明清漕运史》，第136～138页。
② 鲍彦邦：《明代漕运研究》，第10页。
③ 范金民、夏维中：《苏州地区社会经济史（明清卷）》，南京：南京大学出版社，1993年，第99～104页。
④ 杨宏、谢纯：《漕运通志》，北京：方志出版社，2006年。
⑤ （日）清水泰次：《明代之漕运》（王崇武译），《禹贡》1936年，第5卷第5期。原文发表在《史学雑誌》，日本昭和三年三月（1928年），第39编第3号。
⑥ （日）星斌夫：《明代漕运の研究》，日本学術振興会刊，1953年。
⑦ 于志嘉：《卫所、军户与军役——以明清江西地区为中心的研究》，第四章"明代江西卫所屯田与漕运的关系"，北京：北京大学出版社，2010年，第200～235页。
⑧ 王晓慧：《山东运河沿岸卫所研究》，北京：中央民族大学硕士学位论文，2007年。

徐斌的《明清军役负担与卫军家族的成立——以鄂东地区为中心》认为，入清以后，漕运负担日渐沉重，开始成为卫所军户难以摆脱的附骨之疽，军役负担亦成为了其家族形成并发展的最直接动力之一。①

谢湜的《明代太仓州的设置》以太仓为个案，详实论证了太仓由建立卫所到改立州县，从州制初创到调整定制的过程，提供了发生在明代的卫所区划转型及其机制的个案；而且该文将太仓由卫改为州的这一过程，置于明初罢海漕的背景下考察。②

本文所讨论的宣德五年处于运河沿线的徐州左卫最初的设立，与漕运体制直接相关，它既不同于江西腹里卫所，也不同于太仓沿海卫所。徐州左卫处于运河沿岸，至明代中期，该卫旗军大量逃亡，但徐州运军仍然占有很大的比重，直到顺治二年才并入徐州卫。可见，徐州二卫没有像太仓卫一样废而建州，其漕运职能是重要的因素。正如顾诚在《明帝国的疆土管理体制》中指出的，明中期以降卫所辖地行政化的势头不断加速，但不应把卫所在明代行政化的程度估计过高。至明朝灭亡，绝大部分卫所的基本格局并没有改变，其原因之一，即运粮卫所承担的军事和漕运任务仍有其继续存在的必要。③

关于漕运改革中的运军的问题，日本学者星斌夫的研究较早，他在《明代漕运的研究》第四章中，专门论述明代漕运的军队运输组织及其经营，认为在长运法后，运军的生活更加困苦，出现了大量的逃军。④ 国内学者鲍彦邦的《明代运军的编制、任务及其签补制度》一文，详细说明了运军的编制和签补制度，认为明中叶以后，运军的逃亡现象更为严重，提出运军按照"先本卫，后别卫，先本户，后别户，先正丁，后余丁"原则签补。⑤ 陈峰的《明代的运军》，认为明中叶实行运军长运制度后，运军长期忙于漕运任务，无暇顾及家中屯地，屯田丧失，行粮、月粮成为运军主要收入。⑥ 王伟的硕士学位论文《论明清时期漕运兵丁》认为，明代漕军的构成，基本上是建立在卫所军户制基础之上的，自承担漕运任务以后，一般不再参与军事行动和屯田活动，卫所军的驻防性质也逐渐变为服劳役的性质。⑦ 以上研究展现了全国性运军变化的趋势，指出长运法实行后，卫所运军的屯田、收入来源发生了变化，但对于与运军直接相关的运输路线、运军人群成分的变化等还有待较为具体的考察。笔者试图在此基础上，考察漕运方式改革的三个阶段中徐州二

---

① 徐斌：《明清军役负担与卫军家族的成立——以鄂东地区为中心》，《华中师范大学学报》（人文社会科学版）2009年第2期。

② 谢湜：《明代太仓州的设置》，《历史研究》2012年第3期。

③ 顾诚：《明帝国的疆土管理体制》，《中国社会科学》1986年第3期，后收入顾诚：《隐匿的疆土：卫所制度与明帝国》，北京：光明日报出版社，2012年，第60～61页。

④ （日）星斌夫：《明代漕运の研究》，第四章"明代漕運の軍運組織とその運營"，第179～235页。

⑤ 鲍彦邦：《明代运军的编制、任务及其签补制度》，《暨南学报》（哲学社会科学版）1992年第3期，后收入鲍彦邦：《明代漕运研究》，第144～161页。

⑥ 陈峰：《明代的运军》，《中州学刊》1997年第1期。

⑦ 王伟：《论明清时期漕运兵丁》，聊城：聊城大学硕士学位论文，2007年。

卫运军运输路线的具体变化，尤其关注长运法实行之后，运军日益逃亡的情况下，卫所官员采取的调补楚府原籍军户、河南归德卫军、雇觅"游食光棍"等举措，对徐州二卫及徐州社会产生了怎样的影响。

会通河开通后，朝廷在天津、淮安、徐州、临清、德州设立了水次仓，以资转运。学术界对于天津、淮安、临清、德州的水次仓有较多的研究，对其运作及管理等方面做了考察。① 关于徐州水次仓的研究，胡梦飞的《明代徐州运河水次仓的管理与功能——基于碑记和地方志的考察》，使用碑刻新史料，结合文献对广运仓的管理及功能做了详细考察，认为成化年间长运法实行之后，广运仓的规模变小并逐渐衰落，从而给徐州的发展带来了负面影响。② 本文对此观点有所保留，认为长运法之后，广运仓的规模虽然变小，但其功能也发生了变化，对于徐州社会也产生了深远影响。

此外，学术界对于州县层级水次仓关注尚少，尤其是对于兑运法实行后，支运兑运相参时期的仓储状况，鲜有研究。这些州县层级的水次仓规模相对较小，在宣德六年兑运法实行后一般在沿河设立水次仓，不临近运河的州县一般将水次仓设在沿河州县，每岁收贮粮食，等候运军兑运。故有的称之为水次仓，或者兑军仓。郑民德的硕士学位论文《明清运河水次仓研究》③ 对于五大水次仓和小型水次仓有所考察，但是具体如何运作涉及不多。

基于上述思考，本文以徐州地区为例，结合明中期漕运的改革与徐州卫所、运军和仓储体系的转变过程，尝试理解明代漕运体制转变的内在逻辑，并考察运河沿线漕运卫所及相关建置的转变形式。

二、宣德五年徐州左卫的建立

徐州自古以来就是兵家必争之地。"徐当南北，自要旨分争之，常置重兵。"④ 从唐代到五代，改郡为军，徐州的兵制更加完备了。宋代设有武卫营，领导禁军。元代，徐州设有兵马指挥使司和万户府，而元末值芝麻李之乱，徐州城遭到很大的破坏。洪武四年，徐州属中都临濠府（府治在今安徽凤阳）管辖。洪武十四年，改徐州为直隶州，直属京师。

---

① 近年来关于水次仓的代表研究有吴缉华：《明代临清德州的地位及漕仓的研究》，《明代经济史论丛》，台北：台湾学生书局，1970年；郑民德：《天津运河水次仓研究》，《中国名城》2012年第6期；郑民德：《明代德州运河水次仓研究》，《淮阴工学院学报》2010年第6期；胡梦飞：《明代淮安的常盈仓》，《江苏地方志》2012年第6期。
② 胡梦飞：《明代徐州运河水次仓的管理与功能——基于碑记和地方志的考察》，《湖北职业技术学院学报》2012年第1期。另有高金华、郑民德：《明代徐州水次仓漕运仓储的历史变迁》，《兰台世界》2011年第31期。
③ 郑民德：《明清运河水次仓研究》，聊城：聊城大学硕士学位论文，2010年。
④ 正统《彭城志》卷二《军卫》，原国立北平图书馆甲库善本丛书，325册，北京：国家图书馆出版社，2013年，第20页。

永乐年间迁都北京后,地方行政建制实行两京十三布政司制度,徐州属南直隶(包括今江苏和安徽的全部以及浙江部分地区)管辖,下辖丰、沛、萧、砀四县。本文所指的徐州特指明代徐州(直隶州)本州及其管辖下的丰、沛、萧、砀山四县及其周边地区。

正统年间徐州城内有一些建置建立在元末军事遗址上,据弘治《重修徐州志》记载:

> 武安废州在城南五里,元末芝麻李据徐州,丞相脱脱平之,降武安州,徙治于此,今广运仓即其地。

> 河南侯故宅,侯谓陆聚,洪武初守徐居此十年罢归,今徐州左卫即其地。①

陆聚为元末张士诚的将领,后来归附朱元璋,封为河南侯,一直驻扎到洪武十年。宣德五年,又在其旧址上建立了徐州左卫。此外,明代徐州属县之一萧县,仍有军事建置留存。据正统《徐州志》记载:

> 杨万户营,在县西北六十里,高五尺,阔三里,杨万户姓名时世。

> 小韩千户营,在县西北三十里,元末小韩千户疑韩林儿之兄弟子侄也,尝于此屯军,营高三尺,阔三里。

> 唐家营,在县北一十五里,高五尺,阔三里,修筑之详不可考。

> 大韩千户营,在县北四里,高五尺,阔(围)三里,其韩千户,永城人,元末尝于此屯军。

> 范家营,在县西北十里,高八尺,围二里,元末总官范玉璧,尝屯军于此。

> 张敏德营,在县西四十五里,高五尺,围三里余,其张不详何处人。

> 五省汉军张千户营,在县西五十里,方二里,高六尺,张千户不知其详。②

至明吴元年,知州文景宗设立了州治,同时指挥使司敬开始建立徐州卫,"其余合属卫宇相继而作"③。洪武元年徐州卫设立,卫所驻防规模已经比较大,起初领左、右、中、前、后五所,永乐五年战事频繁,又调灵山、安东二卫军到徐州卫,由是增设中左、中右二所,徐州卫共领七所。④ 在明初整个帝国的卫所驻防体系中,徐州卫看来也是备受重视的。

---

① 弘治《重修徐州志》卷二《古迹》,原国立北平图书馆甲库善本丛书,325册,北京:国家图书馆出版社,2013年,第171页。
② 正统《彭城志》卷九《杂志·古迹》,第75页。
③ 正统《彭城志》卷二《军卫》。
④ 按,关于调灵山、安东二卫军到徐州卫的时间,有两种不同说法。除最早的正统《彭城志》记载是"永乐五年"外,其他明清时期的方志均记载"景泰五年"。《明太宗实录》卷六十八,永乐五年六月丙午条载"设济宁卫及增设徐州卫中左、中右二千户所"。可见,正统《彭城志》的记载更为可信,故笔者取"永乐五年"说法。

（一）由支改兑与徐州左卫的建立

对于军事规模已经很大的徐州，朝廷为什么还要在宣德五年将楚府护卫军调到徐州设立徐州左卫？值得追问。

正统《彭城志》记载："徐州左卫，在城之西隅，宣德五年，调楚府护卫官军于徐州，由是立卫所，领左、右、中、前、后凡五所云。"① 徐州左卫的军来自徐州南部的楚府。楚府是洪武年间朱元璋分封的藩国，位于湖广武昌府，所属有三护卫官军。直到宣德年间，其护卫军及仪卫司旗校从未调遣过，当时楚府"生齿繁育，粮饷充积，造船以千计，买马以万数，兵强国富"②。一方面，楚国护卫军较多，有足够的军队以供调补；另一方面，"削藩"是当时调补楚府军时考虑的一个层面③，更是当时任漕运总兵官陈瑄的考量。其关键点就在于左卫的建立与"兑运法"实行之关系。

永乐十三年，实行支运法，"时淮、徐、临清、德州各有仓。江西、湖广、浙江民运粮至淮安仓，分遣官军就近挽运。自淮至徐以浙、直军，自徐至德以京卫军，自德至通以山东、河南军。以次递运，岁凡四次，可三百万余石，名曰支"④。在徐州设立广运仓收贮漕粮，并"命北京、山东、山西、河南、中都、直隶徐州等卫，不分屯、守，各选军士，以指挥、千百户率领，都指挥总率，随军运粮"⑤。据《明史》记载，"不数年，官军多所调遣，遂复民运，道远数愆期"⑥。可见，民运实行数年之后，由于路途遥远，常常延误抵达日期。

于是，宣德四年，陈瑄和尚书黄福建议恢复"支运法"，让苏、松、宁、池、庐、安、广德民运粮二百七十四万石于徐州仓，江西、湖广、浙江民运一百五十万石于淮安仓，应天、常、镇、淮、扬、凤、太、滁、和、徐民运粮二百二十万石于临清仓，然后由官军接运到京、通二仓。⑦ 宣德五年三月，依然延续宣德四年的支运法。据《明宣宗实录》记载：

> 平江伯陈瑄言馈运四事：一、南京及直隶卫所运粮官军，递年选下西洋，及征进交阯，分调北京，通计二万余人，又水军右等卫官军，今年选下西洋者亦多，俱无军

---

① 正统《彭城志》卷二《军卫》，第20页。
② 《明宣宗实录》卷六十四，宣德五年三月丙辰条，第1511页。
③ 按，宣德四年在尚书张本的提议下，宣宗将秦府护卫调到甘肃之事，可见同时期削藩的一些情况。据《明宣宗实录》卷五十九记载：宣德四年冬十月，"行在兵部尚书张本奏，安定王谋逆之时，西安三护卫从逆正犯已伏诛，而同籍为官者，尚仍旧任，为军者仍原伍，亦有遗下人丁皆在秦府，旧制有过之人，难充护卫，随侍宜调边卫。上以陕西去甘肃近，令俱发戍甘肃"。
④ 《明史》卷七十九《食货三》，北京：中华书局，1975年，第1916页。
⑤ 《明太宗实录》卷一四七，永乐十二年春正月庚子条，第1729页。
⑥ 《明史》卷七十九《食货三》，第1916页。
⑦ 《明史》卷七十九《食货三》，第1917页。

拨补。今江南民粮止运于淮、徐、临清三处，却令官军运赴北京，比之上年，须增僦运，以足岁用。然军少，加运亦艰。乞以南京并湖广、江西、浙江及直隶卫所附近府县，清出远年迷失旗军见在寄留操备者，选其精壮补数。①

"江南民粮止运于淮、徐、临清三处，却令官军运赴北京"，显然，这是延续宣德四年的支运法，相对于民运需要更多的运军。但当时南京和直隶卫所运粮官军，共两万余人，连年被派下西洋、征交趾或调到北京，由是面临着运军缺乏的问题。为了补足岁用，陈瑄提出了"须增僦运"的建议，具体办法是在南京、湖广、江西、浙江和直隶卫所附近府县见在操守军中，选择精壮的军人补运军的数量。

宣德四年，经过陈瑄和黄福建议，恢复支运之后，面临着运军缺乏的问题，如何补足运军数量是漕运总兵官陈瑄面临的问题。在此背景下，陈瑄令其子"密奏"，据史料记载：

> 宣德五年三月丙辰，平江伯陈瑄遣其子仪密奏：湖广大藩，楚王兵强国富，又卫所之官，多结姻亲，或有异图。乞尽选其精锐运粮北京，就留操备，则剪其羽翼矣。上不纳，顾谓侍臣曰：从来楚国无过，祖考待之皆厚，朕尤加意礼之，瑄何其过虑也。调兵运粮一时权宜，运毕则遣归。拘留操备，上失宗亲之心，下失军士之心。鄙哉，瑄也。②

从密奏内容看，陈瑄欲建议宣宗削弱楚国这个"湖广东南大藩"，《明宣宗实录》的书写为显示皇帝的仁义，其行文中是对陈瑄持批评态度。但跳出这种话语，我们不能忽视陈瑄的另一考虑，即解决京师粮储问题，需要从楚府护卫中选取精锐官军，并给其粮与船，令其运至北京，并在北京留使操备。当时，宣宗以"调兵运粮一时权宜，运毕则遣归。拘留操备，上失宗亲之心，下失军士之心"没有批准。

宣德五年十一月，楚王孟烷派遣魏宁长史杨振奏称，打算将楚府三护卫中的两个，归于朝廷。根据上则材料，宣宗认为陈瑄"鄙哉"，告状的"小人"中大概也包括陈瑄。尚书张本认为，楚王自愿交纳护卫军是"欲示简静，以杜谗邪，乃其深计远虑"，劝宣宗保全楚王。③ 张本的劝说，使得皇帝既能够保全"仁义"，又能够达到"削藩"的目的，而且还能够增加运粮至京的运军，保证了漕粮顺利抵京。于是，最后的结果是，"顺承雅意"，改武昌中护卫为武昌护卫，调左护卫于东昌，改为东昌卫，调右护卫于徐州，改为徐州左卫。④ 这也是与陈瑄在宣德四年的建议相符的。

从陈瑄"密告"到楚王自愿交出护卫军，最后东昌卫与徐州卫的设立，陈瑄的目的达

---

① 《明宣宗实录》卷六十四，宣德五年三月己巳条，第1524～1525页。
② 《大明宣宗章皇帝宝训》卷二。参见《明宣宗实录》卷六十四，宣德五年三月丙辰条，第1512页。
③ 《明宣宗实录》卷七十二，宣德五年十一月壬子条，第1683～1684页。
④ 《明宣宗实录》卷七十二，宣德五年十一月壬子条，第1684页。

到了。据正德五年，都察院右副都御史总督漕运邵宝①的"会议状"，"（徐州左卫）本卫左等五所运粮旗军，原系湖广武昌右护卫"②，就说明调到徐州的楚府护卫主要是充当漕运旗军。同时，调往东昌卫的楚府军大多数也是充当运军。嘉靖《山东通志》记载："东昌卫，在府治南，原系湖广武昌护卫，宣德六年，调东昌府，改名东昌卫，其设官指挥使一人，指挥同知二人，指挥佥事四人，以迁叙至者无定额云。经历司经历一人，镇抚司镇抚二人，左右中前后五所，各置正副千户百户，运粮军五百八十人，城守军余一百五十四人，屯田军余三百三十三人。"③ 其中运粮军所占比重超过一半。

可见，在宣德四年复支运，加之军队下西洋等，面对着运军缺乏的问题，将楚府护卫武昌右护卫调到徐州，充当运军，一定程度上解决了运军不足的问题。选择调往徐州而非他处，可能是因为徐州距离楚府较近，便于调配；更主要的原因是徐州处于运河沿线，是明初支运漕粮的转输节点，在漕运体系中处于重要的地位。

根据上述分析，漕运方式从"支运"到"兑运"的实行，是一个逐渐变化的过程。以往学者的研究，没有涉及这些变化过程中的细节和具体改变的过程。④ 宣德四年郭资上疏提出在宣德五年实行类似于"加耗"的方法，只是还未成为"则例"，即"请以明年为始，量地远近，与粮多寡，如淮安上粮民船十抽其一，徐州十三抽一，临清十五抽一，给与官军兼旧船运载"⑤。可见兑运的端倪。按照《大明会典》和《明史》分别记载，"（宣德五年）又令江南民粮兑拨附近卫所官军运载至京，此兑运之始"⑥。又令江南民粮兑拨附近卫所官军，运载至京，"给与路费耗米"⑦，此兑运之渐。以上叙述亦可说明之。鲍彦邦指出，漕运改革的总趋势是，一为由军运代替民运，二为由长运代替分程接运。⑧ 笔者则认为，兑运法的实行是有一个过程的，由民运到军运，是需要一些前提的，如需要保证运河沿线有充足的运军。我们看到，楚府护卫所军多，不仅调到徐州，还调往运河沿线的东昌府，设立东昌卫。

宣德五年徐州左卫的设立，与运输方式的转变直接相关。宣德四年恢复支运，面临着运军不足的问题，于是调补楚府护卫等卫军到运河沿线的徐州、东昌等地充当运军。徐州

---

① 《明武宗实录》卷四十六，正德四年春正月辛丑条，"升湖广左布政使邵宝，为都察院右副都御史总督漕运"（第1044页），可见邵宝的官职。
② 邵宝：《容春堂集》续集卷六，《景印文渊阁四库全书》第1258册，台北：台湾商务印书馆，第497页。
③ 嘉靖《山东通志》卷十一《兵防》，《天一阁藏明代方志选刊续编》，上海：上海书店，第51册，第718页。
④ 参见彭云鹤：《明清漕运史》第六章第三节"漕运方式的变革与发展"（第136～138页）；鲍彦邦：《明代漕运研究》，第8～10页；吴琦：《中国历代漕运改革述论》，《中国农史》1996年第1期。
⑤ 《明宣宗实录》卷五十五，宣德四年六月庚子条，第1321页。
⑥ 《明会典》卷二十七《户部十四》，北京：中华书局，2007年，第315页。
⑦ 《明史》卷七十九《食货三》，第1917页。
⑧ 鲍彦邦：《明代漕运研究》，第10页。

左等卫所的设立，使得运军数量有所保障，从而为兑运法的实行做了准备。

在由"支"改"兑"的过程中，主要充当运军的徐州左卫应运而生。在徐州卫的基础上，徐州驻防规模增大，这对徐州的社会状况产生了较大的影响。下文试对徐州二卫人数、屯田数、军屯、官员数量等进行排比，并考察明初徐州左卫建立后徐州的社会状况。

（二）徐州左卫建立后的军民关系

宣德四年支运复行，面临运军不足的情况，调补楚府护卫军到徐州，也为兑运法实行提供了条件。宣德五年，徐州左卫的建立，使得徐州驻防规模扩张，主要表现在徐州二卫的规模人数、卫所官员数量和品级、散布的屯田等方面。

（1）宣德五年徐州左卫的建立，增加了徐州军事规模，明初人数较为稳定（表1至表3）。

表1 明初徐州卫或徐州左卫一级官员属吏情况

官职	人数	品级	月粮
指挥使	1	正三品	35
指挥佥事	4	正四品	24
首领官经历	1	正七品	14
令吏	2		2
典吏	5		1
架阁库典吏	1		
勘合科司吏	1		
承发司典吏	1		
卫镇抚	2	从五品	14
司吏	1		1
总计	19		

资料来源：正统《彭城志》卷二《军卫》。

表2 明初徐州卫或徐州左卫所一级官员旗军情况

职别	人数	品级	月粮
正千户	1	正五品	16
副千户	2	从五品	14
司吏	1		
百户	10	正六品	10
所镇抚	2	从六品	8
军吏	10		

续表2

职别	人数	品级	月粮
总旗	20		
小旗	100		
旗军	1000		
总计	1146		

资料来源：正统《彭城志》卷二《军卫》。

表3　明初徐州卫和徐州左卫大致规模估算

卫	千户所	每卫一级人数	每所一级人数	人数
徐州卫	7	19	1146	8041
徐州左卫	5	19	1146	5749
总计	12			13790

资料来源：正统《彭城志》卷二《军卫》。

据正统《彭城志》记载，"徐州左卫官吏皆与徐州卫同"①，当时徐州卫有七个千户所，徐州左卫有五个千户所。可见，明初徐州卫和徐州左卫规模之大。

通过表2可知，每千户所旗军总数是一千一百二十人，而徐州卫有七个千户所，徐州左卫有五个千户所。笔者估算出正统年间徐州卫的全伍旗军为七千八百四十人，徐州左卫的旗军总数为五千六百人。

据嘉靖《徐州志》记载，徐州左卫"唯京操省旗军初额五千六百四十四人"②，而徐州卫的旗军原额是七千八百四十人。旗军初额与正统年间相差不多，一定程度上反映出，明初徐州左卫和徐州卫的规模很大且较为稳定。③

（2）宣德五年徐州左卫的建立，使得散布在城内外卫所官员数量增加。

据正统《彭城志》记载：

> 徐州卫指挥、卫镇抚、经历、千户、百户各散居城内。
>
> 徐州左卫指挥、卫镇抚、经历、千户、百户，散居城之内外。④

据表4估算，较之洪武年间，增加了错处在城内外的官员，徐左二卫大致有一百九十六个卫所官员散居在城内外。

---

① 正统《彭城志》卷二《军卫》，第18页。
② 嘉靖《徐州志》卷八《兵防》，《中国方志丛书》，台北：成文出版社，1970年，第642页。
③ 邵宝：《容春堂集》续集卷六，第497页。按，"故查得本卫原额全伍旗军共五千六百六十二名"。本卫指的是徐州左卫，徐州左卫设立于宣德五年，原额大致是五千六百六十二人。虽与嘉靖《徐州志》的记载有些出入，但规模相当。
④ 正统《彭城志》卷二《军卫》，第19~20页。

表4　明初散居在城内外的徐左二卫所官员人数

卫	指挥	指挥佥事	卫镇抚	经历	每卫属官数	正千户	副千户	百户	所镇抚	千户所个数	千户所属官数
徐州卫	1	4	2	1	8	1	2	10	2	7	105
徐州左卫	1	4	2	1	8	1	2	10	2	7	75
总计					16						180

资料来源：正统《彭城志》卷二，《军卫》。

通过表5和表6的比较，可以看出徐州卫和徐州左卫的官员指挥使、指挥同知、指挥佥事、正千户的品级均在知州之上，卫镇抚和副千户的品级与知州相同。这一定程度上可以反映出，明初徐左二卫所在徐州的力量是比较大的。据正统《彭城志》记载：

> 大浮桥关，在城北三里；小浮桥关，在城北半里。二关皆徐州卫拨军把守，专一讥察异言异服之人及盘诘奸细。①

在大小浮桥分别设立"关津"，并由徐州卫军来把守。大小浮桥是明初徐州非常重要的水陆交通要道，当时派徐州卫的官军把守，可见卫所对于徐州地方社会治安管理还发挥着重要作用。

表5　弘治年间徐左二卫所官员品级

官职	品级	官职	品级
指挥使	正三品	知事	正八品
指挥同知	从三品	正千户	正五品
指挥佥事	正四品	副千户	从五品
卫镇抚	从五品	百户	正六品
经历	从七品	所镇抚	从六品

资料来源：弘治《重修徐州志》卷二《职官》。

表6　弘治年间徐州州县系统官职品级薪俸

官职	品级	月俸/石	官职	品级	月俸/石
知州	从五品	14	同知	从六品	8
判官	从七品	7	首领官吏目	从九品	5

资料来源：弘治《重修徐州志》卷二《职官》。

(3) 明初徐左二卫屯田数多，散落于徐州及萧县、砀山、丰县境内；徐州卫屯仓较

---

① 正统《彭城志》卷二《军卫》，第20页。

多，散布周边州县（表7）。

表7　明初徐州卫屯仓分布及数量

分布地点	数量	分布地点	数量
徐州九里山前等处	27	砀山县柳庄等社	35
沛县汉亭等处乡	2	河南归德州夏邑县秀女寨	1
萧县红亭等乡	11	总计	76

资料来源：正统《彭城志》卷六《仓库》。

正统《彭城志》中没有关于屯田数的记载。但据表7可以看出，在徐州九里山及所属的萧县、沛县和砀山县以及河南归德夏邑等处分布着徐州卫屯仓，而卫所屯仓散布在乡村，其中砀山县徐州卫屯仓最多。屯仓一般是依屯所而立，据正统《彭城志》记载，"徐州卫屯仓七十六所，洪武七年指挥金事严渊等造，每仓收贮逐岁子粒多寡不等"①。屯仓主要收储屯田子粒，可以看出徐州地区屯田分布与屯仓分布格局的一些面向。屯田与屯仓的分布，是与州县官民田交错在一起的，这种屯田与民田交锗，可视为卫所与地方的一种关系。王毓铨的《明代的军屯》指出，除北方沿边地区和征服的少数民族地区中军屯地大致比较集中外，其他各处拨给的屯地，或是官田，或是没民田，或是空闲地，或是绝户田，大致均以不夺用民田为原则。结果产生了两个现象：一是屯地星散，一是屯地远离卫所。②又据嘉靖《徐州志》记载，"（徐左二卫）屯地并坐落本州并萧、砀、丰三县地方。"③由此可以看出徐州军民杂处的一些情况。

表8　嘉靖志记载徐左二卫屯田数量

卫所	屯田数
徐州卫	2585顷33亩7分
徐州左卫	1169顷40亩
总计	3754顷73亩7分

资料来源：嘉靖《徐州志》卷五《田赋》。

表9　万历志记载徐左二卫屯田数量

卫所	屯田数
徐州卫	2783顷38亩
徐州左卫	1033顷35亩
总计	3816顷73亩

资料来源：万历《徐州志》卷三《赋役》。

据表8和表9，可见嘉靖和万历年间屯田数没有太大变化。据表9，可以看出，徐左二卫屯田规模很大，同时会有很多卫所屯军驻扎在徐州及萧县、丰县、砀山县。除此之外，表10反映了徐州卫的牧马草场地的数量也是很大的。

---

① 正统《彭城志》卷六《仓库》，第41页。
② 王毓铨：《明代的军屯》，北京：中华书局，1965年，第190～191页。
③ 嘉靖《徐州志》卷五《田赋》，第326页。

表 10 据嘉靖志记载徐州卫牧马草场地数额

地点	亩数	地点	亩数
徐州	2 顷 18 亩	丰县	1 顷 23 亩
萧县	1 顷 79 亩 5 分	徐州卫	36 顷 36 亩
沛县	1 顷 10 亩 1 分	总计	46 顷 34 亩 6 分
砀山县	3 顷 68 亩		

资料来源：嘉靖《徐州志》卷五《田赋》。

值得注意的是，徐州属县之一萧县有徐州二卫屯田散布，且徐州卫的屯仓数量在该县也相对较多。可见，明初萧县军民杂处，且屯军较多。据《明英宗实录》记载：

> 设直隶萧县赵家圈巡检司，以其地屯军多为盗也。①

由此可知，至迟在景泰年间，徐州地区便出现了屯军为盗的事情。面对着"军与民犬牙相居，有强凌弱、众暴寡之患，其水则上通洢洛，下通江淮，舟楫往来有异言异服"② 的局面，萧县创立了巡检司来管理。"掌训练甲兵、捕擒盗贼，以安军民，此巡检之职所由起也。"③巡检司的主要职能包括捕盗。又《明会典》记载："各处巡检司弓兵并老人里甲人等，获解内外卫所逃军，及囚徒无引人，并贩卖私盐犯人等项，到部审问明白。"④ 巡检司的设置从侧面也可以反映处于水陆要冲的徐州地区军民杂处复杂化的状况。

据嘉靖《徐州志》记载：

> 团保长，州境内集镇乡村，旧各编设防御，副使王梃更申饬之，又以萧、砀、丰三县，军民错处多盗，创令编设。⑤

嘉靖二十六年徐州兵备副使王梃，在三县创编"团保长"的《为防守地方事》的文移记载：

> ……访得萧、砀、丰三县，外接河南疆境，内插徐左营屯，军民姻结，流寓杂处，顽军猾民，恃在有司、军卫，自分彼此，效尤为非，肆无忌惮。至于巨恶大家，专一窝隐四外亡命之徒，或向马载人，或明火强劫，坐守分赃，一遇官兵追剿，军民互相隐蔽，不服拘摄，必待会约，以为远遁，玩寇殃民，积患有年。⑥

---

① 《明英宗实录》卷二〇八，景泰二年九月丁巳条，第 4479 页。
② 王隆：《创建巡检司记》，嘉庆《萧县志》卷十五，《中国方志丛书》，台北：成文出版社，1970 年，第 139 号，第 1103 页。
③ 王隆：《创建巡检司记》，嘉庆《萧县志》卷十五，第 1103 页。
④ 《明会典》，户部卷一三九，第 722 页。
⑤ 嘉靖《徐州志》卷八《兵防》，第 682 页。
⑥ 嘉靖《徐州志》卷八《兵防》，第 684 页。

又，万历《徐州志》记载：

> 团保长，即古乡兵，其来甚远，缘徐多盗，设以防御，大要凡境内乡镇乡村，不分军民官舍，唯循住居。……至嘉靖丁未，副使王梃，又以萧、砀、丰境内插徐左营屯，军民错处，寇盗愈多，刱令编设，亦准州制。法久玩遏，万历元年，副使舒应龙更申饬之，足为一方保障焉。①

将万历《徐州志》的"追溯"与嘉靖《徐州志》"当时人当时事"② 的记载比照，徐州多盗的问题"积患有年"，因为徐州左卫的建立，军民错处，使得徐州"盗寇愈多"。面对这一情况，嘉靖二十六年兵备副使王梃进行改革。这里需要注意的是，徐州"寇盗愈多"的局面在其改革之前就已经存在较长时间了。以上引发了笔者的思考，宣德五年徐州左卫的建立，给徐州地区带来了很大的影响，结果使得徐州"寇盗愈多"，为什么会产生这样的变化？在这个变化中存在着怎样的社会机制，与这批调补到徐州的运粮旗军有怎样的关系？明代前中期的漕运改革对徐州左卫及运军产生了怎样的影响，从而又是怎样影响徐州社会的？这些问题都需要进一步讨论。

（三）小　结

宣德四年恢复支运，却产生了运军缺乏的问题，需要调补旗军到运河沿线运输漕粮，徐州左卫由此建立。徐州左卫和东昌卫等运河沿线卫所的建立，既出于削藩的政策情境，又出于明政府保障漕运通畅、供应北方粮饷的实际需要。调补入卫的军士，多来自楚府护卫军，他们主要即是充当徐州左卫和东昌卫之运军。如此一来，运河沿线卫所运军增加，为漕运总兵官陈瑄推行兑运提供了必要条件，这是兑运实施的重要前提。

宣德年间徐州左卫的建立，对明初徐州地方社会也产生了很大影响。一方面，在徐州卫七千户所的基础上，徐州左卫的建立，使得明初徐州的军事力量强大，凸显出"军事重镇"的特色；另一方面，但"屯军为盗"的现象亦初显端倪，"军民杂处"的弊端亦日渐加深。在下文的分析中，我们还将看到，随着长运法的实行，运军逃亡日益严重，勾补原籍军余、调派河南归德卫军和雇觅"游食光棍"等举措的实行，使得徐州"军民杂处"的状况进一步复杂化。

此外，漕运改革中还伴随着徐州仓储体系的调整，主要体现在：一是徐州左卫的建立，提供了更多的运军，为了有效保证运军的俸粮，将徐州军卫仓归于有司管理，改属于徐州；二是徐州设立了州县层级的"兑运仓"和"兑军仓"，运军的角色较前复杂化；三是广运仓扩建，斗级、仓夫等相关人群活动日渐活跃。以下重点讨论仓储体系与运法的关

---

① 万历《徐州志》卷三《兵防》，国家图书馆藏。
② 按，王梃于嘉靖二十四年任徐州兵备副使，并参与嘉靖《徐州志》的修纂，其中记载了他推行的很多改革，为"当时人记当时事"。

系及其影响。

三、成化七年以前的兑支相参与仓储体系

以往关于漕运改革的研究,一般概括为三个时期三种方式的变化,这样使我们较为容易地把握漕运变化的整体趋势。但是根据《明史》记载,"自成祖迁燕,道里辽远,法凡三变。初支运,次兑运、支运相参,至支运悉变为长运而制定"①,可知在漕运变化中,存在一个"兑运与支运"相参的时期。据《漕运通志》记载,"民粮送纳淮、徐、临、德诸仓者,仍支运十分之四"②;又据《明史》记载,"至成化七年,乃有改兑之议。……后数年,帝乃命淮、徐、临、德四仓支运七十万石之米,悉改水次交兑。由是悉变为改兑,而官军长运遂为定制"③。但学界对于"兑支相参"时期漕运的具体状况关注不多。宣德五年后,全国大部分地区实行兑运法,设有四大水次仓的淮安、徐州、临清和德州,在改为兑运的同时,仍然有支运法的实行。徐州作为漕运改革实行的重要地区,其具体情况如何,两种运输方式并行情形及影响如何,需另作考察。

(一) 兑运仓与兑军仓的设立

据附录图1④,可见弘治七年前后徐州的情况,位于城北面设有水次仓。笔者认为徐州水次仓设立与漕运制度有密切的联系。对比弘治、嘉靖和万历三朝《徐州志》的地图(附录图1、图5、图6),弘治志中有位于徐州城北的水次仓,嘉靖志中没有,在万历志中水次仓则移到了堤内南关。不同时期的《徐州志》关于徐州兑军仓的记载,称:

> 兑军仓,在城北水次,宣德年间设立。⑤

> 兑军仓,在城北水次,斗级十四人。⑥

> 宣德年设,旧在城北三里滨河,迩来常没于水,万历三年,知州刘顺之改移南关新堤内(斗级名数编银见赋役)。⑦

> 旧在城北三里滨河,宣德年设,万历三年,知州刘顺之改移南关堤内,水没。顺

---

① 《明史》卷七十九《食货三》,第1915页。
② 杨宏、谢纯:《漕运通志》,第112页。
③ 《明史》卷七十九《食货三》,第1918页。
④ 按,附录图1是将国家图书馆古籍部所藏弘治《重修徐州志》卷首分离的地图拼接成的"徐州总图",图为胶片复印件,较为模糊,但可以看到徐州城空间状况。
⑤ 弘治《重修徐州志》卷一《公署》,第156页。
⑥ 嘉靖《徐州志》卷六《官署》,第330页。
⑦ 万历《徐州志》卷二《公署》。

治七年，兵备副使张兆熊、知州佟遵道，于城东门内建今仓。①

结合不同时期方志的记载与相应的徐州图，笔者认为弘治《重修徐州志》和万历《徐州志》中显示的水次仓指的即为上述引文中的兑军仓。较为明显的证据是，方志记载兑军仓的位置在万历三年，发生了改变，由城北移动到堤内南关，在图6中则有水次仓在堤内南关，而据图1，弘治年间还在城北水次。

关于兑运仓，正统《彭城志》的记载：

> 在城东北三里沟，每岁收贮本州及萧、砀二县秋粮，以备徐州卫及徐州左卫漕运转输之粮，正统元年建，徐州仓、萧县仓、砀山仓。②

兑运仓的设立比兑军仓（水次仓）要晚，但都是在宣德之后、成化之前设立。

关于徐州兑运仓的记载不多（只在正统《彭城志》见上述记载），暂时还不能说明二者的关系及区别；但可以肯定的是，无论是兑运仓还是兑军仓（水次仓），二者的建立及功能都与兑运法的实行有关。据《明史·食货志》记载：

> （宣德）六年，瑄言："江南民运粮诸仓，往返几一年，误农业。令民运至淮安、瓜洲，兑与卫所。官军运载至北，给与路费耗米，则军民两便。"是为兑运。③

《漕运通志》记载更为详细：

> （宣德）七年，令官军运粮各于附近府州县水次交兑，江南府州县民运粮于瓜洲、淮安二处交兑，河南府州县民粮运至大名府小滩，兑与遮洋船官军领运。……是年，议处谙府州县各于附近水次盖设仓廒。④

笔者认为，徐州的水次仓便设立于实行兑运法之后，即"附近府州县水次交兑"的仓。由于笔者暂无法区别兑运法实行后，徐州二卫的运军到哪个仓交兑漕粮，于是将两种可能分作说明。

如果运军兑粮的地点是兑运仓，据前述正统《彭城志》记载，"每岁收贮本州及萧、砀二县秋粮，以备徐州卫及徐州左卫漕运转输之粮，……徐州仓、萧县仓、砀山仓"，对于徐州、萧县、砀山县的民来说就不必亲自运输到临清仓，而是就近交到徐州东北部三里沟附近的兑运仓，这里有徐州仓、萧县仓和砀山县仓。然后等待徐州卫和徐州左卫的运军收兑。

这样，一方面，每年会有大量的萧县与砀山县的纳粮民户和徐州卫、徐州左卫运军在东北部三里沟附近聚集；另一方面，实行兑运之后，运军会获得运费，一定程度上可以获

---

① 顺治《徐州志》卷二《建置·公署》，国家图书馆藏。
② 正统《彭城志》卷六《仓库》，第42页。
③ 《明史》卷七十九《食货三》，第1917页。
④ 杨宏、谢纯：《漕运通志》，第112页。

得一些收益。宣德五年，始行兑运，对于徐州二卫的运军如何运输，《明史》《会典》等正史政书文献没有具体的记载。笔者据地方志中出现的关于兑运仓的记载，可以推测，徐州及属县将漕粮和脚耗米运到徐州水次仓，再由徐州二卫的运军在水次仓交兑，一直运输到京仓。至于徐州其他两个属县丰县和沛县的民运粮就交到沛县。在隆庆《丰县志》和嘉靖《沛县志》中都有记载："兑运水次仓，在沛县漕河岸南"①，"水次仓，在县治东一里，河南岸"②。兑运法实行之后，运军在徐州东北部水次仓收兑漕粮，人群渐为复杂。若兑运仓是在兑运法后设立"府州县水次交兑"之仓，以上便是兑运法在徐州地区运作的情况。

如果兑军仓（即弘治《重修徐州志》图中的水次仓）为徐州二卫运军交兑的地点的话，无论是兑运还是成化七年后实行的长运法，运军都会到水次仓收兑徐州及四县的漕粮。从图1中可以看出，水次仓距离城北关厢和永福仓较近，万历三年移到堤内南关，距离广运仓比较近，又，广运仓附近有市肆和军屯③，加之运军来此活动，使得这里的情况更为复杂。

论及漕运改革的基本文献中，只对运河沿线的一些大的水次仓，如临清、德州、徐州的广运仓、淮安仓等有所记载，对县级甚至镇级的水次仓没有太多的记载。学界对于兑运法之后县级的水次仓的角色讨论不多。郑民德的硕士学位论文《明清运河水次仓研究》中列举了运河沿线的小型水次仓，指出水次仓与州县一般仓储相比的特点：水次仓为国家规定的税粮缴纳场所，仓粮一般不用于地方；漕粮只在水次仓暂时存储，不久将船载输往京师或其他区域；水次仓建于交通便利的河流沿岸，为漕运服务。④ 水次仓在州县的设立，对于地方社会的发展发挥了比较大的影响，值得重视。

笔者学年论文在对运河沿线的张秋镇（属于兖州府东阿、阳谷和寿张三县管辖）作考察时，发现张秋镇建有附近州县的九个水次仓，集中分布其城西北部沿河处（图9）。张秋镇的米市等市场的形成发展就与这些水次仓直接相关，张秋镇的发展不仅是受交通区位的影响，还需考虑漕运制度等更深刻的社会机制。⑤ 据《曹州志》记载：

> 收粮仓，在州东关外，明天顺间，同知张浩、判官瞿湛重建。距河三十步，厅三间，廒四十余间，厨三间，大门三间，每岁夏秋委官率里长大户收税麦毕，则漕运各该仓分收。弘治间，惟兑军粮于此，收毕则由河运至张秋，入兑军仓，候军至起兑。

---

① 隆庆《丰县志》卷二《建置》，原国立北平图书馆甲库善本丛书，325册，北京：国家图书馆出版社，2013年，第200页。
② 嘉靖《沛县志》卷二《公署》。
③ 冀绮：《徐州广运仓记》，成化十三年，碑刻（现藏于徐州市博物馆）。笔者前往徐州田野考察，抄录此碑刻。
④ 郑民德：《明清运河水次仓研究》。
⑤ 拙作：《明代中后期华北运河沿线城镇的空间与社会——以张秋镇为例》，广州：中山大学学年论文，2012年8月。

兑军仓，在张秋，明天顺初，同知萧晟买地创建，后知州伍礼重建。厅三间，厫一十二间，厨房四间，东西门二间，缭以周垣，每岁委官实粮于此，候军起兑。①

从《曹州志》的记载可以窥见县级水次仓的运作状况。徐州也有属于州县系统的水次仓，在运河沿线设立的水次仓，还包括没有位于运河沿线的属县（萧县、砀山县）的水次仓，这样便于运输。另外，这会使得州与县、县与县之间的交流加强，人群活动也会增加，一般在水次仓的周围会有米粮市场形成，带动周围乡村集镇市场的发展。宣德七年，"浙江、苏松等卫船各回本司府地方领兑，南京并江北船仍于瓜、淮交兑。其北边一带，如河南彰德等府，俱于小滩领兑，山东济南州县各于德州领兑，东平等州县于安山领兑，沂州等州县于济宁领兑，其余水次类多仿此"②。这是政书中对一些地区的规定，可知，在小滩、德州、安山、济宁均设有类似的水次仓，收纳附近州县的漕粮。

在弘治《重修徐州志》（图1）、嘉靖《徐州志》（图5）中，均可以看到万会桥（大浮桥）和云集桥（小浮桥），分别跨于泗水与汴水上。这两座桥是徐州重要的交通要道，沟通着徐州的水陆交通，也加强着徐州与周边州县的联系。宣德五年，兑运法实行后，来自徐州、萧县和砀山县的百姓需要通过小浮桥或者大浮桥，在九里山附近的兑军仓和三里沟附近的兑运仓交兑秋粮，运军也会在其附近的水次靠岸，两座桥的人群流动增多。正统元年，跨于泗水上的万会桥（大浮桥）由监察御史高峻和知州杨秘谋架木为梁上施栏盾，重新修整；正统二年，知州"先筑两堤，联舟于中绊以铁索，上施栏盾"修护小浮桥，这次修整可能与宣德年间兑运法的实行有关。③

（二）广运仓的扩建和功能转变

正如上文提到的，徐州仓漕粮预计增加二十四万石，需要"预定空闲仓厫"。宣德五年，宣宗鉴于淮安和徐州收贮大量漕粮露积在外的情况，命令平江伯陈瑄增徐州仓。④ 到了宣德五年，广运仓增设厫一百座，达到了最大的规模。⑤ 据正统《彭城志》记载，"广运仓，在城南二里，永乐十三年判官梁逊建。至宣德五年，又行增设旧厫五十座，计屋五百间，新厫五十座，计屋五百间"⑥，此时共有一千间。又据成化十三年的《徐州广运仓记》碑记载，"宣德中增之，通一亘连，计一千间，其广三百九步，袤过广一百一十步。""四门门房总二十八间，墙下有堑。直宿有铺，共三十六间。九里沟瓦窑座，地约二十亩，

---

① 佟企圣：康熙《曹州志》卷三《建置》。
② 杨宏、谢纯：《漕运通志》，第112页。
③ 正统《彭城志》卷五《桥梁》，第39页。
④ 《明宣宗实录》卷七十，宣德五年九月癸丑条，第1648页。
⑤ 弘治《重修徐州志》卷一《公署》，第155页。
⑥ 正统《彭城志》卷六《仓库》，第41页。

房二十间。仓门西地十亩,灰窑二座,烧造处也。仓门北地二段,官舍三,燕居所也。"①由此可见,当时广运仓规模之大。

宣德五年后,"所储粮一百万石,皆江浙直隶东南一带民运"②,说明广运仓还处于全国支运体系中,收贮的是江浙直隶东南一带民运漕粮,而非徐州及属县的粮食,这些漕粮还会由徐州二卫的运军接递北上。这是宣德五年后,徐州支运实行的情况。

宣德五年增设后,"甫设判官一,大使二,副使四,攒典十二,斗级一百八十,仓夫一千九十"③。广运仓的扩建需要斗级和仓夫共一千二百七十人来应役,"军屯亘乎前,市肆横于后。而仓岿然中立,雄壮闳靓,允为储蓄地"④。广运仓周围有军屯和市场,又有一千二百七十名来自徐州属县萧县、砀山县、丰县、沛县的仓夫和斗级来此应役,加之江浙直隶东南一带的百姓需来此地交纳粮食,使得这里的社会状况更为复杂。

文献中对于兑运法在徐州的具体运作情况记载很少。据上述分析,笔者认为在明初徐州,存在着两套仓储体系。

一是作为全国支运法节点的广运仓和支运时期的转输点的广运仓,收贮江浙直隶东南一带的民粮,再由徐州运军接递到山东临清。乾隆《德州志》记载了较为详细的运输路线,"宣德五年,淮、徐、临、德四处仓廒修成,卫军轮班递运南粮,淮安卫军运至徐州水次仓,徐州卫军运至临清水次仓,临清卫军运至德州水次仓,德州卫军运至通州仓存贮"⑤;实行长运法之后,广运仓改收取凤阳、淮、徐三府夏税小麦,供应运军行粮。

一是徐州及其属县的漕粮的收贮与运输。宣德年间建立兑运仓,徐州及萧县、砀山的秋粮收贮在兑运仓,再由徐州卫及徐州左卫的运军北运。

(三) 小 结

以上,笔者以徐州地区为例,通过对成化七年以前"兑运、支运相参"的运输方式的具体考察,认识到徐州两套仓储体系的运作状况,以及由此带给徐州社会的一些变化,以期对了解同时期各地"兑运、支运相参"的情况提供具体个案。

徐州二卫的运军既要参与兑运,又要参与支运,负担有所增加,但是也能获得一些运费。兑运仓和兑军仓(图1中的水次仓)属于徐州兑运系统,徐州有萧县、砀山、徐州三处兑运仓,每年会有属县的百姓来此交兑粮食。从图中可以看出大小浮桥是到兑运仓的重要通道,在大小浮桥设立关津,由徐州卫军把守,是一条获利渠道。

广运仓则处于全国支运体系中的重要环节,每年有江浙直隶东南一带的民运粮至此,

---

① 冀绮:《徐州广运仓记》。
② 冀绮:《徐州广运仓记》。
③ 冀绮:《徐州广运仓记》。
④ 冀绮:《徐州广运仓记》。
⑤ 乾隆《德州志》卷五《建置》。

加之一千二百七十名仓夫和斗级,广运仓附近有市场与军屯,人群更为复杂。据碑刻记载,"官军司其事者出纳多弊。户部请于上,肆增部官一员,期年更代,未几,复设内臣二员恒兼之"①。宣德五年之前,广运仓由官军管理,扩建之后,收回其管理权。可见,宣德五年之后,徐州二卫官军也渐渐失去获利的途径。

按照宣德四年的支运法,徐州州县民运粮路线是:徐州及属县百姓将漕粮运输到临清,于临清由运军接递运输至京。而在兑运法实行后,徐州卫和徐州左卫的运军就要到徐州水次仓附近交兑徐州及属县的漕粮。另外,广运仓支运也需徐州二卫运军递运江南漕粮。这就使得运军在城外的运作范围大大增加。当时,大小浮桥及附近又是各地商贾、行旅、使客、百姓往来的喧闹之地。

由于《明史》《明会典》等史书中没有对于徐州及其州县水次仓和运军作详细的记载,关于兑运之后徐州社会发生的变化,还需要发掘史料与地方文献,做更深入的考察。

成化七年长运法的实行,给徐州的运军、仓储和督漕机构带来进一步的影响,推动了徐州地方社会又一番变迁。伴随着徐州城内外运军活动的增加,运军大量逃亡、成分复杂化的现象日渐显露,明代中后期徐州"多盗"的记载越来越多地出现在文献中。对于这个过程,下文继续追述。

四、成化七年长运法的实行及其影响

以往学者对于漕运与徐州的关系的研究较为宏观,且多从河道变迁的角度处理。② 笔者认为漕运制度改革对于徐州社会产生了很大影响,本节试图从漕运运输方式的转变的角度,考察成化七年长运法的实行对徐州社会产生的影响,主要包括仓储功能、军民杂处复杂化、运军逃亡及其成分复杂化等方面。

(一) 仓储转变与官军支饷

上文已经对"兑支相参"时徐州的仓储体系有所考察,而长运法之后徐州的仓储体系是如何变化的呢?学界对于广运仓的研究,主要认为实行长运法之后,广运仓失去收贮、转输漕粮的功能,便衰败下去,继而造成了徐州城的衰落③;但对于广运仓在长运之后的运作状况,鲜有研究。

---

① 冀绮:《徐州广运仓记》。
② 胡梦飞:《明代徐州运河水次仓的管理与功能——基于碑记和地方志的考察》;高金华、郑民德:《明代徐州水次仓漕运仓储的历史变迁》。
③ 如李德楠:《国家运道与地方城镇:明代泇河的开凿及其影响》,《东岳论丛》2009 年第 12 期;胡梦飞:《明代徐州段运河河道整治与漕运管理述略》,《华北水利水电学院学报》(社会科学版) 2010 年第 5 期。

成化年间实行的长运法，指的是由运军径赴江南、南京附近州县水次交兑，由是农民不必亲赴运役，但因军运路程延长，故农民除付给运军路费耗米外，还要加"过江之费"。

据弘治《重修徐州志》（图1）、嘉靖《徐州志》（图5）、万历《徐州志》（图6），在徐州城的东南部均有广运仓，且始终处于徐州城外；在徐州城内东北部的永福仓，一直处于徐州城内；万历《徐州志》图中水次仓依然存在。相对于"兑支相参"时期，广运仓支运功能逐渐丧失（直到成化十一年完成改兑），而徐州及属县的漕粮在水次仓兑运的体系仍然存在。

徐州作为漕运系统的重要节点，长运法实行之后，退出支运转输漕粮的体系，贮粮规模变小；同时其功能发生了变化，广运仓仍然发挥着重要作用，明初由知州设立的永福仓的功能也发生了变化。嘉靖《徐州志》记载：

> 本仓永乐中为漕运转般设建，至成化中改令各军径兑直达，而转般罢。户部议单开载，本仓该给徐州、徐州左、邳州、河南归德四卫运军行饷。近年总漕因淮安常盈仓告匮，每以江北附近卫所，通融拨给，兼之各州县逋负居多，计岁所入，拟之额数，十不及其二三，虚耗亦已甚矣。①

由这则材料，可以看出由于漕运方式的变化，徐州仓由收贮漕粮变为供给徐州、徐州左、邳州、河南归德四卫运军行饷。梁材的奏疏中记载了成化八年之后，广运仓所收夏税的来源："成化八年以后，议将广运仓，浙江、淮、扬、凤、徐等处米一十八万四千八百石，改于瓜、淮等处水次官军交兑，广运仓止收凤阳、淮、徐三府夏税小麦四万八千一百五十石，以为官军行粮等项支给，比前所收粮米，不过五分之一而已。"② 又，"凡额收各府州县夏税麦粮，共四万八千一百五十石，徐州并四县粮数详见田赋外。凤阳府宿州粮八千一百石，泗州粮一千九百石，淮安府邳州粮八千石，睢宁县、桃源县、宿迁县各粮四千石"③。改成长运法之后，广运仓只收贮来自浙江、淮、扬、凤、徐等夏税小麦，供军行饷。淮安常盈仓粮食匮乏时，广运仓也会通融拨给江北的附近卫所。

据《明武宗实录》记载：

> 户部议覆漕运等衙门所奏事宜……易实征以便转输，谓徐州广运仓应贮米，以备转输通州。而乃岁贮淮、凤等府夏税麦四万余石，运军岁支行粮仅十之四，余皆久贮腐烂。欲将其麦改纳于徐州永福仓，以为官军月粮，而以永福仓秋粮粟米改纳此仓，斯可久贮，以便转输矣。④

进一步的变化是，到了正德年间，徐州的永福仓和广运仓"易实征"，也就是说广运仓收

---

① 嘉靖《徐州志》卷七《漕政》，第488页。
② 梁材：《革徐淮二仓内臣疏》，《明经世文编》卷一○四，《梁端肃公奏议疏》，北京：中华书局，1997年，第2册，第933页。
③ 嘉靖《徐州志》卷八《兵防》，第493页。
④ 《明武宗实录》卷三十一，正德二年冬十月己亥条，第783页。

取的四万余石的小麦，运军在此支取行粮只占十分之四，余下的小麦长期贮藏在仓中，容易腐烂。解决办法是，将小麦纳于永福仓作为官军的月粮，而将永福仓的秋粮纳于广运仓以备转输。

《漕运通志》记载较为详细：

> （正德三年）准易实征以便转输。……先年有例，将夏税小麦抵斗纳米，以便久贮，又将原在淮安仓关支行粮，凤阳等二十八卫所改来广运仓关支，其淮安仓米麦亦又无支，议得若欲为便益经久之法，必须将递年原坐广运仓实征夏税小麦，改坐徐州永福仓，实征秋粮粟米，改坐广运仓交纳。永福仓官军俸粮常缺，不致陈腐，广运仓粟米可久贮以备转输，彼此各便。况查二仓实征夏税秋粮，存留数目相当，彼此易换坐派，易于反掌，经久便利。①

"永福仓给散二卫官军月粮。"即永福仓的功能主要是提供徐州二卫官军月粮。徐州两个仓"易换坐派"，一方面，使淮安、凤阳和徐州的百姓将小麦交于永福仓，徐州卫、徐州左卫的官军在此支取月粮；另一方面，徐州及属县的粟米交到广运仓，再由"徐州、徐州左、邳州、河南归德四卫运军"支取行粮。据《度支奏议》载："徐州永福仓、广运仓、淮安仓俱原备江北以及徐州、扬州各卫所官军、运军行月二粮之用，德州常丰仓，亦备德左二卫官军俸粮之用。"②可见，永福仓和广运仓的功能逐渐相同，即为江北、徐州、扬州各卫所官军供应月粮和行粮。

笔者从最早的正统《彭城志》到同治《徐州府志》中所见③，广运仓的地理位置始终处于徐州城外东南方，而永福仓的位置处于徐州城内东北部。由此，大量的卫所官军（包括江北、徐州、扬州卫所官军）也前往永福仓支取月粮行粮，这样不仅是徐州城外，徐州城内活动的官军数量也会增多，使得明代中后期徐州社会状况更为复杂。成化年间长运法实行后，卫所运军逃亡及复杂化的过程，也就意味着在徐州城内外活动的运军成分复杂化，多为"游食光棍"，难于管理，多无屯田，加之"顽军猾民"互相隐蔽，在这条水陆要道上谋求新的生计。下文将具体论述长运法实行后运军的变化。

（二）全兑直达与运军变质

关于明代运军的研究，主要有星斌夫的《明代漕运的研究》（其中第四章是专门对于运军问题的研究）、鲍彦邦的《明代运军的编制、任务及其佥补制度》、陈峰的《明代的运军》、于志嘉的《卫所、军户与军役——以明清江西地区为中心的研究》，均认为在明

---

① 杨宏、谢纯：《漕运通志》，第148～149页。
② 毕自严：《覆咨赞周梦尹条议临德等仓银米解京疏》，《度支奏议》卷五，上海：上海古籍出版社，2008年，第7册，第251～252页。
③ 参看附录图4至图6。

代中后期出现了运军大量逃亡,并对其逃亡的原因做了解释。主要原因有:正德年间,运军需要负担"军三"的船料银,负担加重;成化年间,全部军运,路程增加,经过的环节增多,如过洪盘坝等,受到盘剥;加之自然因素引发的危险,使得运军生计困难。星斌夫强调了运军"积债"多引发逃亡的因素。① 同时,鲍彦邦对运军签补制度也有详细的研究。② 陈峰则认为,明中叶实行运军长运制度后,运军长期忙于漕运任务,无暇顾及家中屯地,加上土地兼并日趋激烈,运军屯地和卫所屯田一样大都丧失,其收入便主要限于行粮、月粮了。③

笔者试图考察漕运运输方式的改变对于徐州运军的影响,明代中后期的徐州是否也出现了运军逃亡的问题,又是如何解决的,而这对明中期以后徐州社会产生了怎样的影响。

从全国范围的情况看,笔者认为明代徐州运军的逃亡是与长运法的实行有关系的。

王宗沐认为运输方式改为全兑直达后,运军始困,"今则全兑矣,全兑而又直达,于是军士始困,而诸弊百出也"④。他描述了运军在整个运输过程的困难:"曝挽于赤日之下,则背肉生鳞,力斗于急溜之中,则哀呼声惨,……运官有剥削,衙门有支费,洪闸有需索,到仓有经营,经年劳瘁,还家席未暖,而官司已点新运矣。夫一日三餐,一升五合而饱人之情也。今但使其求足于九合之中,是亦无怪乎,冒禁鬻法,而漂流挂欠之相寻而未已也。一船既坏,分摊众赔,甚至漫及一总,是不坏者以坏者困,不盗者为盗者相胥而溺。此待尽之术也。"⑤ 可见,在兑运的各个环节中,都有可能给运军加以额外的负担。

在永乐十二年,"命北京、山东、山西、河南、中都、直隶徐州等卫,不分屯、守,各选军士,以指挥千百户率领,都指挥总率,随军运粮"⑥。永乐年间,运军主要是徐州卫;宣德五年徐州左卫的建立,增加了运军的数量。据《漕运通志》记载,徐州卫和徐州左卫均属于"江北二总",徐州左卫的部分运军还参与到"遮洋总"中。

据乾隆《德州志》载,"宣德五年,淮、徐、临、德四处仓厫修成,卫军轮班递运南粮,淮安卫军运至徐州水次仓,徐州卫军运至临清水次仓,临清卫军运至德州水次仓,德州卫军运至通州仓存贮。"⑦ 尽管时间上有所不一致,但是能使我们大致认识到徐州运军的路线,即由徐州至临清。

宣德五年,始行兑运,对于徐州二卫的运军如何运输,正史和政书等文献很少有记载。笔者认为,徐州及属县将漕粮民运到徐州水次仓,再由徐州二卫的运军在水次仓交

---

① (日)星斌夫:《明代漕运の研究》第四章"明代漕運の軍運組織とその運營"(第179～235页)。
② 鲍彦邦:《明代漕军的编制、任务及其签补制度》。
③ 陈峰:《明代的运军》。
④ 王宗沐:《乞优恤运士以实漕政疏》,《明经世文编》卷三四三,《王敬所集》,北京:中华书局,1997年,第2册,第3230页。
⑤ 王宗沐:《乞优恤运士以实漕政疏》。
⑥ 《明太宗实录》卷九十一,永乐十二年春正月庚子条,第1729页。
⑦ 乾隆《德州志》卷五《建置》。

兑，一直运输到京仓。成化年间实行长运后，徐州二卫的运军便直接到徐州及属县的水次仓收兑漕粮，后一直运输到京仓（对此本文第二节已经有所论及）。当然，兑运时期的徐州运军的活动范围可能更加复杂。但是大致上，正如鲍彦邦所说的，基本原则是军运代替民运，运军的路程明显增加，兑运的环节增加，会使得情况更为复杂化。①

"户部覆议漕运总兵官平江伯陈锐，总督漕运都御史李裕言：运粮旗军连年守冻，至有四年不得回家者。"② 成化九年，实行长运之后，运军连年守冻，有四年不能回家的，可见当时运军的生活之苦。兑运后，徐州二卫的运军也会直达到京，可能也会遇到此种情况。

后来出现了运军贿赂改差，已多不为正身的情况。"国初民运后改为军，未几则专以军为长军。先臣于谦曾因庤儆，议留运为备，此其一验矣。承平日久，贪弁纳贿，佥补非人。"③ 运军佥派原则是选富裕精壮的军士，但长运后，运差繁重，其多"营求遮蔽"，致使佥补的军士多为幼丁。"南京监察御史王瓒……又言，南京操练及漕运军士，其贫者，仅有幼丁，亦被勾扰差遣，常劳而不息；富者虽有壮丁，又得营求遮庇，终逸而无事。差役不均，怨声盈路。"④ 差役不均，承担运军差役的多为那些较为贫穷的人。正德三年，"总督漕运及巡抚苏松都御史所上事宜，……各运旗军多老疾逃故者，贫军为之包运，雇役甚累，宜查补"⑤。正德年间，运军多逃，贫军包运，雇役的军士易于为盗。

明中期后，雇募的运军"稍遇艰危，即弃不顾"，户部尚书张守直就这种情况建议"查刷船军"，选"精壮户丁"佥运。"近来选佥运军多以私意放免，募工充之，稍遇艰危，即弃不顾。今宜查刷弊源，诸殷实精壮户丁，俱照额佥运，不得以无赖滥充。仍令五船编甲，互相觉察，以惩奸弊。"⑥ 可以推想，运军逃亡之后，另求生计，易于为盗；另一种可能，是运军逃亡后，雇募"游食光棍"，他们很难管理，在漕运的过程中破坏劫掠，这些人也可能成为盗。

那么，长运法实行后，徐州的运军情况如何呢？

宣德十年，"令漕运总兵官八月赴京会议次年运事"⑦。成化九年时，户部覆奏漕运巡抚等官会议事宜中，其一事有关徐州左卫运军："一徐州左卫，及凤阳、凤阳中右、留守左中、怀远六卫，运粮旗军逃亡者多，该运遗累于人。今宜以曾经运粮且密迩徐、凤地方，归德、武平、沂州、宿州四卫，除京操不动，余于守城屯田等项内选补。"⑧ 这则材

---

① 鲍彦邦：《明代漕粮兑运的程序及其措施》，《明代漕运研究》，第 161～176 页。
② 《明宪宗实录》卷一二〇，成化九年九月己丑条，第 2319 页。
③ 《明神宗实录》卷五三七，万历四十三年九月辛卯条，第 10188～10189 页。
④ 《明宪宗实录》卷一六七，成化十三年六月壬戌条，第 3032 页。
⑤ 《明武宗实录》卷四十三，正德三年冬十月丁亥条，第 998 页。
⑥ 《明穆宗实录》卷六十五，隆庆六年正月丙子条，第 1567 页。
⑦ 申时行：《大明会典》卷二十七，第 318 页。
⑧ 《明宪宗实录》卷一二〇，成化九年九月乙巳条，第 2316 页。

料直接说明实行长运法之后，运军的负担加重，徐州左卫等多运军逃亡。

又据弘治八年，都御史李蕙、总兵官郭鈜的奏疏，"查得江南、江北直隶并南京（各二总）共六总运粮旗军，递年营求该管军政官改拨闲便差使不下五六千名，逃亡事故不止一万四五千名"①。这应该是弘治八年之前的一些情况。

徐州卫和徐州左卫运军均属于江北二总，此则材料也可以反映出徐州运军的情况。徐州等卫的运军贿赂卫所官员，"改拨闲差"（运粮差重）的人数超过五六千名，逃亡运军超过一万四五千名。面对此问题，"管运官旗只得雇觅游食光棍凑数"，结果"致坏漕规"。由是都御史和总兵官才提出要调补正军或余丁，希图改变"包雇无赖之人顶名上运"的情况。

可见，弘治八年之前，运军逃亡后，雇募"游食光棍"替补上运，运军成分复杂化，没有解决运军不足的问题，而且这些人较难控制，易破坏漕规，随时弃船而逃。

据嘉靖《徐州志》记载，"将冬暮春初，四外驾船退闲光棍，本地不安生理强徒，迫于饥寒，易于为盗。"② 这些"四外驾船退闲光棍"，可能是逃亡的运军，或者是雇募来替补运军的"游食光棍"，在冬暮春初，常常另求生计，易于为盗。徐州卫与左卫的运军逃亡，雇觅的"游食光棍"使运军成分复杂化，为徐州中后期多盗发生埋下隐患。

如上文所谈，在长运法实行后，运军会到徐州水次仓领兑漕粮，并去永福仓或广运仓领取行粮月粮，在徐州城内外的活动增加。这些"游食光棍"易于为盗，卫所官军与州县官难以对其有效管理，造成徐州社会的不安定。

就徐州卫运军逃亡的原因，都御史丛兰和总兵官顾仕隆奏称："据江北、江南等总把总运粮署都指挥等官张辅等所呈，窃为民出赋以养军，军舍生以卫民。今漕运军士长江大湖而冒风波之险，暑雨祁寒而甘冻馁之苦，出百死而得生，则所望者惟止月粮。奈何经年累岁不得关给，又乃逼借私债以偿官费，将欲不逃其可得乎？"③ 主要因为路途遥远，途中困难较多，而依靠的月粮又累年拖欠，运军不得不借私债赔补，往往造成运军的逃亡。

正德年间，问题更为严重，且与江北直隶等情况类似。都御史臧凤奏针对此问题上奏，指出运军不足的原因："近年运军或因积负逼迫，或因粮赏无得，或因运官需索，或因投当别差，以致每船数足者少，数欠者多。兼以舟大载重，驾御实难，粮运之迟亦由于此。"④ 针对"积负逼迫"这一原因，王佐认为，"切照缺军盗粮之害，多因积债所致"。由于月粮行粮不足，旗军多借债，当旗军被逼还债时，就造成胆小的运军逃亡、胆大的运军盗窃漕粮的后果。王佐又指出积债的五个因素：或因漂流磕沉船粮不得勘报开豁；或因原兑粮米湿润，经过三伏腐烂亏折；或因使用不足，收受斛面太重，以致挂欠筹斛；或因天雨泥泞车驴脚贵，轻赍不足；或因不才运官营干己事，假以雇脚买粮为由，诓借债负遗

---

① 杨宏、谢纯：《漕运通志》卷八"运粮逃军问发沿边守墩了哨"条，第137页。
② 嘉靖《徐州志》卷八《兵防》，第683页。
③ 谢纯：《漕运通志》卷八，正德十一年"官军关支月粮仓分"条，第160页。
④ 谢纯：《漕运通志》卷八，正德十四年"严督补足运军"条，第166页。

赖卫所偿还。① 又，正德十六年，都御史臧凤、总兵官顾仕隆奏："近年以来，卫运军或遭兵火，或为灾伤，月粮不得救口。又加私债追逼，率多逃亡，每船见军不上五七名，少者止三二名，甚至全船皆无。"② 星斌夫的《明代漕运の研究》中也认为，运军逃亡的主要原因是借债买粮赔补，积债数多，导致"官军逃亡盗卖粮米"。③

中央户部每年八月主持召开会议讨论明年漕务，指定参加会议的有漕运总督或漕运总兵官、各地巡抚及侍郎等官员。户部通过会议对重大漕务事宜作出决策，载入漕运议单，以便遵守，并即交由漕司衙门、各地巡抚及布政司等分别执行。④

正德五年，据都察院右副都御史总督漕运邵宝的会议状"为处置粮运事"中，其一事为"清逋逃以足漕额"。据直隶徐州左卫运粮指挥张琏给江北直隶把总运粮指挥佥事吴镒的呈文：

> 本卫左等五所运粮旗军，原系湖广武昌右护卫，宣德六年⑤调今卫，原籍俱武昌等府，兴国等州县人，三户垛充，田产家业多遗在彼。止是轮流一人赴卫应当，在营或有一二生息，役满随即带回，以此在营余丁数少。成化二十一年，为因逃故数，无军驾运，蒙漕运衙门奏，差本卫指挥王宪，赍册前去湖广，公同司府官员，清解一千余名，拨补赴运，深为济用。到今（正德四年）二十余年，渐有逃故。……合无行令缺军卫所，将各年逃故运军，自祖贯址充发来历查对，清切造册，差人赍送兵部，转送都察院，发清军御史督同布按二司府州县，清军官员照名挨拿起解，如正身不获，先将的亲壮丁连妻解赴漕运衙门，审发各卫驾船偿运，务足原额。⑥

据此可知，宣德五年调补到徐州左卫的楚府护卫军，主要充当运粮旗军。由于他们的田家产业也多在武昌原籍，三户垛充，轮流一人到徐州左卫服役，等到役满时返回原籍。长运法后，运军逃亡者多。成化二十一年时，为解决运军不足的问题，徐州左卫指挥王宪赍册到湖广（原籍）清查拨补，以足运军之数。至正德五年，二十多年间，徐州左卫又有五百九十八名运军逃亡，致使每船不到五七人。而漕法规定："每船军十名，内一名管船，一名掌纲司文簿，一名拦头，一名扶柁。设若数内有一名疾病，止得五名牵挽，日夜劳苦，无时休息。"⑦ 如是，又增加了运军的负担。到正德五年，徐州左卫一直存在运军逃亡的

---

① 谢纯：《漕运通志》卷八，正德十四年"议借盐银偿还粮运宿债"条，第162～163页。
② 谢纯：《漕运通志》卷八，正德十六年"令各卫所拨补军以足驾运"条，第169页。
③ （日）星斌夫：《明代漕运の研究》，第233页。
④ 鲍彦邦：《明代漕粮折色的派征方式》，《明代漕运研究》，第71页。
⑤ 按，这里的时间与明代诸本《徐州志》记载均不同，据《明宣宗实录》卷七十二记载，"（宣德五年十一月）以顺承雅意，于是改武昌中护卫为武昌护卫，调左护卫于东昌改东昌卫，右护卫于徐州改徐州左卫，置经历司，仓皆如例。"笔者认为不矛盾，可想是在宣德十一月做出决定并开始实施，到了宣德六年完成了调补。
⑥ 邵宝：《容春堂集》续集卷六，第497页。
⑦ 邵宝：《容春堂集》续集卷六，第1258册，第497页。

情况。

于志嘉的研究表明，明代的军户主要分为卫所军户和原籍军户两大类，前者指驻扎于卫所的军人及其留居本卫所的家属，后者是指卫所军人在原籍地的亲属。① 徐斌认为，对于卫所军户来说，由于在营余丁的增多，且都附着在同一个卫军的名下，日后他们逐渐与原籍之间失去联系，因此军差也转而完全由其承担。②

由此，可以看到这样一个过程，即随着运军逃亡日益严重，楚府护卫的原籍军户逐渐入籍徐州左卫，成为徐州左卫军户，在徐州左卫承担运粮差役，便与原籍失去联系。这样一方面使得徐州军民杂处复杂化；另一方面使得运军成分复杂化，正德五年后，勾补多为老弱幼丁，很难保证漕运。

至正德六年，邵宝提出恢复支运的建议，认为长运法的实行使得运军的困难加重。"今也直达，积弊滋蔓，展转稽迟，兵民俱病，国受其害。臣以为莫若复支运法。支运之难，难在脚价，脚价不足，粮不自行。请下廷臣议处，渐复支运，则稽迟之患可免矣。"强调"运军困苦，莫过私债。始于仓场之滥费，而成于运官之科索，揭借富室，日引月长，倍蓰其利，以至无算。"③

值得注意的是，成化年间，为了解决徐州的运军不足的问题，还曾借调河南归德卫的运军和运船来此运粮。据《明神宗实录》记载：

> 户部题，归德卫运舡七十七只，原非旧额，只因成化年间，徐、泗二卫灾疲缺军，乃将前舡改拨该卫，暂为代运。④

又据康熙《商丘志》记载：

> 又归德卫运船七十二只，原非正额，只因成化间，暂为徐、泗二卫代运，相沿日久，以致归德军余驾运不前，逃亡伤死，岁仍相借……船每只非数人不行，计七十余只，每岁可千人也。⑤

以上两则材料，虽然对于归德卫所的运船数量记载有些差异，但可以看出，由于成化年间，徐、泗二卫缺乏运军和运船，调派归德卫运船七十多只，来替补徐、泗二卫的运军，而且跟随运船的运军每年约有千人。

一方面，成化年间徐州卫的运军已经大量逃亡，面临着运军不足的问题，这些逃亡运

---

① 于志嘉：《明清时代军户的家族关系——卫所军户与原籍军户之间》，(台湾)《"中央研究院"历史语言所集刊》第七十四本第一分，2003年。
② 徐斌：《明清军役负担与卫军家族的成立——以鄂东地区为中心》，《华中师范大学学报》（人文社会科学版）2009年第2期。
③ 《明武宗实录》卷八十二，正德六年十二月辛巳条，第1769～1770页。
④ 《明神宗实录》卷一七六，万历十四年七月甲午条，第3263页。
⑤ 穆文熙：《归德府改盐停运碑》，康熙《商邱县志》卷十五《艺文》，《中国方志丛书》，华北，第98册，据刘德昌修、叶汉沄纂，民国二十一年石印本影印，台北：成文出版社，第889～890页。

军的生计如何,值得思考;另一方面,每年会有来自河南归德卫上千名运军来徐州运粮,进一步使得运军成分复杂化,而且归德卫的运军困苦,多逃亡伤死。同时,据上文可知,归德卫的运军也会到广运仓支取行粮。直到万历年间,才取消了此调补,可见归德卫的运军在徐州活动之久。一直到万历十四年,归德"卫军逃过半,委不堪运",户部批准漕运都御史杨俊的建议,才免除归德卫运军代运的任务。大量河南归德卫的运军在徐州长时期的活动,使得徐州军民杂处更为复杂。

嘉靖二十六年,兵备副使王樾在改革之前,"访得萧、砀、丰三县,外接河南疆境,内插徐左营屯,军民姻结,流寓杂处,顽军猾民,恃在有司、军卫,自分彼此,效尤为非,肆无忌惮"。这里特别指出"河南",或许徐州"寇盗愈多"的局面与归德卫的运军常年在徐州地区活动有关。

又据《明英宗实录》记载:

> 直隶归德卫奏:本卫去岁,春夏亢旱,子粒无收,军士饥馑,乞暂于附近徐州有粮仓所关支接济。从之。①

早在正统年间,归德卫所的军士在遇到灾害时,就会来徐州以求接济,一定程度上反映出,河南卫所的军士常常会在徐州地区活动,使得徐州地区社会状况更为复杂。

成化七年,长运法实行,全部改为军运,直达至京,加重了运军的负担,大量运军逃亡。为补足运军原额,采取的主要办法是去原籍勾补军余,但大多数是老弱幼丁,或者雇觅"游食光棍",遇到困难会轻易弃船而逃,运军成分进一步复杂。加之仓储职能的变化,更多运军会在徐州城内外活动,徐州面临着盗贼日益严重的威胁。

下面,笔者将徐州左卫和徐州卫旗军原额与正德、嘉靖年间数额开列在下:

第一节中,笔者已经列出宣德年间和正统年间徐州二卫的原额情况,保持在比较大的规模。

通过表2,笔者估算出正统年间徐州卫的全伍旗军为七千八百四十人,徐州左卫的旗军总数为五千六百人。

据嘉靖《徐州志》记载,徐州左卫"唯京操省旗军初额五千六百四十四人",而徐州卫的旗军原额是七千八百四十人。可见在明初,徐州左卫和徐州卫的规模较为稳定。

据表11可以看出,明初徐州二卫大致可以保持原额,到了正德、嘉靖年间,徐州左卫只剩下原额的约五分之一,徐州卫只剩下原额的约四分之一。旗军大量逃亡,出现"尺籍空虚,几于无兵可交者"的状况。②

---

① 《明英宗实录》卷四十,正统三年三月戊戌条,第755页。
② 嘉靖《徐州志》卷八《兵防》,第639页。

表 11 嘉靖以前徐左二卫旗军规模的变化　　　　　　　　　　单位：人

卫所	旗军原额	正统年间全伍旗军	正德五年	嘉靖年间
徐州左卫	5644	5600	1281	1111
徐州卫	7840	7840		1903

资料来源："正统年间全伍旗军数"出自正统《彭城志》卷二《军卫》，"正德五年数"出自邵宝《容春堂集》续集卷六，"旗军原额"与"嘉靖年间数"出自嘉靖《徐州志》卷八《兵防》。

由表 12 中可以看出，徐州左卫的运军规模呈现不断减少的趋势，运军在不断地逃亡。

表 12 嘉靖以前徐左二卫运军规模的变化　　　　　　　　　　单位：人

卫所	运军原额	正德五年	嘉靖年间
徐州左卫	1776	1178	1005
徐州卫			2516

资料来源："运军原额"和"正德五年数"出自邵宝《容春堂集》续集卷六，"嘉靖年间数"出自嘉靖《徐州志》卷八《兵防》。

表 13 中，尽管原额数字与嘉靖《徐州志》的记载不一致，但是相差不多。值得注意的是，虽然运军数量在正德五年逃亡了五百九十八人，运军这一差役的比例在正德年间占旗军差役的绝大多数。可见，到了明代中后期，徐州左卫的旗军主要任务是运输漕粮，在旗军大量逃亡的情况下，仍然要保持住运军的数量，一定程度上可以反映出，徐州左卫没有被过早地裁撤，而直到顺治二年，才废徐州左卫及二卫指挥同知金事镇抚等官。① 笔者认为，主要是因为徐州左卫在漕运制度中仍然发挥着重要作用的原因。顾诚认为明中期以降，卫所辖地行政化的势头不断加速，但不应把卫所在明代行政化（或民化）的程度估计过高，并指出了运粮卫所漕运任务的原因。②

表 13 徐州左卫宣德五年与正德五年运军变化对照

旗军初额	宣德五年运军原额	宣德五年运军所占比重	正德五年食粮京操运粮杂差	正德五年见在运军	正德五年运军所占比重	运军死亡逋绝
5662 人	1776 人	31.40%	1281 人	1178 人	91.96%	598 人

资料来源："宣德五年运军原额"、"正德五年见在运军"和"正德五年食粮京操运粮杂差数"出自邵宝《容春堂集》续集卷六，"旗军初额"出自嘉靖《徐州志》卷八《兵防》。

---

① 康熙《徐州志》卷七《兵防》，国家图书馆藏。
② 顾诚：《明帝国的疆土管理体制》。

由表 14、表 15 可以看出，在嘉靖年间，徐州卫和徐州左卫的卫所官员数大概是一百九十八人，相对于正统年间（表4）有所增加；并且值得注意的是，指挥使和指挥佥事这两种高级官员的数量增加得最多。徐州卫和徐州左卫军、旗军、正役、杂役等情况则如表16 至表 19 所示。

表 14　嘉靖年间徐州卫官员人数

徐州卫（所）	官职	人数
徐州卫	指挥使	2
	同知	5
	佥事	10
	幕镇抚司镇抚	2
	经历	1
	知事	1
左所	正千户	1
	副千户	3
	百户	11
	镇抚	2
右所	正千户	2
	副千户	2
	百户	9
	镇抚	1
中所	正千户	4
	副千户	2
	百户	10
前所	正千户	1
	副千户	5
	百户	8
	镇抚	1
后所	正千户	1
	副千户	4
	百户	11
中左所	正千户	2
	副千户	2
	百户	8

续表 14

徐州卫（所）	官职	人数
中右所	正千户	1
	副千户	3
	百户	10
	镇抚	1
总计		126

资料来源：嘉靖《徐州志》卷八《兵防》。

表 15　嘉靖年间徐州左卫官员人数

徐州左卫（所）	官职	人数
徐州左卫	指挥使	5
	佥事	10
	幕镇抚司镇抚	1
	经历	1
	知事	1
左所	正千户	1
	副千户	2
	百户	8
	镇抚	1
右所	正千户	1
	副千户	2
	百户	4
中所	正千户	4
	副千户	1
	百户	10
前所	正千户	1
	副千户	2
	百户	5
	镇抚	1
后所	正千户	2
	副千户	3
	百户	6
总计		72

资料来源：嘉靖《徐州志》卷八《兵防》。

表 16　漕运通志记载徐左二卫漕运官军数量　　　　　　　　单位：人

卫所	指挥	千户	镇抚	百户	运粮旗军	浅船	运粮
徐州卫	1	7	1	13	2516	25 只 1 分	77246 石
徐州左卫	1	3		2	1356	13 只 6 分	41631 石

资料来源：杨宏，谢纯：《漕运通志》，第 86 页。

表 17　嘉靖徐州志载徐左二卫旗军变化情况　　　　　　　　单位：人

卫所	初额	调补（存留）	现存	漕运旗军	死亡逋绝
徐州卫	7840	252	1903	2516	5685
徐州左卫	5644	1340	1111	1005	3203

资料来源：嘉靖《徐州志》卷八《兵防》。

于志嘉通过对明代江西卫所军役的考察，认为明代中后期卫所中舍人余丁的角色重要，除被用于各项杂差外，亦有不少被用以担当与正军相同的任务。明初以正军充役、余丁帮贴的限制已不复存在。正军、舍、余的区分已没有多大意义，卫所军户内的所有人丁都是卫所役使的对象。① 操守、屯田、漕运俱属卫所正役，另外如局匠、马军、巡捕各役也常设有军政官专管，属于正役的范畴。② 徐州二卫所情况亦是如此，"则悉索军舍余丁充补，额数给饷一如正军，尺籍空虚，几于无兵可交者矣。"③ 正役与杂役，均由军舍余丁充当，而按照正军给予军饷。"其掌印及训练屯田、漕运、京操、管局、巡盐、巡捕、巡河各一人掌领之，并以选任，皆谓之见任管事，不预此者，编诸行伍，谓之带俸差操。"④ 依照于志嘉的说法，"屯田、漕运、京操、管局、巡盐、巡捕、巡河"便为徐州卫所军的正役，而预备仓军斗、库子、淮安厂造船、守门便属于杂役。

表 18　嘉靖年间徐州徐左二卫旗军正役及运军所占比重　　　单位：人

卫所	运军	屯种	京操	局匠	巡河	巡盐	捕盗	城操	运军所占比重
徐州卫	2516	4510	1966	75	5	20	20	726	25.57%
徐州左卫	1005	376		39	6	10	20	203	60.58%

资料来源：嘉靖《徐州志》卷八《兵防》。

---

① 于志嘉：《卫所、军户与军役——以明清江西地区为中心的研究》，第 157 页。
② 于志嘉：《卫所、军户与军役——以明清江西地区为中心的研究》，第 194 页。
③ 嘉靖《徐州志》卷八《兵防》，第 639 页。
④ 嘉靖《徐州志》卷八《兵防》，第 637 页。

表19　嘉靖年间徐左二卫旗军杂役及淮安厂造船军所占比重　　　　单位：人

卫所	预备仓军斗	库子	淮安厂造船	守门	看监	淮安厂造船军所占比重
徐州卫	5	5	13	48		18.31%
徐州左卫	5	1	34	22	12	46.95%

资料来源：嘉靖《徐州志》卷八《兵防》。

由表17可以看出，徐州卫和徐州左卫逃亡军队人数超过了二分之一，具体原因有待考察。但是相对于明初徐州卫和徐州左卫的规模（表3），已经大大减少了。在诸多卫所差役中，与漕运有关的主要是"运军"和"淮安厂造船"。徐州卫运军数量基本没有变化；徐州左卫的运军不断逃亡，但在各项正役中，仍然占有近六成的最大比重。正德五年运军的比重也很大（表13）。

而且，与徐州卫不同，徐州左卫之差役中比重最大的是"运军"一项，这也可以佐证第一节所论述的徐州左卫建立的原因是补充运军的观点。联系邵宝的会议状，笔者认为徐州左卫军主要是为漕运提供运军。

而徐州卫，屯种的数量最多，其运军数量也很可观。可见，国家对于徐州运军的数额的保持是非常重视的。嘉靖八年，兵备副使的职能增加了漕运、屯田等项，且从表14和表15中可以看出，嘉靖年间，徐左二卫增加了很多高级官员。虽然旗军包括运军已经逃亡很多，却需要更多的高级官员管理，一方面可能是明代中后期徐州卫所官员比较"无能"，无法很好的管理徐州，也可能是由于旗军减少（运军逃亡等），雇觅"游食光棍"代替运军，且兑运之后，运军活动的增多，使得徐州社会较为动乱，需要更多的卫所官员来整治"顽军"，维护漕运的通畅。

（三）小　结

成化年间长运法实行后，徐州仓储体系和卫所运军的运作发生了一系列变化。首先，徐州广运仓和永福仓的主要功能发生了变化，转为供应徐州二卫、淮安等卫的运军的行粮月粮，二仓分别位于徐州城内外，这样就使得徐州城内外运军的活动增加。其次，运军兑运直达，负担加重，或选择逃亡，或贿赂官员拨补闲差。面对运军不足的难题，管理者多采取清军勾补和雇觅运军的方法，结果是勾补的多为老弱幼丁，雇觅的多为"游食光棍"，使得运军成分愈趋复杂。徐州、淮安、扬州卫所官军分别在城内外的广运仓和永福仓领取行粮月粮，在城北的水次仓收兑漕粮，"四外驾船退闲光棍，本地不安生理强徒，迫于饥寒，易于为盗"。

笔者还发现，宣德五年徐州左卫的建立，调补的武昌卫旗军绝大部分是充当运军（表13、表18），且徐州左卫安插在"萧、砀、丰三县，外接河南疆境，内插徐左营屯，军民姻结，流寓杂处"，其屯田也坐落在徐州及萧、砀、丰三县。随着运输方式的改变，其负担加重，有大量逃亡的趋势。与此同时，徐州的仓储体系随之改变，使得运军的人数及其在徐州地区的活动空间范围也有所扩大。

明中期后，徐州二卫的月粮和行粮不足，正德十二年"直隶徐州卫运军奏，永福仓匮竭，月粮不支者已三年。户部议令所司严限催征，仍以松江府岁输永福仓折银，量补给之。诏以运军贫困可悯，特许补给，不为例"①。运军可能会利用徐州处于水陆交通要道的优势，另谋生计，"迫于饥寒，易于为盗"。又，"萧、砀、丰三县军民错处多盗"。这些顽军猾民仰仗有司、军卫互不统摄，效尤为非，肆无忌惮，遇到官兵追剿，就互相隐蔽，不服管制。

嘉靖二十四年，王梴任徐州兵备副使，针对徐州地区多年存在的"军民错处多盗"的状况，采取了一些改革措施。其在任期间主持编纂了嘉靖《徐州志》，由此在嘉靖《徐州志》中有很多关于这位兵备副使政绩的记录。其对于每项措施的实行原因和背景的介绍，其实也可以看作对改革之前很长一段时间内，徐州社会状况的一种总结，可以反映出明前中期徐州社会的一些面向。下面，笔者就徐州兵备副使王梴在徐州地区实行的一系列的改革的背景、过程加以论述。

五、嘉靖二十六年兵备副使王梴的改革

（一）兵备副使的设置

随着漕运改革与徐州地区军民格局的变化，徐州"寇盗愈多"的现象在文献中逐渐被强调。

据嘉靖《徐州志》和万历《徐州志》记载②，可以看出徐州自古多盗，而宣德五年，徐州左卫的建立，使得军民杂处的社会状况复杂化，从楚府武昌卫调补来的徐州左卫主要担任运粮旗军（见表13、表18和本文前引邵宝的"会议状"），漕运方式的转变，对于徐州二卫及运军产生了影响（见本文第一、二节），从而在原来本多盗的徐州，造成徐州地区"盗寇愈多"的局面。这提醒我们多盗的问题，不是自嘉靖二十六年才出现的，而是有一个延续的过程。

在这个过程中，正德五年和六年的贼乱对于徐州影响较大。"正德五年，流贼刘六等作乱，攻破城邑"；正德六年"贼党河南贼贾勉儿等三千人破砀山，丙寅破萧，皆焚县治，杀人无算。二月癸卯，刘六等过吕梁，烧工部分司、巡检司、房村驿，民房皆煨烬，杀死税课局大使崔纶余人，杀死者无算。甲子副总兵刘晖破贼于滕之吕孟社，贼败趋徐州，晖

---

① 《明武宗实录》卷一四七，正德十二年三月乙未条，第2873页。
② 参见本文第二部分。

等帅兵追袭,贼径趋邳。四月壬辰,都指挥杨鼎击贼于徐州之庄里集,斩首七人"。① 面对着这次劫掠,虽因捕盗而设"有司巡捕,军卫坐屯官员",但是掣肘难行,莫能禁治。于是,朝廷派山东按察司副使来徐整治兵备。"正德六年,徐州设淮徐兵备道一人,以布政司参政参议按察司副使佥事任,从三品至正五品。"② 兵备副使的品级为从三品至正品,处于州县卫所指挥使与知州之上,有能力协调州县与卫所的关系,共同应对盗贼加重问题,从侧面可以看出徐州军民杂处、多盗问题的严重化。

正德五年,徐州与曹州等五处的兵备道副使"皆以盗贼添设",而正德十一年事宁之后,"惟徐州兵备宜留余皆可革,从之"。③ 可见,正德年间的徐州地区仍然不安宁。这段时期也是邵宝的"会议状"及奏疏中言及徐州左卫运军大量逃亡问题严重的时期。笔者认为由于徐州处于水陆交通要道,又是漕粮必经之处,地理位置非常重要,而运军成分复杂化,以及"军民错处多盗""有司军卫掣肘难行""顽军猾民互相隐蔽"等,威胁到了徐州地区的安宁及漕运的通畅,徐州兵备副使一职有继续存在的必要。

起初,兵备副使职务集中于整饬兵备,随着运军逃亡加剧,运道受到威胁,增加了此职务中"漕运"的职能。嘉靖八年"令徐州兵备副使兼理曹沛徐淮一带黄河"④,"正德六年,廷议徐为重地始置,用饬兵防,嘉靖初,督屯田河道漕运因寄焉"⑤,其官职全称为"山东按察司奉敕整饬徐州兵备兼督理屯田河道增副使",负责兵马、城池、盗贼、刑狱、屯田、水利诸政务,位于徐州城西南隅的按察分司为其莅事之处。其统辖扬州、淮安、徐州并所隶二十六州县及凤阳之宿州,徐州卫、徐州左卫、邳州卫、宿州卫、淮安卫、大河卫、高邮卫、扬州卫、仪真卫、山东沂州十卫,通州、泰州、盐城、兴化、山东、莒州五个千户所。

早在成化二十三年,丘濬因守护漕运、平息盗贼等考虑,便有将徐州立为"大镇"的提议:"彭城乃天下南北之要冲,……今日则在南北两京之间,运道所必经之地,凡今天下十三藩,其九藩皆由兹以北上,南出数百里,则为帝乡兴王之地,祖宗陵寝所在,关系非但汉唐宋时比也。臣于京辅屯兵条下,请于此处立为大镇,命大将一员统领江淮上班官军于此守镇,一以守护漕运,一以屏蔽皇陵,而于一方之盗贼,亦借是以镇遏之,则两京有通融之势,万里无隔绝之患,而宗社之安,如磐石之固矣。"⑥ 此策虽未付诸实践,但

---

① 嘉靖《徐州志》卷八《兵防》,第706~707页。
② 乾隆《铜山县志》卷二《兵制》,据乾隆十年刻本拍照,北京:全国图书馆缩微文献复制中心(胶片)。
③ 《明武宗实录》卷一三二,正德十年十二月己巳条。
④ 傅泽洪:《行水金鉴》卷一六五,《景印文渊阁四库全书》,台北:台湾商务印书馆,1986年,第582册,第1649页。
⑤ 万历《徐州志》卷三《兵防》。
⑥ 丘濬:《大学衍义补》,《景印文渊阁四库全书》子部儒家类,第713册,台北:台湾商务印书馆,1986年,第599页。

徐州盗患之严重性已毕现。

王梴曾任江西左参议提督粮储,行一条鞭法,嘉靖二十四年转山东副使备兵徐州。他在徐州"开屯粮,谨军堡,勒定赋役规则,中贵进鲜等船,以法驭之,过徐无敢恣者,造东郭浮桥,决碨山水,甃沛县城,修学宫,置东西两馆,养文武士理闲田数顷为廪饩,民安居乐业,遂有江南富庶之风,发粟振萧县饥"①。其中有《王梴同冯有年、梅守德②登游诗》等,表明本志是当时人记载当时事。一方面,方志中记载了很多他的举措,可能作为徐州当时品级最高的官员参与方志修纂的原因,难免会"歌功颂德";另一方面,在每项改革前面,都会有关于改革背景的记述,是对明前中期徐州社会问题的一种"总结"。其著有《涉江集》《徐徐集》和《同野遗稿》③,今日可见的只有《徐徐集》,收录了其任官时的一些诗文。④

(二) 团保制的创建

上文已提及,徐州所属的萧县、砀县和丰县的境内,有徐州左卫的卫所军安插,军民杂处。据邵宝"会议状",起初调补徐州左卫的楚府武昌卫军只是三家垛集,轮流上役,役满回到原籍。随着军民通婚,加之在漕运制度变革的背景下,运军逃亡,勾补军余妻子,武昌卫军不断占籍徐州及萧、砀、丰三县,使得军民杂处状况复杂化;同时雇觅替军运粮,使得运军成分复杂化,表现为"顽军猾民,恃在有司、军卫,自分彼此,效尤为非,肆无忌惮。至于巨恶大家,专一窝隐四外亡命之徒,或向马截人,或明火强劫,坐守分赃,一遇官兵追剿,军民互相隐蔽,不服拘摄,必待会约,以为远遁"⑤。

原来徐州境内的乡镇集村设有团保甲,但是因为"军壮多被役占,团保多非其人",有司军卫两个系统掣肘难行。于是,作为兵备副使的王梴,一面在申饬徐州境内的团保制度,一面"创编"萧、砀、丰三县的团保制度。主要是推广以前的办法,根据军民杂处的状况,促使卫所与州县官员合作,军民不分,按居所编设:

> 系军民杂处去处,从公询访,先将身家殷厚骁勇,众所推服军民,编为团长。然后不分军民官舍,惟以住居循序,每十家编一小牌,为一保,内取精健好汉,丁力强胜者,充为保长,承牌管领十家。又相度地方远近村屯,顺便每五保编一大牌,为一团,内取精健兼有行谊,众所推服者,充为团长,收牌管辖五十家。务要分派合宜,

---

① 王梴:《徐徐集》,张寿镛:《四明丛书》第8集第7册,扬州:广陵书社,2006年,第446页。
② 按,梅守德是嘉靖《徐州志》的修纂者,与王梴同时期任户部主事。
③ 黄虞稷:《千顷堂书目》卷二十三,清文渊阁四库全书本。
④ 按:《徐徐集》与嘉靖《徐州志》记载的不同之处,举例见附录。
⑤ 嘉靖《徐州志》卷八《兵防》,第706~707页。

不得拘定名数，仍出示晓谕，军民无分，彼此昼夜堤防。①

从这则材料，可以看出具体编审的办法。不分居民官舍，按照居住的次序，将每十家编为一小牌即为一保，根据地方村屯的远近，将每五保编为一大牌，即为团，一团管理五十家。在一保内选取"精健好汉，丁力强胜者"，充为保长。在一团内选"精健兼有行谊"者，充为团长。

> 若遇有警，互相救援，俱听县、卫官员提调查视。其干碍地方盗情，军舍俱听有司拘摄，百姓亦听军卫勾取。敢有仍前故违，掣肘不服督治者，各官呈来拿问。如有恶徒怙终不悛者，许本管团保长指实呈拿，从重问拟。若通同容纵，一家事发，九家连坐，团长仍从重论。承委官员尽心整理，务使盗息民安，不得怠惰废事，及因而料害，纵容下人乘机打诈，访出告发，定行重究，决不轻贷，一案仰萧、砀、丰三县同。②

以上办法，按照住所的次序编审，使得州县官员可以管理军舍，卫所官军也可以管理百姓，加之连坐法，互相监督，一定程度上反映出户籍的失效。徐淮兵备道官员作为更高级的一层，让"军卫"与"有司"合作，对于"军民杂处"的社会秩序进行重组。明代中后期徐州管理者需要处理的主要问题不是一般常见的军民关系矛盾，而是如何将其联合起来应对运河和陆路上的盗贼；同时，也是将那些身家殷厚骁勇、众所推服的军民选为团长，和将那些易于成为"巨恶大家"的军民控制起来，将"流寓杂处"、四外逃亡的军民重新纳入王朝体系中。这一定程度上也是前文所说军人逃亡，"尺籍空虚"，已经无法按照户籍编审的结果。

（三）重编民壮及整饬河道

徐州和属县的民壮是地方防御的重要力量，自从正统初年审定之后，没有再重新编审。到了正德嘉靖年间，实行十年一编，规定丁力尚堪者，照旧存留，逃亡欠乏者则更换之。但是有司常常不按照此规定行事，"乃据初籍为定，子孙世役之，虽流亡亦不得去其籍，至为里甲累民患苦之"。面对这种情况，徐州兵备道副使王梴提出的办法是：

> 本道以为，自今（嘉靖）二十六年为始，通行淮、扬、徐、宿四府州县，查照驿传、均徭事例，不论丁力消长，断以十年为则，凡审编之日，有司官即便吊取赋役籍册，约算梨州县丁粮若干，原额民壮若干，除官吏生员例得免数外，其余不分军、民、匠、灶，通融扣算，每丁粮各若干，编民壮一名，富厚有力者为头户，选骁壮通

---

① 嘉靖《徐州志》卷八《兵防》，第685页。
② 嘉靖《徐州志》卷八《兵防》，第685页。

晓武艺之丁，应当取具年貌，在官不许雇倩代替；贫薄无力者为贴丁，工食则例，每年定以七两二钱，众户朋出，听应役之人自行取讨，不许分外多科，每遇十年满期，不论尚堪、消乏，通行更造，着为定规，永为遵守。仍勒限文书，到二个月，以里编完，通将正丁年貌，贴户银数，造册申报，各委佐贰官管领提调，操演武艺以备警急，不许各官役占差遣，违者以役占军伴事例，施行各断，自嘉靖二十七年正月初一日应役，有司官敢有不恤民隐，因循过期者，或告发访出，听本道查劾，参呈本院以罢软黜退，庶法定而役均，有司遵一定之规，而百姓无偏累之病矣。①

从嘉靖二十六年开始，编审民壮的时候，不再看"丁力消长"，即不再以户口为主要依据，而是根据"赋役籍册"，根据"丁粮"的多少编审。丁粮多的作为正丁"头户"，选取通晓武艺之丁，亲身应役，不得雇募；丁粮少的编为"贴丁"，众户朋出，每年交一定的"贴银"即可。十年期满，再按照丁粮多少重新编审。以里编完之后，将"正丁年貌，贴户银数，造册申报"，成为官员管理提调、操演武艺的依据。这实际上是一种"均徭"法。在里甲制度破坏的情况下，这样可以保证民壮的供应。在嘉靖《徐州志》中记载，在徐州，除了卫兵之外，还编有民壮五百二十七人，其中萧县有二百二十九人，砀山县一百七十六人；其他所则有吕梁巡检弓兵四十名，赵家圈巡检弓兵三十名。②

在以上举措的前提下，民壮被组织起来，防护运道和陆路的盗贼。徐左二卫委官每员拨与城操军余民壮各十名，分投四路往来。一面将哨船修理完好，拨与民壮，上下巡缉河道；一面将各镇店乡村重新编审的团保长带领"应捕人役"，于每月初二十六日，会同两卫委官遍历各路巡查。这样老甲、团保长、巡船军壮人等，便可以齐心巡锣，昼夜提防，一旦有盗贼窃发，就可以并力扑捕。

对照弘治《重修徐州志》图（图1）和嘉靖《徐州志》图（图5）可以发现，在嘉靖图中，徐州城东增加了"弘济桥"，这座桥是嘉靖二十五年王梃建立的。

马津所撰《弘济桥记》中提到"卫所军屯，参互其间，往来关涉应副，官民有事，日夕乱流，招募喧争"。徐州城东部的地理位置非常重要："徐之东门，沁、汴、汶、泗诸水合流，又益以河为运道，阔大且驶，两岸之涂为南北二京之冲，而东连海岱，西走关梁，取道亦繁，内之编户环城百三十里，萧、砀、丰、沛四邑附属于外；隐然如扶，缺者即此水之地，倚郭彭、黄二驿在焉。其外六驿，水陆交会，利国、石山、桃山，出入艮离，房村、夹沟、泗亭经由巽坎，递运所夫厂亦相连比水上。"③

笔者又将正统《彭城志》与嘉靖《徐州志》相关记载对比，发现乡村集镇主要向东部和东南部扩展。在运河东岸的有七乡的四集、三乡的八集、二乡的十集、一乡的三集，

---

① 嘉靖《徐州志》卷八《兵防》，第675页。
② 嘉靖《徐州志》卷八《兵防》，第681页。
③ 马津：《弘济桥记》，嘉靖《徐州志》卷四《山川》，第254～255页。

占了全部集镇的大多数,徐州的四个属县均位于其西部或西北部,而其乡集镇有一半以上在运河以东及东南。弘济桥的修建,既可以加强徐州城与东部乡村集镇的联系,也能使得徐州水陆交通更加便利。面对"卫所军屯,参互其间,往来关涉应副,官民有事,日夕乱流,招募喧争"的状况,有利于控制管理。

(四) 复业垦种与赋役调整

嘉靖二十六年,兵备副使王梴还劝军民种植水稻。王梴认为:"因无种稻之方,每失生民之乐,一遇无收,家家缺食,鬻子卖牛,能延几日,年复一年,愈趋愈下,况连岁饥荒,军民狼狈,强悍者啸聚为盗,而终陷刑戮,懦弱者流亡失所。"① 粮食不足,军民狼狈,容易啸聚为盗,垦种也是对于逃亡的人(至少是逃亡的卫所军)复业归籍的一种举措。

> 各该军卫、有司设法劝导,恐各官略不留心,军民周知省悟,拟合劝谕,为此出给告示张挂晓谕,一应官舍军民人等知悉,趁今冬尽春和之时,各将田土高阜去处,照常耕种麦豆等禾,其平下临河近泉处所,逐一度量,地形水脉,询访江南秧田法,则觅倩惯能种稻农夫,随宜开浚沟渠,照田挑培塘埂,设法导引,相近河泉,周流环绕,及有等冷泉,田地下土尺余,即发水泽比引河泉,工力为易,可就掘塘池,积蓄水利,插种稻秧。②

具体方法,仍然是军卫、有司合作,劝说军民,在高地照常种植麦豆等,在临河近泉处种植水稻。

> 各该军民及逃亡复业人等,若肯一一体信,如法造作,则一年可获数年之租,储蓄既广,则衣食自丰,饱暖无忧,则盗贼自息,一劳永逸,为计深长,毋得懒惰,甘受饥寒,流亡刑宪,追悔何及,须至告示者。③

可见,其最终目的还是希望能够使得军民及逃亡复业人能够衣食自丰,饱暖无忧,从而消除盗贼。当这些军民生计出现问题的时候,盗窃劫掠便成为其另一种生计方式。

对比弘治《重修徐州志》图(图1)和嘉靖《徐州志》图(图5)可以发现,位于徐州城东南的彭城驿移到了运河东岸。据嘉靖《徐州志》卷七记载,嘉靖二十年,接递夫役是由军民共同承担,其职能是接递贡物,招待使客,而"接递钱粮出入不稽,糜费无节,使穷民受胶削之苦,贪夫多冒滥之奸,食尽路穷,盗贼蜂起,目击心伤,计无所出,其班

---

① 王梴:《为劝农事文移》,嘉靖《徐州志》卷五《田赋》,第366~367页。
② 王梴:《为劝农事文移》,第366~367页。
③ 王梴:《为劝农事文移》,第366~367页。

夫一差，繁费无节，尤贻民害"。军民久困，则易于为盗。

嘉靖年间，便实行每条贡船添加夫役若干，并拟定夫价，对于折银数额和见夫人数有了明确的规定，避免纲老的侵夺，减轻军民的负担，防止接递夫役因为食尽路穷而易为盗贼。

同时，嘉靖二十五年改革之前，卫所军也要参与此项差役。之后，王梃进行改革，让卫所军交部分军粮官俸作为"军便银"，而不必亲身应役。"凡水陆递送夫役，州与两卫，相参应办，卫当其十之三，初征役于军，法无画一。嘉靖丙午，副使王梃议令岁以正七月军粮，扣留公贮，左卫军少官俸，亦扣其半，遴官一人司其出，而稽之以籍焉。"① 这样既减轻了卫所军的负担，也是保证卫所军防御职能的需要。

（五）小　结

宣德五年，徐州左卫的建立，其屯田与屯军杂处于徐州本州及萧县、砀山、丰县，引发了一番军民杂处弊端出现的过程。明中后期，徐州地区面临的"军民错处多盗"的局面，亦与漕运改革有密切关系。面对着这一"积患有年"的状况，嘉靖二十六年兵备副使王梃进行了改革。但需要注意的是嘉靖《徐州志》"特殊"之处，其志为王梃在职期间参与编写，关于改革的记录很详细，可以说是当时人记当时事，而之后的万历《徐州志》、顺治《徐州志》等方志均不见对于王梃这些改革的记载。这些改革的效果并没有太多的记载，却一定程度上反映出漕运改革对于徐州地方的影响以及地方社会的因应。

实际推行的效果如何，单从嘉靖《徐州志》中很难看出。万历《徐州志》中记载，副使舒应龙继续更饬团保长制度。到了万历年间，我们仍然可以看到盗贼"抽帮"的事情发生。《运河贼刘朝列传》② 对于徐州盗刘朝一行九人"抽帮"的过程有所记载。《万历野获编》记载了万历时期徐州一些状况："领丰、沛、萧、砀四邑，封疆亦已不狭，但州守权轻，属城不尽奉约束，仅一宪臣居城中，称兵使者，而一参戎同事，所部兵止数百人，脱有风尘之警，立见瓦裂。"③ 万历时期的徐州驻军的颓势似可见一斑。

六、结　语

本文考察了明代中期漕运运输方式的改革过程，阐释了漕运改革对徐州二卫运军和仓储体系转变的影响，并据此分析徐州地方由明初的"军事重镇"渐成军民杂处的多盗之地

---

① 王梃：《为劝农事文移》，第366～367页。
② 瞿九思：《万历武功录》卷二，《续修四库全书》史部第436册，上海：上海古籍出版社，1995年，第156页下。
③ 沈德符：《万历野获编》（"元明笔记史料丛刊"），北京：中华书局，第329页。

的历史过程,以及这一过程中漕运改革与地方社会变迁之间的关系。

明代漕运方式的转变与徐州社会一直有着密切的联系。永乐十三年罢海运,实行支运法,徐州成为转输漕粮的重要节点。宣德四年恢复支运,却产生了运军缺乏的问题,需要调补军队到运河沿线运输漕粮,徐州左卫应运而生。宣德五年徐州左卫的设立,正处于"支运"改为"兑运"的曲折过程,在"削藩"的背景下楚府护卫军调补入徐,在徐州左卫和东昌卫中充当了运军。此时期运河沿线卫所的运军数量日渐充足,这为漕运总兵官陈瑄推行"兑运"提供了条件。

徐州左卫的建立对徐州社会也带来了较大影响。一方面,在徐州卫七所的基础上,显示出了军事重镇的特点;另一方面,其屯营坐落在萧、丰、砀山三县,随着漕运方式的改变,针对运军逃亡并不断调补楚府护卫军余的措施,促使楚府护卫原籍军户渐渐占籍徐州左卫,由此使得徐州地区军民杂处复杂化。

值得重视的是,宣德六年兑运法实行后,存在着一段"兑运、支运相参"的时期,徐州作为四个仍行支运的地区,其制度转型具有代表性。由于两种运输方式的并存,徐州地区同时设置了两套仓储体系。兑运仓和兑军仓(弘治《重修徐州志》中的水次仓)从属于徐州兑运的"新"系统,徐州有萧县、砀山、徐州三处的兑运仓,每年会有来自属县的百姓和徐州卫、徐州左卫的运军来此交兑漕粮,然后由徐州二卫的运军运到北京;广运仓则仍从属于全国支运的"旧"体制,每年有江、浙、直隶东南一带的民运粮来此,再由徐州二卫运军接递到临清。如此一来,徐州城外运军的活动相当活跃,加之广运仓一千二百七十名仓夫和斗级,以及在市镇与军屯行走的人群,社会流动性和复杂性大为增加。

影响徐州地方社会这一系列变化的关键是成化年间长运法的实行。长运法实行之后,运军负担日渐加重,大量逃亡。面对着运军不足的问题,管理者或调补楚府护卫军的老弱军余,或雇觅"游食光棍",或长时期借调河南归德卫的运军等,使得运军"变质"。而且此时期,徐州的仓储体系也发生了改变,支运"旧"体系逐渐消失,广运仓和永福仓成为供给徐州二卫、淮安和扬州等卫所运军行粮和月粮的重要仓储。广、永二仓分别坐落于徐州城之内外,逐渐"变质"的运军的活动呈现新面貌。

明中后期关于"寇盗愈多"的文献记载凸显出不少时代特质,其中暴露的问题与明代中期漕运改革有着诸多联系。明中期后,徐州二卫的月粮和行粮不足,利用徐州处于水陆交通要道的优势另谋生计成为可能的选择,"迫于饥寒,易于为盗"。嘉靖二十六年,针对徐州地区多年存在的"军民错处多盗",以及三县"寇盗愈多"等问题,徐州兵备副使王梴采取了一系列改革措施,试图协调州县与卫所的关系,创编团保长、编审民壮,并鼓励军民种植水稻等,以减轻军民负担。嘉靖《徐州志》是其在任期间主持编纂的,因此保留了很多关于这位兵备副使"政绩"的记录。其对于每项措施的实行原因和背景的介绍,一定程度上也可以看作对徐州社会状况的一种总结,反映出明中期徐州社会的一些面向。

徐州段运河地处黄运交汇地段,与黄河的关系错综复杂。嘉靖以后,黄患集中于徐邳地区，妨碍漕运；此外，运道上有吕梁洪和徐州洪二洪险滩。鉴于徐州段运河有黄河和二洪之险，为确保漕运畅通，政府采取了避黄改运的措施。① 万历三十五年，开凿泇河运道便是举措之一。泇河位于徐州运道的东面（见图10），泇河开通后，运河不再从徐州境内经过②，给徐州带来了较大的影响。"军民二运，俱不复经，商贾散徙，井邑萧条，全不似一都会。""则泇河告成，行旅不复取道彭城……阒无一客可延接矣。"③ 但值得注意的是，运河改道后徐州段运河仍然作为每年回空船只的运道④，漕运制度仍然影响着徐州社会。

万历时期运河的改道，对徐州作为漕运重镇的社会转变，确实产生了重大影响。然而，当我们追述明代漕运改革在地方的具体实施及其触发的种种变局，则可以认为，明中后期徐州社会变迁，不应仅仅被视为一场由交通区位转移而导致的突变，细致分析制度沿革的地方语境及社会机制，才能呈现更加立体的历史场景。

---

① 李德楠：《国家运道与地方城镇：明代泇河的开凿及其影响》，《东岳论丛》2009年第2期。
② 顺治《徐州志》卷二《建置·河防》："万历三十八年，总河都御史李化龙开东运河成，运粮艘悉由东河，而徐之运道遂废矣。"按，东河指的是泇运河。
③ 沈德符：《万历野获编》，第329页。
④ 陆文献：《徐州不能迁六议》，同治《徐州府志》卷十六《建置》。"文献议曰一，为运道不当迁，每岁粮艘由清河而入，近虽有泇河可行，然河势狭窄，冬春回空，必资黄河故道。"

附　图

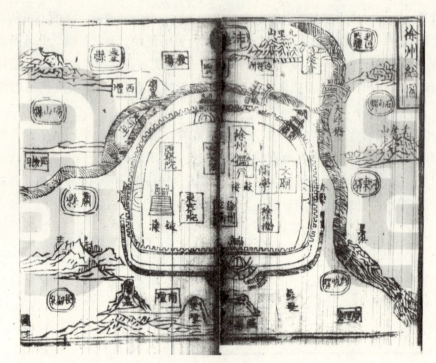

图1　徐州总图

资料来源：弘治《重修徐州志》"徐州总图"，国家图书馆古籍部藏胶片。

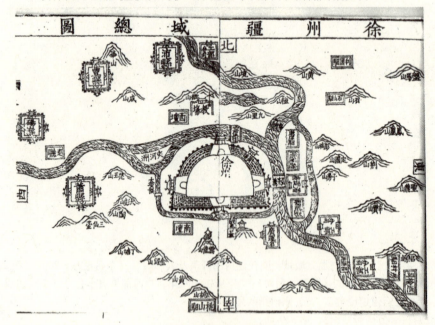

图2　徐州疆域总图

资料来源：嘉靖《徐州志》卷首，"徐州疆域城总图"。

明中期漕运改革中的卫所、运军和仓储体系

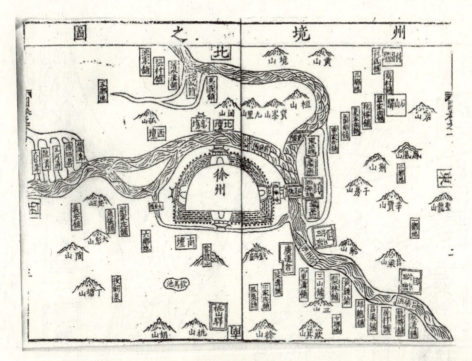

图3 州境之图

资料来源：嘉靖《徐州志》卷首，"州境之图"。

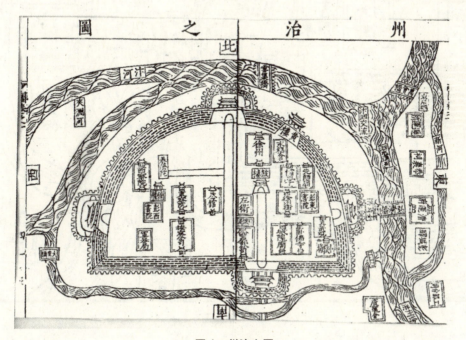

图4 州治之图

资料来源：嘉靖《徐州志》卷首，"州治之图"。

图5 徐州图

资料来源：嘉靖《徐州志》卷首。

明中期漕运改革中的卫所、运军和仓储体系

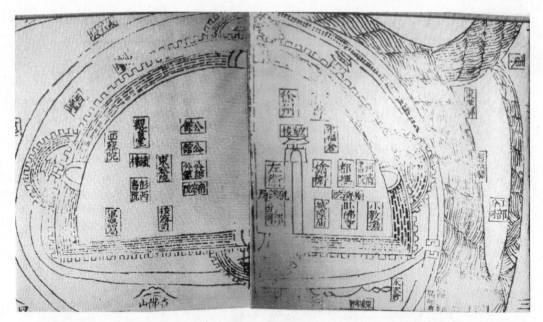

图6 州城之图一

资料来源：万历《徐州志》卷首。

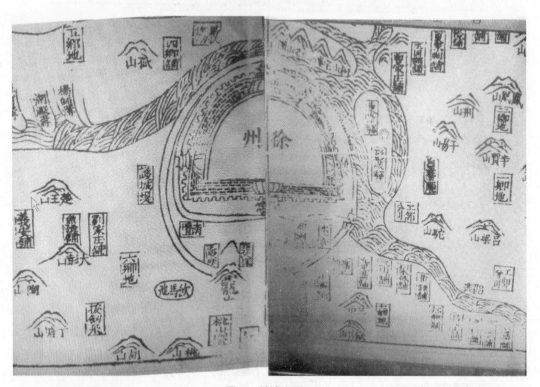

图7 州城之图二

资料来源：万历《徐州志》卷首。

·245·

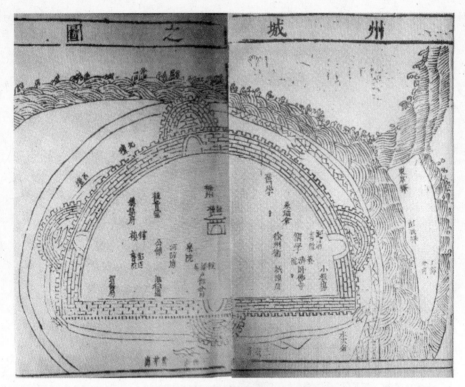

图8 州城之图三

资料来源:万历《徐州志》卷首,"州城之图"。

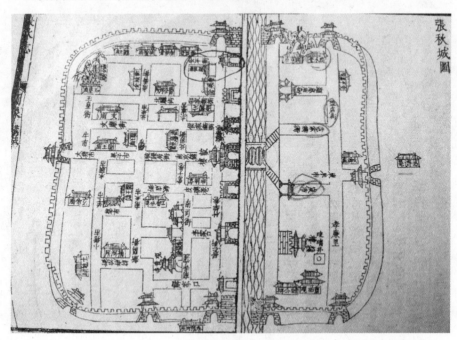

图9 张秋城

资料来源:康熙《张秋志》卷首。转引自许檀:《明清时期山东商品经济的发展》,北京:中国社会科学出版社,1998年。

明中期漕运改革中的卫所、运军和仓储体系

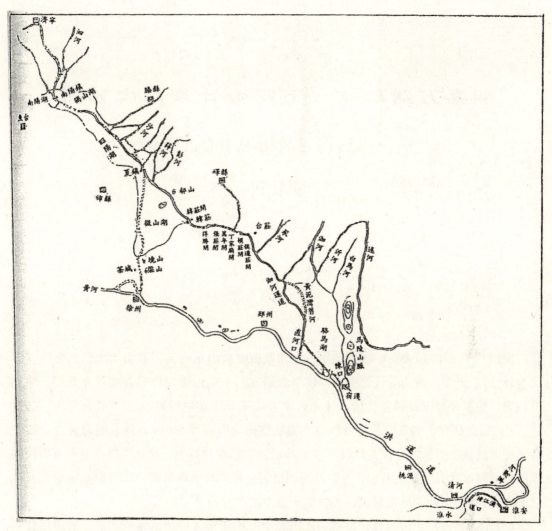

图 10　明代泇河

资料来源：武同举：《淮系年表全编》，淮系历史分图五十四。转引自蔡泰彬：《明代漕河之整治与管理》，台北：台湾商务印书馆，1992 年。

明嘉万财政与《万历会计录》之修撰

——以边饷定额化为中心的考察

黄壮钊

指导教师：刘志伟 教授

一、引　言

民国二十二年（1933），国立北平图书馆以重金自山东购入明万历年间所刊刻的《万历会计录》，此明代政府会计之书得以供学者研究。不久，梁方仲即著文评介此书，略述其内容、编纂经过以及研究价值，并提醒学人应充分注意中国财政之"永为定额"的特色。① 此后之研究，多集中在是书本身之编纂结构与内容等方面②，尚未能充分考虑梁方仲所提醒的该书编纂之时代背景以及"永为定额"的财政特色。通过考察嘉靖至万历年间明王朝的财政状况及相关因素，可以发现明廷为应对财政困难局面而进行财政定额化管理之努力。《万历会计录》之修撰，实为此一努力之产物。

《万历会计录》是由时任户部尚书王国光于万历四年（1576）编成初稿，后由接任者张学颜于万历九年（1581）修订完成并刊布行世。政府会计制度及会计书之编修，其历史由来已久。只是在明前中期，政府均没有编修之作。孝宗即位之初，礼部右侍郎丘濬即上言要仿唐宋前例而编修《会计录》之类，但是没能施行。③ 如此，何以在万历年间政府要编修专门的会计书，目的何在？回答此问题，要充分考虑那个时代的王朝财政状况及与此

---

① 梁方仲：《评介〈万历会计录〉》，《中国近代经济史研究集刊》第 3 卷第 2 期，1935 年，后收入《梁方仲经济史论文集补编》，郑州：中州古籍出版社，1984，第 233～238 页。

② 岩见宏在考察晚明财政时，对《万历会计录》的内容与编制过程作了解说，并详细对比了万历《明会典》与该书的基本结构、性质及内容（岩见宏：《晚明财政的一考察》，载岩见宏、谷口规雄编：《明末清初期的研究》，京都：京都大学人文科学研究所，1989 年，第 271～300 页）；赖建诚分析了《万历会计录》的结构与内容，说明其史料特性及与《明实录》、万历《明会典》之间的关联等（赖建诚：《〈万历会计录〉初探》，《汉学研究》1994 年第 2 期，第 137～156 页）。

③ 梁方仲：《评介〈万历会计录〉》，《梁方仲经济史论文集补编》，第 233～236 页。

相关之诸多因素。

《万历会计录》卷首载有王国光万历四年二月之题：

> 我朝嘉靖中年，国用大诎，司农隐忧，屡广鬻爵之令。不克佐费，至闻当宁，诏九卿言官博议之，乃争上计。其大者，折力役，裁邮站，搜赎金，增盐榷，又遣宪臣分部检括外藏，而天下元气索然矣。盖外费亦不可短，有司复渔取以足之，更焦苦流徙不可支，汉臣所谓"三空之厄"有焉。其弊何居？以浪出者几半，事不可问，亦不敢裁。固耗蠹之大端，而四方正供什一者，或亦有缩旧额矣。……臣愚，滥柄大计。始视事，阅诸司掌故省府岁征，谓浚其源则可以永流，习其数则可以考实。乃簿牒错落，多寡混淆，间遭回禄，奸吏乘而舞文去籍者有之。窃叹国家命脉，在是因循不整，弊将何极？因考前代，唐有《平赋书》《国计录》，宋有《会计录》，逮祥符、皇祐、治平之间复辑之。我朝《会典》《一统志》，虽载有户事，然采摭大概而已。惜未有专书，辄不自量，会同侍郎李幼滋属各司诸郎，遍阅案牍，编辑逾年。……乞敕下户部缮写进呈，仍动支太仓银两纂刻，颁示诸司，庶因地考额，因事考数，因委考源，舆图广轮之详，中外取与之实，丰凶多寡之故，帑藏盈诎之由，藩服百尔执事殿最之分，可按而理，其于国计，不无少补。①

可知嘉靖中期以降，由于财政困难之甚，朝廷不得不多方搜括，因而造成公私皆困乏的局面。解决之计，初掌户部事的王国光首先从簿籍入手，却发现"簿牒错落，多寡混淆"，无从查核。因而依据前代故事，参考本朝政书，依据所有的簿籍档案之类编辑成专门的会计之书。又据《万历会计录》所载张学颜万历九年四月之题：

> 顾岁月既久，时势渐殊，条格虽存，沿革稍易。司属异职，举其一而遗其全。省郡分疆，宜于此而滞于彼。田有增减，赋有盈缩，中外所需，多约于前而浮于后。……吏胥舞文，豪强去籍，朝廷欲复旧制，计臣欲考旧额，而案牍纠纷，考核无据。②

张学颜同样提及当时"案牍纠纷，考核无据"的情形。关于何以这一时期会是案牍错综复杂之缘由及其演变历程，本文不展开讨论，而集中讨论为何当时需要改变案牍错乱的局面。当时求变之个中缘由，主要与当时的王朝财政状况以及朝廷财政定额化管理的努力有关。在展开讨论之前，需先明了廷臣关于修撰《万历会计录》的考虑与讨论。如此，则先要考察主持编撰之人王国光。

《明神宗实录》隆庆六年（1572）八月丙子条云：

---

① 张学颜等撰：《万历会计录》（"北京图书馆古籍珍本丛刊"）卷一，北京：书目文献出版社，1988，第5～6页。

② 张学颜等撰：《万历会计录》卷一，第3～4页。

户部尚书王国光题："窃惟百司庶务，至纷难察，随时立法，更变多端，不有簿籍文移，莫可按而理也。况户部金谷之司，尤极冗琐。近来调度征派愈烦，奸伪愈滋，故册籍愈密，所以去伪而厘弊也。但节经条议者，各欲陈一见，起一事。即某事，一人言之，置一册矣；后有言之者，复一册焉；今年言之，置一册矣；越数年言之，又一册焉。逐件渐添，堆案盈屋，其实大同小异，且有全无异者。……取之多方，远几万里，束之高阁，曾未一目，徒作无益，真属不经。……臣等逐一简阅，如该阁臣题造格眼文簿，稽查完欠，简要可守。其余一应册籍，中间事属琐屑，原非题奉钦依者，本部径自议处外，所有原系题准事理应行归并裁减者，相应题请，恭候命下，移咨各巡抚各该衙门。应裁减者，不必再造；应归并一册者，依期奏缴。"疏上，凡归并文册共二十二，所裁省文册凡二十八，称简便焉。①

可见王国光上任户部尚书不久，即开始整顿文册簿籍制度。由"册籍愈密，所以去伪而厘弊也"一语，可知其认识到利用册籍进行财政管理的重要性，这也是当时要对"束之高阁，曾未一目，徒作无益"的册籍制度进行改革的缘由。这种想法，非王国光所独有，而是那个时代的国计之臣的普遍想法，只是到了王国光才有了更系统与更有效的实现。

《明神宗实录》万历元年（1573）三月戊申条云：

户部据各镇年终奏报钱粮数目，开具简易揭帖，进呈御览。……每镇各开数目及节省、催督、缘由，下附督抚司道姓名，以著其功。盖本前尚书张守直所建议也。②

张守直之建议见《明穆宗实录》隆庆四年（1570）八月辛丑条：

户部尚书张守直言："国家贡赋，自有定额。条目虽繁，总其大要，惟在量入为出而已。臣尝考天下钱谷之数，计一岁所入，仅二百三十万有奇，而其中多积逋灾免奏留者；一岁所出，京师百余万，而边饷至二百八十余万，其额外请乞者不与焉。隆庆二年用四百四十余万，三年则三百七十九万，此其最少者，而出已倍于入矣。……自嘉靖十八年被虏以来，边臣日请增兵，本兵日请增饷，盖自五十九万而增至一百八十余万。士马岂尽皆实数，刍粮岂尽皆实用耶？臣不敢远举，第以近年一二镇言之：如宣府之主兵一也，在嘉靖四十二年发银二万，后三年止一万，乃今至一十二万矣。大同之主兵一也，在嘉靖三十六年发银二十二万，次年二十三万，乃今至二十七万；又以加兵，复费十一万矣。举主兵而客兵可知，举二镇而九边可知，天下焉得不困乎？今即不能如国初故额，亦宜考嘉靖十八年以前近规，而汰其浮甚者。且九边去虏有远近，兵事有缓急，岂必尽烦内帑然后足用？宜令廷臣酌议减省，不得过岁入常数

---

① 顾秉谦等修纂：《明神宗实录》卷四，台北："中央研究院"历史语言研究所，1966年，第176～177页。
② 《明神宗实录》卷一一，第379～381页；引文的个别文字根据校勘记做了修正，参见黄彰健：《明神宗实录校勘记》，台北："中央研究院"历史语言研究所，1967年，第108页。

之外。臣亦移文督抚，俾以岁用实数报部，具籍以进。惟陛下留神省览，其用财约于往昔者，必忠臣也，则有赏；糜费溢于故常者，必非忠臣也，则有罚。一切出入，许臣执奏上闻，国计幸甚！"上然其言，令各边督抚从实议处以闻。①

又隆庆六年（1572）正月庚辰条云：

> 户部尚书张守直等奏上宣、大、山西、蓟、密、永、昌、易、辽等镇节省隆庆五年岁用钱粮，宣、大、山西省三分以下，蓟、密、永、昌、易、辽二分以下，及催解民屯盐粮，视往岁增多。请叙督抚诸臣经理功，量行赏赉；其各镇管粮郎中主事兵备等官，查资俸纪录超擢。②

可知当时朝廷财政上之入不敷出，且作为朝廷财政重要开支的边饷的数目混乱难考，与量入为出的财政原则相背。为此，户部所采取的应对之举，便是令各边督抚"以岁用实数报部，具籍以进"。与相关赏罚制度相配合，这种举措不久就收到了实效，各镇岁用钱粮均有所减少而催解之数亦有所增多。

张守直之举主要是解决财政支出中的边饷问题，王国光则继续在财政收入方面有所作为。万历元年，王国光在奏疏中谈到：

> 窃谓欲国储之充裕，莫先于核存留之额数。乞行各直省，照每年所报岁入岁用文册，磨算明白，立限解部：旧额若干，支用若干，余剩若干，本折色见贮仓库若干，拖欠若干，与部中老册相对明白。臣等通融会计，以后专备本处各正项支用，其余剩者解送京库济边。未完分数，照新例参究。③

可知王国光在张守直的文册奏报基础上，开始着手制定各省直的正项支用，厘清存留本地与起运朝廷的数目。而其目的之一，便是将原本属于地方存留的财赋解送京库，用于边饷开支。

这种簿籍文册制度完善之后，户部在财政上之管理便能有所依据，地方与边镇督抚在财政征收与开销等方面便要遭到更多的约束。当然，这样做也很容易遭到利益既有者的攻击。万历三年，王国光在遭到言官的检举后上疏乞罢。对此，明神宗称"卿以稽核钱粮，追并赃吏，为众所嫉"④，可谓知言也。

综上可知，完善册籍管理制度之动力是朝廷财政上之困难。计臣们之讨论，常常会追溯到嘉靖中期以后边饷之增加，如前引张守直之言便是专门针对边饷。由此，我们有必要

---

① 张溶、张居正等修纂：《明穆宗实录》卷四八，台北："中央研究院"历史语言研究所，1966年，第1196～1198页；引文的部分文字根据校勘记做了修正，参见黄彰健：《明穆宗实录校勘记》，台北："中央研究院"历史语言研究所，1966年，第408～409页。
② 《明穆宗实录》卷六五，第1570～1571页。
③ 《明神宗实录》卷二〇，万历元年十二月己酉条，第543～544页。
④ 《明神宗实录》卷三六，万历三年三月乙巳条，又万历三年三月戊申条，第839、841页。

考察自嘉靖中期以来王朝财政与北部边镇的情况。事实上，上述隆万年间的财政问题以及应对之法，亦多是顺延嘉靖中期以来之做法。

二、嘉靖中期以降之财政与边饷问题

明王朝建立之后，被驱赶回蒙古故地的蒙古部落频频南下骚扰。为此，洪武年间，开国皇帝朱元璋就开始着手在北部边防地区逐步建立以驻扎大量军队的各边镇为中心的边防体制。维持如此大的军队，需要强大的粮饷供应体系。明初以降，朝廷对北边的粮饷供应主要有：依靠边地自产的屯田粮，从华北诸省以赋税的形式运赴北边的民运粮，以及召商纳粮的开中法，等等。① 然而，此种粮饷供应体系不断遭到破坏：屯田粮由于官军势要的侵占等缘故而不断减少，民运粮由于运输困难等原因而经常拖欠，而赖以开中的食盐又是有一定量的。与此同时，朱元璋时期所设计的"寓兵于农"的卫所军事制度，此后也不断遭到破坏。为了维持强大的军事力量以抵御蒙古人的侵袭，北部各边镇均积极地募兵充伍。此时，诚如隆庆六年（1572）蓟辽总督刘应节所说，"国家边事，不复兵农之制，但取给内帑"②。也就是说，由卫所兵制转为募兵制，不仅在兵制上改变了，同时在粮饷供应制度上也改变了。③ 在原有的粮饷供应体制遭到破坏的情况下，边饷便越来越依靠来自朝廷财政的支持，即"京运年例银"④。尤其是嘉靖中期以降，随着蒙古俺答等部落的兴起并频频南下，以及当时朝廷主政者反对封贡，使得明蒙关系长期处于紧张的状态。⑤ 由是，边方日益多事，边饷开支在国家财政支出中所占的比例越来越高，并成为最主要的部分。⑥ 关于边饷问题之解决，便成为天子与朝臣边吏经常讨论之一项要务。因此，本文主要围绕边饷问题以讨论嘉万年间之财政与《万历会计录》之修撰。

---

① 关于明初以降边饷供应问题，参见寺田隆信著：《山西商人研究》，张正明等译，太原：山西人民出版社，1986年，第15～118页；杨艳秋：《明代边粮制度与沿革试探》，《文史》2000年第2辑，北京：中华书局，2000年，第69～80页。
② 《明神宗实录》卷四，隆庆六年八月丁卯条，第158页。
③ 关于明代兵制演变及其与王朝财政之关系，参见吴晗：《明代的军兵》，吴晗著：《读史札记》，北京：生活·读书·新知三联书店，1956年，第92～141页；李渡：《明代募兵制简论》，《文史哲》1986年第2期，第62～68页；梁淼泰：《明代"九边"的募兵》，《中国社会经济史研究》1997年第1期，第42～50页；范中义：《论明朝军制的演变》，《中国史研究》1998年第2期，第129～139页。
④ 关于京运年例银，参见《山西商人研究》，第42～58页。
⑤ 关于这一时期蒙古势力之消长与明边防状况，参见马楚坚：《翁万达为明蒙开太平之追求及其于庚戌风暴中之效应》，《明清史集刊》第5卷，香港：香港大学中文系，2001年，第35～54页。
⑥ 全汉昇、李龙华：《明代中叶后太仓岁出银两的研究》，《中国文化研究所学报》1973年第1期，第169～242页。又万历《明会典》载："今边方所在屯兵，转饷尤急。其粮料本折，有民运、有屯种、有盐引、有京发年例。嘉靖中房患频仍，年例发银几三百万。边费浩大，于斯为极矣。"（申时行等修：《明会典》卷二八《户部十五·会计四·边粮》，北京：中华书局，1989年，第208页）

嘉靖（1522—1566）中期以后，朝廷财政常常告匮。《明世宗实录》嘉靖二十八年（1549）八月己亥条云：

> 是时边供繁费，加以土木祷祀之役月无虚日，帑藏匮竭。司农百计生财，甚至变卖寺田，收赎军罪，犹不能给，乃遣部使者括逋赋，百姓嗷嗷，海内骚动。给事中张秉壶以为言，户部覆议："……成化以前，各边宁谧，百费省约，一岁出入，沛然有余。今则不然。京、通仓粮岁入三百七十万石。嘉靖十年以前，每岁军匠支米二百八十万石，廪中常有八九年之积；十年以后，岁支加至五百三十七万石，抵今所储，仅余四年。太仓银库，岁入二百万两。先年，各边额用主兵年例银四十一万余两，各卫所折粮银二十三万余两，职官布绢银一十一万余两，军士布花银十万余两，京营马料银一十二万余两，仓场粮草银三十五万余两，一年大约所出一百三十三万，常余六十七万。嘉靖八年以前，内库积有四百余万，外库积有一百余万。近岁来，除进用、修边、给赏、赈灾诸项外，每年各边加募军银五十九万余两，防秋摆边设伏客兵银一百一十余万两，补岁用不敷盐银二十四万余两，马料银一十八万余两，商铺料价银二十余万两，仓场粮草银五万余两，一年大约所出三百四十七万，视之岁入，常多一百四十七万。及今不为之所，年复一年，将至不可措手矣！且今生财之道既极，计惟节用。请敕中外诸臣就职论事，专意清理，务求节财助边，计谋实事。仍令两京户部并工部、太仆、光禄及直隶各省司、府、卫所，以及辽、蓟、宣、大、陕西诸边，每岁终将一年出纳钱谷修成《会计录》，于内分为四目，一曰岁征，如府、库、监、局、仓场额派钱粮几何；一曰岁收，如收过本年、先年额征钱粮完欠几何；一曰岁支，如本年用过各项钱粮，于岁派额数增减相当几何；一曰岁储，如本年支剩存积钱粮几何。务令简明进呈御览，以为通融撙节之计。至于各处积欠京储，苏松江浙多至六百余万，本部近遣司属督征，业已年余，完解甚寡，而奸顽煽惑，讪谤百端，宜如该科议取回，移文抚按诸臣，专责各府县正官督理，勒限完解，仍以催科勤慢为举劾殿最。……"得旨允行。①

又嘉靖二十九年（1550）正月甲午条云：

> 户部会计去年岁用，为录以献，因言："太仓每岁额入银二百一十二万五千三百五十五两，去岁合节年解欠及括取、开纳事例等银共入银三百九十五万七千一百一十六两，视岁额加赢矣。及计一岁之出，乃至四百一十二万二千七百二十七两，视岁征增一倍。京、通仓粮，岁运三百七十万石，先年常有八年之蓄；本年官军、工匠月粮，岁支二百八十余万，京、通蓄积仅余五年。盖因连年戍边、募军诸费不次增添，而内外请乞纷纭，罔知节缩，故财计绌乏，一至于此。请行在京各衙门并各督抚巡按

---

① 《明世宗实录》卷三五一，第6339～6341页。

等官，将今年一切财用通融均节，庶几渐复国初十分余三之旧。"疏入，报闻。①

可知由于地方征解不前，而在京军匠支粮数却不断增加，同时，除进用、修边、给赏、赈灾诸项外，北部边镇又不断有募军银与防秋摆边设伏客兵银之增加，因而朝廷在财政上常常入不敷出，不得不通过催征、括取与开纳等方式以求财政收入。应对这种局面，户部采取的举措便是修《会计录》。这为后来修撰《万历会计录》提供了模本。

如前所叙，当时财政的中心问题是边饷问题，许多举措都是为了"节财助边"。为此，有必要考察一下自嘉靖中期以来北边的情况，下以嘉靖朝著名边臣翁万达为中心展开论述。

嘉靖二十七年（1548），时任宣府、大同、山西三镇总督的翁万达，在因兵粮事而被夺俸两月之后，② 上书内阁大学士严嵩，其中论及宣、大、山西的会计之数：

> 查得嘉靖二十四年以前，宣府、大同、山西客兵粮草仰给帑银，岁常一百四十余万。嘉靖二十五年，多方撙节，然尚费帑银一百二十六万三千八百余。户部卷簿，历历可稽。自修边并守议行，而为国节财之道亦在是焉。以故二十六年会计岁用防秋客兵银，宣府三十五万余，大同五十三万二千余，山西二十四万四千余，共一百一十二万六千余，比之二十五年，已省银一十三万七千余，而民壮工食、客兵赏赐之省不与也。其时奏请添发三镇止共银七十一万七千余，年终尚有支剩。今嘉靖二十七年会计岁用防秋客兵银两，以二十六年用过之数为准，备宣府三十万余，大同三十三万六千余，山西一十二万七千余，共七十七万三千余，比之二十六年会计又省银三十九万六千余，而民壮工食、客兵赏赐之省亦不与也。奏请添发三镇，止共银三十五万八千余，凑之当已足用。乃若另议请发，趁今粮草价平，预为籴买，以防他警，或留作二十八年客兵支应，则在于会计年例外者，将来省而又省，亦未可知。某曾疏言，修边守要，籍兵营田，生息教训之后，可渐减客兵之费，诚非虚诞。但嘉靖二十二、三等年，三镇客兵每岁费帑银一百四五十万两，人皆知之，而三镇共止用银七十七万三千两，省其太半，则自二十六年始，人未必知，而某亦未皆举以为功，盖人臣之义，补报甚难，幸少裨益，比之涓埃。③

翁万达是书略谓嘉靖二十四年（1545）以前，为负责宣府、大同、山西三镇客兵粮草，朝廷财政常常要发一百四五十万左右的银两；自从其担任总督以来，通过修边、并守等方式，局面逐渐改善，至嘉靖二十七年，只需要七十七万三千余两的预算便足够了。由此可

---

① 《明世宗实录》卷三五六，第6405~6406页；引文根据校勘记做了修正，参见黄彰健：《明世宗实录校勘记》，台北："中央研究院"历史语言研究所，1965年，第1883页。
② 《明世宗实录》卷三三七，嘉靖二十七年六月丙午条，第6151~6153页。
③ 翁万达著：《翁万达集》，朱仲玉、吴奎信校点，上海：上海古籍出版社，1992年，第547~548页。

知，边镇财政支出之多少，实与边臣之措置密切相关。

翁万达给严嵩的信中所提及的作为"为国节财之道"的修边、并守等策，见于翁万达所上的《集众论酌时宜以图安边疏》。时在嘉靖二十六年（1547）初，作为总督的翁万达会同宣、大、山西三镇抚镇等官，就谋求安边而提出有关修边、守边的规划。修边即修筑边墙，即今所见的长城。至于守边，则主要与防秋有关。关于防秋，疏云：

> 惟于秋期，虏恃马壮，不时寇边，有非城堡之兵所能独当，亦难容令各兵仍屯城堡，势得摘调及调集他路者，量地冲缓，相兼分布步军登墙，马军列营，名曰摆边，始于近年，诚非得已。①

可知因为蒙古人多在秋季之时大举寇边，因而不得不调集各路军马，采取摆边等方式以防备。关于摆边，在翁万达初任总督之时，便有更张之意。其在给徐阶的信中写道：

> 防秋之师，老弱充数，来教诚然。疲兵耗财，尚不止此。人分尺地，单立摆边，不知孰创为此法，乃亦欲概行于宣、大。兵财疲耗，安有纪穷。知之而未敢请罢，亦以百谋未备，群志未同，遽尔更张，反致掣肘。所云理绳有惭，易辙未能，此其大端耳。②

可见翁万达一开始便不认可摆边之法，以为那只是"疲兵耗财"，因此当诸多时机成熟之后，其便大刀阔斧地进行改革。

关于防秋所用之财，疏云：

> 防秋之兵，既不可罢，合用钱粮，自合酌处。除寻常往来按伏，主客彼此应援年例请讨不计外，……大约防秋以四个月为率，计用钱粮，及各地方时估不等，大同……共该银五十三万二千一百二十六两五钱九分九厘。山西……共该银二十四万四千六百两。宣府……共该银三十五万一百二十两二钱二分六厘。③

据上面会计之数，则大同、山西、宣府三镇合用防秋之费达一百余万两，为数甚多。为此，翁万达提出并边省财之议：

> 山西自摆守内边，兵马不敷，添设太原、岢岚、平阳、泽潞、代州、北楼、老营堡参游兵马七营，岁费供亿四十余万两。金派州县防守新民壮四万人，岁计帮贴二十万两。旧民壮二万二千人，岁加守边工食一十五万两。内地骚然，人不聊生。及与宣、大二镇每年防秋预征辽陕兵马五六枝，一应供亿及兵回赏赐，每镇预备不下十五万两。岁以为常，公私俱困。今两镇并力守要，所备者寡，除太原等处参将兵马姑待

---

① 《翁万达集》，第305～306页。实录也节略记载了此奏疏，见《明世宗实录》卷三二〇，嘉靖二十六年二月辛丑条，第5947～5956页。
② 《翁万达集》，第660～661页。
③ 《翁万达集》，第311～312页。

将来另行议革不计外,今拟山西不用客兵,并革罢新旧民壮六万余人,岁省供贴馈饷以五十万计。大同止调客兵一枝,减去客兵二枝,岁并边堡间支,所省供亿、犒赏以十一万计。宣府既得大同游兵一枝交界应援,止量调辽、陕、保定客兵二枝,并边堡间支,所省供亿、犒赏亦且七万计。通计三镇节省防秋之费,计逾六十八万有奇。①

可知在并边防守之后,通过减少客兵、革罢民壮等方式,使得三镇所节省的防秋费用达六十八万余之多。可见,花费之多少,在很大程度上取经于边臣如何措置。当然,这只是人事可为之一面,也有一些是难以措置而只能因势利导者,如募兵。

关于募兵,翁万达云:

> 查得三镇近年奉例召军,除宣府未尝举行外,山西、大同各募过二万余人,中间若原系军余土民投为新军,收粮附册,自无不可。然犹转多逃散,莫能勾稽,无益实用。至于卫所旧籍军士,岂宜避重投轻,诡名应募,影射粮赏。将官但要充数,竟不根究来历,甚至明知其然,而故令投充,反为曲庇。其为患害,曷可胜言。今募军之例虽已停止,而纷乱之弊尚费处分。②

这里条陈了召募过程中所出现的弊端,如旧籍军士之诡名应募以影射粮赏。若不从官方的立场出发而言其纷乱,则可以理解为这种募军制度,是在原有的卫所制度无法维持的情况下的一种保证军伍的办法。而起先,募军只是一种因临时军事需要而召集的,事完放归,如《明孝宗实录》弘治十四年(1501)九月丁亥条云:

> 先是,以兵部奏,命西北诸边每镇召募土兵五千人。其应募者,先给银充赏,有功者升赏如例,事宁归农,愿永为军者听。③

然而,至少到了正德年间,由于军事情形的变化与卫所制度之崩溃等因,募军便成为一种长期的需要。《明武宗实录》正德四年(1509)八月丁卯条云:

> 命巡抚大同右都御史文贵致仕。贵奏:募军若干人,人给银五两,约满五年释之。得旨:已募军丁,令所司加意存恤,毋得克害。后有老死及逃者,俱于本丁亲族内勾补。果丁尽,即以其家产给招补之人。招军,本欲久练以备防守也,贵妄拟补伍满五年释放之例,该部其即参详以闻。……于是,兵科都给事中赵铎等劾贵有罪,请从重究治,故有是命。④

---

① 《翁万达集》,第312～313页。
② 《翁万达集》,第309页。
③ 张懋、李东阳等修纂:《明孝宗实录》卷一七九,台北:"中央研究院"历史语言研究所,1964年,第3302页。
④ 徐光祚、费宏等修纂:《明武宗实录》卷五三,台北:"中央研究院"历史语言研究所,1964年,第1206页。

可知文贵之意是顺承前面的募军事例，但此时已经与整个局势需要所不符，与"招军，本欲久练以备防守"的需要相违背，其之被劾，事理所是。

增加募军，意味着需要额外的军饷。《明世宗实录》嘉靖二十三年（1544）十月戊辰条云：

> 巡抚大同都御史詹荣奏："本镇年例银仅八十万，而岁用银一百二十五万有奇。且额数之内，所欠者尚三之一，而召募新军一万六千有奇，俱应给食。乞议发帑银四十万两，备来岁缓急；并添给年例引盐，以补新军之饷。"户部议量发数万以济急用，仍行查盘科道官查核新募军士应否加添额粮以闻。①

又嘉靖二十四年六月己亥条云：

> 加给大同镇岁饷银十有五万四千二百五十三两。初，巡抚大同都御史詹荣以召补新军，请加粮额。②

大同镇原有的粮饷供应体系（屯田粮、民运粮、年例银、开中盐引等）无法支持新募之军的军费，抚臣便向朝廷奏讨。此种情形不断发展，便造成朝廷财政上之困难。而其缘由之一，在于财政管理体制上之缺乏严密。《明世宗实录》嘉靖二十六年七月壬戌条云：

> 兵部覆总督都御史翁万达所议宣、大、山西三镇防守军马行粮草束，量其道里远近，定为全支间支之规。……宜如其议。因言："三镇今岁度支，比之嘉靖二十五年，似为加少；较之十九年以前，又为加多。自后边工渐完，虏患少息，当益图节省。如百里之内全支者，可以通融间支；间支者，可以如旧不支。或仍遵《大明会典》，百里之内不支行粮，是在督抚诸臣临时斟酌，非臣等所能逆定也。"上是其言。③

可见，虽然有"全支间支之规"，然而军事性质使然，户部多只能是任"督抚都臣临时斟酌"而无计可施。

简言之，由于军事需要及军队与粮饷供给体制之变化，北部边镇开支越来越大。在王朝财政征收不足的情况下，这给负担边镇很大一部分财政的朝廷带来了诸多的困难。同时，由于军事上之不确定性，其费用自然常常无法预定。因而，在不同将领的不同措置方法之下，边镇财政开销有很大的差别，此即所以有"督抚都臣临时斟酌"之说，此亦何以翁万达能够减少那么多的财政开支后，还可以确保边防安全而为一代之名臣的缘由。④ 面

---

① 《明世宗实录》卷二九一，第5581页。
② 《明世宗实录》卷三〇〇，第5702页。
③ 《明世宗实录》卷三二五，第6019~6020页；引文根据校勘记做了修正，参见《明世宗实录校勘记》，第1794页。
④ 关于翁万达总督三镇时的事迹及功业，参见马楚坚：《翁万达为明蒙开太平之追求及其于庚戌风暴中之效应》，《明清史集刊》第5卷，第33~137页。

对这种财政拮据的局面,边官与廷臣均在这一时期不断探索着解决之道,其重要结果之一,便是诸多专门边镇志书的出现。

三、边镇志书之修撰

嘉靖二十年(1541)前后,兵部清吏司主事魏焕"拣集堂稿,博采边疏,询诸边将、译使,有所闻,遂书之册"①,进而编撰成《皇明九边考》。魏焕引用《边策》来条陈当时边镇兵粮的基本情况:

> 夫国家制兵有额,而逃亡之清审无实,于是军数少而兵力衰,则召募不可以不讲也。国家之定税有数,而上下之冒滥无稽,于是乎粮数少而军食缺,则储蓄不可以不论也。查兵粮之额而求其实在实用之数,以召募之兵而抵其冒名冒支之滥,则兵何有不备而食何有不足乎?②

可知当时军少粮缺的情况很大程度是由于清审无实与冒滥无稽造成的,因而需要通过核查兵粮之额数来解决问题。

《皇明九边考》记录了各边镇钱粮的使用情况,如固原镇:

> 本镇岁用军饷,原系陕西所属州县起运粮草并本处卫所屯粮供给。若所司官员果能及时催征,依限完纳,一岁之征自足一岁之用。此地近腹里,自来无有年例银两。先该巡抚等官连章具奏本部,累次题准给发银盐,并总制衙门及部委郎中奏带银两,分派陕西一镇(即固原镇——引者)。三年之间,共计五十七万一千八百余两,比之延、宁等边有年例之处,其数加倍。③

可知在固原镇的军饷结构当中,原先只有陕西民运粮草及本处屯粮,而没有来自户部的年例银两。只是后来由于催征不完,岁用不足,固原边臣才频频向朝廷奏讨银两,其数目之多,已是它边年例银的数倍。事实上,这种额外奏讨,乃明朝财政之一大要点,自嘉靖中期以后尤为突出。嘉万时期的财政改革及《万历会计录》之修撰,很大程度上便是为了应对此种状况,此详后论。

除了像魏焕这样的个人修志之外,我们还必须注意这一时期在朝廷政策下边镇志书之修撰。④ 嘉靖二十五年(1546),都察院下札时任巡按甘肃监察御史的张雨,令其修造边志等。札文略云:

---

① 魏焕:《皇明九边考·引》("中国西北文献丛书"),兰州:兰州古籍书店,1990年第7页。
② 魏焕:《皇明九边考》卷一《经略总》,第64页。
③ 魏焕:《皇明九边考》卷一〇《固原镇·钱粮考》,第434～435页。
④ 关于边镇志书之概况,参见向燕南:《明代北塞军事危机与边镇志书的编纂》,《中州学刊》2006年第1期,第178～181页。

（兵部）议拟题奉钦依，每三年一次，该巡按御史阅视各镇军马器械，体察将官贤否，同画图具奏，并缴本部查照施行等因。屡经通行，钦遵无异。但因袭既久，初意浸失。内除将官贤否另议外，切照军马钱粮，不无增减；地方城堡，不无迁改。每年奏缴图册，多因旧本，错乱遗失。若不申明核实，不无徒事虚文。而该司遇有处分，将何所据，以资筹料？况今边事日殷，尤宜加慎。必须本部逐一查审，备开款目，通行各镇，照款图注。且如军马一节，须查一镇原额总数，分守城堡、墩台细数，及逃亡、实在、召募等项，每年紧要，有无征调，供给刍粮岁额若干，各省征解，本地办纳，并盐引、花布、年例及新增等项，一一明开，则军马之政，庶为核实。倘遇有事，自可酌量盈缩矣。……相应依拟，为此合咨前去，烦行彼处各巡按御史转行各镇地方并有司镇卫等衙门，督令照依后开款目，逐一查实。军马钱粮多寡，备细造册；地里、城堡、隘塞要害，备细画图。……自后照依前议，三年一次缴部。无或因仍旧本，故应故事。如有本司遗漏，未及查议，事关地方，一体开具事件，处置明白，一并缴部存留备照，以凭施行等因咨院，拟合通行，为此合箚本职依奉查照施行。

计开

一、军马

本镇军士原额若干，马军若干，步军若干，逃亡若干，何年新添召募若干，留镇若干，各城堡分守若干，何年某处有事征调若干，见今通计实在总数若干。

马匹原额若干，倒损若干，实在若干，官养兑给若干，马市易买若干，各城堡分拨若干，见今通计实在总数若干。

一、钱粮

本镇粮饷草料每岁原额若干，何年新增若干，各省岁运若干，本处出办若干，年例若干，系何项银两，布花若干，系何项银两，盐引银若干，系何处盐商，客兵银若干，系何项处给，何年有事请讨，接济若干，见今每年通计总数实用若干。即今有无缺欠，务查明实。

（以上造册，照此开注。）①

嘉靖二十六年（1547），时已调任巡按陕西监察御史的张雨，根据此札文条例，编撰成《边政考》一书。以固原兵食为例：

官军原额马步四千八百一十员名（除逃故外，见在分拨总督军门一百一十六员名，总兵一千员名，守备按伏五百八十三员名，守墩一百七十三名，冬操夏种余丁九百二十一名，留城一千三百六十九员名）。马原额一千八百五十五匹（除倒损外，见

---

① 张雨：《边政考》（《续修四库全书》）之《院箚》，上海：上海古籍出版社，2002年，第2～3页。

在一千八百四十一匹)。屯粮原额七千五百二十三石一斗八升,草一万一千二百八十四束。民运夏秋本折色粮并折色草共折银一十三万三千八百一十二两二钱,本色草六万四千一百九十三束。盐引分拨固原、黑水等一十仓盐粮料八千六百二十七石四斗五升,草二十一万九百六十一束。银易粮、料一万九千七百六石三斗,草一十五万三千六百三十二束(岁无定额)。年例银五万两。布,本卫并镇戎等七城堡共该关领绵布三万四千六百七十二匹,绵花一万三千二百斤。①

跟前引《皇明九边考》所载情况相比,此时固原镇已经有了较固定的年例银收入。这种情况,是在先前所见奏讨不断的局面下,依照其他边镇之例,给与年例银。所规定给予的年例银虽也有增减,但相对而言却是有其规制的属性,因而有限制奏讨的作用。

嘉靖二十九年前后,边方局势紧张,军事开支甚大,边臣奏讨不断,从而使得本已困难的财政益加难以维持。为此,户部开始着手边饷定额化之举措。其结果,便是嘉靖四十五年之定经制。

四、嘉靖四十五年之定经制

定经制,即定立相对稳定的规章制度,使得各项事务有章可循,以便达至一种优良调控。在面对如前面所述的自嘉靖中期以来的财政困难局面,朝臣们不断探索解决之道,而其中最重要的,便是完善簿籍文册制度并逐渐订立一定的经制。当然,导致这种财政状况的缘由以及计臣所主要考虑者,自然是包括赋税征收与粮饷支出等两大方面。关于赋税征收一点,本文暂不多讨论;下仅以粮饷支出,尤以边饷问题为中心展开论述。

这种定经制的思想并非自嘉靖后期才被强调的。早在嘉靖六年(1527),太子少保刑部尚书李承勋便提出定经制之说:

  ……三曰定经制以裕国用。言今天下税粮所入总若干,经国之费总若干,俱宜查其的数,分为二目,务仿《周礼》,用三以足一岁之用,存一以备不测之虞。②

可见,受过儒学教育的大臣,在国家财政困难时所想到的解决之道,便是力图做到如儒家经典《周礼》所说的用三存一。此处不必考察此奏请之实施与成效,因为如果真能做到用三存一,也就不会发生中期以后的财政困难了。事实上,理解这种定经制的思想落实与发挥成效,必须将其放置于嘉靖中后期的王朝财政状况与运作的诸多制度的背景下进行考察。

《明世宗实录》嘉靖十九年(1540)六月壬午条云:

---

① 张雨:《边政考》卷三《固原靖兰图》,第49页。
② 《明世宗实录》卷八三,嘉靖六年十二月庚戌条,第1865页;引文根据校勘记做了修正,参见《明世宗实录校勘记》,第571页。同参《明世宗实录》卷八四,嘉靖七年正月乙未条,第1901页。

南京礼科给事中曾钧等应诏陈言理财、备边各一事：一、理财。请敕户部通行两京府部寺院及各处抚按官，备查本处原额钱粮出入盈缩之数，议拟定规，造册解部。仍加参互，纂辑成书，庶总括天下财赋之数，而周知丰耗盈虚之由。斯经制有法，出入有节，而财可充。一、备边。请敕辽东、宣、大等镇巡抚官备查各镇原额官军、马匹并粮料草束，见在者足彀几年支用，积逋者系何府州县迟缓。仍将应征钱粮及见贮仓库实数造册解部，行抚按官严督所司催解，以备储蓄。部覆如议，报可。①

前述魏焕《皇明九边考》与张雨《边政考》之编修，均是朝廷理财备边的背景下的产物。这种理财备边的举措，便是编造文册簿籍，提供一种账目参考。这为此后之定立经制作了准备。

嘉靖二十九年庚戌之变②前后，北边局势紧张，边饷开支巨大，直接导致了明王朝财政上的困难。《明世宗实录》嘉靖三十年（1551）十二月癸未条云：

> 户部言："今天下岁入粮草折银及余盐价银共二百万，而各边所费已六百余万。皇上俯从臣等议处，增盐课，征粮银，广开纳，查赎锾，举天下一切应征应取之数而尽括之，仅供终岁用。来岁以后，费将安出？请核诸衙门所属官员、儒士、厨役、官校，酌议裁革。仍将本部钱粮岁所出入盈缩之数，撮其大纲籍进，仰备睿览，亦使百司庶府咸知此数，各为公家惜财。凡一切泛用，不得任意派取，庶可为经久计。"诏从之。③

又嘉靖三十三年（1554）九月乙卯条云：

> 户部言："本部岁入……，除存留及起运边腹外，额该漕运京、通仓米四百万石，解京库银二百万两有奇。一应京边用度，胥此仰给。中间有因时增设，而遂沿为常例者，如各边修边银自庚子岁节发且八十余万，客兵银自庚戌后每岁增二百余万之类是也。有逐年加添而遂倍于常额者，如京营马匹草料，岁支料、草本折各二十余万；各边年例外，募军、调发等银，岁加共一百余万之类是也。有因循日久，糜费而不可省者，……各卫官军岁支米至三百一十二万余石，其间冗员当并，冗食当汰之类是也。有侵冒日甚，牵制而不可禁者，……各边修守，每年据前用数，无虑数百万。其间统领收支之人不无阳出阴藏，移寡入多，与夫一切调掣非时，分布无法，冒滥不实之类是也。以是四者，岁出倍于所入。……国用窘急，未有甚于此时者也！……臣等以凡

---

① 《明世宗实录》卷二三八，第4843页。
② 庚戌之变指嘉靖二十九年（庚戌年），蒙古俺答部大犯中国，兵围北京三日夜而退。其事参见马楚坚：《翁万达为明蒙开太平之追求及其于庚戌风暴中之效应》，《明清史集刊》第5卷，第104～119页。
③ 《明世宗实录》卷三八〇，第6738页；引文根据校勘记做了修正，参见《明世宗实录校勘记》，第1985页。

庸司国计，值此财用殚竭之时，莫知握算纵横之画，故愿陛下博访廷臣而集众思焉，俾各述所见，各摅所怀，于臣等所列增设、加添、因循、侵冒四者，详议其汰存节缩之宜而裁择之，庶群策毕陈，而经制之长利可举矣。"疏入，报可。①

又嘉靖三十三年十一月戊午条云：

户部覆科道官甄成德、黄国用奏请，于岁终以度支之数为《会计录》献。许之。②

又嘉靖三十七年（1558）二月戊戌条云：

是时，天下财赋岁入太仓者，计二百万两有奇。……嘉靖己酉（二十八年）以前，岁支最多不过二百万，而其少者，乃仅至七八十万。及庚戌虏变后，周章备御，每岁调兵遣戍中外，所增兵马数多，饷额增倍。及乙卯（三十四年）、丙辰（三十五年）间，而宣、大虏警益急，一切募军、赈恤等费，咸取给内帑，岁无纪极，故嘉靖三十年所发京边岁用之数至五百九十五万，三十一年五百三十一万，三十二年四百七十三万，三十三年四百五十五万，三十四年四百二十九万，三十五年三百八十六万，三十六年三百二万，计太仓岁入银二百万之额，不能充岁出之半。……会大同右卫告警，今岁自入春来，发宣、大银二十六万有奇，而天下民运至太仓者，银仅七万。帑储大较不及十万两，而边臣奏讨日棘。③

据上引户部所言，可知自嘉靖庚戌之变后明朝财政之困难程度。面对此财政困难之局，户部在无计可施的情况下，奏请廷臣陈言。而廷臣之响应，其重要者，还是回到前叙嘉靖二十八年之修撰《会计录》的方法，即首先从财政收支的数目管理入手。综观户部之奏，可知导致这种局面的非常重要的缘由，许多都与北边粮饷等费用有关，如所增设的修边与客兵等银，所加添的募军与调发等银，所侵冒各边修守之用，而且，这样数目巨大的银两都是由朝廷供给的，即以"京运"的形式发给的。因此，后来财政上的改革，便多是为解决边方费用问题而提出的。

《明世宗实录》嘉靖三十八年（1559）正月戊午条云：

给事中魏元吉条陈足饷防边事宜：……凡遇巡按御史巡历之处，兵备等官将各边见在钱粮及主客兵饷出入之数，一体造册送查。④

又嘉靖三十八年十一月丁酉条云：

---

① 《明世宗实录》卷四一四，第7201~7204页。
② 《明世宗实录》卷四一六，第7229页。
③ 《明世宗实录》卷四五六，第7712~7713页；引文根据校勘记做了修正，参见《明世宗实录校勘记》，第2389~2390页。
④ 《明世宗实录》卷四六八，第7876页。

> 户部尚书马坤等条奏七事：一、各边督抚衙门，每岁宜会计用兵钱粮出入之数，造册到部稽考。遇有支放，听巡按挂号，以防侵冒。①

又嘉靖四十年（1561）九月乙巳条云：

> 总督蓟辽保定都御史杨选条上地方极弊十五事：……一、主兵粮大半出于民运，客兵粮全数出于内帑，每年终会计上疏，多为户部题削，加以帮发过期，商价拖欠，民运不来，灾沴岁有，处处受敌，处处缺备，此粮饷不振之弊也。……一、边镇一切钱粮收支，悉户部郎中所司，督抚无与。比及会计，郎中呈应用之数，督抚会题，部辄裁减。督抚虑不给用，曲意节缩，至将主兵应上边者，无警暂留本城。及遇寇警，闻报督发，近者犹或可及，远者多不能赴，此形迹误事之弊也。②

又嘉靖四十年十二月甲申条云：

> 总理蓟镇宣大粮饷户部右侍郎霍冀条上蓟镇事宜：……一、限远近。旧例行粮限以地里远近，有半支全支之分，惟蓟镇则不论百里内外全支，殊于边储有损。又将客兵驻守本地，而以主兵调赴别区，使主兵多支行粮，市恩甚亡谓也。宜复旧规。一、议防冬。谓蓟镇防秋毕日，仍留客兵数枝防冬。因无防冬钱粮，在东区者就食蓟州遵化，西区者就食三河通州，以致主兵月粮先期告匮。夫防冬以防边也，移兵内地，缓急何恃？宜放归优恤；否则，先期会计，不妨主兵之饷可也。……一、核军实。谓各边兵马钱粮，漫无稽考，宜置格眼册籍，备书其数，可以革役占侵冒之弊。③

如前文所叙，军事上的不确定性以及军队分布与调动方面安排的不同，会导致军饷开支有很大的不同。霍冀所陈蓟镇粮饷事之"限远近"等情，便是针对此而提出的。而且，此时廷臣所建之言，与先前所提出的方法相类似，即完善管理兵马钱粮的册籍制度，将各边镇的钱粮出入数目会计后造册报部。这种册籍制度一旦完善，户部便能更好地发挥其调控的作用，根据所入而分配各边镇之所应给。在"应用之数"遭裁减之后，边方督抚便不得不注意调兵与用财上之量入为出，减少诸如"一切调掣非时，分布无法，冒滥不实"（语出前引嘉靖三十三年九月乙卯条）之事。当然，这样也可能导致"督抚虑不给用，曲意节缩"，以及"因无防冬钱粮"而"移兵内地"，从而使得军事机动性降低。然而，户部的这种裁减，实际上是其"量入为出"的财政处理原则下所应为之事。同时，为应对这种边臣频频额外奏讨的情况，户部的举措便是开始使边饷定额化。

《明世宗实录》嘉靖四十年六月甲申条云：

> 户科都给事中郑茂言："各边钱粮虚糜之甚，奏讨之多，莫有过于蓟镇者。近该

---

① 《明世宗实录》卷四七八，第 8005 页。
② 《明世宗实录》卷五〇一，第 8286～8290 页。
③ 《明世宗实录》卷五〇四，第 8330～8332 页。

> 总督许论奏密云、昌平二镇年例饷金，俱防春时用尽，防秋仍用三十二万有奇。臣查嘉靖三十六年边饷，密云止八九万，今三十四万有奇；昌平镇止三五万，今十四万有奇。何前后悬绝若是？夫春防，小警，为费若此。防秋，何以加之？诸边效尤，又何以应之？……宜专敕大臣风宪官赴边计议，较数岁之中，酌为定规，庶边臣不敢妄求，司计得有所执。……"户部议覆，上是其言。①

又嘉靖四十三年（1564）闰二月己丑条云：

> 更定蓟州、密云、昌平三镇应发本年客兵钱粮之数。……先是，四十二年，北虏入寇，蓟镇发银至三十余万两，密云、昌平至二十余万两。既而，总督刘焘会计四十三年岁用之数，又增至七十余万两。部臣覆奏，以为今民运多逋，国储有限，边臣不思节用，岁岁求增，宜稍加裁抑，酌为定数，以绝将来奏请之端。故有是命。②

又嘉靖四十四年（1565）十一月癸卯条云：

> 户部尚书高耀言："国家岁入财赋有限，而京边支费无穷。即如四十三年发边主客军饷及在内供亿之费，共三百六十三万；而各项正赋及节年逋欠所入，顾止二百四十七万余两。出浮于入，凡一百一十六万。……查得陕西、宁夏镇年例主兵银二万五千两，客兵银二万两，延绥镇主兵银十九万两，新增募军料银三万两，客兵银八万两，甘肃镇主兵银二万两，固原镇主兵银七万两，岁以为常，无所加减。其宣、大、山西三镇，四十二年共发过客兵银三十三万两，四十三年增至三十九万两，至今岁则增为四十五万两。至于蓟、密诸镇，视昔更为倍增。推求其故，本部每年运发，惟据其会计之数以为准，而无所裁抑。请之于内者不觉其难，故用之于外者只见其易。若不早为节制，定其规式，使边费益糜，部发无量，非经久计也。宜行各边督抚及管粮司官，将该镇主客兵钱粮悉心查核。如主兵除逃亡老弱外，实在兵马几何，应用本折几何；在客兵亦如之。仍查果系百里外，方支行粮。非关应援之急，勿轻调遣。本营各自为守，不必更调。侦探务确，防撤以时。与夫上边应调兵马，其所支给本折，大约数岁之中，剂量折衷。除民运、屯粮、盐引外，每岁应添年例几何，议为定额，刻期具奏，俟本部覆有成命，每岁照数给收。……"疏入，从之。③

可知嘉靖四十年以后，在面对蓟、密、昌三镇岁岁求增内帑的情况下，朝廷便思量着裁抑并"酌为定规"的方法，"以绝将来奏请之端"。也就是说，边饷之定额化，是为了应对不确定的奏请。至嘉靖四十四年，户部在财政相当困难的情况下，便开始将此定额化的财

---

① 《明世宗实录》卷四九八，第8250页。
② 《明世宗实录》卷五三一，第8651~8652页。
③ 《明世宗实录》卷五五二，第8887~8889页；引文根据校勘记做了修正，参见《明世宗实录校勘记》，第2750页。

政管理方法推广到各边。这种定额化，就是在一定的会计基础上，将随时之奏讨转为年例，即"每岁应添年例几何，议为定额"。这种定额化的结果，便是嘉靖四十五年之定经制。

关于嘉靖四十五年之定经制之具体内容，《明实录》未载，但大致如前引户部尚书高耀所言，亦即万历《明会典》所载：

> 嘉靖四十五年，令宣、大、山西，除民、屯、盐引外，每年主兵发银一十二万两，客兵一十三万五千两。蓟州镇主兵、马太二路，共银五万六千三十八两。永平镇燕石二路，共银四万八千六百七十二两。密云镇主兵，共银三万三千九百二十四两。昌平镇，银一万两。
>
> 又令各镇，除民、屯、盐引外，每年延绥主兵发旧例银一十九万五千七百七十九两九钱八分，新增料银二万二千一百八十五两二钱三分，客兵八万两。宁夏主兵二万五千两，客兵二万两。甘肃主兵二万二千九百二十二两八钱一分。固原主兵银五万两。以后各视此为准。①

前引高耀所称京运年例之日增的缘故是"本部每年运发，惟据其会计之数以为准，而无所裁抑"。关于此，据万历四十四年（1616）始任大同巡抚的王士琦编修的《三云筹俎考》所载大同的情况：

> 主饷岁额：本镇兵岁饷，在嘉靖四十五年之前，每年终一次疏请，据该年支用多寡之数，为下年请发之准，名曰会计。原无定额，大率先尽山西、河南民运与本镇屯粮为主；不敷，方以京运继之，盐引佐之。虏警抢攘，岁费帑银三四十万，甚至五六十万。迨至四十五年，户部惮岁请琐烦，遂以十年用数，折中剂量，每年准发二十六万九千六百三十八两有奇。从此，经制一定，毫无增减，而会计之数始寝矣！……
>
> 客饷岁额：客兵供亿，先年同主饷岁疏会计。嘉靖十八年以前，有用至二三十万，或五六十万者，更有数外之请，以为非常之备。原无定额，户部亦不立客兵名色。至嘉靖四十五年定议经制，照主兵折中之例，每年准发帑银一十四万两，盐引二万七千五百有奇。②

关于所称"会计"，据"兵马沿革"条所载：

> 嘉靖二十八年，总督翁 、巡抚詹 添设得胜堡，召募军五百二十二名，马四百匹，未计钱粮，随入会计数内通融请讨。……嘉靖四十三年，总督江 、巡抚张 添

---

① 申时行等修：《明会典》卷二八《户部十五·会计四·边粮》，第209页。
② 王士琦：《三云筹俎考》（"中国西北文献丛书"）卷四《军实考》，兰州：兰州古籍书店，1990年，第140、142页。

设镇宁、季家寨二堡，召募军七百三名，马一十六匹，未计钱粮，随入会计数内请讨。①

据上可知，每年年终，各边镇以当年的开支情况，作为向朝廷疏请第二年粮饷数目的标准。而同时，边镇可将新增兵马所需的钱粮，"随入会计数内通融请讨"。因此，边镇所奏请的京运年例银不断增加。在财政困难的情形下，嘉靖四十五年，户部便根据近十年的用数，折衷调剂，将朝廷发给边镇的粮饷数目定额化，以应对边臣的不断请讨。

又《万历会计录》载宣府镇京运事例：

（嘉靖）四十五年，督抚赵炳然等题，议定岁用年例。尚书高耀议得该镇兵需，以四十四年为准，岁入之额多于岁支，年例似当渐减。覆准每年发主兵银一十二万两，定为经制。

本年，督抚赵炳然等题，乞定经制。尚书高耀覆准，除额派盐引价银外，将钦买银七万两，添发银一十三万五千两，共二十万五千两，定为客兵年例。②

又载大同镇京运事例：

至（嘉靖）四十五年始定经制，此后非遇蠲免及警急增兵马，不敢溢于常数之外。……

（嘉靖）四十五年，总督赵炳然题请定经制。尚书高耀覆准，以后主兵岁发二十六万九千六百三十八两，客兵连钦赏、防秋，岁发一十四万两，定为额。③

由上可知，嘉靖四十五年之经制，乃是通过边臣赵炳然等人的题请之后，经由户部而推广到各边的。④ 事实上，由前述可知，这种定经制的做法早已是一种需要了。而且，如前引，户部尚书高耀在嘉靖四十四年便开始着手定立经制，以应对日益增加的边饷奏讨及财政困难局面。关于赵炳然所题请的经制如何，笔者尚未找到直接的记载。但据上引史料，可知此种定经制所要解决的最重要的问题便是供给边饷的京运年例银，即把朝廷每年拨给边镇的年例银的数量相对固定化，是为"边饷定额化"。而且，"此后非遇蠲免及警急增兵马，不敢溢于常数之外"。据此，可知此定经制有决定朝廷拨给边镇多少粮饷的重要作用，因而在这一过程中自然会有边臣的积极身影。《万历会计录》载：

隆庆元年，巡抚石茂华题该镇孤悬边塞，最为冲险，军饷不继，要将嘉靖四十五年停革工本盐引照数补发。本部覆准发银二万八千五百七十五两，抵补停革工本之

---

① 王士琦：《三云筹俎考》卷四《军实考》，第147页。
② 《万历会计录》卷二十三《宣府镇饷额》，第819页。
③ 《万历会计录》卷二十四《大同镇饷额》，第859、861页。
④ 其他边镇的经制之定，参见《万历会计录》所载诸边京运事例。

数,以后增入年例。①

石茂华所题之疏,即顺治《甘镇志·岁计志》所载《巡抚都御史石茂华条陈慎重边储议处钱粮疏》,其略云:

> (臣)卷查嘉靖三十九年六月内准户部咨,为恳乞天恩,悯念极边穷困,主兵钱粮缺乏,补发年例银两以济紧急支用事。该巡抚甘肃都御史胡汝霖题,本部覆议:查得该镇旧额年例并募军银一十万五千二百两,除两淮工本盐银二万八千五百七十五两抵补外,实该银七万六千六百二十五两。……迄嘉靖四十四年以前,每年额派本镇存积工本盐三十四万五百引。近准户部咨,自嘉靖四十五年为始,将两淮工本盐停革,减去盐六万三千五百引,算该银二万八千五百七十五两。又准户部咨,为议处财用,定经制,以垂永久事。该巡抚甘肃都御史戴才题要将本镇停革工本盐引准补银两等因,该本部覆议:该镇兵马钱粮,节年题发,已有定数。其工本盐引,原为宽商恤灶而增。既经停革,难以准补等因。题奉钦依,备咨到臣。窃惟本镇设在西北,道路险远,一遇声息梗阻,即束手就困。刍粮无所仰给,非如他处与内地相连易于转输者。……京运银两,嘉靖三十一年以前,该银十万五千二百两;至三十七年以后,除工本盐抵补外,止裁为二万三千九百二十二两八钱一分。较之各边,数原不多。相兼盐粮、民运,徙有均无,仅足支持。所以未甚匮诎者,籍往年之积蓄,为后来之经费。且军士缺额甚多,未敢召补,客兵未经多调动耳!本镇工本盐银二万八千五百七十五两,此项原系每年抵补年例银两之数,非额外加增盐引。……该部因议处盐法,停革前盐,非为裁革本镇年例也,则所欠本镇年例,自当处补。……伏望皇上轸念极塞穷困,钱粮无措,前项工本盐原系抵补年例之数,乞敕户部将四十五年停革前盐,照数补发银两前来,以济诎乏。……以后工本盐银,或照数添派存积盐引,或补发银两,议为一定之规,庶免每年奏讨,烦渎圣听。②

为了应对后来户部之裁革甘肃的工本盐引,石茂华回溯嘉靖三十九年六月之事,意欲证明这工本盐的确是抵补年例银的,而非户部所称的额外加增。这种为本镇争取朝廷财政补助的行为,是在当时很重要的朝廷财政定经制的背景下展开的。因为经制一旦确定,后面的许多包括财政补助在内的事,都得依照其来做。如果此时这笔财政补助被裁减掉,以后皆照此而行,则恐以后难以维持。因而,此时积极争取,力图恢复此项财政补助,便是最切要的了。也因而,文中强调该镇之偏远险要、财政困乏、形势不容乐观之类的话,便是借边防之重来达到自己的目标。同时,利用这种定经制的背景,如果上述请求达到目的,边臣便也利用这种经制,请求"议为一定之规",从而保障既有之利益。

---

① 《万历会计录》卷二十八《甘肃镇饷额》,第956页。
② 顺治《甘镇志》("中国西北文献丛书"),兰州:兰州古籍书店,1990年,第396～397页。

约言之，嘉靖中期以降，边方多事，边臣奏讨不断，从而导致朝廷财政上之重大困难。为了应对这种局面，户部渐渐采用边饷定额化的办法，即将朝廷拨给边镇的京运年例银定额化，其结果便是嘉靖四十五年之定经制。《万历会计录》便是这种定额化的理财思路的重要产物。

五、《万历会计录》之修撰

《明穆宗实录》隆庆三年（1569）四月癸未条云：

> 总理盐法屯田都御史庞尚鹏言："今军国之费与王府禄粮，较之国初，不啻数十倍。物力日耗，民生重困。不惟陛下不能尽知，即天下宗藩与百司庶府，或亦未及知也。乞敕户工二部会查祖宗时郊庙之禴祀，内府之供亿，监局之织造，岁时之赏赍，旧额几何，今增几何；王府之禄粮，百官之俸薪，卫士之校尉厨役，京边之兵马城池，经理漕河，供给匠作，旧额几何，今增几何。至若各省军民之赋税、天下山川之盐铁，凡有关国家经费者，各撮其总目，照款类开，贵在简明，不用烦琐。仍申言岁入几何，岁出几何，题曰《隆庆某年会计录》，进呈御览。时或有所增减，各于项下改填。每季刊刻成书，照常封进。"①

又隆庆三年十二月戊午条云：

> 户部尚书刘体乾等言："国家经费，一岁所入不足以供其所出，而陈乞支给者又每出于额外。民穷财尽，职此之由。臣等以今年出入多寡之数与夫昔省而今费，如各边士马刍粟，各宗室禄粮，条呈御览。仍容臣等以内外一切经费钱粮应存应革者拟奏请旨，刊成书册，以颁中外，庶经制有常而国计可纾，民生可保。"上是其言。②

又隆庆五年（1571）七月甲子条云：

> 户部覆户科右给事中梁问孟奏："国初经费，原有定额，边饷未尝借支于内，京师未尝搜括于外，盖不加赋而用足也。迩来弊坏已极，官民交困。请敕户部侍郎一员，督同司属有心计者，通将内外财赋每岁增减出入之数，行各处抚按官，悉心议处。前有可因，固不必过为裁省，以伤国体；后有可革，亦不许滥为糜费，以损民财。事完之日，造册呈部，听该部及与议官员类编，为各司职掌，以定遵守。仍将内府钱粮先后额数首录进览，庶费出有经，而岁计可裕矣。"从之。③

---

① 《明穆宗实录》卷三十一，第813～814页；引文根据校勘记做了修正，参见《明穆宗实录校勘记》，第290页。
② 《明穆宗实录》卷四〇，第993～994页。
③ 《明穆宗实录》卷五九，第1437～1438页。

面对王朝财政困难,庞尚鹏提出将国家之岁入与岁出各项明列,编成《会计录》。刘体乾刊成书册之法,梁问孟造册之说,均为类似。而比照前述之讨论,可知此隆庆年间之所思所做,皆是顺承嘉靖以来之思路与做法。

刘斯洁《太仓考》云:

> 万历元年,阅视侍郎汪道昆题将蓟、永、密、昌四镇主客兵马钱粮议定:蓟州镇额饷银五十七万二千一百一十两六钱三分一毫,永平镇额饷银三十三万四百一十五两九钱一分九厘四毫,密云镇额饷银五十二万九千五百六十一两二钱四分二厘三毫,昌平镇额饷银二十二万六千八百五十两七钱七厘四毫四忽,通共一百六十五万八千九百三十八两四钱九分九厘二毫。欲本部每年发边,不得辄减。三年、六年,可免一年京运之发。即重大兵荒,不复请乞。该本部覆,奉圣旨:是,该镇兵饷,既议有定额,都依拟行,以后不许再议增减。钦此。①

由"即重大兵荒,不复请乞"一句,益可见边饷定额化。

万历四年(1576),中宪大夫兵备按察司副使都门刘效祖撰成关于蓟州、昌平、真保、辽东四镇以及居庸、紫荆、山海三关的《四镇三关志》。该书"凡例"云:

> 一、兵马刍粮,原无定额,故每岁衰益不同。今断自万历元年,以阅视汪司马入告之数为准。即后有因时增损,要之于正额不相县[悬]也,稽程案籍出纳者,庶免干没之嫌。②

又"四镇粮饷总论"云:

> 效祖曰:……边臣一有逾额之请,大司农或靳不与;即与之,亦稽核者多端。岂保谷金城,大司农与边臣之心若是殊耶?盖师行粮从,边臣惟恐用之不足;量入为出,司农惟恐用之有余,其势则然,无足异。③

据上可知,《四镇三关志》所载兵马粮饷额,即是上引侍郎汪道昆阅视后上奏之数。刘效祖准确地点出了大司农与边臣之心之所以有殊之缘由。然而,似乎"量入为出"的财政原则也为边臣所接受,因而"后有因时增损,要之于正额不相悬也"。由此可见,自嘉靖以来之边饷定额化,渐渐地为各方所接受。这种定额化的落实,便是编撰出版可供征引的文献:在边方是边镇志书,在内廷则是《万历会计录》。

---

① 刘斯洁:《太仓考》("北京图书馆古籍珍本丛刊")卷七《边诸二·蓟州》,北京:书目文献出版社,1988年,第804页。另,《太仓考》原书记载此事的年份是"万历三年",然据《明神宗实录》万历元年(1573)三月甲午条(卷一一,第371~372页)以及万历元年五月戊戌条(卷一三,第426~431页)所载,可知二书所载为同一件事。《明神宗实录》所载两条,能相互呼应,应为确,故改为"万历元年"。

② 刘效祖:《四镇三关志》("四库禁毁书丛刊"),北京:北京出版社,1998年,第10页。

③ 刘效祖:《四镇三关志》卷四《粮饷考》,第111页。

万历四年，王国光所编修的《万历会计录》完成初稿。是书奏上之后，神宗"命户部再订，缮写进览"①。万历九年，在新任户部尚书张学颜的主持下，《万历会计录》修订完成并呈上，得旨允刊行。② 由于《会计录》是前述边饷定额化之产物，在当时尚有其财政上之实际功能，因而是要各省直边镇都据此来处理其财政，故《万历会计录》卷首载张学颜之题云："一部进呈御览，另将一部送史馆采录，再陆续印刷，颁行省直边镇，一体遵守。"③

六、结　语

嘉靖中期以降，明王朝在财政上面临巨大困境。这一方面是由于赋役征收之不足，另一方面则是由于边饷开支之增加。就边饷开支问题言之，由于军事性质使然，许多兵马分配与财政运作，都是由边臣因时因势而自行措置，因而财政支出无定。在原有的财政供给源不足时，边镇方面便频频向朝廷奏讨。而边防重事，自不可忽，朝廷亦唯有依奏而量发。这是导致王朝财政困难的重要缘由之一。应对此种情况，户部依靠一定的兵马钱粮册籍管理制度，或将许多钱粮裁减，或将不确定的奏讨改为规定的年例银。总之，户部本着"量入为出"的财政调控原则，试图使边镇粮饷支出定额化。这种边饷定额化的重要结果，便是嘉靖四十五年之定经制。此财政定额化之努力，至万历初年取得重要成效。《万历会计录》即为此一努力之产物。

本文重点讨论边镇粮饷问题与朝廷财政定额化之关系，未及探讨赋役征收与朝廷财政之关系。而此种财政定额化，实亦于当时整个国家所进行的地方赋役财政改革中得以体现。④ 这种地方财政的定额化所带来的影响，便是政府职能之萎缩以及基层社会如宗族世家等共同体的兴起。⑤ 关于财政定额化与地方赋役财政改革之关系等问题，则有待日后之研究。

---

① 《明神宗实录》卷四十七，万历四年二月庚寅条，第 1076 页。
② 《明神宗实录》卷一一一，万历九年四月乙卯条，第 2132 页。
③ 《万历会计录》卷一，第 7 页。
④ 参见刘志伟：《在国家与社会之间——明清广东里甲赋役制度研究》，广州：中山大学出版社，1997 年，第 174～185 页。
⑤ 参见郑振满：《明后期福建地方行政的演变——兼论明中叶的财政改革》，《中国史研究》1998 年第 1 期，第 147～157 页。

明万历年间刘元卿的出处考量与《大学新编》的编撰

林 展

指导教师：刘 勇 副教授

一、引 言

　　士人关于"出处"问题的考量往往是一个长期持续的过程。在这个过程里，身与其中者需要细致地考察各种因素，在具体的政治文化与个人的身份处境之间寻找平衡，并最终在出仕与退隐之间择一而处。换言之，通过对这一过程的考察，我们不仅可以了解这些怀抱经世之志的士人的价值取向与思想变化，也可以观察到特定时期的政治文化具体而生动的面相。本文尝试以明万历年间刘元卿受荐举出仕，然而考满即引疾归一事为例，探讨神宗朝"国本"困局对于士人政治理想以及内心的影响。

　　刘元卿（1544—1609）字调甫，号旋宇，时人多以泸潇先生相称，是明代江西吉安的著名儒者。他长年在家乡安福县兴会讲学，推动了阳明学在当地的传播，时人称许他是继邹守益之后江右又一允称"心行双清"者。①中年以后刘元卿受到朝廷征聘，短暂地担任过礼部主客司主事一职，对于一个儒者来说，这是对于自己学问品行的肯定，更是一生中可遇而不可求的荣耀。黄宗羲曾指出："有明江右之征聘者，吴康斋（与弼）、邓潜谷（元锡）、章本清（潢）及先生，为四君子。"②可见在当时的士林中，刘元卿自有其影响在。

---

　　① 邹元标：《明诏征承德郎礼部主客司主事泸潇刘公墓志铭》，《愿学集》卷六，《文渊阁四库全书》集部二三三，台北：台湾商务印书馆，1983年，第240页下。
　　② 黄宗羲：《明儒学案》卷二十一《江右王门学案六·征君刘泸潇先生元卿》，北京：中华书局，2008年，第497页。

刘元卿继承了耿定向学问中"尽伦"的部分①，以为学即"会友明伦"②，提倡随事力行③，其精力也主要放在筹办书院、兴会讲学之上，对于性理之事，谈论不多④。因此，在以谈论学人思想理念为主导的早期思想史研究中，刘元卿很难进入研究者的视野。比如在容肇祖撰写的《明代思想史》以及侯外庐主编的《宋明理学史》两部通论中，便无一处提及刘元卿。⑤随着思想史研究在空间以及进路上的拓展，开始有学者注意到刘元卿的著作以及讲学活动等方面。

近年有关刘元卿的研究主要包括以下几种。朱鸿林在厘定"学案"的性质时，留意到刘元卿的《诸儒学案》一书，并详述其体裁、内容以及著述宗旨，指出刘元卿在学问上有"重明轻宋"的倾向。⑥吕妙芬在论及安福县的讲会活动时，以刘元卿为邹守益、王时槐的继起者，着重介绍了刘氏在讲学活动中筹办书院的举动。⑦张艺曦注意到刘元卿在推动安福西乡阳明学发展时所起到的重要作用，指出正是在刘元卿的推动下，阳明学借助书院讲学等方式进入原本文教不显的西乡，并起到了一定的移风易俗的作用。⑧陈时龙同样关注讲学，在论及刘元卿的讲学活动时，认为其主旨在于"修德正俗"四字，同时也注意到了刘元卿在讲学活动中对于仪规的重视。⑨衷海燕认为正是由于刘元卿推动了阳明学在当地的发展，才最终促成识仁书院的建立，而刘氏个人的声望在聚合乡族筹建书院的过程中，起到重要的作用；书院建立之后，兼具讲学场所以及公社组织的作用，后者在刘元卿去世、当地讲学之风倾颓后尤为明显。⑩

---

① 刘元卿：《耿恭简先生文集序》，《刘聘君全集》卷四，《四库全书存目丛书》集部一五四，影印清咸丰二年重刻本，济南：齐鲁书社，1997年，第88页下。

② 刘元卿：《复礼书院记》，《刘聘君全集》卷七，第142页下。

③ 刘元卿：《简刘养旦先生》（二），《刘聘君全集》卷二，第35页下。

④ 对于这一点，当时人便已经有所疑问："或者谓公学度世有余，于出世一路，未必无疑。"（邹元标：《明诏征承德郎礼部主客司主事泸潇刘公墓志铭》，《愿学集》卷六，第242页下）

⑤ 容肇祖：《明代思想史》，济南：齐鲁书社，1992年；侯外庐等主编：《宋明理学史》，北京：人民出版社，1984年。从著述角度来说，这类通论性的著作通常需要士人的思想具有一定的标志性，刘元卿显然并不符合这样的要求。这一点，在近年出版的著作中，并没有多大改变。徐儒宗的《江右王学通论》一书（北京：中国人民大学出版社，2009年，第32～33页）尽管提到刘元卿，并称许他为"后期江右王门之大家"，然而也仅仅略述其为学宗旨以及著述情况，并没有更进一步的研究。

⑥ 朱鸿林：《为学方案——学案著作的性质与意义》，氏著：《中国近世儒学实质的思辨与习学》，北京：北京大学出版社，2005年，第355～378页。

⑦ 吕妙芬：《阳明学士人社群——历史、思想与实践》，北京：新星出版社，2006年。

⑧ 张艺曦：《社群、家族与王学的乡里实践》，台北：台湾大学出版委员会，2006年。

⑨ 陈时龙：《明代中晚期讲学运动（1522—1626）》，上海：复旦大学出版社，2007年。该书是作者在其2004年提交的同名博士学位论文的基础上修改出版，书中关于刘元卿的篇幅则几乎没有改动，甚至于关于刘元卿出仕时间的疏误也继承下来：刘元卿最终的出仕时间在万历二十三年，而书中误以为是十五年。

⑩ 衷海燕：《书院、王学与宗族社会——以明清安福县识仁书院为中心》，《江西教育学院学报》2009年第4期，第102～105、115页。

这样看来，目前学界对于刘元卿的研究重点多在其讲学活动，并且是放在整个晚明地方讲会的脉络下来理解，论述所及，也关照其所谓庸言庸行的学术倾向；至于其他方面，则缺乏相应的研究。翻检刘氏生平，不难发现在讲学以外，应召出仕同样是一段重要的经历。在长达十年的荐举过程后，刘元卿最终选择出仕，原因何在？最终他任官三年即告病归乡，在这样不寻常的举动背后，又有着怎样的考量？相信这些问题的解答，对于我们了解刘元卿其人，以及由此所反映出的当时士人对于时政的态度以及对自身价值、处境的判断，都会有一定的帮助。

近年来一些关于明人出处的研究对于本文的写作有着相当的启发。朱鸿林通过对陈白沙（1428—1500）出处经验的考察，指出即使是在 15 世纪后期君权高涨的时代，儒者在行事上以及道德思考上强调个人的主体意识，均是可能而且可行的。① 刘勇以明儒邓元锡（1529—1593）被荐一事为例，探讨晚明的荐贤、征聘与士人的出处考虑之间的互动，指出在晚明科举取士和注重资历的王朝用人体制主导下，荐举贤才只能停留在荣誉性、象征性的层面上，并且这种认知深植于当时士人的出处观念之中，为朝廷、举主与被荐者共同遵循。②

本文所关注的便是刘元卿受荐举出仕到考满隐退这段时间的经历和活动，大致可分为两个阶段。第一，在经历了长期的荐举过程后，刘元卿最终决定接受朝廷的征聘。③ 履任未几，他的职位便由国子监博士变为礼部主客司主事，前者分属清要，后者则与当时的"国本"争论高度相关。④ 刘元卿所面对的是来自征聘恩典以及"众目环睹"的双重压力，在直论时政的奏疏得不到回应后，他也意识到自己需要寻求另外一种表达意见的方式。⑤ 第二，在对于"国本"争论有所掌握后，刘元卿并没有贸然行事。他曾撰有两道奏疏分析皇帝与文官们的得失，却没有上呈，而是选择了编撰《大学新编》一书，将自己的意见化身于对儒学经典的阐释之中，试图为解开这一困局提供一种全新的方案。⑥ 然而《大学新

---

① 朱鸿林：《陈白沙的出处经验与道德思考》，氏著：《中国近世儒学实质的思辨与习学》，第 185～219 页；朱鸿林：《明儒陈白沙对林光的出处问题之意见》，氏著：《明人著作与生平发微》，桂林：广西师范大学出版社，2005 年，第 220～248 页。

② 刘勇：《晚明的荐贤、征聘与士人的出处考虑——以邓元锡为例》，《中华文史论丛》2012 年第 3 期，第 61～89 页。

③ 若从万历十二年邹元标上疏荐举刘元卿算起，到万历二十二年刘元卿赴诏，则对于他的荐辟活动的持续时间长达十年（邹元标：《进采舆论共推士品恳乞查明录用昭雪疏》，《邹忠介公奏疏》卷一，《四库禁毁书丛刊》补编二十三，影印明崇祯十四年林铨刻本，北京：北京出版社，2005 年，第 290 页下；洪云蒸等编：《刘元卿年谱》，上海图书馆藏嘉庆二年重刊本，第 18 b 页）。

④ 洪云蒸等编：《刘元卿年谱》，第 19a 页。

⑤ "众目环睹"来自刘元卿自己的叙述，意指士人的出处问题处于公众伦理的检验之下（刘元卿：《复耿老师》，《刘聘君全集》卷三，第 50 页下）。

⑥ 这两道奏疏分别是《群臣持论太激疏》与《直陈御倭第一要务疏》（刘元卿：《刘聘君全集》卷一，第 28 页上～第 31 页下）。

编》最终未能顺利进呈，刘元卿自觉在朝廷上难有作为，只能黯然隐退。这实际上是一个政治理想不断受到侵削乃至最终破灭的过程。从这个角度出发，刘元卿的个案也揭示了万历年间的政治困境给士人带来的影响——有别于此后发生的激烈的党争活动，这是一种让士人精英自觉难有作为，因而主动从政治中心撤退的伤害，也是一种不容易为研究者察觉的、隐性的面向。

二、从泽民到致君：关于出处的衡量

南溪刘氏为安福西乡大族，以赀财雄于乡里，至于文教则并不彰显，刘氏子弟多外出求学，以求光耀门楣。① 因此对于年轻时候的刘元卿来说，当时许多理学之士所面对的德业与举业的矛盾问题基本上是不存在的。② 刘元卿第一次接触理学，应当在嘉靖四十一年（1562），该年十九岁的刘元卿身患重病，"始勃然愧恨其素平所为之非，私计自今以后得一年或七八月不死，犹及改其最大谬盭，以毋得罪于父母昆弟，即复死靡憾"。病愈后，刘元卿开始取《传习录》研读，联系此后数年内他对于举业的追求，则这一举动更多的是源于一种求知的欲望。③

在随后数年间，刘元卿顺利成为县学生员并通过了江西乡试。隆庆三年（1569），阳明高弟邹守益之孙邹德涵、邹德溥兄弟自山西返乡，重启青原讲会。刘元卿身与其中，与邹氏兄弟商证而累日忘归。这次经历无疑使刘元卿的学问有所进益。④ 而邹氏兄弟"时时诱之讲学"的举动，也使得刘元卿在举业与德业的选择之间产生了转变，最明显的莫过于入省赴试时，其案头"皆先正语略，无举业书"。此后两赴会试而不第，则促使刘元卿做出了最后的选择。尤其是隆庆五年（1571）春试，主试的张居正"见先生五策，多中其忌，以为狂，竟斥之，复下部戒饬"⑤。数年后忆及此事，刘元卿有过这样一番总结："予之应举也，盖锐意经世云，乃为时相所屏，自省狂性，必为大忌，遂弃举子业，矢心学道。"⑥ 万历二年（1574）再次落第归乡后，刘元卿毁引闭门，自此不复应举。⑦

在随后寻师访友的过程中，刘元卿的学问不断精进，逐渐成为当地有名的讲学家，就其个人"锐意经世"的本意来说，讲学同样可以达到化民成俗的结果。然而考虑到西乡素

---

① 张艺曦：《社群、家族与王学的乡里实践》，第 246 页。
② 参见吕妙芬：《阳明学士人社群——历史、思想与实践》，第 32～33 页；刘勇：《晚明的荐贤、征聘与士人的出处考虑——以邓元锡为例》。
③ 刘元卿：《简刘养旦先生》（二），《刘聘君全集》卷二，第 35 页下。
④ 刘氏年谱记载："乡试前夕，周姓郡守试以反鉴索照，其论语多中窾要"（洪云蒸等编：《刘元卿年谱》，第 4b 页）。
⑤ 洪云蒸等编：《刘元卿年谱》，第 5b 页。
⑥ 洪云蒸等编：《刘元卿年谱》，第 8a 页。
⑦ 洪云蒸等编：《刘元卿年谱》，第 7b 页。

有礼俗僻壤之称，科举在鼓励文教方面也自有其积极的作用，因此刘元卿对这一制度始终持有一种相对客观的态度。关于这一点，在日后他给族侄刘孔当的信中有着明确的表示，其时后者刚刚登第不久：

> 足下素抱大志，知不以一第为荣，然闻之者喜而不寐，盖其情哉。昔人谓仕途中不易立脚，此为志未定者言耳。仕途豪杰所聚，终是大炉冶。顾就功名者，从此炼功名；志道德者，从此炼道德；志富贵者，从此炼富贵；非炉冶之罪，所从炼者殊也。足下之所炼者素矣，乃更得大冶，何忧不干将巨阙乎？有便不惜嗣音，示我新功。①

此信重点在于鼓励刘孔当在仕途上应当有所坚持，不要轻易为舆论干扰。在刘元卿看来仕途是一个重要的锻炼场所，从中既可以求取富贵功名，也可以用以磨练心智道德，区别只在于身与其中者志向的不同。一旦能择定志向而有所坚持，则仕途积极的一面自然会显露出来，文辞间对于入仕的肯定显而易见。

总括来说，在举业与德业之间，刘元卿并没有过多的挣扎、毁引的举动，只是因为时势的不利。陈白沙有诗以为"影响何劳空说梦，功名真个不如闲"，刘元卿引以自励，②此后便安心山居，著述讲学③。在往后的时间里，刘元卿更多地致力于乡里的讲学活动，与徐用检、耿定向等人的交游使得他在学问精进之余，影响力也同样扩展开去，成为继邹守益、王时槐等人之后江右又一著名学者。也正是在这个时候，各级官员开始持续上疏举荐刘元卿，朝廷也两次下旨征召，④时隔多年后刘元卿再次与仕途发生紧密联系，而在出与处之间的衡量恰恰反映了刘元卿对于时局政治的态度以及对于自身价值、处境的判断。

荐辟过程旷日持久，前后长达十年。在张居正去世并遭到神宗彻底清算的背景下，邹元标于万历十二年（1584）首次向朝廷举荐刘元卿，称许他为"实践君子"，希望朝廷能征而用之，然而并没有得到回应。⑤继而为之者则是陕西提学副使许孚远。许氏于万历十二年八月由建昌知府升任该职，为期三年，任内以江西举人邓元锡、刘元卿以及陕西举人王之仕积学不仕，移书当路荐之。⑥万历十六年，南昌知府范涞举荐邓元锡、刘元卿以及章潢三人。⑦该年四月，南京国子监祭酒赵用贤上《南京太学条陈疏》，以为"荐举辟召之

---

① 刘元卿：《柬刘喜闻》（一），《刘聘君全集》卷二，第47页下。
② 洪云蒸等编：《刘元卿年谱》，第7b页。
③ 直到万历二十一年应召赴京之前，刘元卿大部分时间都在安福一地兴会讲学，他将自己的两部文集分别命名为《山居草》以及《还山续草》，则明显是以三年仕宦经历为划分界限。
④ 这两次征召分别在万历十七年与二十一年（洪云蒸等编：《刘元卿年谱》，第15b～16b、18b～19a页）。
⑤ 邹元标：《进采舆论共推士品恳乞查明录用昭雪疏》，《邹忠介公奏疏》卷一，第290页下。
⑥ 孙鑛：《明故兵部左侍郎赠南京工部尚书许公神道碑》，《月峰先生居业次编》卷四，《四库禁毁书丛刊》集部一二六，影印明万历四十年吕胤筠刻本，北京：北京出版社，1997年，第238页下。
⑦ 董应举：《原易先生传》，《崇相集》"传"卷，《四库禁毁书丛刊》集部一〇三，影印明崇祯间刻本，北京：北京出版社，1997年，第76页上～第77页上。

令亦宜间一举行，使天下知朝廷所注意不颛在入赀，而士风向慕，亦稍知有道德之重"①。随疏举荐邓元锡、刘元卿以及王之仕三人。万历十七年，监察御史王以通再请征召邓元锡、刘元卿与王之仕三人。②万历二十年，江西巡按御史秦大夔以刘元卿有"醇懿大邱之范，清修徐孺之风"，疏请朝廷下旨征聘。③次年，朝廷诏授以国子监博士。刘元卿于该年冬应诏赴任，并于次年四月到任，改授礼部主客司主事。④

对于十年间持续不断的荐举，刘元卿自然应当有所回应，从中我们也可以尝试勾勒其心态的变化。应当注意到，尽管在万历朝重修的《大明会典》中仍然保留有"保举之令"一节⑤，然而实际的情况却是"熙、宣而后，仅仅崇仁（吴与弼）、新会（陈献章）二大儒当之"⑥，相关的典章制度几沦为一纸具文。而从另一个角度看，稀则贵，人情物理皆然，因此受到征召对于一般儒者来说绝对是一项荣耀。可以想见，在这个过程里许多人会参与到讨论中来，使得荐辟成为一个公共事件。对于刘元卿而言，在长达六年的荐举与出处的互动过程中，有两人的意见是不可或缺的。一是其业师耿定向，他鼓励自己的弟子应时势而出，坚定的态度成为左右刘元卿选择的关键。一是江西建昌府举人邓元锡。不难发现，各级官员对于邓、刘二人的举荐几乎是同步进行的，举一人则必延及另一人。此外，邓元锡自述"束发慕学，尝两走复古（书院）、复真（书院）之间"，"蒙东廓先生（邹守益）指擘，师泉先生（刘邦采）煅炼，已受三五先生（刘阳）深知"，⑦则两人在师承上另有一段渊源⑧。故邓元锡在征辟一事上的态度与应对，对刘元卿来说无疑也有着重要的参考意义。因此，下文首先考虑邓元锡给予刘元卿怎样的建议。

万历二十一年（1593）初邓元锡致信刘元卿，对于刘氏"来辱教牍，绪言种种加遗，且披肝胆出疏草，眷然以出处之介命之"的举动，邓氏表示"于为感岂有量哉"！紧接着他强调尽管两人同时受到征召，情况却不尽相同，自己"踰六望七，聪明日去，神有遁

---

① 赵用贤：《南京太学条陈疏》，《松石斋集》卷三，《四库禁毁书丛刊》集部四十一，影印明万历间刻本，北京：北京出版社，1997年，第38页下～第39页上。

② 洪云蒸等编：《刘元卿年谱》，第16a页。

③ 洪云蒸等编：《刘元卿年谱》，第17b页；黄浑：《潜谷邓先生元锡行略》，《国朝献征录》（4）卷一一四，《明代传记丛刊》第112册，台北：明文书局，1991年，第5037页上～第5041页下。

④ 洪云蒸等编：《刘元卿年谱》，第18b～19a页。

⑤ 申时行等修，赵用贤等纂：《大明会典》卷五《保举》，《续修四库全书》史部七八九，影印明万历内府刻本，上海：上海古籍出版社，2002年，第107页上～第108页上。

⑥ 邓元锡：《复郡主静庵许公书》（四），《潜学编》卷十一，《四库全书存目丛书》集部一三〇，影印明万历三十五年左宗郢刻本，济南：齐鲁书社，1997年，第658页上。

⑦ 邓元锡：《答刘泸潇调父书》，《潜学编》卷十二，第692页上。

⑧ 刘元卿曾直言："汝海氏（邹德涵）所以成我者"，此外他也一直以兄事邹德涵、邹德溥二人，而邹氏兄弟为邹守益之孙（刘元卿：《河南宪金聚所邹君行状》，《刘聘君全集》卷八，第180页上～第186页上；洪云蒸等编：《刘元卿年谱》，第4a～b页）。刘元卿在隆庆五年也曾向刘阳问学求教（洪云蒸等编：《刘元卿年谱》，第5b页）。

心",而"门下则神明与居,年力优赡",① 进而他便提出了自己的建议:

> 门下有其时有其地而又有其具,虽难进之节,此疏必不可少,亦宁当终不一起慰清朝之望乎?囊部趋就选就试而辞也,则苏子所谓上之人未尽信其可用也;今以官召矣,官得以其职自效矣。囊者奏荐,犹若于崇仁、新会之事,将比迹然,宜视止而行迟,何也?则其族难为也;今官以贡举常调矣,不甚启妒嫉矣,又其职易称矣,成均清秩,教学相成,学行道明,行可斯兆,倘令仆年未及暮,力可自致,尚当黾勉一出,以应时命,况于门下抚几应务,动符妙理,问学求友,亦各有行,乃欲终为退托也,得乎?窃伏愿门下之少度之也。②

邓元锡将朝廷的征召划分为两个阶段,分别是"就选就试"和"以官召",关于这一点,需要稍作解释。相对于举主热心持续的举荐,吏部官员对于被荐人的态度则经历了一个变化的过程。应当指出的是,荐举辟召属于取士特例,成功者寥寥可数,以至于主事官员在实际处理过程中缺乏可征引的成例。尽管举主们针对刘元卿等人的著述言行做出了详细的描述,然而从事情的发展过程来看,这些意见并没有得到主事官员即时的回应。以万历十七年赵用贤的荐疏为例,随疏附有皇帝批示"敕下该部,再加查访,特赐录用"③,吏部的执行决议则为"刘元卿咨取会试,邓元锡议用,王之仕给冠带"④。很明显,会试与特赐录用之间存在着不小的距离,邓元锡在复信中所提及的"就选就试"指的便是这一点。从吏部对三人分别等差的对待来看,他归结为"上之人未尽信其可用也",所谓上之人,指的当然是吏部主事官员。应当说,这一阶段的荐举所争取到的成果对于刘元卿来说,并没有太大意义,他本身就具有举人的身份,既然在多年前便有毁引弃考之举,自然也不会因为受到举荐便再次赴试。因此诏令下达之后,他便托病请辞,而朝廷方面也没有进一步的回应。⑤

对于刘元卿的举荐却并未停止下来。王以通、秦大夔在各自荐疏中都极力称赞刘氏,提出希望朝廷不拘于常例,对刘元卿予以破格录用。⑥而这一次旨下吏部之后,主事官员的态度相较此前有了明显的改变,以为"刘某等学行纯备,人无间言,而跨俗守贞,不希荣进,其逸轨自可作人,是宜受王明之汲,未可休于山樊,令圣世有遗贤之惜也"。次年

---

① 该年邓元锡六十五岁,而刘元卿刚好五十岁。
② 邓元锡:《答刘泸潇调父书》,《潜学编》卷十二,第 692 页下~第 693 页上。
③ 赵用贤:《南京太学条陈疏》,《松石斋集》卷三,第 39 页下。
④ 《明神宗实录》卷一九七,万历十六年四月丁巳,第 3707~3708 页。
⑤ 洪云蒸等编:《刘征君年谱》,第 15b 页。
⑥ 洪云蒸等编:《刘元卿年谱》,第 16a~17b 页;黄浑:《潜谷邓先生元锡行略》,《国朝献征录》(4)卷一一四,第 5037 页上~第 5041 页下。

朝廷即以国子监博士征召刘元卿。①

在此之前，只有吴与弼、陈献章两位大儒享受过以官征召的荣耀，邓元锡不免要以前贤成例作为比较对象。在他看来，国子监博士一职属于"清秩"，出任这一职务可以促使教学相成，于学于道均是有益无害。此外，由于刘元卿早已具有举人的身份，赴诏属于"贡举常调"的范围，不大可能引起循资排辈者的妒忌。综合种种因素，此时刘元卿所面对的时势尤胜于前贤，实在没有不应时命的道理。②

刘、邓二人不仅经历、志向相若，而且数年来同样面临出处的选择，同样身为被荐者，邓元锡基于刘元卿的具体情况所做的分析绝非敷衍之言。这一点，可以他对于自身出处的权衡作为佐证。面对"荐辟不行，为日已久"的现状，邓元锡清楚地认识到受到举荐实是"机""危"并存之事。对于儒者来说，这当然是一份极大的荣耀；然而能否让人信服，也是一个紧迫的问题。邓元锡清楚地表达了对于后者的顾虑："矧于今，循资守辙，勉赴一官，尤不免洗瘢索垢，乃欲以木强之人，越度流辈，处非望之获，譬之胶舟用涉，木驹用驾，即令不踸踔嬓嬓，亦何能无缺污也。"③在他看来，面对一个"循资守辙"的行政系统，稍有不慎，便会有"越度流辈"的嫌疑，使举主与被荐者同时陷于被动不利的境况。可见，邓元锡之所以在给刘元卿的复信中一再强调国子监博士一职的"清秩""贡举常调"的性质，正是基于以上考虑。不难想见，这样一番论述应当足以减低刘元卿的顾虑，尤其是当我们考虑到刘氏最终选择应诏赴任，则邓元锡意见的重要性更得到进一步的彰显。

持有相似观点的不仅限于邓元锡一人，刘元卿的业师耿定向亦然。耿氏是刘元卿平生最信服的人之一，他的意见自然不可忽视。在知道朝廷以官征召之后，他迅速致信刘元卿：

> 仰思庙堂雅意，盖借此正学术也，大为庆忭！已乃同志中为贤谋出处者，俱无当。或谓贤坚志不出，则名益高。余谓此亦终南趋径，非贤志所存也。进此者谓从史贤出，必有所表建。此亦张楷之责望。贤虽优之，非吾所期于贤者。惟孟子愿学孔子，非学其仕止之陈迹也。孔子之所以可仕可止者，其仕止一于学，学为仁也。仁无一息有间，无一处可已，故仕亦学，止亦学也，此意略发于舍弟近著《孟子愿学孔子义》，及余批示小侄《用行舍藏时义》中，寄去一览，即余所为贤谋者，可谅已。昔龟山先生出，或议其无所表建，此世俗眼孔也。考龟山一出，疏罢安石配享，著《三经义》斥王氏新学，致令伊洛之学光显到今，惟我昭代学士大夫胥尊崇之，二百余年

---

① 洪云蒸等编：《刘征君年谱》，第16b页。这段话同样见于黄浑《潜谷邓先生行略》，《国朝献征录》（4）卷一一四，第5040页下，只是将"学行纯备"云云归之于邓元锡名下。

② 关于刘邓二人更为详细的征召过程，可参见刘勇：《晚明的荐贤、征聘与士人的出处考虑——以邓元锡为例》。

③ 邓元锡：《复郡主敬庵许公书》（四），《潜学编》卷十一，第658页上。

义安宁平,伊谁力也？今世日用未察耳,贤试详考而深思之。是龟山一出,功在百世丁【下】,未可与浅浅者道也。先正云,经世不在边境,在朝庭；不在兵食,在纪纲；不在政令,在风俗。顾所以正朝庭、振纪纲、振风俗,原本全在学术,贤目今学术何如？愿贤于此留意焉。①

耿氏此信的重点便在于将原本属于个人的出处问题与当世学术联系到一起。在他看来,朝廷以国子监博士一职相召,目的在于借此以澄清学术,因此在考虑这个问题的时候,决不能仅仅以个人意愿为依归。紧接着他驳斥了当时针对此事的两种言论：一种认为刘元卿应该拒绝朝廷的征召,这样可使贤名远扬；一种则对刘元卿多加奉承,怂恿他出来追求大建树。在耿氏看来,前者实属沽名钓誉,后者则不切实际。

耿氏又征引孟子学孔子一事,以为士人或仕或止,一切应当以"学"为依归。孔子论仕止,最著名的莫过于"以道事君,不可则止"②。而在耿定向的语义中,"道"一变而为"学",那么问题就在于,何谓"学"？答案需分两层阐述。对于学者而言,"学"首先是"学为仁"。在这一点上,止可学,仕亦可学,出仕无碍于学问。更重要的一点,我们需要留心耿氏所引用的杨时以及"先正"的成例。杨时的例子意在说明学者之表建在于天下后世义安宁平；"先正"指的是朱熹,"经世不在边境"云云引自朱子《垂拱奏劄》,隆兴元年（1163）宋军北伐,五月溃于符离（今安徽宿州）,十月朱子再次被召,《垂拱奏劄》便是在这个时候上呈,明显是针对时事而发。③朱子也好,杨时也好,他们得以申明学术,振作世风,全在于得到皇帝的任用。联系"顾所以正朝庭、振纪纲、振风俗,原本全在学术"一句,则耿氏所谓"学"的第二层意思显露无疑,即士人"得（格）君行道"之学。这样一来,我们也可了解为何信中开篇会将出仕与当世学术相联系。他是希望自己的弟子能充分运用这次机会,追求"得君行道"的理想,在时人看来,这无疑是学术的重要目标。

在刘元卿本人看来,荐举虽然无法做到野无遗贤,却也不失为对科举常制的一种有效补充。这一点,可从他在万历十二年（1584）与邹元标的讨论中看出：

  今天下不可谓无才,或沉于下僚,或锢于考察,或限于一途,倘察其可当大任,

---

① 耿定向:《与刘调甫》（四）,《耿天台先生文集》卷四,《四库全书存目丛书》集部一三一,影印明万历二十六年刘元卿刻本,济南：齐鲁书社,1997年,第106页下~第107页上。

② 朱熹:《四书章句集注·论语集注》卷六《先进第十一》,北京：中华书局,1983年,第128页。

③ 朱子原文为："臣尝以是观之,然后知古先圣王所以制御夷狄之道,其本不在乎威强,而在乎德业；其任不在乎边境,而在乎朝廷；其具不在乎兵食,而在乎纪纲。盖决然矣。"（朱熹：《垂拱奏劄三》,《朱子全书》第20册,《晦庵先生朱文公全集》卷十三,上海：上海古籍出版社,2002年,第636页；束景南：《朱熹年谱长编》,上海：华东师范大学出版社,2001年,第296~308页）。

虽破格而荐一二人，亦未见其不可也。①

只是当身与其中的时候，刘元卿便不易再保持超然的态度了，而来自邓元锡、耿定向的分析与建议恰好可以消减他心中的顾虑。尽管此后他仍然有上书乞身的举动，然而在态度上却明显有所松动，在递上的辞疏不为朝廷接受之后，他也不再坚持，选择接受征召。

　　万历二十一年冬，刘元卿启程赴任，他计划取道黄安，拜访自己的老师耿定向。②在随后与耿定向的会面中，两人就这个问题有另一番讨论。为此耿定向以二诗相赠：

　　　　出山亦远志，漫疑小草嗤。明主轸群蒙，广询美药资。世多饮狂泉，醒昏若周迷。醒心须良剂，此味胡可遗。
　　　　夫君医国手，择术仁是依。活人功最普，用行道在兹。途路阻且长，蚤晚慎驱驰。③

"远志"又名"小草"，为一药物之二名，典出《世说新语》，郝隆借以讥讽谢安进退失据。④明儒陈白沙同样有诗咏此，以为"山中犹远志，小草已人间"⑤。对于这样一个用以形容士人出处的典故，耿、刘二人自然是极为熟悉的，同时他们也深明"处则为远志，出则为小草"的现实。然而，耿氏仍坚持刘元卿应当出仕，原因在于他认为朝堂上"群蒙"居其位却不能谋其政，皇帝需要真正的才智之士加以辅佐。如果我们能联系万历二十年（1592）前后皇帝与文官们争论不止的现实，无疑能更好地理解耿氏的深意。而改变这一局面最好的办法，也就是耿氏诗中的"良剂"，无疑是他们的"学"与"道"。耿氏以"医国手"相称，显然认为刘元卿是恰当的人选，此次应诏而出，实际上背负的是士人"得君行道"的理想。当然耿氏也并不盲目乐观，他也看到了要实现这一理想的困难，所以才会进一步劝勉刘元卿前路险阻漫长，一言一行须慎之又慎。结合刘元卿出仕后面临的种种阻碍，不得不承认，耿氏此言具有高度的预见性。

---

① 刘元卿：《简邹南皋丈》（二），《刘聘君全集》卷二，第40页下。
② 洪云蒸等编：《刘元卿年谱》，第19a页。
③ 耿定向：《赠刘调甫应聘北上国子之任》，《耿天台先生文集》卷一，第19页上。
④ 《世说新语·排调第二十五》：谢公始有东山之志，后严命屡臻，势不获已，始就桓公司马。于时人有饷桓公药草，中有"远志"。公取以问谢："此药又名'小草'，何一物而又二称？"谢未即答。时郝隆在坐，应声答曰："此甚易解：'处则为远志，出则为小草。'"谢甚有愧色。桓公目谢而笑曰："郝参军此过乃不恶，亦极有会。"（余嘉锡：《世说新语笺疏》，北京：中华书局，2008年，第944页）
⑤ 陈献章：《秋坐碧玉楼》（二），《陈献章集》，北京：中华书局，1987年，第页381。白沙另有一诗及此："西山对面说河图，远志谁将小草呼？"（陈献章：《得廷实报定山谢事归，忆东白、仲昭诸先生有作》（其三），《陈献章集》，第629页）在此也应当注意到，陈白沙的出处经历对于面临出处的明代士人来说，是极为重要的参考成例（朱鸿林：《陈白沙的出处经验与道德思考》，氏著：《中国近世儒学实质的思辨与习学》，第185～219页）。

三、明争之困：对时政的观察与应对策略

刘元卿于万历二十二年二月二十二日抵京①，四月上任②，然而"履任未几"，便被改授礼部主客清吏司主事，不复是征召时所说的国子监博士③。刘元卿的门人以及外甥在为其编撰年谱的时候，仅以"寻升礼部主客司主事"带过。④在罗大纮的描述中，则刘元卿在抵京之后先有上书的举动，只是其书不报，后才改任礼部。⑤这一"升"一"改"之间的区别实在是耐人寻味，中间的曲折目前尚无具体资料来加以说明。然而我们可以看出，刘元卿明显处在一个被动的位置，官职的调动并不在他的预期之内，甚至可以说完全打乱了他原先的计划。就性质而言，这两个官职实在有很大的区别。国子监博士在儒者们的语境里，是一个"清秩"，足以使"教学相成，学行道明"，这也是刘元卿应诏的重要原因之一。反观礼部主客司主事一职，主客司全称为礼部主客清吏司，其大小官员"分掌诸番朝贡、接待、给赐之事，简其译伴，明其禁令，凡百官恩赉、各省土贡亦隶焉"⑥，所掌与国子监博士相去甚远。

更重要的是，对刘元卿有所期望的不仅仅是邓元锡、耿定向二人。由于同时被荐的邓元锡在该年突然病逝，刘元卿实际上成为当时唯一被朝廷以官征召的儒者，从而被整个士林赋予寄望。对此刘元卿也有所察觉，据他自述：

> 不肖初出山，众目环睹，以为必有深谋奇策。而不肖但日求仁贤事之，若无以对答仰望，然此心正恐即一效颦学步，不几于众皆悦而士者笑乎？⑦

我们不妨将以上说话与刘元卿考满返乡后与其弟子间的一次对话联系起来。据他自述："余初服官，胸中茫然不知所事！"则对于刘元卿此时的境况，我们不难推想一二。在朝廷下旨以官相召之后，刘元卿对于自身出处的衡量，与师友的讨论，无一不是建基在国子监博士这一职位上；如果说赴京前他有所计划，甚至真有所谓"深谋奇策"，那也应当是针对教职而设。改授礼部无疑将这些设定一一推翻，一时间处境尴尬。尤应注意到，礼部职司与当时争论已久的"国本"棘手问题牵涉极深。无论是册立太子，还是皇子出阁讲学，

---

① 耿定向在致刘元卿信中提到："罗山差役还，得贤二月二十五日抵京，耗为慰念。"见耿定向《与刘调甫》（五），《耿天台先生文集》卷四，第107页上。
② 洪云蒸等编：《刘元卿年谱》，第19a页。
③ 洪云蒸等编：《刘元卿年谱》，第19a页；刘元卿《请举朝讲疏》，《刘聘君全集》卷一，第22页上。
④ 洪云蒸等编：《刘元卿年谱》，第19a页。
⑤ 罗大纮：《刘调甫征君六十作密湖通谱序》，《紫原文集》卷三，《四库禁毁书丛刊》集部一三九，影印明末刻本，北京：北京出版社，1997年，第562页下。
⑥ 申时行等修，赵用贤等纂：《大明会典》卷一百五《礼部六十三·主客清吏司》，第74页上。
⑦ 刘元卿：《复耿老师》，《刘聘君全集》卷三，第50页下。

所涉及的礼仪性措施无一不由礼部负责。换言之，刘元卿履任之初，便被迅速卷入这个困局之中。而所谓"众目环睹"，善意者自然是殷殷以盼刘元卿能有所作为；与此同时，也难免有人冷眼旁观，是否会是盛名之下其实难副。多种因素的合力之下，压力自然不小，所以他才会说出"茫然不知所事"这样的话。

在获悉从国子监到礼部的职任转变后，耿定向再次致信刘元卿，只是这一次他便绝口不提正朝庭、振纪纲、振风俗等种种作为：

> 昔王良起东海，友嘲其无奇谋；樊英出壶山，众姗其无深策。窃谓二子当时即有奇谋深策，未遇明眼知己人，谁则知之者？惟我昭代初，宋文宪起龙门，以不嗜杀人一语说皇祖，而陶姑熟出采石，以兴正道黜邪说进。夫此语战国时君世主所见为迂远而阔于事情者，乃吾侪由此受享乂安宁平之福二百数十年余，将无疆矣。斯其为谋不已奇，为策不已深哉！惟今圣明在上，贤公卿在朝，贤一出而有意运奇谋，即非谋，有意建深策，即非策。惟是事贤友仁，直承孔孟之学脉，直走孔孟之路径，守道待后，便所谓弘远谟也。①

相比于此前勉励刘元卿应召时所强调的清正学术之类的积极论述，则此信所提出的建议可谓保守。耿氏指出，即便有奇谋深策，也需要有"明眼知己人"识之用之，言下之意，则刘元卿并未遇上这样的政治上的知己。在此情形下，最恰当的做法便是韬光隐晦，择仁贤而事之，甚至不妨回到交友论学的轨道上，以待时而动，即便最终无法实现得君行道的抱负，也不致偏离太远。日后刘元卿提及此信，也颇为感念："耿师贻书告之以事贤友仁，吾从事斯语，盖真即学即仕妙传。"②

所谓"事贤友仁"，代表的更可能是师弟间无法形之笔墨的一种共识，即现实的政治环境与此前的预计相比有了极大的变动，因此谨言慎行才是此时的第一要务。这样一种微妙的处境，在耿氏的另一则说话中更加表露无遗：

> 尝惟吉州自文忠以直言敢谏为贤，其风尚从来矣。山中传闻邸报云，贤近有两封事上，初心惶惶，意贤犹然大方豪杰格也。近得见寄二疏稿，与家弟反覆玩读，其朝仪疏忠恳婉曲而不激，从祀疏词意弘深而不迂，且二事原是仪部职司，非越樽俎者，又修词命意，若涉世久立朝，素无一可选语。从来山林士未有能如此者，即此具见贤从德性而发，宜足以兴者叹服不置，谓此在近世士绅中，论亦可谓万代瞻仰举矣。③

刘元卿调职礼部之后有两道奏疏上呈，分别为《请举朝讲疏》与《增祀四儒疏》。④在未得

---

① 耿定向：《与刘调甫》（五），《耿天台先生文集》卷四，第107页上～第107页下。
② 洪云蒸等编：《刘元卿年谱》，第19b页。
③ 耿定向：《与刘调甫》（六），《耿天台先生文集》卷四，第107页下～第108页上。
④ 刘元卿：《请举朝讲疏》、《增祀四儒疏》，《刘聘君全集》卷一，第22页上～第24页上。第页24下～第26页上。

知奏疏内容之前，耿氏明显有所不安，担心刘元卿一以直言敢谏为要而忽略了现实处境。而当他反复玩读刘氏奏疏之后，尽管表面对于其中修词命意多有夸赞，但是重点仍在于提醒刘氏以谨慎为要，不要逾越樽俎。

无论为当下应对妥当计，或是从日后能有所作为出发，刘元卿都有必要审视这个全新的环境，掌握其关节。在给耿氏的复信中，他先是表示自己确无建深谋奇策之心，随后又描述了自己对于时政的观察：

> 得尊教，前心益能自持已。不肖窃观近日事势，患在内权渐重而外议滋繁，以内权渐重之时，而外议滋繁，则秉钧者皆束手不敢任事。诚虑鰡鱼于渊，将至于不可为，此不能不令杞人私忧矣。士君子有世道之责，将视其自沉自浮已耶，抑亦别有默挽之术也？①

这段说话强调"内""外"之别，而当时足以引发皇帝与文官们对立的唯有"国本"一事。刘元卿所谓"近日事势"，指的应当就是当时内廷与外朝之间关于此问题的争论。在这场争论中，刘元卿所任职的礼部在大部分的时间里都是以皇帝的批评者的面貌出现，而刘元卿本人似乎并没有附和的意思。在他看来，皇帝急于确立自己的权威，文官们议论纷繁而缺乏统一有效的表达，而内阁明显没有承担起相应的职责，矛盾渐次积聚，长此以往，将至于不可为的境地。面对这种情况，刘元卿有两种选择，一是坐视争论持续下去，一是有所"默挽"。很明显他认为自己不能坐视而毫无作为，形格势禁则需潜思"默挽之术"。

内廷与外朝关于"国本"的争论持续已久，而在万历二十一年（1593）达到激烈的程度，原因则是皇帝在这一年的春天下了一道"三王并封"的谕旨。我们不难发现，此时正好是刘元卿关于出处衡量的紧要关头。

万历二十一年正月十五日，此前八上辞章而不得的王锡爵奉召抵京，次日即入阁办事。②自十四年以来，朝廷上因为册立一事，大学士申时行、许国与王家屏相继去职，皇帝无奈，只得连下诏书，请王锡爵再次入阁，此时距离王氏此前上书乞恩终养③，尚不足两年。

豫教与册立仍然是这一时期的首要之务，百官延颈而望已有数年之久。新任首辅王锡爵纵是千里而来，也不敢怠慢。考虑到去年皇帝曾有旨，于二十一年春册立元子，他便先上了一道密疏，提醒皇帝践行前旨。④ 只是皇帝的反应却再次让人大失所望：

---

① 刘元卿：《复耿老师》，《刘聘君全集》卷三，第 50 页下。
② 王锡爵：《赴诏入阁谢恩疏》，《王文肃公全集》卷八，《四库全书存目丛书》集部一三五，影印明万历间王时敏刻本，济南：齐鲁书社，1997 年，第 170 页下～第 171 页下。
③ 王锡爵：《乞恩终养疏》，《王文肃公全集》卷七，第 147 页下～第 149 页上。
④ 《明神宗实录》卷二百五十六，万历二十一年正月丁丑，台北："中央研究院"史语所校引，1962 年，第 4757～4758 页。

> 卿公清正直，朕素所倚赖，今冲寒驰驱，疾趋来京，忠勤可嘉，朕心忻慰，欲出与卿一见，昨者连日侍奉圣母，稍觉劳倦，今早览卿密奏揭帖，悉见卿忠君为国之诚。朕虽去岁有旨今春行册立之典，且朕昨读《皇明祖训》内一条立嫡不立庶之训，况今皇后年尚少，倘后有出，册东宫乎？封王乎？欲封王是背违祖训，欲册东宫是二东宫也，故朕迟疑未决。既卿奏来，朕今欲将三皇子俱暂一并封王，少待数年，皇后无出，再行册立，庶上不违背祖训，下与事体两便，卿可与朕作一谕旨来行。①

此时皇长子常洛已年届十二，皇帝再没办法以年幼体弱为由推诿，为此他借口祖训中有"立嫡不立庶"的原则，一方面长子庶出，另一方面皇后尚有生育的可能，因此册立一事需再次推迟。皇帝心中当然明白文官们不可轻易退让，所以他也备下了妥协性措施，将皇长子、皇三子与皇五子同时封王，试图安抚百官的情绪。这样一份手札，大概是王锡爵始料未及的。眼见前旨期限已到，本想关于册立的争议可就此了结，谁知又生变数，更何况皇帝数年来从未有过立嫡之意，不难看出其中的拖延意味。因此王锡爵只能再次上奏，仍是以劝说为主，他也拟下了备用的并封谕旨，希望皇帝就算取用后者，也应明白说定日后再无更改，以期"镇服人心"。②

三日后三王并封谕旨颁下，举朝哗然，继而争论再起。光禄寺寺丞朱维京直接质问皇帝："信者国之大宝，匹夫自好，且不肯使不信于人，况堂堂天子之尊，赫赫纶綍之重，而可使不信于天下后世乎？"③指责皇帝不顾臣民仰望之心，违背前旨，信义有亏。刑科给事中王如坚的奏疏则列举了皇帝数年间就册立一事所下的谕旨：

> 臣谨按十四年正月内圣旨：卿等以册立元子请，朕见婴儿弱，少候二三年举行。夫明长子之为元子也，意有属也。臣又捧诵十八年正月内纶音：朕无嫡子，长幼自有定序。夫不言嫡子之有待也，示无易也。已而十九年八月内奉圣旨：册立之事着改于二十一年行。此则陛下虽怒群臣之激聒而未尝一日忘册立之心，虽更已定之年份而未尝遽寝册立之事。④

相较于长子常洛，皇帝无疑更宠爱三子常洵，心中常怀改立之意，只是碍于祖宗家法，无法宣之于口。⑤在这场漫长的争论中，尽管双方各有坚持，却都承认一个前提，即长幼自有定序，册立长子份属应当，改立则是以私意拂公论。很明显皇帝并不愿意背负这样一个道德上的指责，因此他选择了一个看起来不可思议的办法，那就是拖延。⑥ 如今却又突发

---

① 《明神宗实录》卷二百五十六，万历二十一年正月丁丑，第4758～4759页。
② 《明神宗实录》卷二百五十六，万历二十一年正月丁丑，第4760页。
③ 《明神宗实录》卷二百五十六，万历二十一年正月壬午，第4762页。
④ 《明神宗实录》卷二百五十六，万历二十一年正月壬午，第4765页。
⑤ 参见黄仁宇：《万历十五年》，北京：中华书局，2007年，第78～79页。
⑥ 孙承泽：《春明梦余录》，北京：北京古籍出版社，1992年，第177页。

奇想,生出"待嫡"一说,无怪乎王如坚坦言自己见"有嫡立嫡,无嫡立长"几字,"始而疑,既而信,终而骇",帝王理应言唯作命,如今前后异旨,"臣下将禀前命耶?禀后命耶"?①

数年来皇帝已经多次面对类似的指责,一般他会将这些官员归入"讪君卖直"一类,此次也不例外,朱、王两人很快被谪戍边地。真正让皇帝在意的是王锡爵随后的几道奏疏。这位二次入阁的大学士没有深宫禁苑作为抵挡舆情的屏障,短短数天,六科给事中、礼部堂官相继登门,责其误引祖训,曲意迎上。面对接连而来的指责,本来就主张册立长子的王锡爵更不会作无谓的坚持,他主动上疏向皇帝承认自己的疏忽,将祖训中适用于藩王入继的原则错用到册立之上,进一步表明"毕竟臣之委屈规劝不如诸臣之说正而严,臣之仓皇陈答不如诸臣之虑深而远",希望皇帝收回并封谕旨,尽快册立长子。②一直以来,皇帝都希望寻求内阁的支持,③而王锡爵的表态说明他最终选择站在百官们一边,皇帝的设想失去了最后一位可能的支持者。皇帝很快放弃了并封的设想,或许是心有不甘,在同一道谕旨中,他以质问的语气说道:"朕为人君,耻为臣下挟制,今卿又有此奏,若自认错,置朕何地?朕正为卿含恶,欲商量别处之法,卿毋党众激恼,以辜朕意。"④

这场争论从开始到结束,前后不足十天,却彻底打破了皇帝与文官们之间的缓冲地带,使得双方的立场针锋相对。对于皇帝而言,他终于明白,唯有册立长子才能彻底解决问题;对于文官们而言,他们在册立问题上对皇帝不再抱有任何信任,几乎所有劝说皇帝册立的奏疏都包含着对于皇帝德行的批评。或许这可以解释为何王锡爵并未像他的前任们那样因遭受到过多的弹劾而去职,因为文官们已经将矛头直接对准了皇帝本人。

在这场冲突爆发时,第二道征召谕旨尚未下达,刘元卿仍远在安福西里。对于庙堂之上的种种争论,他虽然并未亲身经历,却也不会一无所知,尤其在涉及出处问题时,更免不了一番考校思量。对于朝廷上的变动,刘元卿可以通过邸报来获取相关信息,⑤至于细节性的信息,诸如政治事件的具体进展,只要有相熟之人参与其中,通过交游与书信往来

---

① 《明神宗实录》卷二百五十六,万历二十一年正月壬午,第4765页。
② 《明神宗实录》卷二百五十七,万历二十一年二月辛卯,第4778页。
③ 参见黄仁宇:《万历十五年》,第79页。
④ 《明神宗实录》卷二百五十七,万历二十一年二月辛卯,第4778页。
⑤ 在与友人的谈话中,刘元卿曾有"通观邸报"等言语(刘元卿:《柬刘明宇丈》,《刘聘君全集》卷二,第44页下)。关于万历一朝邸报的范围、内容、重点等,参见尹韵公:《略论〈万历邸钞〉》,《新闻研究资料》1989年第1期,第75~90页。

得到一个大致印象也并不困难①。应当指出，一如当时大部分儒者，刘元卿同样具有"致君尧舜上，再使风俗淳"的理想，②然而，对于一个身居"深山穷谷之中"③的人来说，政治毕竟不是生活的中心，尽管他可以观察到一些时政的问题所在，但是也多半停留在做出好坏的判断的层面上，无法直接提供具体的解决办法。④换言之，这个过程是带有道德意味的，不难想见，诸如皇帝的德行这样牵涉甚大的问题，也应当在他的关注范围之内。

从他的师友们在这数年中的举动，我们也可以推测，刘元卿对于当时朝廷上内外之争已经有了一定的了解。担任吏科给事中的邹元标曾拟《小臣献忠疏》一道，指出皇帝有三过：一是"朝仪久旷"，以致"群臣莫觐天颜，章奏动至留中"；二是不御经筵，以致"经史为赘疣，而讲读为虚设也"；三是"太子天下之本"，迟迟未定，以致无法"出而与诸儒臣日相亲"。⑤邹德泳则因为在册立争论中弹劾申时行而遭到贬谪。⑥而与刘元卿一同师从徐用检的罗大纮，则先是疏请皇帝册立，后又因密揭一事指责申时行"密奏遁其辞以卖友，秘其语以误君，阳附群臣请立之议，而阴缓其事以为内交之计"，甚至说出了"陛下尚宽而不诛，高庙神灵必阴殛之"这样的言语，惹得皇帝震怒而将其革职，不久便返回乡里。⑦至于前文提及首事之一的刑科给事中王如坚，恰好也出身安福，更与邹德泳有同榜之谊，同为万历十四年（1586）进士。⑧友人相继参与到"国本"争论之中，或遭贬谪，或被投置闲散，如果说刘元卿毫不与闻，则是不可想象的。此外，一个偶然的时间点也值得注意：罗大纮罢官归乡之时，恰好朝廷征召刘元卿的谕旨到达安福西乡，而在刘元卿应

---

① 关于这一点，我们可以以刘元卿文集中保存的若干致邹元标的信为例，从中可以发现他对邹元标政治遭遇的持续关注。在万历五年夺情之议，邹元标上疏直指张居正"亲生而不顾，亲死而不奔"，结果遭到廷杖远贬贵州。刘元卿去信表示："君出苦肉计，为今古宇宙闲卫颓纲，言台省之所未尝，行公卿之所不敢，岂不壮然烈汉哉！万里严谴，百倍伤心，恨远不能载酒出钱文江，徒自忉怛。"而在张居正去世之后不久，邹元标便被召回并授以吏科给事中一职，对此，刘元卿同样有所回应："君之应简召也，则既为国家幸，每欲移舟，字水话别，竟以远阻，然私心未尝一日不在左右，益非世俗所谓情好比也。秋末得邹翰于甘子开所，极感存注，及睹，除目知已拜谏议，以君之力量何事不可言，顾言非难而言之有益于国家为难。"（刘元卿：《简邹南皋丈》，《刘聘君全集》卷二，第39页下~第40页下）

② 这样的思想普遍存在于宋元明时代的士人群体之中，具体可参见朱鸿林：《传记、文书与宋元明思想史研究》，《中华文史论丛》2006年第2期，第201~228页。

③ 汪宗讯：《题还山续草序》，《刘聘君全集》，第3页下。

④ 同样在致邹元标的信中，刘元卿谈及自己对于弊政的看法，以为大患有三，分别是内官、边将冒功和敛急民贫，并详叙患之所在。至于具体的解决办法，他认为是恢复轮对与荐举贤才，这样的措施其实是缺乏针对性的（刘元卿：《简邹南皋丈》，《刘聘君全集》卷二，第40页上~下）。

⑤ 邹元标：《小臣献忠疏》，《邹忠介公奏疏》卷一，页320上~第323页上。

⑥ 《明神宗实录》卷二百四十，万历十九年九月辛未，第4462页。邹德泳为邹善从子，自幼跟随邹德涵、邹德溥求学，参加青原讲会，亦与刘元卿相熟。

⑦ 《明神宗实录》卷二百四十，万历十九年九月癸亥，第4451~4452页。

⑧ 姚濬昌等修：《安福县志》卷十《人物》，影印清同治十一年刻本，台北：成文出版社，2007年，第596页。

召赴京的途中，更与罗大纮相处过不少时日。①考虑到刘元卿到任的时候必定会面对内外相争的事势，罗大纮极有可能向他描述过事态的进展。综合种种因素不难推断，尽管履任不久，但是刘元卿不仅对此时朝堂上的紧张局势已经有所了解，而且对于争论双方的得失也有了自己的观察。

以荐辟出仕对于儒者来说自然是一项荣耀，然而特殊紧张的时局却使得刘元卿处在一个微妙的位置：既然以学问德行出仕，"众目环视"之下，在这一场道德意味浓厚的内外争论中，刘元卿势必要表达自己的意见，甚至是提出解决办法，不可"任其自沉自浮"。唯有这样，才可与这份难得一遇的恩典相称。此外，官职的调动同样加深了这一诉求。如果说担任国子监博士尚且可以在一定程度上回避此事的话，那么任职礼部实际上已经直接参与到这场争论之中。②因此问题便在于，他应该选择怎样的方式来回应这场争论？刘氏在此期间编撰的《大学新编》一书，为回答上述问题提供了线索，正是其"别有默挽之术"的表现。

四、默挽之术：《大学新编》的编撰与用意

《大学新编》书前附有刘元卿的自序，识于万历二十三年（1595），即他履任礼部第二年，③年谱中也记载该年《大学新编》书成④。这样看来，在该书的编撰年份上应当是没有疑问的。

正如《大学新编》这一书名所提示的，该书是对于《四书》中《大学》的阐释之作。全书共分五卷，前三卷分别是《大学》的原文、疏解以及明儒对于《大学》相关内容的发明，实际上这一部分可以注疏视之。卷四、五题为《大学广义》，据刘氏自述，这部分内容是对于真德秀《大学衍义》的精简总结：

> 宋儒真德秀故有《衍义》，然简册颇繁，讲读不易竟也，稍约其旨，作《广义》。⑤

真氏《衍义》的命名，意在"推衍《大学》从格物、致知到治国、平天下的八个条目的

---

① 罗大纮：《刘调甫征君六十作密湖通谱序》，《紫原文集》卷三，第562页下。
② 无论是册立太子，还是皇子出阁讲学，所涉及的礼仪性的措施无一不由礼部负责，皇帝的拖延无疑为礼部的工作增加了许多困难，我们可以发现在不少礼部官员的劝立奏疏中，典礼准备需时是一个重要的理由。
③ 刘元卿：《大学新编序》，《大学新编》，第403页上。
④ 洪云蒸等编：《刘元卿年谱》，第页19b。
⑤ 刘元卿：《大学广义上》，《大学新编》卷四，第430页下。四库馆臣明显取用这种说法。然而只要将两书的具体内容稍一对比，就可知道，尽管书中有若干处"真德秀曰"的字眼，然而刘元卿的《大学广义》完全是在一个全新的框架里展开的，所以说应当将其归为《大学衍义》的效仿之作，而不是节本。

命意，并赋予它们一定的实用意义"①。作为效仿之作，"广义"二字同样不脱上述含义。刘元卿将这两部分合著为一书，又取耿定向《小学新编》一书之例，以《大学新编》名之。②就篇幅与内容而言，后两卷明显是全书的重心所在。

刘氏该书是以明代中晚期流传的《石经大学》为底本。《石经大学》为明嘉靖年间进士、浙江鄞县人丰坊所伪造，自嘉靖末年出现后，迅速流传于公卿学者之间，尊信者不乏其人，刘元卿的业师耿定向即其中之一。③《大学》原本是《小戴礼记》中第四十二篇，自二程表彰而朱子为之章句，普遍成为学者为学入门之方，其中的"三纲领""八条目"更成为指导后来人求学修身乃至治国经世的根本性原则。朱子将《大学》一篇分为经一章，传十章，同时他认为《大学》存在阙文错简的问题，因此又做了移文补传的工作，即将文中对于"诚意"的解释移动至"正心"之前，又增添了解释"格物致知"的《格致补传》，实则是体现他本人即物穷理的学说。④相对于郑玄作注的《大学》古本而言，朱子的《大学章句》可称为新本。自元代起，新本成为科举功令，取代古本成为流传最广泛的本子，然而对于它的怀疑却从未停止过，争议最大的莫过于朱子移文补传的行为。因此历代均有学者提出不同的文本，试图取代朱子的新本，其中最有力的挑战者莫过于王阳明及其提倡的古本。阳明认为郑注孔疏的《大学》古本并不存在阙文错简的问题，朱子擅改经典则是违逆了圣贤本意，因此他提倡重新使用古本。尽管最终古本也未能取代新本官方经典的地位，却也吸引了相当一部分学人的注意力。⑤阳明提倡古本，也是借此阐释自己全新的"致良知"学说，从这一层面上看，他与朱子实有相通之处。这也就决定了古本与新本一样不可能使所有的学者满意，伪造《石经大学》的丰坊即是其中之一。⑥

相较于此前的古本、新本，《石经大学》调整了文句顺序，使得语意更加贯通，同时增入"颜渊问仁，子曰：非礼勿视，非礼勿听，非礼勿言，非礼勿动。"等二十二字，暗含强调"修身"之意。这种非朱非王的立场为学者们提供了更多的文本解释的可能性，无疑具有很大的吸引力。对于刘元卿来说，《石经大学》提供的最大便利在于从文本的角度

---

① 朱鸿林：《理论型的经世之学——真德秀〈大学衍义〉之用意及其著作背景》，氏著：《中国近代儒学的思辨与习学》，第1～19页。

② 刘元卿：《大学新编序》，《大学新编》，第403页上。

③ 关于《石经大学》的内容、版本、思想内涵以及流传等情况，可参见李纪祥：《两宋以来大学改本之研究》，台北：学生书局，1988年，第133～179页；林庆彰：《丰坊与姚士粦》，台湾东吴大学硕士学位论文，1978年，第33～55页；王汎森：《明代后期的造伪与思想争论——丰坊与〈大学〉石经》，氏著：《晚明清初思想十论》，上海：复旦大学出版社，2004年，第29～50页。

④ 朱熹：《四书章句集注》，第1～13页。

⑤ 王门讲学，悉以古本为据。而与阳明学关系较近的学者，也多信用古本，如湛若水著《大学测》即以古本为宗。

⑥ 关于明代中晚期借《大学》文本以建构理学学说的潮流，参见刘勇：《中晚明时期的讲学宗旨、〈大学〉文本与理学学说建构》，《"中央研究院"历史语言研究所集刊》第八十本第三分，2009年，第403～450页。

解决了"格物""致知"的含义问题,为此他有以下两段说话:

> 知修身为天下国家之本,谓之格物,谓之知之至,何也?物有本末,知末而不知本,知未至也。知未至,未穷乎物始也,可谓格物欤?格之云彻也,故曰:知修身为本谓之格物,谓之知之至。

> 物有本末,注格物也;知至、知本、知所先后,此谓知之至,注致知抑加详巳,诸所为注可无也,奚有于纷纷之辨?岂惟不必辨,亦不必冠良于知,训格为正也。①

格物之说,古来多端,朱子与阳明的看法便截然不同,前者以为即物穷理,后者则坚持是格其不正以归于正。②《石经大学》以三纲领八条目开篇,在"格物"之下接续"物有本末,事有终始。知所先后,则近道矣"一句,又辅以知止、知本两文段,其实际用意便是以经文本身来解释"格物""致知"两个概念,因此刘元卿才会直接认为"格物"之"物"便是"物有本末"之"物","格物"即指"知修身为天下国家之本",而"知至、知本、知所先后、此谓知之至"皆注"致知"。当时许多尊信《石经大学》的人都有相似的看法③,其中就包括耿定向。耿氏有《格物解》一文,其文曰:

> 先儒格物之训多矣,按《大学》经文中格物原自有明解,曰"物有本末",又曰"一是皆以修身为本",格物之物故即物有本末之物,格物云者,知此身之为天下本耳。④

这段说话极为简洁,若与《石经大学》合观,文意自明。耿氏欲借此表达的是人需要"识得自家这个身",以求达到"通天下为一身",一旦达到这个境界,那么"便自高明,便自广大,便自清净,不必皦皦为洁,便自慈悲,不必煦煦为仁"。

尽管刘元卿关于格物的观点可能来自耿定向,但是从这个观点出发,两人的落脚处却是截然不同的。在利用《石经大学》以修身为本这一文本特点解决了关于格物致知的问题之后,刘元卿便急切地想要表达自己的观点。他首先征引阳明在《大学古本序》开篇的首句,以为"大学之要,诚意而已"。随后又接续"修身"之意阐述自己一套全新的理念:

---

① 刘元卿:《大学新编序》,《大学新编》,第 401 页下~第 403 页上。
② 王守仁:《大学古本序》,《王阳明全集》卷七,上海:上海古籍出版社,1992 年,第 242~243 页。
③ 邹元标的弟子在读过《石经大学》之后,也有着类似的看法:"问:'格致之说不下数十种,石经以物有本末一条置之格物之下,似谓格物者,穷物之本也,穷物之本,则知所先而致知矣。词不费而意自明,往疑阳明先生未见此本,故费分疏,乃今见石经者,或驳其伪,不知何说也?请示其旨。'先生曰:'格物之说,古来多端,常有言如人人都门,东西南北皆有路头可入。学者做得工夫片段,到知止地步,实与先圣家风不殊,石本可也,朱本可也,不必拘拘然较同说异。'"(《南皋邹先生会语合编》下卷《鹭洲会纪》,《四库全书存目丛书》子部十四,影印明万历四十七年龙遇奇刻本,济南:齐鲁书社,1997 年,第 163 页下~第 164 页上)
④ 耿定向:《格物解》,《耿天台先生文集》卷七,第 198 页上。

修身，诚意而已。诚者，天道善之至者也。动以天则意诚，以言乎心谓之正，以言乎身谓之修，以言乎家国天下谓之齐治均平。故诚也者，一以贯乎天下国家之善物也。格此者为格物，知此者为知至，总之诚意而已。《大学》言诚意，《中庸》言至诚，一也。诚，天载也，无声无臭。至也，诚其意止于至善，则至诚之说也。曰明善，曰知天，则格物致知之说也。《大学》举其要，《中庸》推其详，斯经纬之说，信也。①

强调诚意并不稀奇，一如前面提到的，阳明早年也推崇诚意为《大学》之要。然而刘元卿并没有止步于此，他所强调的是诚意中的"诚"字，并用以统摄八个条目。如果说"诚意"本身是定名的话，那么"诚"字便是虚位，从中可以填入从格物致知到治国平天下的任一内容。他甚至认为"诚"的理念贯通了《学》《庸》二书，而不仅限于《大学》，即与所谓的《学》《庸》经纬之说相呼应。经纬之说同样出自丰坊，属于《石经大学》的"附属产品"，认为子思遭逢乱世，担心圣人之道不明，因此作《大学》以经之，《中庸》以纬之，②在这一点上也是取资于《石经大学》③。此外，在进入全书的重点《广义》部分后，刘元卿更是直接略去对于格物致知的推衍，在明德亲民止至善三纲领之后直接以正心诚意接续之。可见，"诚"之一字，实在是刘元卿著述的主题所在。

为此我们要追问的便是为何刘元卿认为《大学》需立脚于"诚"字？从上述征引的若干论述，我们不难看出刘元卿对于《大学》本身的阐述实际上是一个杂糅的产品，其思想根源来自阳明、耿定向及《石经大学》文本。考虑到《大学新编》所预设的读者这一点，问题的解答应从刘元卿出仕的经历以及本书为何而作入手。

根据刘元卿自己的说法，这只是一部"偶从政暇，略疏其义"的作品，并没有特别之处。然而实际情形显然并非如此，书中所征引的实例，无论贤明与否，都是帝王家事，如果是日常著述以作讨论讲学之用，则意义不大。此外，刘元卿身后朋友门生对于他三年的仕宦生涯有过一个简单的总结，其中提到他曾有《直陈御倭要务疏》《群臣持论太激疏》，但二疏却作而未上，④万历二十三年撰成的《大学新编》则是"欲上未果"。由此不难猜测

---

① 刘元卿：《大学新编序》，《大学新编》，第401页下～第403页上。
② 李纪祥：《两宋以来大学改本之研究》，第157页。
③ 刘元卿对于《学》《庸》一体的阐发并不止于此，在书中还附有《中庸大指》一节，并有如下说明："按格物之说自《大学》发之，乃《中庸》详之矣。孟子曰：'万物皆备于我。'言反身之诚也。诚，天道也，索之了无一物，可得而用之，则万物咸备，在《大学》谓之'物有本末'，在《中庸》谓之'不睹不闻而莫见莫显'，斯即察乎天地之费而隐也，斯即质诸鬼神之微而显也，斯即考诸三王之不见而章也。本诸身，征诸庶民，始于人之所不可见，而终于家齐国治笃恭而天下平，诚之不可掩如此！夫知微之显，知诚意为天下国家之本也，此谓物格，此谓知之至。故曰：'子思作大学经之，作中庸纬之。'讵不信欤？予故附中庸大指于大学发明之后云。"（刘元卿：《中庸大指》，《大学新编》卷三，第429页下～第430页上）
④ 洪云蒸等编：《刘元卿年谱》，第20b页。

刘元卿在著述时的心境,他不仅在形式上效仿真德秀的《大学衍义》一书,并且希望《大学新编》能够同样起到向皇帝进言的作用。①

前文提到,刘元卿履任后,对于"近日事势"已经有了大致的掌握,明白此时内廷外朝的对立已经到了难以缓和的地步。对于争论的双方,他同样有着自己的判断,而这个判断是与时人迥然不同的:

> 窃惟近日事势,群臣务为激聒以见其忠,皇上激于臣言,而故拂乱所为以独行其意,日激则情日拂,日拂则政日乱,天下之事将遂至于不可为,此非尽陛下之过,群臣盖与有咎焉。②

作为因学问德行而受到征召的儒者来说,刘元卿当然不会认同皇帝疏于朝仪、不御经筵、拖延册立等种种行为。然而,他也不认为朝臣一味上疏抗辩能起到积极的作用,过于偏激的语言甚至会导致皇帝在专断的路上越走越远。他也尝试分析那些言辞激烈的官员的言行及其问题所在:

> 今争行一事,未实睹其利害之归宿也;争用一人,未实定其贤否之大较也。一人言焉,据其见以为言;已而又一人言焉,据其言以为言;已而复一人言焉,又据其言。人之言者,以为言此,所谓半信半疑之论而非确论也,所谓相沿相袭之论而非公论也,然而有公论之名,则遂以为确也。争一人,必其人之果不用而后怯;争一事,必其事之果不行而后已,彼其中心且不能不自疑也,而欲皇上之断然行之乎?彼且健执其言以求胜也,而欲皇上之不以求胜报之乎?然而不深惟其故,则曰是必阁臣沮之,则并阁臣訾之;又曰是必部臣沮之,则并部臣劾之,以故大臣畏其口而不敢动,大权委与途而莫敢收。③

以上说话便是来自那道作而未上的《群臣持论太激疏》,词意明白,我们不难想见为何这道奏疏最终并没有上呈。刘元卿几乎将这场争论中大部分的过错都归于群臣的"激聒"。在他看来,大部分的言论都是片面、重复而缺乏根据的,不仅没办法起到纠偏的效果,反而让皇帝与阁臣备受束缚,以至于大权委途而政事不行。荐举的身份本来就使刘元卿处在一个微妙的位置,如果这样一道明显与"公论"相悖的奏疏最终上呈御览,皇帝是否会接受刘元卿提出的建议尚未可知,至少官员们必定群起而攻之。与整个文官集团作对的后果,实在是难以想象,自然也不是刘元卿承担得起的。换言之,此时刘元卿需要一个更为恰当巧妙的方法来表达自己的意见,而结果表明他最终选择了编撰《大学新编》来代替直

---

① 朱鸿林先生的研究指出,《大学衍义》实际上是真德秀向宋理宗进言之书(《理论型的经世之学——真德秀《大学衍义》之用意及其著作背景》,氏著:《中国近世儒学实质的思辨与习学》,第1~19页)。
② 刘元卿:《群臣持论太激疏》,《刘聘君全集》卷一,第28页上。
③ 刘元卿:《群臣持论太激疏》,《刘聘君全集》卷一,第28页上~下。

接上疏，避免使自己也陷于"持论太激""外议滋繁"。

不可否认的是，尽管皇帝曾经表现出诸如勤政好学、修德纳谏等种种珍贵的品质，然而到了登基二十三年后的今天，他已经完全成为一个拒不履责的皇帝，并且没有丝毫改善的迹象。不过由于刘元卿倾向于认为君臣皆有过错，而且错误还重在群臣之"争"，不计后果、只顾己意的"争"。问题的关键是要寻求一种让双方都能接受的沟通方式，而不是一味各提诉求的"争"。在他看来，身为臣子，更有责任帮助皇帝克服这些过错：

> 陛下之过则在于始勤终怠，而微萌逸欲之心耳。夫人主一有逸欲之心，则群下争为导欲之言。盖昔之人臣有说其君者曰，天子所以贵者，但以闻声，群臣莫得见其面，故号曰朕。今坐朝廷，谴举有不当则见短于大臣，非所以示神明于天下。有教其徒者曰，天子不可令闲，宜以奢靡娱其耳目，使日新月盛，无暇更及他事，然后可以得志，慎勿使之读书，亲近儒臣，彼见前代兴亡，心知忧惧，则吾辈疏斥矣。均一事君也，儒臣进讲，唯恐接贤士大夫之时少，幸臣为计，唯恐接贤士大夫之时多，此其隐易知也，而奈之何人主之数中其术也，则岂非逸欲之心为之障哉？①

可以肯定的是，皇帝并不是从一开始就站在了群臣的对立面。多年前皇帝以稚龄登基，这对于百官来说是一件好事，意味着皇帝更有可能在他们的引导下，成为一位贤明的君主。少年时期的皇帝勤政好学，不似乃祖乃父，确实让他们看到了希望。只是登基日久，皇帝也越显怠惰，以至于当我们拿此时的皇帝与其早年形象相对比时，很难相信这是同一人。皇帝的"始勤终怠"，从另一个角度来看，也恰恰说明了他的本质并不坏，之所以发生这种变化，只是由于"逸欲之心"在作祟。刘元卿特别强调"儒臣"与"幸臣"的区别：亲近儒臣，则君主多读书，见兴亡，有图治之心；亲近幸臣，君主只会耽于奢靡，娱乐耳目，更无暇治事。刘元卿当然会自视为儒臣，那么他所要做的，就是协助皇帝去除逸欲之心，摒去导欲之臣，使其回复到最初的"勤"的状态。

这样一来，我们几乎可以断定，"诚"之一字便是针对皇帝的逸欲之心而发。落实到具体处，则需要皇帝依照《大学》所言，做到诚意正心、修身齐家乃至治国平天下。其中自然有轻重缓急之分，这一点也可从《大学新编》的内容中得到印证。

《大学新编》的重心所在无疑是《广义》部分，据刘元卿自述，这是针对《大学衍义》（以下简称《衍义》）条目繁多，"稍约其旨"的结果。换言之，《广义》是《衍义》的节本。②经过前文的分析，我们显然不能轻易接受这样的说法。统计书中征引的明代以前史事，见于《衍义》的共60条，其中不乏改写缩写的情况，不见于《衍义》的则有38条，另有明代事例48条，则刘元卿自行增补的部分合共86条。可见，《广义》中与《衍

---

① 刘元卿：《群臣持论太激疏》，《刘聘君全集》卷一，第28页下~第29页上。
② 日后四库馆臣为此书撰写提要，在未见到原书的情况下，径直取用节本的说法（永瑢等撰：《四库全书》总目上册，北京：中华书局，2008年，第310页下）。

义》相关的部分不足一半,节本之说委实牵强。

《广义》在子目编排方面也与《衍义》大相径庭。《广义》共有两卷四个部分,分别题为"广明德亲民止至善""广正心诚意""广修身齐家""广治国平天下"。与《衍义》相比,略去了"格"与"致"的功夫,却多出了对于"治""平"的阐释。从节本的角度出发,这样的安排是绝不合理的。对于格致的阐发是《衍义》的重点,所占篇幅超过全书一半,并且《衍义》并未推及治平两条目。只有当我们明白刘元卿意在建言之后,才能了解这样安排的用意:格致对于学者来说是不可或缺的功夫,但是对于君主而言,便显得过于繁琐了,因此在序言中稍作解释之后,刘元卿便略去了这部分内容,直接以正心诚意接续明亲止善。此外,皇帝种种怠政的表现又非治平两条目不足以囊括,因此刘元卿需要增补这一部分内容。由此可见,尽管《广义》所征引的事例部分来自《衍义》,却绝不是简单意义上的节本,其子目编派、事例征引,均是有为而发。

在进入具体条目的阐发时,刘元卿的安排同样具有很强的针对性。试看"广正心诚意"这一部分,以"尊心"为第一,开篇即征引周公作《无逸》一事。刘元卿既然认为皇帝过在"微萌逸欲之心",那么征引以劝说君主不要贪图安逸为主旨的《无逸》,显然具有很强的针对性。紧接着又续以洪武二十八年进讲该篇时太祖的说话:"自昔有国家者,未有不以勤而兴,以逸而废,勤与逸,理乱盛衰所系也。人君当常存惕励,不可少怠,以图其终。"将抽象意义上的"尊心"具化为君王应当勤而勿怠。延续这样的思路,下文又引用弘治十一年十月禁中失火,孝宗彻夜未眠,翌日与阁臣商量免朝一日,以为"即此一事观之,祖宗朝视免朝如此其重,乃至今日则有何如矣",则又将勤怠之分与视朝与否、将祖宗之行为与今日现状联系起来。为了避免"持论过激",刘元卿将"今日"一词牵引至嘉靖朝故事,引用朝臣上疏劝谏世宗御殿,使上下之情交通之事,联系此时皇帝已经久不视朝的情况,则其中的含意实在是不言自明的。①

这一部分又有"防意"一节,细分为酒色、土木、祥瑞、侈肆、盘游、宴乐。《大学》本身并未涉及以上细节,明显属于刘元卿的阐发之作。以当时的情形而言,皇帝在"防意"这件事上实在表现得不太高明,因此这些条目几乎都是针对皇帝的过失而发。这也是刘元卿一再强调"诚意"的原因所在,因为"防意"之"意"也就是"诚意"之"意"。②

刘元卿在"广修身齐家"的阐发上也具有明显的倾向性。这一部分共有四节,分别题为"太子""母后""贵戚""中官",均属于宫廷内禁之事,完全是君主"齐家"的内容,与个人特别是士庶个人修身无涉。如果这是一本普遍意义上的注疏、推衍之作,则明

---

① 刘元卿:《大学广义上·其二广正心诚意》,《大学新编》卷四,第436页上~第438页上。
② 刘元卿:《大学广义上·其二广正心诚意》,《大学新编》卷四,第436页上~第447页下。这一部分还有一节题为"闲道",细分为道术、仙佛、老庄,这几点与皇帝似乎关联不大,但若从刘元卿赴诏之初最开始"正学术"的理念出发,未尝不可以解释。

显是不合格的。无论是哪种《大学》文本,都无法回避"自天子以至于庶人,一是皆以修身为本"一句,更何况《石经大学》对于修身极为重视,略而不谈,至少在理论上便无法自圆其说。只有当我们认清刘元卿著书的本意,才能理解这样安排的用意所在。针对皇帝的个人过失并提出改善的方法,在前一部分已经阐述完备,尽管归于正心诚意的名目之下,却未尝没有修身的内容。按照这样的逻辑,接下来他要做的就是从皇帝个人推及整个宫廷。"太子""后妃"等无疑是当时争议最大的问题,在时人看来,实为一体之两面:国本之所以久久不定,原因全在于皇帝专宠郑贵妃而常怀改立之意。在谈论"太子"时,刘元卿征引的史事无不暗示君主应当及早册立太子并施以恰当的教育,以绵延皇祚;在"后妃"的问题上,则借太祖之口说明后妃虽可母仪天下,却绝不可干预政事,骄恣烦分。①

一旦皇帝能够完成以上步骤,按照《大学》修己治人、明德新民的顺序,接下来的自然是治国平天下的工夫。在"广治国平天下"这一部分,刘元卿标举"用人""理财"两项,这两点都是《大学》本身所提及的,而刘元卿做了一定程度上的发挥,前者细分为"任贤""远佞""论相""讲官""任将""听言""守令"七节,后者细分为"节用""聚敛""私藏"三节。由于皇帝久不视朝,上下之情不交,导致的最直接的后果莫过于官员任用不当,这应当是刘元卿如此详细论述用人之方的原因所在;而在"理财"一节,联想到皇帝的爱财之名,这样安排也是情理之中。②

总之,《大学新编》是刘元卿基于自己对于时政的判断,从自身荐举的特殊身份出发而试图上呈的一份别样的"奏疏"。区别于持论太激的官员,该书虽然同样是针对皇帝的过失而发,却采取一种委婉曲折的方式,正是刘元卿履任之初所说的"默挽之术"。至少在他看来,这样的方式是更易为皇帝所接受的。

五、结　语

出处问题对于每个身处其中的士人来说都是至关重要的。相较于同时受到荐举的邓元锡在这个过程中的挣扎曲折而言,刘元卿在仕与止之间的衡量显得直接得多。③科举落第并没有消磨刘元卿致君泽民的理想,他更多地参与到乡里事务之中,兴会讲学、筹办书院等举动逐渐改变了安福西乡文教落后的境况,同时也为他赢得了相应的声名。最终朝廷以国子监博士一职相征召,对于本身具有举人身份的刘元卿来说,这个职位也没有逾名越分之嫌。正如邓元锡所言,当朝廷征辟的谕旨下达之时,刘元卿正处于"有其名又有其具"的状态,接受征辟显得顺理成章。

---

① 刘元卿:《大学广义下·其三广修身齐家》,《大学新编》卷五,第448页上～第460页下。
② 刘元卿:《大学广义下·其四广治国平天下》,《大学新编》卷五,第460页下～第474页上。
③ 关于邓元锡的出处考虑,参见刘勇:《晚明的荐贤、征聘与士人的出处考虑——以邓元锡为例》。

刘元卿随后出仕的经历说明了荐举出身者怎样面对自己特殊的身份带来的微妙处境，并且因应时政的变化，一步步试图实践其得君行道的政治理想。从刘元卿在赴任前与耿定向的交流来看，师弟间对于这次出仕是怀抱期许的，他们相信在"世多饮狂泉"的时势中，应时而出对于天下不无助益。这一点应当归结为他们对于得君行道之学的信心，朱子与杨时的经历也说明了正确的学与道的确有可能发挥"正朝庭、振纪纲、振风俗"的作用。因此，尽管预见到"途路阻且长"，他们仍然认为值得一试。

事情的发展说明以上估计还是过于乐观了。刘元卿赴任未几，便面临职位的变动，由国子监博士一变而为礼部主客司主事，前者是士人眼中的"清秩"，而后者与"国本"难题高度相关。这无疑使刘元卿陷入了更为不利的境地。作为当时唯一被朝廷以官征召的儒者，他迫切需要有所表建以期与这份数十年一遇的恩典相符，而礼部职司所在的最大问题则是"国本"难题。刘元卿身在其中而耿定向久经仕宦，自然不难把握到这层信息。此时刘元卿面临两种选择："视其自沉自浮"抑或"别有默挽之术"。最终他选择了后者，并随即在策略上作出改变，以"事贤友仁"代替"正朝庭、振纪纲、振风俗"，即暂时以谨言慎行为要，等待恰当的时机践行得君行道的理念。在三年的任期中，刘元卿表面上回到了交友论学的轨道，频繁地参与讲会活动。在寄给族侄的信中，他也提到："此中小会如旧，人数转添，耿（定力）、潘（士藻）、焦（竑）、邹（德溥）诸公，一时伟人，幸以不肖之身切磋其中，可谓大缘。"[①]在万历二十三年时他甚至一度归乡主持讲会。[②]与此同时，刘元卿持续关注着时局的发展，并针对当时由于"国本"问题造成的困局，试图从"默挽"的角度提出解决方案，这就是他后来撰写的旨在提供皇帝阅读的《大学新编》一书。他希望将激烈的现实冲突化身于儒学经典架构诚意修身的道德论述中，以期达到"默挽"之效。

皇帝与文官们之间的矛盾涉及许多层面，尤以"国本"一事最易引发激烈的冲突。就在刘元卿出仕前数月，皇帝终于有所妥协，同意为皇长子举行出阁讲学典礼。在文官们看来，这算得上阶段性的胜利了。直到万历二十五年（1597）二月因皇长子冠婚礼的问题而争议再起之前，君臣间度过了相对平静的三年，而这恰好也是刘元卿任职礼部的时间。[③]在这个特殊的时间段里，刘元卿选择以这样的方式建言，就策略而言，有其可取之处。然而《大学新编》撰成后面对的却是"欲上未果"的命运，换言之，皇帝甚至不知道有《大学新编》的存在，更不要说借此来去除他的逸欲之心了。

《大学新编》最终无法上达的具体原因如今已不可知，但是追寻真德秀的《大学衍义》一书在万历朝的遭遇，似乎可以为我们提供若干线索。一如刘元卿的形容，皇帝确实存在"始勤终怠"的问题。在即位的前十年里，经筵日讲活动在首辅张居正的主持下严格

---

① 刘元卿：《都下寄惠尔侄》，《刘聘君全集》卷三，第63页下。
② 洪云蒸等编：《刘元卿年谱》，第20a页。
③ 《明神宗实录》卷三百零八，万历二十五年三月辛卯，第5749页。

而稳定地举行,皇帝定时出席,并且态度认真。然而随着万历十年张居正的去世,其态度也日渐懈怠。皇帝最后一次出席经筵与日讲的时间分别是万历十六年八月以及万历十七年二月。此后尽管讲读活动不再举行,讲章却仍按时进呈以供皇帝阅读。① 这些陆续进呈的讲章中,就包括了《大学衍义》。

《大学衍义》自元代起成为经筵用书②,朝代更替并没有使它的影响消减,到了明代嘉靖朝中,更受到前所未有的重视,世宗设有专讲此书的日期与讲官。③万历十六年(1588)二月阁臣第一次要求进讲此书时,理由也是"世宗尝命儒臣进讲",若能与《礼记》《尚书》合观,"则经史格言皆在其中",只是皇帝表示该书是他"朝夕常看"的,并没有同意阁臣的请求。④万历十九年二月,大学士申时行请以《大学衍义》接续《孟子》进讲,而皇帝下旨以《易经》代替。⑤万历二十三年四月,首辅赵志皋请进《大学衍义》,这一次皇帝终于同意,⑥此后讲章持续进呈,直至万历三十年闰二月初六日才告结束⑦。君臣对于《大学衍义》的态度以及该书最终进呈的时间无疑是值得注意的。一方面,阁臣先后三次请求进讲该书,足见对于书中所阐释的理论的服膺,而皇帝既然"朝夕常看"该书,那么对于书中内容自然也不会陌生;另一方面,《大学衍义》最终进讲的时间是万历二十三年四月,而《大学新编》恰好撰于该年,换言之,当刘元卿试图将自己的著作上呈的时候,阁臣也在不断撰写《大学衍义》的讲章以供皇帝阅读。⑧

最终的结果是,刘元卿"默挽"的苦心孤诣并未获得明显的成效,正如这个词语所昭示的那样,未能转默为明、由隐而显。在三年考满之后,当出与处的问题再次出现时,他选择了引疾告归。刘元卿出仕前后的经历说明了,神宗朝的政治困境几乎成为横亘在士人面前的一堵高墙,他们必须表明自己的立场,然而实际上争辩的空间却是微乎其微。无论是邹元标、罗大纮的明争,抑或刘元卿的默挽,均无法取得明显的效果。这种困境进而演

---

① 关于万历朝经筵讲读的具况,可参见朱鸿林:《明神宗经筵进讲书考》,《华学》(第九、十辑),上海:上海古籍出版社,2008年,第1367~1378页。
② 宋濂等:《元史》卷二十九《本纪·泰定帝一》,北京:中华书局,1976年,第644页。
③ 《明世宗实录》嘉靖六年五月乙酉条,台北:"中央研究院"史语所校印,1965年,第1695~1697页。
④ 南炳文、吴彦玲辑校:《辑校万历起居注》第二册,万历十六年二月丁卯,天津:天津古籍出版社,2010年,第683页。
⑤ 南炳文、吴彦玲辑校:《辑校万历起居注》第二册,万历十九年二月二日己巳,第893页;二月十八日乙酉,第895页;二月二十日丁亥,第895页。
⑥ 南炳文、吴彦玲辑校:《辑校万历起居注》第三册,万历二十三年四月八日庚戌,第1327页。
⑦ 南炳文、吴彦玲辑校:《辑校万历起居注》第四册,万历三十年闰二月十五日丁丑,第1921页。
⑧ 前文提到,刘元卿撰著《大学新编》的理由之一便是《大学衍义》简册繁多,讲读不易,而欲约其旨意。尽管经过种种仔细的分析,我们知道这并不是刘元卿真正的意图,然而负责上呈此书的官员是否会注意到书籍背后的深意,则是一个疑问。更有可能的情况是,他们会像后来的四库馆臣一样,认为《大学新编》是"本真德秀衍义而删节之"的拼凑之作,这样一来,对于此书的评价自然会大打折扣,加上《大学衍义》本来就在持续进讲,更不必多此一举了。

变成为对于士人精英政治理想以及内心的伤害，相较于此后发生的激烈的党争活动，这是一种不容易为研究者察觉的、隐性的面向，它让士人精英内心黯然神伤，自觉难有作为，因而主动从政治中心撤离。

对于刘元卿个人来说，编撰《大学新编》最终仅仅意味着他找到一种自安之道，在回应朝廷征聘恩典的同时，也缓解了"众目环视"的压力，然而距离他的初衷，始终相去甚远。多年后邹元标在为刘氏撰写墓志铭的时候，对这段仕宦的经历有如下总结：

> 公虽绝仕进乎，既而强应聘出，埋光铲采，冀与名贤一移世轴，睹时不可为，遂飘然归，然国子薰德者甚众，仪部疏从祀诸先大儒，厘正色目，诸疏皆其巨者。然知者皆谓公具大有为之才，使有力者尽去崖角，必大有可观，惜公未竟其用也。①

这段说话表明，刘元卿的才能在当时是受到广泛认可的，而他无法有所作为的原因只是在于"有力者"不能"尽去崖角"。如果将邹氏的观察与当时特殊的政治困境合观，则"未竟其用"四字，实在道破了读书人惨淡经营却最终无功而返的无奈！

---

① 邹元标：《明诏征承德郎礼部主客司主事泸潇刘公墓志铭》，《愿学集》卷六，第 241 页下～第 242 页上。

明末清初高攀龙理学形象的塑造及其转变

——以高氏著作的编刻为中心

黄友灏

指导教师：刘 勇 副教授

一、引 言

在晚明历史上，顾宪成（1550—1612）、高攀龙（1562—1626）等东林书院的复兴者具有重要的地位。学界关于他们的研究，可分为政治和思想两大类。限于篇幅，在此只能选择有代表性的成果加以介绍。

政治史方面的论著，基本都是将顾、高等人的活动置于晚明党争史的框架中加以讨论。这种模式的开创者是谢国桢。他在作于1931年的《明清之际党社运动考》中认为，顾、高等人的政治活动体现了推崇公论、主张自由的进步思想。① 1949年以来，我国大陆学者虽然沿袭这种框架，但在问题意识上严重受到发展阶段论的影响。② 这种情况在1979年后得到一定的改善。③ 20世纪80年代，我国台湾学者林丽月从"政治道德""制度摩擦"的角度解释"东林运动"，她认为顾、高等人是重气节、重经世、主张以天下公是公非制约皇权的士大夫。同时，日本学者小野和子以"言路"为考察点，认为顾、高等人是一群主张开通言路、尊重天下之公论，并因此与政府对立的士绅集团。④ 沟口雄三在《中国前近代思想的演变》中将顾、高等人定性成一群追求新秩序，与"顽固坚持旧有的皇帝

---

① 谢国桢：《明清之际党社运动考》，北京：中华书局，1982年。
② 参见侯外庐：《论明清之际的社会阶级关系和启蒙思潮的特点》，《新建设》1955年第5期；左云鹏、刘重日：《明代东林党争的社会背景及其与市民运动的关系》，《新建设》1957年第10期。
③ 参见步近智、张安奇：《顾宪成高攀龙评传》，南京：南京大学出版社，1998年；张宪博：《东林党、复社与晚明政治》，万明主编：《晚明社会变迁：问题与研究》，北京：商务印书馆，2005年。
④ 林丽月：《明末东林运动新探》，台湾师范大学历史研究所博士学位论文，1984年；小野和子：《明季党社考》，上海：上海古籍出版社，2006年。

一元化专制的皇帝宦官派"对立的士绅。①

思想史方面的论著,大致着眼于评述顾、高等人的理学思想。容肇祖作于20世纪30年代的《明代思想史》,是最早讨论二人思想的著作。该书认为二人虽然倾向程朱,但仍然深受王学的影响。② 1944年,嵇文甫在西方进步、自由观念的影响下,将顾、高等人定性为"反对明代思想解放的潮流"(即左派王学)的学派,并认为"他们虽然有时候表示从王返朱的倾向","倒和王学右派相接近"。③

1949年后,大陆学者由于赞扬"王学左派",因此批评顾、高"拘守程朱,全盘否定王学的合理因素"。④ 与此同时,钱穆和古清美等台湾学者通过扎实的文献考索,对顾、高思想进行专门的研究。⑤ 1979年,古氏撰成《顾泾阳高景逸思想之比较研究》一书,细致而成系统地探讨了顾、高的思想。⑥ 20世纪80年代后,大陆的研究状态有所改变,代表作是周炽成的《复性收摄——高攀龙思想研究》和刘宝村的《东林学派思想研究》。⑦

由上可见,学界围绕顾、高等东林书院复兴者的政治活动和思想主张,产生了丰富的研究成果。事实上,在顾、高之后,东林书院的讲学至少持续了五十年的时间。⑧ 清朝初年,在高攀龙的侄子高世泰(1604—1676)的努力下,东林书院不仅相继恢复了万历年间的建筑规模,更有许多著名学者前来问学讲学,成为清初的一大学术重镇。⑨ 目前的研究,由于在政治史上受限于"东林—复社"的"党争史"模式,在思想史上受"顾宪成、高攀龙—刘宗周"的影响,因此较少关注东林后学的相关活动。1979年,古清美根据高世泰以顾、高皆不赞同的《格物补传》为学术旨趣,察觉到清初东林学术很有可能已经转向程朱一边。2010年,张宪博《顾宪成赠谥、从祀文庙成败探析》一文注意到顾氏后人为争取其从祀孔庙而作的努力。⑩ 张氏的基本观点是,由于明思宗肯定、欣赏顾宪成学问

---

① 沟口雄三:《中国前近代思想的演变》,索介然等译,北京:中华书局,2005年。
② 容肇祖认为顾宪成的思想是调和于朱、王之间,顾氏虽然赞成朱子的格物,但"仍是受有王学的影响";高攀龙虽然"倾向于程朱而欲补王守仁一派空虚谈悟的弊病","而对于程朱格物的见解未能明了"(《明代思想史》,第九章"东林学派",第284~314页)。
③ 嵇文甫:《晚明思想史论》,第五章"东林派与王学修正运动",北京:东方出版社,1996年,第80页。
④ 侯外庐等:《宋明理学史》,北京:人民出版社,1987年,第583页。
⑤ 钱穆:《顾泾阳高景逸学述》,《中国学术思想史论丛(七)》,北京:生活·读书·新知:三联书店,2009年,第283~285页。
⑥ 古清美:《顾泾阳、高景逸思想之比较研究》"结语",台北:大安出版社,2004年,第317~322页。
⑦ 刘宝村:《东林学派思想研究》,中国人民大学博士学位论文,2001年;周炽成:《复性收摄——高攀龙思想研究》,北京:人民出版社,2007年。
⑧ 参见高㟴等:《东林书院志》卷九、卷十一的传记,尤其第321~327页、第447~450页,北京:中华书局,2004年。
⑨ 熊赐履:《高汇旃先生传》,《东林书院志》卷十一,第465~468页。
⑩ 张宪博:《顾宪成赠谥、从祀文庙成败探析》,《中国史研究》2010年第4期,第129~155页。

和东林讲学，因此顾氏才能获得谥号。要不是"明亡过早"，顾氏甚至可能从祀孔庙。乾隆年间，清高宗借着《四库全书》的编纂，完全否定了顾、高等人，以致顾氏没有从祀的可能。笔者通过史料的爬梳，发现崇祯朝廷并不喜欢顾、高学问和东林讲学。① 另外，关于儒者从祀孔庙的成败问题，笔者认为政治评价固然重要，但其人在学术上是否符合"真儒"标准，也是不可忽视的原因。② 由于顾、高两人一直并享盛名，因此本文打算考察明末清初东林后学对高攀龙理学形象的塑造及其转变，尝试回应张氏此文的观点。

本文准备探讨东林后学对高攀龙理学形象的塑造，还基于以下的考虑：明末清初正是思想界开始由多元渐渐转向独尊程朱的时候，东林后学面对这种学风转向，可能有什么样的应对措施？③ 其应对策略会不会影响到他们对高攀龙等人学说的认识？另外，即使是在顾、高获得平反的崇祯年间，朝野上下仍不乏攻击"东林"的声音。④ 那么，顾、高等人的门生是怎样看待和回应当时的这类议论的？这些疑问使得本文的讨论可能具有一点价值。由于顾、高以后的东林学人留下来的文字不多，因此要想较全面细致地探讨他们对高攀龙理学形象的塑造，不能仅仅依靠他们撰写的文字资料。

近年来一些相关研究为探讨这一问题提供了新的视角。朱鸿林指出王阳明（王守仁，1472—1529）、陈白沙（陈献章，1428—1500）文集的刊行，与编者向朝廷争取两人从祀孔庙之事攸关，文集有一种作为实物证据的用途存在。⑤ 王汎森通过对《刘子节要》刊行缘起的研究，认为此书乃是刘宗周（1578—1645）的门人恽日初（1601—1678）对其思想体系的偷梁换柱，希望借此淡化刘氏学说与朱子学之间的矛盾，代表清初蕺山学派删改、压抑王学传统以求合于朱学复兴的动向。⑥

以上研究提示了儒者著作的刊行，可以反映出一个学者群体的学术旨趣和具体活动，并与时代政治和学风密切相关。在明末清初，东林学人有两次关于高攀龙著作、年谱的整

---

① 参见本文第二节第一小节的相关讨论。除此以外，虽然清高宗确实对"东林"颇有不满，但《高子遗书》的《四库提要》全篇都是对高攀龙的褒扬之辞，很难说《四库全书》对顾、高等人完全否定。参见本文结语部分的讨论。
② 参见黄进兴：《学术与信仰：论孔庙从祀制与儒家道统意识》，氏著：《优入圣域：权力、信仰与正当性》，北京：中华书局，2010年，第185～260页。
③ 王汎森：《明末清初思想中之"宗旨"》，氏著：《晚明清初思想十论》，上海：复旦大学出版社，2004年，第107～116页。
④ 谷应泰：《明史纪事本末》卷六十六《东林党议》，北京：中华书局，1977年，第1025～1059页。
⑤ 朱鸿林：《〈王文成公全书〉刊行与王阳明从祀争议的意义》，氏著：《中国近世儒学实质的思辨与习学》，北京：北京大学出版社，2005年，第312～333页；同氏：《文集的史料意义问题举说：并论明儒陈白沙文集的文本差异问题》，氏著：《明人著作与生平发微》，桂林：广西师范大学出版社，2005年，第249～285页。
⑥ 王汎森：《清初思想趋向与〈刘子节要〉——兼论清初蕺山学派的分裂》，氏著：《晚明清初思想十论》，第249～289页。

理和编纂活动。第一次是在崇祯初年，钱士升（1574—1652）、华允诚（1588—1648）等人编刻了《高子遗书》《高子未刻稿》和《高忠宪公年谱》。① 第二次是在顺治十六年（1659）前后，高世泰等人整理了《高忠宪公年谱》和《高子节要》。② 这两次编纂活动正好分别出自两代东林学人之手，其中两种《年谱》尤其引人疑问。华允诚的《年谱》成书于崇祯八年（1635），为什么仅过了二十余年，高世泰便要再修一部呢？这两种《年谱》之间又有何异同？在华允诚自己的年谱中，有一段值得注意的材料：

> （华允诚）即退而辑（高攀龙）年谱。……后高氏（世泰）别撰忠宪年谱，实以府君所定为蓝本。然府君于忠宪入道之次第悉遵《困学记》，提挈分明，而高氏削之。又如壬寅（万历三十年［1602］）辑《朱子节要》成，戊午（万历四十六年［1618］）有《戊午吟》，辛酉（天启元年［1621］）入京以会讲事嘱叶闲适（茂才，1558—1629）、吴觐华（桂森，1565—1632）主盟，后皆删改矣。虽各有微意，论者以府君本为实录。③

根据此段说辞，两种《年谱》在内容上颇有不同之处，最大的差异在于高世泰没有像华允诚一样根据《困学记》来记载高攀龙的"入道之次第"。华氏所本的《困学记》，乃是高攀龙在五十二岁的时候"自述生平进学次第"兼"度人金针"的重要文字。④ 既然如此，高世泰为何不尊重高攀龙的自叙？⑤ 另外，与《高忠宪公年谱》同时被编刻出来的《高子节要》，是一部什么样的文献？《困学记》有没有收录其中，又会不会遭到高世泰的删削和改动？在此之前，高攀龙已有《高子遗书》和《未刻稿》，为何高世泰还要再编一本《高子节要》？这三部文集分别有怎样的成书历史和编刻动机？

本文以《高子遗书》《高子未刻稿》和《高子节要》等三部高攀龙著作的编刻历史为考察对象，结合明末清初东林书院所处的政治、学术环境进行分析，重建东林后学对高攀龙理学形象的塑造及其转变，借以探讨时代学风、文本制造与真儒形象塑造之间的关系。正文第一部分探讨崇祯朝廷和当时东林学人对高攀龙的不同认识。在此基础上，第二部分着重分析《高子遗书》和《高子未刻稿》的内容差异与刊行目的。第三部分针对《高子节要》的编纂旨趣和文本问题，考察清初东林学人对高攀龙的理学形象的塑造，并尝试分

---

① 许重熙：《赐馀堂年谱》，崇祯四年辛未条，钱士升：《赐馀堂集》卷首，《四库禁毁书丛刊》集部第10册，影印清乾隆四年（1739）钱佳刻本，北京：北京出版社，2000年，第413页；华王澄、张夏等：《奉直大夫吏部员外郎豫如府君年谱》，《北京图书馆藏珍本年谱丛刊》第60册，影印清初刻本，北京：北京图书馆出版社，1994年，第301页。
② 严毅：《高忠宪公年谱序》，高世泰：《高忠宪公年谱》卷首，《北京图书馆藏珍本年谱丛刊》第54册，影印清顺治十六年（1659）刻本，第431～439页。
③ 华王澄、张夏等：《奉直大夫吏部员外郎豫如府君年谱》，第306～307页。
④ 高攀龙：《困学记》，《高子遗书》卷三，民国十一年（1923）春补刊本，第13～17页。
⑤ 关于高世泰删定的《高忠宪公年谱》与《困学记》之间的文本问题，参见本文第四节第二小节的相关讨论。

析造成高氏理学形象转变的原因。

二、褒谥忠节与从祀真儒

天启六年，高攀龙在魏忠贤（1568—1627）势力的迫害下自沉，东林书院也随即遭到拆毁。① 明思宗即位以后，随即铲除了魏党骨干，并对高攀龙等人进行平反。不过，朝廷着重表彰的是高攀龙的忠节而非学问。与此相应，东林后学不仅认为高氏的忠节是其学问有得的体现，其谥号要"以学问为重"，更坚信他是有从祀孔庙资格的理学真儒。

（一）忠节：崇祯朝廷的表彰

崇祯初年，从高攀龙的谥典可以看出，朝廷着重表彰的是高氏的忠节而非学问。天启七年（1627）十一月，明思宗正式表示要有分别地对被魏忠贤陷害的臣下予以起用、褒赠和荫恤。② 但高攀龙等人的追恤、谥典要到崇祯二年（1629）九月才基本完成，而且进展并不顺利。

平反追恤的阻力主要来自内阁大臣。思宗即位之初，黄立极（万历三十二年［1604］进士）、施凤来（1563—1642）、张瑞图（1570—1641）和李国𣚴（万历十一年［1583］进士）等四名内阁大臣均有魏忠贤方面的人事背景。③ 同年十二月廿三日的"枚卜"，产生了钱龙锡（1579—1645）、杨景辰（1580—1629）、来宗道（万历三十二年进士）等六名新阁员，由于当时钱龙锡等四人皆不在京师，实时入阁的就只有杨景辰和来宗道。④ 杨景辰是《三朝要典》的副总裁，来宗道与阉党党魁崔呈秀（万历四十一年［1613］进士）关系匪浅。⑤ 这样，加上首辅施凤来和次辅张瑞图、李国𣚴，新改组的内阁仍有较浓厚的"阉党"色彩。在这个内阁当政期间，不仅《三朝要典》毫发无损，高攀龙等人也没有得到平反，许多遭禁锢的士大夫也迟迟未获起用。

崇祯元年（1628）三月初，首辅施凤来、次辅张瑞图在日益猛烈的舆论攻击下，相继

---

① 谈迁：《国榷》卷八十七，北京：中华书局，1958年，第5325页。
② 万言等：《崇祯长编》卷三，天启七年十一月癸酉条，台北："中央研究院"历史语言研究所，1967年，第114页。
③ 万斯同：《明史稿》卷三百五十四《黄立极传》《施凤来传》《张瑞图传》和《李国𣚴传》，《续修四库全书》史部第330册，影印国家图书馆藏清抄本，上海：上海古籍出版社，1995年，第269~272页。
④ 万言等：《崇祯长编》卷四，天启七年十二月丙辰条，第194~195页；《明史》卷一百十《宰辅年表二》，第3381页。
⑤ 万斯同：《明史稿》卷三百五十四《杨景辰传》《来宗道传》，第274~276页。

托病辞职，朝局开始发生重大变化。三月廿一日，吏部题覆废籍诸臣。① 三天后，高攀龙等二十人获得不同程度的赠恤。② 四月廿四日，韩爌（1564—1644）受诏以原官（首辅）起用入阁，而屡次阻扰其复出的太仆寺少卿杨维垣（万历四十四年［1616］进士）随后因受到言官的不断弹劾，在五月初六日被削籍而去。③ 其同党、协理京营戎政兵部尚书霍维华（万历四十一年进士）也在三天后被免官。在霍维华被免官当天，思宗正式下令销毁《三朝要典》。④

《三朝要典》的销毁，象征高攀龙、杨涟（1572—1625）等人的彻底平反，也意味着与《三朝要典》修撰、与魏忠贤集团有渊源的官员，至此难在朝廷上立足。五月廿五日，朝廷"优恤惨死诸臣"。其中高攀龙获祭二坛、赐葬。⑤ 担任过《三朝要典》副总裁的礼部尚书孟绍虞（万历四十一年进士）也在六月初三日引疾辞官。初八日，因左光斗事件被免官的何如宠（1569—1642）继任礼部尚书。一个月后，思宗批准礼部的奏疏，正式下诏"议谥诸臣"。⑥

由于明代礼部议谥的效率低下，因此士大夫的谥号往往久悬难定。⑦ 邹元标（1551—1624）的门生、时任兵部右侍郎的李邦华（？—1644）鉴于这种情况，于十一月初四日上疏，希望邹元标的议谥能够绕过礼部，直接由内阁题拟。不久之后，邹元标获谥"忠介"，成为蒙难诸臣中首位完成谥典者。⑧

在邹元标获谥之后，姚希孟（1579—1636）仿效李邦华的做法，成功完成了诸臣的谥典。姚希孟与东林诸臣颇有交谊，也深得其座师韩爌的信任。⑨ 崇祯二年四月，他升任翰林院侍讲学士，开始积极草拟高攀龙等人的谥号，希望借助韩爌的力量来完成谥典。⑩ 八月十七日，礼科给事中孙绍统（万历四十一年进士）疏言"谥典不容再缓"。⑪ 随后，姚希孟正式向内阁呈递《诸贤谥议》。九月三十日，思宗下诏颁布高攀龙、杨涟等十一人谥

---

① 万言等：《崇祯长编》卷七，崇祯元年三月壬午条，第365～367页。
② 万言等：《崇祯长编》卷七，崇祯元年三月乙酉条，第374～375页。
③ 万斯同：《明史稿》卷三百五十五《杨维垣传》，第285页。
④ 谈迁：《国榷》卷八十九，第5435页。
⑤ 万言等：《崇祯长编》卷九，崇祯元年五月乙酉条，第526～527页。
⑥ 谈迁：《国榷》卷八十九，第5449页。
⑦ 参见田冰：《明代官员谥号研究》，河南大学博士学位论文，2009年。
⑧ 李邦华：《为邹先生请谥疏》，《文水李忠肃先生集》卷四，《四库禁毁书丛刊》集部第081册，影印清乾隆七年（1742）徐大坤刻本，第185页。
⑨ 张世伟：《詹事府少詹事兼翰林院侍读学士现闻姚公传》，《自广斋集》卷十三，《四库禁毁书丛刊》集部162册，影印明崇祯十一年（1638）刻本，第397～401页。
⑩ 姚希孟：《韩老师象翁（其二）》，《文远集》卷十四，《四库禁毁书丛刊》集部第179册，影印明崇祯间张叔籁等刻清闷阁全集本，第443页。
⑪ 万言等：《崇祯长编》卷二十五，崇祯二年八月己巳条，第1458页。

号，拖延了一年零两个月的诸臣谥典至此完成。① 高攀龙的谥号是"忠宪"，象征明思宗所肯定的是他"危身奉上、行善可纪"的品质。②

不仅是高攀龙，思宗对其他被视为"东林党人"的蒙难诸臣的评价，也基本上着眼于他们的忠义气节，没有表彰他们的学术造诣。这在某种程度上表明，高攀龙等人的学说在朝廷看来尚未值得肯定和重视。

朝廷不仅没有肯定高攀龙等人的学问，而且不打算下诏恢复东林书院等天启六年被毁的讲学场所。崇祯元年正月，翰林院编修倪元璐（1593—1644）疏言："海内讲学书院，经逆珰矫旨拆毁者，并宜葺复如故。盖书院、生祠相为胜负者也，生祠毁，书院岂不当复"，得旨：

> 各书院不许倡言创复，以滋纷扰。③

可见在明思宗眼里，书院是滋生是非纷扰的渊薮。为避免万历年间那种由书院讲学而产生门户、党争的事情再次发生，他不同意恢复包括东林书院在内的毁于天启六年的讲学场所。即使到了二年六月兵部观政进士钱启忠（崇祯元年进士）疏请复设书院讲学，思宗仍然"不许"。④

在此局势下，虽然作为东林书院主持者的高攀龙等人已经获得朝廷平反，但书院的重建仍然举步维艰。崇祯二年二月，广东道御史刘廷佐（万历四十四年进士）疏请表彰各处书院，"章下所司"。⑤ 根据钱启忠上疏的结果，可知刘廷佐此疏没有得到落实。但此事传到无锡，被吴桂森等人解读为"圣天子以刘侍御言，有表章书院之旨"⑥。邹期桢（1567—1642）因有《己巳春得表张书院之旨志喜》之诗，而吴桂森、华贞元（1576—1652）等人更借此重建了作为书院讲堂之一的丽泽堂。⑦ 不过终崇祯一朝，东林书院未能恢复万历年间的规模。

质言之，作为"千秋定评"的谥典反映了朝廷看重的只是高攀龙等人的名节而非学

---

① 谈迁：《国榷》卷九十，第5496页。
② 姚希孟：《高攀龙谥议》，《公槐集》卷五，《四库禁毁书丛刊》集部第179册，第369～370页。
③ 谈迁：《国榷》卷八十九，第5410～5411页。
④ 万言等：《崇祯长编》卷二十三，崇祯二年六月癸酉条，第1414页。
⑤ 万言等：《崇祯长编》卷十八，崇祯二年二月甲寅条，第1090页。
⑥ 邹期桢：《吴觐华先生墓志铭》，《东林书院志》卷九，第330页。对于此事，《东林书院志》卷一作"戊辰崇祯改元二月，御史刘公士佐请复天下书院。奉旨各处书院宜表彰者，着提学官尽行修复"（《东林书院志》卷一，第4页）。按，此条记载明显有误。第一，上疏者乃刘廷佐，"士"字可能为"廷"字之误。第二，刘廷佐上疏事在崇祯二年二月，非元年二月。更值得注意的是，到了崇祯二年七月，华允诚仍有"至东林及各处书院，亦宜尽行修复"之语，益可见所谓刘廷佐上疏成功之事非真（《东林书院志》卷二十二《诸贤轶事·华凤超先生》，第888页）。
⑦ 邹期桢：《己巳春得表张书院之旨志喜》，《东林书院志》卷十八，第729页；储乾：《复兴东林书院志序》，《东林书院志》卷十六，第640～642页。

问,从反对修复书院一事则看出朝廷对书院讲学的淡漠。这两者均反映出东林书院处境的不利。事实上,在崇祯一朝,"东林"始终是饱受争议的话题。① 正因如此,东林书院不仅在建筑规模上不复往日气象,连讲学的特色也悄然发生变化。在顾宪成、高攀龙的时代,东林讲会往往"讽议朝政、裁量人物",反对一味地讲求心性之学。② 到了崇祯年间,东林学人的态度已经明显发生变化,例如书院的讲学会约便明确规定:

> 自今谈经论道之外,凡朝廷之上,郡邑之间,是非得失,一切有闻不谈,有问不对。一味勤修学业,以期不负雍熙,是为今日第一时宜也。③

世易时移,吴桂森等东林后学竟成了他们老师口中"君子无取焉"④ 的人物,不由令人感慨。放弃前辈讽议时政的讲学特色,是东林学人在不利处境下争取生存与发展的选择。除此而外,他们积极推动从祀高攀龙,希望能够借此获得朝廷对东林书院的肯定和重视。

(二) 从祀:东林后学的努力与挫折

在东林学人眼中,高攀龙是有从祀孔庙资格的理学真儒。因此,高氏的谥号也应该"以学问为重"。在朝廷宣布议谥高攀龙等人之后,他们纷纷为高攀龙争取一个"以学问为重"的谥号,钱士升和叶茂才便是其中的代表。⑤ 钱士升认为高攀龙之所以"生死之际超然解脱",是得力于自身高深的学问,而且"涵养之粹、学脉之正,在晦翁、明道、伊川三先生之间"。⑥ 因此,虽然高攀龙的忠义气节已为朝廷所肯定和表彰,但谥号不仅不宜以名节掩其学问,甚至宜以学问为重。在此理念之下,他相继写信给礼部右侍郎钱谦益(1582—1664)、吏科给事中瞿式耜(1590—1650),以及自己的门生、山西道御史牛翀玄(万历四十七年 [1619] 进士),希望他们推动落实此事。⑦

与此同时,叶茂才应高攀龙家属的邀请,为高氏撰写行状,作为翰林院草拟谥号的根

---

① 在崇祯初年,就有借"东林""党争"挑起事端的重大政治事件,并对东林学人某些理念产生影响,参见本文第三节第二小节的相关论述。
② 张廷玉等:《明史》卷二百三十一《顾宪成传》,第6032页。
③ 吴桂森:《吴觐华先生申订东林会约》,《东林书院志》卷二,第32页。
④ 顾宪成:《小心斋札记》卷十一,《四库全书存目丛书》子部,第14册,影印清光绪三年刻本,第320页。
⑤ 在吴桂森撰写《真儒一脉》后,其讲友邹期桢随之撰写了《东林诸贤言行录》作为羽翼和补充。按,《东林诸贤言行录》已佚,其大致内容和编纂用意见邹期桢《东林诸贤言行录序》和邹期相《东林诸贤言行录序》,《东林书院志》卷十六,第637~639、639~640页。
⑥ 按,钱士升这种对高攀龙投水的解释,很可能源自高氏自己的说法。高氏《临终与华凤超》云:"仆得从李元礼、范孟博游矣,一生学力到此亦得少力。"(《高子遗书》卷八下《书》,第71页)
⑦ 钱士升:《与文湛持》《与钱牧斋》《与牛属洲》《与瞿起田》,俱见《赐馀堂集》卷六,第497~499页。

据。虽然叶茂才没有明确表示高攀龙的谥号当以学问为重，但行状的叙述却体现了与钱士升相近的理念。叶茂才着重记述高攀龙的进学之序和学问特色，并认为其忠义气节，是其一生学问的体现，希望草拟谥号的"大君子橡笔鸿裁，一言表章，千载不朽"。①

尽管高攀龙的亲友门生为其谥典费尽心力，可是结果却事与愿违。② 他们的不满，主要体现在高攀龙的碑传文字上面。朱国祯（1558—1632）在高攀龙的墓志铭中便明确地表示高氏的谥号"曰忠曰宪表清芬，我增一字则曰文"③。

钱士升等人对高攀龙的这种认识及其坚持，极有可能是导致出现两篇高攀龙神道碑铭的主要原因。这两篇神道碑铭分别由钱谦益和钱士升撰写。④ 钱谦益在文中用极大篇幅铺陈高攀龙在政治方面的行事和气节，坦言"谦益不肖，附公臭味之末，憧而不死，敢因公碑首，细述朋党梗概"⑤；对高攀龙的学术，仅以"公生平学问，以诵法程朱、真知真行为主"⑥ 一语带过。

如果说钱谦益所撰的神道碑铭是以"名节"立意，钱士升叙述的重心则是完全落在了"学问"上面，即所谓"它美行不具载，第识其大"⑦。此文开篇便言"（高攀龙）遇今上褒恤……而忠义显。顾先生之风节、之忠义，皆学也"，颇有一种回应当时只重视高攀龙"忠义"的看法的意味。此外，钱士升利用高攀龙的《困学记》《三时记》等文字详细勾勒高氏的为学进路，并逐一介绍其重要创见。更重要的是，钱士升全文末尾讲到：

> 窃仪图之先生，光风霁月似茂叔（周敦颐，1017—1073），太和元气似明道（程颢，1032—1085），整齐严肃似伊川（程颐，1033—1107），读书穷理、立朝岳岳似晦翁（朱熹，1130—1200）。若新会（陈献章）之洒落，馀干（胡居仁，1434—1484）之主敬，河津（薛瑄，1389—1464）之实践，姚江之超悟，先生兼有之而无其弊。盖

---

① 叶茂才：《资德大夫正治上卿都察院左都御史赠太子少保兵部尚书景逸高先生行状》，高世儒等：《高忠宪墓志行述》，《中华历史人物别传集》第23册，影印明末刻本，北京：线装书局，2003年。

② 牛犨玄文集今不存，而在钱谦益和瞿式耜的文集中，也找不到他们关于此事的态度。事实上，钱、瞿两人在崇祯二年三、四月间因政治事件而被削职，今存的史料也不见牛有任何相应动作。另外，据钱谦益《嘉议大夫南京工部右侍郎叶公墓志铭》，知叶茂才卒于崇祯二年六月，不及目睹高攀龙谥典的完成（钱谦益《牧斋初学集》卷五十二，上海：上海古籍出版社，2009年，第1312～1314页）。

③ 朱国祯：《资德大夫都察院左都御史赠太子少保兵部尚书谥忠宪景逸高公墓志铭》，《朱文肃公集》不分卷，《续修四库全书》集部第1366册，影印北京图书馆藏清抄本，第46～52页。

④ 钱谦益所撰的神道碑铭不见于崇祯初刻本以外的《高子遗书》（按，文渊阁四库全书本和乾坤正气集本《遗书》无附录；文澜阁本有附录，待考），猜想主要与钱谦益入清以后的际遇有关。

⑤ 钱谦益：《资德大夫都察院左都御史赠太子少保兵部尚书谥忠宪高公神道碑铭》，《牧斋初学集》卷六十二，第1480页。

⑥ 钱谦益：《资德大夫都察院左都御史赠太子少保兵部尚书谥忠宪高公神道碑铭》，第1478页。

⑦ 钱士升：《资德大夫正治上卿都察院左都御史赠太子少保兵部尚书谥忠宪高公神道碑铭》，《赐馀堂集》卷八，第528页。

国朝理学名臣，溯泂洛渊源以上接洙泗者，先生一人而已。①

钱士升这里罗列的，都是当时业已从祀的宋明儒者。他认为高攀龙兼有这些人的长处而无其短，不啻明言高氏具有从祀孔庙的资格。另外，可以这样推测，高攀龙的门生故友先是请了钱谦益撰写神道碑铭。钱谦益在当时不仅被视为东林党元老，亦是文坛巨擘。崇祯初年，诸如杨涟、赵南星（1550—1627）、周宗建（1582—1627）等人的碑传文字均为钱氏所撰②，因此请他负责高攀龙的神道碑铭，不失为合情合理的选择。只不过钱谦益文章的立意与叶茂才等人对高攀龙的认识并不一致，所以钱士升只得另撰一篇。基于对高攀龙的认识，他们开始向朝廷争取高氏从祀孔庙的资格。

争取从祀高攀龙的具体行动，出现在高攀龙等人即将获谥的时候。崇祯二年八月十一日，户科给事中杜三策（天启二年［1622］进士）言"冯从吾（1556—1627）、高攀龙、邹元标宜崇祀孔庙"。疏上，仅以"报闻"了事。③ 与此同时，高攀龙的门生华允诚也草拟了争取高攀龙从祀的奏疏。

华允诚是高攀龙晚年的重要学生，崇祯二年七月任兵部营缮司员外郎。八月前后，他撰写了《崇祀真儒疏》，准备为其师争取从祀孔庙的资格。④ 是疏先对高攀龙一生的行事作出评价：

> （高氏）居家尽孝，所绍明者，千古之学术。立朝竭忠，所挺持者，千古之纲维。至其一段爱君爱国之诚，寤寐不忘，终始无间，皆其生平学问得力。……人知其首劾奸枢崔呈秀，独炳烛几先见，以为功在社稷。而不知其四十年讲求于孔孟程朱之学，实践于纲常名义之大，成仁取义，至死不二。……方之本朝崇祀诸儒如薛瑄辈，可谓后先辉映，而世道人心，匡扶不小。⑤

华允诚先是强调高攀龙的"爱君爱国之诚"是其学问有得的体现，接着指出高氏较之薛瑄等人的优势，在于将平生学问"实践于纲常名义之大"。在此基础上，他向朝廷提出了从祀高攀龙的请求：

> 顷者蒙恩，优恤备至，……乃臣更比例薛瑄等以从祀请者，窃谓国朝文明最盛，

---

① 钱士升：《资德大夫正治上卿都察院左都御史赠太子少保兵部尚书谥忠宪高公神道碑铭》，《赐馀堂集》卷八，第531页。
② 钱谦益：《杨忠烈公墓志铭》，《牧斋初学集》卷五十，第1268～1275页；《赵忠毅公神道碑铭》《赠太仆寺卿周公神道碑铭》，《牧斋初学集》卷六十二，第1469～1474、1480～1483页。
③ 万言等：《崇祯长编》卷二十五，崇祯二年八月癸亥条，第1454页。由于史料限制，不仅此疏原文不得而见，杜三策与东林学派的渊源也难以考索。
④ 华王澄、张夏等：《奉直大夫吏部员外郎豫如府君年谱》，《北京图书馆藏珍本年谱丛刊》第60册，第264页。
⑤ 华允诚：《拟崇祀真儒疏》，《东林书院志》卷二十二《诸贤轶事·华凤超先生》，第884～893页。

而理学一脉，先臣曹端（1376—1434）实开其始，臣师攀龙则集其成。宜与薛瑄诸位并祀孔子庙廷，使天下晓然知正学之所在，……其有补于风教，有光于圣治，岂其微哉！①

不过，华允诚在即将上奏的时候，却获知杜三策所言不允的消息。② 而其兄华允谊（崇祯六年［1633］贡生）在获知他有意上疏请祀高攀龙之后，写信加以劝阻。华允谊认为：

> 从祀一疏断非今日所宜言，无论侧目者必以门户相诋，即在同志中，有灼然确见以为当然者几人哉！区区之意，以为吾弟既身任之，宜察二三同志中深知先生之学者，相与极意表彰，使先生之学大明于世，而后可议及此。比之目前一疏，为力更难、担子尤重，非畏首畏尾之言也。③

华允谊的看法不为无见。当时高攀龙既没有完备的著述行世，其学说也尚未获得广泛的认同。因此当务之急，在于"使先生之学大明于世"。例如，静坐是高攀龙学问的重要特色，但其讲友孙慎行（1565—1636）对此便不认可。④ 根据邹漪的观察，高攀龙的学问在明末清初这段时间内，一直不受士子青睐："近代以来，学者日趋浮伪，……吾邑高忠宪以学殖为能事，世莫之尚也。"⑤ 邹氏是高家情谊深厚的同乡姻亲，应该没有故意贬低的意味。另外，当时高攀龙也没有较为完备的文集和年谱。⑥ 在明代，文集和年谱是证明儒者有资格从祀孔庙的重要证据，例如谢廷杰（？—1588）刊行《王文成公全书》、钱德洪（1496—1574）修改《王阳明年谱》和赵锦（1516—1591）赶刻《白沙先生全集》，都在王阳明和陈白沙从祀孔庙的过程中发挥了重要作用。⑦ 因此，华允诚在其兄的提醒下，转而着手编纂高攀龙的年谱，向世人展示高氏的学问。⑧ 但由于浮沉宦海，华允诚要到崇祯八年（1635）才完成高攀龙年谱。⑨ 在崇祯五年（1632），钱士升和高氏门生陈龙正基于

---

① 华允诚：《拟崇祀真儒疏》，《东林书院志》卷二十二《诸贤轶事·华凤超先生》，第884~893页。
② 华王澄、张夏等：《奉直大夫吏部员外郎豫如府君年谱》，第269~270页。
③ 华王澄、张夏等：《奉直大夫吏部员外郎豫如府君年谱》，第269~270页。
④ 孙慎行：《困思抄》卷三，《四库全书存目丛书》经部，第162册，影印明万历间刻本，第279页。
⑤ 邹漪：《高提学传》，《启祯野乘二集》卷六，《四库禁毁书丛刊》史部，第41册，影印清康熙十八年金阊存仁堂素政堂刻本，第186~187页。
⑥ 高攀龙曾在天启三年将其部分语录、札记、讲义、奏疏等汇编成《就正录》一书（陈龙正：《高子遗书序例》，《幾亭全书》卷五十三，《四库禁毁书丛刊》集部第11~12册，影印清康熙间云书阁刻本，第567~572页）。
⑦ 朱鸿林：《〈王文成公全书〉刊行与王阳明从祀争议的意义》；同氏：《文集的史料意义问题举说：并论明儒陈白沙文集的文本差异问题》。
⑧ 华王澄、张夏等：《奉直大夫吏部员外郎豫如府君年谱》，第270页。
⑨ 华王澄、张夏等：《奉直大夫吏部员外郎豫如府君年谱》，第306页。

同样的用意,刊行了《高子遗书》一书。

三、明末高攀龙遗著的编刻与其理学形象的塑造

崇祯四年(1631),钱士升就任南京礼部右侍郎。① 随后,他联系陈龙正商讨编纂高攀龙文集的事宜,两人首先对文集的体例问题展开讨论。② 在此之前,高攀龙的文字有过两次整理结集。第一次是在万历四十二年(1614),高攀龙将其诗文按照"自述者居内,应酬者居外"的原则编为《自订内外篇》若干卷。③ 天启三年(1623),高氏在《自订内外篇》的基础上,依据文体来划分卷次,刊行了《就正录》一书。④

钱士升认为,新编的高攀龙文集当以《自订内外篇》为正集,之后的诗文则编为续集。对此陈龙正提出不同的看法:

> 忠宪师集,弟殚心订次,略成原委。每种皆先论道,后论事,祖其内外篇之原指而冥通之。盖先生特以自述为内、应酬为外,其理则一以贯之,实无表里精粗之别也。又正集止甲寅(万历三十二年[1614]),则乙卯后垂老十年益深益彻之德旨,皆当置续集。后人心目,恐正重而续轻。吾辈虽为高子成书,然推仁人用心,不在垂芳而在淑世。苟足发观者无疆之绪,即深得作者之精神,无容一毫意见于其间。⑤

为避免"正重而续轻"的弊病,陈龙正建议仿效《就正录》的体例,"以语录、经说等居前,他卷次之。若书、若序、若记各种,又以论道自述者居前,应事酬物次之,是规模节目之间,内外初指,具存而不失矣"⑥。显然,后来的《高子遗书》便按照这种文体划分卷次的做法。除了在体例上有过不同看法外,两人对文集编纂宗旨的认识则是相当一致的。

(一) 以学问为主:作为从祀证据的《高子遗书》

钱士升和陈龙正的文集编纂宗旨,正基于对高攀龙的一致认识之上。他们认定高攀龙是接续道统的从祀真儒。在陈氏看来,当时高攀龙的道德气节"已大宣于当世,所应补议

---

① 许重熙:《赐馀堂年谱》,《赐馀堂集》卷首,第 413 页。
② 许重熙:《赐馀堂年谱》,《赐馀堂集》卷首,第 413 页。
③ 陈龙正:《高子遗书序例》,第 569 页。按,《自订内外篇》今已不存。而在《千顷堂书目》等书中,亦不见有《内外篇》之记载。
④ 陈龙正:《高子遗书序例》,第 569 页。另外,关于《就正录》的详细情况,详见本文附录《高攀龙文集版本概说》。
⑤ 陈龙正:《复钱宗伯(辛未)》,《幾亭全书》卷四十一,第 403~404 页。
⑥ 陈龙正:《高子遗书序例》,第 569 页。

者，惟是侍食孔庑"。① 《高子遗书》的刊行目的正是播扬高氏"集东林之大成"的学问，作为支持从祀的有力证据。

正因如此，钱、陈并不打算整理出高攀龙的全集，而是有选择地刊行那些能反映高氏学问宗旨、有益世道的文字。② 陈龙正对高氏文字的去取标准，在《高子遗书序例》中交代得很清楚。他认为应该收录的文字有以下三类：一是"关切身心"的文字，主要为语录、讲义、札记以及论学书信；二是奏疏等"开物成务"的文字；三是所谓"烟霞洒落，足以淡嗜好而资清真"的文字，主要指高攀龙的诗作。在陈龙正看来，无论是哪一种文字，皆"莫非学焉，莫非教焉"，都是高攀龙平生学问有得的体现。③ 而陈氏自称所舍弃的主要是"寻常应酬"和记载"一时一事"的文字。④

这种"以学问为重"的编纂宗旨决定了《高子遗书》的卷次安排和内容特色。《高子遗书》共分十二卷，开头五卷分别收录论学语一百八十二则（卷一）、论学札记四十六则（卷二）、讲义五十四章（卷四）、《东林会语》一百则、《高桥别语》七则、《初拜语》五则（卷五）以及经说、辨、赞等文字（卷三）。⑤ 卷六为诗一百四十七首。卷七收录奏疏十一篇、"揭"两篇和《解头问》一篇。卷八分上、下两卷：上卷收书信一百零一封，基本都是论学书信；下卷书信有一百三十九封，论学为主题者占三分之一左右。值得注意的是，在卷八的末尾，陈龙正特地将高攀龙临终前的书信加以排比，为的是凸显高氏"心如太虚"、从容自若的闻道气象。⑥ 与书信类相似，卷九上的四十一篇序以论学为主题的占了绝大多数，卷九下的三十五篇则以送别序和寿序居多，可见《高子遗书》并没有将这类"寻常应酬"的文字完全摒除在外。卷十上收录碑一篇、传十一篇、记十三篇，卷十下则为家谱家训一类的文字。卷十一上有墓志铭九篇、墓表两篇，卷十一中则为顾宪成和顾允成两人的行状，下则收录行状两篇、祭文十一篇。至于卷十二，收录的是题跋杂著等文字。由此可见，《高子遗书》在卷次上确实践行了"以语录、经说等居前，他卷次之。若书、若序、若记各观，又以论道自述者居前，应事酬物次之"的编排初衷。此外，《高子遗书》还有附录一卷，依次收录"诸公题咏赞跋"五篇、朱国祯所撰的墓志铭、钱谦益和钱士升各自撰写的神道碑铭，叶茂才撰的行状与范凤翼（万历二十六年［1598］进士）

---

① 陈龙正：《高子遗书序例》，第 569 页。
② 许重熙：《赐馀堂年谱》，第 414 页；《高子遗书序例》，第 569 页。实际上，在目前可见的高攀龙诗文中，论学类并没有占太多比重。这一点详见下一小节的论述。
③ 陈龙正：《高子遗书序例》，第 571 页。
④ 陈龙正：《高子遗书序例》，第 567～572 页。
⑤ 按，《东林会语》一百则，为高氏门生周彦文、祝可久所录；《高桥别语》七则为高氏门生魏大中所录；《初拜语》五则为陈龙正之侄陈敳所录。
⑥ 陈龙正按语，《高子遗书》卷八下，第 71 页。

撰的祭文。①

《高子遗书》收录了高攀龙的绝大部分论学文字，旨在尽可能地呈现高攀龙的为学进路和学问特色。例如力辨儒家与佛、老论"性"之异和从"理"言"性"之优胜的《心性说》《气心性说》，针对王学以善为念而将善归之性体的《方本庵先生性善绎序》，表达"《大学》不缺传"和"知本与格物相涵摄"的《大学古本题词》《大学首章广义》和《古本大学题词》，阐明自己为学进路的《困学记》和《三时记》，"度人金针"的《静坐说》和《复七规》，都被陈龙正一一收录。再加上散见于语录、札记、书信和题跋的许多论学文字，《高子遗书》重在全面地体现高攀龙的学问成就与特色。而这种学问，正是钱士升、陈龙正等人再三强调的融汇朱陆、集东林之大成的学说。

正因如此，《高子遗书》成为后来学者了解、评价高攀龙学问的最重要读本。是书在刊行之后，陈龙正曾分赠当时的名儒巨公，播扬其师的学问造诣。据黄宗羲（1610—1695）晚年回忆，在他和刘宗周赶往嘉兴的时候，收到了陈氏寄来的《高子遗书》。② 乘着旅途闲暇，他在舟中"尽日翻阅"《高子遗书》，开始对高攀龙的学问有所了解。③ 后来黄氏编纂《明儒学案》的高攀龙部分，便是完全取材于《高子遗书》。④ 而在经历易代兵燹之后，《高子遗书》虽然变得不太容易获得，但仍为不少士子指明了为学路径。⑤ 例如，东林后学严毅便称"吾自得《高子遗书》，方知有归宿处"⑥。而远在山西的刁包（1603—1669）也在获睹《高子遗书》之后，感慨"疑关歧路几分明"⑦。这种情况，即使后来《高子节要》问世，也没能改变。⑧

当然，《高子遗书》未能囊括高攀龙的论学文字。例如，高攀龙门生周彦文记录的高氏《东林论学语》就等到清雍正年间，才被高氏后人高陛编在《东林书院志》的第五卷和第六卷。⑨ 而《书院志》卷六的末尾，还有"补刻《未刻稿·东林会语》"一则。高陛在按语中称：

顾泾阳先生与先忠宪公讲学，宗旨全在揭出"性善"二字，以砥"无善无恶"

---

① 按，这是初刻本的卷次篇目，以后几种版本多有调整。各版本的具体变化，参见本文附录《高攀龙文集版本概说》。
② 黄宗羲：《与顾梁汾》，《黄宗羲全集》卷十《书类》，杭州：浙江古籍出版社，2005年，第212页。
③ 黄宗羲：《明儒学案》卷六十二《蕺山学案》，《小序》，北京：中华书局，2008年，第1509页。
④ 黄宗羲：《明儒学案》卷五十八《东林学案一·高景逸学案》，第1403～1435页。
⑤ 高芷生：《高子遗书跋》，《高子遗书》卷末，第1页。
⑥ 龚廷历：《严佩之先生传》，《东林书院志》卷十二，第482页。
⑦ 刁包：《答范定兴铨部书》，《用六集》卷三，《四库全书存目丛书》集部第196册，影印清康熙三年熊仲龙刻本，第255～256页。
⑧ 参见本文第四节的相关讨论。
⑨ 是书有天启四年（1624）刊本，见周彦文《东林景逸高夫子论学语序》，《东林书院志》卷十六，第633～634页。

之狂澜。此条广大精微,两端俱竭,则《会语》之开宗明义章矣。检《未刻稿》得此,如获拱璧,亟为补录。①

高陛之所以会觉得"如获拱璧",一方面固然是此条语录具有体现高攀龙学问宗旨的价值,另一方面也可能因为其之前不觉得在《未刻稿》中能够找到体现高攀龙学问宗旨的文字片段,故有一种意外之喜。那么,《高子未刻稿》之中究竟有些什么样的内容,又与《高子遗书》有何种关系?

(二) 党人习气:"未刻"的《高子未刻稿》

不论是传统的目录类书籍,还是近代的学人论著,《高子未刻稿》都少被提及。② 虽然清初的《千顷堂书目》《明史稿》和雍正年间编刻的《东林书院志》均有著录,但从定本的《明史·艺文志》开始,是书便消失在常见的目录类书籍中。③ 即使是精熟明季史料的朱希祖、朱倓和谢国桢等人,在他们的著作中也没有提到。④

关于《高子未刻稿》的内容,唐文治(1865—1954)注意到"大抵幾亭本(《高子遗书》)详于论学,而此本则多关朝政"⑤。但可能出于审慎,他并没有对两书之间的关系多作推论。20 世纪 50 年代,王重民在《中国善本书提要》中据陈龙正《高子遗书序》,"疑

---

① 《东林书院志》卷六,第 158 页。
② 《高子未刻稿》依礼、乐、射、御、书、数之序分为六卷,本身没有序跋文字。礼部收录祝寿文 24 篇、祭文 23 篇,乐部收墓志铭 27 篇、墓表 4 篇、行状 5 篇,射部收录序 6 篇、传 12 篇、题跋杂著 34 篇,御部收奏议 11 篇、诗 212 首、说 2 篇,书部和数部则收录书信 323 封。另外,虽然其目录只标"礼部""乐部"等,但在每卷之末均有"高子未刻稿卷之×终"的字样。其分卷方式与罗汝芳之《近溪子集》相似。笔者看到的《高子未刻稿》,乃是香港大学冯平山图书馆的微缩胶卷,底本是清人刘喜海(1793—1852)家藏的抄本,今收藏于台北故宫博物院。
③ 黄虞稷《千顷堂书目》卷二十五:"高攀龙《高子遗书》十二卷,又《未刻稿》六卷"(上海:上海古籍出版社,2001 年,第 632 页)。按,万斯同《明史稿》卷一百三十七《艺文五》与此同。另外,《东林书院志》作《高子藏稿》(卷二十《著述》,第 779 页)。而《两江第一次书目》有"《高子遗书未刻稿》,明高攀龙著,六本"的记载(吴慰祖校订:《四库采进书目》,北京:商务印书馆,1960 年,第 46 页)。
④ 按,朱倓《明季社党研究》的第三章便是《东林著述考》,其中详细列出了高攀龙的著述情况:《高子遗书》十二卷,年谱一卷(崇祯壬午门人陈龙正刊本,康熙乙巳高氏刊本,乾坤正气集本,光绪重刊本);《高忠宪诗集》八卷(叶德辉《观古堂藏目》云,此集《遗书》失录,四库未收);《水居诗稿》(光绪《无锡金匮县志·艺文》);《就正录》四卷(《明史·艺文志》),高忠宪公诗手稿真迹不分卷一册(石印本)。但没有提到《高子未刻稿》。
⑤ 唐文治:《高子外集序》:"大抵幾亭本详于论学而此本则多关朝政。不审当时幾亭先生未见此本与? 抑为其所芟薙与? 原书无序跋,遂不可考。要之,为世间可宝之物则夫人而知之也"(《茹经堂文集》(一编)卷四《序类》,沈云龙主编:《近代中国史料丛刊续编第四辑》,台北:文海出版社,第 298 页)

此《未刻稿》皆龙正所'已'者","阅其偏忏，实尽'不必垂'者。盖其编遗书时，顺手辑此，又不忍尽弃也"。① 王氏"实尽'不必垂'者"之语虽稍嫌武断，但其推测则不为无是。近年吴振汉对《高子未刻稿》亦有所留意，他认为《未刻稿》中的文字大致可分为三类，一是"寿序、乞归疏等虚应故事之文字"；二是"干犯时忌的记事，如《娄江相记事》"，三是"语涉禅宗之文"。② 可见吴振汉对《高子未刻稿》的观察与唐文治比较接近。

笔者认为，《高子未刻稿》的篇章很有可能正是陈龙正编辑《高子遗书》时摈弃的文字，而摈弃的真正原因是这些文字几乎都带有浓厚的"党人习气"③。据清初的东林学人张夏（1624—1710）称，"（高攀龙卒后，）门人陈龙正合奏疏、语录、诗文订为《高子遗书》二十四卷，行于世。季子世宁别缮《未刻稿》六卷，藏于家"，则《高子未刻稿》确与《高子遗书》同时产生。④ 而遍检《未刻稿》，其中与学术相关的篇章可谓寥寥无几，大多数内容在陈龙正等人的眼光看来确实可以划归"寻常应酬""一时一事"等范畴。⑤ 不过，这两类文字在《高子遗书》中也并不罕见。例如《吕氏合谱序》《二思毛翁七十序》和《董恭人墓志铭》等，就很难说不属于应酬性质的篇章。而《沈龙江先生泰交始末记》《毗陵欧阳守纪略》等，也是标准的记录"一时一事"之作。可以这样说，《高子未刻稿》中自有"可存可亡"的应酬文字，但大部分篇章是因为带有浓厚的党人意气，才被陈龙正等人摈弃不录，其中最具代表性的莫过于《朋党说》一文。

作于万历四十三年（1615）的《朋党说》是唯一一篇原本收录在高攀龙自编的《就正录》之中而不见于《高子遗书》的文字。⑥ 此文在欧阳修（1007—1073）"君子为朋，小人为党"的观点的基础上，进一步认为：

> 党有偏党之党，有党类之党。偏党之党，则君子不党之党也。党类之党，则各于其党之党也。偏党之党不可有，党类之党不容无。君子之相与也，取其大节，掩其小疵，破末俗之雷同，持必察之独见。……君子小人之相为朋党也，如阴阳然，不足害世也。⑦

---

① 王重民：《中国善本书提要》"集部·别集类"，上海：上海古籍出版社，1983年，第653页。
② 吴振汉：《明儒高攀龙的思想与殉节》，《中央大学人文学报》第37期，第29～68页，2009年。
③ 此处借用全祖望（1705—1755）批评黄宗羲"党人之习气未尽"之语（全祖望：《答诸生问南雷学术帖子》，《鲒埼亭集外编》卷四十四，上海：上海古籍出版社，2008年，第1696页）。
④ 张夏：《洛闽源流录》卷十二《高攀龙传》，《四库全书存目丛书》史部第123册，影印清康熙二十一年（1628）黄昌衢彝叙堂刻本，第190页。
⑤ 按，《高子未刻稿》中与学术相关的篇章，除了前文提到的《东林会语》一则，还有《邹公宁尚书揆一序》《殷同仁先生语录序》《书扇》《与邹南皋先生（其六）》《答刘念台大行（其二）》和《答李见罗老先生》三封以及《束唐曙台明府》等，加起来占全书不到5%的篇幅。
⑥ 俱见高攀龙：《就正录》卷三《经说辩赞类》，乾隆七年《高子全书》本，第28～29页。
⑦ 高攀龙：《朋党论》，《高子未刻稿》御部，第78～80页。

高攀龙的这种论调，无论是当时那个士大夫动辄以"结党"相攻击的年代，还是在崇祯初年，都可谓是触犯时忌的大胆言论。① 且不论万历年间，即使是在高攀龙等人获得平反的崇祯初年，朝野中仍不乏指摘东林结党的声音。例如崇祯元年年底的钱谦益事件，便是有心人借反对"东林"、反对"结党"之名目以伸私欲的重大政治风波。② 到了崇祯三年初，韩爌、钱龙锡（1579—1645）等东林元老更因受到袁崇焕（1584—1630）的牵连，从此退出政坛。③ 此消彼长，继韩爌等人上台的周延儒（1593—1644）、温体仁（1573—1639）汲汲于推翻逆案、打击有东林背景的士大夫。另外，由上一章提到的明思宗认为修复书院会滋生"纷扰"的观点，也可以看出朝廷对万历年间东林书院讲学造成门户、党争的事情心存芥蒂。

在这样的形势下，当时的东林学人放弃高氏的朋党论，坚持声称高氏等人是被人诬以结党而"没于党祸"。④《就正录》是高攀龙在天启三年亲自裁定刊行的文集，有将自己最重视的文字就正于"世之君子"的意味⑤。对此陈龙正不会不知晓，而他选择将《朋党说》舍弃，从一个侧面体现此文内容在时过境迁之后是多么的不合时宜。⑥

虽然《高子未刻稿》中多有不合明末时宜的文字，但时移世易，其中不少篇章被收入清代编纂的高攀龙文集和年谱当中。首先，《高子未刻稿》中的论学文字，便全部收进了顺治十七年高世泰所编的《高子节要》中。⑦ 其次，《高子未刻稿》中的奏疏，既频频见引于顺治十六年高世泰删定的《高忠宪公年谱》，也全部收录在乾隆七年华希闵所编的《高子文集》卷一。而同为华氏刊行的《高子诗集》，其内容正是《高子遗书》和《未刻稿》诗作之和。⑧

（三）理学真儒：融会朱陆

上述讨论可见，钱士升、华允诚等人认为高攀龙是一名理学真儒，因此高氏不仅谥号

---

① 华允诚：《高忠宪公年谱》万历四十三年条，《北京图书馆藏珍本年谱丛刊》第59册，影印清康熙二十九年刻本，第380页。
② 谈迁：《国榷》卷八十九，第5461页。
③ 张廷玉等：《明史》卷二百五十一《钱龙锡传》，第6484～6485页。
④ 叶茂才：《资德大夫正治上卿都察院左都御史赠太子少保兵部尚书景逸高先生行状》，第145页。另外，据上一节的叙述，可见当时的东林学人采取了一种对时政敬而远之的态度。
⑤ 高攀龙：《就正录序》，《高子遗书》卷九上，第4页。
⑥ 在《高子未刻稿》中，这种充满党人习气的文字不仅存在于《朋党说》《娄江相记事》《癸巳记事》等叙议时事的篇章，也频见于祝寿文、祭文和书信之中。例如，高攀龙在给左光斗（1575—1625）之父左出颖祝寿的《左碧衢先生八十寿序》中便盛赞左光斗"续国脉之者心最苦""转国势者力最巨""开国运者功最伟"，"皆所以寿国也，皆所以寿先生（左出颖）也"。
⑦ 参加本文第四节的相关讨论。
⑧ 关于华希闵刊行的《高子文集》和《诗集》，参见本文附录《高攀龙文集版本概说》。

要"以学问为重",更有从祀孔庙的资格。由于当时高攀龙的学说尚未被广泛接受,所以他们编刻了收录高氏绝大多数论学文字的《高子遗书》,作为从祀孔庙的证据。同时,高氏那些颇见"党人习气"的文字,则因为不合明末时宜而被编进"未刻""藏于家"的《高子未刻稿》中,以免对高氏从祀造成不必要的麻烦。那么,钱士升、华允诚等人心目中的高攀龙,是一位怎样的理学真儒,有资格从祀孔庙呢?

具体言之,钱士升等人心目中的高攀龙理学形象,是一位融会朱陆异同,甚至兼有宋明从祀诸儒之长而无其短的理学真儒。这种观点发端于天启六年吴桂森所编的《真儒一脉》。

天启六年,吴桂森目睹东林书院毁于一旦,决心传承并表彰东林之学。他随即撰成《真儒一脉》一书,对顾宪成、钱一本和高攀龙的学术成就做出评价,认为他们有从祀孔庙的资格。①

《真儒一脉》的编纂用意见于吴桂森本人撰写的《真儒一脉叙》。吴氏认为正德、嘉靖以后兴起的王学刻意强调程朱和陆王的差别,致使"斯文一脉"出现分裂的危机。顾宪成、高攀龙等东林学者剖析王学与程朱之学的异同,使得"脉之分者复合",有继往开来、传承千古之统的功勋。②《真儒一脉》选录"皇朝从祀四先生"(薛瑄、胡居仁、王守仁和陈献章)和"东林三先生"(顾宪成、钱一本和高攀龙)的论学文字,作为显示"儒宗真脉的有其派"以及东林三先生足以从祀孔庙的证据。值得注意的是,虽然顾宪成被吴桂森视为东林学派的开创者,钱一本是吴氏学《易》的老师,但他却在《东林三先生赞》中独称高攀龙"洵天成道器,而真儒的脉",其评价程度高于顾、钱二人。③ 简言之,吴桂森心目中的"东林之学"是解决程朱、陆王之间的纠纷并承接儒宗真脉的学问,高攀龙等东林学者因此有从祀孔庙的资格。

吴桂森的观点得到当时东林学人的认同,因此他们纷纷为高攀龙争取一个"以学问为重"的谥号。④ 叶茂才在其撰写的高攀龙行状中,更声称当时之人"金谓集东林之大成者在存之(高攀龙字)矣"⑤。另外如前所述,钱士升不满钱谦益所撰的高攀龙神道碑铭"细述朋党梗概",因此自己另撰一篇。钱士升在其撰写的高氏神道碑铭中,认为高攀龙的风节和忠义都是其学问有成的体现;他心中的高攀龙学问,是兼有宋明从祀诸儒的长处而无其短。这种看法,在两年后的陈龙正《高子遗书序》中得到体现:

---

① 华贞元:《吴觐华先生传》,《东林书院志》卷九,第 321~327 页。
② 吴桂森:《真儒一脉叙》,《真儒一脉》不分卷,《四库全书存目丛书》子部第 15 册,影印明天启间刻本,第 350~352 页。
③ 吴桂森:《东林三先生赞》,《真儒一脉》不分卷,第 421~422 页。
④ 在吴桂森撰写《真儒一脉》后,其讲友邹期桢随之撰写了《东林诸贤言行录》作为羽翼和补充。按,《东林诸贤言行录》已佚,其大致内容和编纂用意见邹期桢《东林诸贤言行录序》和邹期相《东林诸贤言行录序》,《东林书院志》卷十六,第 637~639、639~640 页。
⑤ 叶茂才:《资德大夫正治上卿都察院左都御史赠太子少保兵部尚书景逸高先生行状》,《高忠宪墓志行述》,第 151 页。

  本朝大儒，无过文清（薛瑄）、文成（王阳明）。高子微妙逾于薛，而纯实无弊胜于王，至乎修持之洁、践履之方，则一而已矣。……然道脉自朱、陆以来终莫能合，薛非不悟也，而修居多；王非无力也，而巧偏重。一修悟，一巧力，一朱、陆，惟吾先生其人。①

  如本章第一节所述，陈龙正与钱士升围绕《高子遗书》的编刻问题进行了诸多讨论。在此之前，他们也有颇为密切的联系。② 钱士升、叶茂才两人的高攀龙碑传文字，也被陈龙正收进《高子遗书》的附录。因此，陈氏对钱、叶两人所塑造的高攀龙理学形象必不陌生，而他在《高子遗书序例》中，更明确认为高攀龙学问的功绩，在于融会了朱陆异同，结束了两派长期以来的纷争。③ 这种看法，是对吴桂森《真儒一脉》的观点的呼应，也是对钱、叶两人观点的修正和明朗化。为了证明高攀龙融会朱陆的学问，陈龙正在《高子遗书》中收录了高攀龙绝大多数的论学文字。其中，对高氏自认为解决了宋明以来关于《大学》文本问题的《古本大学题辞》等文字，陈龙正便细心加以编排，并将之收在《高子遗书》卷三《经说辩赞类》的开头，显示其重要程度高于收在同卷的《困学记》《静坐说》等篇章。④

  合上述讨论以观之，吴桂森、钱士升和陈龙正等第二代东林学人所塑造的高攀龙理学形象，是一名融会了朱陆异同、兼具宋明从祀诸儒之长的理学真儒。在这种认识下，虽然朝廷表彰了高攀龙的忠节，但他们坚持高氏的忠节是其学问有得的体现。因此，他们不仅要求高攀龙的谥号要"以学问为重"，更努力为高氏争取从祀孔庙的资格。在从祀努力受阻之后，他们转而从事表彰高攀龙的学问。崇祯五年刊行的《高子遗书》，便是这一时期塑造的高氏理学形象的体现。

  《高子遗书》刊行之后，由于东林学人在朝廷中缺乏足够的力量，从祀高攀龙一事始终难有进展。⑤ 崇祯十七年（1644），陈龙正起为南京国子监丞，上《近儒应从祀者议》，认为高攀龙、顾宪成和冯从吾三人"躬行心得，行己立朝，浑无瑕淬。其立教著书，或切实醇正，或究极精微。列置俎豆，并云无忝"⑥。但因为明王朝正处于危急存亡之秋，陈龙正的建议没有得到任何回应。而在前一年，高攀龙的侄子高世泰以湖广提学的职位致仕

---

① 陈龙正：《高子遗书序例》，第 569 页。
② 参见钱、陈两人文集中的书信部分。
③ 陈龙正：《高子遗书序例》，第 569 页。
④ 高攀龙：《古本大学题辞》《大学首章约义》《大学首章广义》《附录先儒复大学古本及论格致未尝阙传》《附录崔氏洹词》，《高子遗书》卷三，第 1～13 页。
⑤ 当然，高攀龙的学说在学者中仍存有颇大争议，也是对高氏从祀不利的因素之一。例如刘宗周便认为"古之有慈湖，今之有忠宪先生，皆半杂禅门。"（刘宗周：《答韩参夫》，《刘宗周全集》第三册《文编三·书》，杭州：浙江古籍出版社，2007 年，第 360 页）
⑥ 陈龙正：《近儒应从祀者议》，《幾亭全书》卷五十一，第 533～534 页。

归乡，担当起执掌东林书院的重任。① 在他的努力下，东林书院成为清初的一大学术重镇，其本人也因"能世其家学"而享誉儒林。② 但当时人已指出高世泰的学术进路与高攀龙有所不同。③ 如引言所述，古清美也注意到高世泰以高攀龙等人皆不同意的《格物补传》作为自己的学术宗旨。④ 另外，张履祥（1611—1674）曾批评高世泰编纂《高子节要》是"忠宪之不幸"⑤。《高子节要》究竟是一部什么样的文献，以致遭到张履祥如此严厉的指斥？为什么号称善守家学的高世泰，其学术进路会与高攀龙有所不同？

四、《高子节要》与清初高攀龙理学形象的转变

《高子节要》是高世泰等第三代东林学人编纂的高攀龙论学文字的选集。是书的编刻，充分反映了他们将高攀龙塑造成"程朱纯儒"的意图，以及完全转向程朱的论学立场。

（一）道统谱系的建构：《高子节要》的编纂旨趣

《高子节要》是由高世泰等人编纂的高攀龙论学文字选集。顺治十六年（1659），在删定《高忠宪公年谱》之后，高世泰与严毅、秦镛（1597—1661）等东林学人着手编纂《高子节要》，历时两个月完工。⑥ 据高世泰称，他们之所以重订年谱和编辑《节要》，一方面是为了让士人更好地了解高攀龙的学问⑦，不过，当时《高子遗书》"部废版失"，而"卷帙浩繁，重锓无力"⑧；另一方面，高攀龙尚有字数分量不亚于《遗书》的未刻藏稿（即《高子未刻稿》）不为人所知。因此，他们只能退而求其次，将两书的精要部分汇编成册。在《高子节要》卷首的《小引》中，高世泰交待了是书的编纂原则：

> 凡前贤已拈示，无取重申，或同志之折衷，芟其复说，他如《周易孔义》《春秋孔义》《正蒙集注》《四书讲义》诸另版行世，与应酬诸作之可已者，概不滥入。节之又节，专于理学之要逐条发明，敢就教于尊崇正学大君子。庶几先公之学可考而

---

① 熊赐履：《高汇旃先生传》，《东林书院志》卷十一，第465～468页。
② 李颙：《东林书院会语》，《二曲集》卷十一，北京：中华书局，1996年，第95页。
③ 例如，陆陇其（1630—1692）便指出高世泰之学与高攀龙有所不同［《三鱼堂日记》卷七，壬戌（康熙二十一年）正月廿三日条，《续修四库全书》史部第559册，影印中国科学院图书馆藏清同治九年浙江书局刻本，第552页］。
④ 熊赐履：《高汇旃先生传》，《东林书院志》卷十一，第465～468页。
⑤ 张履祥：《与许欲尔（其五）》，《杨园先生全集》卷七，北京：中华书局，2002年，第204页。
⑥ 秦镛：《高子节要序》，《高子节要》卷首，第1～2页。按，此篇序文在《高子节要》中有个别字句模糊不清，此处据卢文弨《常郡八邑艺文志》（光绪十六年刻本）卷六上《高子节要序》补。
⑦ 高世泰：《小引》，《高子节要》卷首，第1页。
⑧ 高世泰：《小引》，《高子节要》卷首，第2页。

知，而世泰编辑纰谬，望有是正云。①

　　由此可知，《高子节要》是高世泰等人收录高攀龙"理学之要"的著作。而结合他们的论学立场来看，不与程朱学说相违背，便是衡量"要"的标准。

　　清初的东林学术，完全可以用"恪遵闽洛"这四个字来概括。顾宪成等人虽然也有过这类标榜，但他们的学说实际上与程朱不尽吻合。②古清美根据高世泰以高攀龙、顾宪成等人皆不赞同的《格物补传》为自己的学术依归，推断清初东林书院可能完全倒向了程朱阵营。③事实上在东林书院中，并非高世泰一人有这样的主张。例如张夏便明确声称学者为学，"必先格物，必读《补传》"④。除此而外，清初东林学人还在"圣学宗传，唯求一是"的理念下，努力建构以"程朱正脉"为中心的道南谱系。在他们眼中，"薛、胡两先生之后，惟东林居敬穷理之学，守程朱而不变，斯为真且正"⑤。

　　出于论学立场相近的原因，高世泰等东林学人与当时的许多程朱学者保持着密切的联系。在《高子节要》成书前后，刁包已经选择高攀龙的学说作为自己的学问依归，并与高世泰有书信上的联系。⑥顺治十六年，孙承泽（1593—1676）辞官归隐，潜心理学。⑦魏裔介（1616—1686）也开始以"程朱正学"的形象在儒林中产生重要影响。⑧这两人同样与高世泰保持密切往来。例如康熙八年（1669），他们相继撰成《学约续编》和《圣学知统翼录》，并随即寄示高世泰。⑨高世泰收到之后，将之与刁包《潜室札记》和陈揆（？—1661，陈龙正之子）《省心日记》并梓行之，编成《紫阳通志录》四卷。⑩除此而外，自称张载（1020—1078）后代的张能鳞（顺治四年[1647]进士）在担任江南学政期间，也与高世泰、严毂等东林学人有所往来。⑪顺治十五年（1658），高世泰还为张氏

---

① 高世泰：《小引》，《高子节要》卷首，第2页。
② 参见古清美《顾泾阳、高景逸思想之比较研究》中的第二章"顾、高二人对宋明儒的评价与取舍"，第三章和第四章"顾、高二人之论学（一）"和"（二）"，第49～246页。
③ 古清美《顾泾阳、高景逸思想之比较研究》第五章"顾、高二人讲学东林之影响及其学之评价"第二节"顾、高之学的流传与清代东林书院之讲学风气"，第267页。
④ 熊赐履：《高汇旃先生传》，《东林书院志》卷十一，第468页。
⑤ 高世泰：《道南列传叙》，《东林书院志》卷十六，第650页。
⑥ 刁包：《与高锡山学宪书》，《用六集》卷四《书》，第272页。
⑦ 王崇简：《光禄大夫太子太保都察院右都御史吏部左侍郎孙公行状》，《青箱堂文集》卷八，《四库全书存目丛书》集部第203册，影印清康熙二十八年王燕刻本，第485～487页。
⑧ 魏荔彤：《魏贞庵先生年谱》，魏象枢：《兼济堂文集》附录，北京：中华书局，2007年，第591～596页。
⑨ 永瑢等：《四库全书总目》卷九十七，子部七《儒家类存目三·紫阳通志录》，第821页。
⑩ 永瑢等：《四库全书总目》卷九十七，子部七《儒家类存目三·紫阳通志录》，第821页。
⑪ 张能鳞：《与高汇旃先生书》，《西山集》卷五，《四库全书存目丛书》集部第216册，影印清刻本，第429～430页。另外，据乾隆《江南通志》卷一百五《职官志》，张能鳞任江南学政是在顺治十三年到十六年期间。

与陆世仪（1611—1672）合作编纂的《儒宗理要》撰写序言。① 这些方面足以证明清初东林学人在论学立场上转向了程朱一方。②

在此尊奉程朱的学术旨趣之下，高世泰等人希望借着《高子节要》的编纂，建立一个"六先生"相传的谱系，赋予高攀龙"朱子之后一人"的地位。《高子节要》在卷次内容的安排上仿效朱子《近思录》和高攀龙的《朱子节要》，十四卷的标题分别为《论道体》《论学》《致知》《存养》《克治》《家道》《出处》《治体》《治法》《居官处事》《教人之法》《警戒改过》《辨别异端》和《总论圣贤》。高世泰等人希望借此显示这三部书的"一以贯之"，由此建立一个周敦颐、张载、二程、朱子和高攀龙一脉相承的学谱。例如秦镛便认为：

> 愚窃以为儒统之源流宜合，不合则指归不一。……昔者周子有《通书》《太极》，张子有《正蒙》《西铭》，二程有《全书》《易传》，朱子以十四条例分之，而四先生之书焕然若出于一而不可复离。朱子之书有文集、有语类，皆至百卷，学者茫乎浩乎不得其津涯。先师高子以《近思录》条例节之，于是五先生之书焕然若出于一而不可复离。先师高子之书有已刻、有未刻，其已刻者莫要于《就正录》而大全未覩，莫备于《遗书》而体裁不一。于是学宪汇旃氏（高世泰）以《朱子节要》条例编之，而六先生之书又焕然若出于一而不可复离。③

在高世泰等东林学人的认识中，高攀龙是接续朱子之学的真儒，因此具有从祀孔庙的资格。汪学圣认为"高子学朱子之学以学孔子者也，论血脉，高子依然朱子也"，因此希望"后之学者由高子以学朱子，由朱子学孔子、尧、舜、汤、文"。④ 华允谊在《高子节要序》中明确表示《高子节要》的编纂，正是为高攀龙从祀孔庙张本：

> 高汇旃先生……先寄示两卷，首论道，次论学。……所愿节之又节，约之又约。……使忠宪之道焕然大明，如日中天，而后知先生真朱子之后一人也。异日从祀庙廷，程、朱而下，薛、王、胡、陈而上，先生宜接而安之，御冷先生（钱士升）之言不诬矣。⑤

---

① 高世泰：《儒宗理要序》，张能鳞：《儒宗理要》卷首，《续修四库全书》子部第944册，影印清顺治十五年刻本，第283页。
② 另外，陆世仪和李颙（1627—1705）两人都曾在高世泰的邀请下前往东林书院讲学。李颙著有《东林书院会语》，而陆世仪亦有《高顾两公语录大旨》，肯定顾、高二人的讲学宗旨和"挽衰救弊"的时代功绩。陆氏更因无锡一行读了高攀龙的《大学古本题辞》，服膺其"格致错简"的观点，并撰写《补注虚斋格致传》加以阐发。
③ 秦镛：《高子节要序》，《高子节要》卷首，第1~2页。按，此篇序文在《高子节要》中有个别字句模糊不清，此处据卢文弨《常郡八邑艺文志》（光绪十六年刻本）卷六上《高子节要序》补。
④ 汪学圣：《高子节要跋》，《高子节要》卷末，第2页。
⑤ 华允谊：《高子节要序》，《高子节要》卷首，第4页。

崇祯二年，华允谊劝阻其弟华允诚上疏，认为从祀高攀龙的时机尚未成熟，宣扬高氏之学才是当务之急。因此华允谊与钱士升等人一道，通过年谱和文集的编纂，向世人展示高攀龙贯通朱陆、直接道脉的学问。三十一年后，同样是作为高攀龙从祀孔庙的支持者，华允谊、高世泰等人却完全换了一套说辞，从"兼有宋明从祀诸儒之长而无其弊"到"朱子传人"。东林书院数十年学术旨趣的转变，在这一点上得到淋漓尽致的体现。

高世泰等东林学人对高攀龙学说的宣传，在学界中也得到相当程度的认同。例如魏裔介在《圣学知统翼录》中写道：

> 先生编《朱子节要》而五先生之书合而为一，高汇旃复编《高子节要》而六先生之书合而为一，先生之方规文清而绍继朱子无疑也。①

这几乎是在重复秦镛的观点。而刁包的"学程朱而不由高子，是入室而不由户"②，也与汪学圣推崇高攀龙的说辞如出一辙。

综上所述，《高子节要》的编纂，目的是建构一个从周、张、二程、朱子直接到高攀龙的道统谱系，赋予高氏"朱子之后一人"的重要地位，为其从祀孔庙张本。这体现了清初东林学术以程朱为依归的旨趣。确定这一点后，高世泰在删定《高忠宪公年谱》的时候没有引用高攀龙"自述生平进学次第"的《困学记》的问题，至此便有了解释。而在《明儒学案》的《高景逸学案》中，黄宗羲在高攀龙的传记后面抄录其《困学记》全文。③《高景逸学案》中的《困学记》，与《高子遗书》原文相比较，只有四处不同的地方。其中最关键处在于黄宗羲将高攀龙在揭阳悟道之前的誓语"此行不彻此事，此生真负此身矣"中的"此身"换成"此心"。④ 这一改动，显得高攀龙发愤悟道是为了证明本心。古清美指出《高景逸学案》通过对高攀龙论学文字的去取，将高氏观点牵合王学，"证明梨洲自己所断定'阳明致知即景逸格物'之语是正确的"⑤。黄宗羲的举措，无疑是出于维护王学的考虑。那么，以程朱为论学依归的高世泰，其《高子节要》又会对高攀龙的学问作何取舍？下节从高世泰对《困学记》等高攀龙论学文字的处理出发，深入探讨《高子节要》的文本问题，以见清初东林学人对高攀龙学说的具体态度。

---

① 魏裔介：《圣学知统翼录》卷下《高攀龙》，第235～236页。
② 刁包：《潜室札记》卷上，第283页。
③ 黄宗羲：《明儒学案》卷五十八《东林学案一·高景逸学案》，第1399～1402页。
④ 其余的三处不同，分别是将"僧房静坐，自觅本体"换成"自见本体"，在"登楼甚乐"之后省去"手持二程书"一句，以及将"观二氏而益知圣道之尊"换作"观二氏而益知圣道之高"（《明儒学案》卷五十八，第1400、1401页）。
⑤ 古清美：《黄宗羲东林学案与泾阳、景逸原著之比较》，氏著：《顾泾阳、高景逸思想之比较研究》第五章之"附论"，第269～281页。

（二）节之又节，求合程朱：《高子节要》的文本问题

《高子节要》卷二《论学》的第一则便是取自《困学记》。为了更清楚地呈现高世泰对《困学记》的处理，下面将以《高子节要》卷二的这段文字为底本，与《高子遗书》中的《困学记》进行比勘。比勘的凡例如下：首先，凡高世泰在选录过程中删掉的字词句段，以括号"【　】"、黑体字标明。其次，凡高世泰在选录过程中增加的字词句，则用圆括号"（　）"加下划线标明。

吾年二十有五（万历十四年［1586］），闻令公李元冲名复阳与顾泾阳先生讲学，始志于学。以为圣人所以为圣人者，必有做处，未知其方。看《大学或问》，见朱子说"入道之要，莫如敬"，故专用力于肃恭收敛，持心方寸间，但觉气郁身拘，大不自在。及放下，又散漫如故，无可奈何。久之，忽思程子谓"心要在腔子里"，不知腔子何所指？果在方寸间否耶？觅注释不得，忽于《小学》中见其解曰："腔子犹言身子耳"，大喜。以为心不专在方寸间，浑身是心也【，顿自轻松快活】。【适】江右罗止庵【名懋忠】来讲李见罗修身为本之学，正合于余所持循者【，益大喜不疑】。是时，只作知本工夫，使身心相得，言动无谬。【己丑（万历十七年［1589］）第后，益觉此意津津。忧中读《礼》读《易》。】壬辰（二十年［1592］），谒选。【生平耻心最重，筮仕】自盟曰："吾于道未有所见，但依吾独知而行，是非好恶无所为而发者，天启之矣。"【验之，颇近于此。略见本心，妄自担负，期于见义必为。】冬至【朝天宫】习仪，僧房静坐，(静)【自】觅本体。忽思"闲邪存诚"句，觉得当下无(私)【邪】，浑然是诚，更不需觅诚【，一时快然如脱缠缚】。【癸巳（二十一年［1593］），以言事谪官，颇不为念。归尝世态，便多动心。】

甲午秋，赴(谪所)【揭阳】，自省胸中理欲交战，殊不宁帖(，)【。在武林与陆古樵、吴子往谈论数日，一日古樵忽问曰："本体何如？"余言下茫然，虽答曰："无声无臭。"实出口耳，非由真见。将过江头，是夜明月如洗，坐六和塔畔，江山明媚，知己劝酬，为最适意时。然余忽忽不乐，如有所束。勉自鼓兴，而神不偕来，夜阑别去，余便登舟。猛省曰："今日风景如彼，而余之情景如此，何也？"穷自根究，】乃知于道全未有见，身心总无受用。遂大发愤(，)【曰："此行不彻此事，此生真负此身矣。"明日，于】舟中【厚设褥席，以】严立规程，半日静坐，半日读书。【静坐中不贴处，只】将程、朱所示法门参求于几，"诚敬主静"、"观喜怒哀乐未发"、"默坐澄心"、"体认天理"等一一行之。【立坐食息，】念念不舍(者两月。)【，夜不解衣，倦极而睡，睡觉复坐，于前诸法，反覆更互，心气清澄时，便有塞乎天地气象，第不能常。在路二月，幸无人事，而山水清美，主仆相依，寂寂静静。晚间，命酒数行，停舟青山，徘徊碧涧，时坐磐石，溪声鸟韵，茂树修篁；种种悦心，而心不着

境。过汀州，陆行至一旅舍，舍有小楼，前对山，后临涧，登楼甚乐。手持二程书，】偶见明道【先生】(语) 曰："百官万务，兵革百万之众，饮水曲肱，乐在其中。万变俱在人，其实无一事也。"猛省曰："原来如此，实(此)【无】一事也。"一念缠绵，斩然遂绝，【忽如百斤担子，顿尔落地。又如电光一闪，透体通明，遂与大化融合无际，更无天人内外之隔。至此见六合皆心，腔子是其区宇，方寸亦其本位，神而明之，总无方所可言也。】平日深鄙学者张皇说悟，此时只看作平常，自知从此方好下工夫耳。

【乙未（二十三年 [1595]）春，自揭阳归，取释、老二家参之，释氏与圣人所争毫发。其精微处，吾儒具有之，总不出无极二字；弊病处，先儒具言之，总不出无理二字。观二氏书而益知圣道之尊，若无圣人之道，便无生民之类，即二氏亦饮食衣被其中而不觉也。戊戌（二十六年 [1598]），作水居，为静坐读书计。然自丙申（二十四年 [1596]）后数年，丧本生父母，徙居婚嫁，岁无宁息，只于动中练习，但觉气质难变。】甲辰（三十二年 [1604]），【顾泾阳先生始】作东林精舍，大得朋友讲习之(助)【功】，【徐而验之，】(然) 终不可无端居静定之力。盖各人病痛不同，大圣贤必有大精神，其主静只在寻常日用中。学者神短气浮，便须数十年静力，方得厚聚深培。而最受病处，在自幼无小学之教，浸染世俗，故俗根难拔。必埋头读书，使义理浃洽，变易其俗肠俗骨，澄神默坐，使尘妄消散，坚凝其正心正气，乃可耳。余【以最劣之资，即有豁然之见，而】缺此一大段工夫，【其何济焉！】所幸呈露面目以来，才一提策，便是原物。丙午（三十四年 [1606]），方实信得【孟子】"性善"之旨。【此性无古无今，无圣无凡，天地人只是一个。惟最上根，洁清无蔽，便能信入。其次全在学力，稍隔一尘，顿遥万里。孟子所示瞑眩之药也。】丁未，方实信程子"鸢飞鱼跃"与"必有事焉"之旨(,)【。谓之性者，色色天然，非由人力。鸢飞鱼跃，谁则使之？勿忘勿助，犹为学者戒勉。若真机流行，弥漫布濩，亘古亘今，间不容息，于何而忘？于何而助？所以必有事者，如植谷然，根苗花实，虽其自然变化，而栽培灌溉，全在勉强问学。苟漫说自然，都无一事，即不成变化，亦无自然矣。】辛亥（三十九年 [1611]），方实信《大学》知本之旨【，具别刻中】。壬子，方实信《中庸》之旨。此道绝非名言可行。【程子名之曰"天理"，阳明名之曰"良知"，总不若"中庸"二字为尽。】中者停停当当，庸者平平常常，【有一毫走作，便不停当，】有一毫(走)【造】作，便非平常，本体如是，工夫如是，天地圣人不能究竟，况于吾人，岂有涯际？勤物敦伦，谨言敏行，兢兢业业，毙而后已云耳。【困而学之，年积月累。厥惟艰哉，而不足以当智者一笑也。同病相怜，或有取焉。甲寅（四十二年 [1614]）孟秋。】①

---

① 《高子节要》卷二《论学》第一条，第1～2页。

由上可见，《高子节要》一共对《困学记》作了三十六处改动。这些改动据其内容可大致分为以下五种类型。

第一，删去含有超悟体验的词语。这是颇为重要的改动，共有两处。一处是删去了"心气清澄时，便有塞乎天地气象"（第十八处）。另一处出现在高攀龙领悟"万变俱在人，其实无一事"之后。高世泰删去了从"忽如百斤担子，顿尔落地"到"总无方所可言也"这段掺有"六合皆心"等超悟体验的文字（第二十二处）。

第二，高世泰对于高攀龙的某些进学方法和修悟体验也作了改动。例如，高攀龙本来是"静坐中不贴处"才参求"程朱所示法门"，而《高子节要》便隐瞒了这层关系（第十七处）。再如，高世泰将"实无一事"改为"实此一事"，也可能是让《困学记》的措辞看起来更加"醇正"（第二十一处）。

第三，如第八处"朝天宫"、第二十三处"取释、老二家参之"等牵涉到佛、老的措辞，也被高世泰一概抹去。

第四是无关学术醇驳的文辞省略，又可以分为三种类型：一是描述领悟学理之后的欣喜心情，如"顿自轻松快活"（第一处）、"益大喜不疑"（第四处）和"一时快然如脱缠缚"（第十一处）等；二是颇见意气的措辞，如"略见本心，妄自担负"（第七处）、"生平耻心最重"（第六处）和"癸巳，以言事谪官，颇不为念。归尝世态，便多动心"（第十二处）等；三是如第二十七处和第三十六处省去了高攀龙的谦辞。

第五，最后一种情况，即第三十处关于"性"的讨论，被高世泰单独列为同卷的第十二条。

简而言之，高世泰虽然删去了《困学记》中诸如在程朱立场看来牵涉超悟的文字，但仍然保留了高攀龙"入道次第"的大概面貌。这样的处理方法，不同于他删定《高忠宪公年谱》的时候。

记载于《高子遗书》本的《困学记》中但不见于《高忠宪公年谱》的总共有六处。第一处是高攀龙万历十四年闻李复阳和顾宪成讲学而"始志于学"的事情①；第二处是高氏领悟"心不专在方寸间，浑身是心也"以及聆听罗懋忠讲学二事；第三处是壬辰谒选之誓和冬至习仪的体悟；第四处是癸巳谪官后的感慨②；第五处是甲午舟中"半日静坐、半日读书"和旅舍小楼顿悟③；第六处是乙未年在家"取释、老二家参之"的事情④。《年谱》的做法几乎将高攀龙在《困学记》中指示的"入道次第"完全抹去，是高世泰等人"求合程朱"的用心的更彻底体现。

虽然《高子节要》基本上能够反映高攀龙的为学进路，但对于高攀龙学问中与程朱相

---

① 高世泰：《高忠宪公年谱》卷上，万历十四年条，第496页。
② 高世泰：《高忠宪公年谱》卷上，万历二十一年条，第503～504页。
③ 高世泰：《高忠宪公年谱》卷上，万历二十二年条，第510～524页。
④ 高世泰：《高忠宪公年谱》卷上，万历二十三年条，第524～525页。

违背的部分,则几乎只字不选。这些《高子节要》所不选的内容大致可以分为四类。第一,高攀龙虽然推崇格物之说,但他认为古本《大学》完整无缺,朱子《格物补传》实属多余。因此,《高子节要》便没有收录体现这种观点的《古本大学题辞》《大学首章约义》和《广义》。① 第二,涉及"捷悟"的文字。主要以《困学记》中的"六合皆心""顿自轻松快活"等为代表。第三,诸如"心无一事之谓敬""敬者无绝之敬"的观点。第四,以《复七规程》为代表的,涉及神秘体验的文字。在《高子节要》成书前后,孙承泽、魏象枢(1617—1687)等人有过关于高攀龙学术得失的讨论。例如孙承泽认为高氏学问"恐涉捷悟",初学者不易模仿。② 魏象枢怀疑"心无一事之谓敬"近似禅学。③ 高世泰虽然与他们来往密切,但《高子节要》对这些文字一概不选,恐怕更得力于对程朱和高攀龙学说的高度熟悉。是书详细收录高氏静坐方法的现象也表明了这一点。

明末清初的不少儒者对高攀龙的静坐法有不同的看法。前述明末孙慎行是一例,清初的魏象枢又是一例。与孙氏的委婉批评不同,魏氏甚至认为"静坐之说未尝闻自尼山"④,完全加以否定。

尽管这样,最完整地体现高氏静坐法门的《静坐说》和《静坐说书后》却一字不差地收录在《高子节要》卷四《存养》之中。不仅如此,这一卷也基本成为阐发静坐之义的专章。个中原因,或许是"半日静坐、半日读书"毕竟出自朱子之口,程颐等人亦有类似举措,所以不能强说静坐之法就一定有违程朱、一无可取。正因如此,"穷理静坐"一直是清初东林学术的重要特色。⑤

总的来说,《高子节要》以符合程朱学说作为判定高攀龙学术醇驳的标准。在此前提下,高攀龙的为学进路和学问特色还是得到一定程度的保留。不过,《高子节要》中也有一处特别的地方,那就是卷二的第七十条:

> 《大学》三纲领所重在知止,八条目所重在知本。知本斯知止矣。知所先后,斯知本矣。先者格物也,修身为本也。只要实信得过,故曰:"此谓知本,此谓知之至也"。曰格物则知本矣,知本则知至矣。知至则知止矣。由是观之,《格物》一章原不缺。⑥

这段文字成为漏网之鱼,是否出自高世泰的良苦用心,目前不得而知。不过,由《高子节要》收录这段文字和静坐说等内容来看,前面提到的张履祥批评高世泰所编《节要》是"忠宪之不幸"的情况便有了解释。张氏此语,出自他作于康熙八年的《与许欲尔》:

---

① 俱见高攀龙:《高子遗书》卷三《经说辨赞类》。
② 刁包:《答孙北平少宰书(其一)》,《用六集》卷二,第242~243页。
③ 魏象枢:《与刁蒙吉先生书(其六)》,《寒松堂全集》卷九,第433页。
④ 魏象枢:《与刁蒙吉先生书(其六)》,《寒松堂全集》卷九,第433页。
⑤ 参见钱穆:《中国近三百年学术史》第一章"引论",第22页。
⑥ 高世泰:《高子节要》卷二《论学》,第27页。

> 承示《高子节要》，闲一读之，尚嫌数条有未要者。于其所录之有未要，不能无疑于要者之未必录也。……忠宪其人，诚君子也，但当时订文集者固已失之于前，而今兹《节要》复不能正之于后，则亦忠宪之不幸也！①

张履祥是清初最为严守程朱家法的儒者之一，他对顾、高学说的评价非常低。顺治元年，张氏觉得其师刘宗周之说"于程朱犹有出入"，因此"择其纯者辑为一书，曰《刘子粹言》"。② 顺治十五年，张履祥公开批评东林之学"如齐、晋之称伯，尊周攘夷，而功罪不可相掩"③。而东林之"罪"，在于"见为辟邪崇正，而不脱禅家脉路"④。到了晚年，他干脆认为东林之学"杂而无足取"⑤。

明白了这些，自然不难理解张履祥看到《高子节要》收录《静坐说》和"《格物》一章原不缺"等论学文字的极端不满了。更有意思的是，他与同门黄宗羲虽然在论学立场上势如水火，但都对高世泰多有恶评。只不过前者批评高世泰转向程朱的程度还不够彻底，而后者认为"忠宪之格物与阳明之格物，无有二也"，"高汇旃妄肆讥弹，于忠宪之学，何曾梦见"。⑥

（三）转变的真儒：程朱纯儒

合以上两节讨论以观之，高世泰等第三代东林学人希望通过《高子节要》的编刻，塑造高攀龙"程朱纯儒""朱子传人"的理学形象。如许多讨论所言，清初学术界出现了由多元转向"独尊程朱"的现象。⑦ 顺治十六年朝廷下令将民间有违朱子学说的《四书诸家解》《四书大全辩》等书毁版。⑧ 这一举动明显表示了清王朝"独尊程朱"的思想倾向。与此同时，许多著名儒者也纷纷反思明代王学的弊病，提倡返回"无弊"的程朱学。⑨ 如本章第一节所述，高世泰等清初东林学人对当时思想界的动态有相当的了解。因此，为了更好地扩大东林书院的影响力，他们在论学立场上完全投向了程朱一边，塑造高攀龙理学形象一事便很好地反映了这一点。

---

① 张履祥：《与许欲尔（五）》，《杨园先生全集》卷七，第204页。
② 钱仲联：《广清碑传集》卷三，苏州：苏州大学出版社，1999年，第140页。
③ 张履祥：《答沈德孚（戊戌）》，《杨园先生全集》卷四，第87页。
④ 张履祥：《与何商隐（十六）》，《杨园先生全集》卷五，第121页。
⑤ 张履祥：《答张佩葱质疑（二十八）》，《杨园先生全集》卷十二，第336页。
⑥ 黄宗羲：《与顾梁汾书》，《黄宗羲全集》第十册《书类》，第213页。
⑦ 参见王汎森：《明末清初思想中之"宗旨"》，氏著：《晚明清初思想十论》，第107~116页。
⑧ 《大清世祖章皇帝实录》卷一百二十九，台北：华文书局，1964年，第6页。
⑨ 例如，钱穆根据顾炎武《日知录》卷十八"朱子晚年定论"一条，以王衍、王安石和王守仁"三王"并称，而称赞罗钦顺、陈建和孙承泽，认为"在野大儒亦主正学，俨若与朝贵相桴鼓矣"（氏著：《中国近三百年学术史》第七章《李穆堂》，第289~290页）。

在时代学风和自身论学立场的交互影响下，清初东林学人将高攀龙塑造成"朱子之后一人"的程朱纯儒。这种认识，与明末钱士升、华允诚等人塑造的融汇朱陆的真儒形象有极大的不同。崇祯年间，东林学人基于他们对高攀龙的认识，编刻了收录高氏绝大部分论学文字的《高子遗书》，作为其从祀孔庙的证据。三十余年后，同样是为从祀张本，清初东林学人所编的《高子节要》却以符合程朱学说与否作为高攀龙论学文字的去取标准，其目的是塑造高攀龙"程朱纯儒"的理学形象。

《高子节要》在清初具有一定的影响力。例如魏裔介在《圣学知统翼录》中便认为学者若要了解高攀龙的学问，"于《遗书》《节要》，详玩深思之可也"①。张履祥的同门恽日初编纂其师刘宗周的论学文字为《刘子节要》，很有可能是受到《高子节要》的启发。恽日初"宗仰高、刘穷理主敬之学"，与东林学人过从甚密。②《刘子节要》作于康熙八年（1669），而康熙二年，恽氏还应高世泰、严毅等人的邀请参与《东林书院志》的编纂工作。因此，恽日初不大可能不清楚《高子节要》的存在。《刘子节要》不仅在书名和体例上完全仿效《高子节要》，而且在编纂的过程中也同样牵合刘宗周的理学观点以求同于程朱的宗旨，遭到坚持师说的黄宗羲指责，并拒绝为之作序。而黄氏基于高世泰"于忠宪之学何曾梦见"的感慨，在编纂《高景逸学案》的时候侧重选取《高子遗书》中为《高子节要》所不取的文字，并通过一些文本改动，塑造符合自己阳明学立场的高攀龙"王学修正者"的学术形象。

五、余 论

以上正文的讨论显示，《高子遗书》《高子节要》等高攀龙著作的编刻，都是为了给高氏塑造一个符合当时真儒标准的理学形象，增强其从祀孔庙的说服力。在结语部分，笔者以正文的讨论结果为例，展示文本变动与真儒形象转变之间的关系，并连带地简单述析清代从祀高攀龙的言行及失败原因。

明代中叶以后，士人关于朱陆异同和《大学》文本问题的争论几乎到达白热化的阶段，人们都在热切盼望出现一种能够敲定谁是谁非的声音。③ 生活在这样学风下的高攀龙，不仅有参与《大学》文本问题讨论的《古本大学题辞》等篇章，而且能够不带门户之见地吸收朱、陆两家之长。正因如此，明末的东林学人一再强调高攀龙是一名融会了朱陆异同，甚至兼有宋明从祀诸儒之长而无其短的理学真儒，目的是凸显高氏学说对当时学术的重要性，增强高氏从祀的说服力。在争取从祀的努力受挫之后，他们转而表彰高氏的学问。崇祯五年刊行的《高子遗书》便是以上观念的反映。《高子遗书》收录了高攀龙绝

---

① 魏裔介：《圣学知统翼录》卷下《高攀龙》，第 235 页。
② 高崶：《恽逊庵先生传》，《东林书院志》卷十一，第 472 页。
③ 参见王汎森：《明代后期的造伪和思想争论》，氏著：《晚明清初思想十论》，第 29～49 页。

大多数的论学文字，意在表彰其融会朱陆的学问，作为从祀孔庙的证据。与此同时，高攀龙那些颇见党人习气的文字，则因为不合时宜而被收录在"藏于家"的《高子未刻稿》中。

到了清代初年，学术界已经出现了由多元化转向独尊程朱的学术风潮，无论是当朝名宦还是在野大儒，都在批评明代学术的弊病。与此相应，符合程朱学说与否渐渐成为士人衡量"真儒"的标准，孙承泽、魏裔介等人的学谱类著作便反映了这种趋向。在这种学风下，原本《高子遗书》塑造的高攀龙理学形象，显得不利于高氏从祀孔庙，刁包上书王崇简（1602—1678）一事便体现了这点。① 因此，高世泰等人紧随时代学风，选择高攀龙学说中不与程朱相违背的部分，编成《高子节要》一书。《高子节要》不仅舍弃《古本大学题辞》等不遵程朱之说的篇章，而且剔除了高氏关于"顿悟"和神秘体验的文字。通过《高子节要》的编刻，高世泰等人将高攀龙塑造成"朱子之后一人"的程朱纯儒，希望以此增加其从祀孔庙的说服力。

《高子节要》确实有一定的影响力，但仍然不能让高攀龙顺利从祀孔庙。这其中有三个方面的原因。

第一，在高世泰去世后不久，朝廷独尊程朱的取向更加明显，《高子节要》塑造的高攀龙"程朱纯儒"的理学形象已经不够"醇正"。康熙二十年（1681）前后，陆陇其等新一代严守程朱立场的学者掀起了批判明代儒学的浪潮。他们认为，明代儒者除了薛瑄、胡居仁等数人，几乎无一可取。② 在此情况下，高攀龙自然不能幸免。例如陆陇其便认为：

> 晚明诸儒学术之正，无如泾阳、景逸。……其痛言阳明之弊，亦可谓深切著明矣。而考其用力所在，质之紫阳，亦有不能无疑者，姑取高子书中数端言之。其《困学记》所谓旅舍小楼见六合皆心者，朱子有此光景乎？其《行状》所谓焚香兀坐，坐必七日者，朱子有此功夫乎？其《遗疏》所谓君恩未报，愿结来生者，朱子有此等语乎？又朱子自云平生精力尽于《大学》，而《格致》一章则其教人起手之所在也。……景逸既尊朱子，而亦以古本为是，以不分经传为是。以格物为知本，此何谓也？又阳明无善无不善之说渊源告子，不知性之甚者也。景逸既深知其非矣，却又云"无善之说不足以乱性，而足以乱教"。夫性与教若是其二乎？既足乱教而谓不足乱性，又何为也？此皆大纲所在而相左如此，学者将何所取舍乎？故窃尝谓有明诸儒……即泾阳、景逸，亦未能脱姚江之藩篱。谓其尊朱子则可，谓其为朱子之正脉则未也。③

---

① 刁包：《与王燕山宗伯书》，《用六集》卷一，第235页。
② 参见钱穆：《陆稼轩学述》，氏著：《中国学术思想史论丛（八）》，北京：生活·读书·新知三联书店，2009年，第126～151页。
③ 陆陇其：《答嘉善李子乔书》，《三鱼堂文集》卷五，《景印文渊阁四库全书》集部第1325册，第61页。

"谓其为朱子之正脉则未也",意味着陆陇其否定了高世泰等人塑造的高攀龙形象。值得注意的是,这些被陆氏所批评的高攀龙学说其实无一收录在《高子节要》中。由此可见,《高子节要》所塑造的高攀龙理学形象,并不能让高氏的学说免受时人的非议。① 结合相关文字可以看出,陆陇其肯定的只是高攀龙推崇程朱的态度。对于高氏的学说,他一向鞭挞不遗余力。② 陆氏的态度,与其前辈孙承泽、魏象枢等人颇不相同。例如,孙氏虽然认为高攀龙学问有捷悟之嫌,与程朱多有出入,但仍视之为程朱道统在明代的传承者之一。③ 陆陇其的说法,严重影响了高攀龙的学术声誉。在康熙四十八年(1709),高攀龙的支持者、华允谊的后人华希闵(1672—1751)还为此事向时任江苏巡抚的理学名臣张伯行(1651—1725)极力解说。④

为配合独尊程朱的政策,康熙帝下诏将朱子附于"十哲"末尾。朱子在孔庙的地位,自此超越汉唐宋明诸儒之上。在雍正二年(1724)的大典中,得以从祀孔庙的宋明儒者,都属于谨守程朱家法的类型。陆陇其也名列此次的增祀,成为清朝第一位从祀孔庙的儒者。⑤ 这些现象表明有资格从祀孔庙的宋明儒者,只能是那些循规蹈矩的"程朱纯儒"。在此情形下,虽然阎若璩(1636—1704)极力向朝廷建言高攀龙"一代正骨,力肩斯道,凡于学脉几微曲折,辨析不漏毫茫","当续入从祀",⑥ 但高氏终究未能分食一块冷肉于孔庙。

第二,缺乏推动从祀高攀龙的力量。首先,东林书院的主持者几乎都是清一色的布衣,在朝中没有什么影响力。其次,高世泰之后,东林学人没能像陈龙正、高世泰那样,采取制造文本等措施重塑高攀龙的理学形象。另外,东林学人结交的当世名儒,不是没有权势,即使想争取高攀龙从祀也有心无力(如刁包),就是没有相关的动作。熊赐履(1635—1709)虽然号称与东林渊源颇深,但他却从来不敢公开赞扬顾宪成、高攀龙的学说。⑦

---

① 与此同时,陆氏也严厉批判刘宗周关于"意"和"慎独"等观点,而这些同样不见于《刘子节要》。参见王汎森:《明代后期的造伪和思想争论》,氏著:《晚明清初思想十论》,第29~49页。
② 事实上,陆陇其虽然肯定高攀龙推崇程朱的态度,但认为高氏"治病而不能尽绝其根"(《三鱼堂文集》卷二《学术辨上》,第15~16页)。除此以外,陆氏对高攀龙的学说几乎没有一句肯定的评语(《读朱子告郭友仁语》《答徐健庵先生书》等,《三鱼堂文集》卷四,第41页;同书卷五,第65~67页)。
③ 魏象枢:《学约请问与孙退谷先生问答》,《寒松堂全集》卷十二,第634页。
④ 华希闵:《上仪封张公论学第二书》,《延绿阁集》卷九,《四库未收书辑刊》第9辑第17册,影印清雍正间刻本,第701~702页。
⑤ 《大清世宗宪皇帝实录》卷二十三,台北:华文书局,1964年,第24页。
⑥ 阎若璩:《尚书古文疏证》卷八,上海:上海古籍出版社,2010年,第679页。
⑦ 例如,熊赐履即使在其所撰的《重修东林书院记》中,也只是强调"讲学不可废",没有一字言及顾宪成、高攀龙等东林学者的学术成就(氏著:《经义斋集》卷五,《四库全书存目丛书》集部230册,影印清康熙二十九年刻本,第289~290页)。

第三，朝廷的忌讳。顺康年间，明朝的忠节之士一直是朝堂上忌讳的话题。例如顺治十三年（1657），汤斌（1627—1687）便因为建议在《明史》中表彰明季忠烈之士而被贬官。① 顺带一提的是，在《高子节要》成书的前一年（1659），发生了震惊全国的复明力量攻打南京的事件。② 对此高世泰等人可能比较明白，因此在《高子节要》的序跋文字中，只字不提高攀龙的"忠节"。这种情况，要到乾隆四十一年（1776）朝廷颁布《贰臣传》，并大规模赐谥明季士大夫之后才得到改变。在道光二年（1822）和道光五年，刘宗周和黄道周（1585—1646）先后得以从祀孔庙。③ 这两位明末儒者得以从祀，表明朝廷不再将具有"门户"，甚至反清背景的士大夫排斥在孔庙之外。

在此背景下，道光六年（1826），江苏巡抚陶澍（1779—1839）根据无锡士绅华端翼、秦大治（俱为道光三年进士）等人的建议，上疏建议从祀高攀龙。陶澍的说法是这样的：

> 伏查钦定《明史·儒林传序》言，正、嘉以后，笃信程朱，不迁异说，高攀龙其卓卓者。又《御批历代通鉴辑览注》载："攀龙学本濂洛，操履笃实，涵养邃密，粹然为一代大儒"。又《钦定四库全书总目》载《高子遗书》十二卷："其学以格物为先，讲学语类多切近笃实，阐发周密，立朝大节不愧古人"等语。

> 又查刘宗周文集，称"古有朱子，今有忠宪"。黄宗羲谓海内以高、刘并推大儒，可无遗议。陆陇其亦谓"古今有成德之师，有兴起之师。成德之师砥砺磨砻，造人材于粹精之地，程朱是也。兴起之师廉顽立懦，拔人心于陷溺之中，高、刘是也"。是皆以攀龙与宗周并称，比诸程朱。考其生平，持身则主敬存诚，立朝则直言正色，卒能取义成仁，不负所志。其立说著书、授徒讲学，皆宗经卫道，足以模楷儒林。

> 恭逢我国家昌明正学，崇励真儒，明臣如刘宗周已荷特旨从祀，吕坤、黄道周亦皆次第表彰，仰邀俞允列两庑。高攀龙忠节既树人伦之鹄，道德尤为后学之宗，似宜增入从祀，以励真修而端儒术。④

这段说辞的特色，在于大量征引官方权威书籍和从祀儒者褒奖高攀龙的话语，用来证明高氏具有从祀孔庙的资格。事实上，除了《御批历代通鉴辑览注》，其他征引的评语，基本上都经过了陶澍的有意曲解。例如，疏中称"钦定《明史·儒林传序》言，正、嘉以后，

---

① 参见孙香兰：《汤斌与〈明史〉》，姜胜利主编：《〈明史〉研究》，北京：中国大百科全书出版社，2009年，第437～440页。
② 顾诚：《南明史》第二十九章"郑成功、张煌言长江之役"，北京：光明日报出版社，2011年，第668～693页。
③ 参见黄进兴：《学术与信仰：论孔庙从祀制与儒家道统意识》，氏著：《优入圣域：权利、信仰与正当性》，第244～245页。
④ 陶澍：《请将前明高攀龙从祀文庙折子》，《陶文毅公全集》卷十九，《续修四库全书》集部第1503册，影印清道光二十年两淮淮北士民刻本，第124～125页。

笃信程朱，不迁异说，高攀龙其卓卓者"，《明史》的对应原文是"嘉、隆而后，笃信程、朱，不迁异说者，无复几人"①，并不干高攀龙的事。再如，陆陇其的原话是：

  盖天下有兴起之师，有成德之师。兴起之师廉顽立懦，能拔人心于陷溺之中。成德之师，切琢磨磋，能造人材于粹精之地。使以兴起之师而遂奉为成德之师，则偏僻固滞，其弊有不可胜言者。故如梁谿（高攀龙）、蕺山以之兴起人心则有余，以之成就人材则不足。其学亦恐不可尽宗也。②

很明显地，陆陇其虽然承认高攀龙、刘宗周是兴起之师，但他的真正用意是批评两人"成就人材则不足"，"其学亦恐不可尽宗也"。

另外，黄宗羲是疏中出现的唯一一名非从祀的儒者，而他的话也经过了陶澍的改动。黄宗羲的原文，出自《明儒学案》卷六十二《蕺山学案序》：

  今日之学者，大概以高、刘二先生，并称为大儒，可以无疑矣。……先师《论学书》，有答韩位云："古之有朱子，今之有忠宪先生，皆半杂禅门。"③

可见黄宗羲此话的真正用意，是借用其师刘宗周对高攀龙的评价，怀疑"今日之学者""以高、刘二先生，并称为大儒"的观点。而"古之有朱子，今之有忠宪先生"一语竟被陶澍断章取义地当成刘宗周对高氏的推许。又需注意者，现在所见到的刘宗周《答韩参夫》的对应文字是"古之有慈湖，今之有忠宪先生，皆半杂禅门"④。姑不论"朱子"与"慈湖"孰为刘宗周的原话，刘氏此信对高攀龙的看法，都不是什么正面的评价。

陶澍这封奏疏从侧面反映了清代士人，特别是那些名望很高的儒者对高攀龙少有赞许的现象，否则陶氏用不着去曲解陆陇其、刘宗周等人的意见。清代学术，前期是程朱当道，中叶以后是考据学盛行。⑤ 前者让高攀龙饱受非议，后者让高氏颇受冷落。陶澍上疏后，礼部"议格不行"⑥。限于史料，目前不知具体原因，但应该不是因为"东林党"和"门户"的缘故。因为《四库全书总目》明确承认高攀龙"严气正性，卓然自立，实非标榜门户之流"⑦。

世易时移，民国八年（1919年）以后，再没有儒者从祀孔庙。孔庙在学人心目中的

---

  ① 张廷玉等：《明史》卷二百八十二《儒林一》，第7222页。
  ② 陆陇其：《三鱼堂集》卷五《上汤潜庵先生书》，第62～63页。
  ③ 黄宗羲：《明儒学案》卷六十二《蕺山学案序》，第1509页。
  ④ 刘宗周：《答韩参夫》，《刘宗周全集》第三册《文编三·书》，第360页。
  ⑤ 关于清代学术大概，可参见梁启超《清代学术概论》、钱穆《中国近三百年学术史》和陆宝千《清代思想史》等著作。
  ⑥ 李兆洛：《养一斋文集续编》卷四，《重修常州府学碑记》，《续修四库全书》集部第1495册，影印山东省图书馆藏清道光十一年辈学斋刻本，第369～371页。
  ⑦ 永瑢等：《四库全书总目》卷一七二《集部别集类二五》，第1513页。

地位也已经日益下降。① 在此情形下,民国十一年(1922)钱基博(1887—1957)等重刊《高子遗书》,二十三年(1934)唐文治重刊《朱子节要》《周易孔义》,都只是强调高攀龙的学问忠义对于挽救世道人心、维持国脉的重要作用,没有提出让高氏从祀孔庙的要求。②

从此时开始,已经有许多学者带着不同的问题意识对高攀龙进行研究。③ 如本文引言所述,这些研究受限于"党争史"等模式,对诸如东林后学对顾、高的认识等问题较少讨论。因此,本文通过考察《高子遗书》《高子未刻稿》和《高子节要》等高攀龙著作的编刻历史,重建东林后学对高氏理学形象及其转变,同时提供一个在明清思想转型的背景下,文本变动与真儒形象转变之间交互影响的具体案例。

附录:高攀龙文集版本概说

高攀龙的文集版本,以《高子遗书》命名的有六种,以《就正录》《高子未刻稿》《高子节要》《高子全书》和《高子遗书节抄》命名的各有一种。下面以各版本出现的时间依次论述。

一、《就正录》一卷,高攀龙自订,天启三年刻本。④ 关于《就正录》的卷数,《千顷堂书目》卷十一《子部·儒家类》作两卷。⑤ 王寿南、傅武光虽然没有指出《就正录》的卷数,但认为"此书内容包括今传《高子遗书》中第一卷'语'、第二卷'札记'的一部分,第三卷'经说辩赞'、第四卷'讲义'及第七卷'奏疏'的一部分"⑥。与上述书籍记载不同,笔者所见的国家图书馆藏乾隆七年(1742)华希闵《高子全书》版的《就正录》仅有一卷一册,无目录无序跋,一共有语录一百四十条、札记四十六则和"经说辩赞"三十八篇。其中语录部分相当于崇祯初刻本《高子遗书》卷一的前一百四十条,札记部分则等同于初刻本《高子遗书》卷二。第三部分与《高子遗书》卷三相比,多《朋

---

① 参见黄进兴:《孔庙的解构与重组:转化传统文化所衍生的困境》,氏著:《优入圣域:权利、信仰与正当性》,第261~273页。
② 参见高汝琳:《高子遗书跋》,《高子遗书》卷末,第4页;唐文治:《高忠宪公朱子节要后序》,《茹经堂文集三编》卷五,第1341页。
③ 参见本文引言的相关讨论。
④ 陈龙正:《复钱宗伯(辛未)》,《幾亭全书》卷四十一,第403~404页。
⑤ 黄虞稷:《千顷堂书目》卷十一《子部·儒家类》,上海:上海古籍出版社,2001年,第632页。
⑥ 王寿南、傅武光:《中国历代思想家:高攀龙、刘宗周、黄道周、朱之瑜、黄宗羲、方以智》,第一部分《高攀龙》第六章"著作",台北:台湾商务印书馆,1999年,第92页。

党说》而少《困学记》。

二、《高子遗书》十二卷，《附录》一卷，钱士升、陈龙正编订，崇祯五年刻本。详见本文第三部分第一节的论述。

三、《高子未刻稿》六卷，陈龙正、高世宁编，抄本。详见本文第三部分第二节的论述。

四、《高子节要》十四卷，高世泰、严毂等编，清初刻本。详见本文第四部分的相关讨论。

五、《高子遗书》十二卷，《附录》一卷，《年谱》一卷，高芷生等编，康熙二十九年（1690）刻本。此本在内容上较之初刻本有不少变化。首先，卷首依次多出了汪琬、徐秉义、秦松龄和徐永言的序文。其次，附录中删去了钱谦益撰写的高攀龙神道碑铭。最后，康熙本在卷末增加了华允诚的《高忠宪公年谱》和高芷生的《高子遗书跋》。

六、《高子全书》四十七卷，华希闵编，乾隆七年（1742）刻本。《高子全书》无序跋文字，依次分为《周易孔义》三卷、《四书讲义》一卷、《春秋孔义》十二卷、《就正录》一卷、《程子节录》四卷、《文集抄》一卷、《高子文集》六卷、《高子诗集》八卷、《东林书院会语》一卷和《朱子节要》十四卷。其中《四书讲义》和《东林书院会语》分别取自《高子遗书》卷四和卷五。《高子诗集》按照四言古诗、五言古诗、六言古诗、七言古诗、五言律诗、七言律诗、五言绝句、七言绝句等类别分为八卷，实质上是《高子遗书》与《高子未刻稿》所收诗作的叠加。至于《高子文集》，其情况比较复杂。卷一为奏疏、议、揭和问，是《高子遗书》和《未刻稿》相应部分的叠加。卷二取自《高子遗书》卷九的《序》，不过在篇章顺序上略有调整。卷三除了对应《高子遗书》卷十上的《记》部分外，还多了一篇原见于《高子遗书》卷三的《困学记》。卷四上、下的《碑、传、志铭、表、祭文》和《行状》，除了缺少一篇《本孺刘公墓志铭》外，基本对应《高子遗书》卷十的相应内容。卷五上、下基本取自《高子遗书》卷八上、下的书信，但少了《答张子慎》和《与罗黄门心华》。至于卷六《杂著》，其内容基本上对应《高子遗书》卷十二，但在篇章顺序上略有调整。

虽然《高子全书》不见任何序跋，华希闵的文集也没有相关有用的信息，但可以猜测《高子全书》是《高子遗书》在乾隆初年遭到禁毁之后的产物。① 据《清代各省禁书汇考》，知《高子遗书》在乾隆初年曾因为"语有干碍"而遭到禁毁。② 而为《高子文集》所删去的《本孺刘公墓志铭》《答张子慎》和《与罗黄门心华》，其中多有讨论后金的内容。因此，可能是华希闵在目睹《高子遗书》遭到禁毁后，抽出其中朝廷所禁的篇章，再整合高攀龙的其他著作，以《高子全书》为名再次刊行。

---

① 华希闵：《延绿阁集》，《四库未收书辑刊》第09辑，第17册，北京：北京出版社，2000年，影印清雍正间刻本。
② 雷梦辰：《清代各省禁书汇考》，北京：北京图书馆出版社，1997年，第16页。

七、《高子遗书》十二卷,《四库全书》本。无附录、年谱。虽然《高子遗书》在乾隆初年遭到禁毁,但《四库全书》最终还是加以收录。目前可见的《四库全书》有文津阁、文渊阁和文溯阁三个版本,除了文溯阁《高子遗书》无缘一见外,其他两种《高子遗书》在内容上互有异同。两者相同之处在于删去了所有序跋文字,而不同之处总共有四:一是卷八上之《致周怀鲁中丞》,文渊阁本删去了"即某等亦不觉感激涕零,况忍死待拯之民哉"一句;二是文津阁本收录了为文渊阁本所删去的《本孺刘公志铭》一文,但对其中触犯清廷忌讳的文句作了处理①;三是文津阁本有《附录》一卷,包括朱国祯撰写的墓志铭和华允诚的《高忠宪公年谱》,文渊阁本则没有任何附录文字;四是两个版本卷首《提要》的内容也不尽相同。

八、《高子遗书》六卷,《乾坤正气集》本。无附录、年谱。这是一个删节本。此本《高子遗书》收录在《乾坤正气集》的第六十一至六十四册。其中卷一、卷二与十二卷本的卷九,卷三、卷四与十二卷本的卷十在内容和篇章顺序上完全一致。卷五基本上对应十二卷本的卷十一,但其中《本孺刘公志铭》根据的是文津阁本。至于卷六则对应十二卷本的最后一卷。

九、《高子遗书》十二卷《附录》一卷《年谱》一卷,周士锦等刊,清光绪二年(1876)刻本。此本基本上是由康熙本重印而来,但卷首多了一篇文渊阁本的《高子遗书提要》,卷末多了叶裕仁(1809—1879)和周士锦的两篇跋文。

十、《高子遗书》十二卷《附录》一卷《年谱》一卷,钱基博等刊,民国十一年(1922)刻本。此本除了在卷末增加一篇高攀龙的十一世孙高汝琳的跋文外,与光绪本完全一致。

十一、《高子遗书节抄》十一卷《年谱》一卷,许珏编,民国二十七年(1938)重刊本。此书在民国二十年曾由中华书局刊行,二十七年收入《锡山先哲丛刊》第四辑,加以重印出版。卷首有侯鸿鉴(1872—1961)序。卷一是对《高子遗书》卷三说类的节选,卷二是对《高子遗书》卷七奏疏类的节选,卷三和卷四是对《高子遗书》卷八书信的节选,卷五是对《高子遗书》卷三《序》和卷十二《杂著》的节选。卷六收录碑记三首、

---

① 个别字句改动者,如康熙本"辽沈陷没",文津阁本作"辽沈用兵";"李成梁弃地,私奴酋以朝廷疆土"作"李成梁重镇也,弃朝廷疆土";"和戎之策"作"讲和之策";等等。而整段删去者,如康熙本中刘元珍弹劾刘国缙"不知东还已后作何勾当,一任蹂躏屠戮之惨,独脱然于千锋万镝之中,直待河东尽没腥膻,河西危同累卵,国缙不后不先,摘众以入,众至数万,不为单弱。况东山矿徒素号骁勍,矢不降夷。国缙既能招抚四衙官民,亦可收矿徒之用,曷不就彼中纠合团聚,牵制奴酋以自赎从前之积孽,而乃遽欲问道登莱、天津,窜处内地,意欲何为?况辽沈之亡,皆以降夷为内应,今数万之众,保无奸细掺入其中?果为国缙招抚者,或别有指授,亦不可知。夫一国缙耳,今日若能招抚逃亡,昔日必不扶同卖国。昔既恶其卖国而黜之,今忽信其招抚而收之。呼吸安危,岂容尝试?自辽事发难以来,猛士捐躯,叛帅反噬,今日震悚人心之机,全在刑赏,操纵刑赏之权全在果断,有如功罪,……亦大左计矣"等语,则被文津阁本整段删去。

墓志铭三首、墓表二首。卷七收录《三时记》《水居记》《可楼记》和《困学记》。卷八为古诗六十首,卷九为律诗四十一首、绝句四十首。卷十为"语"一百则,取自《高子遗书》卷五。卷十一是讲义二十章,取自《高子遗书》卷四。至于《附录》,则是华允诚的《高忠宪公年谱》。《高子遗书节抄》除了对篇章去取有所选择之外,对于具体内容则不作改动。

本文后经修改,以《高攀龙理学形象的塑造及其转变:以明末清初高氏著作的编刻为中心》为题,发表在《汉学研究》2014年第4期)

清代杭州城市管理与社会变迁

——以火政为中心的研究

谢 湜

指导教师：陈春声 教授

一、绪 论

本论文选取清代杭州火灾防治问题为视角，揭示清代城市管理与城市生活的若干特质。杭城历来多火，官方的火灾防治机制在宋代就已经出现。明代杭城的火政技术、制度和理念对清代有着直接的影响。施坚雅（G. William Skinner）在探讨帝制中国晚期的城市与地方体系层级时就曾指出："中华帝国的城市向人们证明，一个前现代的朝廷，能够巧妙地节约使用和调度它有效控制着的有限官僚政权。官僚政府可能把形式一致性因素强加于中国城市，但在实际上，地方行政表达了，而不是压抑了城市体系内功能上的差异性。"① 本研究也许可以丰富我们对施氏所揭示的"地方行政表达"的"城市体系内功能上的差异性"的认识。

《左传》有记"天火曰灾，人火曰火"，清初经学家、萧山人毛奇龄甚至认为杭城之火患实属人火。② 火政或可归入荒政，其突发性则更加考验着官僚组织的临事反应效率和自身协调能力。再者，火政牵涉地方治安问题，我们可从火政与社会治安的关系，更具体地探讨官僚组织的运作。日常性的政府治安职能又直接触及城市生活的方方面面，火政所牵涉的制度沿革，深刻地反映了杭州城市变迁中各种复杂因素的相互作用，从而将我们引向城市管理和社会生活的丰富图景。

---

① （美）施坚雅：《城市与地方体系层级》，施坚雅主编：《中华帝国晚期的城市》，叶光庭等译，北京：中华书局，2000年，第402页。
② （清）毛奇龄：《西河集》卷九《杭州治火议》，《景印文渊阁四库全书》集部第1320册，台北：台湾商务印书馆，1986年，第63～69页。

(一) 由制度史到城市史

文献中反映的古代人对待火灾的态度，尽管往往与天时气运、阴阳五行等玄怪思想相联系，然而作为治安行政的具体职能，火政反映了政治和社会的实际情形。城市史中的消防问题向为研究者所关注，例如孟正夫在《中国消防简史》中列述了中国古代消防事业的发展，也提及古代王朝防火的严刑峻法，并注意到历史上城市设计顾及消防的传统。① 在许多具体的城市研究中，消防问题更被不同程度地结合到整个城市结构和社会关系中去探讨，得到进一步阐释。莫振良的研究着重关注清代城市的消防组织情况，具体叙述了皇宫的火班、军队、救火兵丁、租界的消防队、近代的消防警察、民间的救火组织这些城市消防组织的模式。② 宋代特别是南宋临安（杭州）城市消防事业的发展历来备受关注③，研究者从城市发展的局面中解释火灾成患的原因，同时也通过火政实施的情形看待政治状况和社会关系，其中官方治理职能的开展、火政措施的设计以及民间力量的出现尤其被重视。

1. 城市制度变迁与"城市化"问题

基于上述研究思路，进一步从制度变迁的角度考察城市火政所涉及的社会因素，无疑有助于开扩视野。堀地明通过考察明末福建城市的火政发现，明初仍有地方设置的冷铺一类组织，但万历年间被废止，灭火由军队中之"火军"担当，防火由基层行政系统中的保甲组织承担，而城市居民围绕消防而组成的共同关系较疏远。④ 诸如此类富有意义的个案研究还有待更多地开展。

另外，许多研究集中讨论了城市火政所代表的公共事业的发展（特别是清末民初时期），从中看待城市公益和慈善事业的功能和组织形式的变化，考察的城市主要有上海、汉口、天津等。罗威廉（William T. Rowe）考察了汉口水龙局的公共组织形式，⑤ 小滨正子以《上海救火联合会报告册》为主要资料，具体叙述了民间消防组织——救火会所承担的上海华界的消防活动，讨论慈善事业和消防事业在清末民初地方自治运动中的革新，在

---

① 孟正夫：《中国消防简史》，北京：群众出版社，1984年。
② 莫振良：《清代城市的消防组织》，《城市史研究》（第19-20辑），天津：天津社会科学院出版社，2000年，第161～180页。
③ 相关研究如林正秋的《南宋都城临安》（杭州：西泠印社，1986年）、日本学者梅原郁的《南宋の临安》（收入《中國近世の都市と文化》，京都：京都大学人文科学研究所，1984年）和（法）谢和耐的《蒙元入侵前夜的中国日常生活》（刘东译，南京：江苏人民出版社，1995年）等等。
④ （日）堀地明：《明末福建諸都市の火災と防火行政》，《東洋学報》1995年第77卷第1、2号。
⑤ William T. Rowe. Hankow: Conflict and Community in a Chinese City, 1796—1895. Stanford: Stanford University Press, 1989, Part Ⅱ.

民国前期之活跃以及在南京政府时期与市政当局之关系,从中揭示了近代上海城市"公领域"问题。① 新近关于杭州、天津等城市研究也比较重视公共事业和组织问题。②

纵观上述研究可以看到,无论选取何段历史时期或者某个具体城市作为考察范围,研究者处理的基本问题在于火政作为城市职能所牵涉的结构和变迁,以及从中折射出的社会关系运作。这类研究趋向,即是以城市制度切入城市社会史的研究路径。

城市化问题的研究对探索城市形成和变迁也起着很大的推进作用。③ 一方面,城市化问题的研究过程与现代地理学理论的发展密切相关,由阿尔费雷德·韦伯(Alfred Weber)的工业区位论,到克里斯塔勒(Walter Christaller)的中心地理论,再到施坚雅用以分析中国城市和地方体系层级的方法,已可大略体现;另一方面,社会科学理论如"公共领域""市民社会"等的提出和实践,也对城市化研究产生很大影响,上文提到的探讨城市公共空间的研究成果便是直接反映。然而,如何将相关理论诉求落实到城市史的时间序列中,仍需要审慎的探究,否则,所谓城市发展史上的变迁,可能只是城市化解释理论改变之后的一种观感。以往研究有的将城市视为城市化的基点或中心,有的则视为现象,由此去讨论区域发展过程;然而在这个过程中,城市内部的要素如何发生联系和变化的问题,许多时候被忽视了。

对于唐宋以降中国城市结构和城市化问题,伊懋可(Mark Elvin)关于"中世纪城市革命"的阐述④影响深远。斯波义信在宋代江南经济史的研究中论述的城市化进程,也承续着这个命题讨论。斯波通过南宋杭州以及宁波的城市兴起和商业发展,勾画出一个城市化的局面,⑤ 作为他所讲的"广义的中国社会城市化的论定"的具体展开,其认识前提在于:"封建王朝的行政及社会经济层面上的空间的、社会的组织,也总是通过以城市为连

---

① (日)小浜正子著:《近代上海的公共性与国家》,葛涛译,上海:上海古籍出版社,2003年。
② 相关研究如邹怡:《清代城市社会公共事业的运作——以杭州城消防事业为中心》,《清史研究》2003年第4期;刘海岩:《空间与社会:近代天津城市的演变》,天津:天津社会科学院出版社,2003年。
③ "城市化"在不同学科中有不同的定义。日本学者山鹿诚次在其《城市地理学》一书中认为:"历来一般的说法是指:由于机械文明的发达推进了人口向城市的集中和由此而同时发生的地域和社会的变化。在这个变化之中,对于社会学来说,是将人际关系的质变作为问题来研究的,而对于地理学来说,则以地域关系的变化来测算城市化的进展。"山鹿诚次认为现代的城市化的概念,应该包括四个方面:①原有市街地的再组织、再开发;②城市地域的扩大;③城市关系圈的形成与变化;④大城市地域的形成。(山鹿诚次著:《城市地理学》,朱德泽译,武汉:湖北教育出版社,1986年,第106页)
④ 伊懋可认为,这场城市革命的特点是:①放松了每县一市,市须设在县城的限制;②官市组织的衰替,终至瓦解;③坊市分隔制度消灭,而代之以"自由得多的街道规划,可在城内或四郊各处进行买卖交易";④有的城市在迅速扩大,城外商业郊区蓬勃发展;⑤出现具有重要经济职能的"大批中小市镇"(Mark Elvin, *The Pattern of the Chinese Past*, Stanford: Stanford University Press, 1973, Chapter XII;施坚雅主编:《中华帝国晚期的城市》,第23~24页)。
⑤ (日)斯波义信著:《宋代江南经济史研究》,方健、何忠礼译,南京:江苏人民出版社,2000年,第321页。

接点的网络结构的形成发展而实现的。"① 在其研究中，区域社会经济与城市化成为相互联系而不可分割的研究内容。

对具体的城市变迁作进一步的研究，是施坚雅、章生道等学者致力于帝制晚期中国的区域城市化以及区域体系研究的重要基础之一。② 这些研究所讨论的"城市化"，既不是区域社会经济体系研究的"既定"事实，也不是所要追求的普适概念，而是实际的城市化局面和事例。

傅衣凌在经济发展形式的层面上，将明清中国城市分为"开封型城市"和"苏杭型城市"，并注意到了新兴的工商业市镇。③ 以赵冈为代表的一些学者则坚持传统上将中国城市归为政治性城市和经济性城市的分法，同时把城市和市镇的性质区分开来，认为宋以后大中城郡的发展完全停顿，城市化的新方向转到市镇。赵冈还认为："中国历史上的城市化过程并非一个正常过程，在世界上是独一无二的特例。"④ 陈学文对此持相似观点，认为中国大城市至明清已基本定型，至多只是政治中心兼具经济文化中心，或者是经济色彩加浓而已，代表中国都市化道路的应是众多市镇的兴建。⑤ 诸多分歧的焦点，在于如何看待中国城市化进程的特点这一根本问题。李伯重认为："假设有一个中国城市化进程的统一模式，然后由此出发来与那种以西欧经验为标准的'正常过程'进行对比，是没有意义的。""……当务之急，是对中国各种城市化的具体情况，进行实事求是的深入研究。"在其研究中，他对苏州城市工业的发展、城市的地域变化与人口变化等情况，分别进行了深入考察，重新评价了工业在城市变化中所起的作用。⑥

20世纪，欧美城市科学和新社会史、新文化史等领域的发展奠定了城市研究的新局面，冯承柏《现代化·城市科学·城市史》一文对此作了较详细的介绍，上世纪中叶兴起的新城市史正是多学科的研究方法运用于城市史研究的产物。"从宏观角度看，新城市史将城市化看成是一个广泛的社会过程，即现代化、工业化的组成部分。其首要任务是弄清

---

① （日）斯波义信著：《宋代江南经济史研究》，第291页。关于功能上的连接点的城市形态的研究，始于日本学者加藤繁，见其《宋代都市的发展》，（日）加藤繁著：《中国经济史考证》第一卷，吴杰译，北京：商务印书馆，1962年，第239～277页。

② 施坚雅认为，除开行政组成因素，探讨城市化的地区差异，必须包括五个紧密相关的因素：人口因素；由地区内部以及该地区和外部之间表现出来的地方性专业化和职业多样性的劳动分工；技术水平，特别是在运输方面的应用；商业化的程度，这特别由地区内部贸易的水平以及农户对市场的相对依赖性表现出来；最后是地区对外贸易的水平，这既指地区间的贸易，也指对国外贸易（施坚雅主编：《中华帝国晚期的城市》，叶光庭等译，第266～272页）。

③ 傅衣凌：《明清社会经济变迁论》，北京：人民出版社，1989年，第152、158页。

④ 参见赵冈：《中国城市发展史论集》，台北：台北联经出版事业公司，1995年［转引自李伯重：《工业发展与城市变化：明中叶至清中叶的苏州》（上），《清史研究》2001年第3期，第10页］。

⑤ 陈学文：《明清时期太湖流域的商品经济与市场网络》，杭州：浙江人民出版社，2000年。

⑥ 李伯重：《工业发展与城市变化：明中叶至清中叶的苏州》（上）（中）（下），2001年第3期、2002年第1期、2002年第2期。

18世纪末开始的工业革命引起的技术变革和交通工具的改进、经济的发展、人口的流动如何影响到城市数目的增加、城市人口的增长和城市体系的形成。从微观角度观察,新城市史视城市为环境的物质容器,注意研究城市化过程中的人际关系、社会组织、社会结构、技术进步对城市生活方式的影响。"① 新城市史的研究方法对我们研究中国帝制晚期的城市具有一定的启发。实际上,对于之前提及的,用以界定城市化概念的城市人口发展和地域社会变化两个基本因素,我们也必须从制度变迁、空间布局、社会关系以及城市生活规模等相互交织的网络中加以考察,从而更好地揭示城市化之中具体的城市社会进程。这也是本文通过杭城火政切入城市管理和社会变迁力求作出的尝试。

考察城市内部的发展与其制度变迁的关系,是基于上述研究旨趣的必要实践。牟复礼(Frederick W. Mote)通过对传统中国城市的独特文化类型的详细分析,论述南京如何继承前朝城市建设的传统,以及如何成为永乐年间改建北京的样板的问题,将南京这一城市实例与宋元以来的制度大变革紧密结合起来。② 施坚雅所编《中华帝国晚期的城市》一书的其他文章,也将帝制晚期的社会生活和制度结构引入城市史研究,不同程度地拓展了研究维度。

2. 略述杭州城市社会史研究的成果

过去几十年间关于明清时期杭州城市史的研究,取得了较为突出的成果。20世纪80年代,傅崇兰、陈学文和李华等学者③着力于细致地描述城市经济发展的局面,对"资本主义萌芽问题"的相关争论作出了不同程度的调适。同时期日本学者对城市社会关系的研究,较为突出的是夫马进的著作,其研究个案之一恰好是杭州。在《明末の都市改革と杭州民變》④ 一文中,夫马进追述了明末江南诸城市的变迁,特别是赋役制度的改革,分析了万历十年杭州兵变、民变的起因,并指出:由于明代杭城独有的"间架税"问题,以及改革中推行的"火甲"制导致徭役不均,使得城市中下层居民和城市新移民利益受损,进而激起了反对士绅的民变,而民变中保甲制成为集体行动高度组织性的基础;在明末一系列制度改革和经济、社会的变动中,杭城各阶层的关系发生了很大变化,城市行政因素亦随之转移。

牛津大学的 Susanna Thornton 考察了明清杭州城市的城隍信仰的变化。作为省会、府

---

① 冯承柏:《现代化·城市科学·城市史》,《天津社会科学》1987年第5期。
② 牟复礼:《元末明初时期南京的变迁》,施坚雅主编:《中华帝国晚期的城市》,第112~175页。
③ 傅崇兰:《论明清时期杭州城市的发展》,《中国史研究》1983年第2期;陈学文:《明代杭州城市经济的发展及其特色》,《浙江学刊》1982年第2期;李华:《清代杭州城市经济的发展》,《历史论丛》第五辑,济南:齐鲁书社,1985年。
④ (日)夫马进:《明末の都市改革と杭州民變》,《東方学報(京都)》第49期,1977年,第215~262页。其英文版由 Michael Lewis 翻译:Susumu Fuma, "Late Ming Urban Reform and the Popular Uprising in Hangzhou", in Linda Cooke Johnson, ed., *Cities of Jiangnan in Late Imperial China*, State University of New York Press, 1993, pp. 49–79.

治、首县共处一城的杭州,吴山城隍的行政意义和身份表征显得模糊而微妙。明初以降很长时期,城隍作为"省"的认同意义的塑造和灌输,一直未能被杭城士人接受,他们担心"杭州"意义的失去,而不在乎"浙江人"的身份。随着官方力量以及清代崛起的财力雄厚的盐商势力逐渐介入城隍庙的运作,吴山城隍的浙省身份才逐渐被强化。① 圣地亚哥加州大学王利平(Liping Wang)的博士学位论文《被出卖的天堂:杭州社会变迁中的城市空间和旅游业,1589—1937》,叙述了杭州如何通过城市空间的重组和传统旅游资源的利用,而成为一个现代化旅游城市的过程。② 台湾学者巫仁恕在论著中集中考察明清城市民变,追问明末清初出现大量的城市民变的原因,以及民变的特质。他认为,城市民变事件的大量出现,一方面反映出中国城市内社会结构的变迁,另一方面也体现出传统群众运动的特殊性格,以及传统政府如何管理城市的措施。③ 巫著附录和上揭夫馬進一文还注意到了晚明杭州民变与城市空间区位的关系,从中加深对杭州城市社会结构的理解。

上述论著都揭示了杭州城市制度和社会变迁的关系,以及城市精英和行政力量解决城市问题的权力运作的实际状况。明清城市发展的复杂性,更加要求我们透过具体历史事件,尽量理清城市社会组成因素之间的互动关系,以及这些互动关系本身的变化,因为它们构成了城市的特质。

罗威廉在为张琳德(Linda Cooke Johnson)主编的《中华帝制晚期的江南城市》一书所作导论《长江下游的城市与区域》中认为,追溯中国的城市化应将其视为富有弹性的进程,所谓"城市的传统"不是作为"异数"存在,中国的城市化是高度复杂的非限定的过程,同时也具有内在的独特性,因此,城市化也是不同模式分化的过程(a diversity of models)。④

笔者关心的问题是,城市化中的城市处于什么样的的状态?城市内部的变迁怎样体现城市化事实?本论文尝试走出一般化的区域城市化差异的讨论,进入城市制度和社会结构的丰富图景,将制度史序列置于空间联系和社会结构之中,探寻城市社会变迁的时空脉络。虽然制度史和城市史不是并列的分类范畴,但它们的研究对象本来也非对立,当两者作为考察具体社会变迁因素和时空特点的思维方式时,有着相得益彰的内在可能。揭示城市制度沿革和城市化的事实间的关系,实际上解决的正是城市化进程的诸多问题,也就有

---

① Susanna Thornton, "Provinces, City Gods and Salt Merchants: Provincial Identity in Ming and Qing Dynasty Hangzhou", In Tao Tao Liu and David Faure, eds., *Unity and Diversity: Local Cultures and Identities in China*, Hong Kong: Hong KongUniversity Press, 1996, pp. 15 - 35.

② 参见贾锡萍译:《近期中国城市史研究博士论文摘要(二)》[译自《城墙与市场:中国城市史研究通讯》(*Wall and Market: Chinese Urban History News*)第4卷第1~2期(1999年春季、秋季)],《城市史研究》(第19-20辑),天津:天津社会科学院出版社,2000年,第321~322页。

③ 巫仁恕:《明清城市民变研究——传统中国城市群众集体行动之分析》,台北:台湾大学历史学研究所博士学位论文,1996年。

④ William T. Rowe, "Introduction: City and Region in the Lower Yangzi", in Linda Cooke Johnson, ed., *Cities of Jiangnan in Late Imperial China*, State University of New York Press, 1993, p. 15.

可能实现从制度史考察到城市史研究的视角转变。

(二) 本文讨论的基本结构

本文以火政相关问题为中心，关注清代杭州城市管理制度和社会结构变迁，从城居格局、社会关系以及城市生活等相互交织的网络中，重新审视火政牵涉的城市制度史，考察杭州城市化的具体事实及其对城市管理的影响，重新审视明清时期江南城市化之中的城市社会进程。

全文分五部分。第一部分为绪论，通过对火政、城市史等相关研究成果的评述，主要探讨如何透过制度变迁深入考察城市史的路径问题。

第二部分在杭城社会变迁的过程中考察城市化的事实，而不仅仅将城市化视为城市发展起步的作用力。城市化的具体事实带来一系列管理问题，在省会、府治、县署共处一城的杭州，城市管理制度能否有效建立并统一实施，是一个重要的问题。其中第三节通过考察仁和、钱塘两个附郭县同城而治的状况，及其行政运作上通融配合的情形，讨论了原有行政设置如何基于市政管理专门化和统一化的需要而作出相应的调适。第四节主要探讨了杭城保甲制度沿革所反映的城市社会关系的变化，以及清代在城保甲设置在城市管理中的特点。

第三部分通过清代杭城救火兵丁队伍的建立过程和专业化火政的实施细节，以及救火兵丁牵涉的城市驻防问题，对城市社会中的兵民关系、官兵关系加以讨论。第三节叙述了杭城官府从"火盗"问题出发整饬吏治、强化治安的一系列努力。

第四部分通过火政与城市管理的视角，尝试描绘杭城生活的图景。清初政府将保甲与夜巡分别视为平日弭盗之法和临时缉盗之事，在火政的夜禁中，我们看到了时间管制之下的城市夜生活。笔者还意识到，官方理性化的火政措施之外的道德教化尚待进一步探究。本稿通篇之述尚未对民间消防的发展集中讨论，第四部分只能略述清代中后期的民间消防事业，对于有清一代城市民间公共事业的运作，留待今后继续讨论。

第五部分是结论，基于拙作的研究实践，浅论城市化的概念问题。

二、城市化与社会变迁

关于传统城市形成中行政因素的影响，学界存在不少争议。① 姑且不考量作用方式和

---

① 例如，王家范在明清江南市镇的研究中认为，城市是政治力量自上而下的作用形成的，市镇则主要通过乡村与商品经济联系的扩大自下而上形成［参见王家范：《明清江南市镇结构及历史价值初探》，《华东师范大学学报》（哲学社会科学版）1984年第1期］。施坚雅则认为，评估行政对城市化的作用必须视地方行政层级的管辖范围和平均人口密度而定（施坚雅主编：《中华帝国晚期的城市》，第263～272页）。

程度，我们必须承认重大行政变更确实对城市结构有着显著的影响，如南宋迁都临安极大地带动了杭州城市化进程。导言中述及"城市革命"命题的学术史时已可看到，城市生态和空间布局的变化在研究者眼中的重要意义。作为在城市生活空间中实施的火政，反映了行政力量基于城市面貌的变易而采取的规划策略，南宋临安的城市布局对后世产生了深远影响；清代火政牵涉的城区规划和制度演变，体现着城市化压力下的专业化行政状况。

在一个城市内部变迁的过程中去讨论城市化问题，基本认识在于，城市化并非只是城市发展起步的作用力，而是作为变化着的现象，存在于城市社会进程之中。其着眼点在于，当城市化作为具体的事实，原有的行政设置与之产生了何种矛盾并如何调适？市政管理的专门化和统一化趋势是否存在？

（一）杭州城区沿革略说

杭城自古是火灾多发之地，有其地理和气候上的原因。杭州属平原低丘地形，西高东低，气候具有季风性特点，加上总体地势较平坦，常年平均风速在 2 米每秒左右，最大风速可达 20 米每秒。这种常年中等以上的风速，是许多火灾得以大范围蔓延的关键因素。[1] 据清光绪癸卯杭州举人钟毓龙在其遗稿《说杭州》中的统计，"自唐代宗广德元年起，至民国二十五年灵隐罗汉堂毁止，凡二百数十次。其间火之烈者，所遗或无几。至于零星小火，殆仅百之一二耳"[2]。

魏嵩山在其对杭州城区形成的研究中认为，杭州城区的演变，基本上与当地的成陆过程和城市经济发展需要相适应，先是自西北向东南，继又向北发展。[3] 随着低湿地的陆地化、市街化的实现，唐、宋时期开始的杭州湾沿岸下游新三角洲的开拓耕地及随之而起的移民化浪潮应运而生。早在南朝陈时已升格钱唐为郡治，隋又继而改称其为杭州，又把东苕溪水系的余杭、临安、于潜诸县从湖州割隶于杭州。他指出，隋唐的杭州似以现市街的西北隅、武林门正南之地为中心设立，北城较之宋的罗城稍南，西城与东城和宋城差别不大，但南半部分已把吴山围入城内，而将凤凰山置于城外。五代吴越王国建都于杭州，城区以南北走向大为拓展，890—897 年大兴土木期间，兴建南北夹城，北起今湖墅镇即余杭塘与大运河上下塘的结合部，东西马塍、北关被包容入这一夹城；东罗城延拓至菜市河稍东，南城把凤凰山、包山、玉皇山、虎跑山、江干容纳入夹城之内。史书中记载五代、宋

---

[1] 刘之涛：《杭州消防史话》，《浙江消防》2001 年第 8 期。
[2] 钟毓龙：《说杭州》（"杭州掌故丛书"），杭州：浙江人民出版社，1983 年。（注：钟氏《说杭州》著述手稿因战乱浩劫多有残缺，书中第十章《说火患》正文已佚，文中所引之统计据目录中第十章之简略题记。）
[3] 魏嵩山：《杭州城市的兴起及其城区的发展》，《历史地理》创刊号，上海：上海人民出版社，1981 年。

杭州城总长七十里，据说实测结果与此大致相符。两宋之际，前吴越国都的城壁规模略有缩小。北宋时，吴越南北夹城被毁，东罗城也沿菜市河内侧，向隋、唐的城壁线后退，但在崇新门到保安门、候潮门一带，仍沿袭吴越国的城壁。992年，始置仁和县的前身——钱江县，与钱塘县同为附郭县。1129年，升格为府治的府衙门设于其南。1138年，宋高宗从行在绍兴定都杭州。1141年，宋金和议后，皇城建设正式启动。南宋杭州的城垣有内外之分。皇城为内城，因配备护卫官军及防止水患、火灾等安全因素，以及风景观赏、居住条件等方面的权衡利弊，占有了凤凰山麓的高地。随着开封城陷落，皇城迁徙，跟随高宗向南逃难的人群中来自西北，尤其是关中、四川方面的富民、宗室、武将及其家族和部下涌入杭城，并占有城内外的一等地块，而土著贫民只能移居城内的劣等地或城外的新开地。①

与其他古都相比，杭城自古非兵家必争之地，朝代更替往往未给杭城带来战乱之灾。宋元之交也是如此。元代禁天下修城，以示统一，杭城自然也不例外。直至顺帝至正十九年，"张士诚据抗，发松江、嘉兴、湖州、杭州民夫数万人，周围悉改筑之。昼夜并工，三月而成"②。此次杭城城垣变动并不大。明代城垣，仍张士诚之旧，而周围缩减其六分之一。③ 清代杭城城池变动不大。在清初，官府的治理政策经历了一些变动，至康熙年间稳定下来，其中清代杭城驻防问题对城市管理和城市生活的影响，在第三部分我们还将具体讨论。

（二）坊巷布局的变化

宋至明清杭州城市经济发展的规模有无变化，是学者们争论较多的问题。如傅崇兰的文章便对陈学文的南宋"顶峰"的说法提出商榷，傅文认为，明清杭州城市经济有了新的发展，而人口及城市规模较之南宋并未"中落"。④ 相关讨论所牵涉的对城市发展的关注角度和分析思路，对于我们理解宋至明清城市布局的变化具有很大的启发。绪论中已提到，学界关于城市化概念的讨论大多涉及城市人口及经济因素，本节将通过宋至明清杭城坊巷的变迁，考察城市化进程中的人口增长和经济发展情况，以及随之带来的城居壅塞、易招火患等一系列城市内部的问题。从南宋临安城区突破旧的坊市分制，形成新的坊巷式聚居方式，到明清时期随着经济发展带来的坊巷空间日渐繁杂，城市化的事实不断地凸显。

---

① （日）斯波义信著：《宋代江南经济史研究》，第327～328页。
② 钟毓龙：《说杭州》，第187页。
③ 陈善等著：万历《杭州府志》卷三十三"城池"条，《中国方志丛书·华中地方》第五二四号，台北：成文出版社，1983年。
④ 傅崇兰：《论明清时期杭州城市的发展》。

1. 南宋临安的坊巷与火政

南宋杭州城市化发展明显加快，其中人口的增长无疑是最重要的因素，大量官员、兵员和西北流民的涌入，使得城区人口迅猛增加。① 北宋时城西隅多有空地，南宋定都临安后，城中"民居屋宇高森，接栋连檐，寸尺无空；巷陌雍塞，街道狭小，不堪其行"②，杭城之南、北、西郊"各数十里，人烟生聚，市井坊陌，数日经行不尽，各可比外路一小小州郡"③。谢和耐在其著作《蒙元入侵前夜的中国日常生活》中已注意到杭城人口过剩及房荒与火灾及消防的关系，他写道：

> 由于这些新来者中的大部分均为逃自开封及北方诸省的高官显贵，故只得在当时的环境下尽可能地安置其住宿。他们在临时寄居之处忍受着不适。有些人则携其家眷住到了军营之中。但是，出于那附近卖淫业猖獗，对于上流社会的妇女们甚不适宜，故其丈夫们便被打发到城中去寻觅住处。（参见徐益棠："南宋杭州之都市的发展"，以及《夷坚志》）至于其他的难民，则被安置在杭州的佛寺及其周围，一道特别的敕令准许将此地区辟为临时的栖身之所。（《癸辛杂识·后集·许占寺院》）此后，尽管兴建了大量新屋，但由于人口在持续和极其迅速地增长，加之城市及郊区火灾频仍，住房问题还是未能解除。④

---

① 关于南宋临安的人口，向来有争议。宋元学者在笔记中所记已有不同：《西湖老人繁胜录》载"钱塘有百万人家"；（宋）吴自牧《梦粱录》（卷十六"米铺"）称有"数十万户，百十万口"；（宋）耐得翁《都城纪胜》称"百余万家"；《马可波罗游记》则说有一百六十万家，如一家五口算，达八百万人。日本学者对南宋杭州的人口规模，大致有五百万和一百五十万两说。如桑原骘藏《历史上所见的南北中国》（黄约瑟译，收入刘俊文主编：《日本学者研究中国史论著选译》第一卷《通论》，北京：中华书局，1992 年，第 19～68 页）和池田静夫：《南宋の首都臨安の戸口の再吟味》（《文化》5 卷 12 號，1937 年）等持五百万说；加藤繁在《论南宋首府临安的户口》、《临安户口补论》[收入（日）加藤繁著：《中国经济史考证》第二卷，吴杰译，北京：商务印书馆，1962 年，第 323～337 页] 两文中主张一百五十万说，斯波义信在《宋代江南经济史研究》中也赞同此说。（参见斯波义信：《宋代江南经济史研究》，第 349 页；（日）山根幸夫主编：《中国史研究入门》，田人隆、黄正建等译，北京：社会科学文献出版社，2000 年，第 546～547 页）林正秋则认为，研究此问题应注意三点：一、注意人口随时间的变化，应进行分期统计；二、分清"临安"的三个不同概念与范围，即是统辖九县的"临安府"，"京师"或"行都"或"行在"等所表达的临安府城区，以及"行在内外"或"府城内外"所表达的城区加钱塘、仁和近郊两县的范围；三、综合研究《乾道临安志》《淳祐临安志》和《咸淳临安志》三志关于人口之记载（林正秋：《南宋都城临安》，杭州：西泠印社，1986 年，第 180～181 页）。对于南宋临安城分属的钱塘、仁和两县的人口，傅崇兰认为应包括三部分：临安城内和关厢的户口，城周十五个镇市的户口和乡村户口。其具体户数如下：乾道年间十万零四千多户，十四万五千多人；淳祐年间十一万一千多户，三十二万多人；咸淳年间十八万六千多户，四十三万二千多人。结合对临安城市面积推算人口密度，傅先生更质疑"人口百万"的说法（傅崇兰：《论明清时期杭州城市的发展》）。
② （宋）吴自牧：《梦粱录》卷十，"防隅巡警"条，北京：中国商业出版社，1982 年。
③ （宋）耐得翁：《都城纪胜》，"坊院"条。
④ （法）谢和耐著：《蒙元入侵前夜的中国日常生活》，第 14 页。

随着城市人口的膨胀、工商业的发展，临安城区打破了唐代及以前坊、市分开的严格界限，形成了居民住宅与商铺交错杂处的新型"坊巷式"的聚居方式。林正秋先生总结了"坊巷式"与旧坊市制的四个不同特点：其一，无坊墙，坊表跨立街巷入口处；其二，以街巷为中心，以其两旁某一地段组成坊巷聚居制；其三，彻底打破官民分居的规制，官府衙门、贵戚府第与市民住宅相杂处；其四，店铺四处开设，营业时间不受限制。① 坊巷式新布局显然方便了城市居民的生活，活跃了城市经济，但社会治安的问题也逐渐显露。南宋朝廷仿效汴京旧制，在城内设"厢"级机构②；然而，九厢分制的确立并最终成为南宋临安的定制，实际上也是应事之策。绍兴二年（1132年）始置南北两厢，绍兴十一年（1141年）增设四厢，《乾道临安志》称"置城南北左右厢，差亲民资序京朝官主管本厢公事，杖六十以下，罪听决"③。《淳祐临安志》说明了设厢之策出于"郡守俞俟奏请：府城之外，南北相距三十里，人烟繁盛，各比一邑"④。后之《咸淳临安志》合此二志之述。⑤ 乾道七年（1171年）增为八厢，淳熙十年（1183年）又增一厢，临安城九厢遂成型。

所谓的厢，本身即是一种治安机构的区划。一厢负责某一地段的治安，少则管辖三四个坊，多则分巡二十余坊。对于厢的职责，《乾道临安志》中已加以明确："（在城八厢）吏部注：大小使臣，分治烟火盗贼公事。"⑥

斯波义信将南宋杭州按生态功能划分为经济区、官绅区、宗教文化区之后，尝试与人为划分的厢界，亦即与治安、行政上的区划作比较（见附图1）。他认为，后者的划分，

---

① 林正秋：《南宋都城临安》，第99～100页。
② 关于宋代东京对于杭州城市发展的影响，历来多为学者重视，如全汉昇的《宋代东京对于杭州都市文明的影响》（陶希圣主编：《食货》第二卷第三期，上海：上海书店，1982年影印本），文中提到宋室南渡初至杭州时，因杭城逊于汴京而大失所望。文中也涉及杭城消防问题，并引宋代袁褧《枫窗小牍》卷下所记："但临安扑救，视汴都为疏。东京每坊三百步有军巡铺，又于高处有望火楼。上有人探望，下屯军百人，及水桶、洒幕、钩锯、斧杈、梯索之类。每遇生发，扑救须臾便灭。"笔者又参得（宋）孟元老《东京梦华录》所记，与上述基本一致："每坊巷三百步许，有军巡铺屋一所，铺兵五人，夜间巡警收领公事。又于高处砖砌望火楼，楼上有人卓望。下有官屋数间，屯驻军兵百余人，及有救火家事，谓如大小桶、洒子、麻搭、斧锯、梯子、火叉、大索、铁猫儿之类。每遇有遗火去处，则有马军奔报。军厢主马步军、殿前三衙、开封府各领军级扑灭，不劳百姓。"（《东京梦华录》卷三"防火"条，北京：中国商业出版社，1982年，第24页）宋时东京之防火组织情形大致应为如上所述。
③ （宋）周淙：《乾道临安志》卷二"城南北两厢"条，《中国方志丛书·华中地方》第五一二号，台北：成文出版社，1983年。
④ （宋）施谔：《淳祐临安志》卷六"厢隅"条，《中国方志丛书·华中地方》第五一三号，台北：成文出版社，1983年。
⑤ （宋）潜说友：《咸淳临安志》卷十九"厢界"条，《中国方志丛书·华中地方》第四十九号，台北：成文出版社，1970年。
⑥ （宋）周淙：《乾道临安志》卷二"在城八厢"条。

对于居民的性质、密度、内容未及深思熟虑,仅表示一种机械的空间划分方法。① 然而我们不可否认,厢的设置是杭城处理城市化带来的城市管理问题的行政手段,尽管效果并非尽善,但却使城市治理有了城市空间区划的概念。杭州城市生态的变迁,不但与社会经济的发展状况密切相关,政府城市管理职能的实施对其影响同样重大。斯波先生上述的两种划分实际在很多方面是交错互参的,两者的共同作用,使得坊巷布局中的杭城形成自己的城市化发展特点及治理方式,杭城消防和治安也是在这种空间划分的形成过程中展开的。

南宋都城临安户口繁多,街道壅塞,入杭流民及兵寨多以茅草盖屋,火灾接连发生。绍兴年间(1131—1162)的前二十年,几乎年年有大火。清人沈嘉辙《南宋杂事诗》曰:"左右江湖驻跸初,郁攸飞烬少安居,休言两火兼三火,自是临安火政疏。(《枫窗小牍》:'绍兴二年五月大火,被毁一万三千余家,皆以为中兴之初改元建炎致此,但临安扑救视汴都为疏,白獭髓绍定初,御街中瓦前卖团子者,目为三火下店,遂为失火之谶。')"② 林正秋指出,刑法松弛、制止不力是当时多火灾的重要原因。因此,虽经过绍兴年间的一些防火措施,火灾一度略有减少,但因刑法松弛,措施不力,大火又接连发生。③ 最严重的当属绍定四年大火,时人周密所著之《癸辛杂识》续集上《天雨尘土》详细描绘了大火的情形。大火使得临安城"为之一空",而只有史弥远相府因殿前司副都指挥冯树率兵卒保卫而独全,大臣洪咨夔作诗《哭都城火》以讽此事,诗曰:"殿前将军猛如虎,救得汾阳令公府。祖宗神灵飞上天,痛哉九庙成焦土。"④ 由于火患之严重,临安府及朝廷官员开始重视杭城防火、救火工作,并制定一系列相应措施:

> 案旧制,列郡有厢禁土军,而行都驻跸以来,周庐设卒,虎旅环屯,故郡兵不加益,惟仍旧额,而辇下繁盛,火政当严。自大资政赵公与筹尹正京邑,因嘉定以来之成规,增置潜火军兵,总为十二隅七队,皆就禁军数内抽拨,处置得宜。自是十来年间,民始安堵。浙江东接海门,水军亦所当补,公复有请于朝,招徕强壮习水、精于技艺者五百人,隶忠节指挥,亦以补填诸营阙额之数,其于急务实有补云。⑤

在坊巷式城市布局中,以厢划分治安地段,各坊巷下设防火隅屋或望楼,以隅分区,管理防火事宜。在嘉定四年大火后,这种区划逐渐形成,时任府尹王楠设立了东、西、南、北、上、中、下共七隅;同年,又由府尹余天锡设立新隅;嘉定十四年,府尹袁韶设立府隅;淳祐四年,府尹赵与筹设立新南隅、新北隅;淳祐九年又设新上隅。以上各隅原额定设隅卒一百零二人。专业的救火队也组建起来,时称"潜火队"。共设立了所谓潜火七队,

---

① (日)斯波义信著:《宋代江南经济史研究》,第370～371页。
② (清)沈嘉辙:《南宋杂事诗》卷四,文渊阁《四库全书》集部总集类。
③ 林正秋:《南宋都城临安》,第223～224页。
④ (宋)罗大经:《鹤林玉露》卷十四"辛卯大火"条,转引自林正秋:《南宋都城临安》,第225页。
⑤ (宋)施谔:《淳祐临安志》卷六"军营"条。

即指赵与惠所设水军队,加上淳祐六年增设的搭村队、亲兵队,以及府尹廖公增设的帐前四队,七队兵员原额共八百七十六人。①

各防火隅屋的任务首先是日夜察望本隅辖区及各区烟火,发现火情即出示信号,昼夜不同,"若朝天门内,以旗者三;朝天门外,以旗者二;城外以旗者一;夜间则以灯如旗分三等也"②。另外,各隅须配合府内潜火队参与各隅救火。

随城外居民的日渐增多,城外四隅也建立起来,城郊也建了望楼隅屋九所。《淳祐临安志》称:"城外居民繁盛,防虞之事,亦岂容略? 淳祐四年八月,府尹赵公与惠有请于朝,就殿、步两司营寨,在城外四壁者,各选军兵三百人,总计一千两百人,仍各差统制官二员,带本府钤路职事,分任四壁防虞之责。并照城内四壁约束,仍隶本府节制。"③ 杭城又增设军巡铺,夜间加强巡警,"官府坊巷,近二百余步,置一军巡铺,以兵卒三五人为一铺,遇夜巡警地方盗贼烟火"④。

为协调各救火组织行动,临安府又设临安节制司统一指挥救火工作,节制城内四将军兵,"遇有救扑,百司官吏,俱整队伍,急行奔驰,驻扎遗漏地方,听从调遣,不劳百姓余力,便可扑灭"⑤。

南宋临安的防火救火措施取得了一定成效,火灾次数有所减少。据《宋史·五行志》载,从绍定元年大火之后到元军攻入临安府止,五十多年中,火灾仅有四次。与此同时,营私舞弊,救火先赴权贵后至一般官民的弊端也一直存在。⑥ 另外,火灾频仍使得杭城商贾的仓储技术和方式有了新的发展,谢和耐注意到了《梦粱录》卷十九《塌房》所提到的这种变化。他还指出,地方盗贼利用火患引起的居民恐慌心理进行行窃,因而朝廷严禁民间传播火灾警报。⑦ 这种考察城市情态的微观视角,对于杭城火灾研究无疑是富有启示的。

南宋定都临安,使其城市区位优势日益凸显。此后,杭州一直都是该地区的大都会。14世纪明太祖定都南京,引起了地区城市体系的又一次重组和发展的局面,⑧ 而杭州在区域中的重要地位并未因此失去,"长江下游的实例,其引人注目之处在于:地区城市体系反复重组,但该区的几个大城市却没有一个趋于衰落"⑨。施坚雅在其城市和地方体系等

---

① (宋)施谔:《淳祐临安志》卷六"军营"条。
② (宋)吴自牧:《梦粱录》卷十"防隅巡警"条。
③ (宋)施谔:《淳祐临安志》卷六"军营"条。
④ (宋)吴自牧:《梦粱录》卷十"防隅巡警"条。
⑤ (宋)吴自牧:《梦粱录》卷十"帅司节制军马"条。
⑥ 林正秋:《南宋都城临安》,第227页。
⑦ (法)谢和耐著:《蒙元入侵前夜的中国日常生活》,第20页。
⑧ 牟复礼:《元末明初时期南京的变迁》。
⑨ (美)施坚雅:《第一编:历史上的城市》"导言:中华帝国的城市发展",《中华帝国晚期的城市》,第17页。

级的研究中表明，各城市设立的最佳位置是行政要素和自然、经济要素两者的交汇点处。① 在城市发展过程中，这两种因素同样塑造着城市管理和城市生活的情态。12—13世纪形成的理念和技术对宋后至明清的杭城治理仍有着延续的影响。

2. 明清时期杭城生态的变动

关于明代杭城人口之繁盛，明人多有叙述。王士性称："杭城北湖州市，南浙江驿，咸延袤十里，井屋鳞次，烟火数十万家，非独城中居民也。又如宁、绍人什七在外，不知何以生齿繁多如此。而河北郡邑乃有数十里无聚落，即一邑之众，尚不及杭城南北市驿之半者，岂天运地脉旋转有时，盛衰不能相一耶？"② 田汝成在《西湖游览志馀》中更详细指出火患之密与城市生态变迁之关系：

> 杭城多火，宋时已然。其一，民居稠比，灶突连绵。其二，板壁居多，砖垣特少。其三，奉佛太盛，家作佛堂，彻夜烧灯，幡幢飘引。其四，夜饮无禁，童婢酣倦，烛烬乱抛。其五，妇女娇惰，篝笼失检。③

田汝成所述火患原因切中肯綮，特别是其中前二点指出杭城历史发展形成的民居特点造成火灾隐患，历来多被引用。清初编定的康熙朝《仁和县志》即引用田说："杭城多火，宋时已然，其一民居稠比，灶突连绵；其二板壁居多，砖垣特少。"光绪《杭州府志》又注明并引用了康熙朝《仁和县志》此段记载。④

毛奇龄在《杭州治火议》中考察了杭城民居特征和居民疏于防火的特点，慨叹曰："《左传》曰，天火曰灾，人火曰火，然则杭州之火人火矣。"⑤ 杭州市文物考古所高念华在研究中指出："杭州明代民居与江南许多地方相似，都是以木构架来做房屋构架。构架大体分为抬梁式和穿斗式两类。厅堂建筑明间两缝都是抬梁式，以加大空间面积，使厅堂显得空旷高敞。次间和梢间都用穿斗式，但减去上金檩下的落地长柱，所减之柱由架在小梁或穿枋上的柁墩、斗或短柱来代替，以此节约木材。有的山面两缝，每檩之下均用落地长柱。由于受力减轻，虽然用材单薄，但在结构上比较牢固。明代民居的出际都比较深远。室内壁面基本上都用板壁，即使是檐下的坎塘也用板壁，很少砖壁。"⑥ 晚清著作《杭俗怡情碎锦》提到："杭城火患最多，居民铺户偶不经心，即招其灾，沿烧大偏。缘

---

① （美）施坚雅：《城市与地方体系层级》，第 327～417 页。
② 王士性著：《广志绎》卷之四，吕景琳点校，北京：中华书局，1981 年，第 69～70 页。
③ 田汝诚辑撰：《西湖游览志馀》卷二十五《委巷丛谈》"杭城多火"条，上海：上海古籍出版社，1980 年，第 442 页。
④ 康熙《仁和县志》"火灾"，见于光绪《杭州府志》卷七十四"风俗一"条，《中国方志丛书·华中地方·第一九九号》，台北：成文出版社。
⑤ （清）毛奇龄：《西河集》卷九《杭州治火议》。
⑥ 高念华：《杭州明代民居初论》，《浙江学刊》1997 年第 3 期。

屋舍毘连，路道不宽，无砖墙壁隔截，半多竹篱泥涂屋，无砖瓦封层包檐，且用篾笆作垫，俱系引火易燃。而各集义龙得知，司事人难立时全集。盖多泥木作、搭彩之人，在外工作，俟各人赶笼到场，亦已燎原不可收什。"① 可见清代杭城民居易招火患的弱点仍然存在。

可以看出，杭城民居易燃的建筑特点的背后，其实是城市发展中人口集中的结果。附表 1 根据光绪朝《杭州府志》制成，呈现了元代至清末杭州府的人口变动。当然，期间户口统计制度不断发生着改变，从根本上说，户口人丁的数字基本没有可比性；但笼统来看，明清两朝杭州府总人口大致保持着一个较高的数目。附表 2 引自李华上揭文，表中作为赋役单位的人丁的统计数目，必定也无法反映真实情况；但到乾隆四十一年，杭州城内人口达到四十多万的规模应是可能的。②

另外，杭城迁入之流民日渐增多，官方户口统计也难以反映其实际程度，万历《杭州府志》的编修者已经注意到这个问题③。17—18 世纪的政府官员及文士对杭城火灾问题的讨论或决策，同样表达了对上述问题的关注。

明代中后期以降，商业发展给城市布局和城市社会带来了很大的改变。明人何良俊在《四友斋丛说》叙及江南世情时称：

> 昔日乡官家人亦不甚多，今去农而为乡官家人者，已十倍于前矣。昔日官府之人有限，今去农而蚕食于官府者，五倍于前矣。昔日逐末之人尚少，今去农改业为工商者，三倍于前矣。昔日原无游手之人，今去农而游手趁食者，又十之二三矣。大抵以十分百姓言之，以六七分去农。④

明末杭州形成了"杭俗之务，十农五商"⑤ 的情形。在城区布局上的突出变化，便是东城一带商业区的发展。南宋时东城在皇城外，"东门外绝无居民，弥望皆菜圃"⑥。在附图 1 中，斯波义信将这一带划为军营区和补给区。明清时期东城向外拓开三里而构成的东城区，成为手工业工人居住的人口稠密区，到了清代，"群工匠多家东城"，"杭东城机杼之声，比户相闻"。⑦ 清人厉鹗称，雍正时杭州之商业区"城内以东城为胜"⑧。当时杭州丝织业集中于东城，"东北隅数千、万家之男女，俱需此为衣食之谋"，此区在行政上划于仁

---

① （清）不著撰者：《杭俗怡情碎锦》"乐善类"，"官民救灾"条，刘兆祐编：《中国史学丛书三编》第三辑，台北：学生书局，1987 年，第 25～26 页。
② 李华：《清代杭州城市经济的发展》。
③ 万历《杭州府志》卷二十八《户口》，《中国方志丛书·华中地方》第五二四号，台北：成文出版社，1983 年。
④ 何良俊：《四友斋丛说》卷十三，北京：中华书局，1959 年。
⑤ 乾隆《杭州府志》卷三《风俗》。
⑥ （清）厉鹗：《东城杂记》卷下。
⑦ 傅崇兰：《论明清时期杭州城市的发展》。
⑧ （清）厉鹗：《东城杂记》，《雍正六年三月十二日序》。

和县境内，其中有关行政设置与火政运作的问题，下文还将讨论。

由附图2中可看到，东城区由艮山门通往城外。明清时期，艮山门外的青龙街滨江一带都种果蔬，杭城东园人家将产菜贩卖至临平、长安两个市镇，再由船载走。① 艮山门外也是"机户聚集之地"。清代政府本有禁令，只允许在城外织生丝绫绢，然后运入城内练熟发卖，纳税转运。然而，随着城外丝织业发展，出现了练染家在艮山门外大开染铺的情况，容易导致课税隐漏，政府为此严下禁令。② 据记载，雍正年间杭州城内共有三百四十个行业③，盛况空前。在这种情势下，城内坊巷空间也日渐繁杂，烟户聚居于其中。香坂昌纪较为细致地考察了清代北新关的发展及其与杭州城的经济联系④，此不赘述。

12—13世纪杭城形成的坊巷式布局，至明清仍有很大影响。虽然清代城市中"坊"的行政区划作用不如从前，但其名称延续了下来，而且仍扮演着某种城内居住单元的角色。明清时期大多数城市的地域布局为：城中为坊，坊的外围为四隅，城门外的城郭为关厢。行政建置则有坊、牌、铺，或者坊、铺。⑤ 据钟毓龙先生统计，清代杭城所见有七百三十五条坊巷，究其得名之年代，其中，"宋以前即已有今之名称者，约百分之三；于宋时命名者，约百分之四十；于元时命名者，约百分之三；于明时命名者，约百分之十四；于清时命名者，约百分之十五；清以后命名者，约百分之十五；何时得名不详者，约百分之十。由此可见，杭州坊巷名称，宋代遗留者独多"⑥。坊巷之名，北方多称为胡同，钟毓龙先生认为大概因为自元《大典》称弄为火弄，误仄为平，乃以火弄为胡同。杭州坊巷，称弄者二百零五条，如元宝弄、火药局弄、井弄、豆腐弄等；称火弄（或浒弄）者四五条；称胡同者仅向阳胡同一条，然于清代筑旗营时毁去，已成历史陈迹。昔时建屋，为避火患，屋与屋之间留一弄，称火弄。因忌火字，作浒弄。⑦

这种火弄之留设，对于杭城防火是大有裨益的。然而民居日繁，坊巷空间变得极为壅塞。例如清初"清波门内，原皆为民居。清康熙五十三年大火，四条巷与清波门直街之间乃无疆界，行人称便。至雍正七年，建屋渐满，仅兴福庙（祀宋小校施全）侧尚有空地，已为李姓所购，将建舍。里人恳其留小弄以便行人往来，不允"⑧。毛奇龄《杭州治火议》中也载："曩时每街必有火巷间截之，今多为民间侵佃，以致堙塞。"⑨ 街巷密度之增，为

---

① 乾隆《杭州府志》卷七八《物产一》，引《武林纪事》。
② （清）许梦闳：《雍正北新关志》卷十六，雍正九年刊印。
③ （清）许梦闳：《雍正北新关志》卷十一。
④ （日）香坂昌纪：《清代的北新关与杭州》，《杭州师范学院学报》1998年第1期。
⑤ 刘凤云：《明清城市的坊巷与社区——兼论传统文化在城市空间的折射》，《中国人民大学学报》2001年第2期。
⑥ 钟毓龙：《说杭州》，第193页。
⑦ 钟毓龙：《说杭州》，第212页。
⑧ 钟毓龙：《说杭州》，第224页。
⑨ （清）毛奇龄：《西河集》卷九《杭州治火议》。

火灾埋下隐患，更给救火增加困难。

杭城街道本来就不宽敞，加上铺户临街设店，显得十分拥挤。明清时期政府多次组织清理城内道路。较大规模的一次，是在嘉靖三十三年（1554）由巡抚都御史李天宠主持的马路清理工作，主要施工地段是凤山门以西至清波门，路宽拓至三丈多。① "分路扑救"和"精简"救火队伍的并举，是清朝官府面对日益壅塞的坊巷空间的权宜之举。在这种情况下，作为灭火主力（至少在灭火队伍中人数最多）的救火兵丁能否确保完成灭火任务，并兼顾缉拿抢火之人，其成效和弊端又如何？下文还将叙及。

本节开篇提到，杭城民居易招火患的原因，除了木构建筑易燃，其根本上更是人口膨胀所造成的城市拥挤。而大量的外来居民和流动人口的涌入，正是城市经济特别是手工业和商业的发展所造成的。对此，毛奇龄曾一针见血地指出：

> 乃阻之者有二说。一曰砖贵而竹木贱也。……一曰杭州寸金地，阛阓稠密，竹木占地少，而砖则占地多也。……大抵杭人多赁屋而居，屋非己有，即屋中什器亦所值无几，脱不幸，即窜身已耳，以故不关痛痒。而间有住己屋者，又往往以因循忽之。②

实际上，包括木构民居未能整改的弊病在内，整个杭城日常消防难以受到重视，与坊巷空间的生态变迁有直接关系。

（三）仁、钱二首邑的分治与同城

从宋到明清，城市的发展过程中市政管理的难题日渐突出。面对行政分治的设置与统一管理市政的需要之间的矛盾，作为省会、府治、县署聚于一城的杭州，能否建立起对整个城市的有效管理，是一个重要的问题。明清杭城的火政部署，还涉及钱塘、仁和两个附郭县的行政和治安职责问题。

钱塘之设早于仁和。五代吴越时钱氏据浙，龙德二年（922年）从钱塘、盐官两县中各析出一半，合并富春县之长寿、安吉二乡置钱江县，与钱塘共为杭州治所。宋太平兴国三年，改钱江为仁和。宋室南渡后，仁、钱共为府治。③ 清代杭州为浙江省治，仁、钱仍为府治之二首邑。④

---

① 傅崇兰：《论明清时期杭州城市的发展》。
② （清）毛奇龄：《西河集》卷九《杭州治火议》。
③ 嘉靖《仁和县志》卷一"建置沿革"条，《中国方志丛书·华中地区》一七九号，台北：成文出版社，1975年；万历《钱唐县志》卷一"纪疆"条，《中国方志丛书·华中地区》第一九二号，台北：成文出版社，1975年。
④ 按：关于城市史上多数府治城市常设若干首邑的原因，尚有待以后的进一步研究。

1. 城内县界问题

仁、钱二县的辖区自宋至明清均有变化。作为有城墙的府城的附郭县，在明清府治城池相对稳定的时期，两个县在杭城内的部分县境如何界分，值得追究。

我们先从清代杭城十个城门的管辖归属来确定二县所辖的城墙范围。根据光绪《杭州府志》的记载，凤山门、候潮门、望江门和清泰门都是内属钱塘，外属仁和；钱塘门和武林门则内属仁和，外属钱塘；庆春门和艮山门则内外均属仁和；清波门和涌金门都是内外均属钱塘（参见附图5）。我们可由清泰门到钱塘门连一线将城内划为两部分，大概就是光绪《杭州府志》引《大清一统志》所记"周三十五里有奇，西南属钱塘县治，东北属仁和县治"① 所表达的意思。

另外，我们参看明清杭州县志和府志中对杭城内仁、钱分治及其坊巷归属所作的界定：

①钱塘县：

万历《钱唐县志》：在城诸里至武林门入大街，羲和坊东至横街，其南为铁线巷，普安北巷，柴木巷，忠孝巷，茅郎巷，南班巷，双井巷，安福巷（其北仁和界）。②

光绪《杭州府志》：附郭在府治西偏，东西距四十三里，南北距一百四十里（咸淳志："在治北四里，东西三十二里，南北七十五里"，万历旧志："东西距四十五里"。），东至清泰望江二门与仁和县分界（咸淳志："至仁和，以市心大街为界一里"。）……东北至仁和县界四里（……成化旧志："仁和羲和坊界"。）。③

②仁和县：

嘉靖《仁和县志》：东至东里坊，直抵城墙；南至日新巷北；西至甘泉坊，直抵城墙；北至武林门；东北至艮山门城墙；西北至钱塘门城墙。④

光绪《杭州府志》：附郭在府治东北偏，东西偏距六十里，南北距七十三里（咸淳志："在府治北九里，东西六十一里二百步，南北八十四里"。旧浙江通志："南北袤八十里"。）……西至钱塘门与钱塘县分界（咸淳志："以四姑桥河流为界一里"，成化旧志："钱塘门抵城而止"。）……西南与钱塘县分界（咸淳志："以后洋街路口为界三里"，成化旧志："至甘泉西城脚下"。）。⑤

---

① 光绪《杭州府志》卷一《图说·会城图说》。
② 万历《钱唐县志》卷一《纪疆》。
③ 光绪《杭州府志》卷四《疆域》。
④ 嘉靖《仁和县志》卷一《城中境界》。
⑤ 光绪《杭州府志》卷四《疆域》。

从以上之述中我们看出，城内县界划分其实不甚清晰，唯一较为明确的划界是"以市心大街为界一里"这一段，其他界线多推移若干"里"，这种标界的具体情况尚待辨清；另外，清代府志和县志中所载的许多作为划界标志的坊巷，大体都直接参照明代，而明末清初仁、钱县志之境图（参见附图3、附图4）中，城中界线亦甚为模糊。实际上，有明确标出仁和、钱塘两县地界的杭州城市地图，始于清末光绪十八年浙江舆图局所绘制的《浙江省城图》，此图也是利用经纬仪等现代测绘工具兼采传统的计里画方法而成①，类似附图6、附图7等许多杭州城市史研究中绘制的杭城地图，大多都是来源于上述《浙江省城图》。因此，对于其中的仁、钱二县标界线是否适用于清末以前的情形，笔者仍存较大怀疑。

附图5为乾隆《杭州府志》所附府城图，光绪《杭州府志》所录之府城图便是取自此图。另外，光绪府志又在钱塘县图中表出四至八到，其中东北方向即是仁钱交界之处，图中标记：

> 东北至仁和县义和坊四里。②

参前面所引府志之载，我们得知，仁和县属义和坊作为分界取自明"成化旧志"，可知此分界地点在明清相对较为稳定。诸如此类的分界区，在两县共城状况下的城市管理中，是否做到各自权限分明，值得追问。邹怡在文章中讨论救火过程因路途远近而导致灭火效果不同时，以盐桥和仙林桥为例，并通过《武林坊巷志》的有关记载，考证出盐桥属义和坊。③ 在附表4中，我们看到，康熙十二年九月十九日一次很大规模的火灾即是起自盐桥东，而大火竟能延烧一昼夜，致使七千多间房屋遭焚毁，对此仁和、钱塘二县县志也均有记载。此过程中火政是否出现问题？此暂存疑。

康熙年间黄六鸿在《福惠全书》"清查界址"一条提及清初各地州县境界问题时称：

> 夫州县四境之界址不清，每有村庄道路失事窝逃，邻境互相推诿，往往上司委官踏勘，大费周折，甚至两不输情。④

在本文后面的叙述中，我们还将看到，明清时期杭城变乱、罢市等突发事件常发生于盐桥一带，是否也与上述城中分界区之特点有关，尚未有确证。

2. 行政的分责与同城的观念

清代火政的具体部署，在实际操作中仍有很大的难题，救火过程中要同时做好扑救和

---

① 参见阙维民编著：《杭州城池暨西湖历史图说》，杭州：浙江人民出版社，2000年，第169页。
② 光绪《杭州府志》卷一《图说·钱塘县图》。
③ 邹怡：《清代城市社会公共事业的运作——以杭州城消防事业为中心》，《清史研究》2003年第4期。
④ （清）黄六鸿：《福惠全书》卷二十三保甲部，"清查界址"条，《官箴书集成》第三册，合肥：黄山书社，1997年。

监察等工作，在府县不同的地界，权责并不清晰，官府也意识到这个问题："第以救火员役，复又责令查拿抢火之人，势难兼顾。"①在这种状况下，也只能作一些简单的规定，至于具体的执行有无实效，值得商榷。不过，其中关于仁、钱二县的行动配合值得关注：

> 向来失火，既有弁兵义民并力扑救，复有司道大员亲临督率，其府、厅、杭卫等官，似应专责查拿抢火之人，不必兼司救火之事。令其于东西南北四路巡查堵截，遇有肆抢棍徒，即行协力擒拿获究。至该县等，不必齐往。如在仁境者，止令仁邑知县前往督救，其钱邑知县，在署督同仁邑吏役，防守仓监库藏。如在钱境者，仁邑知县亦照此办理。②

结合乾隆年间的公牍，我们还看到，官府对于同城二县的政务，重视施政时的分管和灵活融通。在"同城"观念的体认下，力求消除行政空间的"界限"对办事效率的影响。此处列出二例，一是乾隆二十六年（1761）关于两县每月接收和转解罪犯的办法，一是乾隆二十七年（1762）年关于仁钱二县争控坟山案件的处理决定：

> 浙江按察使司李　为请定首县递解章程以免稽延事。窃照递解人犯，接收转递，难容迟误。向例逐县接递，不得越站。但如仁、钱两县近在同城，邻县解至仁和者，接收一日，转递一日，及至钱塘接收转解，又须二日，是省城之内逗遛四日，糜费口粮，稽延时日。推之程、安、山、会两县附郭者，亦复如是。惟嘉、秀两县及江省吴江、震泽两县俱分上下半月接递，甚为便捷。但事由解犯必须详明立案，本司请将上半月内令仁和县收发，所有富阳、萧山等县之犯，径解至仁邑接收转解，毋庸由钱塘接递。下半月内令钱塘县收发所有海宁、石门、德清等县之犯，径解至钱邑接收转递，毋庸由仁和接递。如一时犯多者，仍听通融收禁，不必拘泥。或有邻邑来文舛错，未经查填，上下半月应行收发，衙门亦即接收，不得驳回，致滋延累。其程、安、山、会等县亦即一体办理。③

> 仁、钱二县坐临省会，事实繁冗，原难兼顾，且书役俱是坟亲，凡有讦讼之事，贿搁弊混，往往有控无结，是以毫无儆畏。似此恶习，若非专员管理不能整治。……民间争控坟山案件，因仁、钱二县坐落省会，公务殷繁，不克随时办理，是以前司详奉专委理事同知审勘，原期案件速结起见，若厅、县两处受理，转启奸民滋弊之端。其间情幻百出，实有如该同知所禀者，似与分繁专责之意有悖。应请嗣后凡有控告坟山事件，仍照潘、叶两前司原详，统归理事同知专司勘断，仁、钱二县不必再行准理。其海、富、余、临、新、于、昌七县狱讼减少于仁、钱，如遇有争控坟山、坟地

---

① 《治浙成规》卷五《臬政》，"杭城救火抢火等各事宜"条。
② 《治浙成规》卷五《臬政》，"杭城救火抢火等各事宜"条。
③ 《治浙成规》卷六《臬政》，"同城两县分别上下半月接递人犯"条。

事件，而坟墓不坐落于省城者，仍听各县就近自行办理，毋庸该同知兼管，以免往返拖累。如此循照旧规，则事有专司，案件得以速结，而山虎亦不敢再肆矣。①

前一则材料针对的是城内处理事务的效率问题，后一则材料是关于减轻二首县杂务的问题。由此看出，一方面，作为府治的二首县，事务的繁杂促使其将一些具体政务，交由杭府委派的有司专责或各县分管；另一方面，"近在同城"的二县，在城内行政运作中，不拘泥于诸如"逐县接递不得越站"这一类县与县之间的权限划定。雍正年间清廷初定冲繁疲难之制，杭州府冲繁难，领县九，钱塘冲繁难，仁和冲繁难②。仁、钱二县坐落省会，在具体政务中"分繁专责"确实有必要，同城而治的状况也令两县在城市治安管理上必须通融配合。

在具体政策的推行上，当两县出现行政步调不一致时，相互协调的例子也有之。袁枚在《小仓山房文集》中便记载了康熙年间仁和知县张郎湖（名坦熊，字男祥，郎湖为张氏之号）在任上一事：仁、钱二县推行摊丁入亩时，因富户业主买田留丁，民间怨声载道，改革多有阻力。特别是钱塘，在仁和推行摊丁后迟迟不行，新到任的仁和知县胆怯而不敢照摊，导致市民闹事。后由张郎湖出面力压奸阻，"协同钱邑于十日内将丁照摊，盈城肃然"。③

导论中已简述了 Susanna Thornton 的研究成果，明清杭城士人多坚持对意识和记忆中"杭州城"的认同感，城隍代表的身份并未在仁钱两县之间引起争端，而只是集中于杭"城"和浙"省"象征意义的的辩论。④我们看到，仁钱两县精英也"杂"居一城，万历《钱塘县志》之凡例称：

> 仁钱错壤，其间先喆，或生于斯而举于彼，或第宅在彼而邱陇在此。⑤

城市化进程中，"城市"的意义在行政部署上有所体现，新的城市社会变迁从各方面影响了传统的行政空间。我们可以重新思考之前斯波提到的，城市化过程中杭城生态和行政治安区划的不一致。实际上，清代仁、钱二首县行政与治安区划的"模糊"界线与实际运作中的协调问题，反映了城市空间区划本身随城市化而调整，具有某种跨界线的模糊性或者说是灵活性。城市化的事实作为动力也好，作为压力也罢，都要求城市原有行政设置作出调适，以便朝市政管理的专门化和统一化方向发展，下一部分将着重从清代专业化火政入手进一步讨论此问题。

---

① 《治浙成规》卷六《臬政》，"仁钱二县争控坟山案件坐落省城者理事同知专管"条。
② 光绪《杭州府志》卷三《建置》。
③ （清）袁枚：《小仓山房文集》卷三十五（《小仓山房诗文集》第四册），《书张郎湖臬使逸事》，上海：上海古籍出版社，1988年，第1922～1924页。
④ Susanna Thornton, "Provinces, City Gods and Salt Merchants: Provincial Identity in Ming and Qing Dynasty Hangzhou".
⑤ 万历《钱塘县志》，《凡例》。

(四) 明末清初杭城的保甲制度

上一节讨论了杭城的行政分治状况如何调整，以便在具体施政中更好地处理繁杂的城市管理问题。由此引发的思考是，城市制度的演变能否反映上述市政统一化的趋势？我们或可先从保甲制的沿革与城市社会变迁的关系入手进行考察。

关于保甲制度的发展问题，历来学者意见不一①，除制度本身历史脉络较难理清外，还存在地区差异问题。此处尝试将制度探究与城市个案考察相结合，也正是为了避免"整体式"讨论的空泛。面对城市发展中日益严峻的治安问题，官府需要作出社会动员，并将治安职能尽可能地推向城市生活的细微层面，通过社会机制使得治安效率提高。在下一部分关于火政设计的治安问题讨论中，我们还将看到，在"火"与"盗"的处理问题上，官府强化保甲的治理思路一如既往。

在万历十年杭州变乱中，保甲成为城市居民动员和起事的组织形式。②这提示我们思考：杭城保甲作为官府努力创设的一种城居治安组织，其制度沿革反映了城市社会关系的哪些变化？相对于紧急状态的民变，常态下的城市管理中，在城保甲是否有利于治安政策的统一贯彻？本节试作讨论。

1. 由嘉靖倭患到万历民变

万历十年杭州城同时发生了兵变与民变，影响甚大，许多文献也都留下详细的记载和评述，因此为许多学者所关注。③夫马进通过杭州城市徭役制度的变革来分析社会各阶层的关系，其研究方法富有启示。

明代确立的总甲火夫制是实行于城市关厢的徭役制度。总甲协助官府处置城内纠纷，

---

① 例如闻钧天在《中国保甲制度》（上海：商务印书馆，1935年）中认为保甲制在清代成功地实行。瞿同祖则认为，闻著单从制度设计而非实际应用去看待而有局限，保甲制度总体讲是没有效率的。瞿先生赞同萧公权的研究（"Rural Control in Nineteenth Century China", Hsiao Kung-chuan, *Far Eastern Quarterly*, Feb. 1953），即根据康熙到嘉庆朝的诏书以及清朝官员的记述，自清初开始，保甲制即因运作障碍而在各地推行不力（瞿同祖著：《清代地方政府》，范忠信、晏锋译，北京：法律出版社，2003年）。19世纪的冯桂芬仍称，除了朝廷一大堆保甲制的命令外，保甲很少实行过，在实行的少得可怜的场合也没有什么实效（冯桂芬：《校邠庐抗议》，晚清刊本）。

② （日）夫馬進：《明末の都市改革と杭州民變》。

③ 代表性的研究成果有（日）栗林宣夫：《萬曆十年の杭州民變について》，《木村正雄博士退官記念東洋史論集》，1976年；（日）夫馬進：《明末の都市改革と杭州民變》；傅衣凌：《明代后期江南城镇下层士民的反封建斗争》，《明代江南市民经济试探》，台北：谷风出版社，1986年；Richard Von Glahn, "Municipal Reform and Urban Social Conflict in Late Ming Jiangnan", *Journal of Asian Studies*, 1991, Vol. 50, No. 2；陈学文：《万历杭州民变考察》，《明清社会经济史研究》，台北：稻禾出版社，1991年。巫仁恕《明清城市民变研究——传统中国城市群众集体行动之分析》一文对以上各篇有所评述。

并率领民众防御缉盗；火夫主要负责救火防盗，兼负看守库藏狱囚。明中后期，江南地区的里甲赋役制度已产生很大变动，随着乡村社会变迁而展开的均田均役的改革，江南诸城市徭役也开始了力役制向雇役制的过渡，总甲火夫力役改由城厢居民纳间架税以雇役。附表5呈现了明中后期江南部分城市徭役制度改革情况，出自巫仁恕书中，系巫著根据夫马进论著叙述所制成，此次引列文后，重点关注其中涉及的城市租户和屋主的雇役钱问题。

明代苏州和杭州的城市徭役改革，主要是通过保甲系统的调整和加强来完成的。夫马进根据《镇吴录》记载的丰富史料，详细考察了苏州城市巡役制的改革。万历二十九年（1601）苏州织工暴动以及万历三十一年（1603）的反地方官士变，成为强化城市保甲制的理由，随之而来的即是保甲制的调整。姜良栋驻防苏州期间，改革了保甲夜巡制和门栅巡检制。当时的理由是巡役制和宵禁制无顾城东织工与城市其他居民生活和劳动时间的差异，限制了作为城市手工业者和小贩的一般居民的自由和生计；另外，赋役的不均特别是特权阶层的徭役优免，造成了贫富两阶层的对立。由此，姜良栋彻底整顿保甲制，并将原有巡役和门栅制废止，将城市巡警归入军队专管。①

与苏州相比，杭州的改革过程有其特殊之处，其核心内容是削减"间架税"以及废止城市巡警力役制。杭城间架税积弊甚多，较为独特。其他城市间架钱只税门面，即所谓门摊间架。而杭城间架另按基地（占地面积）来定间架银，而且区分官基和民基。然而，实际的情形是，由于居于乡村的势家豪户不承担徭役，乡村重税向城市转移，嘉靖中叶至隆庆年间，杭城间架税增至七间一丁；其民基、官基也被扒平。而在这些变更中，"民困益甚"。②（夫马进在文中列表比较了杭城间架税改革前后的具体变化，拙文此处特引用列于附表6。）明中后期杭城巡役制的变迁也出现了若干反复：

> 旧规，省城各衙门修理夫役，俱仁、钱二县见年里长奉文征发各乡人户。岁或五六差，甚者月一二差。弊多，民不堪。嘉靖三十二年，仁和知县赵周议上本府转白守巡道，募有人力居民，编修理官夫七十名应役。……派办于概省人户，不以偏累仁、钱之民，法至善也。然当周议编官夫时，寇延海上院司各道，议于城中编立保甲，意在觉察奸细而已。三十四年，寇薄城，责保甲分番居守，且协地方火甲夜巡，此亦一时权宜耳，乃后视为常例。猝遇典铺失盗，逮系多死亡，而保甲之变遂极。诸募夫多不供役，吏书亦缘为奸，又金保甲人户协帮之。于是各坊保甲，纵富役贫，各管工员役，又得卖夫之利，而小民日瘠矣。③

---

① 以上所述改革详情参见夫马进上揭文。
② 参见万历《杭州府志》卷七，《国朝事纪下》；（明）申时行：《申文定公集》之《纶扉简牍》卷一。见于夫马进上揭文。
③ 万历《杭州府志》卷七，《国朝事纪下》，"万历五年九月巡抚都御史徐栻革仁钱二县市民夫宿"条。

以上所记尤其值得注意的是，嘉靖三十二年保甲因寇患而编立，嘉靖三十四年又因倭寇攻城而责成保甲协同火甲夜巡，随后这一权宜之策却成为常制。而火甲纳银化下的募夫经常不供役，且胥吏为奸，于是各坊保长纵富役贫，杭城中下层居民深受其害，杭城巡警制走回了保甲力役制的老路，与明末江南城市社会废除力役制的趋势相背离。

另外，在役制改革中，城市下层的游民也因雇役转为力役，变得无利可图，而且富户和官绅又得以优免力役而转嫁于他们，由此怨恨滋生：

> 杭东南一大都会也……其间土著，盖不得十半。无论四方大贾、舟舆辐辏，权利倾都。厥有贫无行，游手浮食之民，赢身僦居、家不储石，而糊其口于旦暮之庸作者，比比皆是也。……近自万历八年，更雇役法为力役法，游手辈无所年利，固已心怨，而力役法又格于富有力者弗役，偏役僦居游手辈，以故游手辈财与力并绌也，怨乃滋甚。……又既则架更楼严启闭，出作入息者，俱不得自便，困日甚，而愤怨日积，然噤口不敢言。①

隆庆年间以教读丁仕卿为首，削减间架税以及废除巡警力役制的运动多次兴起，但由于乡绅的阻挠而不成，丁仕卿也被捕入狱。这进一步激化了社会矛盾，一个较为模糊的反士绅集体也因此形成。当万历十年杭城士兵因军饷问题而酿成兵变时，民变随后而起，保甲制下的沉重负担成为暴动的泄愤理由。更值得注意的是，万历十年这次民变正是利用保甲制度来动员和组织的。实录中记曰：

> 会城有市民之变。丁仕卿者，上虞流民也，久蓄奸谋，会行保甲，借建言，号召市民，指恨乡官为名，啸聚纳喊，拆更楼栅门，焚劫乡官宅舍。②

在流动人口滋生繁衍的杭州，城中保甲之设源于地方治安问题，有其积极意义。导致民变的原因不在于保甲的无效，而是保甲力役的不均引起的社会利益冲突，民变的形式则是以保甲制为组织的民众集体行动。民变过程反映了明中后期制度沿革与社会关系间互动而成的一种城市变迁情形。

2. 清初赋役改革与保甲重建

顺治三年（《皇朝通典》作五年）更定了里甲之制：

> 令天下各府州县编赋册，以一百一十户为里，推丁多者十人为长，余百户为十甲，甲凡十人，岁役里长一人；城中曰"坊"，近城曰"厢"，在乡曰"里"，各置一长；造册时，人户各登其丁口之数，而授之甲长，甲长授之坊厢里各长，坊厢里长上

---

① 钱有威：《大司马张公经略浙镇民变传》，《居来先生集》附录。转引自夫马进上揭文注释60，第259页。

② 《明神宗实录》卷一二四，万历十年五月乙酉条。

之州县，州县合而上之府，府别造一册，上之布政司督抚，再据布政司所上之册，达于户部。①

闻钧天认为，这种系统带有保甲制的性质。在17—18世纪官方文献中，"里甲"与"保甲"常混用，又似可互通，就此还需要更深入的研究。笔者认为，要更好地理解清初浙省由整顿地方保甲出发，加强基层控制的一系列政策，需要结合明清里甲赋役制度的演变过程加以看待。梁方仲先生在明代粮长制的研究中，已指出了"裁粮归里"和"粮里统一"的改革趋势，即由里长替代粮长执行职务的现象，在"轮充法"之前普遍出现的过程和由来。例如嘉靖末年浙江巡按御史庞尚鹏即议革去粮长，以里长收粮，彼此互管。② 在相关的研究中，我们看到，整个明代"赋役体系由完全依赖里甲到不依赖里甲的过渡阶段，里甲既不能胜任，又没有完全失去作用，从而引起了种种矛盾"③。

清初浙省同样面临着地方里甲赋役"日久弊丛"的难题。顺治十八年（1661）户部给事中柯耸目睹了当时江南差役严重不均的去情况："有田已卖尽，贫无立锥，而仍报重役者"；"有田连阡陌，坐享膏腴，而全不应差者"，以致出现"田归不役之家，役累无田之户"。他极力主张推行均里均田，实行"田近落甲，役必照田"，"将本区之田，均入本区十甲，本区田多，则派入下区，按田起役"。④ 从康熙元年开始，杭嘉湖地区继续进行均田均役的改革，其中突出的内容是施行"落甲自运法"。为了"剔弊苏民"，官府厉行落实"落甲催征"，其基本做法就是编审大造时，将科则银米数目，刊于易知长单，分到各家人户，各户照限自行完纳，从而革除粮长之弊以清钱粮，地方军需治安及其他"不常之事"也不再以"里—甲"系统为依托。⑤ 可以看到，在这一政策中，基层管理的层级更突出了甲的重要性。

落甲自运的前提是康熙十年开始的均田均里、并图减役的改革，即各州县一概以三千亩为一里，旧额超过三千亩仍编为一里，不足者凑足三千亩。在此基础上，绅衿里民一并照田编甲，按田派役。另外，均定三百亩为一甲的新图田额，将里民属下土地编在一处完粮。

落甲自运法裁减了里图数额，减轻了里役，也使催征钱粮的单位由里缩小到甲，把催和纳的责任落实到粮户身上。然而，均甲均田和落甲自运均未真正革除里役，现年里长、粮长连同里书，实际上都得以保留。康熙五十八年（1719），浙江巡抚朱轼针对上述弊病，议行顺庄滚催之法。雍正五年（1727）浙江巡抚李卫着力推行之，禁革了里书等里役。顺

---

① 参见闻钧天：《中国保甲制度》。
② 参见梁方仲：《明代粮长制度》第三章，上海：上海人民出版社，2001年。
③ 刘志伟：《在国家与社会之间——明清广东里甲赋役制度研究》，广州：中山大学出版社，1997年，第171页。
④ （清）柯耸：《编审厘弊疏》，《皇朝经世文编》卷三十，《户政·赋役二》。
⑤ 《总制浙闽文檄》卷六"实行落甲催征"条。

庄法规定：各坊图总保应缮造保甲顺庄清册，务必将各图内居民，按保甲实户挨户顺编，不许参差跳越；开征时不论钱粮多寡，一律按册内住居，挨户填单，并重申永远革除粮长、现年、递年甲头、总催等项名色，历年里书一概革逐，其他杂役一概不许妄派乡民承值供应。

顺庄法的推行，使得明代以来的里甲编审制度和催征钱粮制度被废除，保甲制代替了里甲制，以总保为基层单位，实行挨户顺编赋税册籍和挨户催征钱粮，并将此过程通管，从而革除了里役、杂差和杂派。①

在文檄中我们看到一个由杭府仁和、钱塘等县为"试点"的改革过程。在官府看来，革除粮长、落甲催征之本意即是要体恤小民、免除杂役，须"止令落甲催纳钱粮，不许派及地方杂务"②，也就是说要使"甲"成为单纯的赋役征收单位。经官府和在城各乡绅议定，将三千亩编为十甲，另外为防止官役按原来的"都—图"划分单位征派杂役，决意削去都图名目，以重编后每十甲作为一"区"的划分代替，用"天""地"等字号命名，仁钱二县成为首当其冲的改革对象。③ 如此一来，原来的"都图"被削除，而原来的"里"被合并。官府一再强调，如此"均田并里"结合"落甲催征"的本意即是平均赋役。④ 不过，我们在文檄中可看到，这种以赋役为中心的改革思想，并没有得到很好的接受和贯彻：

> 为催征既免地方之役等事，据布政司呈详前事到本部院随批。编审里役一事，关系民生休戚，必将意义讲究明白，方能永行无弊。如减图并里各属已经编定，但初意原为省减田亩之徭役，使里民田均而力合，其旧额地丁银粮数目毫无亏损。若误认为减削版图，则非矣。此均田并里之义所当讲明者一也。……再如杂派差徭、责成地方之说，查人命事情自有凶身苦主及在场证见之人，盗贼事情自有失主及贴近四邻，逃人事情自有窝主邻佑与十家长，失火事情自有火头，勾摄人犯自有犯属，钉桩、建栅、守栅等事自有居住本处之人，俱不必干涉里甲，他如攒造烟户牌册、田地册籍之类，自有坐地版籍人户，间有军需人夫之类，止须总甲承催，其余私派，不经名目。⑤

一方面要"落甲催征"，确立单纯的赋役征收单位，实际操作中地方治安事务仍摊入"里民"之中，这种管理层级与明代建立的"催征钱粮、勾摄公事"的里甲正役系统下的成规，虽然在形式上不同，然而我们可借此窥见明初以来里甲运作的实际状况。许多研究者

---

① 以上叙述参见蒋兆成：《明清杭嘉湖社会经济研究》，第 170～174 页。
② 《总制浙闽文檄》卷六"酌议都图字号"条。
③ 《总制浙闽文檄》卷六"查议编立都图名目"条。
④ 《总制浙闽文檄》卷六"酌议都图字号"条。
⑤ 《总制浙闽文檄》卷六"酌议都图字号"条。

认为，本来在朱元璋设想中赋予里甲的社会职能，实际上大多是通过设立乡约、保甲来实现的。①

清初浙省官府的"落甲催征""均田并里"未收良效，地方对政策的不解和具体做法的南辕北辙，其症结在于以赋役为中心的基层设计虽力求兼顾地方治安，然独施一策难尽全功，难免造成旧有的里甲、保甲和乡约系统叠床架屋的实际局面。② 在这种局面下，由于保甲制被赋予了更多的治安层面的施政理想，因此在政府层面上"自然"地掩饰了行政尴尬，也就被"顺理成章"地颁布和推行。

清初杭城官府想通过强化保甲以靖盗安民，实际上已触及整个地方基层管理的复杂问题。17—18 世纪的城市管理中，除了应事技术的专业化和政府部署的正规化之外，城市治安问题乃至朝廷对整个地方的权力渗透，面临着原有治理传统和社会变迁共同编织的复杂网络。在官方话语下，保甲制的推行就是要使"民不致贻累，而绅士之舆志咸孚"③，"严行保甲设立牌面等项规则"④ 等即是要达到靖盗安民之效应。

康熙元年至三年（1662—1664）朱昌祚任浙江巡抚，他认为浙省保甲制流于形式，并且未顾及户口登记。⑤ 上已叙及清初江南的匪盗问题，其中浙闽边界以及漳南的的骚乱尤为突出，保甲制的力行首先则直接指向于此。刘督和其他官员认为，力行保甲以弭盗源，势在必行，强调以编入保甲的方式招抚余盗，作为其尽宥前罪、永为良民的条件。⑥ 可见，清初浙省保甲之强化，在政策理念上始于平定骚乱的努力，而要蠲除盗窝、盗线、盗网，须将保甲在更大范围内宣饬推行而不流为"套举"，因此"不论城市乡村"都要"联络保甲"，⑦ 至于收效如何，就另当别论了。

在《总制浙闽文檄》中，官府认为盗窝、盗线未能根除，很大程度是由于"保甲夜巡之令"容易"法久玩生"，只有在执法官役中不断强化纪律和责任心，才能将上述除盗安民的政策理念付诸实效。身在 18 世纪末的汪辉祖认为：

> 盗必有窝，且类与捕役勾通，严比捕役，未尝不可获盗。顾盗之黠者，即以平日饷盗，为反噬之计，官避处分，率多颟顸完结，而盗益难治。夫捕既获盗，功过相抵，盗果应办，当据实陈，请上官治盗罪而录捕功，再责其获盗补过，庶捕知感奋，盗可廓清，亦权宜之一法也。至弭盗之道，比捕尤不如，亲巡印官不惮巡历，佐杂驻

---

① 刘志伟：《在国家与社会之间——明清广东里甲赋役制度研究》，第 55 页。
② 徐栋在《保甲书》中多有涉及此问题，也多持肯定态度。
③ 徐栋：《保甲书》。
④ 《总制浙闽文檄》卷五"申饬夜巡保甲"条。
⑤ （清）朱昌祚：《抚浙诗草》卷一，康熙三年刊本。
⑥ 《总制浙闽文檄》卷二"申饬浙闽交界州县力行保甲"条，卷三"招抚漳南余盗"条。
⑦ 《总制浙闽文檄》卷三"通饬各属力行保甲"条。

防，无敢自逸，时时有巡官在人意中，则捕役常知儆畏，而盗贼莫不潜踪矣。①

与清初相比，官府在18世纪的城市治安实施中，更为关注官僚组织本身运作过程的弊政。官府认为，通过把握政弊所在，并且严加匡制，方可有效执行政府职能，达到盗息民安的目的之治的。

3. 清初江南城市保甲之设

以上叙述了清初杭嘉湖地区里甲赋役改革与保甲制度的概况，关于保甲制在乡村与城市中的发展有何关联，历来也有较多争议，尚待进一步的研究。此处暂先关注清代江南大城市中保甲制建立的某些突出特点。

康熙三十三年（1694）黄六鸿所著《福惠全书》述及在城保甲之制：

> 其在城及城外关厢，一统于城厢保长。其在城，自十字街分为东西南北四城，亦以十家为甲，一家为十家长，合百家统于十十家长，而十十家长统于保正，所有畸零户即附统于临末之十家长，畸零甲即附统于临末之保正，亦如四乡。其四关厢，自东南西北之四城门始，分编保甲，亦如在城。其城厢选择十家长保正，并悬门牌置械架，逐日稽查，及朔望具结之事，亦如四乡。凡十家长、保正长，俱选之庶民，不及青衿衙役，以青衿有妨肆业，衙役善作奸也。其乡绅、举、贡、监、文武生员在本甲居住者，不必编入十家之内，以不便悬门牌，令十甲长稽查。惟将一户系某乡绅，某举、贡、监、衿，开明姓讳籍贯官职，附编本甲十家之后，城乡俱同。其城厢庵观、寺院，以及僧尼、道士开于甲尾，亦与四乡同。如是人户有所统，不致散漫而无稽，城乡各为编，不致杂乱而难理，举合州邑之户籍人民，罔不在是，无有遗漏矣。②

上述保甲层级设计并未与明代保甲制有多大差别，但其中诸如在城自十字街分为东西南北四城之类的措施，是值得注意的特点。其实，且不论城乡差异或地区特点，保甲制作为一个系统化的组织形式可能并不存在，城市保甲制更多是针对新的社会关系状况的一种治安规划。通过城市中保甲设计的由来和不同形式，了解社会关系的变迁，比单纯追究制度沿革更有意义。

本节第一点已叙及，明末江南城市诸多民变和织工之变，触发了保甲制的强化。清初江南在恢复稳定之后，在城市手工业发展中，似乎明末的这种变化过程又有循环出现的迹象。仍以苏州为例。康熙三十九年苏州发生踹匠工人因包头扣工资而殴打包头的事件后，

---

① （清）汪辉祖撰：《学治臆说二卷》卷上"除盗之法"条，清同治十年慎间堂刻汪龙庄先生遗书本，《官箴书集成》第五册。
② （清）黄六鸿：《福惠全书》卷二十一保甲部"保甲之制"条。

官府认为是流棍煽动工人，于是采用了"坊长制"措施。① 此制度假设每坊即由一包头所有，就是由十家包头中选出一家任"坊长"监督之，但这种"坊长制"只有监督的功能。到康熙五十九年，更在坊长制的基础上，进一步设立"坊总制"，将监控制度更扩大更严密，强化连坐制度，其中坊总已具有半官方的身份，可以直接取缔踹匠。②

保甲的具体落实也反映着城市生态的新变化，城市手工业发展带来的大量流动人口，也成为保甲连坐的主要监控对象。另外，在清初对保甲利于治安的理由叙述中，还强调了城市娼妓与盗贼横行的关系。如康熙二十三年刊行的钱塘人潘月山之著《未信编》称：

> 娼妓潜住地方，既能引诱良家子弟，更能窝藏贼盗，不独城市倚门者宜驱，即村坊之私窠者亦宜屏去。……娼家送旧迎新，原无丁口可考，客盗轻财，无论月日可以居住，或有大盗行劫□缉森严，寄迹青楼，邻佑无从觉察，盗踪败露每在此地。③

在潘氏之前，顺治年间长洲进士汪琬已极言杭城娼妓之多。④ 以上关注反映城市社会状况的同时，也表现出城市行政过程对城居人户的进一步重视。

4. 小　结

从实现基层控制的角度上，保甲制下的烟户比保甲制本身对于政府有着更大的意义。乾隆二十二年（1758），监察御史湖南籍著名官员胡泽潢清楚地总结了"理户口之法，莫善于保甲"的道理：

> 夫今保甲之必期其行，行而必期其善。所谓管统者，非牧与令乎？然牧令之所以殿最，大吏之所以考核者，在刑名钱谷，而保甲不与焉。赏罚之所不及，即视为政治之所无关，名存而实亡者久矣。岂知户口为刑名所由兴，钱谷所自出乎？……今天下户口之数，由州县而上之督抚，由督抚而上之户部者，未尝无籍，然不必皆实也。往代丁口有赋，隐漏有罚，故其数实。自丁粮摊入地亩，永不加赋，故其数不实，不实则增而不增，减而不减，户非其户，丁非其丁。流亡者不知其去，逃匿者不知其来，役兴而不知当役者何人，灾至而不知当赈者何户，临事而事，事且倍之。牧不知州，令不知县，欲求称职得乎？臣请每甲以十户为率，其有畸零者，均入各甲之内，各以远近为附甲，设一册，先书各户口姓名、年貌，次同居亲族姓名、年貌，次妻女姓氏、年岁，奴仆姓氏、年貌、来历，各书于册。其家之土著、流寓、旧居、新迁，及

---

① 《苏州府约束踹匠碑》，《明清苏州工商业碑刻集》，南京：江苏人民出版社，1981年，第63～64页。转引自巫仁恕：《明清城市民变研究——传统中国城市群众集体行动之分析》。
② 《长吴二县踹匠条约碑》，《江苏省明清以来碑刻资料选集》，北京：生活·读书·新知三联书店，1959年，第44页。转引自巫仁恕：《明清城市民变研究——传统中国城市群众集体行动之分析》。
③ （清）潘月山：《未信编》卷六《几务下·庶政·保甲》，《官箴书集成》第三册。
④ （清）汪琬：《尧峰文钞》卷十一，《文渊阁四库全书》卷一百七十三，别集类二十六。

  迁自某处，其人之有无田地屋产，何所执业，并详焉。各户每日如有生死婚嫁，产业卖买，远路往返，亲友过宿，人口增减，必以告其长，长各如期递申，以达于州县官。州县官受而核之，编为一书，申之大吏，就中又取无产有产者，别为一书，又取有业、无业者，别为一书，藏之州县。此三书者，率以岁巡，既□之后，增删修定，无漏无误。如是则四境之遥，胪于几席。以之听讼，而讼不受欺，以之任役，而役不滥及，以之弭盗，而盗无所容，以之查赈，而赈可立办。①

这些论断传递的信息，其实便是自康熙末年永不加赋以后，雍乾时期社会人居状况难以把握的普遍情势。保甲制虽是针对此问题的所谓的善法，但具体操作上仍面临很大的难题。生于杭州钱塘的袁枚，自乾隆初年始在江南各县任知县，在其《小仓山房文集中》，袁氏即阐明了保甲制的局限性和操作难度：

  公督造保甲一檄，枚窃惑焉。江南户口，大县百万有奇，小县十万有奇。十家为甲，百家为保，其甲保无算。甲置一牌，保置一册，其刊刻纸张缮写之费又无算。来檄以不给丁漕费给之，每县仅数十金，如何得足？然犹谓逾数岁而一行，官吏犹可支吾，而保长无苦，或不至有惊扰而求免者。今檄文曰：立循环二簿，一在县，一在民。遇有迁移，注明册下。每逢朔日，保长送衙缴换，毋许差扰，如不行新查，则所造册一二年内，即为无用云云。②

保甲编审本身就需要很多的人力物力，而就实施效果，袁氏认为，作为"弭盗察赈"作用的保甲制，面对大量的城市流动人口、"忠良不一"的人群和连坐制本身的滞后效应，"终难为准"。

  在本节讨论中，我们看到，明清保甲之设背后寄托的地方治安理念，既源于城市发展中的治安问题，同时又在社会关系变动中因时因势而变。通过保甲力求"得人"，始终是强化地方治安的重点。在《总制浙闽文檄》中，总督刘兆麟指出"招抚漳南余盗"的办法就是"编入保甲，永为良民"③。面对省城日益严重的治安问题，强化在城保甲成为重要步骤④；对于城内"里甲人户"，有急须夜行时，令其持保甲十家牌，督抚大员还将"不时单骑视察"⑤。这些方面在下文还将叙及。从官府对于杭城治安措施的饬令中，我们看到，在城保甲作为城市管理的关键作用，一再被强调。

---

① （清）胡泽潢：《敬陈保甲二要疏》，贺长龄编：《皇朝经世文编》卷七十四《兵政·保甲上》。
② （清）袁枚：《小仓山房文集》卷十五（《小仓山房诗文集》第三册），《上陈抚军辨保甲状》，上海：上海古籍出版社，1988年，第1450页。
③ 《总制浙闽文檄》卷三"招抚漳南余盗"条。
④ 参见《总制浙闽文檄》卷五"申饬夜巡保甲"条，卷三"通饬各属力行保甲"条等。
⑤ 《总制浙闽文檄》卷六"岁终严饬夜行"条。

三、专业化火政与城市管理

前已叙及南宋临安的火政情况,元朝官府则荒弃火政,防火设施废弛,火事频仍。据《元史》等记载,自1286—1343年的五十七年中,发生火灾二十余次。杭州碑林馆藏元代碑刻《武林弭灾记》记载:"至正二年四月一日,杭城大灾,毁民庐舍四万有畸,明年五月四日又灾。"《元史》云:"自昔罕见。"① 明清时期,杭城火灾仍然时有发生。拙文根据光绪《杭州府志》之记载②,对明清两代杭城较大规模的火灾状况作出排比(见附表3、附表4)。

清代城市消防组织的发展,首见于顺治初年开始建立的宫廷火班,主要由八旗管制,其职责是预防和扑救宫城禁地的火灾;军队兼任灭火任务则始于康熙年间。③

由《总制浙闽文檄》可知,杭城专业化救火兵丁的建立亦始于康熙初年。在前一部分中,我们已讨论了杭城行政设置适应市政管理统一化作出的调整。这种调整在具体运作中如何体现和落实,如何应对各种政弊?专业化火政的实施过程提供了一个较好的考察视角。

(一) 临事之策与先事之备

1. 官方救火兵丁队伍的创设

康熙初年,杭城专业化救火兵丁队伍正式建立。光绪《杭州府志》所引的康熙《仁和县志》的记载,即是取自《总制浙闽文檄》,所述为自康熙八年任浙闽总督的刘兆麟(瑞图)推行的火政之法:

---

① 转引自高念华:《杭州明代民居初论》,《浙江学刊》1997年第3期。
② 利用官方编定的《杭州府志》所载的火灾记录是否具有可信性,值得讨论,笔者偏向于肯定之说。光绪《杭州府志》卷八十三"祥异"开篇言:"五行淑慝,二气之絪,曰贞曰悔,为万物诱蹈和被蠚,惟有司守,灾祥在政,无以民疢。"[(清)龚嘉儁等著:光绪《杭州府志》卷八十三《祥异》,《中国方志丛书·华中地方》第一九九号,台北,成文出版社] 又万历《钱塘县志》"灾祥"篇末之言:"论曰,《春秋》灾异必书,儒者推言之本,洪范五事,附以事应,俾主者有所警省。论者趑之戊申浙西灾,不佞适丁,其时茫茫烟海,数十里民其为鱼父,老相传数,百年无此异事,用是兢兢奉上德意,恤乏宽繇,缮塘发赈,民幸缓,须臾无死,骎骎有秋矣。嗟乎!此讵尽繇天时哉!故灾异一也,未灾而图遇灾而救,直见为异耳,非灾也。灾已及,犹泄泄宪宪,谓运数或然,渐渍至不可谁何此真灾矣,故具列之为修省一助云。"(万历《钱塘县志》"纪事·灾祥",《中国方志丛书·华中地方》第一九二号,台北:成文出版社,1975年) 修志记灾在官方看来既是尊经重道,又利于佐治,灾异之记载应较为详细并切合实际。
③ 莫振良:《清代城市的消防组织》,《城市史研究》(第19-20辑),天津:天津社会科学院出版社,2000年,第162~165页。

  杭城所时有民居稠密，一家失火，旁舍不救，至火势渐甚，遂难扑灭。向总督刘公习兵丁四十，供救火之用。都司签书亲督之，选强壮便捷者为之，每人置号衣一件，背缝白布一方，上书"杭协营救火兵丁某"字，取粗大明显，该协盖以印文，首戴蓝布盔衬一顶，以此为识，杜奸徒假冒滋害之弊。更置火钩、火索、铙钩、麻搭、短梯、铁锯、榔头之类。一闻火发，即戴号帽，披号衣，手执火具，都司率以前行，观风势所向，相机扑救。期以立时灭息，不得生事害人，不许虚应故事，不许乘机偷抢物件，不许任意击伤居民，有一于此，定当重处。如各兵丁尽力扑救、随到随灭，沿烧不至数家者，各兵俱有奖赏。内有技能出众、善于救火、屡见勤劳者，许该都司呈报，报以百总示劝。或临时不到，使居民沿烧至五十家以上者，查究惩治不轻恕。其置备火具、号衣等项，移会布政司动支本部院，项下官银二十两给发该营，以免借各扣饷。法至善矣。①

除上述记载外，《总制浙闽文檄》卷三"练习救火兵丁"中，还对此救火组织的指挥和运作作了具体部署：由都司金书萧鼎亲管，在城守营中挑选兵丁组队。此文檄示仰杭城文武各官及里甲兵民知悉，以便"嗣后省会城内并关厢等处倘有失火，该地方里甲先飞驰萧都司公署报闻，以便率兵救御，如地方印捕各官先知，亦即差人飞报，各勿坐视"②。

  火政贵在临事之效率。清初杭城的这些措施，对于提高官僚组织内部的信息传递，无疑是十分必要的。而在地方一级的行政中，这种做法也比在地方与中央的系统中容易实现。"杭城省会烟户繁多，素鲜墙垣，类多壁茨，稍或勿警，遂遭祝融之患，每至燎原，莫遏荷蒙。"③ 作用于千钧一发之际的火政，须令"念切民瘼，思患预防"④ 的地方官员有着临事独断的可能。

  当然，对于明清时期地方与中央行政组织的信息传递和决策过程，还需要非常复杂而细致的探讨。一般的想法可能会认为，日渐复杂的机构、层级重叠的官僚组织运作会导致效率低下；制度的集中化程度愈高，留给下层组织的机动余地愈小。此类一般化的推想确实有一些问题，单就行政事务的分类来说，其具体事务的不同性质会导致传递方式的不同，而且如同荒政一类的事务，常常还会因循章办事的滞后与救民于水火的紧迫责任的两难，而处于信息系统的边缘状态。魏丕信在研究中提出一个解释的尝试："如果我们观察中国明代和清代的行政组织，特别是如果将后者与前者加以比较，我们会注意到存在两个不同的但具有互补性的趋势：一个趋向于更加集中化（从中央政府决策制定垄断化的意义

---

① 光绪《杭州府志》卷七十三"恤政四"。
② 《总制浙闽文檄》卷三"练习救火兵丁"条。
③ 《治浙成规八卷》卷五《臬政》，"杭城救火抢火等各事宜·附旧详案"条。
④ 《治浙成规八卷》卷五《臬政》，"杭城救火抢火等各事宜·附旧详案"条。

上来说），而另一个则趋向于官僚组织内部信息传递的更加快速，至少在最高决策层是这样。"① 作为我们所讨论的地方治安问题，或许可以提供另一个考察清代地方官僚组织运作情形的视角。

整个救火反应过程，一开始由地方里甲（保甲）向守城绿营上报火情，再由都司下令调遣。其中，救火兵丁并未从城守营中脱离出来。康熙二十五年（1686）至二十八年（1689）金鋐任浙江巡抚期间，又将救火兵丁分拨城内各处，一遇火情，不待调遣而立刻集合，提高了救火机动性。金鋐还令属下各官仿照西洋水车，改进消防器具。② 由此，经过总督、巡抚对政策的完善，专业化救火兵丁成为杭城消防的主要力量。

2. "分路扑救"之策

在第二部分中我们已叙及，南宋临安火政以治安区划的"厢"来进行部署的做法。18世纪杭城火政中较为成熟的并一直为官府所坚持的措施，即是行"分路扑救"之法。乾隆二十一年（1756）颁布的成规中，督抚批示给浙江布政使司和按察使司的八则事宜中，强调了乾隆十三年旧例的重要性。此旧例即是"分路扑救并查拿抢火之人"的部署：

> 东路派总捕同知，带领仁和县县丞典史二员，内同知带衙役二十名，县丞典史各带衙役五名，共计三十名。西路派理事同知，带领钱塘县县丞典史二员，内同知带衙役二十名，县丞典史各带衙役五名，共计三十名。南路派仁和县知县，带领本县主簿及城南务大使二员，内知县带衙役二十名，主簿大使各带衙役五名，共计三十名。北路派钱塘县知县，带领本县主簿及武林驿驿丞二员，内知县带衙役二十名，主簿驿丞各带衙役五名，共计三十名。杭府同水利通判、宁绍嘉松两分司各带衙役十名，共计四十名，在于各路往来总巡查拿等情禀奉。③

"路"相对于"厢"，并非确切的治安区划。前一部分引黄六鸿之述，即在城保甲按照城中十字街分为东西南北四区的做法，四"路"之分是否与此有关，尚无确证。值得注意的是，分派入四"路"的官员，杭府、仁钱二县均有之，这一规定则由督抚颁布。第二部分第三节讨论仁钱二县行政上的配合时，我们已叙及"府厅杭卫等官"参与"东西南北四路巡查"，二县互相照应的做法。④ 本部分第三节讨论城市治安部署时我们还将看到类似安排。"分路扑救"的部署，将同城而治的省、府、县的行政力量，统编入火政的实施行动中。

---

① （法）魏丕信著：《18世纪中国的官僚制度与荒政》，徐建青译，南京：江苏人民出版社，2003年，第64页。
② 康熙《仁和县志》卷十三《恤政》。
③ 《治浙成规》卷五《臬政》，"杭城救火抢火等各事宜·附旧详案"条。
④ 《治浙成规》卷五《臬政》，"杭城救火抢火等各事宜"条。

基于"分路扑救"的火政部署,救火器具也须分入各路,由具体负责的官员管理。在救火兵丁分拨城内各处的情况,火情之下集合起来的救火队伍,其组成实际上也是较为庞杂的。对于这种状况,督抚认为,通过赏罚分明的原则可使得"分路扑救"能收实效,在官府未能第一时间监督的情况下发挥最大的作用:

> 救火宜分功过。查杭城救火器具俱系分派县丞、主簿、典并务所各官收管防范,已有专责。凡遇火发,该员自必先知应,即前往扑救。如各宪驾临而就近火兵未齐,该员尚不到场,或争先赴救不致延烧十户者,仍着令理事同知稽察,于火熄后秉公开单,禀报并移知杭府注册。迨至三次,即行通禀,酌量奖罚,以彰劝惩。
>
> 救火宜立赏罚以收实效。查杭城救火人役系桥轿埠夫,每遇失火,群相赴救,其有勇猛出众及救火受伤之人,自当记功酌赏,并听本家酬劳,以示鼓励。倘有借保固房屋名色,擅入人家攫取财物,以及借倚出力名色,勒索本家者,立时拿获严究,夫头并惩。①

另外,率领救火兵丁的守城绿营官员也受监察约束:

> 除于杭协、抚标二营内照文员之例,派委都守各带经制千把,外委一员带兵二员,分定方隅,会同文员一体稽察,查拿抢火棍徒外,再派委城守营守备一员,带领经制千把二员,并带兵十员,在于火场分布了望。如有救火兵役乘机入室抢攫,立即举报,严拿解究,从重治罪,该管员弁详揭处分。倘了望之员殉情疏纵,一经文员拿获,即将了望之都守、千总各员严加记过,停其考拔各兵,重责革粮,如能当场拿获,即将拿获之都守、千把赏给银牌,记大功一次。其拿获之兵役,除照县议分别罪囚轻重按名给赏外,兵丁由守补战,由战补马,如此分别勤惰,酌量赏罚。各弁兵自必实力奋勉,凶徒不致漏网,闾阎沾沐。②

救火员役、了望之都守同样受到监督。整个监察制度中,"文员"的权力显得较高一等。至于文员监督时应着重需要关注何种对象,官府指出:

> 救火兵丁宜加稽查。满营救火兵丁,一遇火警,奋勇出力,且旗员管察严紧,尚无扰累。唯绿旗兵丁救火,向有跟带恶徒上屋入楼,恐吓灾户必须拆房,以便乘空抽攫细软,怀递而去。应令理事同知会同水师营都司,议立了望兵役,必须分散,高处了望,只许救火兵役上屋走檐,不得擅自入屋生事。如敢故违,近则叫破,远则默记,事毕禀明究治。倘徇隐不禀,或被害人喊告,或经督救官役查出,并将了望人役

---

① 《治浙成规》卷五《臬政》,"杭城救火抢火等各事宜·附旧详案"条;光绪《杭州府志》卷七十三《恤政四》。

② 《治浙成规》卷五《臬政》,"杭城救火抢火等各事宜"条;光绪《杭州府志》卷七十三《恤政四》。

一同究治。至救火各兵役，仍俟事毕齐集一处，该管官点名抽检，后再令散回。仍先取同伍，不致跟带恶徒扰害滋事，五人互保，甘结存案，事发连坐以罪。①

　　严禁救火兵役擅拆无碍民房。查扑救火灾，拆断下风邻屋，诚属长策，但应拆与否，必须看明风势，官为号令，否则有挟嫌报复，乘机混行勒拆，亦未可定应。仍照前议定规条，严饬救火兵役，毋许擅拆无碍民房，违则重惩，并将当场督救之员一并记过。②

直接深入火场第一线的救火兵丁成为稽查的主要对象。而且在官方公牍的行文语气中，绿营兵丁比满营救火兵丁更值得防范，此问题下一节即将讨论。

在上文叙述南宋临安火政的时候，我们描述了当火灾突发，"百司官吏，俱整队伍，急行奔驰"的救火画面。毕竟救火事关人命，不可怠慢。17—18世纪的救火规章也以"分派各路，遇有火警，飞赴该地"，作为官员恪尽职守、勤政爱民的基本要求。然而清代杭城坊巷空间拥挤、街道壅塞，浩浩荡荡的救火队伍同时出发，容易陷入尴尬的境地，迅速行动有时反而造成交通堵塞的场面：

　　火发时，远近奔救官役齐集，且各户搬移物件，沿街塞巷，业经拥挤，其被灾妇女，携老怀幼，已属仓皇，若再加以各官马匹排立街衢，嘶鸣跳踢，从未出门之妇女见之，愈觉惊张，走头无路，深堪悯恻。③

为了不致扰民滋事，并且确保救火的顺利进行，杭城规定：

　　……应请通饬文武衙门，嗣后救火务须少跟仆从，减带马匹，仍将乘坐之马离场里许择地拴放。酌派协标二营头目四名，督同各本管马夫小心管束，毋任惊逸，致碍道途。

　　救火宜减省随从，以免壅塞。查省城人烟稠密，街道阔狭不齐，凡遇火警，同城文武各官一时齐集，加之救火多人，往来奔走有碍街道。应请除救火兵役外，从前司道协标衙门跟随从役，原定不得过三十名者，今拟酌减十名，府县丞倅及卫守备等员，从役原定不得过二十名者，今拟酌减八名，佐杂员弁原定不得过十名者，今拟酌减二名。人数既少，街道亦得疏通，于救火搬运之人不无裨益。④

---

① 《治浙成规》卷五《枭政》，"杭城救火抢火等各事宜·附旧详案"条；光绪《杭州府志》卷七十三《恤政四》。
② 《治浙成规》卷五《枭政》，"杭城救火抢火等各事宜·附旧详案"条；光绪《杭州府志》卷七十三《恤政四》。
③ 《治浙成规》卷五《枭政》，"杭城救火抢火等各事宜·附旧详案"条；光绪《杭州府志》卷七十三《恤政四》。
④ 《治浙成规》卷五《枭政》，"杭城救火抢火等各事宜·附旧详案"条；光绪《杭州府志》卷七十三《恤政四》。

"凡遇火警,同城文武各官一时齐集"的现象,即是上述火政中"分路扑救"的"统编"部署的结果。但面对杭城坊巷空间拥塞的事实,要确保这种部署的收效,仍需做出如同上述的具体调整。

3. 城市救火水源

杭城火灾防范措施中有官水桶之设,何时始之尚待考证。① 17—18 世纪的火政中也提到这项措施的必要性,救火水源的合理调配的意义是不言自明的。当然作为规章的滞后,此项"先事"之策的强调毫不例外,仍是事后的对策。然而在另一种意义上,它和上述诸多措施一样,可视为杭州在几个世纪的城市发展过程中出现的市政问题和行政经验的总结。

> 杭城向来原设官水桶,储水以备不虞,但日晒雨淋最易朽坏,又未随时稽查,竟成虚设。今应确查水桶现在有无,存储实有若干,在省各官捐俸修整,分储于不近井之宽阔街巷,交各总保收管,满储以水,毋听损坏。该二县典史按月稽查,呈报该府备案,并示谕各居民仍循蓄水旧制,各于门旁储水缸桶之内,既备不虞,又镇火灾,均令自行置备,严禁总保派扰。②

灭火水源牵涉的城市供水问题,关系着整个城市生活的方方面面。明清政府重视杭州城内水系和街道的建设,经过有明一代的治理,杭城已形成一个完整的城内水系,清代各朝也都进行着较大规模的疏浚。③

另外,在救火水源配置上,在 17—18 世纪的政策环境下看来,"官水桶"之类的设置也许不显得突出;若与 18 世纪后期之后,赈灾活动以及大部分社会管理职能下移,地方力量主导性上升的状况相比,18 世纪中期的官方行为仍是较为有效的,政府能在人口压力和环境变迁面前作出有力的社会控制。我们也看到,18 世纪的官方火政力求乡绅等地方势力以及慈善机构的支持和配合,作为完善政府职能的补充。譬如在救火水源管理上就提到:"各处井座,如有淤塞,地方官亦须通查劝谕绅士领袖倡捐,随地淘浚深盈,以滋

---

① 宋代陈襄(1017—1080)(曾出知杭州)在其所著官箴《州县提纲》卷二中之"修举火政"曰:"治舍及狱,须于天井之四隅,各置一大器贮水,又于其侧,备不测取水之器。市民团五家为甲,每家贮水之器各置于门。救火之器分置,必预备立四隅,各隅择立隅长以辖焉,四隅则又总于一官。月终勒每甲各执救火之具呈点,必加检察,无为具文。设有缓急,仓卒可集,若不预备,临期张皇,束手无策。此若缓而甚急者,宜加意焉。"[(宋)陈襄《州县提纲》卷二"备举火政",陈生玺辑:《政书集成》第三辑,郑州:中州古籍出版社,1996 年]此中所述备水之法是否即为官水桶之雏形,未有确证,列此聊备参看。另:乾隆年间,杭城城内各处兴挖公私用井,取水防火。嘉庆己卯年,重修玉黄山七星铁缸(刘之涛:《杭州消防史话》,《浙江消防》2001 年第 10 期)。

② 《治浙成规》卷五《皋政》,"杭城救火抢火等各事宜·附旧详案"条。

③ 明清历朝府城的开凿和整顿情况,可参阅光绪《杭州府志》卷五十三《水利·府城河》,《中国方志丛书·华中地区》第一九九号,台北:成文出版社,1974 年,第 1114~1123 页。

济益。"①

（二）救火兵丁与城市驻防

清初建立的救火兵丁队伍充当了官方火政的主要实施者，在具体行动中与城市居民直接接触。救火兵丁的构成和运作，涉及杭城驻防格局下官、兵、民之间的关系。

在满营与绿营共城的驻防格局下，火政中对旗兵和绿营兵丁的管制措施有所不同。上一节就已提到，火政的稽查制度中，对绿营兵丁更严加防范。

满城内外官兵关系的调和，关系到火政实施的效果。在日常的兵民关系上，与清代诸多大城市的驻防旗营相比，杭城满营较为特殊。清中叶以前，杭城发生的多起兵民冲突、罢市事件，均与满营之设有很大关系。乾隆十八年（1753），乾隆皇帝批示：

> 各省驻防，旗民皆同城居住，从未有争忿互殴之事。惟杭州近年屡经犯案，此风断不可长。②

通过清初城市驻防下"营债"、滥派夫役等"扰民"问题的考察，我们将进一步理解城市化进程中形成的复杂的社会关系。

1. 满营内外

清代杭州同全国另外十二处地方③设有驻防八旗，由杭州将军统帅。④"顺治七年增筑满洲驻防营于城内西北隅，周十里，凡五门⑤，水门三，城既筑，兵民始隔。"⑥（驻防营城图见附图8）关于驻杭八旗的建制，光绪《杭州府志》引《大清会典》及乾隆朝府制之述，所记如下：

> 《大清会典》："杭州设满洲将军一员，副都统二员，八旗每旗协领一员，佐领四员，防御一员，骁将骑校四员，左翼汉军副都统二员；四旗每旗协领一员，参领一员，防御五员，骁将骑校五员。"《乾隆志·兵志》："杭州现在满洲蒙古八旗官兵共

---

① 《治浙成规》卷五《橐政》，"杭城救火抢火等各事宜·附旧详案"条。
② 《宫中档乾隆朝奏折》第 7 辑，台北：故宫博物院，1975 年，第 478 页。转引自巫仁恕：《明清城市民变研究——传统中国城市群众集体行动之分析》，第 169 页。
③ 另外十二处分别为盛京、吉林、黑龙江、绥远城、江宁、福州、荆州、西安、宁夏、伊犁、成都和广州。
④ 参见张德泽：《清代国家机关考略》，北京：学苑出版社，2002 年，第 234～235 页。
⑤ 五门分别是指西北的承乾门、东北的拱宸门、东面的平海门和迎紫门以及南面的延龄门（光绪《杭州府志》卷一《图说·驻防营城图说》）。
⑥ 光绪《杭州府志》卷五《城池》。

九十一员,杭州现在满洲蒙古八旗驻防兵共二千一百四十六名。"①

除了满城驻防,另外则是绿营系统的驻军。在上引材料中,总督刘兆麟"习兵丁四十供救火之用,都司签书亲督之",应该从属于绿营中总督统帅的督标,或者副将所属之杭"协",都司所属的即是杭"协"之下的"营"。②

由这种城市驻防兵员状况出发,总督建立的专业化救火兵丁,一开始很自然地是源于总督所掌握的督标绿营系统。刘督之火政措施突出了救火兵丁相对"专业化"的技术配备,然而其着眼点首先不在于具体的扑火效果,而是在于"杜奸徒假冒滋害之弊",也即指向组织运作本身的问题。文檄中明确指出:

> 此项救火兵丁各穿号衣记认,在于火场扑救外,其余旗营兵丁一概不许到于失火之处,如违拿究。更闻投诚兵丁小厮多有乘机扰害之事,以后敢再混入火场,定行锁拿,以抢夺论罪,决不饶恕。③

投诚兵丁在官府看来是破坏火政实施的最大隐患,上所引"申饬夜巡保甲"中也将"土著侨寓势豪,营兵投诚人等"列在一起。明清公牍官箴都认为杭城是"四方杂处之地",如何区分"民"与"盗"是比较模糊的问题,而在这些具体行政职能中形成的判断将会影响着官府对这个问题的看法,下文还要继续讨论这个话题。明末清初的江南地方盗匪在官府严厉打击的情势下,往往以"投诚"为自保的手段,使其盗匪团伙以及各方面的勾连得以保持。《明清史料》已编所收的顺治年间的《浙江巡按(残件)》中,便叙述了杭城投诚盗匪为非作歹"大有气焰"的情况。这份文件一针见血地指出其症结:"为盗惧捕,因而投诚,而投诚之后益服恣意为盗者也。"④ 从《总制浙闽文檄》中,我们看到清初浙省处理投诚官兵问题的一般做法是:

> 浙省投诚官兵拨入各标营效用入伍及分发各府县垦荒。官则授之衔俸以待推补,兵则给之口粮以资赡养,即垦荒者亦必预给一年粮饷以为耕种之资。⑤

正是投诚官兵被拨入绿营,才会出现当军队兼任灭火任务时须严加监察的问题。救火兵丁之设,同时也可视为清代前期整顿行伍的一项配套措施。

城市驻防力量的参差构成,使得日常性的治安出现很多复杂的案情。文檄中列出种种现象:

---

① 光绪《杭州府志》卷一《图说·驻防营城图说》。
② 张德泽:《清代国家机关考略》,第240~246页。
③ 《总制浙闽文檄》卷三"练习救火兵丁"条。
④ 《浙江巡按(残件)》,"中央研究院"历史语言研究所编:《明清史料》(己编第二本),北京:中华书局,1987年。
⑤ 《总制浙闽文檄》卷三"禁饬投诚官兵不法滋扰"条。

> 为禁约事，照得土棍串兵诈人，本部院访闻，大概有移尸抛置人家门首，肆行打抢者；有病兵顽厮坐卧民间铺面檐下，恐吓滋扰者；有兵厮装病装醉诈疯诈残，勒索民间银钱者；有乞丐冒称兵厮诈残讨钱者；有妇女装扮营头模样，擅入人家口称取讨水浆烟火，攘抢民妇衣饰者；有兵厮在于街市假称买物，彼此传递，以致商民失物者；有扭使低银假银，短价强买物件者。①

在这种状况下，官府缉拿案犯之后的处置方式，首先是视对象而分别对待：

> 如系绿旗营兵投诚兵丁，即行审明，军法从事；如系旗营兵厮，会同赴公衙门审实，按例治罪；如系土棍假冒及牵引沟通棍徒，一体重责四十板，枷号游示十门，完日仍按光棍例问拟绞成，断不轻恕。②

绿旗和满营各自驻兵的关系，是地方官着重要处理的方面。从官方文檄的口气看来，清初以来，满营在杭城中仍在权力上占上风，在后面小节中我们还将进一步讨论。当然，不畏满威、执法如山的官员也受人尊崇，袁枚笔下的康熙年间任仁和知县的张郎湖便是一例：

> 公知仁和，满营将军鄂弥达之婿黑姑山之子某，夤夜入人家，百姓数百人捆缚赴县。时已四鼓，公出堂问讯。某傲然曰："多大的官，敢讯我？"挺立不跪。公命打腿始跪。命入狱，又嗔目曰："你敢监我？"公命收监，连夜通报。次日满营各姑山等官俱来，公拒不见，上院回衙。忽抚军传去曰："汝为何得罪将军？速去赔礼。"公曰："伊婿犯法，地方官无礼可赔。倘进满营，是渠等世界，倘或凌辱笞骂，职不能忍，势必直揭部科，反成大案。"司道传询，答如前语。嘱令开放人犯，公云："事已通详，候批照行。"旋即批发理事厅鞭责了案。先是，杭州满兵每三年一送骨殖回都，地方官封民船百数十只兼送路费，而满兵故为刁掯，或嫌船漏船朽，翻换不休。甚将兵工两房殴打，有悬梁投水者，并将骨殖桶围住县官坐处，必需索尽意始行。公查照旧例，用盐驿道所造红船若干只差押伺候，不封民船，仍捐俸一百二十金送行。书役请公勿往。公曰："我不往，谁能弹压？"及到北新关，押船姑山大人某，年七十矣，分付众兵曰："此官不比前官，办船遵例，又送银甚丰，汝即刻开行，不可滋事。独不闻前日擒拿将军女婿入狱之事乎？"船行后，握公手曰："公真好官，我平日久已心服，愿为忘年交。"解荷包赠公，公亦解佩刀答之。又一日在公所见将军，将军曰："张明府好利害！"公曰："坦熊冒昧，不知利害则有之；若自己利害，则不敢也。"抚军、司道一齐大笑。③

---

① 《总制浙闽文檄》卷四"禁旗营兵厮害人"条。
② 《总制浙闽文檄》卷四"禁旗营兵厮害人"条。
③ （清）袁枚：《小仓山房文集》卷三十五（《小仓山房诗文集》第四册），《书张郎湖臬使逸事》，上海：上海古籍出版社，1988年，第1921～1922页。

在这则逸事中，我们看到，驻防八旗在城市行政和治安中享有相当的特权，进入满营就更是绝对权力的"渠等世界"了，地方官大多怕惹火烧身，而对满兵敬而远之。像张坦熊这样的官员，在满营和地方官看来算是绝无仅有的异数了。在处理日常兵弁违规事件中，总体上对绿营兵丁的处罚要比满兵严厉，一般处置满兵的做法是"解赴公廨门以凭会审发落"，对待投诚兵丁以及绿旗营兵则是"立时军法枭示"。① 火政中对待绿营兵丁和旗兵的措施不同，也可以理解，其中既有严惩绿营投诚兵丁犯法现象的意图，也有调和杭城驻防中满汉关系的用心。

2. 驻防格局下的兵民关系

康熙初年，刘瑞图总督下车伊始面临的一大难题，是营兵私放民债问题。地方奸豪土棍勾结满营兵员，广发私债，重利滚盘，刘督甚至将之视为"浙民第一大害"②。营债的具体情况是：

> 当放债之时，则止于七折八折，勒写足数之券；及索偿之际，则利至五分六分，甚且至于十分。票上转票，息上盘息，不须半载周年之间，竟至倍蓰什佰于本赀矣。彼欠债之人无聊困乏，只顾目前，而放债之人则预先探其某为亲戚殷实可欺，某为至交家道可扰，延至本利积累之后，封占房屋强蟄女妻，犹且不敷券数，则逼其扳亲累眷代为偿还，或佩刀乘马，辱詈盈门，或毁器拿人，棰楚备至。③

官府对此问题的判断是"营兵籍隶戎行，不但分身无术，抑且粮饷有限，何从积蓄余财"，因此直接原因是"地棍串通，借端牟利"。④ 然而从上述情形看，营债不管由谁出资发放，其背后的暴力支撑，满营兵弁难逃其嫌。当然，不排除如文檄中所称，有假冒满营名色发债，或土棍借名旗丁制造骗局等现象出现。⑤ 但旗下兵丁的管制问题仍是要害之一，然而又因牵涉杭城驻防机制中的满汉问题而显得敏感。刘督莅任之初的文檄中写道："顷闻将军禁令严切，满营兵丁自应遵守无犯"⑥。满营作出相关禁令是可能之事，至于效果如何则另当别论。在其后诸多文牍中，刘督则一直在痛饬营债问题，但又一直不停地强调满营戒令之严，营债实为土棍所为的道理，似在就营债之害为满营调和解脱，又私在敦促满营本身严加稽查。下列数语可略加参照思考：

> 殊不知满营甲兵，多系旗下旧人，恪遵本朝法度，且将军恤民辑兵，禁约明切，

---

① 可参见《总制浙闽文檄》卷四"禁樵牧兵厮骚扰地方"条、"巡缉不法奸徒"条等。
② 《总制浙闽文檄》卷一"禁指营放债"条。
③ 《总制浙闽文檄》卷一"禁营兵借放民债"条。
④ 《总制浙闽文檄》卷一"禁营兵借放民债"条。
⑤ 参看《总制浙闽文檄》卷一"禁指营放债"条、"禁约营兵不许生事扰民"条等。
⑥ 《总制浙闽文檄》卷一"禁营兵借放民债"条。

各副都统、固山、大参领、佐领纪律森严，安有兵丁逾闲坏法之事？况各居满城，亦无分身出外之术，此皆土著劣兵、地方恶棍假威肆虐，此得其利而贻彼以不韪之名也。①

殊不思满营自有定例，一离营伍即系逃人。将军纪律何等严明，岂有真正旗下敢于在外生事之理乎？此皆豪恶影射，土棍串通，兼有不肖有司，暗中受利，假作不知，以贻害百姓耳。②

将军、副都统禁令森严，不许旗丁在营放债，安有真正官丁敢于在外居住，公然放债之理？无非土棍奸民，借名投充，影射作恶耳。今当亟清窝顿之所，则此辈无处藏奸。③

面对城市钱财流通情形，一方面，官府认为，"钱帛通融，在有者为通财，在无者为济急，亦人情之常也"④，但营债作为驻防和城市奸民势力的非法收入存在，也因为破坏了民生的正常运作而为官府所重视。另一方面，官府还认为，"本朝崇右武功，信赏必罚于纪叙劳绩，最为慎重于仪注体统。"⑤日常性的城门守卫和坊厢巡警中的"扰民"问题，也是基于整饬军纪的需要而提上日程。

在平日巡城中，杭城兵丁强买强夺的现象时常有之，往往"三五成群，凡遇负贩布帛禽鱼、肩挑果蔬食物，拦街先取，名虽给价，实不偿少，为争执非，一哄而散，莫可追寻，即恃强横肆，生端殴打肩挑小贩，懦弱乡愚，失物既已无凭，惟有吞声饮泣。更有公行城市，勒取鹰肉，甚有潜躲僻径，搜抢银包"⑥，等等。兵丁扰民问题另外还牵涉到滥派"白役"问题。清律虽然明令规定，除正丁徭之外，不得擅役一夫，但白役人夫的现象仍层出不穷：

向闻昏庸有司听信衙役，罔恤民艰，借各处上司为因由，徇旗营过客之求索于一切力役奔驰之事，无日无项不取派于排门，相沿久之，遂迫呼于里。现甚有煮料锄草，垦地种蔬，运石挑沙，灌园搬土等项名色，不分岁时寒暑，每日整百盈千。初犹纸票勾提，今则按图索应，以致一身羁管，冻馁之苦楚难言，人口饥寒，俯仰之事蓄无靠。更有土棍里甲，串同贪官恶蠹，与挂名满营之人，乘机多派，恣意折干，驯至每里每月苛派，折夫银数两不等者，滥派害民，科赃肥己，真莫此为甚矣！⑦

---

① 《总制浙闽文檄》卷一"禁约营兵不许生事扰民"条。
② 《总制浙闽文檄》卷一"禁指营放债"条。
③ 《总制浙闽文檄》卷四"禁缉保窝营债奸徒"条。
④ 《总制浙闽文檄》卷一"禁营兵借放民债"条。
⑤ 《总制浙闽文檄》卷一"申饬两省武官"条。
⑥ 《总制浙闽文檄》卷三"禁兵丁强买"条。
⑦ 《总制浙闽文檄》卷一"禁白役人夫"条。

这里提到由借满营之名派发差票之事。另外，上文第一小节提到的张郎湖一事中也叙及杭城满兵三年一回时，民户须出资送行之成例。实际上，这种做法始于清初浙省军事渐定后的一些临时做法而沿袭为成例。康熙年间兵部下命：

> 旗下驻防往回官兵，及移驻绿旗投诚官兵，并带家口，除本身牲口外，余剩妇女孩子始与夫，又开每夫一名，每百里给银一钱五分，用夫一千名以上者，每多用一百名，则多增价银一分，至三钱止。①

清初，杭州驻防旗兵身故后，每三年一次送骨殖回京城，因为八旗兵丁认为，驻防之地不过是出差之所，京师才是他们的乡土。后来，因驻防兵士结构发生变化，汉人多有参入，这一习惯随之改变，官府须另辟墓地。乾隆年间，官给钱塘县六泉园及青山脚荒地一百八十九亩二分。原先朝廷禁止驻防旗兵置买田地，乾隆以后，便准允他们在外置立产业，病故后即在各处所埋葬，其寡妻停其送京。那些无力购买田地的兵丁，酌量动用公款将他们就地安葬。②

官府认为整个闽浙地方"兵燹之余，百姓疮痍未起，一切力役之征均宜加意宽恤"③，因此对滥派夫役问题不得怠慢而力行制止。

在本文第二部分第一节中，我们描述了清代杭州手工业、商业发展对城市生态布局的影响，以及杭城通过各城门与北新关、东新关等地方通往各地的一些交易和运输。在本部分第二节的讨论中，我们还看到明代城市巡警治安中的城门启闭制度，给中下层居民特别是手工业者造成烦扰，从而导致民怨产生。第二部分第三节叙及仁钱两县分界时，我们还提到，城门往往成为两县分治城内城外的界线。在清代城市管理中，城门守卫作为城市防虞的重点之一而禁令森严。康熙二十三年（1684）钱塘名幕潘月山所著《未信编》中，列出当时城门告示的式样：

> 城门告示
>
> 为申严门禁事，照得城垣重地，门禁宜严，启闭自有定时，盘诘更宜加慎，理合出示严饬。为此示仰把门兵役人等知悉，嗣后日则盘诘往来，如有面生可疑之人，禁止入城。至于骑马佩带腰刀、弓箭者，务必盘问来历，赴县报知。即应入城者，将挂刀、弓箭暂寄门首，□骑入城，事毕出城带回，不许擅自放进。夜则依时锁闭，支更人役务要梆锣响亮，钟鼓分明，周城巡察，按更轮流交替，不许片刻懈怠偷安。务使盗贼肃清，士民安枕。敢有故违，定依法重处不饶。④

---

① 《总制浙闽文檄》卷三"饬禁滥派夫役"条。
② 嘉庆《钦定八旗通志》卷七十四，"土田志·八旗茔地"。转引自马学强：《从传统到近代——江南城镇土地产权制度研究》，上海：上海社会科学院出版社，2002年，第139～140页。
③ 《总制浙闽文檄》卷三"饬禁滥派夫役"条。
④ （清）潘月山：《未信编》卷五《几务上·发示约》。

清初杭城主要由兵丁负责城门守卫和城内日间巡查。城门内外出入过程中出现了兵丁扰民的状况，城门守卫官兵的恶习向为官府所痛斥：

> 为严饬城门禁约以肃法纪以便行人事，照得省会城门分设官兵防守，不过晨昏司掌启闭出入，稽查奸宄而已。乃有悍劣兵目，假公济私，恣横不法，如进出之肩挑负贩，凡属蔬果、柴炭、鱼肉、牲口等项，无一不行抽取，士民出城祭扫榇榔等物，无一不行攫夺，甚之商客乡民行李与民间出殡丧棺，俱要索取银钱，方才任放行走。最可恨者，妇女肩舆往来，一概勒令掀帘露面，稍或迟延，或棒殴轿夫，或公然拦阻，以致男妇士民靡不怨谤咨嗟，莫可告诉。似此借防守之名行暴横之事，犯法害人，殊干法纪，合行严禁。①

官府认为："各城派拨门兵，原为讥诘奸宄而设也，当此地方宁谧之时，不过晨昏司其启闭出入，慎其稽查而已。况此派拨兵丁原从行伍，轮调月饷，给发照常，并无分外繁苦，何得假借因由，恣行非法？"②

城守兵丁扰民问题也牵涉到满营问题。刘督在文中之口吻如同上述对营债之语态："将军禁约严明，满营兵丁自应恪遵纪律，本部院下车之始合再严加禁饬。"③ 实际上，上述流弊在满营城门也是如出一辙。《清代野史大观》所收《清人逸事》中有如下记载：

> 初杭城初驻满营，时满人住营中者，遇妇女乘舆过满营，每迫令停轿，掀帘捏手抚足，无所不至。杭人患之，于是绅士告诸巡抚，巡抚告诸将军。将军假他事出至某处，易小轿，帷四面，露手帘外，纤指长爪，俨若妇女。入满营中，诸无赖果令停轿，掀视则将军也，大骇欲返走，将军大怒，命执至署，枷责有差。自是此风稍戢。此事或云即巡抚所为。④

此材料也引起我们对清代杭城满营驻防下的满汉冲突问题的关注。清代杭城城池变动不大，然而在清初较长一段时间内，朝廷对杭城居民采取的政策却经历了一些变动和反复，直至康熙年间才有所稳定。清初杭城驻防是城内布局变化最大的方面之一。对此钟毓龙叙述较详：

> 清代城垣，仍明之旧。惟康熙五年，永昌门毁。后重建，改名曰望江，以永昌为李自成年号也。顺治二年，清兵抵杭，潞王迎降。虽无战争之事，而清泰、永昌、候潮三门一带民房悉为抚院总镇标兵营垒。至五年议驻防（初定自长寿桥北至武林门，皆旷地也。后不知如何改移而南）。于是圈民屋，北至井字楼，南至将军桥，西抵城

---

① 《总制浙闽文檄》卷五"再饬城门官兵"条。
② 《总制浙闽文檄》卷一"禁约各城门官兵"条。
③ 《总制浙闽文檄》卷一"禁约各城门官兵"条。
④ 《清朝野史大观（三）》，《清人逸事》卷五"杭州驻防"条，上海：上海书店，1981年，第114页。

垣，东至大街，皆不获免。军令甫出，此方之民，扶老携幼，担囊负簦，或播迁郊外，或转徙他乡。而所圈去之屋，仍须由业主输科纳税者，垂二十年。至康熙时始免之。当时无不以为酷也。然宋南渡时，钱唐地段多为王宫官府，而税赋尚存。历百余年，至理宗淳祐中，始由钱唐令吴革申请奏免。则此种事，古亦有之。其豆自煎，不系乎种族之关系矣。①

而在其中，满城的修筑以及驻兵民屋的政策，也给杭城居民带来很大苦难：

> 至顺治八年，又遣领兵官各带官旗马骑以协驻防，更下圈屋之令。民皆并屋而居。是岁始筑满城以隔民兵。至十五年，又增其兵之数。乃于满城之外，由涌金门至洋坝头，皆为驻防兵所居（吴农样老屋，本在铁冶岭之黄泥潭。因圈入屯中，乃徙居西牌楼。可知清波门、云居山一带亦不得免也）。后以水旱相继，大火频仍，民有无家可归者，有一枝暂栖者。迨至康熙八年，始著令永远不住民屋，而民之被蹂躏已二十余年矣。然满营之外，仍有居住之满洲、蒙古等四旗。至乾隆二十年，始尽行移居营内。所有居住之地，坐落钱唐县，计官房三百四十四间，地二百七十一亩，变价入官。②

顺治年间，根据清廷礼部、工部之议，在杭州城西隅濒湖中段，圈定市街坊巷而筑驻防兵营。巡抚萧启元随后圈定仁和县境东西南北图及右卫中所屯地，共计征地 140 亩、住宅基地 520.4 亩、荡 7 亩、屯地 117 亩；又圈钱塘县境南北图西壁坊及前卫屯地，共计征地 2.4 亩、住宅基地 220.6 亩、屯地 27.2 亩，相度相便，从事建筑。顺治七年（1650）防城竣工，乃移驻之，"犹以为未足"，于顺治十六年（1659），续圈界墙外钱塘县南壁图西壁坊征地 75.7 亩、基地 325.7 亩，自后无所增损。计统营内地 1104.5 亩，城外四旗地 325.5 亩，城脚基地 18.4 亩余，共地 1436 亩多。③ 满城修建后，旗兵圈地和强占民房的事时有发生，许多道台、知县如范印心、钟运泰等也卷入圈地问题引起的风波。至康熙八年，朝廷始下令，凡驻防旗兵永远不得居住民房。

到乾隆后期，为解决驻防八旗兵生计的具体问题，有关方面还从杭州驻防牧厂地亩内划出 9000 亩，召民垦种，自乾隆五十年（1785）起租，每年所收租钱 5800 贯，"赏为养赡八旗孤寡并帮贴兵丁差使之用"。④

满营驻防下的兵民摩擦时有发生，成为杭城别于其他有满城驻扎的大城市的特点。日

---

① 钟毓龙：《说杭州》，第 188 页。
② 钟毓龙：《说杭州》，第 188～189 页。
③ 参见张大昌辑：《杭州八旗驻防营志略》卷十五，"营制"，浙江书局光绪年间刊行。转引自马学强：《从传统到近代——江南城镇土地产权制度研究》，第 136～137 页。
④ 《钦定八旗通志》卷七十三，"土田志·各处驻防地亩"。转引自马学强：《从传统到近代——江南城镇土地产权制度研究》，第 139 页。

常生活中的兵民冲突有时酿成较大后果。之前所引的《清人逸事》中"杭州驻防"一条，便记载了康熙三十六年驻防旗人在茶叶店与人口角之后，纠众闹事，殴伤近二十人，从而引起市民自鼓楼至盐桥皆罢市，最后由仁、钱二县令出面调停乃始开市的一个事件。① 直至乾隆年间，此类事件仍间有发生。乾隆十六年六月十九日，乾隆皇帝谕军机大臣等云：

> 朕闻杭州兵丁，因角口细故，与民人斗殴报复，抢夺铺户，竟至罢市。……杭城省会重地，有将军巡抚弹压，何至兵民互殴，如果有罢市情形，则兵民中必有棍徒为之渠魁，理应严加惩创。②

上文提到的"营债"问题久患不治，祸害居民，驻防长官又时有庇护，满营兵丁有恃无恐，也几度引起较大规模的罢市：

> （康熙二十一年九月）庚戌，浙江总督李之芳疏言：据杭严道王梁详报北关门外居民罢市，称被土棍勾旗放债，准折子女，贻累亲邻，不能安生，次日，上公衙门会审，有旗兵王和尚等，率数百人，辱骂行凶，毁裂舆盖。臣思旗兵群聚，辱毁道员，大干功令，一面传谕市铺，照旧开张，一面会同将军马哈达，据实具题。得旨，旗丁土棍，放债害民，逞凶辱官，大干法纪。王和尚等，著该督等严究具奏。
>
> 康熙二十一年，巡抚王公梁道出武林门，见居民闭户罢市，咸称土棍勾引旗债，准折子女，遗累亲邻。③

上述城市驻防带来的"扰民"问题，在城市日常生活中也不断以新的形式表现出来。在官方文献中，始终以城市"土棍劣徒"的概念去担负违法问题的最终咎由；然而从另一角度来看，这些非"正常"的途径，沟通了城市化进程中的社会关系。城市管理的具体措施，正是在城市社会关系的复杂网络中开展的。

就整个江南地区来说，地方绿营驻防与区域社会的变迁有很大关系。日本学者太田出就清代绿营中由"大汛""小汛"所构成的最末端单位"汛"，从雍正以后开始在江南三角洲成立的现象，进行了详细的分析和探讨。基于此研究，他又从清代江南佐杂"分防"的实态，与以市镇为核心的区域社会的关系进行考察，结合绿营武官的汛防，阐明了清代国家权力如何统治市镇本身，或是以此为核心所形成的区域社会。换言之，即市镇居民是如何与国家权力产生联系的问题。④ 诸如此类问题的考究，往往开拓了清代江南区域探研的新视角。

---

① 《清朝野史大观（三）》，《清人逸事》卷五"杭州驻防"条。
② 《清高宗实录》卷三九三。
③ 彭泽益编：《中国近代手工业史资料》第一卷，北京：生活·读书·新知三联书店，1957年，第464～465页。
④ （日）太田出：《清代江南三角洲地区的佐杂"分防"初探》，《中国社会历史评论》第二卷，天津：天津古籍出版社，2000年，第105～116页。

(三) 缉盗于火发，靖盗于城居

清初朝廷对江南财赋重地的社会安定给予了很大关注，针对江南盗匪久弭不治的问题屡次下令，强调"为治莫要于安民，安民莫急于弭盗"①。雍正六年（1728）清廷再次命令江南地方将缉盗作为安民的首要工作。在严饬苏、松地区惩治"积恶渠魁"的命令之后，浙江巡抚李卫捕缉最为有力，使本来盗患极多的浙江省出现相对安定的局面，得到了朝廷的嘉许。因此中央将江苏所属七府五州除钱粮、刑名外，其一切盗案移交李卫管理。②

清初以来，杭城施行火政的同时也面临着"火盗二事间或发生"的社会治安问题，总督刘瑞图在文檄中申饬缉拿放火恶徒：

> 为严拿放火奸徒以安地方事，照得省会人烟稠密，比屋连居，当此隆冬之时，火柱最宜谨慎。今闻有奸恶棍徒，三五成群，夜聚晓散，通同地棍专一打算，某家素封，某家殷实，小则鼠窃狗偷，大则纠伙抢夺。尤可恨者，携带阡张木梯、枯竹干柴及油蜡引火之物，每于夜静更深，或安置人家门首，或撮放低矮飞檐，意在纵火焚烧，乘机劫夺财物。夫穿窬偷摸，所害不过一家，若放火延烧，一方皆受荼毒，其设心险恶，较之强盗尤甚。除檄行地方官设法巡拿外，合再示禁，为此示仰地方士民里甲人等知悉。嗣后如有奸恶棍徒带取引火物件，希图点放害人者，或地方里甲捉拿，或邻佑觉察呈报，或巡缉员役搜擒，或行路之人撞获，立即解赴本部院辕门，以凭尽法处死，必不姑贷。③

官府对放火恶徒的惩罚甚为严厉，在"诫谕慎防火盗"一条中规定："如有得获火具的，据即刻连人送官审实，解赴本部院军前正法。"④ 18世纪中期的杭城火政中，"无籍棍徒"（此时期杭城官员对"无籍"人群的强调值得注意，下面将有所讨论）的抢火现象也令官府感到棘手。上一节已提到乾隆年间逐渐固定下来的"分路扑救"之法，在对付火盗问题时，也同样按照这种救火部署的思路，通过"分路巡查"展开缉盗事务。《治浙成规》中乾隆二十一年（1756年）之公牍所提到的具体做法是：

> ……请于杭协标营内各派外委千把或效力武弁五员，各随带兵二名分驻远处，巷口稽查，倘有乘机抢攫，即行严拿重究。并请东路派总捕同知带领仁和县丞典史二员，西路派委理事同知带领钱塘县丞典史二员，南路派委仁和县知县带领主簿城南务

---

① 《清世宗实录》卷七十一"雍正六年七月辛未"条。
② 《清世宗实录》卷七十一"雍正六年七月辛亥"条。
③ 《总制浙闽文檄》卷六"缉拿放火奸徒"条。
④ 《总制浙闽文檄》卷二"诫谕慎防火盗"条。

二员，北路派委钱塘县知县带领主簿及武林驿二员，并各路带领衙役三十名。杭府水利通判宁、绍嘉松二分司各带衙役十名，在于各路往来总巡查拿。①

清初康熙年间浙省督抚们对杭城盗匪问题的处理显然是很不满意的，"本部院莅浙以来，三令五申不啻严切。顷闻省城内外常有强窃盗贼不时生发"②。当然官府承认，造成恶徒防火扰事等盗患有一些直接的因素，譬如"时当荒旱，盗心易萌"③。而究其由来，便是杭州省城人口的庞杂造成的治安问题，未得到官民的普遍重视。杭城"乃五方杂居之地，奸宄易丛，最难稽查，况时届隆冬，更当加意隄防以图弭不测，除行总捕同知会同仁钱二县申严夜巡禁约外，惟虑火盗二事间或生发，皆缘地方居民怠忽不遵，疏于防备所致"④。而在杭城这个"五方杂居人烟辏集之区"⑤，官府认为存在着一股游手好闲、不务正业的人群，造成杭城治安的隐患久治不绝："但有一种异籍游手之徒潜居会城，往往于市井阛（门贵）之处耍拳弄棒使弄星钟，又或戏法走索集众说书等项，种种不一。此辈既系流寓，又无恒业安和，不乘人烟辏集之时，谋结党为非之事乎！今日欲靖盗源，此其一端。合行严禁，为此示仰府县印巡等官及地方里保总甲人等知悉，凡有前项异籍游手之人在于里内投歇寄居者，定限三日内尽行驱逐，不许留留。"⑥ 在17世纪中后期，官府认为，要靖盗清源，就必须从这些人入手，才能从根本上解决杭城治安问题。

18世纪的杭城火政中，官府对杭城治安的火盗问题分析更为仔细，认为：

> 此等棍徒大约唯机坊染房锡箔工匠，以及桥埠脚夫人等十居八九。从前屡经严禁，遇有抢火之人，拿获之后必须究其作何生理，如系工匠脚夫，除将本犯重究枷示外，立拿不行，约束之。该管铺户夫头一体重惩，洵属正本清源之道。第若辈千百成群，实繁有徒，每借救护之名，前至近火之家，穿堂入室，恣意搬抢。在场官弁或疑为本家之人，或认作救火人役，不加防范，遂多纵漏。今请饬地方官先将各铺户夫头，取具切实，甘结存案，如遇火发，总不许纵令一人前往火场。如有不遵，仍敢私往，许旁人指认首禀，一有赃据，即将本犯及该管铺户夫头，俱行分别枷号重惩，其首指之人从重给赏。至桥埠脚夫人等，如系本家亲族唤同前往帮救者，不在禁列。⑦

可见，官府注意到抢火问题的复杂程度。他们观察发现，救火恶徒往往在深夜乘风放火，"一至沿烧又复高叫火起"，趁民众梦中惊醒救死不暇，无能顾及财物之时，假装救火如肆行抢攫。对棍徒的来历问题，除上述"机坊染房锡箔工匠，以及桥埠脚夫人等"，官府还

---

① 《治浙成规》卷五《臬政》，"杭城救火抢火等各事宜"条。
② 《总制浙闽文檄》卷五"申饬夜巡保甲"条。
③ 《总制浙闽文檄》卷五"驱逐游手棍徒"条。
④ 《总制浙闽文檄》卷二"诫谕慎防火盗"条。
⑤ 《总制浙闽文檄》卷五"劝谕慎防火灶"条。
⑥ 《总制浙闽文檄》卷五"驱逐游手棍徒"条。
⑦ 《治浙成规》卷五《臬政》，"杭城救火抢火等各事宜·附旧详案"条。

认为，"杭城五方杂处，外郡人在杭织机锤箔磨纸挑肥营生者众多"，另外，杭城有许多外来乞丐，"并无一定栖息之所，三五成群，沿街卧宿"，这种种闲杂人等，在火发时常常"呼朋引类，恃强抢夺"。为此，除了安置流丐，驱逐游民，平日还要坚持"无论大街小巷，逐夜出巡"，这些治安任务都是较为艰巨的。

对于失火之时，上述问题有着夹杂而生的可能，也给治安处理加大了难度：

> 杭城每遇火发，辄有看火之人填街塞巷。当此燎原惨酷、触目伤心之时，若辈既不协力扑救，而袖手旁观，意欲何为？……始虽酌议设签立记，但抢火恶棍保无假答混杂，亦属难行。惟查救火之人，非本家亲族即相关戚友，如既闻声赴救，所带之人自系平素认识，不难各行照察。倘并非认识，亦随众奋身扑救，帮同运水，或系好义之民均各不禁外，如并不出力帮救，专在场内窃探，或本家不识，亦行入室搬运物件者，许在场各员役人等即行严诘，察无别请立即驱逐。倘有乘机希图攫抢情事，即行严拿，交地方官严讯。赃未到手者重责四十板，交保取收管记档备查。每逢别坊火发之时，……毋许出室滋事。如再违犯，拿获审明，分别究治。①

火情一发，负责的官员武弁都要飞赴火场周围"堵截巡查"，"分立四路要隘之处梭织"。另外，集中管理灾户物件，并防止"一种射利奸徒一见火发，即背负制钱，在于近火要路纷纷排立，见有抢来器皿物件，利其价贱，即向收买。而抢火之人复得空身转入火场，再行抢掠"的卑劣行径。火场物品管理是较为重要的方面之一，而灾户的财产利益密切相关：

> 灾户搬移物件，近火之事率多堆储近地，聚为一处，以便复搬。如攫物奔往远处者，多系抢来之赃。附近巷口已经派员把守稽查，其离火稍远之处，亦应酌派员弁巡逻，以防抢攫奔逸之事。请于杭协标营内各派外委千把或效力武弁五员，各随带兵二名，分驻远处巷口稽查，遇攫负零星物件之人，细心盘诘，毋任疏纵。火熄之后，各官亦不得全行散去，致有漏网无赖公然出赃变售，临时应听，杭协杭府各派文武数员，留兵役数十人于场上弹压，俟各户物件搬定之后，再行回署。如尚有遗剩物件无人认搬者，即行挨查是何情故，不得聚集一处，应名了事。②

当然，由缉盗于事发，到靖盗于城居，政府面临着更大的操作上的难关，不仅需要合法、明确和恰当的规则，更需要执法官吏的绝对公正和清廉。例如在上述驱逐游手棍徒的措施中，便对执事的地方官员作出约束："自示之后，本部院差员巡查，如有此辈仍前在于街市耍拳使锤等类者，定行锁拿，将本犯重责枷号，仍究容隐之家，一体治罪。各地方官尤须加意缉逐，不得疏忽，尤不许纵容衙役借名挨查，需索士民人等银钱酒食，如违一并参

---

① 《治浙成规》卷五《臬政》，"杭城救火抢火等各事宜·附旧详案"条。
② 《治浙成规》卷五《臬政》，"杭城救火抢火等各事宜·附旧详案"条。

拿，重治不怨。"① 在官府看来，这些规定和约束是十分必要的。在地方缉盗等治安事务中，官员常会因功名利禄而恃强凌弱、徇私舞弊，包庇养奸时有发生，而这不仅直接地削弱了执法效果，严重的话还会使得政府威信下降，形象扫地，导致匪盗洞穿政弊，愈发肆虐。文檄中督抚对此表示了深刻担忧。

> 地方失盗报官追缉条例最严。若有隐匿不报，讳强为窃等弊，官役分别参究。本部院申饬之文，真不啻舌敝颖秃矣。无奈文武各官只顾自己功名，不管民生痛苦，凡遇士民失盗报官者，或拘拿家属，或刑责邻佑，威势钳制。以大盗而改为窃贼者有之，以焚杀而改为报仇者有之，至于减报盗伙赃数，假捏暗进明出、窃盗拒捕、白昼抢夺等项，种种陋习难以枚举。若真系穿窬，竟置之不闻不见矣，以致盗贼不缉不究，奸宄窥破弊端，日甚一日。彼失主失贼遭官，吞声饮恨，无可告诉，怨气冲天。②

除对地方追缉火盗的督促外，还必须从法规限制上作出保证。至18世纪后期的一个公牍秘本《招解说》③，在前有案例汇编中形成的一套地方缉拿放火恶徒事务的处理办法：

> 凶徒放火延烧，限六个月缉拿，承缉、接缉参处与盗案同，州县讳盗不报，例革职。如已被获，从宽完结，照故出入人罪律革职。上司徇隐，不行揭报，降二级调用。延烧后救熄脱逃未获，应照拐逃例扣参。十八年例。④

另外，对州县失火造成的公署、民居损失，《招解说》也录入乾隆三十五年对失职官吏的处理办法⑤，此处不作详录。

官府对火盗问题的关注实际上已超乎火场之外，也超乎火政之外，而直接指向整个城市治安。"机坊染房锡箔工匠，以及桥埠脚夫人等""外郡人在杭织机锤箔摩纸挑肥营生者""游民""流丐"等等城市流动人口，成为官府清查盗源的首要对象。然而执法过程中不免遇到许多社会阻力，如之前所列材料中见到，各铺户夫头对工匠不加管束，而地方官役追缉盗贼时往往又"隐匿不报，讳强为窃"。由火盗引发的城市治安问题在官府看来，其实比临事的灭火行动更为棘手。而正是火盗问题给杭城子民带来了切身的利益威胁，政府以此作为展开治理政策的引子，由缉盗于事发，到靖盗于城居，通过整顿保甲着手解决

---

① 《总制浙闽文檄》卷五"驱逐游手棍徒"条。
② 《总制浙闽文檄》卷五"申饬夜巡保甲"条。
③ 此本《招解说》为嘉庆抄本，系已故版本学家雷梦永先生无意获得并转让给田涛先生的善本，具体年份不明，观前后案例所述及年份（如之后一条录"四十七年"例），此处之"十八年"较大可能是指乾隆十八年。从其行文内容看应是地方刑名师爷所作。
④ （清）佚名：《招解说》，"放火"条，郭成伟、田涛点校整理：《明清公牍秘本五种》，北京：中国政法大学出版社，1999年，第591页。
⑤ （清）佚名：《招解说》，"失火"条，第616～617页。

日常治安问题，显得可行。

17世纪初周孔教任江南巡抚时写的《荒政议》（收入俞森《荒政丛书》）中，曾指出遇灾赈正是"编行保甲之一机"①。19世纪初，汪志伊在其所著《荒政辑要》中也认为："况保甲之法，平日为弭盗而行，则官为烦难，而民亦嫌其扰累。此时为赒赈而行，则官甚便宜，而民亦乐于从事。"② 由此，我们也可更好地理解本文第二部分提到的，杭城官府将强化保甲作为城市管理重要措施的原因。

四、火政视野下的城市日常生活

由杭城火政出发，杭城官府将社会治安细化到城市生活的具体方面。督抚意识到，只有在强化官僚组织运作的基础上，通过日常治安管理与薄弱环节的加强二者并举，才能确保治安质量，因此提出："保甲乃平日弭盗之法，夜巡乃临时缉盗之事也。"③ 显然，这种治安的施行必将更多触及城市日常生活，从而需要政府更多地把握治理尺度。

清初以来，官府对杭城治安问题多次强调"夜巡""夜禁"，并对火政中触及民生的部分措施作了细致安排。在作为时间管制的夜禁措施的推行中，城市夜间生活的图景也重新被"发现"。

从城市管理的实施中观察城市日常生活，必定会有不同程度的以偏概全的危险，毕竟"深描"④ 一个城市生活的全貌，需要更多的视角和素材。杭州自12—13世纪便形成了极为繁华的社会生活景象，在之后的历史进程中，城市生态、社会风尚呈现出何种多样特征，社会层级、城乡关联、社会心理、文化传播等诸多方面如何在城市变迁中更易，都是有意思的研究课题，而这些对于江南区域史研究来说，又是十分重要的。

（一）夜禁与城市夜生活

1. 夜禁

南宋临安夜间生活的繁华，宋代临安诸志和《梦粱录》《都城纪胜》《西湖老人繁胜

---

① 周孔教：《荒政议》"初一曰六先"条，见于（清）俞森撰：《荒政丛书》卷四，宣统三年文盛书局刊本，《近代中国史料丛刊三编》第五十四辑，台北：文海出版社。
② （清）汪志伊：《荒政辑要附论六条》，贺长龄编：《皇朝经世文编》卷四十一，《户政十六·荒政一》。
③ 《总制浙闽文檄》卷五"申饬夜巡保甲"条。
④ "深描"（thick description）是人类学家吉尔伯特·赖尔提出的一个概念，美国文化人类学家克利福德·格尔兹在《文化的解释》一书（韩莉译，上海：译林出版社，1999年）中借用"深描说"提出文化的解释理论。

录》《武林旧事》以及宋人笔记均有详细记载,许多史家如全汉昇先生①等都有所研究。对于都市夜间的治安问题,南宋临安形成了一些措施和设置,如《武林旧事》中所记:

> 京尹幕次,例占市西坊繁闹之地,蕡烛糁盆,照耀如昼。共前列荷校囚数人,大书犯由,云"某人为不合抢扑钗环,挨搪妇女"。继而行遣一二,谓之"装灯"。其实皆三狱罪囚,姑借此以警奸民。又分委府僚巡警风烛,及命辖房使臣等,分任地方,以缉奸盗。②

全汉昇先生认为,宋代都市的治盗法,大都有惩一儆百之意,然而也使空前未有的都市夜生活有了可能。③ 至清代,政府对城市都有一套管理制度,包括宵禁制度。例如北京城宵禁甚为严密,黄昏时敲梆打钟,即行关闭城门,不许行人出入。由于许多官员居住在城外,正阳门在三更时打开左右两侧门,便于他们上朝,但迅即关闭。头天没能赶回家的内城居民可趁此时进城,俗称"倒赶城",而内城的人还不许出城。在苏州,夜间有营兵巡逻,如怕染坊踹匠闹事,夜里不许他们外出,关在作坊里,外面还有士兵监视。冯尔康先生认为,清朝政府对城市的管理,首先在于重视社会治安管理,以维护其统治秩序。④

宋代杭州城市化过程形成的城市布局中,城市生态对城门、交通等部分的影响,斯波义信先生已有专述。⑤ 清代杭城十门的夜闭状况,钟毓龙有所叙及:

> 杭州十门,前清时向晚必闭。非奉令不得开。掌其锁钥者,为旗营之将军。每门派营卒司之。惟北关门之闭为较迟,因其有夜市之故。每年六月十八日之夜,则涌金、钱塘两门终夜不闭,以次日十九为观音大士诞辰,官府及庶民均须至天竺拈香也。故杭人有六月十八游夜湖之事。盖除此一日,欲游夜湖非寄宿城外不可矣。相传各城门之闭,均以傍晚时炷烛为度,初则虚掩,烛烬乃加键焉。天明启门,初亦虚掩,后乃大启。杭人有挨城门进、挨城门出之说,皆乘其虚掩时也。⑥

清初杭城官府面对火盗及其他一系列治安问题,除采取本文第三部分所述的治安举措外,更严饬地方加强夜间巡察弭盗,在杭城严禁夜行。"省会地方奸宄易匿,消弭盗贼之法首在禁止夜行。从前亦有把栅巡逻,莫非虚应故事。"夜间盗贼的猖獗并非官府危言耸听。例如因为地方禁夜不力,见夜晚"骑马乘轿,提灯列炬而行者",都认为就是官府人员,不加阻拦,因此"狡盗"有机可乘,"每每假扮此种形象,得以任意往来"。⑦ 地方棍徒诈

---

① 可参全汉昇《宋代都市的夜生活》和《宋代东京对于杭州都市文明的影响》等著作及文章。
② (宋)四水潜夫辑:《武林旧事》卷二"元夕"条,杭州:西湖书社,1981年,第31页。
③ 全汉昇:《宋代都市的夜生活》。
④ 冯尔康、常建华著:《清人社会生活》,沈阳:沈阳出版社,2002年,第204页。
⑤ 参见斯波义信:《宋代江南经济史研究》前篇第四章。
⑥ 钟毓龙:《说杭州》,第190页。
⑦ 《总制浙闽文檄》卷三"申饬分汛夜巡"条。

冒现象令官府头疼。① 直至康熙四十七年，浙江巡抚郎廷极在给康熙皇帝的奏折中，尚且特将"江南浙江有宵小匪"②之情形达于圣听，可见非同小可。

对此城市夜间治安问题，官府首先仍须确保投诚官兵不致监守自盗。官府规定："除本部院严檄标下官弁兵丁及投诚各官不许夜行外，合亟饬行为此牌，仰该府官吏照牌事理即便移行。所派分巡各官，务要不拘寒暑风雨，认真执法巡察。遇有前项轿马聚众，深夜行走之人，若系奸宄棍徒，立时拿究。""如属势要豪强，营头官弁当时说明犯夜情由，此早即申报。"③ 上已提到，杭城救火部署中的"分路扑救"，以及缉盗的"分路巡查"之法，在夜巡实施上，按照已形成的这些人员部署的基础，"汛地分投巡缉"是相对合理的办法，也只有"分汛责成"才能使夜巡不致"虚应故事"。为此杭城下令："仰城守副将会同杭州知府，查明省城内外各处地方，凡府佐县正首领杂职，各文官城守水师营各武官逐一议定，汛地分投巡缉，以便猝遇盗贼立时擒拿。如有本处失盗，分汛之官役不能当时擒获者，事发之日本官分别议处，随行兵捕快壮等役提拿责究不贷，限即日具详通报，俟凭批夺。"④

2. 保甲与支更

上述已提到在17—18世纪的城市治安中，官府对整顿保甲意义的认识和具体的努力。清初政府将保甲与夜巡分别视为平日弥盗之法和临时缉盗之事。在夜巡措施的强调中，官府认为火盗二事间或发生，除了政府治安本身的问题外，也是源于"地方居民怠忽不遵，疏于防备所致"，在城市治安夜巡中，需要解决官府与民众之间的协调问题。为此清初杭城规定：

> 务须遵照往例，将省城内外大小街道，酌派官役巡查，定更之后，责令附近居民看守栅栏，遇有各衙门紧急公务，必须该衙门票照验实开放。如民间有生产急病婚丧事故，或预禀地方官批照，或执本甲十家牌查验，照常放行。不许衙役兵丁总甲人等借端掯勒，需索赀财。如违，许赴该管官呈禀究治。其余寻常往来之人谶会之类，一概禁止夜行。倘有于定更之后，三五成群，或行踪诡异之人黉夜行走，立时拿获，押赴该县，审明发落。⑤

夜巡所遵照的往例，实际上即是保甲支更之法。明清之际太仓名儒陆世仪所著《支更法》中，对支更之古法及今用都作了详细论说。"支更之法，每三十日轮一家，击柝一日得逸

---

① 《总制浙闽文檄》卷三"禁缉诈冒棍徒"条。
② 《宫中档康熙朝奏折》，康熙四十七年四月初八日。台北：台北故宫博物院1976年，第728～731页。
③ 《总制浙闽文檄》卷三"申饬分汛夜巡"条。
④ 《总制浙闽文檄》卷五"申饬夜巡保甲"条。
⑤ 《总制浙闽文檄》卷二"诫谕慎防火盗"条。

二十九日，亦足矣，而愚民总不能从。"他认为"保甲之中即寓支更，此古者寓兵于民之意"，固然许多民众未能胜任，有其个人客观原因，但今人"不可解"，一面阻挠支更之实行，或敷衍了事，"不过闭门坐敲，时出观望，完故事耳，何益地方"，而失盗后又"呱呱皇皇，呼索公廷"。陆氏认为"朝廷设官分职，岂止为私家守筐箧"。① 而要使支更为民众所接受，顺利开展，陆氏认为：

> 保甲之法与支更之法宜分为二。保甲一如旧制。支更则别取贫者给钱支更，使富者有安寝之乐，贫者有得钱之利，是不费公帑，而更得额外之兵。百余人无事，则小盗绝迹，有事则城中肃清，坊巷之间处处有守，此磐石之势也。何利如之？②

《支更说》对各种夜巡可能出现的各种问题，对更夫职守的规定，以及在不特殊时期如军机紧急时支更的方法，作了详细的建议。基本措施是：在城内分"号"设栅，配备更夫及支更、防火、防盗等相关器具，官府派兵汛地，各保甲应加以配合，定更之后严紧夜行，夜巡遇火遇盗不得开栅，遇官兵衙捕等要迎送并点名查阅。文中诸多建议都甚为中肯，但陆氏也注意到了地方夜生活的繁盛带来的庞杂情况，许多时候只能"临时酌处"，因地制宜。清初杭城夜间治安很大程度上承续了这些经验，通过"夜禁"的实施，政府也或多或少对城市治安在城市生活的实施尺度有了一定的把握。

杭城火政及社会治安管理中，"夜禁"竟成"虚应故事"。虽然杭城五方杂处之地有着治理的难度，但作为一府会城重地，治理之重任毋庸置疑，"身处会城，权任地方之责自。当不论分汛，处处俱该巡察，不时勤行，久而靡懈"③。夜巡不可松弛，分汛务必严饬，"须立分汛责成之法方有实济，仰城守副将会同杭州知府，查明省城内外各处地方，凡府佐县正首领杂职，各文官城守水师营各武官，逐一议定，汛地分投巡缉，以便猝遇盗贼立时擒拿。如有本处失盗，分汛之官役不能当时擒获者，事发之日本官分别议处，随行兵捕快壮等役提拿责究不贷，限即日具详通报，俟凭批夺"④。当然，禁"夜行"并非不分详情一刀切，官府一再强调："士民深夜聚饮以及戏子夜行，该府均宜饬禁。惟百姓延医唤稳婚丧等事，或令执本户一家牌，或令执本甲十家牌，谕令各栅察实放行，毋容揹阻滋扰。"⑤

可见，上述包括火政的城市治安诸多方面中，官方话语始终坚持救火靖盗的落脚点是息事安民，使城市生活尽在政府掌握之中但又不受干扰。合前所论，这也是17—18世纪官僚制度重视自身运作的社会效应，从而走向成熟的表现之一。杭城官府认为，夜禁之法

---

① （清）陆世仪：《支更说》，台湾大学总图书馆藏《桴亭先生遗书》本，《丛书集成三编》第21册，"社会科学类·奏议、经国方略、地方行政、地方自治、军事学"，第463页。
② （清）陆世仪：《支更说》，第463页。
③ 《总制浙闽文檄》卷三"申饬分汛夜巡"条。
④ 《总制浙闽文檄》卷五"申饬夜巡保甲"条。
⑤ 《总制浙闽文檄》卷三"申饬分汛夜巡"条。

如果行之不善,"往往徒累民间,无济实事"。作为夜禁措施,法令上明确规定:"每夜起更时侯,仍在清泰门处所放静更炮三声,着城守营兵目专司此事。此炮响后,各栅栏即上锁钥。"① 作为同时"晓谕"杭城全体官民的政策宣传,官府在严加训导执事官兵的基础上,呼吁地方严格执行夜行规定:

> 如有故违夜深妄行者,夜巡官实时执拿,次早送有司衙门审讯发落。至于夜巡之官,系文职衙门各堂上官备印信高灯二架,武职衙门执印信令箭二枝为据,以杜诈伪之弊。守栅人役俱于栅边歇宿,以便查验启闭。其目前夏间乘凉之人,各在本家门首,秋冬工作人家,在于门内,夜间做活者,夜巡官役不许生事扰害,如违究处不贷。②

其实无论兵丁栅检也好,保甲支更也好,都产生了"虚应故事"的效果。前文提到的康熙年间钱塘名幕潘月山对此言明其弊:

> 夜禁之设,所以弭盗也,梆锣周巡,库狱衙门所不可少。若民间道路管栅,止于栅内击梆支更,官差游巡,颇属不必。盖从来巡夜人员,并未获一真盗贼,所损者谦会酒客耳,即酒客亦未正犯夜之法,止捉得些银钱,为巡夜使费耳。③

可见,"生事扰害"等问题的症结,在于夜禁实属苦差,有害无利。

3. 杭城的夜间

在上述火政夜禁的叙述中,我们已窥视到杭城部分夜间生活的情形。清初毛奇龄在《杭州治火议》中粗略勾勒出杭城寻常百姓家的夜生活图景:

> 夫以满城灯火,百万家烟囊,原足比沃焦之山,象郁攸之穴,而且上下四旁,无非竹木,既已埋身在烈坑中矣。加之佥贩营业,多以炊、煮、蒸、熬、熏、焙、烧、炙为生计,而贫民昼苦趋逐,往多夜作。诸凡治机丝、煅金锡,皆通夕不寐。又且俗苟偷,大抵箕笼屑火,竹檠点灯,暑则燃蚊烟,寒则烘草荐,无非硝炭。而况俗尚释老,合乡礼斗,联棚诵经,焚香烧烛,沿宵累旦,何一非致火者?④

从其描述中可见除去起居用火之外,夜间火源的可能之处其实便是杭城夜间仍有制作的手工行业。

锡箔、黄箔制造业是杭城传统工业之一,《古今图书集成》载:"锡箔,出孩儿巷贡

---

① 《总制浙闽文檄》卷五"申饬夜巡保甲"条。
② 《总制浙闽文檄》卷五"申饬夜巡保甲"条。
③ (清)潘月山:《未信编》卷六《几务下·庶政·夜禁》。
④ (清)毛奇龄:《西河集》卷九《杭州治火议》

院后及万安桥西一带，造者不下万家，三鼓则万手雷动，远自京师抵列郡皆取给。"① 杭城制造锡箔的工匠和手工业者，大多是绍兴人。② 此种生产规模，较南宋时杭城的蜡烛油脂生产③，有过之而无不及。杭城刷黄箔铺一般是用银箔搭在竿上，用茅草松柴发烟薰黄制造，若疏于防火，或者夜间作业，稍一不慎，即有意外之虞。④ 据杭州织造孙文成向康熙皇帝所奏，康熙五十九年（1720）二月二十日，杭州城内仁和县所属众安桥东北，由一名叫丁炳辉的锡箔作坊主"出售所锤打锡箔之铺子失火"，牵连蔓延了其他锡箔户，共烧毁房屋二百七十多户。⑤

另外，杭城日常生活生产燃料的使用，以及易致火患的特色产业，对于火政来说，都是应当注意但又不可禁止的方面。例如，杭城点心水作熟面酒坊等店，大多数都燃烧松柴、茅草、火煤，假如经日不行扫除，烟煤积久，易于起火；生产过程中产生大量木屑刨花的木工店，也是较为可能的火源。为此，在乾隆十七年（1752）旧案中，官府"令总保邻佑传谕各铺户务知自为保守之道，每于三六九日勤加扫除。再木作店内爆花堆储过多，亦宜小心火烛，时行照应，毋得玩忽"⑥。

据《治浙成规》的条文叙述，杭城对锡箔业夜间制作"向来多有此为害建言者"，但官府认为"事属民业，难以禁止，致滋搔扰。唯责令店主小心防范，多置水缸储水防备，止许以空旷之处日间薰做，毋许黑夜薰焙。致有贻误，责成业主左右邻不时稽查，毋得借端滋扰"。⑦

外国人克劳德称杭州为"天堂之城"，他在书中描写了清代杭州城市百业兴旺的局面："几乎所有的木匠、雕花匠、装饰匠、细木匠及药商都来自宁波。茶市商、盐商和客栈老板都来自安徽。瓷器商来自江西，鸦片商来自广州，酒商来自绍兴。很多钱庄换兑业老板，也来自绍兴，还有很多铁匠；……苏州出的是一大批官吏、歌妓和酒家老板。"⑧ 结合上述诸多方面可见，18世纪的政府注意以维护城市正常生产生活秩序为重，力求杜绝官僚扰民乱政。我们也许可以说，"事属民业"并非政府城市具体管理职能的下放，更非不同程度的放弃，而是政府有能力有信心细致地把握城市生活并有效开展治理。

---

① 《古今图书集成·职方典》卷九四九《杭州郡》。
② 康熙《钱塘县志》卷八《物产》，康熙《仁和县志》卷六《物产》。
③ 可参（日）斯波义信：《宋代江南经济史研究》第347页所述。
④ 参见《治浙成规》卷五《臬政》，"杭城救火抢火等各事宜"条。
⑤ 庄吉发译注：《孙文成奏折》，第99页，台北：文史哲出版社。转引自李华：《清代杭州城市经济的发展》。
⑥ 《治浙成规》卷五《臬政》，"杭城救火抢火等各事宜·附旧详案"条。
⑦ 《治浙成规》卷五《臬政》，"杭城救火抢火等各事宜"条。
⑧ 弗雷德里克·D. 克劳德（Frederick D. Cloud）：《杭州——"天堂之城"》，上海：长老会传道团出版社，1906年，第9~10页。转引自（美）施坚雅《清代中国的城市社会结构》，施坚雅主编：《中华帝国晚期的城市》，第640~641页。

对于长期历史变迁中形成的，江南地方风俗极为丰富、地方特色突出的杭州，清初官府已在火政以及其他城市治安中总结出一些经验，较为集中的一方面就是在岁终和节日留意火情和盗迹：

> 兹当钱腊更新之候，诚恐奸徒乘机窃发，皆不可知。除经严檄文武衙门各照原派汛地，无分昼夜加谨巡防，本部院亦拟不时单骑亲察外，所有省城内外街市巷道，原建栅栏之处，合行严饬，为此示仰各坊里甲人等知悉。①

> 时届灯节②，恐有不逞之徒乘机窃发，地棍营厮横肆抢夺，殊干法纪。合再严饬，为此牌行标下三营，各将照牌事理，即便委令守备千把各官，查照原派巡查汛地，量带兵丁四围巡逻。如遇奸宄窃发及兵棍抢夺等事，立刻擒拿解究。或有烽烟不测之处，即时救护消灭，并禁乘机抢掳之弊。每晚至更深候方止。③

节日期间城内施放烟火花爆是极大的火灾隐患，还涉及城内焰硝等违禁物料的非法制售问题。为此，禁止花爆，事小用大：

> 为禁止花爆以杜灾害事。照得省会烟居稠密，火患易生。凡属防灾杜患之事，俱当预为消弭。如节间施放烟火花爆一项，或因疏误以致延烧民间房屋，或有兵棍生事以此惊害士民，且暴殄物料，有损无益，其事虽微，其害滋大。向来虽有地方官禁约，不过故事而已。不思焰硝乃系禁物，民间私相买卖，该管官不行觉察，尤属非法，合行严禁。为此示仰地方官民诸色人等知悉，今当年节届期，凡民间一切爆竹、花筒、流星、烟火等项，概行禁绝，不许点放，店铺不许制卖。如有故违，印捕官即行拿究，倘不加禁止，以致火灾失事，定行加倍重治，并将该管官记过参处，决不轻贷。④

在 18 世纪杭城火政中，官府对烟花燃放似乎不作强硬限制，唯是提醒居民注意并对致火者追究。但对于夜间城市生活可能导致火灾的方面，官府则更细致地作了考察，并谕令居民时时提防：

> 岁暮年节之时，杭城风俗，每多施放烟火花炮流星双响赛月明之类，俱系升高之物，此处施放彼处落下，倘余火未灭，一落枇芭茅蓬之上，即易起火。至黑夜行路，

---

① 《总制浙闽文檄》卷六"岁终禁饬夜行"条。
② 杭俗正月十五为"上元节"，"元宵"前后五夜张灯。初旬，自众安桥至官巷口悬卖各色花灯，谓之"灯市"。通衢委巷悬额缀彩，皆以锦缎彩绣为之，如入万花谷中，终夕鼓吹不绝。吴山有龙神庙，俗称龙王堂。灯节城厢内外所行龙灯，于十二日到庙点睛，参谒挂红，名曰"龙灯开光"。上列记于《西湖游览志馀》《古今图书集成》《杭州府风俗考》《杭俗遗风》等，均收入《中国地方志民俗资料汇编》（华东卷）中"浙江省"部分，北京：书目文献出版社，1995年，第 564～570 页。
③ 《总制浙闽文檄》卷六"灯夜申饬巡防"条。
④ 《总制浙闽文檄》卷三"禁止花爆"条。

点用火把随意摇用，小户点挂竹灯捻长不灭，睡觉吃烟，老人薰被之类，均有贻误，并谕令居民随时稽查，均各慎重，免致后悔。①

在火政和夜禁中，官府重新考察并"发现"了城市的夜生活，它不专属于某一个行业或集体，而是作为城市生活中所有人群的夜时间的形式：

> 凡士民人家往来宴集者，既尽竟日之欢，可免长夜之饮，即有正务，不妨次日再办。此杜绝奸究之法不得不然。至于各衙门比较钱粮，审理词讼，亦俱于上灯时停止，以便衙役人犯各自回归。其有民间急病延医、分娩、收生、婚丧等项万不得已之事，俱执一家牌验明开栅放行。间有衙门公务行走者，本衙门堂上官预备印信灯笼数盏，临时给发，验明开栅放行，次早即缴。其余一概不许无故闯栅行走。②

可以看到，作为城市管理触及的方面，清初官府仍力求在"发现"的基础上，对夜时间的"安全使用"作出一定的安排。

（二）火政与道德教化

杭州向有火神诞会之风俗，清末民初杭州乡贤范祖述在《杭俗遗风》中记曰：

> 火神诞在六月廿三③，佑圣观中敬演神戏一月有余。此外各里各段，有当乡老或称道兄者为首纠分，日则祀神，用歌司打唱，夜则花调等书，通宵热闹，夜夜不绝。歌司花调等，见下声色类。（案：火神会，在前清时颇盛行，民国以来，禁止城内演庙台戏，纠会者不免兴味索然。即如小教场之火神庙，今已改建陆军监狱，其他如佑圣观、降恩院，皆为军警驻扎之所。昔佛家有三大浩劫，意者民国火神，亦遭劫运欤。）④

宋时，杭州民间祭祀火神有赛会之举，并有跳灶会（又称跳蚤会）舞蹈。由一男者身穿破袈裟，一手执破蒲扇，一手执吹火筒，扮济公形象；由一女者穿大红衣衫，手擎一把红雨伞，扮火神化成的美女。伴以锣鼓，且走且舞，舞步粗犷，节奏明快，表情诙谐，形成火神诞会高潮。明清以来，火神诞会仍隆重举行，其时，吴山、钱塘门小教场火神庙及城内佑圣观都要演敬神戏一个多月。"打莲湘"是清代杭州火神庙上经常表演的民间歌舞，由一人手拍竹板演唱，六到八人手摇竹签和之。竹签又名花棍，是一根竹竿，中间多处穿

---

① 《治浙成规》卷五《炱政》，"杭城救火抢火等各事宜"条。
② 《总制浙闽文檄》卷五"申饬夜巡保甲"条。
③ （美）斯蒂芬·福伊希特旺通过考察清代中国城内的主要官方庙宇，认为对火神的礼拜在火神庙进行，时间为阴历六月二十三。他将火神崇拜归入群祀一级，即是在一切治所进行［（美）斯蒂芬·福伊希特旺：《学宫与城隍》，施坚雅主编：《中华帝国晚期的城市》，第704页］。
④ 范祖述：《杭俗遗风》"火神诞会"条，上海：上海文艺出版社，1989年影印，第18页。

孔，串上铜钱。表演时，舞者手持竹签，从上到下，从下到上，不断敲击头、肩、腰、膝、脚等部位，发出清脆、整齐的嚓嚓声，表演富有节奏感和音乐性。

上述所提杭城火神庙之建，《武林坊巷志》"火神庙"条①详录清代杭州方志及相关文献中涉及火神庙之记载。如康熙《杭州府志》和《古今图书集成》中均载"火神庙，在教场内"。康熙《仁和县志》记载则较详："火神庙，在演武场，明嘉靖丙午建。神正直无私，威灵显赫，有昧心不平对神诅诉者，立见其报。兼司军牙旗纛，乃师中贞吉之神，每演武校射，必虔祭祷。康熙辛亥夏，值旱甚，民失望，总督刘兆麟、巡检范承谟、方伯袁一相等诚心步祷，甘霖大霈，遂获有秋。"姚靖《西湖志》则称："王灵官庙，俗称火神庙，盖旧贮军器火药之所也。今则复建火药局于后矣。庙貌肃清，祈禳踵接。至六月二十三日神诞，灯彩支衢，仕女阗踏，香火之盛，杭城无有逾此者。"《蟫精隽》中则录有火神庙碑记，曰："维火之生，维阳之精。实切民用，尤利于兵。神炮神铳，神枪神箭，其迅如雷，其炽如电。式奋英棱，以摧不廷，窒寇凿齿，康不就抿，国威既张，丑类以灭。永宁邦家，维神之烈。"

值得注意的是，上文碑记将火神庙之设同"实切民用"和"尤利于兵"联系了起来，火神庙也一直设于演武场，带有不少军事色彩。在清代正式建立专业化救火兵丁队伍，把火政及治安防虞纳入整顿军事的日程等一系列变化趋势中，城市行政和社会关系中的火神庙地位如何，颇值得玩味。

关于火神崇拜在城市居民对火灾的认识及其城市心理中是何种地位，尚有待进一步发掘资料进行研究。毕竟在普遍的民众中，真正能对火灾成因和防治有科学认识的必定较少。② 之前各部分所述官方火政的理性化观念，在民众城市生活中有多大程度的教化作用，反响如何，都值得探讨。

汪师韩的《杭城火灾考》则具有较浓的讽刺意味。在回顾了杭城火灾历史之后，汪氏提出了对火灾缘故之判断："究其故，乃由民居多竹木相连，市井喧杂之地，屋少垣墙，亡赖纵火之徒利在抢夺，是以火易连延，往往一发不可救，民之常贫，可胜浩叹。"③ 然而，下文用较长的篇幅"更考其轶事"，是否有现实影射意味难以得知。但该处更多地突出针砭政弊的观点应是当然。汪氏叙及嘉泰时临安大火时引应诏之言："九庙至重，事如生存，而彻小涂大，不防于火之未至。宰相之居，华屋广袤，至焦头烂额，独全于火之未

---

① （清）丁丙稿本，潘一平等整理、校点：《武林坊巷志》第七册"南北坊二"，杭州：浙江人民出版社，2003年。

② 谢和耐在《蒙元入侵前夜的中国日常生活》一书中，已有述及杭城火灾中的民间迷信问题。黄兰田在《清代汉口的火灾与迷信》一文（《武汉文史资料》2001年第1期）中，也初步提出了这个问题。

③ （清）汪师韩：《杭城火灾考》，《韩门缀学》卷六"续编"，清刊本。

然，亦足以见人心陷溺，知有权势，不知有君父矣。他有变故，何所倚仗。"① 另外，叙述开禧元年临安大火时，汪氏又引黄畴之语："当今之急务有三，一曰赋敛征求之无艺，二曰都鄙军民之无法，三曰守令牧养之无状。又徐鹿卿、应诏言，积阴之极，其征为火，指言惑嬖宠、溺宴私、用小人三事，又常楧主管城南厢，都城火后，瓦砾充斥，差民舡徒运，在籍者百五十家，惟有二十五家应役，余率为势要宦官所庇。"② 实际上，火政之实施者顾权贵舍贫民的弊政，在清初杭城火政中也时有发生。汪师韩篇末结语意味也颇为深长："呜呼！凡小人膜视斯民而作威以集事，沾沾自喜，正为世有此辈，谬迷之赏叹耳。"③ 祝融之灾，何人致祸，具体要看表达的需要。汪氏之述更多指向官僚组织火政实施之弊，在某种程度上也是切合其文人身份的。

另外，杭府诸志及《江南通志》等地方志书中表彰烈女、为善者，都有涉及火灾之事；时人文集仍通过古礼探求世风政事与火灾之关系；清代官箴叙及官吏失责有以失火推托责任的做法；等等。④ 这些都是有趣的话题。上述既是本文未能深入探求的方面，也是亟待进一步研究的内容。

（三）清代中后期城市消防略述

清代中后期杭城火患仍存，城居火政仍为人们所重视。"每岁冬至节前后，至腊月尽止，大街小巷，即有唤小心火烛者。其词曰：寒冬腊月，楼上楼下，灶前灶后，鸡钟焙笼，一街两岸，各家火烛小心。唤之者为本里地甲，每唤五日，向各家抖米一次，谓之平安米。或予以钱亦可。此风闻起自清初，因杭城常多火患，冬月天干风燥，容易惹火。故唤之以作警告。至今犹弗替焉。"⑤ 晚清的经世文编中也对火政问题有了诸多"新说"。⑥ 道光三十年（1850），省城保甲局组织民更防火。此时期，民间在每年火神诞和龙王诞之际，各祭一次"分龙日"⑦，成为杭城民间防火习俗。光绪年间，随杭城大街闹市店户日益繁多，旧支更法需要调整。光绪三年（1877年）保甲局定立新章。清后期，消防新闻见之于报，《申报》常载杭城火患。另外，光绪年间，荐桥一带各铺户还曾集资组织演戏

---

① （清）汪师韩：《杭城火灾考》。
② （清）汪师韩：《杭城火灾考》。
③ （清）汪师韩：《杭城火灾考》。
④ 如（清）宋楚望辑：《公门果报录一卷附续录一卷佐治果报法戒录一卷杖疮方一卷》，清光绪十九年江苏书局重刊本，《官箴书集成》第九册。
⑤ 范祖述：《杭俗遗风》"小心火烛"条，第34页。
⑥ 见于（清）邵之棠：《皇朝经世文统编》卷四十五，"内政部十九"，"火政"；（清）何良栋：《皇朝经世文四编》卷四十，"兵政邮政"，"救火"（或作"火政"）。
⑦ 即分别于农历四月十八日和五月二十日，备香烛三牲，去元帅庙和佑圣观庙火神殿祭龙消灾。

宣传防火。①

上述分龙节即是民间救火组织"义龙"的活动，范祖述在书中有记：

> 杭州各里各段，均有救火兵，或以庙名为衔，或以地名为衔。置备水龙各一架，或二架，其余水桶吊桶、铜锣行号……（案：水龙救灾，在今日而益完备。除各集义龙外，有消防队、皮带龙，取水极易。其火兵之帽皆用铜制，以防重物下坠也。警钟一鸣，各龙云集。吾杭义举之踊跃，当首屈一指)②

清后期直至解放前，民间组织在杭城救火过程中一直发挥着较大作用。同前文所论，清后期灾政乃至社会控制下移之趋势，在杭城火政和城市管理变迁中可见一斑。③ 清后期，地方慈善机构④在火灾防救中也有其重要意义。光绪《杭州府志》又有"恤灾所"之记，记曰："杭俗忌火，郁攸所及，虽亲族亦不止宿，甚者寄身祠宇，釜炊乏绝者。光绪元年，经绅众捐赀，就普济育婴两堂隙地造房屋十六间，约可容五六千人，器具悉备。平日由堂董经理，一遇火警，即标贴招单，备被火之家约诚实邻右，上城向育婴堂，下城向普济堂开具姓名人口举报，留所半月，每日粥一饭二，由堂支给；夏帐冬被由绅捐备，其借用俾得早谋生计，倘穷无所归，展限半月筹赀酌给以善其后。"⑤ 当然，作为浙省重地，官府并非完全荒弃火政，在西洋新式救火器具的引进中，政府仍起着主导作用。光绪十三年（1887年）闰四月初七日，杭州织造衙署呈报朝廷，购置洋车式水龙（简称洋龙，即腕力龙，又称蝴蝶龙，装有轮盘推动，仍用人工腕力出水。后发展至马达发动出水，称机龙）一架，雇夫役五十名，救护衙署兼顾地方火灾。光绪十九年，杭州府署购置水龙两架、洋龙一架，雇水夫二十余名，云梯、杠索、长钩、短斧、灯笼等一应俱全。⑥ 尽管清末民初的救火组织仍有很大的混乱现象，但先进救火器具的使用对杭城消防的进步无疑意义重大。

---

① 刘之涛：《杭州消防史话》。
② 范祖述：《杭俗遗风》"义民救灾"条，第39~40页。
③ 余新忠在研究中认为，清末出现的一系列变化，完全不存在国家和官府职权退缩的事实，实际上是具体职能的明确化和扩展。清末国家将原本主要由社会力量承担的事业纳入官方的制度化的轨道中去，不仅不是对社会力量的扼杀和限制，很大程度上还可视为对社会力量活动的一种呼应。也即是说国家无所不包的笼统的职能的具体化、明确化，是顺应了社会发展要求的举动（余新忠：《清代江南的瘟疫与社会：一项医疗社会史的研究》，北京：中国人民大学出版社，2003年，第351页）。
④ 清代余治在《得一录》中记载了江南各地慈善组织在地方事务中的举措，其中便提到救生局，文中录《救火章程》称："救生局之设，为救溺也，夫火烈于水，则救火之举宜更急于救溺。"（余治：《得一录十六卷》卷四"救火章程"，清同治八年苏城得见斋刊本，《官箴书集成》第八册）
⑤ （清）龚嘉儁等著：光绪《杭州府志》卷七十三《恤政四》。
⑥ 刘之涛：《杭州消防史话》。

五、结　论

在杭城火政的视角中，我们看到了城市化作为事实在城市生活和社会关系中的凸显。在本文论述中，笔者将人口、经济形式以及行政设置等这些通常被用于探讨区域城市化的因素，置于城市内部变迁过程中加以分析，并揭示这些要素间的相互联系。杭城易招火患的直接原因，是坊巷拥塞、木构民居未能整改，而其背后缘由是城市手工业经济造成了外来流动人口的繁杂。人群关系的变动使得城居防火和民居整改难以有效开展。文中多次提及的官府在城市治理中强化保甲的措施，既基于城居社会关系变化的事实，具体推行时又受其制约。面对诸多城市治理问题，原有的行政设置与城市管理统一化、专业化的需要产生了矛盾。在省会、府治、县署共处一城的杭州，统一的城市管理的建立，要求对具体行政运作进行调整。仁和、钱塘两个附郭县对各自政务的分繁专责，在同城行政中的融通配合，代表了上述行政调整的方向。

清初开始的杭城专业化火政的实施，显露了城市统一化管理的趋势。专业化救火兵丁从城守营中组织并独立出来，成为救火的主要力量。先进救火器具运用于消防并随兵丁被分拨于城居。"分路扑救"的部署，将同城而治的省、府、县的行政官员，统编入火政的实施行动中，并通过裁减随从人员，避免在拥挤坊巷中造成堵塞。救火官兵在火政中的巡察机制下受监督。在对救火兵丁的管制中，督抚别有整顿城市驻防的一番用意。针对"火盗"现象的突出，杭城官员按照"分路巡查"的部署，缉盗于火发，靖盗于城居，并通过强化保甲，着手整治城市日常治安问题。

城市化作为事实所带来的城市问题，促使政府的治理理念和方式发生变化，而城市管理的实施，也影响着城市生活的形态和社会关系的变迁。在这个意义上，城市化既非压力，也不是简单的"动力"，在更广泛的意义上是一种社会变迁的过程。

在近代城市正式的市政管理机构出现之前，传统的城市管理制度如何向统一化的市政管理逐步转变，是非常重要的问题。施坚雅在《中华帝国晚期的城市》最后一编的导言中，对城市社会与"市政"管理进行了讨论。他认为清代大多数城市处于"制度上有显著变革的时期"，其中城市管理的权力组织和制度的社会运作尤为关键。他在篇末作出某种"预言"：

> 未来的研究却很可能会证实一个广泛的社会过程，这个社会过程最后可能曾改变了中国城市的社会政治结构，而完全未受西方的影响。[①]

通过本文所讨论的作为事实的城市化与城市管理的关系，以及在广义上作为社会变迁的城市化进程，或许可以为施坚雅的这一论断添一注脚。

---

① 施坚雅主编：《中华帝国晚期的城市》，第 649～656 页。

附录：官箴文献应用刍议

本文之研究主要运用了两部集中涉及治理一省经验的官箴书来展开讨论：一部是清康熙十一年刊行的，浙闽总督刘兆麟所撰《总制浙闽文檄》六卷（收入官箴书集成编纂委员会编：《官箴书集成》第二册，黄山书社1997年版），一部是清道光十七年刊本《治浙成规》八卷（不著撰者）（收入《官箴书集成》第六册）。《总制浙闽文檄》为总督刘兆麟在康熙年间治理浙、闽的经历之载，所录多为公牍，全书分六卷，其中涉及杭城治理的文檄多见于第二、三、五、六卷；《治浙成规》编撰较后，所录公牍时间跨乾隆、嘉庆、道光三朝，按类分卷，较为丰富，涉及杭城治安及火政的公牍集中于"臬政"各卷（即卷五至卷八）中，而此类公牍均是集中在乾隆朝中叶这段时间。清代所修的杭州府志以及下辖各县县志，涉及杭城火灾的内容多出自以上两书所列公牍，文字出入甚小。①

由这两部官箴文献，我们可以较为详细地考察康熙初期到乾隆中期杭城火政与城市治安的政策状况。据附表3府志所记，康熙初年至中叶大火仍时有发生，而后期至乾隆朝已无记录。这一大致的过程反映在两部官箴书中，便是康熙初年开始严行火政，尽量从城市管理包括夜禁、缉盗、烟火管理等各细节采取防火措施，并规范救火制度；至乾隆中叶制度相对成熟，形成兼顾城市治安与城市民生的较为协调的政策观念。作为公牍汇编，这些文献内容比一般个人编撰的官箴书更为系统一些，作为多次录入地方志书的官方文献，可信度也有所体现。除了这两部书，本文还将运用其他官箴文献以及公牍文件来展开论述。

魏丕信（Pierre-Etienne Will）通过明清官箴书对官僚机构的实际运作情况和机制进行了研究。他指出，在明代后期和清代，各种官箴书和从政指南迅速增加，这与国家机器的扩展以及行政工作专业化的倾向有密切关系。他分析了"治国精英"的出现及其作用，指出组成这个精英群体的是那些活跃的行政人员，不仅包括官员，而且也包括幕友以及其他对行政有兴趣的人。这些人都非常看重自己对人民的责任，重视治理工作中的困难，并深

---

① 如康熙《仁和县志》"火灾"一节所引用内容，除上述已提到的田汝成之书外，即摘录《总制浙闽文檄》卷三"练习救火兵丁"一节，本文多处引用的光绪《杭州府志》在卷七十四"恤政四"中提及恤灾所之设与杭俗之多火时，录入康熙《仁和县志》的此处引用，接着，全引毛奇龄名作《杭州治火议》一篇（下文还将讨论这部作品），最后注明引用《治浙成规》，录入《治浙成规》卷五"臬政"之"杭城救火抢火等各事宜"条中所载乾隆十七年旧案罗列的"准旧酌新条议十则"，同时全录卷六"臬政"中的"杭城失火分别查参动项赈恤"条。

刻地意识到作为一个共同的急务与理想的群体的重要性。① 本论文运用官箴书对明清地方政府的城市管理职能进行探讨，同样寄望以此丰富这一视角，并在一定程度上彰显杭城火灾研究的某些意义，即通过政府具体火政实施的考察，把握政府职能及其发挥作用的社会过程之间的关系。

尽管如此，使用官箴书这类出自官僚之手的文献资料，同样会有偏颇的危险。正如魏丕信所言，这些文献里，"社会现实绝不表现为其原始状态，而是表现为一种中间形式，这种中间形式体现了那些习惯于从国家角度思考问题的人们的观念，甚至当他们表达对国家制度的这样那样的反对意见时也是如此。……所以，对于中国经济社会史来说，可以利用的多数文献确实都带有官僚观点的特征（且不论还有偏见）。但无论如何，当研究生存危机，以及任何其他问题时，还是有可能从中得到不同的观点的"②。火政实施的成败关系甚大，涉及城市治安管理的面甚广，与荒政相比，它需要政府官僚体制表现出更大的反应能力和处理水平，如同荒政中的"先事""临事"之法③。

城市火政中，政府职能的实施，通过执事官吏兵役与受灾的官民发生联系，如何区分"民"和"盗"，如何杜绝偏私舞弊，如何息事安民，都是较严肃的问题。如果说在荒政文献中，更多的是描述出一幅幅官民战天救灾的场景，涉及火政的政书官箴则多是从具体技术及消除政弊的角度展开叙述的，我们看到其中对细致的治安部署及失职官吏的惩罚，均言之甚详。另外，同许多国家政典一样，这些文献多是日常行政实践的经验集成，是"例""旧案""成规"积累的产物。清代编撰的经世文编也多有提及火政。例如，较早编撰的贺长龄的《皇朝经世文编》便收入明末清初著名学者毛奇龄的《杭州治火议》；到了邵之棠的《皇朝经世文统编》，则于卷四十五中列出"火政"一目，归入"内政部"项；何良栋的《皇朝经世文四编》将兵政、邮政、火政同归于第四十卷，《统编》和《四编》中所涉火政已多是晚清之事。前述两部官箴属于公牍汇编而非过后的重新回顾，而且两部文献所录公牍又大多数可以得知所出年代，这对于杭城火政的研究都增添了不少便利。

对17—18世纪杭城火政的个案考察，我们当然还需要尽可能多方面来源的材料来丰富我们的视角。对于上述两部官箴对应的两个时期（或许只是年代巧合，两者并未有多大

---

① 李伯重：《魏丕信〈18世纪中国的官僚制度与荒政〉与国际中国社会经济史研究的新方向》，（法）魏丕信著：《18世纪中国的官僚制度与荒政》，徐建青译，南京：江苏人民出版社，2003年，中文版序。
② （法）魏丕信著：《18世纪中国的官僚制度与荒政》，第7页。
③ "先事""临事""事后"是1739年官方刊行，杭州钱塘人陆曾禹主修的《钦定康济录》的三个主要部分的标题。

的直接联系）的文献，这里首先也要提到两篇作品：一是已提到的康熙年间浙江萧山人①毛奇龄的《杭州治火议》，一是乾隆年间著名学者钱塘人汪师韩所著的《杭城火灾考》。毛奇龄与汪师韩都是清代以博学著称的学者，在经学和文学方面尤有很深之造诣。② 这两篇"经世"之文都不属两位著者学术的主要内容，但都是他们直接描述耳濡目染之身边事的较为"写实"的文章。前者后半生近三十年在杭州度过，完成其大部分的著作；后者即生于杭州之钱塘县，将叙乡邦事之此文作为其文集《韩门缀学》之最后一篇。毛文从杭城火灾的原因考察具体的救火措施，纲举目张，重在议杭火之"治"；汪文细列五代、宋以来杭城火灾史，侧重于灾史之"考"，从中言明政弊，以求警鉴。这两部不同时期不同风格的清代学者的作品，也将令我们增添对杭城火情之观感。

当然，由地方史研究去研究政府行为模式与地方生活的关系，还须尽量扩大资料范围以求多角度的论述。在这方面，单薄之拙文必定有很多不足，需要继续努力完善，敬祈方家赐正。

---

① 毛奇龄自康熙二十四年（1685 年）起一直僦居杭州，日以著书授徒为业，至康熙五十二年（1713 年）辞世，终年 91 岁（黄爱平：《毛奇龄与明末清初的学术》，《清史研究》1996 年第 4 期）。《杭州治火议》称："予僦杭之前一年，相传白盐桥至羊市，纵横十余里，其为家约六万有余，死者若千人。予虽未亲见，顾燋烂犹在目也。乃不数年，自孩儿巷至菜市东街，与前略相等。予所僦住房已亲见入烟焰中。其他则时发时熄，不可胜计。"可知毛奇龄作《杭州治火议》之时应在杭州，所述之书亦应多为亲历或亲闻。

② 毛奇龄，字大可，号初晴，明末清初浙江萧山人，举康熙己未博学鸿词，授检讨，人称西河先生，其文集《西河文集》（《杭州救火议》收入卷四十九）收入《四库全书》，其著作甚丰。黄爱平的《毛奇龄与明末清初的学术》一文对其生平及著作介绍甚详。另外，黄文认为毛奇龄在明末清初学风由宋明理学向清代汉学转变的过程中起到了不容忽视的重要作用。毛奇龄之事迹多见于《国朝耆献类征》卷——九，以及贺长龄《皇朝经世文编》"姓名目录一·专集"。汪师韩，字韩门，张之洞《书目答问》的《国朝著述诸家姓名略》将其归入经学家和文选学家，在《国朝一人自著丛书》中毛奇龄的《西河合集》和汪师韩的《丛睦汪氏遗书》都被列入（张之洞：《书目答问二种》，钱钟书主编《中国近代学术名著》，生活·读书·新知三联书店 1998 年）。柯劭忞《清史稿》志一百二十对汪氏之著述也有录入。《杭城火灾考》见于《韩门缀学》卷六"续编"，清刻本。

附　表

附表1　元明清杭州府人口

年　　份	户数	口数	备　　注
元至元二十七年	360850	1834710	
明洪武九年	193485	720567	光绪《杭州府志》此条按："万历志及乾隆志引旧志俱作洪武元年，考成化万历两志各县户口俱存于洪武九年，则作元年者误。"
洪武二十四年	216165	770792	
永乐十年	204390	684940	
永乐二十年	205940	659883	
宣德七年	199437	652753	
正统七年	200327	651631	
景泰三年	199027	698990	
天顺六年	163212	674786	
成化八年	192851	658070	上引诸条光绪《杭州府志》多取成化志之记录，此条光绪志按："按万历志及乾隆志所引旧志户口数较此为多，然成化志载有民军匠灶分列细数，核与总数相符，当非讹误。"
成化十八年	199348	629794	
弘治五年	200441	637139	
弘治十五年	200558	547427	
正德七年	204985	535427	
嘉靖元年	218818	396473	
嘉靖十一年	222584	377575	
嘉靖二十一年	223312	488215	
嘉靖三十一年	223449	520521	
嘉靖四十一年	225970	521125	
隆庆六年	226492	508001	
万历四十年	280322		自此下均记户口人丁数

续附表1

年份	户数	口数	备注
清顺治十四年	281851		
康熙二十一年	292042		
康熙四十年	292243		
康熙六十年	317227		
雍正四年	319005		
雍正九年	322003		
乾隆四十九年	2075211		以下均计入男女大小丁口
光绪九年	621453		
宣统三年	1520928		

资料来源：（清）龚嘉儁等著：光绪《杭州府志》卷五十七《户口》。

附表2 清代钱塘、仁和两县人口

（1）

县份	年代	乡民人丁	市民人丁	乡市人丁合计	资料出处
钱塘	康熙六年	38450（丁口）	21524（丁口）	59974（丁口）	康熙《杭州府志》卷七《户口》
仁和	康熙三年	71958（丁口）	12458（丁口）	84416（丁口）	
合计		110408（丁口）	33982（丁口）	144390（丁口）	

（2）

县份	年代	全县城乡户数	全县男女大小丁口	两县城乡户口合计		资料出处
钱塘	乾隆四十九年	102705	308081	户	205914	乾隆《杭州府志》卷四四《户口》
仁和		103209	555297	口	864378	

（3）

县份	年代	全县城乡合计户数	两县城乡户数合计	资料出处
钱塘	道光十七年	111480	222937	光绪《杭州府志》卷五七《户口》
仁和		111457		
钱塘	道光二十八年	112218	234065	
仁和		121847		

附表3 明代杭城火灾记录

时　　间	火　　情	资料出处（《府志》已标明）
宪宗成化十年夏四月	郡城大火……毁民居三千余家	《万历志》《武林纪事》
世宗嘉靖十二年	六和塔火	《西湖志》
嘉靖三十一年夏六月	杭州府府管局通判厅火，时海寇初起，军中需火药甚急，诸匠人就厅碾药，碾急火起药中，焚死者甚众，有未死者灼肤裂体，惨不忍视，扶出见河水辄投其中，明日皆死	《万历志》
嘉靖三十五年九月戊辰	杭州大火，延烧数千家	《明史·五行志》
嘉靖三十七年秋八月	旗□庙灾，自管局厅失火之后，移就庙中碾药，复火，庙遂煨烬	《万历志》
穆宗隆庆二年二月	浙江省城外灾，毁室庐舟舰以千计	《明史·五行志》
隆庆三年闰六月六日戌时	雷火焚昭庆寺，一夜焚尽	《留青日札》
神宗万历五年秋七月二十七日晡时	郡城小营巷火，延烧东里义和如松三里，次日方熄，毁民庐千百余家	《万历志》
万历二十五年二月壬午	杭州火烧官民房一千三百余间	《明史·五行志》、康熙《钱塘县志》
熹宗天启元年三月甲辰	杭州火，延烧六千余家，七月戊子复灾，城内外延烧万余家	《明史·五行志》、乾隆《杭州府志》《仁和县志》《钱塘县志》
天启元年八月戊子	杭州大火，诏停织造	《明史·熹宗纪》
天启十三年八月	昭庆寺火	《北隅掌录》
天启十五年	府同知耳房火，延及府堂两廊俱毁	《仁和县志》
天启十六年	转运司耳房火，延及听事，未几布政司听事又火，昭庆寺又毁	《仁和县志》

资料来源：（清）龚嘉儁等著：光绪《杭州府志》卷八十四《祥异三》。

附表4　清代杭城火灾记录

时间	火情	资料出处（《府志》已标明）
康熙五年十二月	大火一昼夜延烧七里，燔民居一万四千四百余家	康熙《钱塘县志》
康熙七年	城中大火	《湖□杂记》
康熙十年五月二十四日	大火	康熙《钱塘县志》
康熙十一年秋	杭城火烧五千余家，一日夜不熄	《陆岳见闻录》
康熙十二年九月十九日	大风，火起自盐桥东，一昼夜焚烧房屋七千余间，焚死男妇二十余口，周十余里东城为之一空	康熙《钱塘县志》参仁和志
康熙三十三年十二月初八日	九曲巷民家火，延烧至草桥门约七里许，自午至酉方止	康熙《钱塘县志》
康熙五十三年六月二十三日	太平桥民家火。延烧至东青巷河下毁民居数百家，午时起历二更方止，是日黄昏府前四条巷火，两县衙门俱毁，火几达旦	康熙《钱塘县志》
嘉庆元年丙辰十一月十六夜	夜半吴山火毁四千余家，死者百数十人	郭麐《灵芬馆诗集》
嘉庆三年戊午春三月	杭城十五奎巷火，延及元妙观、玉皇阁	《元妙观志》
嘉庆二十一年丙子七月	清河坊火，延三四里，燔民居数千家，布市巷打铜巷焚毙，尸骸甚多，镇海楼毁	陈云飞《纪灾诗注》
道光二十二年六月	竹竿巷口民居火，延烧一千余家，两日始熄，梁文庄旧第毁	《杭城采访录》
道光二十三年九月二十三日夜	六和塔灾	《钱塘采访录》
道光三十年	镇海楼灾，延烧三千余家	《杭城采访录》

资料来源：（清）龚嘉儁等著：光绪《杭州府志》卷八十五《祥异四》。

附表5　明中后期江南部分城市徭役改革

地点	时间	雇役方式	资料出处
嘉兴府	隆庆年间（1567—1572）	将杂役门摊仿间架税，约房租银一两起，科银二分四里四毫，派征前银，雇役充当，以苏民困	崇祯《嘉兴府志》卷十
嘉兴府海盐县	万历九年（1581）	蔡知县火夫工食出自间架，以业主赁值科银，给票对支	《海盐县图经》卷六
常州府	万历十三年（1585）	武进知县徐图就各坊厢，排门抄编，量傤其值，十税其一	万历《常州府志》卷十二
常州府无锡县	万历十年（1582）	知县张守朴依市屋价分五等号，分别等差出银雇夫	
常州府江阴县	万历十一年（1583）	系排门人户，出工食对支	
南京	万历三十七年（1609）	南京都察院御使丁宾征钱雇募总甲、火夫等役	《丁清惠公遗集》卷二
苏州府嘉定县	万历年间	通编邑屋间架，令出银有差，用以和雇作使，谓之火夫	万历《嘉定县志》卷六
苏州府城	万历三十一年（1603）	火夫工银于田房税契银内动支，给总甲自雇募	《镇吴录》姜良栋条陈
杭州府城	嘉靖二十四年（1545）	以省城内外排门间架按上中下三等纳银雇总甲、火夫	万历《杭州府志》卷七

资料来源：夫马进：〈明末の都市改革と杭州民變〉，《東方学報（京都）》第49期，1977年，第215～262页；巫仁恕：《明清城市民变研究——传统中国城市群众集体行动之分析》，台北：台湾大学历史学研究所博士学位论文，1996年。

附图6　明代杭城间架税例则及减税方案

明初民间架	0.5亩（10间）＝1丁
改革前	0.35亩（7间）＝1丁
丁仕卿方案	10.00亩（200间）＝1丁
知县案	1.0亩（20间）＝1丁
知府案	2.5亩（50间）＝1丁
布政使等案	1.0亩（20间）＝1丁
※乡村例则	10.00亩（200间）＝1丁

资料来源：夫馬進：《明末の都市改革と杭州民變》一文附表（《東方学報（京都）》第49期，1977年，第230页）。

附　图

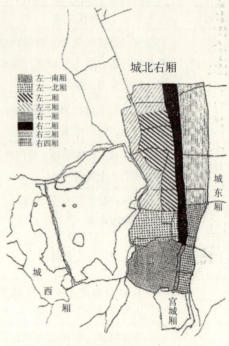

南宋杭州的厢界划分

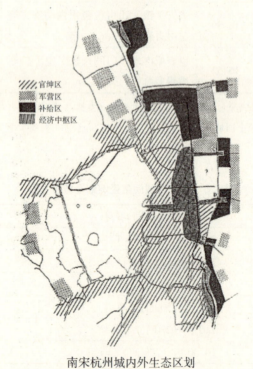

南宋杭州城内外生态区划

附图1　南宋临安生态区划与厢界

资料来源：（日）斯波义信著：《宋代江南经济史研究》，第366～367页。

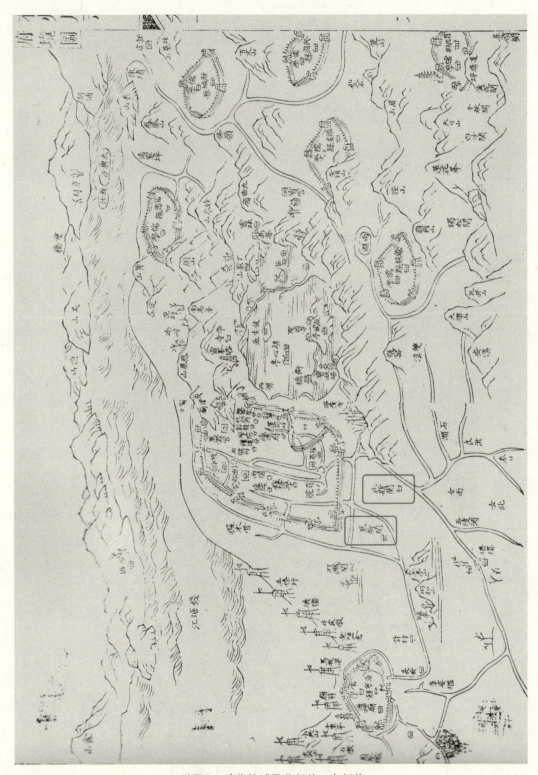

附图 2　清代杭城及北新关、东新关

资料来源：清乾隆《杭州府志》卷一《府境图》。

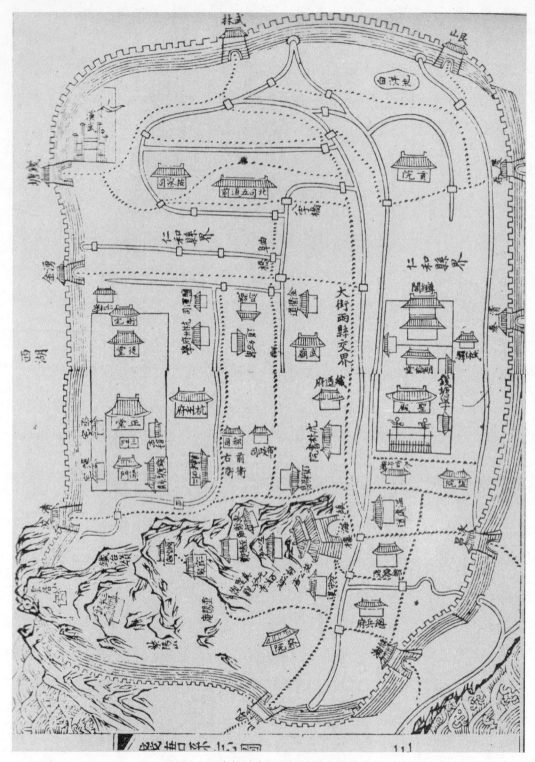

附图3　明末杭城内仁和、钱塘二县分界

资料来源：明万历《钱塘县志》附《府城图》。

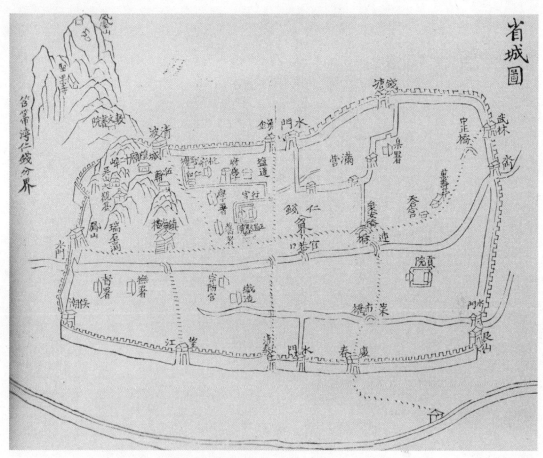

附图 4　清初杭城内仁和、钱塘二县分界

资料来源：清康熙《仁和县志》卷一《省城图》。

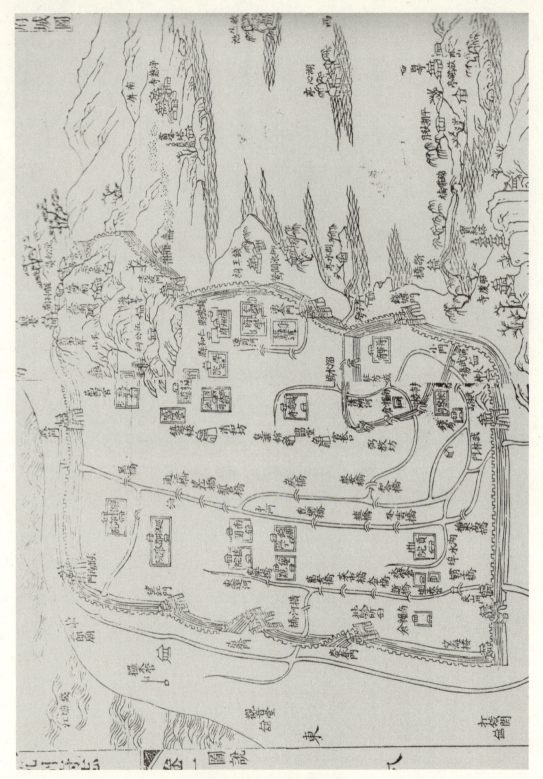

附图 5　清代杭州府城及西湖

资料来源：清乾隆《杭州府志》卷一《府城图》。

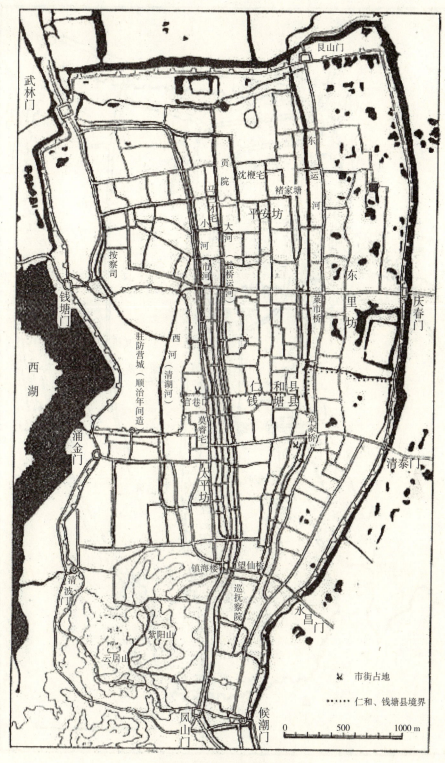

附图6　明代杭州城坊格局

资料来源：夫馬進：《明末の都市改革と杭州民變》，第245页。

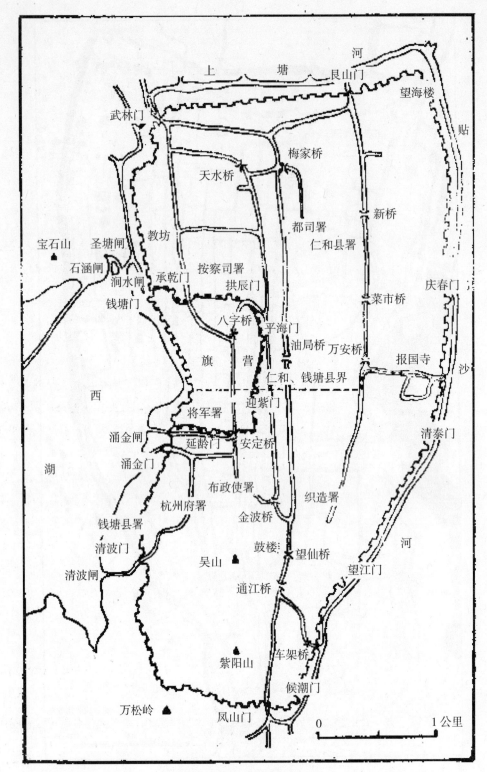

附图 7　清代杭州城防与官署

资料来源：王育民：《中国历史地理概论》下册，北京：人民教育出版社，1993 年，第 559 页。

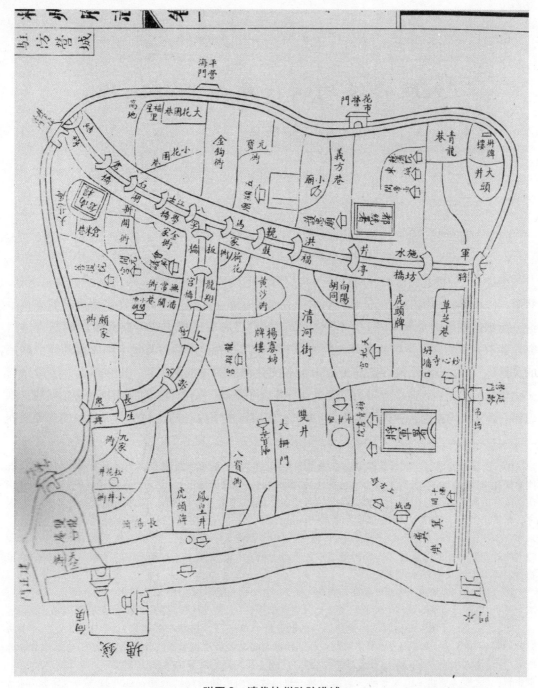

附图 8　清代杭州驻防满城

资料来源：清光绪《杭州府志》卷一《图说·驻防营城》。

本文的部分内容曾以《清代杭州城市管理与社会生活——以火政为中心的研究》为题，发表于《华学》第七辑，广州：中山大学出版社，2004年，第319~332页）

大庾岭路与清代南雄州的虚粮

张素容

指导教师：刘志伟 教授

一、前　言

南雄①地处粤北山区，北与江西大余交界，俗称"地瘠民贫"，本无甚引人注目之处。然而，由于传统中国的南北交通大动脉——大庾岭路在此经过，并引发当地无尽的虚粮争论，南雄遂在历史文献中留下了许多痕迹，学术界亦对南雄大庾岭路和虚粮问题有过研究。关于大庾岭路，学界的探讨大致可分三类：其一为大庾岭路与整个国家对外经济联系的关系②，其二则为大庾岭路与地方市场和文化格局演进的关系③，其三则是大庾岭路与文化传播的关系④。这些成果为笔者的研究奠定了基础。关于明清时期南雄的虚粮问题，刘志伟、唐立宗均在论著中有所涉及。⑤ 那么，南雄历史上仅有的这两个引人注目的现象之间

---

① 南雄开始成为一级行政区划，在唐光宅元年（684）。是年，唐政府在今南雄地域置浈昌县。五代南汉乾亨四年（920），置雄州于浈昌县（后之保昌县，今之南雄市）。北宋开宝四年（971）以北有雄州而改称南雄州。元改州为路，领保昌、始兴二县。明洪武元年（1368），改路为府，辖地不变。清因之，嘉庆十二年（1807），南雄改府为直隶州，裁保昌、领始兴一县，直隶广东布政使司，直至清宣统末年。本文讨论清时期的南雄府或南雄州，其区划中包括今天的始兴县，但笔者在全文的叙述中，将围绕大庾岭商路所在的保昌县（即今南雄市）为重点而展开，故实际上，本文关注的区域与今天的南雄市吻合，而不大涉及始兴县的情况。

② 姜伯勤：《张曲江大庾岭新路与香药之路》，纪念张九龄诞辰1310周年学术讨论会论文，1989年；王元林：《唐开元后梅岭道与中外商贸交流》，《暨南学报》（人文社科版）2004年第1期，第128～133页。

③ 蔡良军：《唐宋岭南联系内地交通路线的变迁与该地区经济重心的转移》，《中国社会经济史研究》1992年第3期；高惠冰：《明清时期珠江三角洲与粤北经济地位嬗演的分析》，明清广东省社会经济研究会：《十四世纪以来广东社会经济的发展》，广州：广东高等教育出版社，1992年，第258～259页；黄志繁：《大庾岭商路·山区市场·边缘市场——清代赣南市场研究》，《南昌职业技术师范学院学报》2001年第1期；廖声丰：《清代赣关税收的变化与大庾岭商路的商品流通》，《历史档案》2001年第4期。

④ 饶伟新：《赣南地方文献与大庾岭梅关的文化象征意义》，《古籍整理研究学刊》2000年第6期。

⑤ 刘志伟：《在国家与社会之间——明清广东里甲赋役制度研究》，广州：中山大学出版社，1997年，第202页；唐立宗：《在"盗区"与"政区"之间——明代闽粤赣湘交界的秩序变动与地方行政演化》，台北：台湾大学出版社，2002年。刘志伟在自己的著作中提及南雄虚粮严重，万历间财政状态较好的州县，均是通过丈量清减虚粮浮粮，从而实现赋税征收的改革；唐立宗亦强调南雄保昌一地严重的虚粮问题。

是否有关系？如果有，是何关系？学界却从未有过探讨。笔者在检阅相关文献时发现，探讨这二者的关系，可以揭示清初地方赋役征收额的由来，即"万历原额"在清初的折变，以及经这一折变之后地方赋役额的一些特定表达，从而使这一研究在区域史外，具有国家制度史的意义。

关于原额观念，何炳棣、袁良义等诸多学者都有过研究①；陈支平、何平则直接指出，清初的田赋原额源于万历之额②。其实，作为清初田赋额之"源"的万历额转化成清初的"原额"，中间仍发生过一些变化。在地方社会的具体实施过程中去考察此变化，当与仅靠排比制度条文所得出的认识有所不同。本文正是从此前提出发，考察原额观念在一个具体的地方、受到交通要道的影响之后，会出现一种怎样的模式，从而探讨国家赋税制度与基层地方历史的互动过程如何引发地方社会与国家的对话。作为一个初步探讨，文中的论点仍有待于进一步的充实和修正，尤望得到批评指正。

二、清代地方官对钱粮积欠问题的分析

所谓虚粮，本指在实物赋税时代，政府征收额度中虽有其数却无法找到征收对象的税粮。有明一代，南雄虚粮问题一直比较严重；延及清朝，赋税折银征收，南雄积欠税收的现象仍然不绝于书。习惯上，这种积欠常被称为"虚粮"。表 1 表明，清初（取康熙二十四年数据）南雄州的赋税负担，既高于大庾岭路周边各州府，也高于整个广东省的平均水平。

南雄州以山区之土地，担负较广东省平均数几近两倍的赋税负担，钱粮积欠当属情理之中。嘉庆后期，南雄税粮积欠已相当严重，"粤东额征地丁，现尚有未完银一十三万七千余两，此内南雄、仁化共有五万余两"③。嘉庆二十年（1815）初，两广总督蒋攸铦上奏，表达了他对这种情况的严重不满，并要求勒限追还。嘉庆肯定了其建议，谕令：

> 其南雄、仁化两州县，着照该督抚所请，即派委妥员，协同该州县，勒限两年，各将所属田亩粮户，逐一核实查勘造册，将应征新旧银米，务于限内征齐。其粮户未清者，令执业之人，将积欠银米完纳，冲压荒芜者，照例豁免。该二州县经征十四年以前钱粮处分，暂免核计开参。④

面对着来自皇帝和督抚的巨大压力，南雄知州罗含章不得不认真应对，执行清丈。清丈

---

① 何炳棣：《中国古今土地数字的考释与评价》，北京：中国社会科学出版社，1988 年，第 61～65 页；袁良义：《清一条鞭法》，北京大学出版社，1995 年，第 51～53 页。
② 陈支平：《清代赋役制度演变新探》，厦门：厦门大学出版社，1988 年，第 3～18 页；何平：《清代赋税政策研究：1644—1840》，北京：中国社会科学出版社，1998 年，第 1～2 页。
③ 《清仁宗实录》卷三〇四，嘉庆二十年三月甲辰。
④ 《清仁宗实录》卷三〇四，嘉庆二十年三月甲辰。

前，他总结了南雄欠粮的六大原因：

> 一则田底田面，一田两主，耕田者并不纳粮，纳粮者并不知其田在何处；一则官民三十余则仍用前明之旧，头绪繁多，弊窦百出；一则买业者多不割粮，卖业者多不除税，岁月既久，即卖者子孙亦不知业卖何人；一则推收过割都书得操其权，任意需索，过粮者因而裹足；一则分册籍于各都书，不设专房，署内无籍可稽；一则公堂之粮未有专责，彼此互推。①

表 1　清初大庾岭路周边各府土地负担比较

地点	地丁银额（两）	人丁（口）	田地（顷）	地均负担（两）
南雄府	27073		4592	5.896
南安府	44613		6860	6.503
韶州府	70689		17400	4.063
赣州府	85616		20391	4.199
广东省	1027793	1109400	302392	3.399

资料来源：余保纯：道光《直隶南雄州志》卷十五《田赋》，《中国地方志集成·广东府县志辑》，第 282 页；黄鸣珂：同治《南安府志》卷之七，《中国地方志集成·江西府县志辑》，第 109 页；额哲克：同治《韶州府志》卷二十一，《中国地方志集成·广东府县志辑》，第 418 页；魏瀛：同治《赣州府志（一）》卷二十七，《中国地方志集成·江西府县志辑》，第 513～540 页；伊桑阿：《大清会典（康熙朝）》户部卷二十，《近代中国史料丛刊三编》713 册，第 826 页。

说明：广东省地丁银额数在梁方仲先生《中国历代户口、田地、田赋统计》（上海人民出版社，1980 年，第 392 页）康熙二十四年（1685）表格中数字为 2027793，源于《清文献通考》，而据康熙朝《大清会典》当为 1027793。查四库全书内之《广东通志》，顺治十四年与雍正六年均为一百万余，其中顺治十四年原额实征税银一百一十七万八千四十七两五钱二厘二毫，雍正六年共实征税银一百九万三千三百八十两二钱二分二厘六毫零（《广东通志》卷二十），故梁书中之数字当为《清文献通考》之误。

罗含章所指第一、第三个原因强调南雄一田两主现象的严重性。他认为这一现象导致田地不断被转手买卖，以致一田二主、三主甚至四主，情况非常复杂，虽说"买业者不割粮，卖业者不除税"，但到底该谁纳税也就变得不清不楚，名义上拥有田产的人户常常以没有实际占有土地拒交税粮。第四、第五个原因可归结为里书之弊，即负责登记赋税的吏员利用手中的职权为难百姓，从中渔利，使得厘清田土归属、解决虚粮问题难上加难。第六个原因指向大家族的公共祭祀田产。这些土地由各家轮流耕种以提供祭祀费用。因其是家族公共之田，族内人互相推诿，税银亦难以征收。罗氏认为以上六点就是"欠粮之病根"②，是根本上解决南雄欠粮问题的关键所在。

罗含章上述将欠粮归结为土地买卖混乱、胥吏作弊以及土地等则过于复杂三个方面的

---

① 道光《直隶南雄州志》卷十五《田赋》，第 285 页。
② 罗含章：《欠粮积弊》，道光《直隶南雄州志》卷十五《田赋》，第 285 页。

看法，得到了当时的两广总督蒋攸铦，广东巡抚董教增，广东布政司曾燠、赵慎畛等人的认可。广东布政司曾燠参照罗含章的分析，禀报广东巡抚、两广总督时称：

> （南雄）唯地本瘠薄，界连江西，……有田被水冲沙压，业户并未报豁者；有田本硗瘠，业户无力耕种任，其荒芜而粮存者；有卖田并不过户，多历年所，粮户并不知田亩坐落者；有神庙祠堂公田轮流经管，彼此互推者。①

曾燠在罗含章论述的基础上，特别指出南雄田土很差，且常"水冲沙压"，并未报豁，也是造成南雄虚粮的原因，并将其列为首位。综上可知，清朝地方官员们关于南雄欠粮成因的看法大体相同，可总结为土地贫瘠、水冲沙压、一田二主、官员舞弊。

然而有意思的是，笔者却发现他们所提出的原因，有一些是完全不能成立的。比如称"水冲沙压"导致虚粮产生，就多有可疑之处。纵观整个明清两朝，南雄地方志中记载当地最严重的一次水灾，发生在明朝万历十四年（1586），其状况是：

> 先夜大水如注，洪崖山崩，巨潦暴涨，府城倾圮者数十丈，沿河水城尽被冲陷。②

此次水灾确实造成了很大的伤害，地方志对民田成河或被沙压者的描述如下：

> 是年，保昌四月大水，六月知府周保委官检踏，水伤田八十五顷二十八亩七分六厘七毫一丝五忽六微，该载粮三百零三石零九升九合四勺。③

在地方志如此浓墨重彩记载的水灾，损害的田地亦仅八十多顷，载粮仅仅是三百多石，历数大事记内所有关于水灾对收成影响的记录，明洪武到清嘉庆四百余年间，除万历十四年这一次外，仅见六次，且对土地和农业生产造成的影响均不如这一次。④ 因此，清时期官员们所强调的水冲沙压产生的影响不会很大，更不可能是导致高额虚粮的直接原因。

当然，里书之弊、一田两主、土地贫瘠等都应该是清代钱粮积欠的原因，不过，这些并不能使南雄的积欠问题获得充分解释。因为明代南雄虚粮问题已经很严重，地方官不断申诉，不停地想办法，企图解决这一问题，⑤ 如果症结早已找到，为何到了清代仍然未能予以解决呢？带着这一疑问，笔者在翻阅大量地方文献时发现，清代南雄钱粮积欠的不断出现，归根结底是原额过高，这是因为清代南雄的原额是在明代万历税额的基础上，受到大庾岭路的影响后制定出来的，这一"原额"与南雄的实际负担能力并不相符。

---

① 道光《直隶南雄州志》卷十五《田赋》，第281页。
② 道光《直隶南雄州志》卷三十四《编年》，第558页。
③ 乾隆《保昌县志》卷之四《田赋》，第604页。
④ "（正德）九年甲戌夏四月大水"；"（嘉靖）十四年，乙未夏四月至六月淫雨恒阴，大水伤禾稼"；"（隆庆）五年辛未夏五月，大水冲陷始兴田六千余亩"；"（万历）四年丙子夏，五月大水"；"（万历）四十四年，……保昌洪水涨十余丈，……冲去近河田六百余亩"；"（顺治）八年，夏五月始兴大水，冲决河堤，淹没田亩"；"（康熙）十五年，夏四月，始兴大水，冲去沿河围屋，坏田十六顷九十六亩"（道光《直隶南雄州志》卷三十四《编年》，第558～564页）。
⑤ 参见嘉靖《南雄府志》卷三《食货》。

三、清代原额对明万历额之承继与改造

清代南雄为何会承担一个与实际能力不符的税额呢？为了说明这个问题，我们有必要厘清清代南雄赋税"原额"的制定过程。其实，从清初到嘉庆年间，南雄的地丁银额没有大的变化。现将其基本数据列表如表2。

表2 清代南雄府（州）地丁银额数

年代	地丁银额	年代	地丁银额
康熙二十五年	27073	乾隆十八年	27531
雍正十三年	27173	嘉庆二十三年	27323

资料来源：道光《直隶南雄州志》卷十五《田赋》。
说明：本表所统计系嘉庆十二年以后南雄州直接辖地的赋税额（取到小数点前，单位：两），下文的讨论均以此行政区域为标准，不含始兴县数字。明代南雄府辖保昌、始兴二县，清初因之，嘉庆朝改府为州，撤保昌县，将其属地划归南雄州直属，并领始兴一县。南雄州属地成为今天南雄市行政区域的基础。

从表1可以看出，有清一代南雄的税额基本都在27000两上下浮动，基本上沿用了康熙的税额。康熙之额来自有所调整的顺治之额。① 顺治元年（1644）清军入关以后，便开始确立赋税征收的标准。顺治帝谕令"自顺治元年为始，凡正额之外，一切加派，如辽

---

① 顺治之额又来自明代的额。现将明代南雄粮额列表如下，以供参考。

明代南雄府部分年份粮额

年代	粮额	年代	粮额
洪武二十四年（1391）	38290.0231	嘉靖元年（1522）	34759.3631
永乐十年（1413）	37606.6733	嘉靖十一年（1532）	34884.5607
正统七年（1442）	34314.5958	嘉靖二十一年（1542）	34888.6964
成化十八年（1482）	34600.7172	嘉靖四十一年（1562）	25368.9570
弘治五年（1492）	34716.2550	隆庆六年（1572）	25368.9570
弘治十五年（1502）	34730.9274	万历十年（1582）	23664.8210
正德七年（1512）	34759.3631	万历二十八年（1600）	35282.2063

资料来源：万历《广东通志》卷三二《郡县志十九》。
郭棐《广东通志》中万历十年（1582）的数据值得怀疑。根据成书于万历九年（1581）的《万历会计录》记载，万历六年（1578），南雄府秋粮米三万四千九百一十八石一升八合二勺（《万历会计录》卷之十一《田赋·广东布政司》，北京：书目文献出版社，1989年）。到了万历八年（1580），《保昌县志》仍称"保昌额粮三万三十四石"，直到万历十一年（1583），才有在"原额"的基础上"同知郑良材奉恩诏申详抚按改正虚粮八千二十六石"（乾隆《保昌县志》卷之四《田赋》，第601页。在县志的田赋卷里，直接抄录了明清时期地方官们处理虚粮问题的不少章奏，本处所引即南雄同知郑良材万历十一年的详文），显然，万历《广东通志》中万历十年此一数字是有误的。需要说明的是，郑良材此次"改正"和以往的减额量一样，亦未延续多久，万历十三、十四年开始，官员们又不得不采用桥税代纳这八千多石的虚粮，"以足原额"了。可见万历期间，南雄的粮额实际上还是三万多石的。

饷、剿饷、练饷,及召买米豆,尽行蠲免"①。其后,大学士范文程提议:"天下田赋,悉照万历年间则例征收,除天启、崇祯时诸加派。"② 顺治帝于十四年(1657)采纳了其建议,谕令"钱粮则例,俱照明万历年间。其天启、崇祯时加增,尽行蠲免,地丁则开原额若干、除荒若干。原额以明万历年刊书为准"③。所谓"万历刊书"主要指万历年间实施"一条鞭法"时所编制的《万历会计录》。此后,以"万历刊书"为依据编制的赋役全书就成为了清代历朝赋税征收的重要依据。④

顺治帝这一上谕在规范清代南雄税额时同样发挥了作用。《万历会计录》记载保昌县(即嘉庆改府为州后南雄州之直接属地,也就是本文所讨论的行政区域范围)的赋税包括三项,即"秋粮米三万三十七石四升二合七勺零",以及微不足道的"夏税麦米四十四石八斗七升五合四勺"和"户口盐钞银一百五十一两一钱四分三厘",⑤ 这成为清初南雄赋税额的依据。但是,这一数字明显缺少徭役、民壮、邮传和均平"四差"的负担额,只能代表万历年间的中央财政征收额,并不能反映万历年间包括地方财政之后的实征额。因此,我们取万历《广东通志》所载万历二十八年(1600)南雄赋税各款项数字作一参考:

> 秋粮三万二百一石五斗一升五合;徭役派额:徭差额银六千二百九十三两四钱一分六厘,遇闰有加;民壮额银三千九百二十七两八分,闰年有加;驿传额银三千二百五十七两五钱一分五厘二毫;均平额银并始兴新增一千五百两一钱一分二厘;户口盐钞连闰额银二百一两五分七厘;上五条共银一万五千一百七十九两一钱八分。⑥

此处所载秋粮及户口盐钞与《万历会计录》中的数字大体相同,不同的是增加了"四差"银额。因此,下文的讨论,将采纳《广东通志》的这一组数据来进行计算。为了与清朝的税额作比较,加上隆庆年间南雄开始推行一条鞭法以后,秋粮已折征白银,故还需要将这组数据全部转换成白银。但以笔者现寓目的材料,尚无法找到万历年间南雄秋粮折银的标准,因此姑且以南雄人、嘉靖中叶户部尚书谭大初所称广东全省秋粮每石折银五钱四分为折征率来计算⑦,则万历二十八年,南雄一府秋粮应纳银为 30201(秋粮额)×0.54(折征率)=16308 余两,比较康熙二十五年(1686)的 27073 两之数,则康熙税额大为加重。但如果将此数与万历徭差、民壮、驿传、均平和户口盐钞派银合计在一起,则为

---

① 《清世祖实录》卷六,顺治元年七月壬寅。
② 《清史列传·范文程传》。
③ 《清世祖实录》卷一一二,顺治十四年十月丙子。
④ 何平:《清代赋税政策研究:1644—1840》,第 5 页。
⑤ 《万历会计录》卷之十一《田赋·广东布政司》,第 413 页。
⑥ 万历《广东通志》卷之三十二《郡县志十九》,南雄府。
⑦ 谭大初言:"盖岭南十郡,独雄以五钱八分为则,所以加四分者,为其衰多益寡,以实填虚也。"(嘉靖《南雄府志》志三《食货》,第 272 页)减去南雄因虚粮而加的四分,可知广东其他地区为五钱四分。亦可见万历《肇庆府志》卷十二《赋役下》中关于起运京库民米的折银率,其比率也是一石折银五钱四分。

16308（秋粮折银数）+15179（"四差"与户口盐钞银之和）=31487 余两，比康熙额 27073 两之数又大为增高。

由是观之，清代南雄的赋税额显然并非直接继承于所谓的"万历刊书"。实际上，顺治年间，南雄对土地与税粮进行了重新定额。据乾隆《保昌县志》记载：

> 顺治初，官、民、僧、道田地山塘八千一百零一顷九十七亩零二厘一毫，内虚田地山塘三千五百三十四顷四十八亩零四厘七毫，连续开垦升科田地五十八顷一十三亩零四厘七毫，尚计虚税三千四百七十六顷三十五亩，实征田地山塘四千六百二十五顷六十二亩零二厘一毫。①

南雄 4625 顷的纳税土地数字，较之于明洪武二十四年（1391）保昌县（即本文所讨论的清代南雄州直属范围）课税土地 8301 顷②，减少了将近一半。显然，这并不是王朝更迭之后，保昌的实际土地就减少了那么多，官方统计的土地亩积其实只是计税单位。登记数额的减少表明，清初统治者已经认识到南雄明代虚粮的严重性，因而对课征的土地数进行了大幅度削减，减免"虚税三千四百七十六顷三十五亩"。这说明，清初南雄的课税土地额较明代大为下降。

那么，清初实征田地额的削减，对南雄的赋税额有什么影响呢？由于直接材料缺乏，我们只能通过对上述所有数据进行分析来理解。如上所述，康熙二十五年南雄原额税银为 27000 余两，在顺治年间重新统计，南雄田地实征额仅为明代一半左右的情况下，这个数字显然不只是对田地的课征，即不可能只是秋粮折银。考虑明代的"四差"银主要归地方存留使用，绝大部分并不解部，③ 而到了清康熙年间，南雄已经真正实现了赋与"四差"的合并，已经将田赋与"四差"合为一个地丁银额④，则康熙二十五年南雄 27000 余两地丁银额，已经包括了田赋银和"四差"银。如果我们假定康熙二十五年的"四差"银与万历年间大体相同，则可以得出以下算式：

27000 余两（康熙二十五年的地丁银额）-15000 余两（万历二十八年的"四差"以及户口盐钞银之和）=12000 余两白银（康熙原额中的田赋银额）。

---

① 乾隆《保昌县志》卷之四《田赋》，第 605 页。
② 乾隆《保昌县志》卷之四《田赋》，第 598 页。
③ 袁良义：《清一条鞭法》，第 52 页。刘志伟指出，明末军兴频仍的情况下，"四差"银已经开始被中央蚕食（刘志伟：《在国家与社会之间——明清广东里甲赋役制度研究》，第 210 页）。
④ 关于地丁银，刘志伟有过精彩的研究，指出："实行一条鞭法时，……和田赋银一样，在实际征派时，并不是逐项分别派征，而是更进一步将'四差'中应按粮派征的部分相加，再和'粮料'银合并在一起，向官民米派征，这就是后来所谓的'地银'；而由人丁负担的部分，亦合并起来按丁派征，即后来所称的'丁银'。于是，明中叶以来名目繁多、互不相同的赋税徭役就演变为'地银'和'丁银'两项赋税了。"（刘志伟：《在国家与社会之间——明清广东里甲赋役制度研究》，第 197 页）袁良义则对全国情况进行过宏观研究，认为明代一条鞭法的改革，并没有在全国完成这一过程，这一过程的完成是清代的事情。关于清代赋役合并为地丁银的过程，参见袁良义著：《清一条鞭法》，第 51～67 页。

这个算式表明，康熙二十五年12000余两的田赋银额明显较万历二十八年秋粮折征白银16000余两的数额为低。这说明，顺治年间对南雄课税土地之原额的削减，确实已经在康熙时期的原额中发挥了作用。即从顺治削减田地原额后，南雄负担的税粮较万历二十八年明显降低。不过，我们也发现，经推算的康熙年间田赋银额为12000余两，该数字仍超过万历二十八年16000余两的一半（土地额则减少一半）。这说明，顺治削减了将近一半的土地原额后，有可能对查实的田地提高了亩均田赋征收额，这样实际上加重了有土地登记在册之人的负担；但对于官府来说，其好处是可以从在册的土地中征收到田赋银，这些税银不会再像明朝一样成为无着之"虚粮"。当然，这只是一种可能的解释。

另一种可能的解释来自对清代赋役折银并且合并为地丁银过程的分析。从上引万历《广东通志》卷三十二那段关于南雄府税粮和役银数额的材料来看，虽然隆庆元年（1567）南雄府已行条鞭法，但直至万历二十八年南雄府亦仅仅是条鞭，即赋役的同类合并编派，秋粮仍统计为秋粮，徭役派额仍只是"四差"的归并，远没有达到所有赋役全部合并、一齐编派的一条鞭的程度。而明代的"四差"银主要归地方存留使用，大部分不解部，这就意味着，万历年间南雄解部的课入主要是税粮。"四差"徭役银作为地方财政的收入部分，在与朝廷交往的过程中，并不占有特别的地位，也不至于成为地方官考成的依据。清康熙年间，从上引南雄地方志的材料已经可以看出，南雄已经真正将田赋与"四差"合并为一个数字，叫作地丁银，并且在地丁银中还包括了另一个重要负担，就是"四差"之外的差役折银。

一条鞭法之后，清初又在条鞭之外大量派差，其中最重要的还是十年一轮的里甲差役。到康熙年间，这个没有固定额度的差役亦开始计入地丁银中。乾隆《南雄府志》载："康熙三十三年，令民每粮银一两，加纳二钱五分，所有差徭，县官办理，民免当差。"① 由此可见，清代以地丁银为系统的赋税征收体系，在把原额按照每户的土地所承载的田赋银摊派下去之后，又在每一两的田赋银中摊入了二钱五分的差役银，这是一条鞭法时尚未出现的、也就是明代所没有的差役银。这说明，康熙二十五年南雄的27000余两的地丁银额中，除了从万历二十八年继承下的15000余两"四差"银外，还有一笔一条鞭法以后直到康熙年间新增的差役银，其数额应该是2400两左右，田赋银则应该在9600两左右。② 这可以表达为如下算式：

康熙二十五年27000余两原额=15000余两（从万历继承下来的四差银）+9600余两（顺治清丈后的田赋银）+2400余两（新增差役银）。

---

① 乾隆《南雄府志》卷之四《田赋》，第416页。实际上，如表2所示，整个清代前期，南雄的地丁银额基本上都维持在27000余两。

② 该数字的计算过程为，设 x 为清代新增的"每粮银一两"所附加的二钱五分银之总额，y 为清代南雄所需交纳的秋粮折银总额，则康熙二十五年27000余两地丁银总额减去四差银和户口盐钞银之后的余额12000余两可以是下列方程组的解。即 $12000 = x + y$，$y = x \times 0.25$。解此方程组，可得 $x = 9600$，$y = 2400$。

此算式提供了对清初南雄地丁银额的新解释，即在顺治朝削减南雄将近一半的土地原额后，南雄的田赋银 9600 余两，已经较为接近万历二十八年秋粮折征银 16000 余两的一半。这说明，顺治以来，南雄的田赋银大体已经符合南雄土地的现实状况。

万历到康熙的这一转变，意味着清王朝将地方财政的重要财源收归京库，在财政上起到了强干弱枝的作用。对于南雄地方来说，万历年间属于地方财政的徭役"四差"银以及没有固定数额却可以随时派差的里甲正役，现在被划归为朝廷所有。也就是说，原来地方掌握、不入朝廷考核的 15000 多两白银，现在成为朝廷的岁入，必须纳入考查核算，成为与明代的 30000 多石粮额一样意义的课征。这样，对于南雄地方，本来顺治年间田地减额降低了负担，却因为"四差"银纳入中央财政，而成为地方需要负担的朝廷的岁入，由于清代赋役几乎完全征银，顺治年间减轻的田赋额就变得没有什么意义了。15000 多两在明代无需解部的负担就被折算成役银，并入地丁银中，成为清代罗含章等知府知州们必须面对的负担，而且在此基础上，又新增了 2400 余两的差役银，因而这一负担远远超过清代南雄 9600 余两的实际田赋银额。如果以谭大初嘉靖年间的折算方法来计算，仅仅"四差"银这 15000 多两银子的课征（万历二十八年徭役银总和），就比顺治减去的土地课征额还要重。由此可见，嘉庆时期南雄知州罗含章等地方官员们关于虚粮的讨论显然没有认识到问题的根本，虚粮的严重并不能完全归因于田土贫瘠、一田二主、里书作弊等现象。那么，接下来的问题就是，为什么南雄的徭役摊派会如此之多？这些"四差"银和新增的差役银具体又落实在何处呢？这其实与大庾岭商路有密切关系。

四、清代南雄原额与大庾岭路上差役之关系

大庾岭路自唐中期张九龄开凿拓修之后，据称已是可通"五轨"、"走四通"的坦荡通途。从唐中后期以来，大庾岭路逐渐发挥其越来越重要的南北交通干线的作用，一直到清中叶，其重要性仍不稍减。该路的陆上部分一共九十余里，其中大部在南雄府境，南雄府之红梅巡检司初设之时，正是在梅关之下。大庾岭路沟通了珠江水系、赣江水系和长江水系。明人桑悦《重修岭路记》记载称："庾岭，两广往来襟喉，诸夷朝贡亦于焉取道，商贾如云，货物如雨，万足践履，冬无寒土。"① 可谓景况壮观。岭路的开辟带来了人群、货物往来的繁盛，进而使得南北有了越来越多的交流。

那么，在明朝，这样一条交通要道在经济方面到底给南雄当地带来怎样的影响呢？明嘉靖《南安府志》云：

> 梅关在大庾岭上，当凿石口，筑以砖石，上为楼，楼下为门，高险可处，关下为路。南通保昌，北通大庾，为交广北入要冲之地。百货往来，民利雇直，及其力役之

---

① 桑悦《重修岭路记》，乾隆《大庾县志》卷十八《艺文志四》，第 842 页；《南安府新修岭路记》，《思玄集》卷之六，《四库全书存目丛书》集 39～76，齐鲁书社。

繁亦坐此。①

此语道出了大庾岭路与地方的矛盾所在。该路南接南雄之保昌县，北连南安之大庾县（今大余县），为南北要冲之地。成化年间南雄知府江璞即指出，此地"内接京师，外通岛夷，朝贡使命，岁无虚日。唯夫役是繁，时之所遭，势所必至"②，各种各样的货物往来频繁，附近的民众由此获取"雇直"，也就是挑夫脚夫之利，同时也因此而承担官府派给的繁重差役。乾隆《保昌县志》详细地论说了大庾岭路与当地经济之关系，称：

> 昌邑自唐杨炎行两税法以来，计田纳赋，而历朝相沿。正额之外，加以杂派，至明而田粮加重，派累尤多，民不聊生。隆庆元年，行御史庞尚鹏所奏一条鞭法，民困少苏。未几按粮派差，昌邑都里四十有四，每都分十甲，各甲轮流当差。凡阖省大宪，及钦差官员与夫起解钱粮、贡献物料，其夫马供应，悉派于里户，而地方官员所有执事铺垫、器具、什物、日用饮食以至往来抽丰，无一不取于里户。且官为浮取，以肥私囊，长随又加浮取，胥役更加浮取，值年里长分派值年，众里户里长复加浮取，里户值当差之年，载粮一石须费六七十金，故鬻田荡产者有之，卖儿贴妇者有之，甚或逃亡失所辗转于沟壑焉。于时有田者以田为累，而抛荒者不少，一二势豪又复飞粮诡寄，致家无邱角者，亦需纳粮当差，故岁中亦多负欠，此往昔地方之弊也。③

关于两税法的问题，并非本文讨论重点，众多治唐史的学者已有讨论与研究④，本文不再赘述。从《新唐书·杨炎传》的记载⑤及学界相关研究成果概而言之，两税即夏税和秋税，两税法是唐德宗建中年间（780—784）开始实行的新赋税征收方法，此法一直延续到明代。行两税法，可使"其租、庸、杂徭悉省，而丁额不废"，征税取决于户等和田级，免除了以往制度漏洞所带来的名目繁多的杂派之税。

然而，各朝各代往往出于财政的需要又多加杂派，明代情况尤甚。由唐至明，赋、役之间并没有严格的界限，一条鞭法实施之前，均平、均徭、民壮、驿传等各种赋役的编派

---

① 嘉靖《南安府志》卷十九，第826页。
② 江璞《通济镇记》，嘉靖《南雄府志》志六《提封》，第213~214页。
③ 乾隆《保昌县志》卷四《田赋》，第613页。
④ 具体请参见胡思庸：《怎样理解"两税法"？》，《新史学通讯》1951年第2期；岑仲勉：《唐代两税基础及其牵连的问题》，《历史教学》1951年第5期；王新野：《论唐代义仓地税兼及两税法的内容》，《文史哲》1958年第4期；金宝祥：《论唐代的两税法》，金宝祥：《唐史论文集》，兰州：甘肃人民出版社，1982年；黄永年：《唐代两税法杂考》，《历史研究》1981年第1期；赵和平：《唐代"两税"一词探源》，《敦煌学辑刊》1982年第3期。
⑤ 《新唐书》卷一四五《杨炎传》："炎疾其敝，乃请为'两税法'以一其制。凡百役之费，一钱之敛，先度其数而赋于人，量出制入。户无主客，以见居为簿。人无丁中，以贫富为差。不居处而行商者，在所州县税三十之一，度所取与居者均，使无侥利。居人之税，秋夏两入之，俗有不便者三之。其租、庸、杂徭悉省，而丁额不废。其田亩之税，率以大历十四年垦田之数为准，而均收之。夏税尽六月，秋税尽十一月。"

对象是由人丁事产构成的户，户是基本的课税单位。一条鞭法则取消了原来均平、均徭轮年应役的办法，将"四差"的编派原则统一起来，摊其于丁、粮，按人丁多少课征丁税，按土地多寡课征地税，体现人丁土地相结合的"户役"分解为"丁税"和"地税"，"户"在税收中不再是课税单位了。①随着丁而非真正的人口数逐渐成为征税单位的变化，加之"摊丁入地"的转变，丁银也逐步转入了土地税。根据梁方仲先生的研究，明代是"赋中有役，役中有赋"，一条鞭法，就是将赋税徭役的各个项目合并为一条编派，②它的出现意在把按丁粮等各项派差的标准转向"按粮派差"，土地多寡优劣成为更重要的标准。也就是说，有些人户可能人口繁多但土地很少，以一条鞭法的标准自然可以减轻负担；有些富户拥有众多土田而实际人口或者登记的人口很少，到此时自然应当承担该有的赋役。故而，一条鞭法实施后"民困少苏"，负担有所减轻。但在南雄，一条鞭法的实施在早期是不彻底的，可以看到里甲制度仍然没有废除，仍存有大量的里甲制下的摊差。

前已论述，大庾岭路位于江广之冲，此地来往官员商旅络绎不绝。虽说制度上里甲差役主要是"催征钱粮，勾摄公事之外，本无它事"③，但是地方官招待过往的"阖省大宪及钦差官员"当然属于"公事"范畴了，嘉靖二十一年（1542）的南雄知府胡永成即指出"雄故冲守，多饬厨传求媚"④。显然，明初开始实行的里甲差役在隆庆一条鞭法实施之前早已存在。而在南雄，由于大庾岭路的存在，大量官员经过，地方官每每准备丰盛的筵席招待，所需的费用当然作为差役由当值的里甲负责。庞尚鹏推行一条鞭法之后不久，"钱粮、物料""器具、什物、日用、饮食"仍全悉派于里甲，成为当地民众沉重的差役负担，他们还要担负承载官员或者其货物所需的"夫马供应"，加之官员"往来抽丰"，胥吏多加"浮取"，官吏利用职权舞弊贪污敲诈等等无名摊派，这些因为大庾岭路带来的差役与当地的其他负担一起，造成南雄民众税粮负担加倍繁重，并且成为万历税额中差徭的一部分。而且，当值里甲不仅仅要应付官员，甚至于同时也要应付商人。明嘉靖《南雄府志》记载称：

> 郡地当要冲，番舸贡舶，货聚无算，客商往往依附权势，不但求免，更相索运夫马，动辄千百。⑤

往来的官员要吃喝住行，要日用饮食夫马，往来的商人也不例外。他们不仅仅利用与官府的关系逃脱应当上交的过关税银，而且还要里甲派出夫马帮运其货物，且"动辄千百"。尽管早在正统年间，知府郑述就曾"痛革过岭夫役之弊"⑥，但显然，大庾岭路的交通要

---

① 刘志伟：《在国家与社会之间——明清广东里甲赋役制度研究》，第192～193页。
② 刘志伟：《在国家与社会之间——明清广东里甲赋役制度研究》，第192页。
③ 梁方仲：《一条鞭法》，《梁方仲经济史论文集》，第46页。
④ 道光《直隶南雄州志》卷之六《名宦》，第101页。
⑤ 嘉靖《南雄府志》传一《名宦》，第365页。
⑥ 嘉靖《南雄府志》传一《名宦》，第365页。

道存在，夫役之弊就不可能根除。以至到了隆庆年间，仍可以看到地方上对此问题的哭诉，严重的差役导致了南雄人民"鬻田荡产""卖儿贴妇"，最终导致人口流失严重，"逃亡失所"之人日增。

但是大庾岭路的差役仍然需要承办，剩下的里甲人户自然而然负担起流失人口的差役，而大户势豪又依赖其势力将田地寄在不需服役的官员或僧院处，变得"有田无粮"，他们在逃交粮税的同时也逃脱了差役的负担。分担愈重，逃离人口愈多，况且"有常产者易为应役，苦虚赔者遂致逃移"①。大庾岭路带来的沉重差役迫使人口不断逃离，正如谭大初所言："山浮于田，则有岁或不秋，而转徙他业者矣。加之虚赋未清，百病茅塞，征科日急，抒轴其空亦何怪乎？版图之半为鬼录也哉！"② 册籍上登记的人，有近半其实已经不存在了。

终明一朝，税粮原额都以粮食之石为单位，里甲差役作为一种摊派，要求各里甲人户轮流应役，"四差"之役亦需要按户等摊征。南雄在隆庆元年行条鞭法，据上引材料记载，差役仍然由里甲负责，没有加入粮额内。据万历《广东通志》，万历年间南雄已经将"四差"役全数折算成银两。而正如利玛窦所描述的，大庾岭路在明清之时均是"队伍每天不绝于途"③，大庾岭路上繁重的差役和种种弊端使得"里户值当差之年，载粮一石须费六七十金"。一石六七十金的说法或许是夸张的表达，但是却充分阐述了大庾岭路带来的沉重差役负担。它们所折算成的高额银差，列入明万历额内的徭役派差内，继而折入清初的地丁银，再摊入每亩土地的载粮额，使得一石粮可能要折算成"六七十金"的白银。加上大庾岭路差役的地丁银是按照每户所需上交的粮额石数来摊派下去的，每石粮兑换成一定量的白银，从而又带来了清代的地丁银的过高原额。

上文已提到，康熙年间的地丁银课征额度27000余两白银，是包括了明代的粮额、"四差"以及里甲差役的总课征。清朝时期南雄地方的税额自然继续保持一个居高不下的状态了。④ 到了雍正时期，实行火耗归公，新问题又出现了。史载南雄的情况是：

> 雍正七年奉旨火耗归公，摊作各官养廉时，保昌减去每两外加银八分一厘，而昌邑每两尚外加银一钱六分九厘，名曰火耗，实帮差也，乃与他县之火耗一并归公。县宰办差费无所出，蒙上宪矜念，将本邑所收粮米有耗米一百八十石，又在南海县发米三百二十石帮本县办理差务。但昌邑为粤省咽喉，官员经过，解运贡献，往来络绎，催夫每名需三钱二钱一钱零不等，每岁用夫约以万计，官定夫价每名银七分，在邑宰之赔垫固已多矣。故选县令者视保昌为畏途。本地行户轮流值月领办人夫，其赔垫加

---

① 嘉靖《南雄府志》志三《食货》，第282页。
② 嘉靖《南雄府志》志三《食货》，第263~264页；乾隆《保昌县志》卷之四《田赋》，第599页。
③ （意）利玛窦：《利玛窦中国札记》，北京：中华书局，1983年，第279页。
④ 陈支平认为，清代的折银过程中，比价的制定也是导致清初额比万历额高的一个原因（陈支平：《清代赋役演变新探》，厦门：厦门大学出版社，1988年，第17页）。

数倍，故往往鬻产借贷，其店亦或开或闭。此保昌近日之弊也。①

清初革除明代弊政，蠲免正额外的一切加派，使得官员无从渔利，加之官俸低微，官员即从火耗上营私取利。火耗即熔铸钱币时金属的损耗。雍正即位后，便整顿财政，要求地方官在以耗羡弥补亏空的同时，要耗羡归公。② 此时，大庾岭路所在的南雄保昌县仍然无法脱离沉重的负担，往日里甲摊派的诸多事项不再被提及，因为它们已经归入粮税额内成为定制，以纳粮帮差的形式处理。在火耗归公的政策下，朝廷似乎非常"体恤"保昌，在摊派养廉银时，规定减去其每两八分一厘的加派，只在火耗银内每两外加一钱六分九厘，作为帮差的费用。但是，养廉银中这一看似体恤民众的裁减却恰恰制造了一个制度上的漏洞。本来保昌就因为康熙时期所定的粮税原额过高，不断要承载过大的负担，现在又减去一项原有的"每两外加银八分一厘"的加派，加之大庾岭路过往官商带来的负担随着交通的发达而越来越重，保昌县的办差费用遂有所缺；即使有南海县的些许帮补，仍然远远不能满足要求。办差费不足，最终也只能在百姓身上解决。何况，到了清代，本地还要面对另一项严重负担——"催夫"之累。"昌邑为粤省咽喉，官员经过，解运贡献，往来络绎"，来往的大量货物通过大庾岭路的运输，固然给当地提供了不少就业机会，但是却给地方官带来了难题。每年运输货物需要的人数达致万人，朝廷定下的价钱是一人七分，而实际上，他们的常价是一钱到三钱，缺额最高达到四倍。这些钱都要地方政府自己解决，地方官员如何解决呢？连办差费用都缺乏，又从哪里去找钱来填补这个空洞呢？故本地行户，也就是拥有店面的坐贾，都被抓去轮流领办此差，空缺自然由他们来负责了。这些坐贾因为大庾岭路的过客来往得以取得商机，同时也因为大庾岭路的过客来往要承载办差，而且往往得不偿失，甚至需倒卖产业或借贷而破产。可见，大庾岭路所带来的差役从明至清都对南雄地方造成了很大的压力。路通则财通或许是默认的常理，但是在南雄的历史中，大庾岭路开凿却在明代带来了南雄的里甲差役沉重，在清代延续了当地的高额粮税，并使当地的客商承载"催夫"之累。

关于大庾岭路与南雄地方的关系，郭棐之万历《广东通志》有很好的总结，称：

> 雄郡当南北冲，车马驰驱，岁无宁日，两邑之民割产鬻子，（尚）不足以奉供帐，心肉剜尽，惟有向隅而已，户口日耗有以也。③

五、结　语

大庾岭路作为沟通南北的重要通途，地方政府在国家赋役制度的约束下，不得不因此

---

① 乾隆《保昌县志》卷四《田赋》，第613页。
② 何平：《清代赋税政策研究：1644—1840》，第129页。
③ 郭棐：万历《广东通志》卷三一三，第785页。

路而承担繁重的各式差役。随着一条鞭法的实施、役的合并，大庾岭路带来的差役在万历年间折算成银两记录在册。进入清初，南雄一方面承继万历的原额，另一方面所有差役统统折算成银两纳入地丁银上缴，并将大庾岭路上的新差役折算银两计入地丁银。所以大庾岭路所带来的差役就进入了清代南雄的地丁银原额内，并按照田亩摊派下去，造就了清代南雄超出其实际承担能力的高额地丁银额，从而导致清代南雄钱粮积欠问题一直无法解决。

原额的制定与实施、赋税制度与南雄地方财政的冲突与对话都与大庾岭路密切相关，这一切使得清代南雄赋役制度深刻地表现出地方特色。这就表明，如果我们期望对明清国家赋役制度的演变有更进一步的认识，加强对府县一级行政区的赋役运作实态研究，是非常必要的。

原载《清史研究》2007 年第 2 期

环境、市场与政治：
乾隆末年珠江三角洲盐场裁撤考论

李晓龙

指导教师：黄国信 教授

　　盐课在中国古代王朝国家的财政收入中的地位仅次于田赋地丁而居第二位，朝廷千方百计地将盐的生产置于严密的控制之下，盐场就是朝廷控制食盐生产的重要机构。明代设灶户以管理盐的生产者，灶籍身份世袭，在官府的严密监督之下从事强制性的生产劳动。清承明制，盐场和灶户依然是食盐专卖制度的重要基础。乾隆五十四年（1789），经两广总督福康安奏准，将珠江口的若干盐场裁撤。其中香山、归德、靖康、东莞等盐场，在历史上曾一度是广东相当重要的产盐区，在广东盐业发展中也曾发挥过举足轻重的作用。况且，盐场之于国家食盐专卖制度有着重要的作用，裁撤盐场必然需要充分的理由。但关于此次裁场事件的经过和原因，学界很少有人关注。仅有的几篇研究主要集中在探讨清初东莞、香山、新安三县盐场衰落的原因，有学者认为盐场衰落是清初康熙年间"迁海"所带来地方社会被破坏的后果①，也有的认为是由于明清以来自然环境的变化与珠江三角洲成陆导致的②，还有的认为其与当时广东过多人口从事盐业生产，粮食受到冲击有关③。

　　关于广东盐场的变化，学术界更多地是关注灶户赋役。冯志强的《明代广东的盐户》论述了盐户的重负及其与统治者之间的斗争并迫使统治者做出一定的让步。④余永哲的《明代广东盐业生产和盐课折银》则认为虽然明代广东的灶户承担着很重的赋役，但在成化前后实现了盐课折银之后，灶户已摆脱了对官府严重的人身依附关系，成为独立的小商

---

① 参见林天蔚、萧国健：《清代迁界前后香港之社会变迁》，《香港前代史论集》，台北：台湾商务印书馆，1977年，第219～222页。
② 参见张建军：《珠海地区盐业的变迁及相关历史地理问题》，中山大学岭南考古研究中心编：《岭南考古研究》，广州：岭南美术出版社，2003年；张建军：《历史上香山场的盐业经济及其变迁》，中山市地方志办公室、珠海市地方志办公室、澳门历史文物关注协会编：《香山设县850年》，广州：广东人民出版社，2003年，第113～119页。
③ 参见冼剑民：《清代广东的制盐业》，《盐业史研究》1990年第3期。
④ 冯志强：《明代广东的盐户》，明清广东省社会经济研究会编：《明清广东社会经济研究》，广州：广东人民出版社，1987年，第300～311页。

品生产者,灶户的盐业生产也从以前的自然经济性质变成商品经济性质,盐业生产已基本上从官营化转变为民营化。① 温春来则探讨了有清一代广东盐场的灶户情况,认为此时灶户仍然面对着场课负担过重、官商盘剥、天灾影响等情况,终岁艰辛却不敷温饱,以致灶户贩私、逃亡成为广东盐场中一个十分突出的问题。② 在他们的讨论中,灶户赋役重并没有成为盐场衰落的主要原因。

关于广东盐业经济的兴衰,主要集中在讨论乾嘉年间的两次改革,即乾隆朝的"改埠归纲"和嘉庆朝的"改纲归所"。冼剑民认为广东盐场的改革主要涉及盐场结构、产品转换和经营管理制度三个方面。他指出"改埠归纲"是广东盐业经营的重大改革,它既是一种包商制的形式,也是一种股份集资经营制,这时官方已退出盐业的经营,具体的生产经营全面由商人包揽。他认为"改埠归纲"失败的主要原因是这个集资经营的机构过于庞大,难以管理,总局不领埠务,无销售之地,商人办事不得力,而下属场员更有贪赃枉法者。"改纲归所"则是对"改埠归纲"的进一步的完善和修正,其性质是一样的,只是形式上有不同。"改埠归纲"以后,盐商的自主权益更为扩大,官方对盐业的干预和监督也逐渐减少。③ 黄国信则道出"改埠归纲"的真正原因是两广总督孙士毅为逃脱拖欠盐课及帑本的罪责而"派捐纲本"。"改埠归纲"不过是孙士毅出于私念而倡议引致的一次盐政改革,这一改革未使两广食盐运销制度发生实质性变化,它主要只是一次官与吏甚至绅衿对广东老百姓的搜括,带来的也基本是孙士毅个人的私利、清政府略有可靠的盐课收入和广州府五县老百姓的灾难。④

无论是盐场的研究还是盐业经济的研究,都很少有学者将乾隆年间的这次反常的裁场事件纳入盐政研究的讨论之中。而实际上,在盐场不能轻易被裁撤的明清盐专卖制度背景下,这么重要的事件背后可能关联着地方政治和社会的历史。对这一事件的研究,可能深化我们对食盐专卖制度的新认识。因此,本文希望在前人研究成果的基础上,通过讨论环境、赋役、制度等的变迁与裁场的关系,还原裁场事件的真相,揭示裁场实践背后的运作实质,以提供理解清代盐政运作的一个侧面。文章主体分为五个部分:第一部分回顾裁场事件的经过,分析其中所反映出的矛盾之处;第二部分阐述珠江三角洲环境变迁对盐场的影响;第三部分讨论私盐泛滥如何影响到地方官的日常,指出盐法考成对于地方官的重要性;第四部分阐明康乾年间东莞食盐市场的变化及其结果,展示裁场前的盐场状况;第五部分结合地方督抚"发帑收盐"的盐政改革的分析,揭示裁场的实质。

---

① 余永哲:《明代广东盐业生产和盐课折银》,《中国社会经济史研究》1992年第1期。
② 温春来:《清代广东盐场的灶户和灶丁》,《盐业史研究》1997年第3期。
③ 冼剑民:《清代广东的制盐业》。
④ 黄国信:《清代乾隆年间两广盐法改埠归纲考论》,《中国社会经济史研究》1997年第3期。

一、盐场裁撤事件之分析

乾隆五十四年，两广总督福康安向皇帝上了一道奏折，请求将丹兜、东莞、香山、归靖等四个盐场裁撤。据《清盐法志》记载：

> 乾隆五十四年，议准裁撤丹兜、东莞、香山、归靖四场。户部议覆两广总督福康安筹办省河盐务事宜折，言：各场收盐旧有定额，而场产情形今昔不同，其在歉收场栅不过虚报充数，而旺产之场栅遂至私盐泛滥，所有查明歉收之丹兜、东莞、香山、归靖四场，即行裁撤，其裁撤盐额摊入旺场分运配督收，将池漏改为稻田，准令场丁照例承耕升科等语，应如所奏办理。①

东莞、香山、归靖等场位于珠江出海口，这一地区历史上一直都是广东重要的产盐区。南宋广东有十三大盐场，据《宋史》记载："广州东莞、靖康等十三场，岁鬻二万四千余石，以给本路及西路之昭桂州，江南之安南军。"② 明初，新安境内有东莞、归德、黄田、官富四盐场。"迨元改官富为巡司，其盐课册籍附入黄田场。明嘉靖二十一年又裁黄田场，附入东莞场，县止东莞、归德二场，隶于广东盐课提举司。"到乾隆三年（1738），靖康场并入归德场，称归靖场。归德、东莞二场俱在新安县西福永、西乡一带。归德场"原管辖一十三社，续增三社，共一十六社"，"灶田原额税八百三十一顷三十亩零五分六厘七毫有奇"；东莞场"原管辖七栅半"，"灶田原额税一千二百六十七顷八十六亩七分有奇"。③ 靖康场在东莞县西南，"原额灶田地塘则税一千零二十一顷"。乾隆三年合并为归靖场后，靖康场盐课银归东莞县征解，归德场盐课银归新安东莞场大使征解。④ 香山场原在香山县恭常都，康熙十二年（1673）"实在原在灶税及展界垦复共税一百一十八顷三十七亩九分四厘六毫一丝"。乾隆十三年，香山场南迁到黄梁都三灶栅。⑤

根据福康安的说法，裁场是由于"场产情形今昔不同"，"歉收场栅不过虚报充数"。"歉收"是裁场的主要理由。但对于歉收的原因，笔者翻阅相关的文献，却始终不见福康安有对此做出详细的解释，这就使得裁场变成一个疑团。

关于盐场"歉收"，我们可以从陈伯陶的民国《东莞县志》中找到一些解释，据记载：

---

① 张茂炯编：《清盐法志》卷二一四，财政部盐务署，1920年，第2a页。
② 《宋史》卷一八三，食货下五，北京：中华书局，2000年，第2994页。
③ 嘉庆《新安县志》卷八，《广东历代方志集成》广州府部26，广州：岭南美术出版社，2007年，第320～321页。
④ 民国《东莞县志》卷二三，《广东历代方志集成》广州府部24，广州：岭南美术出版社，2007年，第262页。
⑤ 道光《香山县志》卷三，《广东历代方志集成》广州府部35，广州：岭南美术出版社，2007年，第345、347页。

(乾隆五十四年)议准广东省歉收之东莞、香山、归靖等场即行裁撤。

《大清会典》按：东莞、归靖场在新安，香山场在香山，后俱于五十六年奉裁。

按光绪间《会典》，广东盐运使所辖盐场凡二十一。……其在广州者只有新宁之海矬一场而已。莞地自汉以来为产盐之区，迨宋割香山、明割新安，于是盐场多在香新。及乾隆间以歉收故，并裁香新诸场，莞之旧地盐产遂绝。此其故由于河流日远，沙滩日积，滨海之地悉成稻田，因是咸卤日稀，收成日薄，盖海桑之变，阅数千年已非昔比矣，斯亦考前事者不可不知也。

又按：《会典》，香山场雍正三年改税田，明以前无之，据此，是自汉迄明盐场皆在今东莞新安两县境，其时惠潮二府非不出盐，然转运不若莞地之便，自明而后，海亦日富，莞场之撤，此亦其一因也。①

陈伯陶认为，"乾隆间以歉收故，并裁香新诸场"是因为"河流日远，沙滩日积，滨海之地悉成稻田"，即盐场歉收是由环境变迁导致的。他还提到另外一个原因是"自明而后，海亦日富"。

关于珠江三角洲盐场受地理环境变化的影响，我们可以追溯到明代中后期。据文献记述香山场时，称：

国初设立盐场，灶排二十户，灶甲数十户，分上、下二栅，令筑漏煮盐，上以供课，下以通民用。年来沧桑屡变，斥卤尽变禾田，而课额永难消豁。灶民有一口耳勺纳一丁，二丁至三四丁者，有故绝而悬其丁于户长、排年者。②

在万历四十三年（1615）所立的《但侯德政碑记》中提到："年来沧桑屡变，斥卤尽变禾田，而课额永难消豁"，说明至少到万历年间，"盐田日削，斥卤尽变禾田"的情况就已经出现。到万历末年香山场还曾出现过"场灶无盐"的情况。③ 更有甚者，天启五年（1625）香山场曾经一度"裁汰场官，场课并县征解"④。唐仕进的《山场村与香山建县》⑤ 和梁振兴、温立平的《三灶岛简史》⑥ 都认为明末清初盐场衰落的原因是由于古地貌的变迁，海水逐渐淡化，许多盐田成陆变成农田。香山场在乾隆十三年由珠江口附近的

---

① 民国《东莞县志》卷三三，第359页。
② 道光《香山县志》卷五，第455~456页。
③ 光绪《香山县志》卷七，《广东历代方志集成》广州府部36，广州：岭南美术出版社，2007年，第113页。
④ 光绪《香山县志》卷七，第112页。
⑤ 唐仕进：《山场村与香山建县》，《珠海文史》第十辑，珠海市政协文史资料委员会，1991年，第41~44页。
⑥ 梁振兴、温立平：《三灶岛简史》，《珠海文史》第五辑，珠海市政协文史资料委员会，1987年，第63~73页。

山场迁到远离珠江口的三灶①,就是因为这个地理因素。张建军则更加深入地剖析了这一因素对盐场的影响。他认为,导致香山场盐业经济盛衰变迁的最根本原因是珠江三角洲的堆积、推移,使盐场失去了存在和发展最基本的地理条件。②

但是在文献叙述中,裁场中受地理环境影响较大的似乎只有香山场,东莞、归靖二场相关的文献记载甚少。据嘉庆《新安县志》记载:"乾隆三年,因靖康场产盐日少,奉文将靖康场归并归德场大使兼理,归德场改名归靖场。"③ 民国《东莞县志》则载:"乾隆三年奉文以场产丰歉今昔情形不同,归并归德场大使兼理,改名归靖场。"④ 但没有明确指明是受环境变迁的影响。况且,只是裁撤了靖康场盐课大使一职,靖康场并没有受到影响,其盐课仍需交纳,只是由原来的靖康场大使征解改为东莞县征解罢了。相反,明末崇祯年间,归德、东莞二场的食盐产量还是可观的。据说当时"归德场去县颇远,而场近茅洲,商船鳞集,煎出盐斤立可发卖",东莞场则因"濒临边海,波涛汹涌,商舶罕至,而官棍射利之徒,告承饷埠勒价贱买,压使低银,百般掯害,民困益甚",⑤ 并不见明显歉产的迹象。

嘉庆《新安县志》对这次裁场也有较为详细的记载:

> 乾隆五十四年奉行改埠归纲,其归靖、东莞场俱奉裁撤,饬将盐田池漏拆毁,净经养淡,改作稻田,升科起征银两以补场课,如不敷,归于纲局羡余缴足。经前县胡 会同东莞县史 查堪,东莞、归靖二场盐田无几,本系沙石之区,咸水泡浸已久,难以养淡改筑稻田,况照斥卤升科每亩征银四厘六毫四丝,统计征银有限,若以此些微田税割补丁课,多寡悬殊,有名无实,不若全在局羡完纳等由,禀奉各宪饬佛山同知陈 亲临确堪情形,实难养淡升科,仍照县议,请将额征场课银两全归局羡完纳在案。⑥

这段文献提供了歉收的另一种解释,即"东莞、归靖二场盐田无几"。同时它还指出很重要的一点,东莞、归靖二场"本系沙石之区,咸水泡浸已久,难以养淡改筑稻田",这与前文提到的珠江三角洲的成陆,滨海之地悉成稻田显然是矛盾的。嘉庆《新安县志》接着解释道:

> 国朝自康熙五十五年归隶制府,嗣后因埠贾势所不能行者,济以官运,场灶不能

---

① 道光《香山县志》载:"乾隆三年,总督鄂弥达奏请添设场员案,内略云:香山场向无大使,历系委员督收,查该场地方灶座甚属零星,必得专员料理方无贻误,应请添设大使一员以专责成。香山场委员署向在恭都,乾隆十三年,大使沈周详建在黄梁都三灶栅。"(卷三,第347页)
② 张建军:《历史上香山场的盐业经济及其变迁》。
③ 嘉庆《新安县志》卷八,第321页。
④ 民国《东莞县志》卷二三,第262页。
⑤ 康熙《新安县志》卷一二,《广东历代方志集成》广州府部26,广州:岭南美术出版社,2007年,第131页。
⑥ 嘉庆《新安县志》卷八,第321~322页。

偿者,贷以帑金,变通裁酌,莫此为良。复于乾隆五十四年俟将课饷归纲局羡馀完缴,其优恤盐民,惠为更厚焉。①

这里全然不提盐场歉收,而强调是康熙五十五年(1716)以来"埠贾势所不能行","场灶不能偿"解决的结果,是一种"优恤盐民,惠更厚焉"的做法。

从该时期的其他文献中,我们也可以看到一些颇为奇怪的现象。乾隆三年户部议覆兵部左侍郎吴应棻奏言:粤盐自归官发帑以来,盐价广收,场盐大产,"盐田每岁所获利息数倍稻田,愚民贪得无厌,有将稻田堰塘熟业改作盐田报垦者","现今场地埠地壅积未销,各商转输不前"。"饬令该督抚转饬各该地方官将稻田改作盐田之处严行禁止"。又,乾隆七年户部议覆署理两广总督庆复奏言:"近年以来,盐出于土而无穷,帑支于官而有额,收买之外,不无余剩。近地无知愚民,私贩射利,偷透不能净除。……臣现在檄饬各场员将离场窎远及海口冲途易于透越私贩之境将盐漏仍改稻田,其漏税俟稻田成熟,照民田一例升科"。② 即是说,近来盐产量增加多是由于沿海居民为求利润,将稻田改为盐田煎盐,导致盐场食盐壅积,现在通过政府颁布命令,将盐田改回稻田。可到了乾隆十九年(1754),两广总督杨应琚则上奏说,"近年产盐颇少,不足配运,积引渐多,商人困乏"。杨应琚分析了其中原因,认为"皆由雨水过多,需盐日广之故。然稽查不力,调剂失宜,人事之未善亦有之","各场从前或因盐田抛荒尚未垦复,或因池灶颓废无力修整,或运船不敷其用,或场官未得其人"。③ 从乾隆三年到乾隆十九年只有短短十六年,甚至乾隆十六年(1751)还有奏准将盐田改作稻田者,④ 为何就发生如此大的变化,是否盐场歉收与这十几年的变化有关?广东盐业在这些年里到底发生了什么样的变化?这些留待下文继续讨论。⑤

在裁场之后,局商请求在东莞设埠销引。乾隆五十七年(1792),东莞县民冯元福等却"复吁请停止设埠",其理由是"滨海地方斥卤成盐,从前该县盐饷奏请摊入民粮征输,免销埠引,未必非顺从民便,今据呈莞邑无地非盐就便民食,相安已久","海滨斥卤无地非盐,其获自然之利者,已相安至百余年之久,一旦驱之买食,既于民情不甚称便"。乾隆五十九年(1794)东莞知县彭人杰刚一上任后就继续上书讨论此事,他认为"小民趋利若鹜,不肯弃随地无价之盐反向官店售买,以致官引仍然壅滞",他接着补充:"本邑居民百余年来未曾买食官引,谁肯向店买盐,必致坐亏成本,纵欲设店亦无人承开,况查

---

① 嘉庆《新安县志》卷八,第322页。
② 参见道光《两广盐法志》卷二二,《稀见明清经济史料丛刊》第1辑第42册,北京:国家图书馆出版社,2008年,第149~152页。
③ 道光《两广盐法志》卷二二,第166~167页。
④ 乾隆十六年归善县业户苏德文恳请将盐田改作稻田,得准(道光《两广盐法志》卷二二,第155~156页)。
⑤ 关于灶户求改盐田为稻田一事,笔者另外有文章作详细讨论。

裁场后历今数载，县民无淡食之虞，则额引难销更可概见。"① 不管是县民还是地方官，都反复强调该地"无地非盐"，邑民不肯买食官盐。这让我们看到，裁场前后似乎没有多大变化。

此外，殆至嘉庆二十年（1815），两广总督蒋攸铦在《东莞场盐田改为稻田疏》中提到，东莞场灶户姜京木请将原筑盐漏改筑稻田，其理由是"盐漏咸淡交侵，不能晒煎"。② 此时距离东莞场裁撤已有数十年，为何此时仍有东莞场名号，以及所论之"改稻田"事件，令人甚为不解。

由此可见，福康安所述的关于裁撤东莞等盐场的原因似乎过于简单，而地方志上的解释又众说纷纭，再加上裁场前后种种奇怪之现象，使得此次盐场裁撤的真相变得愈加复杂。

二、珠江三角洲的环境变迁与归德等场的经营危机

珠江口的香山、归德、靖康、东莞等盐场，食盐产量在宋元至于明初，在广东盐产总量中占据重要的比例。因其靠近省城广州，又有珠江的水路之便，一直为广东重要的食盐出产地和供应地。但明初以来，珠江三角洲沙田的开发，逐渐降低沿海地区海水的含盐度。海水含盐度直接影响到盐场的盐业生产，降低单位海水的盐产量。明中叶以后，由于咸淡水分界线南移，归德等场的盐业生产受到严重影响，不仅产量日少，而且生产成本也随之增加。

咸淡水分界线的南移，是明初以来珠江三角洲沙田大量开发的结果。珠江三角洲沙田的开发可以追溯到宋代，但大规模的开发要到明代以后。沙田开发与宋朝南渡后所引发的对南方粮食的需求有关。"长江下游城市，创造出一个食米市场，把僻处南方的广西的食米也抽了过来。一方面，食米沿西江而下，出口到福建和浙江沿岸；另一方面，食盐则从广州沿西江而上，进入广西。这个交易模式，从此稳定运行，直至市场转移导致成本出现变化为止。"广州也由此成为一个重要的米粮市场，在珠江三角洲河岸筑堤造田就十分有利可图。③ 明王朝建立之后，便在这一地区收编军民，推行屯田政策，至明代中期，沙田开发的规模和速度呈现了前所未有的增长。屯军开垦的土地，大多就是在宋元以后西江北江河口伸出的山丘之外冲积而成的新生沙坦，由此开始了珠江三角洲新沙田区大规模开垦的过程。珠江三角洲的发育过程，大趋势上以由西北向东南推进的模式为主，具体的沙坦

---

① 民国《东莞县志》卷二三，第268页。
② 《清盐法志》卷二三三，第6b页。
③ 科大卫著：《皇帝和祖宗——华南的国家与宗族》，卜永坚译，南京：江苏人民出版社，2009年，第63～64页。

形成，大多是以在海中形成的无数个沙洲逐渐向外扩张的方式进行的。① 明代以后的沙田"天然积成者少，大部分是人工造成"，即是用人工"种芦积泥成田"或者修筑拦沙堤等方式加速泥沙的沉积，并修筑水利设施使其成为可耕地。② 人工围堤的扩建，使得海湾慢慢变窄变浅，潮汐涌流入江的潮水减少，使珠江腹地的涨潮低落，咸淡水交界线往外推移。③

在由中山大学地理系、中国科学院南海海洋研究所等机构指导下编写的《珠江三角洲农业志（初稿）》中，曾如此评价明代珠江三角洲的发育和开发："在明代短短的两三百年中，西、北江三角洲前缘已经推展到磨刀门口附近，沿海的黄杨山、竹篙岭、五桂山和南沙等岛屿，已与三角洲相接，使原来三角洲的范围比前扩大了接近一倍。"就归德等盐场地区而言，东江"带下的泥沙更向下游堆积，使东江三角洲的沙坦前缘又推移到漳澎、道滘一线以下，清初时，其沙淤范围已近今貌"。④ 东江三角洲下游地区的海面因此受到影响，据嘉庆《东莞县志》称："近日沙田涨淤，汀流渐浅，咸潮渐低，兼以输船往来，搅使惊窜，滋生卵育栖托无由，不惟海错日稀，即江鱼亦鲜少矣，此亦可以观世变也。"⑤ 这种情况并非到清嘉庆时候才出现，明中叶已经初见端倪。

海界线的变化情况很难从史料中得到精确的信息，但通过不同历史时期蚝的生长区域的变动，可以考察咸淡水交界线的移动情况。蚝，又称牡蛎，是一种对海水环境要求很高的贝类。古代广东海边贝类养殖业比较发达，其中东莞、新安一带以养蚝颇有声名。如《业蛎考》称："沿海之氓，田少海多，往往借海为生"⑥，"水淡则蚝死，然太咸则蚝瘦，大约淡水多处蚝易生，咸水多处蚝易肥"⑦。沙田的开发、珠江口河道的改变和河水流量的变动，改变了河水的盐度，就会破坏蚝的生长环境。《元一统志》中称："蚝，东莞八都靖康所产，其处有蚝田，生咸水中。"此时蚝的生长地点应该尚在靖康盐场一带。到了明末清初，屈大均称："东莞、新安有蚝田，与龙穴洲相近。"⑧ 龙穴洲，在合澜海中，在今天东莞市与深圳市交界的茅洲河口附近，与今天深圳的沙井镇（当时为归德场署所在地）隔海相望。可见，此时海水逆流已经退到了归德盐场一带。

---

① 刘志伟：《地域空间中的国家秩序——珠江三角洲"沙田—民田"格局的形成》，《清史研究》1999年第2期。
② 谭棣华：《清代珠江三角洲的沙田》，广州：广东人民出版社，1993年，第23页。
③ 参见林汀水：《略论珠江三角洲变迁的特点》，《厦门大学学报》1993年第3期；冼剑民、王丽娃：《明清珠江三角洲的围海造田与生态环境的变迁》，《学术论坛》2005年第1期。
④ 佛山地区革命委员会《珠江三角洲农业志》编写组：《珠江三角洲农业志（初稿）》（一），1976年，第89页。
⑤ 嘉庆《东莞县志》卷一五，《广东历代方志集成》广州府部23，广州：岭南美术出版社，2007年，第473页。
⑥ 转引自赵希涛：《中国沿海环境变迁》，北京：海洋出版社，1994年，第75页。
⑦ 道光《香山县志》卷二，第309左上页。
⑧ 屈大均：《广东新语》卷二三，北京：中华书局，1985年，第576页。

珠江口的盐场都属于熟盐场，即采用煎盐法制盐，与采用晒盐法的生盐场相对。明代海盐的生产技术，一般要经过四道工序，即晒灰取卤、淋卤、试卤和煎晒成盐。煎法在明代很长时间里居于主体地位，卤水的浓度决定了煎盐的时间长短、所需燃料多寡以及成盐的斤数。① 海洋环境对盐业生产的影响，主要体现在海水的含盐度与盐的产出之间的关系。简单地说，沿海盐场的生产就是将盐从海水中蒸发得来，含盐度决定了生产技术和生产成本。

熟盐场不仅对海水含盐浓度有要求，还需要大量柴薪才能完成生产。明中期以后，随着燃料需求量的增大，珠江三角洲业已出现燃料紧缺、薪价高涨的问题。② 明代广东盐场并不像淮浙盐区一带，灶户煎盐有拨给草荡或由水乡灶户供应柴薪③，广东灶户煎盐全凭自己采办柴薪。归德等场背靠大岭山、大茅山，历来煎盐柴薪自备，亲往这两处取材。但明代以来，大岭山、大茅山等地逐渐伐木造田，开垦成良田，树木日益见少。据说，大岭山中大塘村杨姓于明初来到这里，经过多年的经营，成为大岭山的农业"岭主"，拥有众多佃户，逐渐形成杨、黄、刘、叶、戴、祝六姓居民分散居住的社区。到清初，归德等场附近柴薪已经是"本处无可樵采，须船往新宁等处采买回场供灶"。④ 盐场附近海水含盐度的下降，不仅影响了一生产单位食盐的产出量，而且由于潮汐逐渐缩短，可以进行盐业生产的时间也较前大大缩短。如今盐场周边的柴薪日益减少，而柴薪价格又日益高涨，一切购买柴薪和运输的费用又要灶户一身承担，这无疑更加重了归德等场产盐的成本。

相比东莞的归德等场，珠江口西岸的香山场受到沙田开发的影响更甚，"其东南浮生，尽被邻邑豪宦高筑基坐，障隔海潮，内引溪水灌田，以致盐漏无收，岁徒赔课"⑤。至万历年间，香山"苗田多而斥卤少，盐漏之地日削，丁额犹循旧版，以故逃亡故绝者多，虚丁赔课为累甚大"⑥。由于人工行为推动珠江三角洲的堆积、推移，"斥卤尽变禾田"，许多盐田成陆变成农田，该地盐业经济由盛转衰。香山场到万历末年已是"场灶无盐"，更于天启五年（1625）"裁汰场官，场课并县征解"。⑦

柴薪紧缺是明中叶以后东南沿海盐场共同面临的问题。据《福建盐法志》卷二记载："（乾隆四十三年，煎盐）较晒盐又多柴薪之费，计煎盐一担，需柴四五担，从前每担只需钱三十余文，近年每担需钱九十至百余文。"晒盐法直接将卤水曝晒成盐，无需柴薪，可以减去柴薪的成本支出。它不仅节省燃料，而且成盐快，产量也高："潮入晒之，潮再

---

① 刘淼：《明代海盐制法考》，《盐业史研究》1988年第4期。
② 参见陈嫦娥：《明清珠江三角洲燃料问题研究》，广州：暨南大学硕士学位论文，2011年。
③ 参见刘淼：《明代盐业土地关系研究》，《盐业史研究》1990年第2期。
④ 乾隆《两广盐法志》卷一八，《稀见明清经济史料丛刊》第1辑第37册，北京：国家图书馆出版社，2008年，第498～499页。
⑤ 光绪《香山县志》卷七，第112页。
⑥ 康熙《香山县志》卷五，《广东历代方志集成》广州府部34，广州：岭南美术出版社，2007年，第227～228页。
⑦ 光绪《香山县志》卷七，第112页。

至已成盐"；"自辰逮申，不烦锅䥽之力，即可扫盐"；"一夫之力，一日亦可得二百斤"。① 嘉靖四十一年（1562）徐光启见晒盐多利，也力主废煎改晒。②

广东许多盐场在明中期也开始广泛改用晒盐法。材料表明，清初广东盐课提举司辖下二十四个场栅，除广州府的上川、归靖、香山、海㳇四场仍用煎盐法外，其余肇庆、惠州、高州、潮州四府的十九个场栅和广州府的东莞场均已采用晒盐法。③ 嘉靖《广东通志初稿》卷二十九登记了广东各盐场原额盐课和嘉靖朝有征无征盐斤数。透过这些数据，我们可以发现，惠州、潮州二府盐场日渐发展。珠江三角洲自西向东沿海的双恩场至东莞场一线盐课额逐渐缩减，广东东部的淡水、小江等盐场盐课额则逐渐提高。以惠州府盐场为例，随着盐场生产的扩大逐渐分化出新的盐场，淡水场分成淡水、大洲、碧甲、墩下、白沙等场栅，石桥场分成石桥、小靖二场。④ 万历年间惠州府归善县还在平海所创建了淡水场大使官署，协助管理盐务。康熙朝的吴震方便指出惠州府"淡水场之沙田地塴产盐甚多"⑤。

但是，采用晒盐法对卤水的浓度有一定要求，即间接受限于海洋环境。珠江口的归德、靖康两盐场，因为受到海水含盐度的限制而无法完成技术改良，仍旧采用煎盐法，使得其在食盐市场竞争中也逐渐失去了优势。广东东部盐场则在这次机遇中崛起。据乾隆《两广盐法志》记载，归靖场⑥"海水在虎门口外，而盐田全在内港之中，多淡少咸"，"三、四、五、六、七月，雨水连绵，虽竭力耙晒，不能成卤，惟正、二、八、九、十、十一二月，天汛长晴，卤水厚重，各灶勤煎，始能足额"。⑦ 此时的归德、靖康盐场，已是"多淡少咸"，每年三月至七月已"不能成卤"，煎盐的时间唯有一、二月及八至十二月，天晴时分竭力煎煮才能有所获。⑧

---

① 参见郭柏苍辑：《海错百一录》卷四《记盐》，光绪刻本；汪砢玉：《古今鲝略》卷一，《北京图书馆古籍珍本丛刊》第58册，北京：书目文献出版社，1995年，第12页；嘉靖《香山县志》卷二，《广东历代方志集成》广州府部34，广州：岭南美术出版社，2007年，第28下页。

② 徐光启：《钦奉明旨条划屯田疏》（王重民编：《徐文定公集》卷五，《近代中国史料丛刊三辑》第81册，台北：文海出版社，1991年，第259～263页）中称：明代长芦、福建、广东均采用晒法。并参见郑志章：《板晒海盐技术的发明与传播》，《中国社会经济史研究》1984年第3期；白广美：《中国古代海盐生产考》，《盐业史研究》1988年第1期；刘淼：《明代海盐制法考》，《盐业史研究》1988年第4期；张荣生：《从煮海熬波到风吹日晒——淮南盐区制盐科技史话》，《苏盐科技》1995年第3期。

③ 参见道光《两广盐法志》卷四，《稀见明清经济史料丛刊》第1辑第39册，第492～493页。

④ 乾隆《两广盐法志》卷一七，《稀见明清经济史料丛刊》第1辑第37册，第420～433页。

⑤ 吴震方：《岭南杂记》卷上，《丛书集成初编》第3129册，上海：商务印书馆，1936年，第10页。

⑥ 乾隆年间，归德场与靖康场合并，称归靖场。

⑦ 乾隆《两广盐法志》卷一八，《稀见明清经济史料丛刊》第1辑第37册，第498～499页。

⑧ 笔者在东莞市虎门镇、长安镇一带进行访谈的过程中，也从当地一些老人口中得知，新中国成立以前当地要到八月十六以后才有海水倒灌，平时都是淡水，有时候八月还有淡水，重九以后才开始更咸，到十一、十二月咸度达到最高。

在清初尚藩盘踞广东盐场时，对熟盐场却"略之不占"。尚藩盘占广东，"伙党倚势，将产盐田场踞为奇货"①，"霸为己业，灶丁反雇为佣工，煎晒盐粒，惟听藩党货卖，独擅其利"②。但实际上，尚藩霸占的主要是生盐场。"自逆藩僭窃之时，淡水等场及平山等处多有藩孽土棍霸占盐田，贱买贵卖，乱行私盐。"③ 而归德、靖康等熟盐场本身经营就困难，"其地受东西二江之流，吸三门海潮之沫，斥卤者少，且春夏江流盛大，咸潮无力，不能耙晒，必秋末隆冬时候，天色晴朗，方得朔望两收"，"实与惠（州）、潮（州）扬水晒生，一日一收者，获利迥别"。④

除了盐业技术革新的因素，明中期以后广东沿海海路交通的发展，也为惠州、潮州一带盐场产盐的运销提供了便利条件。清末东莞进士陈伯陶在回顾东莞盐场历史的时候，便将东莞、新安二县盐场的衰落归结为两方面：一是"河流日远，沙滩日积，滨海之地悉成稻田，因是咸卤日稀，收成日薄"；二是"自汉迄明，盐场皆在今东莞、新安两县境，其时惠、潮二府非不出盐，然转运不若莞地之便，自明而后，海亦日富，莞场之撤，此亦其一因也"。⑤ 万历时人何维柏也曾称："广夙称乐土，宣、成、弘、德以来，民物殷富，储蓄充盈，兵食强盛，雄视他省；艖艚贩舶，篙工健卒，络绎无昼夜。"⑥

珠江口海水淡化和潮汐的时间缩短，严重影响归德等场的作业。而明中期出现的燃料供应危机，促使盐场寻求技术改革，惠潮二府的生盐场得到发展生机。归德等熟盐场因为珠江口生态环境的制约，陷入经营和技术革新的危机；生盐场的兴盛则进一步加剧了归德等场的危机。

三、私盐泛滥与地方官的盐课考成压力

清初，随着时间的迁移，归德、靖康盐场附近的海洋环境也发生了变化，海洋咸水的界线继续南移。嘉庆《新安县志》记载："蚝生合澜海中及白鹤洲，土人分地种之，曰蚝田。"⑦ 此时，养蚝区已经下移到合澜海并延伸到白鹤洲一带。"合澜海大致位于步涌、新桥、茅洲墟、碧头墟之间及以西的海域上，这里有茅洲河和碧头河的淡水注入，大量的微生物浮游生物汇集于此，是长蚝的理想水域。白鹤滩在今天的福永河口至鹤洲一带，有七

---

① 李士桢：《抚粤政略》卷三，《近代中国史料丛刊三编》第 382 册，台北：文海出版社，1966 年，第 274 页。
② 李士桢：《抚粤政略》卷七，第 821 页。
③ 吴震方：《岭南杂记》卷上，第 10 页。
④ 陈锡：《复邑侯沈公书》，《凤冈陈氏族谱》卷一一，同治八年刻本，第 54 页。
⑤ 民国《东莞县志》卷三三，第 359 下页。
⑥ 何维柏：《赠彩山方公晋太仆卿序》，《天山草堂存稿》卷四，《四库全书存目丛书》集部第 103 册，济南：齐鲁书社，1997 年，第 361 页。
⑦ 嘉庆《新安县志》卷三，第 256 页右上。

八条小溪水注入这一带海域，加上咸水受到上游影响而淡化，同样是养蚝的理想水域。"① 乾隆三十七年（1772）新安县的《蒙杨大老爷示禁碑》中记载："切蚁等住居后海小村，枕近海傍，人多地少，靠海养生，自立县迄今，不许栽放蚝田，大碍贫民下滩采拾鱼虾、螺蚬等物度日，……乡村小艇得返湾泊，一时遇风，必被蚝壳割断绳缆，船人难保将来贫民落海，祸患无穷，流离失所。"② 后海村，在今深圳蛇口一带。可见，到乾隆年间，珠江口的淡咸水界线已经逐渐移出归德场地域。

虽然海水淡化是影响盐场食盐生产的重要因素，但这一时期，对于东莞地区来说，面临的最大的问题不是缺盐，而是私盐的盛行。③ 清代两广盐区，私盐现象一直非常严重，邻私枭私内外充斥。④ 两广食盐走私既有规模又有组织。乾隆二十三年（1758），两广总督陈弘谋叙述过当时两广盐区食盐走私的情况，称："滨海私枭竟有土豪发给资本，纠合游民各处贩私，数至数百包及百十包之多，陆路有寄顿之窝家，水路有接运之小艇。"⑤ 有清一代，两广盐区的盐课完纳情况一直很不理想，如表1所示。

表1 康熙四十一年至嘉庆二十四年（1702—1819）粤盐行盐区欠课情况统计

年代	正课未完（两）	杂课未完（两）	资料来源
康熙四十一年（1702）	910000 +		《宫中档雍正朝奏折》第一辑，第123页
康熙五十六年（1718）	168000 +		道光《两广盐法志》卷三十
康熙五十七年（1718）	120000 +		
雍正元年（1723）	2140 +		《宫中档雍正朝奏折》第六辑，第77～79页
雍正二年（1724）	239000 +		
乾隆四十八年（1783）	38530		王小荷《清代两广盐商及其特点》
乾隆五十年（1785）	69869		道光《两广盐法志》卷三十
乾隆五十一年（1786）	83630		王小荷《清代两广盐商及其特点》
乾隆五十二年（1887）	85457		
乾隆五十三年（1788）	61313		
嘉庆八年（1803）	47003		

---

① 郭培源、程建：《千年传奇沙井蚝》，北京：海潮出版社，2006年，第56～57页。
② 谭棣华、曹腾騑、冼剑民编：《广东碑刻集》，广州：广东高等教育出版社，2001年，第164～165页。
③ 关于私盐盛行的原因，参见黄国信：《清代两广盐区私盐盛行现象初探》，《盐业史研究》1995年第2期。
④ 参见黄国信：《清代两广盐区私盐盛行现象初探》。关于广东私盐的研究可参见王小荷：《清代两广盐区私盐初探》，《历史档案》1986年第4期；黄启臣、黄国信：《清代两广盐区私盐贩运方式及其特点》，《盐业史研究》1994年第1期；黄国信：《食盐专卖与盐枭略论》，《历史教学问题》2001年第5期；周琍：《清代广东盐业与地方社会》，武汉：华中师范大学博士学位论文，2005年。
⑤ 周庆云：《盐法通志》卷八五，上海：文明书局，1915年，第15b页。

续表 1

年代	正课未完（两）	杂课未完（两）	资料来源
嘉庆十一年（1806）		181096 +	道光《两广盐法志》卷三十
嘉庆十七年（1812）		294985 +	
嘉庆二十四年（1819）		269218 +	

资料来源：黄国信：《清代两广私盐盛行现象初探》。

两广盐区盐课积欠的严重程度由表 1 可见。"整个两广行盐区，雍正元年至四年，雍正十一至十三年，乾隆四年至二十二年，乾隆四十七年至五十三年年年积欠引目，有时几乎达到额引的二分之一。"① 尤其到了乾隆中后期，这种欠课显得更加严重。

据称，广东私盐出没的地方主要是"虎门、紫门厂、桅甲门、焦门四处，……惠属之苦竹派，高属之梅绿镇，廉属之平塘江口，……私贩乘隙走漏亦所不免"②，此外"番禺县之南牌、沙湾、菱塘口子，香山县之大榄、小榄，顺德县之马宁、江尾，新会之江门，东莞之缆尾、鱼珠，三水县口子及三水高要四会交界之思贤溶，肇庆之峡口，再则惠州府之浮桥，增城县之新塘，皆沿途贩私之路"③。材料中提到的地方，大多数都是位于省河沿岸附近，又以东莞、新安、香山三县及其邻邑为多。据邹琳《粤鹾纪实》所说：

> 香（山）（新）安两属，地临海滨，毗邻港澳。轮船随处通行，私枭出没无常。洋私最易浸灌之处，则为涌口门。该处枕近洋面，与塔山相鼎峙。港口宽深，波涛汹涌，缉私船只不能寄锭，往往疏于防范。私贩因利乘便。港澳之私多由此而入。其次则横门、前山、盐田等处，洋私亦易浸灌，东路之南朗，北路之张溪，则为囤私渊薮。其大帮囤积、公然贩卖者，尤以白蕉及斗门之小濠涌为最著。余如黄圃、古镇、潭洲、茅州各处，亦常有邻私洒灌，固戍则为鱼盐浸灌。④

由于地理位置的缘故，珠江口的私盐尤其严重，省河一带的盐埠受到私盐的冲击，官盐壅积也就在所难免。珠江三角洲地区的私盐猖獗与省河各岸多靠近盐场、灶户售私有着密切的关系。清盐法有这样的规定：民间"肩挑背负四十斤以下者，准其易米度日，不得借端查究滋事，有扰穷民"⑤。这样便使得产盐区的缉私变得十分困难。乾隆元年（1736）就有广东强壮奸徒"借口贫民，公然贩私，成群结党，目无法纪"。

私盐的猖獗，严重威胁了官盐的销售。尤其是康熙五十六年（1717）两广盐务改行官发帑本收盐，实行官收官运商销制度以后，由于帑本数少，盐产量多，帑本不足收盐，灶

---

① 黄国信：《清代两广盐区私盐盛行现象初探》。
② 道光《两广盐法志》卷二〇，《稀见明清经济史料丛刊》第 1 辑第 41 册，第 644 页。
③ 李士桢：《抚粤政略》卷七，第 829～830 页。
④ 邹琳编：《粤鹾纪实》第六编，《近代中国史料丛刊》第 890 册，台北：文海出版社，1966 年，第 43 页。
⑤ 《清朝文献通考》卷二九，上海：商务印书馆，1936 年，第 5111 页。

丁偷漏渐渐多起来。"场灶盐斤，官买者十之三，售私者十之七。"①

私盐的泛滥给这些地区承引的商人和负责督课的州县官员带来了很大的麻烦。"埠商运盐，多系先盐后价，且素非殷实，行之日久，积欠累累，以致前发帑本，全归悬宕，倒革各商，至五十余埠之多。"② 未革退的盐商也因"本微饷重""盐多价贱"，销售不出，以致赀本经年耽搁，不能转输，"商力愈困"。众盐商"竟视盐务为畏途"，千方百计逃避招商，"非绳之以法不肯认办"，就是已领盐务的商人也是无所用心，不肯尽力经办。③ 据《钦定大清会典事例》云：

> （乾隆四年）又题准，广东省存积盐包几及二十万包，折耗堪虞，各商于应销引盐，及正额余盐之外，又能领销额外余盐者，其应纳羡银，准其八折交收，以疏壅积。……又覆准，广东省各场产盐日多，必须帮本宽裕，再于积存场羡银内拨给十三万两。……十二年覆准，广东省商力困乏，将八折余盐埠再减一成，以七折交官。④

可见，乾隆年间，这种现象显得更加严重。乾隆二十四年（1759）两广总督李侍尧曾指出，广东"充商者甚属寥寥，细察根原，实缘粤东各属多半附处海滨，左左毗邻场灶，即粤西亦有接壤东省州县，水陆路径错杂。无籍匪徒贪利，冒险贩运私盐到处冲赚，里民贪贱买食，地方牧令既不实力缉私，又不劝民买食引盐，任听额引积压不销。以致商力日就疲乏，课饷不能输将，悬欠累累。……因而人人视充商为畏途"⑤。

盐课销售不前的结果，便是地方州县官员坐听参罚。根据清朝的盐法，地方州县在地方盐课督销上负有很大的责任，据称：

> 雍正元年覆准：裁去广东省场商，令总督发帑六万两，委官监收，责埠商运盐纳课。其有课饷难完、无人充商之地，着落地方官领盐运销。如引多壅积，听各地方官通融销售。⑥

> 雍正四年正月，户部等衙门议覆大理寺少卿王廷扬奏，言：……臣请嗣后凡遇拿获兴贩之徒，必根究其盐买于何地，卖自何人，确指姓名，无论商人、灶户，即以私贩之罪罪之，其地方官亦照失察之例议处。⑦

"其有课饷难完、无人充商之地，着落地方官领盐运销"，而"拿获兴贩之徒"，"其地方

---

① 参见王小荷：《清代两广盐区私盐初探》。
② 王守基：《盐法议略》，中华书局，1991年，第63页。
③ 参见龚红月：《清代前中期广东榷盐的两个问题》，明清广东省社会经济研究会编：《明清广东社会经济研究》，广州：广东人民出版社，1987年，第313～328页。
④ 光绪《钦定大清会典事例》卷二二七，《续修四库全书》第801册，上海：上海古籍出版社，2002年，第665页。
⑤ 道光《两广盐法志》卷二一，《稀见明清经济史料丛刊》第1辑第42册，第37～38页。
⑥ 光绪《钦定大清会典事例》卷二二七，第663页。
⑦ 道光《两广盐法志》卷二一，第4～5页。

官亦照失察之例议处"，这就将广东的地方官与销引、缉私联系在了一起。清朝对于征课考成和销引考成十分重视，对于销引不利和拖欠盐课的官员，制定有严厉的惩罚制度。①

清代盐课分场课、引课、杂项三大类。场课是对食盐生产者的课税，引课是对食盐销售者的课税，杂项则是各种名目的杂款累积。在两广，清政府认为对地方官员在招商以行粤盐方面，"不可不设立考成，以示惩劝"。具体考成办法是，以"府州县派定岁行盐包数目以为定额"，并"查照各省考成则例"，而于每年"年终分别完欠造报职名，照例议处，以示惩劝"。② 道光《两广盐法志》也说："以后管盐各官，多课银者，著以称职从优议叙，课额不足亏欠者，以溺职从重治罪。"③ 按照清代盐法，对于盐务官员，政府以其收纳盐税钱银的多寡作为评定是否称职的标准。盐法规定："兼管盐务之知县、知州、知府、布政使各道，欠不及一分者停其升转，欠一分以上者，降俸一级，欠二分三分者，降职一级，欠四分五分者，降职三级，欠六分七分者，降职四级，……缺八分以上者革职。"④

据康熙三十五年（1696）东莞知县杜珣称，由于东莞"私盐与他处不同"，"勺水束蒿便可淋煎成盐而食"，使得"民无销售"，"引盐壅积"，商人"旷缺数月无人敢承"。即使勉强勒令商人马成德"行盐到埠"，却是"通县烟户仍不赴埠买食颗粒"，不得已"力求告退"。地方官员"为其设法缉私疏引"也毫无起色，竟只能"束手静听参罚"。⑤ 雍正元年（1723）东莞知县于梓也有类似的说法，称："卑职查看得莞邑地处海滨，河咸水结，稻草化煎，皆能成盐，兼之枕近归、靖、东、淡四场，引难销售。……繁饷重，商无敢承，递年引饷累官累商，害无底止。……康熙五十八年……康熙五十九年……迄今尚未销售完结……"⑥ 于梓说得明白，由于处在产盐区，使得"引难销售"，"商无敢承"，而"递年引饷"更是"累官累商，害无底止"，官、商对于东莞等地的销盐可谓甚畏矣。

虽然经过于梓等人的努力，雍正以后，东莞的盐课已经摊入丁粮之中，但文献显示，私盐泛滥对东莞销盐的影响，到乾隆后期仍十分严重。如乾隆五十二年（1787），东莞知县吴沂便因盐课未完而"停其升转，戴罪督征"⑦。这还需要我们回顾"盐入粮丁"以后东莞食盐运销制度的变化。总之，对于东莞的地方有司和盐商来说，解决东莞沿海私盐问题，无疑是他们所殷切希望的。

---

① 关于清代产盐考成、征课考成、疏引考成、缉私考成等制度的系统梳理，可参见陈锋：《清代盐法考成述论——清代盐业管理研究之一》，《盐业史研究》1996年第1期。
② 参见林永匡：《清初的两广运司盐政》，《华南师范大学学报》（社会科学版）1984年第4期。
③ 道光《两广盐法志》卷一，《稀见明清经济史料丛刊》第1辑第39册，第244页。
④ 乾隆《钦定大清会典则例》卷一八，《四库全书》第620册，台北：台湾商务印书馆，1982，第379页。
⑤ 《康熙三十五年知县杜珣详文》，民国《东莞县志》卷二三，第265页右上。
⑥ 《雍正元年知县于梓详文》，民国《东莞县志》卷二三，第265页左上。
⑦ 中国第一历史档案馆藏，内阁户科题本，档案号：02-01-04-17522-014，乾隆五十四年十月二十五日，和珅"题两广总督题报东莞县未完乾隆五十二年盐课银两续完吴沂等经征各官请开复事"。

四、"盐入粮丁"以来东莞食盐市场的变化

雍正初年,在地方官的努力下,东莞县境内已经基本实现"盐入粮丁"。"盐入粮丁"即将盐"饷银派入民粮征解,并无盐包运销"①,听民自行买食场盐。盐斤的自由买食,自然会带来食盐的垄断和私盐的流通。至乾隆年间,已有官员认识到这一点。乾隆二十五年(1760),广东盐运司梁国治便称:"东莞县熟引饷银派入民粮,由县征解,熟盐自应听民赴场买食",但是也要区分对待。对于"附近厂灶小民,零星自赴买食者",应听其便;对于"离厂灶稍远,买运盐斤经由水路"者,则需"立法稽查,保无越境贩私之弊"。② 在此之前,两广总督策愣和广东盐运司朱介圭已于乾隆十一年(1746)出台命令,云:

> 嗣后居民赴场买食熟盐者,归靖场大使发给照票,填注姓名、盐数、地方远近、开行日期,盖印于盐数之上,以杜私增删改之弊。其运由白石至合连头属新香县界,无论盐斤多寡,即系私贩越境,虽有照票,应听营汛查拿。由白石汛海滨至虎门二十里抵镇口,仍属莞界,责成现改驻镇口之缺口司巡检稽查,除盐与照票不符,及五百斤以上无票照者拿解治罪外,其未及五百斤者,免其给照。如果盐照相符,经由营汛及进口,该巡检验明截去照角,俱即放行,不许留滞。③

乾隆十一年的规定分三个方面:第一是针对东莞县居民赴场买食熟盐的,由归靖场大使"发给照票",填注姓名、盐数、地方远近等,并盖印于盐数之上,而后听其买食。第二是针对由白石至合连头一带者,因该地属于新安、香山县界,已经超出了东莞县的范围,因此即使有照票,亦照私盐拿办。第三是针对由白石汛海滨至虎门,属于东莞县界,则由缺口司"巡检稽查"。而且,无票照放行的运盐额为五百斤。但到乾隆二十五年,梁国治发现必须对东莞县内居民买食熟盐也进行限制,因为东莞石隆等处"私盐充斥","盈千累万,公然摆卖,有力之家,囤积兴贩,充赚邻邑,种种滋弊,难以枚举",需对奸民贩卖加以立法稽查,云:

> 嗣后莞邑居民,凡买熟盐在百斤以下,及附近场灶小民零星买食者,听从其便,若百斤以上,饬令场员发给印照,填注姓名盐斤数目地方远近开行日期,以杜私增删改之弊。仍饬水陆各塘汛,严加盘诘,并饬巡捕各官,实力稽查。如无票照,及虽有票照并不相符者,许令拿解治罪。其自一百斤以上至二百斤以下者,俯念莞邑熟引饷银派入民粮,照不应重律究惩,盐船归官;若至二百斤以上者,即照凡犯私,本律问

---

① 乾隆《两广盐法志》卷一六,《稀见明清经济史料丛刊》第 1 辑第 37 册,第 218 页。
② 民国《东莞县志》卷二三,第 266 页右上。
③ 民国《东莞县志》卷二三,第 266 页上。

拟杖徒，所获船盐，饬变充赏。①

原本对于莞邑居民，只要是五百斤以下的一律"免其照票"。但梁国治认为应该将五百斤的额度降低到一百斤，一百斤以上必须"场员发给印照"，没有照票或有照票而不相符的，"拿解治罪"。拿获无照票而数额在二百斤以下的，仍宽宏处理，"照不应重律究惩，盐船归官"；二百斤以上的，则照"凡犯私，本律问拟杖徒"。这一限制，补充了乾隆十一年只限制、查拿出境盐斤的规定，将东莞县内的食盐买食进行进一步的管理，旨在限制东莞县内出现的私盐充斥的情况。这样一来，即可达到"奸民知所儆戒，而私盐不致越境兴贩"。梁国治的请求得到了当时两广总督李侍尧的批准，并"令文武各员督率兵役，实力稽查"。②

这样一来，东莞县内原来通过"饷归丁粮"而建立起来的场盐自由买食的局面实际上被打破，演变成了有限制的买食，而且每次贩运的盐额也从乾隆十一年的五百斤变成了乾隆二十五年的一百斤。对于原来从事食盐大宗贸易的商人来说，实在已经没有太大的吸引力。清末东莞人陈伯陶因而有"买食场盐，当时诚见其利，至是而限买百斤，则渐见其害"的感叹。③ 在这样的情况下，东莞盐商试图另辟新路。埠商沈德成等，遂于乾隆二十六年、二十七年（1761、1762），"改（东莞县）省引为民引、熟引，改场引为商引、生引，又增嵌'不销民食，配腌水母鱼榄豆酱等项'字样"，民国《东莞县志》称"此皆为设东莞埠于石龙"。因此，此后东莞县除了熟引四千九百二十五道七分七厘一毫六丝仍旧"奉文派入民粮，由县征解"外，生引二千六百零六道六分八厘七毫四丝，乾隆二十三年加增引目二封八分，共计四千七百七十七道七分三厘七毫四丝，"系商人拆运，配腌水母、鱼榄、豆酱等项，不销民食"。④ 前文中已说明，自从"饷归丁粮"之后，东莞原有的京山、白沙二埠已经裁汰，东莞境内并无盐埠；但至乾隆中期，又再次出现设于石龙（或写作"石隆"）的东莞埠，概因埠商沈德成为篡夺盐利而请求增生引设埠的结果。这一过程，据民国《东莞县志》记载：

> 乾隆二十三年余盐改引，除拨出永兴埠代销外，尚引二千一百七十一道零五厘五毫，该饷银一千零五十八两五钱八分六厘六毫三丝二忽六微七金六沙九尘八埃零三漠三末七逡四巡。东莞埠额加改引九千七百零三道五分零九毫，内民引四千九百二十五道七分七厘一毫六丝，饷银派入民粮征解，并无盐包运销，商引四千七百七十七道七分三厘七毫四丝。省运由东关掣配西关验放，进番禺之鹿步窖，经增城属新塘抵埠，程限二十三日；场运赴东莞场掣配，由新安之零仃洋，渡合澜海，进虎门入斜西口内

---

① 民国《东莞县志》卷二三，第266页左上。
② 民国《东莞县志》卷二三，第266页左上。
③ 民国《东莞县志》卷二三，第266页右下。
④ 民国《东莞县志》卷二三，第267页。

河抵埠，程限二十七日"，不销民食，配腌水母鱼榄豆酱等项。①

据陈伯陶称，上引文献出自《两广盐法志》。他认为，这则记载于《两广盐法志》的文献，实际上是埠商沈德成等为新设盐埠销盐而篡改制度。据他称："沈德成舞弊，改省引为民引、熟引，改场引为商引、生引，又增嵌'不销民食，配腌水母鱼榄豆酱等项'字样。"并在此基础上，于乾隆二十六年新设东莞埠于石龙，前往东莞场购买生盐，运回销售。生引赴东莞场掣配，"由新安之伶仃洋，渡合澜海，进虎门入斜西口内河抵埠，程限二十七日，而后赴东莞埠售卖。②归德、靖康两场皆产熟盐，因而东莞埠的生盐便不能通过归、靖二场来满足了。这样的结果，表面上是区分了"盐入粮丁"后的民引和"不销民食，配腌水母鱼榄豆酱等项"的省引，但实际上，东莞商人为牟利则致力于生盐的运销，至乾隆中期生引盐额几与熟引盐额相等了，严重挤压了熟引在东莞县境内的市场。

由熟饷派入田亩征收而听民买食场盐，到广东盐运司出台种种稽查、限制制度，而东莞埠商趋利舞弊，篡改原来的省引、民引为熟引、生引，以致东莞又有生引之饷，原来出自靖康场的盐斤受到埠商购运来的东莞场的生盐的冲击，市场几去一半。加之清初以来，由于冶铁、制陶、制糖等行业对柴薪的大量消耗，使得熟盐的生产成本增加，生产也受到了制约，不少盐场如电茂、博茂、茂晖、双恩等场，渐次改晒生盐。③较归德场更靠近外海的东莞场到清初的时候也已经改晒生盐，但归德、靖康二场由于受到海洋环境的制约，并不能够如同其他盐场一般改晒生盐。所以，在这种情况下，靖康盐场的食盐生产必然再次受到冲击。乾隆三年（1738），遂将归德、靖康二场归并归德场大使兼理，改名归靖场。又于乾隆二十一年（1756），将归德场大使裁汰，改为委员，并将归德场课归东莞场大使征解，靖康场课归东莞县征解。④盐场在康乾年间的变化，是与东莞的食盐市场的变化密不可分的。正由于东莞食盐市场从熟盐向生盐的转变，使得归德、靖康盐场所产熟盐失去销路，才导致盐场的最终衰落。

五、改埠归纲与盐场裁撤之真相

从前文的论述我们可以知道，自从明中叶以来，由于环境变迁和市场调整，珠江三角洲附近的盐场一直处于衰落的状态，但是在很长一段时间里，朝廷和地方盐政并没有萌发过将盐场裁撤的想法。那么，是什么样的缘由，最终推动乾隆末年的地方行政长官决心将盐场裁撤呢？

乾隆中后期，整个广东盐政已经再度陷入了困境之中。为解决这种种困境，地方官员

---

① 民国《东莞县志》卷二三，第266页左下～第267页右上。
② 以上皆参见民国《东莞县志》卷二三，第267页上。
③ 冼剑民：《清代广东的制盐业》，《盐业史研究》1990年第3期。
④ 乾隆《两广盐法志》卷一七，第389页。

一直想方设法尝试着各种各样的解决办法，如康雍时期东莞县的"盐入粮丁"改革。将盐课摊入丁粮其实是试图改变盐引囤积的困境，在于使得应征盐课得到完纳，同时沿海地方"无地非盐，小民就便取食"，"官引每多壅积"，盐引囤积、盐课难完的局面可见一斑。①

盐政陷入困境，最受困扰的是地方督抚。清代的盐法考成制度迫使兼任盐政的地方督抚要对盐课缺征负主要责任。乾隆三十九年（1774），两广总督李侍尧想出了"捉拿殷户充商填饷"的办法，他在《奏报筹办广东盐务事》折中称：

> 年来一切正余引饷奏销报拨年清年款，并无遗误。惟是……赀本不继者尚不无一二，……当届限征，情形拮据，或向殷户通拿，或请总商假贷，在所不免，此种无力之商，通计虽止二十余人，若不及早设法厘剔，则窃恐将贻误国课，并累殷商，有碍盐政。臣查粤东地方素称富庶，各属士民家拥厚赀习于贸易者所在多有，与其姑容无力之流寓，何如召募土著之殷商，……饮州县出示晓谕，两月以来陆续报充，人情欣跃，择其实在身家殷实者，已得李昌彩等二十余人。②

其中最重要的一点是改流商为土商。此前两广盐商多为"流商"，即江浙寄寓之人，李侍尧以"粤东地方素称富庶，各属士民家拥厚赀习于贸易者所在多有"为由，"召募土著之殷商"报充。据称，"粤商资本微薄，不特迥两淮可比，即较之两浙、长芦亦屡不及。商人备本数千金即可认完运盐，迨本银消乏又不久旋即告退"③。商力困乏，常有盐商倒革、盐埠无人承盐的现象。乾隆年间，"粤东已革疲商三十余埠"。④ 资本微薄的广东商人被卷入销引之中，受到的伤害较前"江浙寄寓之人"必然尤甚。

到了乾隆五十三年（1788），两广总督孙士毅再上《筹办省河盐务令众商各出己资通力合作折》，云：

> 截至五十二年冬间奏销为止，……实尚未完银六十九万八千六百九十余两，……致支发场帮运脚动辄愆期，场丁船户人等在在俱形竭蹶。查粤省发帑收盐，俟运埠行销始完饷课，虽当日立法之初自必因地制宜，因行之日久积成亏帑大弊。其中不肖商人恃有官帑作本，不须自己出资，任意花用。迨负欠日重，势不得不将旧商革退，查产监比。另招殷民接办，骤膺埠务，长途远贾，处处生疏，商伙且视为弱肉可啖，资本更易耗费，充商未久，辄已负欠累累。是以竟视盐务为畏途，一闻招顶，百计逃避，非绳之以法不肯认办。即出身承认之人亦不过甘心亏累于盐务，毫无补救计。惟有令众商出己资，合成一局，俾其利公众均沾，弊亦互相觉察，庶可力挽颓风，振兴

---

① 民国《东莞县志》卷二三，第264页右上。
② 乾隆三十七年七月十六日李侍尧奏文，台北故宫博物馆：《宫中档乾隆朝奏折》第三十六辑，转引自黄国信：《清代乾隆年间两广盐法改埠归纲考论》，《中国社会经济史研究》1997年第3期。
③ 道光《两广盐法志》卷二〇，《稀见明清经济史料丛刊》第1辑第41册。
④ 宫中档，孙士毅乾隆五十二年正月二十八日奏。转引自黄国信：《清代两广盐区私盐盛行现象初探》。

盐务。①

这就是后来的"改埠归纲"改革。时人龙廷槐指出，"乾隆五十三年，孙制军以军覆安南，自知卸任在迩，又素属和党，不谐于众，深虑盐库亏空百余万为累，欲照三十九年拿捉殷户充商填饷"②，一语道出了孙士毅的阴谋。孙士毅试图仿照李侍尧的方法来解决欠课问题，地方士绅深知李侍尧"捉拿殷户充商填饷"的后果，自然不肯答应，亦正如龙廷槐所言："奈人已窥破诈局，抗不肯承"。③ 但孙士毅的继任者福康安，经过一番努力，最终还是顺利地促成了"改埠归纲"的实施。

"改埠归纲"酝酿于乾隆五十三年，正式推行于乾隆五十五年（1790）。关于"改埠归纲"的来龙去脉，阮元在《广东通志》中有记述，云：

> 康熙三十七年裁去水客，设场商出资养灶，埠商出资收盐。嗣因场商无力，官发帑金收盐，谓之帑本。……由盐运司给发场员，在于各场收买，并发给艚船水脚运至东关，配给各埠，所有运库发场之盐本水脚，即责令埠商于拆运引盐时按包缴回，谓之盐价。递年帑本、盐价辘轳转输。嗣因省河各埠商力疲乏，转输不全。乾隆五十年奏准改行纲务，令众商捐集资本，在省河合成一局，公同经理，各场盐斤由公局商人自行赴场配运，停止发帑。……（嘉庆）十七年清查盐务，因局商经理不善，奏准撤去局商，另择运商办理。④

黄国信指出，"改埠归纲"是两广总督孙士毅为逃脱拖欠盐课及帑本的罪责而"派捐纲本"，是孙士毅出于私念而倡议引致的一次盐政改革。这一改革并没有使得两广食盐运销制度发生实质性变化，它只是一次官与吏甚至绅衿对广东老百姓的搜括，带来的也基本是孙士毅个人的私利、清政府略有可靠的盐课收入和广州府五县老百姓的灾难。⑤

盐场裁撤是"改埠归纲"主要内容的一部分。乾隆五十四年（1789）十一月福康安上《筹办省河盐务事宜折》，条议改埠归纲章程八款，获得户部的允准而推行。其中一款就是详议裁场事宜，现将该款全文内容抄录如下：

> 场产情形今昔不同，请将原额变通，核定场员考成也。查各场收盐旧有定额，而今昔情形实有不同，其在歉收场栅尚不过虚报充数，而旺产之场栅遂至私盐泛滥。所有查明歉收之白石东、西及茂晖三场，应请将年额量为核减，其丹兜、东莞、香山、归靖四场，即请裁撤。所有量减及裁撤之盐额，均摊入旺产分运配督收，将池漏改为稻田，准令场丁照例承耕升科，并将裁撤之场员拨令于旺产处所分栅管理。现饬运司

---

① 道光《两广盐法志》卷二〇，第610～611页。
② 龙廷槐：《初与邱滋畬书》，龙廷槐：《敬学轩文集》卷二，《北京师范大学图书馆藏稀见清人别集丛刊》第12册，桂林：广西师范大学出版社，2007年，第415页。
③ 龙廷槐：《初与邱滋畬书》，第415页。
④ 道光《广东通志》卷一六五，《广东历代方志集成》省部18，第2716页下。
⑤ 参见黄国信：《清代乾隆年间两广盐法改埠归纲考论》。

转饬各府,再加确查妥议,到日造册咨部查考。至场员向例按额督收,如额外多收一分至三分者,分别记功议叙,缺额三分以下至四分以上者,分别记过斥革。其实缺收一分之官盐即多留一分之私盐,私贩充斥未必不由此。今商攒盐本较之从前不啻加倍,则场产即使于足额之外犹有余盐,亦不患其收买之不速。而杜私之法与其严处分于沿途,不如专责成于本场。且同一责成,与其据本场月报之空文,不如核该商报运之实数。应于设立公局并将场额通盘核定为始,凡场栅额收盐斤俱已。业经配运开行者,方准作为收数入于旬月报之内,每半年由运司会核一次。如实较定额多配盐若干,即予记功奖赏;实较定额少配盐若干,即查照分数参处。庶考成俱归确实,而各场员不敢仍前虚报,致留走私地步。①

材料中两广总督福康安认为"各场收盐旧有定额,而今昔情形实有不同,其在歉收场栅尚不过虚报充数,而旺产之场栅遂至私盐泛滥",他提出解决的办法是"所有查明歉收之白石东、西及茂晖三场,应请将年额量为核减,其丹兜、东莞、香山、归靖四场,即请裁撤"。在福康安看来,由于"场产情形今昔不同",所以应该"将原额变通,核定场员考成"。他所强调的"虚报充数"与"场员考成",这与清代盐法有关。清代盐务官员和地方官的升迁与盐课考成有密切的关系。前文已有详细讨论,不再赘言。雍正六年(1728),广东东莞盐场大使胡文焕就因缺少盐额,被革职留任,限期半年内补足。② 乾隆四十九年六月,户部咨覆前任两广总督巴延三疏,言"广东各府州县场灶迁移,灶丁田漏共缺征银三千七百一十四两一钱五分三厘"③。乾隆五十年(1785)两广总督舒常又奏说,广东各府州县场灶迁移灶丁田漏已共缺征三千六百九十三两六钱八厘。④ 而"东莞场课银九百九十两八钱八分五厘,香山场课银四百四两三分八厘,归靖场课银一千九百四十两四钱四厘"⑤,其数目总和恰好与乾隆四十九年、五十年所缺征银两数略等。但是否所缺征银两者就是东莞等三场,我们尚不得而知。

又据《清盐法志》记载:

乾隆五十九年八月议准,海晏场垦复灶税照例移抵缺征丁课,靖康、归德、东莞三场缺征银两毋庸招垦。……广州府属东莞县靖康场、新安县归德、东莞二场,业已乾隆五十五年奏准裁撤在案,所有缺征银两应毋庸饬令招垦。⑥

可知,裁场之后,三场所缺征银两"毋庸招垦",这就刚好抵消了广东每年灶丁田漏缺征

---

① 道光《两广盐法志》卷二〇,第638～640页。
② 转引自容达贤:《古代深圳的盐业生产》,深圳市政协文史资料委员会编:《深圳文史》第四辑,深圳:海天出版社,2002年,第225页。
③ 道光《两广盐法志》卷二二,《稀见明清经济史料丛刊》第1辑第42册,第189页。
④ 道光《两广盐法志》卷四,《稀见明清经济史料丛刊》第1辑第39册,第492页。
⑤ 《清盐法志》卷二三三,第5a页。
⑥ 《清盐法志》卷二三三,第5b页。

的欠额。但是,如果裁场仅仅是为了解决这三千多两银子的缺欠的话,似乎太小题大做了,毕竟这三千多两对于孙士毅所奏之两广欠课项六十九万余两①来说,根本不足一提。

在福康安的《筹办省河盐务事宜折》中还反复提到另一个重要的信息,他先是说"旺产之场栅遂至私盐泛滥",接着强调"缺收一分之官盐即多留一分之私盐,私贩充斥未必不由此",最后指出此举"庶考成俱归确实,而各场员不敢仍前虚报,致留走私地步"。可以知道,裁场或多或少也与试图解决私盐问题有关。

在"改埠归纲"中,孙士毅于各州县派捐盐本,"独广府六大县分认几于百万,东莞绅士抗不肯承,止余五县,而南海、顺德分认至四十万,顺德苛派廿四万"。"东莞绅士抗不肯承"与东莞场私严重、盐引难销不无关系。虽"绅士抗不肯承",县官却是逃脱不掉的,但"县官虽已分认",却"劝捐无人,因循不行",因而"孙制军飞札谆嘱张广府、张司马及各县县令,内言边事犹缓,盐务为急,所有应捐纲本,克日照数办缴,无挠新政"。②为此,地方官员也迫切希望能够解决此事。但如何才能解决私盐尤其是场私的问题呢?阮元曾经说过:

> 夫产盐者场,办课者商,商盐不销,而饷课成绌者,私为之害也。私盐肆行而商埠受充者,场为之漏也。欲场之无漏,必先优恤灶丁,生计足而余盐收,场漏自息。③

要解决场私问题,就必须从盐场本身入手,这个道理大概地方官员都是懂得的。乾隆十九年(1754),两广总督班第就曾上奏,言:"灶丁,滨海穷民以煎晒为业,当春季夏初雨水过多,煎晒之功倍加劳瘁,应令各该府确查情形,详请酌核加价收买,轸恤穷丁。"④类似的抚恤灶户的措施确有不少,但却几乎收不到成效;虽有严厉的灶丁卖私的处罚条例规定,灶丁仍不惜冒死走私,以致私盐屡禁不止。历史的经验表明,通过优恤灶户来解决场私问题是不太可能实现的。

阮元的《两广盐法志》提供了一条相当重要的材料:

> 乾隆五十五年设立纲局,局商因东莞、香山、归靖三场逼近省河,防有私盐充斥,且所产盐包多系附近之埠坐场配运,所收场价有亏场美,将此三场及高州府石城县境内之丹兜场一并裁汰,所有应完场课在于纲商局美缴完。⑤

至此可知,他们采取了裁撤盐场以杜绝场私的办法来解决这个难题。材料中,阮元明确指出裁场是"局商"的意见,而且原因是"东莞、香山、归靖三场逼近省河,防有私盐充

---

① 孙士毅:《筹办省河盐务令众商出己资通力合作折》,道光《两广盐法志》卷二〇,第609～610页。
② 龙廷槐:《初与邱滋畲书》,第416页。
③ 道光《两广盐法志》卷二二,《稀见明清经济史料丛刊》第1辑第39册,第500页。
④ 道光《两广盐法志》卷一二,《稀见明清经济史料丛刊》第1辑第40册,第667页。
⑤ 道光《两广盐法志》卷九,《稀见明清经济史料丛刊》第1辑第40册,第375～376页。

斥",这样一来,就解决了产盐之地卖盐难的问题,解除了地方官员和商人的担忧。《清盐法志》中也记载道:"乾隆五十六年二月,覆准东莞、香山、归靖、丹兜四场裁撤,应征场课银两,俟养淡升科后,计税抵补。……而应征前项场课,并据该局商陈元章等吁请,情愿归于局羡缴完以足原额,应请俟东莞等四场养淡升科之后,计税若干割为抵补,如有不敷,归局缴足等语,应如所咨办理。"① 这更加有力地说明了商人参与裁场策划并通过裁场保护自己的利益。东莞、归靖二场刚一裁撤,局商温永裕等就"禀请将东莞县熟引归局运销","议请运盐按部分派",② "东莞绅士抗不肯承"的局面终被打破。不过,即便如此,东莞等地的官盐销售局面也并没有就此打开。到乾隆五十七年（1792）,县民冯元福等就"复请吁停止设埠",理由是"小民趋利若惊,不肯弃随地无价之盐反向官点售买"。③ 同时,省河的缉私也同样没有取得什么效果。④ 由此可知,裁场最终并没有达到地方官员和商人所想要的效果,官盐难销的局面没有得到解决。而在嘉庆十六年（1811）"改埠归纲"也最终宣告失败,仅仅推行了二十二年。⑤ 裁撤盐场不过是一次配合地方督抚推行盐政改革的措施罢了,而它又同时恰好也符合了当时地方州县官商的利益需求。

六、结　　语

　　乾隆末年的盐场裁撤,既是一次政治事件,是地方官员和商人们为了保全个人的利益而导演的一场盐政改革,也与长期以来盐场社区的环境变迁和市场调整不可分离。回顾明中期以来的历史过程,由于珠江三角洲的沙田开发和海洋环境的变化,海岸线的外移、海水的淡化严重影响了盐场的盐产量,并使盐场在整个广东盐业市场中失去了竞争优势。但这并没有成为裁撤盐场的主要因素。万历年间东莞知县喻烛请求"令灶民以后自煎盐斤装内港发卖"⑥,以及康熙中期李士桢最早提出"盐入粮丁"的时候,都没有得到朝廷和地方其他官员的支持。调整盐场尚且困难重重,更何况将盐场裁撤呢?虽然盐场产量不及从前,但它供应盐场周边州县仍绰绰有余,这就导致了盐场附近州县官常常由于老百姓不买食埠盐而连年欠课遭罚。清朝盐法对各级行政长官都有严密的盐法考成,责罚甚重。并且由于珠江口作为食盐进入省城及运送湖南、广西的重要关口,以致私盐充斥严重,而东莞地区盐场的存在恰好给私盐提供了一个庇护场所。私盐泛滥不仅关系到地方州县官员的考

---

① 《清盐法志》卷二三三,第 5a 页。
② 《清盐法志》卷二三三,第 5a 页。
③ 民国《东莞县志》卷二三,第 268 页右下。
④ 嘉庆朝该地区私盐仍然极其严重,参见黄启臣、黄国信:《两广盐区私盐贩运方式及其特点》。并参见中国第一历史档案馆藏,嘉庆朝军机处录副,档案号:03 - 2308 - 020,嘉庆十六年八月初五日,两广总督松筠、广东巡抚韩崶"奏为拿获广东东莞县袁果等私自贩盐一案事"。
⑤ 改埠归纲以后,两广盐法确实在食盐运销制度上发生巨大变化,改变之前的官运官销或者官运商销的制度,而更主要地倚重商人进行经营。
⑥ 康熙《新安县志》卷一二,第 131 页。

成,更危及省级行政长官。私盐泛滥导致的地方官员的考成压力,成为地方官员长期争取解决但未能彻底解决的难题,康乾年间东莞县的"盐入粮丁"改革就是这样一种尝试。最终由于地方督抚的新盐政改革,为推销新引,新立盐埠,重新行盐而彻底改变东莞境内自由买食场盐的市场格局,使得产熟盐的归德、靖康盐场失去销路,导致盐场的最终衰落。但这一切都还没有促使地方督抚萌发裁撤盐场的念头。

"改埠归纲"才是最终促成盐场裁撤的关键因素。面对着两广盐区欠课逾百万而可能面临重大处罚的孙士毅,想出了"改埠归纲"的法子来逃脱罪责,将其压力转给了省河沿岸的地方官和商人们。清初以来,尤其是乾隆中后期,省河官盐滞销愈演愈烈的种种困境,使得地方官员和商人们已经对官盐深恶痛绝,面对朝廷的派征盐引,他们承也不是,不承也不是,痛苦至极。无奈之下,他们只能设法为销引铺平道路。销引最大的困难在于省河一带私盐的猖獗,使得缉私屡屡徒劳无功。最终,他们选择了裁撤私盐泛滥最严重的省河沿岸的各个盐场,企图以此杜绝场私,再加上大力缉私①来消灭私盐,促销官盐。这才最终导致裁场事件的发生。

可以说,这次裁场事件的最终发生,高层官员的推动,地方官商的支持、乐从是非常关键的。裁撤东莞等盐场,是符合督抚、州县官员和地方盐商多方利益的,它的实质是为了解决省河私盐泛滥、盐引难销的问题,更是地方官员为了考成、逃避责罚,商人保全利益、避免破产的利己行为。但与此同时,我们也不可无视明中期以来,盐场地方的环境和市场的变化,它们奠定了裁场的社会基础。

一直以来,盐业史的研究,常常不是割裂产销之间的联系,就是单纯从赋役或者环境切入分析,乾隆裁场事件给我们展示的却是纠缠着环境、市场和政治的考量。再者,盐法考成要成为我们理解和研究清代盐政的一个重要视角。清代盐法将盐政考成与地方官的升迁联系在一起,使得盐政考成成为盐务官员和地方官深切措意之大事,在涉及盐政问题时,地方官员往往注意维护自己的利益,有时甚至借助上级长官和地方乡绅、盐商的力量,影响盐政的实际运作以及盐政制度的变迁,从而期望获得理想的考绩。

---

① "乾隆五十四年议准粤省虎门、紫泥厂、桅甲栅、蕉门四处令局商设立巡船召募巡役,由守口员弁兼同昼夜巡缉。苦竹派、梅绿镇、平塘江口等三处,亦令局商自行设卡,责成地方官巡缉。至盐船入口到关及分运各柜,均由运司饬知沿途汛口地方催趱前进。倘有迟逾,分别追罚治罪,以杜稽延偷卖,并将无私可截之三水、韶州两关概行裁撤。"(《清盐法志》卷二三六,第6b页)

蠲免钱粮与均田摊粮：
以文斗寨为例试析清水江下游地区
清代田赋征收的形成与演变

卢树鑫

指导教师：温春来 教授

一、前　言

作为沅水上游主要支流之一的清水江，流淌于贵州省东南部的崇山峻岭间。清代以来，清水江两岸由木材种植、采运所构成的商业喧嚣与繁华，展现了区域社会生活中丰富的历史场景。近年来，随着清水江流域相关文书的发现与整理，这一地区逐渐为人们所关注并认知。如张兆和对于这一地区的各个历史时期苗族族群认同相关问题的阐释[①]，武内房司利用山林契约对清水江下游地区以木材交易为中心的各种人群之间关系的爬梳[②]，张应强对于清代清水江下游地区市场、权力与社会的探究[③]，等等，让这一地区自清代开辟"新疆"以来的区域社会生活逐渐清晰地呈现在学界面前。综合来看，清水江流域的研究目前集中在以木材交易为中心这一主题下，从已掌握的文献类别、数量以及这些文献背后极为丰富的社会生活场景来说，这无疑可作为了解这一地区最为直接的一个切入点。

一个值得注意的问题是，尽管清水江下游地区自清代以来留存下来的各种地方文献数量非常多，但针对这一地区清代以来的赋税征收，特别是清水江下游地区村寨自清初纳入

[①] 张兆和：《从"他者描写"到"自我表述"——民国时期石启贵关于湘西苗族身份的探索与实践》，《广西民族大学学报》（哲学社会科学版）2008 年第 5 期。

[②] 由唐立、武内房司和中国学者杨有庚联合主编的《贵州苗族林业契约文书汇编》已由日本东京外国语大学国立亚非语言文化研究所出版，目前已出版第一卷至第三卷。武内房司的论述可见《会馆与移民社会——从〈清代贵州苗族林契〉看贵州东南地区苗汉关系》（香港科技大学人文学部"塑造故乡——中国移民与乡土社会"学术研讨会论文，2001 年）等。

[③] 张应强：《木材之流动：清代清水江下游地区的市场、权力与社会》，北京：生活·读书·新知三联书店，2006 年。

国家版图之始,延续下来的田赋征收问题,目前学界并未展开详尽的讨论。张应强在结合与清初台湾区域社会研究互相比对的基础上,认为"在传统中国社会结构中,地权关系是王朝典章制度背景下社会关系构成的重要基础,是标识地方社会土地所有权来源合法性及其关系转变的关键性因素"①,因此在他的专著《木材之流动:清代清水江下游地区的市场、权力与社会》中以"村落社会生活与地权观念——以文斗寨为中心的讨论"这一章节,通过大量的山场林木买卖、分成、诉讼词稿等文书对文斗寨自清初以来地权关系的界定与析分展开细致的梳理,清晰地呈现了清代以来文斗寨地权关系逐步确立的过程,并勾勒出丰富的村落社会生活场景。在这其中,张应强引民间文书《均摊全案》②简单介绍了乾隆初年文斗地区均田摊粮的过程,并认为文斗下寨"所经历的均田摊粮,同样取得了土地权利界定和分配的实际效果"。③惜因新中国成立初期的土改运动,很多关于田产的契约文书都被没收并烧毁了,使这一研究没有办法得到进一步的深入展开,从该书中极少引用田产买卖、租佃等相关契约文书可略窥一斑。但是,清代中央王朝在清水江下游地区统治的确立,是基于怎样的统治形式,特别是清水江下游地区清代以来田赋征收的形成与演变过程,无疑与清水江下游地区丰富的区域社会生活有着密切的联系。因此,本文拟结合地方史志、《均摊全案》和该地区现留存下来为数不多的田产买卖相关文书,尝试着对这些问题展开分析,以期对清水江下游地区清代社会生活的运转,特别是对契约文书中体现出来的区域社会经济生活有一个较为清晰的理解。

二、纳粮附籍

作为洞庭湖水系沅江上游支流之一的清水江,源出于贵州省中部山脉,汇集了区域内的小江、乌下江、亮江等河流,往东贯穿整个黔东南地区,是黔湘交界地区非常重要的一条河流。清水江流域独特的地理和自然环境,为栽杉、佃山为主体的区域社会经济生活奠定了基础。明清两代,随着王朝国家致力于西南疆域的拓殖,清水江流域逐渐进入了一个独特的发展历程,并呈现出丰富的区域社会历史图景。

明代王朝国家对贵州历时二百余年的拓殖开发,特别是中央王朝在清水江流域边缘地区先后设置了一些卫所和府县,使这一地区经历了屯卫军民和汉人移民垦殖开发的过程,

---

① 张应强:《木材之流动:清代清水江下游地区的市场、权力与社会》,第8页。
② 《均摊全案》系民间抄存的文书,原件现收藏于贵州省锦屏县文斗村姜元泽先生家中。张应强在2003年第三十期的香港《华南研究资料中心通讯》上发表了《民间文书〈均摊全案〉介说》一文;2008年3月笔者在中山大学历史人类学研究中心担任学生助理期间,协助张应强老师对姜元泽先生家藏民间文书整理出文字稿,对《均摊全案》所抄录内容在《民间文书〈均摊全案〉介说》一文的基础上重新点校,并增补了与《均摊全案》相关的官府告示,力求尽量对《均摊全案》作补全。因此本文接下来的讨论,涉及《均摊全案》的内容,以最新的点校文字稿为准,特此说明。
③ 张应强:《木材之流动:清代清水江下游地区的市场、权力与社会》,第206页。

但明代对于清水江流域的拓殖开发仅限于该流域的东部和北部地区。至清朝建立之时,清水江流域所在的绝大部分地区尚在王朝国家的直接统治之外。①

随着清初中央王朝渐次恢复对明代已开发地区的控制,清水江流域所在的古州一带广大地区未入版籍的情形为致力于开发边疆的王朝官员所重视。魏源称:

> ……贵州土司向无钤束群苗之责,苗患甚于土司。而苗疆四周几三千余里,千有三百余寨,古州距其中,群砦环其外,左有清江可北达楚,右有都江可南通粤,皆为顽苗盘据,梗隔三省,遂成化外。如欲开江路以通黔粤,非勒兵深入、遍加剿抚不可。②

鉴于古州苗疆位于黔、楚、粤交界之处,历来为重要的军事战略要地,且伴随着区域社会政治、经济的发展,苗民与土司之间的矛盾、土司与地方官之间的矛盾,在某种层面上又进而挑起了这一地区汉民与苗民和苗民与地方官之间的矛盾,从而造成了这一地区清初动荡局面的出现,因此雍正年间中央王朝对古州一带苗疆进行了大规模的开辟。自雍正六年(1728年)时任贵州巡抚的张广泗率兵武力讨伐苗疆开始,至雍正十一年(1733年)止,共历时五年,经过大规模的军事"讨伐",反复"进剿",先后设置了八寨、丹江、都江、古州、清江、台拱等"新疆六厅",宣告了清王朝对古州苗疆武力"开辟"的基本完成,也标志着清王朝正式将这一地区纳入国家的版图之中,实行"编户齐民,按亩征科",强化了中央王朝对苗疆的统治。

另外,古州一带的广阔苗疆历来有里外之分。如前文所述,至清初里古州仍为化外之地,为"生苗"所盘踞,未列入国家版图之中;外古州,亦即清水江流域的边缘地区,在经过明代的拓殖之后,其管辖地区已经基本上纳入了王朝国家的间接统治之下,由土司所管理。因此,清代王朝国家对于清水江流域的开发,实际上采取抚绥和武力围剿相并进的策略,与"改土归流",再到开辟"新疆"的思路对古州一带广阔苗疆的渐次开发吻合。雍正四年(1726),时任云南巡抚监管云贵总督事的鄂尔泰上奏朝廷《改土归流疏》中,明确提到"改土归流"的目的在于"为蓟除夷官,清查田土,以增租赋,以靖地方"。③因此,开辟"新疆",将这一地区纳入国家版图,如何解决"编户齐民,按亩征科",以达到在"改土归流"的时代背景下,实现对广阔苗疆的统治,则是开辟苗疆之后所要面临的最重要的挑战。也正是在这样的区域社会发展背景下,清水江下游地区的村寨经历了王朝国家对这一地区渐次开发的过程,呈现出丰富的社会历史生活场景。本文将以文斗为例,梳理清初王朝国家对于清水江下游地区的开发过程中,"编户齐民,按亩征科"下,

---

① 张应强:《木材之流动:清代清水江下游地区的市场、权力与社会》,第18~28页。
② (清)魏源:《雍正西南夷改流记》,《小方壶斋舆地丛抄》第八帙,第147页。
③ (清)贺长龄:《皇朝经世文编》(近代中国史料丛刊)卷八十六《兵政》,台湾:文海出版社,1966年,第731册,第3096页。

田赋征收的形成与演变。①

文斗是清水江下游南岸的一个村寨，分属锦屏、天柱二县，以姜姓人口占绝大多数，始建于何时，已经很难考辨。《姜氏族谱》和口碑资料对于姜姓人群迁徙至文斗寨居住的叙述，表明在当地人的历史记忆中，清水江流域早期人群是迁徙自江西吉安府泰和县（或太和县）。在康熙年间，文斗等地的人群开始成为王朝的编户齐民。光绪《黎平府志》载：

> （康熙）三十三年八月，清水江韩世儒、米元魁等作乱，官兵往戡之，贼遁走。冬，知府宋敏学、副将罗淇请巡边，以弭奸匪。于是平鳌、文斗、苗光、苗餕等寨生苗皆纳粮附籍。②

这是目前从地方文献中所见到的清代对于文斗寨的最早记录。另，民间《姜氏族谱》记载：

> 延及高祖凤台公，见势可转移，遂于康熙三十二年，约齐各寨，输粮入籍。时下寨正与上寨隙，不愿同行，见上寨与各寨事成，遂捐银赴天柱投诚。所以一寨隶两属，皆一时之愤致也。未几，柱官下手丈田摊粮，始悔用心之误、不从吾祖之过也。③

"势可转移"似与上述知府宋敏学、副将罗淇率兵巡边有关，"一寨隶两属"是指因为内部矛盾分赴不同县份投诚的原因，造成文斗寨分属贵州锦屏、湖广天柱二县。而"未几，柱官下手丈田摊粮，始悔用心之误、不从吾祖之过也"，应指投诚天柱县者被丈田摊粮，未能像归于锦屏县的苗众一样享受到赋役方面的优待，这一点则与当时朝廷的相关政策相符合。康熙三十二年（1693）八月，皇帝谕称：

> 朕抚驭寰宇，夙夜孜孜，惟以实惠及民，俾登康阜为念。广西、四川、贵州、云南四省，俱属边地，土壤跷瘠，民生艰苦，与腹内舟车辐辏，得以广资生计者不同。朕时切轸怀，历岁以来，屡施恩恤。广西省，康熙十六年通省钱粮，康熙十七年、十八年民欠钱粮，贵州省，康熙二十二年秋冬，及二十三年春夏地丁钱粮，又贵州、四

---

① 对于文斗的研究，最早有杨有赓的《〈姜氏族谱〉反映的明清时期文斗苗族地区经济文化状况》（贵州民族研究所、贵州民族研究学会编：《贵州民族调查》（之六），1988年），张应强的《清代契约文书中的家族及村落社会生活——贵州省锦屏县文斗寨个案初探》（《广西民族学院学报》2005年第5期），梁聪的《清代清水江下游村寨社会的契约规范与秩序——以锦屏文斗苗寨契约文书为中心的研究》（西南政法大学博士学位论文，2007年），等等。对于文斗寨的村落社会生活的方方面面，目前学界已有较为详细的介绍。为避免重复，本文在此只对文斗的情况作粗略介绍，不详之处，还望谅解。

② （清）俞渭等修：光绪《黎平府志》（《中国地方志集成·贵州府县志辑》）卷五下《武备志》，成都：巴蜀书社，2006年，第17册，第527页。

③ 《姜氏族谱·记》。转引自张应强：《木材之流动：清代清水江下游地区的市场、权力与社会》，第204页。

川二省，康熙二十五年未完，及二十六年应征钱粮，云南省康熙二十七年以前，屯地积欠钱粮，俱经次第蠲豁。兹念育民之道，无如宽赋，矧边省地方，非再沛优恤之恩，则闾阎无由充裕。所有康熙三十三年，四省应征地丁银米，着通行蠲免，仍行文该督抚遍加晓谕，令人沾实泽，以称朕嘉惠远省民生至意。如有不肖有司，借端蒙混，私自征收者，该督抚指名奏劾，从重治罪，尔部即遵谕行。①

钱粮蠲免，乃宽赋育民之道，康熙时期在边疆地区的推行，除体恤民生艰苦之外，亦有缓和苗民与土司矛盾之意，此举乃康熙时期对边疆地区推行"抚绥"政策的体现。文斗地方势力因应王朝国家统治政策的互动，纳粮附籍，成为该地区发展过程中的重要推力。

此后，延续到雍正年间，清王朝对这一地区的开发一直秉持剿抚并进的政策。如雍正六年上谕载："朕念普天率土之民，皆吾赤子，岂肯令边省苍黎独受苗人之侵扰。而苗众繁多，朕亦不忍听其独在德化之外。是以从封疆大臣之请，剿抚兼行，而切加训诲，务以化导招徕为本，不可胁以兵威，或致多有杀戮。"② 因而在此政策之下，"雍正六年，化海苗，拜文堵二寨，任征苗丁一百三十七丁"③，"雍正七年招抚平吝、岭转、归凹……共九洞二十六寨苗民自认苗粮一百二十四石九斗"④。由此，清水江流域下游村寨在王朝国家统治渐次推进的情况下，逐渐地进入国家的版图之中。

文斗上寨与下寨都经历了这一过程，但最终因为两寨之间的矛盾而出现了"一寨隶两属"：文斗上寨隶属于贵州的黎平府；文斗下寨投诚的天柱县在康熙年间尚属湖广靖州府，雍正五年（1727 年）才改隶贵州黎平府，到了雍正十一年（1733 年）又改归镇远府。这些细微之处，与地方史志相比对，如上文的"雍正六年，化海苗，拜文堵二寨，任征苗丁一百三十七丁"中将文堵⑤二寨并提，昭示了这一变迁的过程。此后，一寨隶两属的事实就这样延续下来。

王朝国家对清水江下游地区的拓殖，以"改土归流"、开辟"新疆"渐次推进主导，剿抚兼施，客观上推动了这一地区在清初的发展；同时，来自地方社会内部的各种势力在发展壮大的过程中，亦寻求来自国家制度、政策的规范，以达到完善、维护自身势力在地方社会生活中的稳定发展。正是这两者之间的互动，客观上共同推动了清水江下游地区在清代中后期发展的繁荣景象。

---

① 《清圣祖实录》卷一六〇，康熙三十二年八月甲戌条，北京：中华书局，1985 年，第 5 册第 752 页。
② 《清世宗实录》卷七五，雍正六年十一月乙亥条，北京：中华书局，1985 年，第 7 册第 1122～1123 页。
③ （清）林佩纶等修：光绪《续修天柱县志》，《中国地方志集成·贵州府县志辑》）卷三《食货志》，成都：巴蜀书社，2006 年，第 22 册第 186 页。
④ 光绪《黎平府志》卷三上《食货志》，第 198 页。
⑤ 在地方文献中，文斗与文堵都曾出现，在民间的契约文书亦曾出现，文堵亦即文斗。

三、蠲免钱粮

康熙年间，清水江流域下游地区这些村寨的"纳粮附籍"只是一些零星的现象，雍正时期"新疆六厅"开辟之后，意味着将该地区的"苗蛮"变为王朝的编户齐民大致告一段落。王朝国家如何维系对该地区的直接统治，以缓解大规模武力讨伐所带来的土地荒芜和人口减少，则是雍正末年到乾隆初年间中央王朝到地方政府所亟需面对的问题。事实上，开辟新疆、"纳粮附籍"之初，于"按亩科征"一项所带来的一系列问题，直接对整个地区的稳定构成了威胁。雍正十三年（1735年）春，古州地方官吏征收田赋时，乘机大肆勒索，因而有席卷整个黔东南地区的包利、红银之乱。在平定包利、红银的叛乱过程中，清王朝只能以蠲免钱粮来缓解冲突。雍正皇帝在上谕中特别强调开辟"新疆"的目的并不在于谋利：

> 从来经理苗疆之意，原因苗性凶顽，久为地方居民之害，是以计议剿抚，为乂安百姓之计。若云利其民人，则其人不过如鸟兽之属；若云贪其土地，则其地本在吾版图之中。纵使日久之后，苗众抒诚向化，输纳少许钱粮，计算尚不及设汛养兵万分之一。然则国家果何所利而为此哉？乃经理之始既多疏虞，而善后之策又复草率，即如逼近苗疆之紧要州县，设兵不过三四十名，全不足以资捍御。而逆苗萌动之时，文武官弁又皆在睡梦之乡，茫然一无知觉。今逆苗突入内地，勾引熟苗，肆行抢掠，良民遭其荼毒。以安民之心而成害民之举，朕与前后经理之大臣安能辞其过耶。……其灾黎避往之地方，亦照此旨一体料理。若视为邻省之事，稍存怠忽之心，朕亦必治以溺职之罪。若将赈恤之项借名侵蚀者，亦必即行正法。贵州既有被害之州县，则运饷募夫，俱须邻郡接济。着将今年黔省钱粮，通行蠲免。其被贼残害之州县，蠲免三年钱粮。若有已征在官者，准抵下次应征之额赋。着将此旨通行晓谕各省官弁兵民等，咸使闻知，特谕。①

雍正十三年八月清王朝针对贵州一省蠲免当年全省钱粮，并对被贼残害的州县蠲免三年钱粮，这些政策既可理解为王朝国家对地方百姓的安抚之举，意在缓和矛盾，又不免给人以统治实难维系之感。雍正十三年五月，原办理苗疆事务的大学士鄂尔泰就因苗疆动荡，"自以从前筹划未周请罪，并陈疾，乞赐罢斥，削伯爵，暂假调理"；雍正在检讨自身的同时允诺了鄂尔泰之请，"朕鉴其悃忱而俞允之。并请将前后情事宣示中外，以示吾君臣公而无私，过而不饰之意"。同月，雍正帝又命"果亲王允礼、皇四子宝亲王、皇五子和亲王弘昼及大学士鄂尔泰、张廷玉，尚书庆复、魏廷珍、宪德、张照、徐本，都统李禧、甘国璧，侍郎吕耀曾俱办理苗疆事务"。雍正六月又"以刑部尚书张照为抚定苗疆大臣，总

---

① 《清世宗实录》卷一五九，雍正十三年八月己巳条，第8册第945页。

理兵马钱粮赈恤事务"。这是王朝国家对于维系苗疆所做出的努力，但事情在随后却又发生了变化。雍正八月在张照抵达镇远府之后，"则密奏改流非策，致书诸将，首创弃地之议"。同时，由于用兵苗疆的楚、粤、滇、黔各方势力之间龃龉，"致大兵云集数月，旷久无功"。① 雍正十三年八月，在雍正死后，新继位的乾隆立即召张照回京，以湖广总督张广泗往代，总理苗疆事务，谕曰：

> ……乃各省官兵陆续到黔，已经数月，而剿抚事宜，尚未就绪。今遭皇考龙驭上宾，事务殷繁，部院大臣在本任者甚少，已降旨令张照回京，其总理苗疆事务，令张广泗前往黔省料理。当日皇考以张广泗曾任贵州巡抚，熟悉苗疆情形，且从前原系伊承办之事，故特用为湖广总督，俾得就近接应办理。今张照既令回京，是以遣伊前往总理。近闻哈元生、董芳，意见参差，不能和衷，以致军务机宜，俱未妥协。张广泗，素日实心任事，深蒙皇考奖许，今膺总理之任，当一秉公忠，悉心筹划，剪除凶逆，抚恤善良，俾地方即速宁谧，为一劳永逸之计。伊到黔后，哈元生、董芳，自必听伊指授，不容各逞私见。倘张广泗不能使伊二人同心协力，仍复怀私，不以国事为念，贻误军务，朕惟于张广泗是问。王大臣等，可传谕张广泗知之。②

张照回京，与其"首创弃地之议"不无关系。但就弃置一事而言，似不单单是张照个人的意愿，与雍正对是否弃置苗疆举棋不定不无关系。同时，又因其未能弥合哈元生、董芳之隙，是以在乾隆继位之后，立即被撤换。这从另一方面也说明了中央王朝对于能否维系苗疆的担忧。

清王朝开辟新疆，"安民之心而成害民之举"，确实存在很多可反思之处。雍正皇帝也意识到这是经营的疏虞与善后之策的草率所致，同时逆苗与熟苗之间的勾结，亦是造成地方动荡、抢掠不断的原因所在。然则，这所谓的逆苗之中，有多少是真正的所谓"生苗"，即未归王化之苗蛮，实际上直接影响到办理苗疆事务的大臣的决策。乾隆六年（1741），张广泗在总结苗疆多事缘由的奏折中，对"十数年来贵州、广西、湖南三省一事甫定，一事又起，较之未曾经理以前，未见有宁谧之处"的情形，认为因出"熟苗"："查贵州新抚生苗，数年以来，皆宁贴无事，而三省节年苗变，皆系久归版图之熟苗，并无新抚地方生苗。"③ 以这样的思路回溯雍正十三年到乾隆元年，王朝国家对于已进入国家版图的熟苗的控制，在安抚的前提下，从制度上不断强化对这一地区的统治。乾隆登基之初，决定对古州等处新设钱粮尽行豁免，永不征收，亦是安抚政策的延续：

> ……思苗人纳粮一事，正额虽少，而征之于官，收之于吏，其间经手重叠，恐烦杂之费，或转多于正额，亦未可知。惟有将正赋悉行豁除，使苗民与胥吏，终岁无交

---

① 贵州省文史研究馆校勘：民国《贵州通志·前事志》三，贵阳：贵州人民出版社，1988年，第258～268页。
② 《清高宗实录》卷一，雍正十三年八月甲午条，第9册第154页。
③ 参阅张应强：《木材之流动：清代清水江下游地区的市场、权力与社会》，第64页。

涉之处，则彼此各安本分，虽欲生事滋扰，其衅无由。况蠲免新疆苗赋，原属皇考圣意，朕此时当敬谨遵循，见之施行者也。用是特颁谕旨，着总督张广泗出示通行晓谕，将古州等处新设钱粮，尽行豁免，永不征收。伊等既无官吏需索之扰，并无输粮纳税之烦，耕田凿井，俯仰优游，永为天朝良顺之民，以乐其妻孥，长其子孙。苗众亦具有人心，岂有舍袵席而蹈汤火之理。……①

从雍正年间开辟"新疆"到乾隆初年稳定局势所做出的政策的调整，目的都在于确保这一地区的安稳，并为接下来经营苗疆奠定基础。而由此亦可见，纳粮一事对于稳定新设苗疆的重要性。雍正七年"着将庚戌年甘肃额征地丁银二十七万七千六百两零，四川额征地丁银三十一万六千三百两零，云南额征地丁银一十四万一千六百两零，贵州额征地丁银七万四千二百两零，广西额征地丁银三十五万三千九百两零，悉行蠲免"，相比对之下，亦可知清王朝于贵州所征正额之少。但亦因为"正额虽少，而征之于官，收之于吏，其间经手重叠，恐烦杂之费，或转多于正额，亦未可知"这样情形的存在，终究导致了前述的包利、红银之乱。

雍正十三年对"新疆"地区弃置与否的举棋不定，再到乾隆元年蠲免钱粮作为缓和矛盾的过渡，是清王朝在苗疆开辟之初经理策略的调整。但蠲免一事，能够在多大的层面上解决已经存在着的田赋征收中的矛盾，真正惠泽地方百姓，不免值得再另细加讨论。②

四、均田摊粮

值得注意的是，雍正十三年八月蠲免当年黔省钱粮并对被贼残害的州县蠲免三年钱粮，到乾隆元年七月蠲免古州等处钱粮，亦即对新设"苗疆六厅"的钱粮进行豁免，永不征收。但新设"苗疆六厅"之外的清水江下游地区并不在乾隆元年蠲免钱粮之列，是以这些地区实际上经历了另外一个进程。前文所述之文斗下寨所属的天柱县，并不在这新设"苗疆六厅"之列，因此未能享受到蠲免的优待，这似乎正是王朝国家对于"久归版图之熟苗"的区别对待。差不多在同一时间，乾隆元年六月，天柱县对其所领之居仁、由义、循礼三里开始了均田摊粮的进程。文斗下寨归属于天柱县循礼里，经历了这一过程，因此文斗寨有人将这些内容全部抄录，是为《均摊全案》。《均摊全案》对于各级官府就均摊事宜的行文、清查田亩及厘正造成的过程作了清楚的记载，于均摊之缘由，乃列"田地辗转买卖，多历年所，并无册籍可考。买者不知田从何来，卖者不知田向何去，在本人尚且忙然，欲责成保甲、户首查开，恐窃任意射影，弊端百出，此推彼诿，争讼无休，终成道傍之筑而已。可否将各里无产之粮查出，共计若干，再将各里无粮之产查出，共计若干，

---

① 《清高宗实录》卷二二，乾隆元年七月辛丑条，第 9 册第 527 页。
② 针对清代蠲免钱粮的研究，可参考经君健：《论清代蠲免政策中减租规定的变化》，《中国经济史研究》1986 年第 1 期；陈锋：《清代"康乾盛世"时期的田赋蠲免》，《中国史研究》2008 年第 4 期。

计每田一亩应摊粮若干,均匀公派,期于粮皆有着而止,不必胶鼓琴瑟,定以原粮归之原粮,不解之解似为值公平"①。但包括在已将这份文书引用的《木材之流动》一书中,并没有关注到《均摊全案》所抄录的均摊事由背后最为直接的推动因素,即乾隆元年六月二十九日,县属土民杨建极等,以"照田当粮,吁天准行,救活贫民事"②呈控于官府。

对于材料中所载之杨建极等因何事呈控,目前掌握的材料并无法找到详细的叙述。光绪年间续修《天柱县志》对均田摊粮一事亦有记载:

> 查天柱自明万历建县之初,纳赋凡五里一厢,后增新增一里。国朝康熙四年,奉文丈田一次,先造八形册部驳不准,再造四形册亦驳不准,至二十三年始以归户册定例报竣。今考旧志田赋,内载遵例起科者六里一厢,其归化三里仍纳无亩本色秋粮。又天泛二所,虽已归并俱属屯粮,故当时额则尚非定制。二十八年复清丈一次,又加新兴一里,合前六里一厢是为八里。其三里至雍正四年邑令其更名居仁、由义、循礼,通详各宪并革去归化一图二图三图之名。此后凡应差考试一切均照内地办理,通计一十一里。自割隶贵州之后,休养生息,垦辟益增,民气益醇。乾隆四年县主奉文均摊通行丈量,则壤定赋既不偏枯,亦无匿漏,盖天柱田赋至是始归划一焉。其经始之难若此。③

居仁、由义、循礼三里之名,乃是在雍正四年由归化一图、二图、三图更改而来。地方志亦载天柱县从康熙四年奉文丈田开始,到二十三年才归户册报竣,康熙二十八年又重新清丈一次。但需要注意的是,从康熙四年到乾隆四年奉文均摊通行丈粮为止,"归化三里仍纳无亩本色秋粮",是以三里之田赋征收,并非建立在对田土的面积之上,而且田土买卖频繁,该地当时可能尚未有内地那样订立买卖契约的习惯,所以导致"买者不知田从何来,卖者不知田向何去",土地所有权并无册籍可凭,加剧了混乱的状况。杨建极等"以照田当粮,吁天准行,救活贫民事呈控",可能正是因为官府对当地土地状况知之甚少,导致许多有田者少纳粮甚至不纳粮,无田、少田者反而承受重赋,此正所谓"无粮之产"与"无产之粮"。官府采取"均田摊粮"的措施,正是要解决田赋不均的状况,但同时也意味着对既有混乱状况无法解决,只能将"各里无产之粮查出,共计若干,再将各里无粮之产查出,共计若干,计每田一亩应摊粮若干,均匀公派,期于粮皆有着而止,不必胶鼓琴瑟,定以原粮归之原粮,不解之解似为值公平"。

乾隆二年四月间,镇远府就已对天柱县内居仁、由义、循礼三里均田摊粮一案作出批复:

> (乾隆二年)本年四月初三日查奉

---

① 《均摊全案》。
② 《均摊全案》。
③ 光绪《续修天柱县志》卷三《食货志》,第191页。

> 贵州镇远府正堂加三级徐　批，据详，计禾轮粮，总有成例，但禾把以为多寡以免滋
> 　　弊，似应通查。无粮之田，履亩入等，分为上中下三则，公平均摊，可杜争竞。
> 　　仰再悉心妥议详覆核转。缴本年四月二十三日具详，转请履亩丈算摊粮以均赋役
> 　　等情。本年五月初六日，奉
> 贵州镇远府正堂徐　批：仰候转请
> 宪示饬遵缴①

但在具体的施行过程中却进展缓慢。天柱县县主为催办三里均粮一事曾出示告示：

> 贵州镇远府天柱县正堂加三级刘　为
> 　　再行严催事。照得三里均粮，本县业已缮给册式，颁发条规，又复开诚晓谕，速
> 为办理合寨在案，迄今半载有余，呈到册籍不过一十余本，岂因本县公出，尔等切肤
> 之事竟视为膜外□如果有界至不清，或典当不明，前已示谕尔等报明户首、甲长，秉
> 公勘处。若户首、甲长偏向徇私，许其禀官究治。倘地棍阻挠，亦应鸣官提（究），
> 奚容含嘿不言，致良法终阻。若谓无此弊端，尤当趁此地不加赋之时，急宜速为开
> 报，一经均定，载之版册，以除日后之累，为子孙计久远者，善莫善于此矣。乃迩玩
> 忽成风，迟延观望，转瞬又届东作告竣无期。兹等弊或被告发，或经查出，除田入官
> 外，定即枷示各里，以惩不法。事开（关）均田均赋，本县断不稍有宽假。尔等务秉
> 至公，慎毋因小失大，自取罪愆，以贻后悔。②

逾半年的时间，所呈造的册籍却不过一十余本，天柱县县主似已觉察出进展缓慢的缘由除了百姓对所造之册册式不明之外，与"户首、甲长偏向徇私，以及地棍阻扰"似亦有密切关系，因此出示告示，务求尽快告竣，"事关均田均赋，断不稍有宽假"。

直至乾隆十年（1745年），天柱居仁、由义、循礼三礼所造之鱼鳞册方成：

> 乾隆十年三月十六日已奉准
> 布政使司　咨开：本年三月初七日奉
> 督部院张　批：本司道呈详，会查得天柱县具详：县属居仁、由义、循礼三里田赋不
> 　　均，具已按照各花户田丘禾把数目，均摊完毕，各士民皆欣乐从等情，奉批
> 　　据详。
> 天柱县属居仁等三里粮赋照田均摊一案，既据核司道会查明确，如该县所请，照依上
> 　　中下三则，田亩出禾数目多寡，均摊粮米，造册存案，永除陋弊等情。仰即照议
> 　　饬行，遵照办理，并饬嗣后买卖田亩，照册推收过割毋许仍种前辙，以除民害可
> 　　也。仍候
> 抚部院　批示。缴。同日又奉

---

① 《均摊全案》。
② 《均摊全案》。

督部院张　批：同前由等情，缴行到县　宪行奉

藩粮二宪转奉

督抚两院　批示事，遵奉。随即出示，晓谕居仁、由义、循礼三里，饬令凡有买卖田丘，逐一清查推收过割，不得仍蹈前辙，务须一体遵照造报收除，以便输纳在案。再将居仁、由义、循礼三里额粮额丁，并照禾把摊粮数目于后：……①

天柱县居仁、由义、循礼三里粮赋均摊一案，最终的结果是"如该县所请，照依上中下三则，田亩出禾数目多寡，均摊粮米，造册存案"，其意义除了解决"均摊粮米"之外，最为重要的是解决田亩买卖过程中无册籍可依的陋弊，达到"买卖田丘，逐一清查推收过割，……务须一体遵照造报收除，以便输纳在案"的效果，则最终的目的仍是要解决田赋的征收问题。但是，三里均田摊粮之后，仍是无法解决当地按照田亩的禾数纳粮的征收方式，这在此后的田土买卖契约中都有直接体现。文斗下寨在均摊一案之后的田土买卖契约文书中记录了这些过程：

立断卖田约人文堵下寨下房姜文华。为因家中缺少银用，请中问到六房姜永相名下，承（情）愿［将］祖田二丘，坐落地名乌鸠，土名是楼，承（情）愿卖与永相为业。当日凭中议定价银贰拾陆两整，文华亲手领回恁（应）用，其田信凭永相父子耕管为业。一卖一了，父卖子收（休）。永相父子永远存业，文华父子房族弟兄并外人不得异言。如有异言，俱在卖主当前理落，不与买［主］何干。今欲有凭，立此断约存照。

姜永相外有田一丘，坐落地［名］乌鸠十子，把与老官作粮，其有文华田二丘，姜永相不要当粮。今恐无凭，无外有补田当粮存照。

老官吃艮三钱

凭中三人　姜荣明吃捆银三钱

陆□□

乾隆二十四年十二月十八日立卖是实②

这是笔者目前整理的留存在文斗姜元泽先生家中最早的一份田产买卖契约，其书写体例与这一时期存在较早的山地买卖契约基本相同，对照田当粮一事亦有作说明；但对于所卖之祖田的则例却并未注明，亦未注明所卖之田的亩数和边址。虽记载了所卖价银，但除非对照粮册，否则对这两丘祖田的信息无法作进一步分析。以下这一份乾隆三十三年的契约，则稍微有些不同：

立断卖田约人下寨姜老六。今因家下缺少银用，无处得出，自愿将到祖业田乙

---

①　《均摊全案》。
②　本文所引用的契约，系皮藏于中山大学历史人类学研究中心图书资料室。目前已对姜元泽先生家所收藏的 800 多份契约整理出文字稿，尚未出版。

丘,坐落土名眼鸠坡,收禾八十挈,①请中问到上寨姜永香名下承买为业,叁面议定价银十两五钱整,老六入手领回应用。自卖之后,其田恁从永香子孙照册上纳,卖主房族人等不得异言。如有异言,卖主上[前]理落,不[关]买主之事。今欲有凭,立此断约存照。

捆　堂兄姜老安

代笔人　姜起渭

乾隆三十三年三月初三日断主姜老六　　立

乾隆三十三年文斗下寨姜老六断卖给上寨姜永香祖业田的这一份契约,在契约中注明了"收禾八十挈",与三里均粮之中所拟之"照依上中下三则,田亩出禾数目多寡,均摊粮米,造册存案"有呼应之处,为此田买卖推收过割提供了标准,亦可见三里均粮,所照粮册为此后当地民间田产买卖所依据。但实际上民间的田亩计量还是以禾把为单位。

天柱县居仁、由义、循礼三里均田摊粮一案,在乾隆初年的出现,笔者认为一方面是王朝国家武力开辟"新疆"和包利、红银苗乱对地方社会所带来冲击的直接体现;另一方面,则是地方社会经济生活过程中,以及在因应王朝国家田赋征收过程中诉求公平的体现。同时,从王朝国家维系对清水江下游地区的统治而言,清查田土、以增租赋是目的所在,更为深远的则是要解决以钱粮蠲免向完善的田赋征收制度过渡,亦即巩固"开辟新疆"的成果,维护地方的稳定。清初王朝国家对于田土的丈量,在贵州各地施行时间不一,且所面临的困难在光绪《续修天柱县志》中"其经始之难若此"的感叹中似亦可略窥一斑。

五、结　语

乾隆七年(1742),当原贵州学政邹一桂奏请再次丈量贵州田亩之时,遭到了贵州籍御史包祚永的极力反对,原因有二:一为康熙元年、三年、五年、八年皆有开垦亩数,报官成赋;二则黔民惧怕清丈之后乃欲加赋,以及清丈过程当中存在各种弊端。故而清政府同意贵州不再清丈田亩。② 同样,天柱县居仁、由义、循礼三里的均田摊粮一案,实际上最终并没有能够解决"计禾轮粮"的地方纳粮惯俗,这在上文的陈述中已经一一体现。甚至于在整个贵州,到了"民国年间,贵州曾设立清查田亩总局,企图清查地亩,但以失败

---

① 地方方言,音"ka",阳声。旧时糯禾的计量单位,一挈即左手自然握禾数量,为5~6斤,三挈为一把。

② 贵州通史编委会编:《贵州通史》第3卷,北京:当代中国出版社,第255~256页。对于乾隆七年的清丈之争,可参考李丽:《两种视角的冲突与妥协——解读清乾隆年间清丈黔省田亩之争》,《贵州文史丛刊》2008年第3期。

告终"①。是以一方面,乾隆初年三里均田摊粮一案,在纳粮附籍到蠲免钱粮,再到均田摊粮为线索的背景下,展现了清王朝针对以"苗疆六厅"为主导的清水江下游地区田赋征收的演变过程的一个侧面;另一方面,三里均田摊粮一案在"以增租赋"的目的下,兼顾公平,为田土买卖、推收过割提供了以便核查的册籍,从而在制度的层面上体现了清王朝维系地方稳定、强化统治所做出的努力。

尽管最终三里均田摊粮一案并没有能够改变当地纳粮的惯俗,但对这一过程的厘清,无疑将有助于我们透过田土买卖契约文书、粮册等地方文献,对清水江下游地区独特的区域社会经济生活有更为清晰的认识。惜笔者能力有限,暂时无法对这一内容展开更为详细的分析,只能到此搁笔,甚为憾。

本文后经修改,以《蠲免钱粮与均田摊粮——清水江下游地区清代田赋征收的形成与演变》为题,刊载于《原生态民族文化学刊》2010年第2期

---

① 温春来:《从"异域"到"旧疆":宋至清贵州西北部地区的制度、开发与认同》,北京:生活·读书·新知三联书店,2008年,第61页。

堡的演变与乡村组织

——以广东南海、顺德、番禺诸县为例

陈海立

指导教师：温春来 教授

一、前 言

中国乡里制度的研究，最难处理的是固定数值的编户系统与自然形成的地理区划及乡村聚落之间的关系。中国乡里制度，基本都是建立于人户编制的基础上的，《周礼》所载的"六乡六遂"制度及《管子》所载的什五编制，深深影响着后来王朝对乡里制度的制定。

《周礼》规定国中设六乡，野中设六遂，乡的建置是"令五家为比，使之相保；五比为闾，使之相受；四闾为族，使之相葬；五族为党，使之相救；五党为州，使之相赒；五州为乡，使之相宾"①，遂的建置是"五家为邻，五邻为里，四里为酂，五酂为鄙，五鄙为县，五县为遂"②。《管子》所载为"五家为轨，轨有长；十轨为里，里有司；四里为连，连有长；十连为乡，乡有良人"③。这几则文献奠定并反映了乡里制度的一般特征，即乡里制度是建立在"家"的基础上的，并且地方建置是由下而上按固定比例累积完成的。然而历朝历代政府要推行这类制度时，统治者面临与此制度完全相反的两个问题：其一是，制度必须自上而下推行，已有的郡县等区划及地方本来的自然区划使自下而上的编户形式不可能完全实现；其二是，自然村落及地域大小的差别，使固定的人户编制不容易实现。

历代政府在实施乡里制度时，不一定完全继承古制的遗意，因为政府只要保证赋役征

---

① 孙诒让纂：《周礼正义》，北京：中华书局，1987年，第751页。
② 孙诒让纂：《周礼正义》，第1121页。
③ 《管子》卷八《小匡》，上海：上海古籍出版社，1989年，第79页。

收的正常运作及地方秩序的稳定,没必要按制度条文完全改变地方本来的系统。① 然而对于研究者来说,编户系统与地方社会的组织系统可能是并存的,并且在不同历史环境下都可能支配地方社会的权力。但两套系统的材料是不均等的,这就平添了研究的难度。

许多研究者着眼于政治制度层面,只研究编户系统,考辨其制度的条文,进而探究实际推行的情况,但不重视地方社会的组织系统。他们常常采取这样的策略:把自然村落本身的组织系统进行高度的抽象,来看是否与制度的条文对应,从而判断制度推行的情况。1933年闻钧天发表了《中国保甲制度》一书,该书受到较多的非难是不能用保甲涵盖中国古代的编户齐民制度。笔者以为,闻先生以保甲统称之未为不可,因为他对保甲有自己的定义。此书关键的缺陷在于:他在研究时碰到了乡约、团防等问题,他都把这些纳入保甲制度中予以探讨,这就支离了地方社会本有的组织乡村的系统,从而落入清代批评家的语境中言保甲成败。②

赵秀玲的《中国乡里制度》尝试突破前人方法,她不把研究重点放在对历代乡里制度的考索与描述上,而是按政治学的规范,"把研究重点放在乡里制度的组织形式、结构形式、治理形式等方面"③,希望不仅探讨乡里制度的典章条文,还能探讨乡里制度的运作情况。她分七章分别讨论乡里制度的起源及嬗变、管理形式、乡里组织领袖及乡里制度与宗法制度、官僚政治、绅士、农民之间的关系。但是,她分析所采取的策略依旧延续了她所批评的人的做法。她恰恰是没有弄清楚社会实际运作中的乡里制度的情况,而仅仅把制度条文的内容和地方社会的高度抽象结合起来,就下了定论。例如在论及"乡里组织领袖的关系结构"④ 时,她指出乡里组织领袖的三个特征:其一是繁复无序,远不及县以上的机构那么有序;其二是主奴关系,乡里领袖是官、吏之奴;其三是老人监督。然而,之所以她觉得乡里组织领袖是繁复无序的,是因为她从政治制度的角度去看,自然无法把乡里组织领袖纳入有序的树状的结构图中;但是,如果承认地方社会自有其运作的系统,这套系统保持了地方社会的秩序,那么尽管称谓、职责等不明确,乡里组织领袖仍然是有序的。至于主奴关系、老人监督等,在不同的社会情境中会呈现不同的情况。⑤ 站在王朝的角度去看,乡里组织领袖只是官僚制度的神经末梢;站在地方社会的角度去看,则官僚政治制度的规定和实施,只是影响该社会秩序较有影响的变量。赵秀玲的书中有较多类似的情况,这与作者的初衷是适得其反的。

鉴于研究者着眼于政治制度及其推行情况可能遇到的瓶颈,笔者以为必须改变提问的

---

① 尤其从唐代中期以后,乡官制为职役制所取代,国家就不大注重保证地方系统的规范化了。于是从宋代以来的地方社会的系统纷乱复杂,难以言情。
② 闻钧天:《中国保甲制度》,汉口:直学轩,1933年,第219~258页。
③ 赵秀玲:《中国乡里制度》,北京:社会科学文献出版社,1988年,"绪论"第20页。
④ 赵秀玲:《中国乡里制度》,第151~161页。
⑤ 例如广东元末的地方领袖与官僚不可能有主奴的关系。而明代珠江三角洲的"耆老""老人",其实是地方社会的实际领袖,而非仅是监督者。

方式。《周礼》等上古文献中由下往上的编户思想提醒我们，不妨把问题改为：家庭、村落乃至更大范围的地域是如何被组织起来的。这种提问方式并非排斥政治制度，而是把政治制度视为一种变量，顾及地域范围、聚落组织等，而不会把这些都视为政治制度的附庸。

施坚雅的研究实际奠定了这种提问方式的基础。施坚雅认为，把村庄本身作为一个社区单位来探讨是远远不够的。① 一个村庄社会是无法自足的，一个农民必须从基层市场的社区范围内，获取他的人际关系，建立他的社交网络，以及寻求一些本村庄无法获得的如接生、裁缝等服务。在此基础上，他提出非常具有代表性的"基层市场社区"理论。他认为，基层市场社区把零散的村落组织成一个最基本的整体，成为基层社会中复合宗族、秘密会社分会、庙会的董事会、宗教祈祷会社的组织单位，并且因其语言的、宗教的、娱乐的功能，成为一个区域的文化载体。② 尽管施坚雅对于基层市场社区与语言、宗教的区域之间复合程度的判断不一定准确，但他的方法却是非常值得借鉴的。他不再从地方社会去寻找王朝制度的影子，而是以人类学的调查为根据，推寻村落是如何被市场所组织起来的，这样才有可能揭示中国乡村社会复杂的结构，才有可能深入探讨并不作为政治制度附庸的市场系统。

如果说施坚雅奠定了这种提问方式的基础，台湾学者对于祭祀圈和信仰圈的研究③则有助于问题的深入。人类学家林美容认为，祭祀圈和信仰圈是探讨汉人社会组织形式非常重要的手段。④ 她界定了祭祀圈，即"为了共神信仰而共同举行祭祀的居民所属的地域单位"，它以部落为最小运作单位，以乡镇为最大范围，本质上是一种地域组织，表现出汉人以神明信仰来结合与组织人群的方式。所谓信仰圈，就是"以某一神明或（和）其分身之信仰为中心，其信徒所形成的志愿性宗教组织，信徒的分布有一定范围，通常要超越地方社区的范围"。两个概念的不同，表现在四个方面：信仰圈具有一神、成员资格志愿性、区域性⑤、非节日性特点，祭祀圈具有多神、成员资格强迫性、地方性、节日性特点。缘着这两个概念，林美容提出，汉人是以神明信仰来结合和组织人群的，而台湾民间社会基本是一种地域构成，以村庄为最小的地域单位，逐步扩大，结合地方性或区域性的人群。

如果说两位学者因其研究对象而导致对社会组织形式的理解有偏颇的话，历史学家郑

---

① 施坚雅：《中国农村的市场和社会结构》，史建云、徐秀丽译，北京：中国社会科学出版社，1998年，第40页。
② 施坚雅：《中国农村的市场和社会结构》，第39～55页。
③ 参见庄英章：《林圯埔：一个台湾市镇的社会经济发展史》，上海：上海人民出版社，2000年。
④ 林美容：《妈祖信仰与汉人社会》，哈尔滨：黑龙江人民出版社，2003年。
⑤ 林美容所谓地方性与区域性的差别，以汉人社会自给自足的乡镇为界限，乡镇以上的，才有区域性可言。她同时指出，两者差别不仅在于范围大小，更在于地方性的公众祭祀具有排他性，非地方社区的居民不能参加，而区域性的民间宗教组织却有包容性，其主神之庙宇所在的地方以外的信徒，都可以加入（林美容：《妈祖信仰与汉人社会》，第11页）。

振满则在此基础上,加入了政治制度的变量。郑振满在《明清福建里社组织的演变》① 中指出,莆田平原的"里社",源自明初的里社分祭制度,与里甲制度互相依存,但明中叶以后逐渐与里甲组织分离,最终演变成地方神庙。入清以后,分社、分祭盛行,"以一里、一图、一甲为单位的里社组织渐渐演变成以里甲编户为单位的里社组织,从而促进了里社组织的家族化和社区化"②。他的研究勾画了作为国家制度的里社的发展历程,明确指出了地方社区的形成并非完全自发的。但是他并没有落入研究制度及其推行情况的窠臼,而是把握住实实在在的地方社会的村落组织形式的变迁。也就是说,国家制度对于福建社会来说只是一个变量,它既影响了社会发展的进程,又被发展的社会本身所改造。

中国传统的农村是如何被组织起来的?解决这样的问题,从具体的时间与具体的区域空间着手,将更具有意义。笔者在阅读珠江三角洲的文献时发现,"堡"是一个组织农村的重要的单位。堡存在于南海、顺德、番禺等县③,在明以前已经奠定了固定的区域单位,经历明清两朝,最终在清末变革和民国区乡制推行的过程中消逝。堡并不是一项广泛推行的乡里制度,所以笔者不必要也不可能研究制度的条文及其推行的情况。④ 但是堡在明代以前,已具有组织村落的功能,到了明初编里甲的时候,又被赋予了"统图"的赋役单位的内涵,近代地方区划的变革也与堡的退出相关。也就是说,堡是随着诸县地方村落组织情况的变迁而变化的。因此,剖析这个单位的变迁,有助于深入了解乡村社会的组织情况。

关于堡的研究,传统的地方志把对诸县的堡的记载多数放在了"舆地"一项,说明在地方志编撰者眼中堡是一个地域单位;少数方志也会置于"建置"一项⑤,与墟市、津梁、河渡并列,在这个意义上更加强调堡是一个"统图"的赋役单位。现代的方志的作者也把堡视为赋役登记单位,或者地域单位,他们没有详细指明堡在组织乡村中的具体功能,没有关注堡在不同时期的不同内涵。⑥

刘志伟在《在国家与社会之间——明清广东里甲赋役制度研究》中,提及明以前的堡

---

① 郑振满:《明清福建里社组织的演变》,郑振满:《乡族与国家:多元视野中的闽台传统社会》,北京:生活·读书·新知三联书店,2009年,第238~253页。
② 郑振满:《明清福建里社组织的演变》,第249页。
③ 堡还全部或部分地存在于从化、三水、花县,因为这几个县都是从以上三县划分出来,所以本文集中探讨的对象,还是三县的范围。
④ 堡可能是北宋熙丰变法、南宋李椿年经界法所推广的都保制中的保。但是由于堡与保字体不同,加上宋元没有材料证明诸县堡的渊源,所以笔者只能存疑不表。鉴于在广东省境内,堡的建置只在上述诸县和饶平、惠来两县存在,所以堡不能和南方广泛推行的都保相提并论,堡不是一项广泛推行,或者说,被广泛继承下来的乡里制度。
⑤ 前者的代表有万历《南海县志》等,后者的代表有乾隆《顺德县志》等。
⑥ 例如《南海县建置志》,就把堡作为民国建立区乡委员会之前的地方行政建置,这就忽视了晚清城镇乡自治时对地方区划的调整,也混淆了堡作为地域单位与行政区划是不同的(南海县地方志编纂委员会办公室编:《南海县建置志》,1991年)。

是"自然形成的社区单位",属于不同于里甲制度的基层社会自身固有的社区组织系统。明初编里甲时,里甲制度尽管调整了原有的社区组织系统,但两者仍然并存,而且还为明中叶之后两者的区分提供了制度上的依据。① 刘志伟先生已经准确把握了明初堡的情况,并且与里甲制度作出了区分,这直接启发了笔者对元、明的堡的判断。

罗一星在《明清佛山经济发展与社会变迁》一书中提供了佛山堡在明清发展的个案。罗一星认为,明初里甲制度把佛山堡整合成了一个社区,这个社区同时有自己的信仰中心——佛山祖庙。之后佛山出现三次性质不同的社会整合:第一次是明正统年间,乡老领导使佛山各个宗族在地缘关系上联系起来,出现城市的雏形;第二次是明末,新兴的士绅集团打败了乡族豪强势力,这是官方正统化与都市化共同作用的结果;第三次是乾隆年间,侨寓人士与全镇商民联合,击败了土著的宗族势力,完成佛山权力结构的重组。② 然而佛山堡的经验不能适用于南、番诸县所有的堡。首先,罗一星认为佛山在明初才整合成一个社区,这个判断值得商榷;其次,佛山堡自黄萧养之乱之后始终是一个共同体,并且拥有堡内的权力机构,并逐渐发展成市镇,这样的过程有其独特性,并非所有的堡都有权力组织,也并非所有的堡到清末都保持共同体;最后,佛山因其经济的发达、商业的辐辏,社会结构已经与传统乡村社会大大不同,比起南、番诸县具有堡的地区的情况迥然有别。所以罗一星对堡的判断,很大程度上也不能推广。

由此,笔者拟在他们研究的基础上,梳理堡作为一个村落组织单位的变迁,试图部分地解决诸县的自然村落是如何被组织的问题。

二、堡的起源:元代的乡及其组织情况

关于堡是否在明以前已经形成,没有文献可以证明,笔者所掌握的文献尚没有例如"佛山堡"一类的记载。但是笔者关心的是,明以前是否存在着一些地域单位,这些单位与明初以来的堡有历史的承接关系?如果有,这些单位的村落组织情况如何?这是本节要讨论的问题。

能够对应明代以后的堡的单位,在明以前已经形成。在大德《南海志》的残本中,我们发现许多渡口、递铺的名字与明文献记载的堡名可以对应起来。③ 在"横水渡"一栏

---

① 刘志伟:《在国家与社会之间:明清广东里甲赋役制度研究》,广州:中山大学出版社,1997年,第37～48页。
② 罗一星:《明清佛山经济发展与社会变迁》,广州:广东人民出版社,1994年,第7页。
③ 这些材料意味着两种可能,一是堡的单位在明以前已经形成,二是明以前存在大量的渡口、递铺的名字,因其重要性而最终成为明代的地域单位的名称。然而后者在接下来笔者的论述中可见不存在。此处特予以说明。

下，登记有"九江甘竹渡""山南白坎渡"① 等名称，从后来的地图看，九江堡与甘竹堡、山南堡与白坎堡确实是一水之隔，说明这些地名已经和确定的地域联系起来。

地名的对应只能作为一种参考，元代确实存在与后来的堡地域相对应的单位，文献中往往称"乡"。

元大德七年（1303 年），徐朝直撰写了《元苏州府教授子还钟公墓志铭》，中有一段：

> 公姓钟氏，高祖曰克应，为宋宣议郎，由郁峒迁居逻冈。……公幼而眉白，六岁，被市油人熟登仕门名林敬岳者掠去，以墨漆涂厥眉，卖与南海官窑乡无子之富人岑岁为子。登仕屡寻弗获，形容憔悴。②

从这则材料看，南海有"官窑乡"之称谓。万历《顺德县志》有一段关于乡名来源的材料：

> 区适子者，字正叔，登洲人也。父兴玙，仕宋为德庆参军，廉介有声。适子幼俊爽，能文辞，经史皆通大旨。及长重厚，寡言笑，以博学洽闻称，学者多从之游。所居乡名鲶洲，而适子自号登州，于是人更名其乡登州，以适子故也。适子抱道不仕，或问之，曰："吾南人操南音，安能与达鲁花赤俯仰耶？"元法：南人不得长治郡县，皆蒙古、色目人制之，谓之达鲁花赤，故云。……子鲁卿，元末出粟四百石作粥，以食饥者，后饥民相率为盗，戒毋犯鲁卿墓，曰："此作粥主人也。"《广州志》遂以为作粥为适子，误。③

这段材料是区适子一家三代的传记，时间上刚好涵盖了整个元代。区适子，从文中推测，当是元代前中期的人。材料中的登州，则与明代以来顺德县的登州堡对应。该地区本名鲶洲，根据区适子的号"登州"而改名。改名的原因不详，但区适子的父亲是前朝官员，区本人是著名学者，其子又掌握大量财富，因此这个家族在当地所具有的显赫地位，可能与更名有关。总之，这是登州堡的名称的渊源，也说明早在元代，鲶洲（登州）乡这样的地域单位已经形成。

元末，"乡"往往成为地方豪强割据的军事单位。早在中原大规模反元之前，元顺帝至正三年（1343），广东已经有东莞主簿张云龙之乱。至正十年（1350），广东已经形成土豪割据的局面，仅东莞一县就由十几股豪强势力把持。至正十五年（1355），东莞何真起兵，陆续征服或吸收各地豪强，完成广东局部的统一，并最终于洪武元年（1368）向南征的廖永忠纳降，土豪割据的局面才渐渐衰弱，中央王朝重新控制广东。在乱世中，地方豪强多建立武装以自保，建立武装的步骤之一则是建立防御的营寨。

---

① 大德《南海志》卷十《兵防》，《广东历代方志集成》广州府部第 1 册，广州：岭南美术出版社，2007 年影印本，第 38 页。
② 冼剑民、陈鸿钧编：《广州碑刻集》，广州：广东高等教育出版社，2006 年，第 559 页。
③ 万历《顺德县志》卷七《人物一》，《广东历代方志集成》广州府部第 15 册，第 62 页。

笔者从元末形成、明初定型的材料《庐江郡何氏家记》中辑出一些关于营寨的材料：

> 时张社、佛岭、白沙、石滩、增城、小迳、车陂、莲花营皆降。龙门诸镇咸听调。①

> 万珍惧，关北门走，四兄不知，犹力战，被贼枪倒，缚至冼村营。②

> 命万户邓志广守龙眼营，苏子忠守东菱，府判叶广茂守新村，陈景全守水贝，麦秋水守乌沙，……③

从以上几则材料中营的名称看，白沙、小迳、车陂、冼村、龙眼都是后来的堡名。关于这些营寨是如何组织起来的，有材料如下：

> 区禹民者，龙津人也，性刚直，乡人信服。元末豪民相聚为乱，禹民偕其族子忠吉、体原率众立寨保障，乡人赖之。廖永忠既下广州，禹民等诣军门降。永忠令保障如初。副将军朱亮祖陷于山南贼，永忠令忠等先导破之。亮祖围解，事平。禹民等入朝。④

> 梁曾甫者，泮浦人也。智勇绝人。元至正间举江西省，授番禺沙湾巡检。寻盗起，乡人举曾甫有可倚之才。曾甫得檄，据形势，立垒寨，流逋四归，尽散家财饷士，不足则以田贷富人继之，乡人以安。贼请说曾甫降，曾甫怒斩以徇，贼悉众攻，曾甫遂遇害。乡人为立祠，号曰忠义。⑤

从材料看，在建立营寨之前，龙津、泮浦已经是有一定组织基础的"乡"，区禹民、梁曾甫都是乡内较有影响的领袖，因此他们能趁着世乱把乡人组织起来，并且立寨。

元末这种作为军事单位的"乡"具有较大的规模。至正二十二年（1362），南海邵宗愚、卢述善集团攻陷广州；至正二十四年，何真率兵攻邵、卢，南、番群豪也联盟起来支持何真。有一则材料记载了当时联盟的各路"元帅"：

> 时德庆州元帅李质，岐石元帅梁以默，盐步元帅高彬、西南元帅李贤、山南元帅关熙、黄连同知关敏、清远元帅秦德用、四会元帅方志、紫坭元帅张志乡、市底元帅黄子德、白坭元帅邓举，皆便宜授职，共愤逆贼，合谋讨之，以秃坚不花为盟主。⑥

---

① 何崇祖辑：《庐江郡何氏家记》，《玄览堂丛书续集》第 4 册，扬州：广陵书社，2010 年影印本，第 26 页。根据何崇祖自述，家记是洪武初年完成，还由宋濂阅读，之后家道中落，家记散佚，何崇祖在宣德年间辑出本书。
② 何崇祖辑：《庐江郡何氏家记》，第 30 页。
③ 何崇祖辑：《庐江郡何氏家记》，第 31 页。
④ 万历《顺德县志》卷七《人物志一》，第 63 页。
⑤ 郭棐纂：《粤大记》卷十五，"日本藏中国罕见地方志丛刊"第 8 册，北京：书目文献出版社，1991 年影印本，第 273 页。
⑥ 何崇祖辑：《庐江郡何氏家记》，第 26 页。

材料中提及十一位土豪①，德庆州、清远、四会的豪强是州县级的割据势力，盐步、西南、山南、黄连、紫坭、白坭都是后来南海、番禺的堡名。盐步、黄连这类割据势力的规模可以与四会、清远等县级的割据规模相比拟，而领导者也都名义上得到元帅的称号，说明元末这类共同体的规模相当可观。关于材料中"黄连同知关敏"的记载，可以让我们进一步看到元末村落的组织情况。

> 关敏者，黄连人也。至正末，豪民各据其乡。敏亦筑城聚众，然有约束，不同于乱，县赖之。洪武元年征南将军廖永忠下广州，敏以城降，民皆释兵归田亩。独龙潭负固，敏乃导禽苏世禄百余人，永忠署敏巡检。后世禄党攻杀敏及其妻子二十余人。永忠愍之，表其乡曰忠义以闻。赠兵马司副指挥，令有司立庙，岁时置祭。②

> 关敏，南海之黄连人。初南海贼冯简等作乱，行劫龙潭。洪武元年，征南将军平章廖永忠既取广东，下令抚民弹盗。敏倡义集众，缉捕贼百余人以献，永忠遂以敏权巡检。贼衔之，乃聚众复围其乡，敏力不能支，遂为贼所屠。后贼平，永忠以其事闻。上以敏存日未授官，而能仗义讨贼，殁于王事，特赠敦武校尉、兵马指挥司副指挥，表其乡曰忠义，令有司立祠，岁时祭焉。③

这两则材料内容稍异，但可互相发明。至正末年，广东地方群雄割据，关敏也"据其乡"，并且筑了土城。至少在至正二十四年之前，他得到"黄连同知"的称号，并且参与何真攻打广州之役。于是关敏与割据龙潭的势力卢述善等构衅。洪武元年廖永忠统一广东后，关敏投降明王朝，并且把龙潭的割据势力视为"贼"，以征战的俘虏换来暂时的巡检职位。关敏最终被龙潭的势力攻杀，廖永忠奏明朝廷，关敏得到赠官，地方建了忠义祠祭祀他。

关敏动辄捕贼百余人，说明"乡"组织的规模是比较大的；从他聚兵—释兵—再聚兵的过程看，关敏实际是"乡"中最重要的领袖，这与明代以来村落组织的情况不同；明代一个地方领袖难以管辖黄连堡这样大的区域，进而进行割据。

综上所述，堡在明代以前已经奠定了区域范围，多以"乡"称，具有一定的组织。元末的土豪叛乱，往往以这类乡作为军事割据的基本单位。而这类单位具有较大的规模和强有力的领袖。

值得注意的是，尽管佛山、黄连等地方，在明代已经不称"乡"了，但是明代的人提及其籍贯时，仍然会使用乡的名称。例如万历《顺德县志》中，作者叶初春仍然把人的籍贯系于这些名目下，如："区适子，登州人"，"关敏，黄连人"，"区禹民，龙津人"，"孙贲，平步人"，"廖谨，葛岸人"，"钟顺，龙江人"等等，④ 都是明以前的乡名。

---

① 从文中"便宜授职"看，可判断他们本是地方豪强军事集团，因此役而得到了元帅的职位，并非元朝的正规军系统。
② 万历《顺德县志》卷七《人物志一》，第63页。
③ 嘉靖《广东通志》卷五十九《列传人物六》，《广东历代方志集成》省部第4册，第1523页。
④ 万历《顺德县志》卷七《人物传》，第62～93页。

三、堡的演变：明清赋役单位的形成和运作

元末豪强割据的局面，自廖永忠大军进驻之后有初步的平息。洪武四年（1371）、十六年（1383）、十七年（1384），朝廷三次命何真回广东召集土豪，授予他们军职，并遣散戍守四方；洪武二十六年（1393），何真家族受蓝玉案牵连，加上其弟何迪叛变失败，元末土豪被铲除殆尽。① 同时，里甲制度也推行开来，形成广东地方基层社会的新局面。

（一）耆老治乡：明初的村落组织

里甲制度的本意，一方面是保证王朝的赋役征收，另一方面则是维持稳定的地方秩序。这就意味着，王朝不会鼓励自然村落之间联合起来形成较大的组织，导致地方势力膨胀。可以说，里甲制度希望以一百一十户的编户形式来取代原来的村落组织，从而压制地方豪强发展成元末割据局面的趋势。尽管里甲制度在明初的推行是有限度的②，但是里甲制度与削弱豪强诸项政策数管齐下，限制了堡这样的村落组织单位的发展。同时，里甲制度还赋予堡赋役单位的内涵。

尽管如此，里甲制度并没有取代自然村落及自然村落联盟的组织。明初以来，基层社会的权力，由各乡的"耆老"来把持。罗一星指出，在图甲制以外，仍然存在着一套乡族制度，两者不同之处在于，图甲制以一百一十户为标准编成图，势必会打破原有自然村落的地域范围，打破原有社区的地理划分；而乡族制度则以佛山社区为基础，是建立在地域的基础上的。③ 罗先生进一步指出，明初的佛山存在一套以"乡判""乡老"为核心的乡—村（族）权力系统。明以前，佛山堡地域内称为"季华乡"，延续着古代的乡里建置，设有乡判和乡老。④

明初由耆老等把持地方权力的现象，在珠江三角洲地区是比较常见的。香山县有一块

---

① 参见刘志伟：《从乡豪历史到士人记忆——由黄佐〈自叙先世行状〉看明代地方势力的转变》，《历史研究》2006年第6期；汤开建：《元明之际广东政局演变与东莞何氏家族》，《中国史研究》2001年第1期。

② 科大卫认为，明初广州府境内被编入里甲的人远远不是当地所有的人口，而黄萧养之乱之后，有大规模的编户进入里甲系统（科大卫：《皇帝和祖宗——华南的国家与宗族》，卜永坚译，南京：江苏人民出版社，2009年，第15～34页）。

③ 罗一星：《明清佛山经济发展与社会变迁》，第42～46页。

④ 罗一星把明代的"乡"视为一种建置，认为里甲制度外仍有一套乡族制度，又认为"乡判""乡老"的权力支配范围是与佛山堡的区域相吻合的，这两点值得商榷。第一，明代并没有乡的建置，乡在更多情况下只是一种笼统的称呼。第二，从下文材料中佛山二十二老的情况看，每一个人都可称为乡老，可见乡老统辖的范围未必与佛山堡吻合。但是这两点并不影响他指出里甲制度以外，地方社会尚有自行运作的机制这样的创见。

《南阳庙碑》记录了弘治年间耆老、庙祝及乡民共同倡建南阳庙的过程，这里节选如下：

> 古者乡必有庙，庙必有灵，以福于民，而人之所敬畏也。然……，本庙后峰秀起，林木森郁，名曰：飞鹅。遂于其畔，挺一竹笋，高……称以为蜀武侯之现身也。因塑为像，立祠保卫乡村，人安物阜……人奉之，无有或怠，乡中又有耆老陈平秀……心善，有敬神为民之心，人皆美慕。……（之后省略）
>
> 香山县仁厚乡社学 师　□
>
> 　　耆老　陈平秀
>
> 　　庙祝　吴玄升
>
> 　　乡人　洪……
>
> 弘治庚戌岁良辰吉日①

南阳庙是仁厚乡重要的宗教中心，耆老陈平秀则是能够通过控制地方神权，处理乡村事务的人。

但是明初耆老的权力与元末豪强的权力相比，有一种显著的改变。明初耆老掌控的区域范围较小，难以以堡为单位实施个人的权力。正统十四年，珠江三角洲地区发生了影响深远的黄萧养动乱。从地方社会军事动员的情况，我们可以窥探明初的乡村组织。

现存于佛山祖庙的碑刻、景泰二年（1451年）的《佛山真武祖庙灵应记》详细记载了当时佛山堡的组织情况：

> ……南海、番禺诸村堡多有从为逆者，声言欲攻佛山。佛山父老赴祖庙叩之于神，以卜来否。神谓贼必来，宜早为备。于是耆民聚其乡人子弟，自相团结。选壮勇，治器械；浚筑濠堑，竖木栅，周十许里。沿栅设铺，凡三十有五。每铺立长一人，统三百余众。……

碑阴有刻文：

> ……惟佛山人民辐辏，境内耆老泊诸闾胥逻夫之长，慨然奋发，以忠义自许，誓不从贼为叛逆事。乃聚其乡里子弟，自相团结，立营栅，利器械，申严号令，保护境土。……

在碑阴还有有组织者二十二位耆老的名称。可见在佛山堡的范围内，实际存在二十二股势力，② 他们各掌握自己的"乡"，但彼此互不统领。所以要组织军队时，才各自去"聚其乡人子弟"，先内部团结成一股，再在祖庙下联盟而成佛山的军队。

关于二十二股势力之一的东头冼氏，有一则记载：

---

① 碑刻引自《中山历史文化资源调查报告》（未刊稿），第13页。由于碑刻漫漶不清，省略号指不清楚字数的部分，□指清楚字数但无法辨认的部分。

② 应该说有二十四股。本有二十四老宣誓，后来查得有二人怀有二心，"遂枭二人于道"（罗一星：《明清佛山经济发展与社会变迁》，第73页）。

> 行旅过佛山莫不求倚仗，故座客常满。门悬大鼓，有事凡三擂，则乡人环集听命。如是者以为常。一日设席延客，客酒酣，举鼓三擂。乡人麇聚，客愕然。林佑细道其故，始知此鼓不能乱动。林佑乃治酒留众，欢饮而散。①

材料中的林佑，是东头冼氏的乡耆冼林佑。他击鼓能使"乡人"环集听命，说明这类耆老对自己掌握的范围具有较强的控制。

但是这种先进行堡内联盟，再以堡为单位组织防御的模式，与元末关敏等人直接划地为城，是有区别的。关敏、区禹民等凭借其在乡中的个人权威及财富，就足以组织起以后来的堡为单位的军事力量，而明初堡内则分散为一些较小的单位，需要"叩之于神"之类的仪式，才能把这些重新整合成较大规模的村落联盟。

龙江堡也具有类似的组织模式。《顺德龙江乡志》中的《平寇略》记载龙江堡组织抗击黄萧养的情形如下：

> 我龙江赖有德义才力老人萧碧，偕行谊取信一乡者张彧、李德彰等，倡义集众，论以祸福，令各同心守御。邓历进曰："欲征缮以固吾围，非请命上台，则众志不一，非矢诸神明以约法不行。贼骤临境上，坐待其毙，屠掠之，靡有孑遗矣。"众皆曰："此智谋长者之言也。"萧碧、李德彰于是冒险往都督抚院，领保安黄旗一面，榜文一道，回乡张挂，约束抚慰。会议设立十铺，萧碧为首，举张彧、李德彰、蔡祖能、康妙观、邓历、萧端、尹澄、周林德、黄真、陈妙十人为甲长，分以各铺，凡两铺为一队。队按金木水火土旗，以齐步伐。木队举张彧、尹澄总隶之，金队举李德彰、陈妙总隶之，火队举蔡祖能、周林德总隶之，水队举康妙观、黄真总隶之，土队举邓历、萧端总隶之。管理一乡，令壮者应敌，富者输粟，杀猪鸡于镇头冈，会集歃血，写立誓章……②

龙江堡得以组建武装的关键，在于有都督抚院提供的保安黄旗和榜文。尽管冒险潜往都督抚院的事情未必真实存在，然而这件事却可以见出代表官府的信物在堡内联盟中所起的重要作用。堡内原本没有统一的权力机构，所以邓历的意见，即以官府名义来组织武装，才能平息堡内众志不一。而后来各铺的甲长，实际是堡内有独立权力的、互不统属的首领，他们在官府信物的号召下组成了龙江堡的军队。

从元末到明初，堡都是统领村落的组织单位，是组建地方武装的单位。但是元代的乡豪，往往能在掌控整个堡（乡）的基础上进行较大规模的割据；而明代的乡耆，只能在较小的范围内各自为政，唯有在神明或官府的权威下，方能集结成以堡为单位的联盟。经历明初打击豪强的政策和里甲制度之后，堡组织村落的职能被大大削弱了。

---

① 民国《佛山忠义乡志》卷十四《人物六·义行》，《中国地方志集成·乡镇志专辑》第 30 册，上海：上海书店，1992 年影印本，第 588 页。

② 邓爱山：《平寇略》，道光《顺德龙江乡志》卷五《杂著》，《中国地方志集成·乡镇志专辑》第 30 册，第 873 页。文末注明《平寇略》著于景泰二年。

(二)"堡以统图":堡是一个赋役单位

同治《南海县志·经政略》有一份图甲表,按照编者的意旨,是从县的实征册中编排出此表,尽量让赋税的信息广为人知,以帮助杜绝飞洒等与附甲相关的弊端。该卷先有小序,然后是各堡实征米的数额表,最后就是具体的某堡统某图、某图统某甲的图表。兹引小序如下:

> 按吾邑赋税之入,以都统堡,其堡多少不等;以堡统图,堡有大小,故图之多少亦不等。以图统甲,每图分为十甲,每年轮值,以一甲总一图办纳之事,谓之当年。为当年者,于正月置酒,通传十甲齐到,核其粮串,知其有欠纳与否,有则行罚例。其法沿自前明,故乡曲至今相传:"为当年,不嫁娶"。盖古风淳朴,以办公为急,身为十甲粮务之总,不暇及其私也。以甲统户,户多少不等,有总户,有子户,子户多少更不等。然由甲稽其总户,由总户稽其子户,虽零星小数,而花户真姓名可稽,所应纳者无从逃匿,法至善也。但各乡之册籍存于官,乡老甲长无从而见。他所知者,自己户内有田若干,应纳米若干而已。而同甲内若干户,他不知;甲内银米若干,他亦不知也。故胥吏得恣其飞洒,或是之故。尤可恨者,或买田无户可归,有户可归亦不归本户,属胥吏开一户名,将其粮附他人甲内,谓之附甲,而为所附之甲实不知也。初时钱粮早清,并无蒂欠,官亦不问其户属何甲。及日久生心,或卖田不割税,或田庐荡尽,私自逃亡,钱粮无着。官不得已,责所附之甲求其花户,而本甲茫然。谓甲内并无此户,并无此姓,不知人之私附之也。前志将各图附注于某堡下,入之地舆,而堡属某都,图内之甲共几户,户何名,一切未暇详载。窃图甲为国课所系,正邑内经政之大者,今特改为图甲表,向官取册籍编排之,将某司所属共几堡,某堡共几图,图共十甲,某甲总户某名,总户下统子户共若干,其甲有无附甲,俱一二注明。使向来已有者不能没,则未有者即不能增,或可稍杜飞洒之弊。且使一邑钱粮大数按籍可稽,虽野老村夫,一披阅即了然在目。将表与官册互勘,则册籍之掌于吏者不敢私行窜改,其便于官民非浅鲜也。此志于经政门,立图甲表之微意也。①

首句已经表明,在南海县的赋役系统里,存在着都—堡—图—甲这样的统属关系。但是这种关系不能视为各个单位之间简单的统属关系,实际上各层单位的意涵亦有不同。例如"以图统甲",按序作者的意思,实际是遵循明以来十甲轮值的里甲轮值原则,而甲以下统的"户",已经不是具体的家庭,自有其运作方式,对此刘志伟、片山刚已经有较深入的

---

① 同治《南海县志》卷六《经政略·序》,《广东历代方志集成》广州府部第 11 册,第 492 页。

研究。① 此处重在处理"以堡统图"及"以都统堡"的问题。

"以堡统图"的意思，需要援引该卷第二部分的"咸丰四年南海各堡实征米总数"的表格来说明问题：

城西堡 四、十四、十六　　　　　图 米八百二十六石二斗四升四合
西隅堡 一　　　　　　　　　　　图 米三十五石五斗八升八合
河伯堡 百四八、百四九、百五十二　图 米四斗六升七合
中隅堡 十、十二　　　　　　　　图 米九十八石零四斗八升正
北隅堡 三七　　　　　　　　　　图 米一百零二石九斗六升五合
南隅堡 二、十八　　　　　　　　图 米八十石零九斗七升五合
九江堡 三十四、三十五、三十八、七　图 米八百一十六石九斗五升四合
　　　 十九、八十
大桐堡 二十五、二十六、四十一、六　图 米三百四十石零二斗六升六合
　　　 十三、七十一、七十二
……②

从上引我们可以看到，每个堡后面都会登记有咸丰四年所征收的米数，这说明，堡实际上是一个税收的会计单位。表格中的堡分为两类。一类是城西堡、西隅堡、中隅堡、北隅堡、河伯堡、南隅堡，这一类是纯粹的赋役单位，并不有自然形成的区域单位与之相符合。例如，城西堡原来是城西厢，西隅、中隅、北隅、南隅等实际是县城附近的地区，河伯堡就是专门为疍户进行的编户单位，这几类都是为了赋役制度进行的方便而编成"堡"的，并没有"都"来统之，仅仅是税收的单位而已。另外一类就是除此之外的南海的六十四堡，这一类则另有自然形成的区域单位与之符合，如九江堡等。

但是堡不能仅仅被视为一个征收赋税的会计单位，堡因其与具体地域单位对应的特征，故能成为一项县级经济决策的载体。也就是说，许多县级的经济决策，是以堡为单位推行的，一项政策可能作用于某一个堡，而不及其他。

《九江儒林乡志》有一条"雍正八年豁免定弓虚税"的记载：

> 谨按《黎志》：乡内土田约七百余顷，每亩田三升，则地二升，则塘及僧夏皆五升，则官米上则三斗五升，中则二斗四升，下则一斗六升（《赋役全书》同）。万历十年邑令周文卿下乡均丈。弓手见乡中塘地绣错，难以缕析，白于文卿，为混丈法。后通县缺额一千八百二十八项，每亩加虚税一分六厘四毫，名曰定弓。九江因混丈求请免加，未几物议沸腾，竟不得免。诸堡同受一分六厘四毫之加，本乡兼雁二升混作

---

① 刘志伟：《在国家与社会之间——明清广东里甲赋役制度研究》，第244～275页；片山刚：《清代广东省珠江三角洲的图甲制》，刘俊文主编：《日本中青年学者论中国史》（宋元明清卷），上海：上海古籍出版社，1995年，第539～557页。

② 同治《南海县志》卷六《经政略》，第493页。

五升之累。至万历四十五年，乡绅郭尚宾等吁于抚按监司郡邑，得照一府补足一府之例，议将番东新等十四州县新生沙坦升科，饷银移抵南海定弓虚税。崇祯二年抚按奏准，永为定式。计自万历四十五年至崇祯十五年，已抵三千零三十七两一钱三分七厘六毫九丝三忽，尚未抵四千七百四十余两，去害之难若此。至五升之混，恐永为吾乡害，无复有追期矣。①

这段关于九江堡的材料，阐述了九江堡承受了两项经济政策的过程。第一是混丈法，即把二升的田当成五升的塘，这项政策持续到光绪年间修志时仍然没有改变；第二是全县都加的定弓虚税，该政策从万历四十五年（1617）持续到崇祯十五年（1642）。这里值得注意的是，两项经济政策都是以堡为独立的单位去执行的，故言"诸堡同受一分六厘四毫之加"，而那些认为已经受混丈法之害，就不该承受定弓虚税的"乡绅"，实际也是以堡为单位，去争取该堡内的权利的。

综上，"堡以统图"，是指堡是统领着图的赋役单位，这个单位在县级的财政中具有特殊的意义，堡常常作为一项财政政策的单独载体。

接下来必须解决的是，"都以统堡"的"都"，与堡的职能是否相同。学者已经指出，明初编里甲的时候，以"务不出本都"为原则，而都自南宋以来，也渐渐固定成地方区域单位。② 但是具体到南海、顺德、番禺的情况，都除了是一片具体的地域之外，则仅仅是一个赋役的会计单位而已。都可以随意被分割。景泰元年（1450）从南海拆分出顺德县时，虽然是"割东涌、马宁、鼎安、西淋四都"来置顺德县，但并非割四都下所有的堡。以西淋都为例，万历《南海县志》记载西淋都如下：

> 曰叠滘图六，曰季华图八，曰夏教图六，曰蠙冈图四，曰平洲图六，曰魁冈图七，曰溶洲图三，曰林岳图二，曰深村图四，曰佛山图八，以上属西淋都。③

万历《顺德县志》记载西淋都如下：

> 西淋所统者十一堡。曰都粘……曰新良……曰龙头……曰登州……曰鹭洲……曰桂林……曰葛岸……曰平步……曰石肯……曰龙津……曰甘溪……④

从以上两则记载可以看出，一个都被分割成两部分隶属两县，而且名称仍延续下来，在赋役制度的运行与日常行政的执行中，不至于造成混乱。在两县，都仅仅是一个赋役的会计单位，其意义远不及堡重要，更不具备组织内部的自然村落的职能。⑤

---

① 光绪《九江儒林乡志》卷五《经政略》，《中国地方志集成·乡镇志专辑》第 31 册，第 441 页。
② 夏维中：《宋代乡村基层组织衍变的基本趋势》，《历史研究》2003 年第 4 期。
③ 万历《南海县志》卷一《舆地志·都里》，《广东历代方志集成》广州府部第 10 册，第 19 页。
④ 万历《顺德县志》卷一《地理志·都里》，第 6 页。
⑤ 从元末到清代，南海诸县不见以都为单位组建地方武装，也不见以都为单位实施某项经济政策，也不见以都为单位执行地方事务，都也不具有行政机构来管理内部的事务。

此外，序文中"窃图甲为国课所系，正邑内经政之大者，今特改为图甲表，向官取册籍编排之，将某司所属共几堡，某堡共几图，图共十甲"一句，却提及统堡的单位是"司"，也就是巡检司，旁及主簿、捕属等等机构。这表面上与"按吾邑赋税之入，以都统堡，其堡多少不等"一句矛盾，一是"司以统堡"，一是"都以统堡"，实际上这恰好说明了赋役制度和地方行政两方面的运作情况。

如上所述，都以统堡，指的是都作为赋役的会计单位，统领着数量不等的堡；司以统堡，则是地方巡检司等管理机构，划定具体的堡作为统辖的地域范围。

乾隆《顺德县志》有如下一条：

"乾隆一年，奉吏部文行，捕巡各官各按所辖地方厘定，县丞典史四司巡检分隶各堡，而统属于邑宰。其若纲在网，有条而不紊与。"①

这次调整的结果，登记在县志里，现以顺德县紫泥司为例：

紫泥司属
东涌都黎村堡（村名略）
东涌都伦教堡（村名略）
东涌都小湾堡（村名略）
西淋都桂林堡（村名略）
西淋都鹭洲堡（村名略）
西淋都龙头堡（村名略）②

由此可见，"司以统堡"，只需要考虑所统之堡地域范围完整，方便于管理即可，不必理会"都"的建置。

综上，"都以统堡"，实际是在赋役上，都是堡以上的会计单位。但是县政府一般不以都为单位实施财政政策，例如上面提及的九江堡的例子，九江堡与大同堡、河清堡、镇涌堡、沙头堡同属九江主簿，但是混丈法的政策只作用于九江堡，而不及其他。地方管理时更重要的是"司以统堡"，以巡检司负责若干堡的行政、治安及监督等职权。

这里需要特别指出的是，正因为堡是一个赋役单位，所以堡的变迁是与明初以来里甲制度到一条鞭法、摊丁入亩等赋役制度的变革息息相关的。③ 在明初，由于编排里甲是遵循"务不出本都"的原则④的，而编排里甲的单位——户，也会写明人丁事产，在这种

---

① 乾隆《顺德县志》卷三《舆地志·都里》，《广东历代方志集成》广州府部第 16 册，第 292～293 页。其中"乾隆一年"是原文，虽然古籍一般会出现"乾隆元年"。
② 乾隆《顺德县志》卷三《舆地志·都里》，第 295 页。
③ 参见刘志伟：《在国家与社会之间——明清广东里甲赋役制度研究》，第 25～138 页。
④ 在南海、顺德，可理解为务不出本堡。因为堡下统图，没有一图跨两堡者。

"画地为牢"的制度下,堡的赋役范围与地域范围是一致的。到了一条鞭法改革之后①,户已经渐渐成为赋税登记的单位,在赋役层面上,堡也就成了赋税登记单位的集合,虽然堡仍旧具有稳定的地域范围。因此会出现宣统《南海县志》提到的几种情况:

> 张槎堡:按道光志有村曰石头,盖因深村堡石头村霍族当国,初时有迁张槎堡弼唐村者,因都图保甲皆书石头,故亦名石头。
>
> 按金紫丰华两堡犬牙相错,每有一村而分属两堡者,难于偏核,只就其地所属分系而已。
>
> 简村堡:……又村曰莘田,一名沙涌,地属简村,籍属云津。②

第一条材料提到石头村坐落在张槎堡,但是因为是深村堡石头霍氏搬过来的,所以赋役都登记在深村堡那边的石头村,因此石头村虽地处张槎堡,但赋税却不在张槎堡;第二条材料所谓一村分属两堡,实际是说同一个村落,在户籍上却登记于两个堡,所以编者感到困难,只能把那些村写在该村实际坐落的地域范围所属的堡,而不考虑户籍登记的情况。第三条材料则更明白地表现了地、籍分离的情况,"地属简村,籍属云津",简村和云津都是堡名,这说明堡兼顾着"地"和"籍"两项职能,也就是说地域范围与赋役单位两项职能。然而在堡这一层,地域单位与赋役单位之间的分离并不大,以上列举的属比较特殊的情况。而且即便有部分村落"地""籍"分离,也较多是籍在本堡,地处邻堡,在这点上与明中期后的"户"及"地"的对应关系是有区别的。

(三) 以堡统村:堡是乡村领袖与官府合作的空间

明初以来,堡是一个堡内各户在一定程度上负有共同经济利益的赋役单位,但政府并没有在堡一级设置行政机构。那么堡对于堡内的自然村落的意义何在?

自明中叶起,地方社会的权力渐渐由接受儒家教化的士人掌握③,而堡往往是地方精英与官府合作处理地方事务的单位。

万历《顺德县志》有一段关于顺德县办社仓的记载:④

> 社仓十一,曰大良在宝林寺,曰冲鹤在本村,曰鹿门在社学后,曰小湾附于大良,曰容奇贮余氏先祠,曰桂州在桂山道院,曰羊额附于大良,曰古粉在桑麻村灵官庙,曰逢简在逢简中村,曰昌教在马村太尉庙,曰甘溪在本村。"

---

① 因为一条鞭法是万历前诸项变革的总结,所以这个过程应该在一条鞭法颁行之前已经发生。此处只是为了表述方便。
② 宣统《南海县志》卷三《舆地略·都堡》,《广东历代方志集成》广州府部第 14 册,第 122 页。
③ 见刘志伟《从乡豪历史到士人记忆——从黄佐〈自叙先世行状〉看明代地方势力的转变》。
④ 以下三则材料均出自万历《顺德县志》卷二《建置志》,第 21~22 页。

同书还附有嘉靖四年（1525）知县曾仲魁所立的碑记和当时的约法，均抄录如下：

  嘉靖甲申二月，邑大饥，民瘠羸，待哺者满车下，籍其数万余。白当道以预备仓谷赈贫民，有艺者有薄产者贷以劝借之谷，秋责偿，贮民间，仿古社仓，岁一敛散，与预备仓并。① 当道许发仓，而寝劝借之议。盖五月终矣，遂发仓，酌量均给，又出所余谷于各乡，作粥十日，幸大稔，民以生。图善厥后，乃释地建仓，选民之贤者主之。古楼堡积谷一千一百二十石，李鸣凤率其族人建之；昌教堡积谷三百一十石，何衡之兄弟建之；甘溪堡积谷四百石，朱厚之叔侄建之；逢简堡积谷五百石，建于刘珙，而协以陈元昌；大良堡积谷一千二百六十石，建于户侯吴伋、生员罗万里等；桂州堡积谷六百四十石，岑宗周、胡宗穆等建；冲鹤堡积谷四百三十石，潘彦英、潘李等建；羊额堡积谷二百六十石，何钰、何宾等建；古粉堡积谷二百石，苏德仁、苏德浃建；容奇堡积谷一千石，佘滂、佘渐建；小湾堡积谷三百一十石，乃大良等仓所羡及冯天聪等助以立之，而皆无与于官也。自今十一而息有余，亦可立于邻堡，且慕义增者不可谓无其人。后之君子知谷出于民，勿以深文拘之。法立于官，匪人则易，岁稽其数，勿使侵渔，成久远之利，则所望也。

  有约法：
  一、敛散等事，委乡中高年有德者，有司勿预。
  一、斗以赤花为正，县识之，出入平概石收耗息各一斗，大饥白县免耗息，抵斗还仓。
  一、岁二月、十一月司仓耆老白县，委一老人兼同敛散，官勿遣。先期谕十人。
  一、状相保相受推一人，为甲首，岁熟，甲首督还。
  一、岁立二籍，县识之，夏散时耆老老人各注于籍，稽其原数，稽其耗蚀，稽其开除，稽其实在，一送县，一付耆老。敛时老人请县，籍同耆老注收，计还原散若干，耗息若干，共若干，二籍无异，留照。
  一、借者三与：恒产有恒心者借，力农者借，工商者借。
  一、不借者三：游食者不借，无信义无保受者不借，逋负者不借，仍告追逐出，毋令入社。若将罪自偿，有保又借。
  一、每年谷一石，许蚀二升。
  一、簿历笔札于息谷支，岁不过一石。
  一、耆老、老人等岁敛散二次，饮食谷四石。
  一、仓谷原无糠秕沙土出纳，有则勿收。仍惩以法，耆老革退，借者出社。

这是嘉靖三年（1524）顺德县办社仓的记载。社仓是以堡为单位筹办的，由堡内较有实力

---

① 万历《顺德县志》卷二《建置志》载，顺德有预备仓二，正统五年设，曰东仓、南仓。随后"二仓不积谷废久矣，嘉靖志遂以古迹目之"，到了万历间，顺德另建丰盈仓来贮谷。

的人承担建仓及管理的责任。从约法中可以看到社仓的运作机制。耆老是社仓实际的最有权力的把持者,司仓是管理社仓日常事务的人,老人则是官方委任的监督者。耆老、老人的日常工作是负责每年两次的借贷与追收。

值得注意的是,这个过程中会"立籍",一份放在县衙门,一份由耆老掌握,在追收的过程中还要两籍对照,保证账目的合理。"立籍"的制度①说明官府是以堡为单位去参与社仓的管理的。

尽管堡并没有正式的地方行政机构,但是在地方社会实际运作中,常常会以堡为单位,建立起一套管理的机构。例如以上的社仓,就建立起以耆老、老人、司仓为核心的管理机构。这些机构可能并不持久②,也无法涉及堡内的其他行政事务,但以堡为单位组织、管理地方事务,在南海、番禺诸县的地方行政中仍然是比较常见的。

再以修复著名水利工程桑园围的例子说明之。乾隆五十九年(1794),西江水冲垮了桑园围的李村基等基段,于是政府组织地方进行修复。现节选当时颁布的《公议章程》如下:

> 一 修筑围基工程浩大,现奉县主切谕,全在义士仁人乐施慨助,各就力之大小,广为签题,每堡领簿一本,题毕将簿交出公所,登记其数,至各堡于签题之外有不足者,论粮起科,仍听其便。
>
> 一 每堡公推殷实端方者一人承办劝签,又举谙练殷实者一人协理,各尽所长,以襄厥事。将来禀宪奖励,以报贤劳。
>
> 一 各堡领簿之后,该堡承办者即协同堡内绅耆实力劝签,如富厚吝啬者,遵谕开明姓名,禀覆县主。于十一月初一日缴簿,幸勿迟误。
>
> 一 工程仍须专人总理收支。顺德已定议公举总理二人,本邑各堡亦公举总理二人,始终董理。工竣之日,阖围酌议酬谢。
>
> ……③

从《章程》第一条规定看出,本次修水利的资金筹集,是以堡为单位进行的。堡所交纳的资金有定额的规定,先由堡内认捐,捐输之外还不能凑够数额,则要"论粮起科"。所谓"论粮起科",就是要计算每一户的赋税额占全堡赋税额的比例,以此比例来分摊本堡除捐输以外应付的资金。从这个角度说,堡作为酬纳资金的单位,实际是堡作为赋役单位职能的延伸。从第二条看,负责收纳资金的人也是以堡为单位公推的,共有劝签、协理两人。

---

① 从碑记中强调"无与于官""谷出于民",更说明官府在社仓的运作中,起到监督的作用。知县立碑的意思是,不要在监督之外滥用职权,侵吞民间的财产。这样也是给地方办社仓的人的一种承诺。

② 例如上文嘉靖四年所立的社仓,不出十年,已经被"嗜利者"侵渔了(康熙十三年《顺德县志》卷二《建置》,第203页)。

③ 明之纲辑:《桑园围总志》卷一,《四库未收书辑刊》第9辑6册,北京:北京出版社,2000年影印本,第74页。

之所以要推举殷实者,很可能要以他们的家产来保证收纳资金的额度。第三条主要涉及堡内捐输的事宜。第四条则是以堡为单位"公举"总理二人,来负责本堡的修复事宜和财政运作。

从以上分析可以看出,这种以堡为单位组织、管理地方事务的模式,与堡作为赋役单位的意义息息相关。堡"总纳图甲",在政府的簿籍中是较独立的财赋单位。在地方事务的运行中,当涉及财赋的流动时,不管是社仓的运作还是修水利的"论粮起科",都会以这个财赋单位运行。这同时也意味着堡内的人负有共同的义务,① 而地方精英也在此基础上,以堡为单位渗透入地方管理的方方面面。因此,正因为堡作为赋役单位的特殊意义,导致了堡成为精英们代表堡内村落与政府合作管理地方事务的空间。

四、堡的衰落:晚清村落组织的新发展

(一)建立社学:晚清以来村落联盟的发展

前文已经述及,明初里甲制度的推行,赋予了堡作为赋役单位的意义,在此基础上,堡常常成为地方士人与官府合作处理地方事务的空间。明中期以后,士大夫阶层渐渐崛起,逐渐取代了原来的乡豪势力,并在乡村推广教化,逐渐形成了士大夫文化为主导的社会秩序。② 与此同时,宗族组织在珠江三角洲推广开来,形成主导地方社会举足轻重的力量。③ 士大夫在地方推行乡约,宗族也在地方军事等权力的角逐中有所联合,然而乡约往往以一个自然村为主,而宗族联合也以一个或几个自然村落为主,较少形成广大地域的联合。南海、番禺诸县最常见的村落联盟,主要还是靠市场、宗教和水利组织起来的,这类联盟的中心机构往往有较专门的职权,如兴修水利等,而不是拥有基层行政的权力。

从乾隆年间的张保仔之乱开始,广东经历了道咸年间的两次鸦片战争和咸丰年间的洪兵之乱,还有许多盗匪、宗族械斗所引起的地方动乱。清政府在地方推行了团练政策,让乡村自行武装起来,平时"守望相助",战时则"保良攻匪"。在南海诸县,领导团练的机构,往往是士绅创办的社学、公局、公约,④ 这些机构把自然村落组织起来,从而开拓了村落联盟的新局面。

尽管社学等机构是地方军事防卫的产物,但社学不仅是一个军事机构,更重要的是,

---

① 严格意义上说,应该是登记于此堡内的人户,不是住于此堡内的人。
② 刘志伟:《从乡豪历史到士人记忆——从黄佐〈自叙先世行状〉看明代地方势力的转变》。
③ 科大卫:《皇帝和祖宗——华南的国家与宗族》,第 127~290 页。
④ 此外还有公所、书院等机构,为了行文方便,本文统称社学,依照传统地方志的体例,把此类机构系于"建置"项下的"书院社学"一类。

它是"晚清广东乡村地区实际上的基层行政机构"①。社学在地方拥有不同程度的司法、治安、税收等职权。社学这类机构延续到了民国，并且成为晚清、民国建立乡村行政的基础。②

以社学为中心的新式村落联盟，较多不以堡为单位进行组织。这里有必要探讨这类村落联盟的组织原则，来看待这类组织的特征。

孔飞力借用了施坚雅的理论，认为"复合团"组织的原则与集市的社区范围有较大的联系。他以南昌县的常平社学为例，指出"复合团"的范围虽然不必与较高等级的市场社区完全吻合，但是市场原则对"复合团"的界限及权力中心的设置的影响，仍然非常明显。③ 市场原则在村落组织中所起的作用，可以从社学的选址中看出。

> 和风社学在番禺县石龙圩。据嘉庆六年修建碑记载，是合番禺县的神山、郭塘、两潭、大石冈、大岭下、雅瑶、聚龙、井冈、南埔、罗溪、鹭洲……以及花县的照镜湖，南海的硖石等二十八乡村，于乾隆三十二年建立的。④

> 乡有约，□□□□□由蟠龙圩迁于此，即五□□□□□□□□□□乡而众从之，所以联守望，备非常也。约旧有学，日进乡人而训迪之，使濡染□□□□乎礼让，练群才，一众志，实在此矣。……⑤

从以上两则材料看，和风社学在石龙圩，西湖社学的旧址在蟠龙圩，再结合县志中大量记载，可以看出大多数社学同时也处于市场中心。但是社学所统属的村落与市场圈的关系，还是必须进一步探讨的问题。从目前的研究看，答案是能部分被否定的。刘志伟研究的沙湾归善乡公局，并不在市场所在地，其统领的村落也不是依靠市场原则组织起来的。⑥

除了市场原则外，晚清村落联盟所依据的最直接的原则，是士人的关系圈。⑦ 明中叶以来，士人掌握了实际的地方权力，所以他们能以邻近乡村之间士人的关系圈，促成自然村落的联合。在道光咸丰以前，这类联合已经存在，番禺县的郴社提供了一个个案。

---

① 丘捷：《晚清广东的"公局"——士绅控制基层乡村社会的权力机构》，《中山大学学报》（社会科学版）2005年第4期。

② 孔飞力：《中华帝国晚期的叛乱及其敌人》，谢亮生、杨品泉、谢思炜译，北京：中国社会科学出版社，1990年，第224～225页。

③ 孔飞力：《中华帝国晚期的叛乱及其敌人》，第64～69页。

④ 《石龙圩访问记》，广东省文史研究馆编：《三元里人民抗英斗争史料》，北京：中华书局，1978年，第179页。

⑤ 何玉成：《西湖社学重建社学碑记》，《三元里人民抗英斗争史料》，第280页。按何玉成是道光同治时人，而碑中提及"逆夷扰乱"，即是道光十九年的鸦片战争。所以撰写碑文的时间应该也在道光年间。

⑥ 刘志伟：《边缘的中心——"沙田—民田"格局下的沙湾社区》，黄宗智主编：《中国乡村研究》（第一辑），北京：商务印书馆，2003年，第32～63页。

⑦ 不能排除士人以外，还有一些乡族耆老也在起作用，此处择其最普遍者言之。

学问之道，古人以德为本原，后世以文章为事业。文章者，德行之英华，郴郴之士由此共选也。汉唐而后法制相沿，上自皇都，下及乡邑，莫不有学。况我朝稽古右文之治，尤卓越千古者哉。顾有渊源之远绍，义既本乎，因而堂构之宏开，事乃出于创者，则所以述前人未竟之志于百有余年之下，即所以开后贤相继之业于二十四乡之中也。我彬社自国初时诸乡老始结诗社，情甚殷也。久之，转为文社。社无学地，借于神庙，远近至者，朱履常盈，行之已数十年矣。然其地不通舟楫，每课期屡值淋雨，众皆苦之，用是中止。久之，乃将会所散归各乡，行之又数十年。然至者益多而费用亦益广，乡之小者难为继也。……岁丙子，余自山左解组归里，愈以筹建书院为言，以卜地未决，不果。越数年，琶洲徐石渠、穗石陆盘石、凤浦胡镜泉、梁矩亭诸孝廉邀南邑梁孝廉梓园为相地于官山之麓，其地通水陆，环众乡之中，据林峦之胜。地主为之献地，各乡合力捐输，共得白金七千余两，举八人督勤厥事。……顾进一言，以为同社助焉。盖吾之彬社，即古之乡学，今之书院也。古者乡学之教，士为民先，而孝友睦姻任恤之义备，凡所以联属廿四乡之人情，而使之陶陶遂遂于其中者，……是役也，经始于甲申之秋，抄落成于乙酉之冬。初督勤其事者，简君文郁，哲嗣国华，冯君绰燮元，梁君福南照华，霍君刚炳盈华，协力经营，廉能并著，故备志之。①

这是道光五年（1825）由安丘县知县凌旭升撰写的志略，正好给我们看到士人的关系圈如何影响到村落联盟的全过程。清初，郴社只是乡老所结的诗社，这些乡老应该是较低级的知识分子，因为当地清初并没有出过较高功名的人。后来，郴社成为二十四乡课艺习文的地方，但是规模有限，只能借神庙来当学地。这种情况持续了几十年，因交通问题，郴社解散，由各乡分办。一直到嘉庆二十一年（丙子年）才有建书院之议，最终到道光初年，一群士人才把郴社书院建立起来。从这个过程中，我们发现清初乡老的关系圈，促成了二十四乡的联合，这种联合最初并不稳定，故有几十年停办郴社的历史，但是嘉庆、道光年间士人的关系圈再次稳定了二十四乡的联合。清初乡老的诗社，只是乡老之间进行娱乐的场所，而道光年间重建书院，则是全部乡民都要"合力捐输"，负担起共同义务了。

在晚清动乱以前，郴社这类组织，较多只是掌握地方社会权力的士人的活动空间而已。社学、书院等，仍然保持着两项主要的职能：教习文章及推行教化。然而晚清动乱以后，这两项职能渐渐淡化，社学渐渐变成组织军事及地方的行政、司法机构。

民国《花县志》的编撰者就指出这种变化的普遍性：

查考今本邑之书院社学，其延师讲艺者，时作时辍，近来各乡重罹兵贼，多为练

---

① 同治《番禺县志》卷十六《建置略三》，《广东历代方志集成》广州府部第20册，第184～185页。

团防御保良攻匪之地，而延师课艺者，十无其二。①

《番禺县志》的编撰者提到明代遗留的社学时指出：

> 谨按本邑书院社学，其可考者肇自前明，至国朝文治丕洽，党塾乡序错布乡堡其间，或称书院，或称义学，或称社学，名虽不同，而实则一。要皆为学人课艺之所，亦为绅耆讲睦之所。有其举之，莫敢废也。惟考旧志所载社学，名目多与采访不符，盖彼溯已废，此举现存，例不相袭，备而书之……②

郴社这类社学，实际就是所谓"学人课艺之所"和"绅耆讲睦之所"，但是道光之后，郴社成了二十四乡组建地方防御的组织，功能已经改变。而《番禺县志》的编撰者在登载新的社学时，遇到了大量"例不相袭"的例子，这正好符合道光之后大量办社学的社会趋势。

郴社这类社学，继承了当地文人联合的传统；但是当时更加普遍的村落联盟，不必经历一个从课艺到防御的过程，而是直接应时局而产生。那么这些联盟是否也根据士人的关系圈进行组织？笔者的答案是肯定的。

以番禺县的平康社为例：

> 粤地山川雄胜，番为一大都会。余摄篆斯土，与其缙绅先生游，多瑰伟之士。市桥村在大箍围之西南，沙湾司署在焉。东连沙溪、罗家、石冈，北通黄编十三约，西则碧沙、丹榄、罗塘、平步、土涌、大埔、北津。二十四乡星罗棋布，衣冠文物称极盛焉。……岁癸丑，陆小洲少尹奉檄分司，甫下车，即与绅士谢礼门、谢榆村、王云屏、陈渭川商建社学，为团练计，适孝廉谢南棠、黎次皋公车北旋，力赞是议。遂卜地飞凤岭，坐北向南，鸠工甫事，蚨子纷投。不数月堂室廊庑，焕然一新，颜曰平康社学……当兴建平康社学时，城邑晏然无事也。建甫数月，红巾突起，蔓延数十州县，风声鹤唳，人情汹汹。……余以乙卯正月随沈再香观察督师南下，飞札沙茭局，密移大小箍围各社静候官军到日，联团合剿。平康社以乡兵会仝各社，听受指挥，一战破贼，于新造大冈乡乘胜直抵波罗四沙等处……见社人之游是学者，无事则型仁讲让，有事则同仇敌忾。扶名教，植纲常，守一隅，捍城邑，则平康一社，岂徒二十四乡赖之哉。咸丰六年丙辰正月上元日番禺县知县李福泰撰。③

平康社是咸丰四年建立起来的。在建立的过程中，作为官员的陆小洲的职责是与地方绅士联系，而地方绅士负责具体联盟的事宜。"公车北旋"的孝廉们"力赞是议"，发挥了非常重要的作用。正是士人们人际关系的结合，才能把散落的村庄或"黄编十三约"这种已

---

① 民国《花县志》卷五《学校志·书院社学·序》，《广东历代方志集成》广州府部第 47 册，第 328 页。
② 同治《番禺县志》卷十六《建置略三》，第 188 页。
③ 同治《番禺县志》卷十六《建置略三》，第 185~186 页。

经有一定组织的村落联盟，置于平康社的领导之下。士人在其关系圈内先确立联盟的各项事宜，然后各自回乡组织武装，这是晚清团练最普遍的组织方式。

综上所述，晚清的社学，不管是延续历史的联盟，还是应对时势而新建，都以士人的关系圈为最直接的组织原则。而士人的关系圈，则不必然与堡的范围吻合，在大多数情况下，新的村落联盟并不以堡为单位组织。例如上文所提及的郴社二十四乡，具体是：

  琶洲 黄埔 赤沙 北山 仑头 土华 小洲 西江 官洲 长洲 深井 南步 贝冈 郭家塘 赤坎 诗家山 穗石 大塱 北亭 南亭 鹭村 白泥涌 新洲 大㳇①

根据同治《番禺县志》记载，二十四乡中的北亭属北亭堡，深井属金鼎堡，仑头属仑头堡，南步属南步堡；前文提及的平康社二十四乡，也分属七堡，说明堡并非新式村落联盟的单位。前文已经述及，明初以来，堡是一个赋役单位，也是部分具有较大权势的人与政府合作地方事务的空间。但是，堡的地域范围并不一定与士人间关系圈吻合，所以在较少与政府发生关系的地方，士人可能利用市场、宗教、水利所形成的组织来管理地方。士人在把持地方权力的同时，也把他们在科举、水利、赈灾等事务中结成的关系圈，投射到乡村的组织中，道光以后的社会动乱，恰好提供了一个大量进行村落联盟的契机。于是以他们的关系圈为原则的村落联盟迅速地把诸县的村落整合起来，并由社学这个机构进行管理。

然而士人的关系圈是不稳定的，这就决定了社学所统属的村落，会因士人的关系而有一些调整变化。真正把这次村落联盟的结果确立下来的，是晚清以至于民国的改革。番禺县的情况最具代表性，试分析如下：

光绪三十四年（1908）十二月，清政府颁布了《城镇乡自治章程》，章程规定，凡府厅州县官府所在地为城，其余市镇村屯集等地人口满五万以上者为镇，不满五万者为乡。城镇乡均为地方自治体。广东成立了广东地方自治筹办处，在宣统元年开始调查户口，划分乡镇。宣统元年十一月十五日，番禺县前知县周汝敦召集全县的绅士到明伦堂会议设立乡镇的事。"时所定无论向名为乡为社为约，而人口满五万以上者即谓之镇，不满五万者谓之乡，其有向来联合数乡或数十乡成一公堡或一社一约者，统计其联合之各乡，每乡共有男女人口若干，汇列总表，绘图具报支配之法。除县城外，划分五镇二十六乡。"② 从表1中可以看出，晚清以来村落联盟，在地方自治政策的推行中，被以"镇"和"乡"的形式继承了。而此时的堡，不仅不能成为村落组织的单位，也渐渐失掉了区域单位的职能，而一旦其赋役的职能随清王朝的覆灭而消逝，堡也就不再对村落具有组织的职能了。

---

① 民国《番禺县续志》卷二《舆地志二》，《广东历代方志集成》广州府部第21册，第110页。
② 民国《番禺县续志》卷九《经政志三》，第198页。

表1 宣统番禺县所划定的镇乡与晚清村落联盟对照

划定的镇和乡	晚清的村落联盟	形成时间	资料来源
河南镇			
怀清镇	佛岭社学	道光七年	同治番禺县志
同凤镇	同凤社		
仁风镇			
鹿步镇			
东显社			
深水社	深水社		同治南海县志
冈尾社	冈尾社		同治南海县志
郴社	郴社书院		
沙西堡			
策头乡			
崇文社	崇文社学		同治南海县志
沥滘乡			
兴东社			
同升社	同声社学	道光二十三年	同治南海县志
联升社			
西湖社	西湖社学		
钟镛社	钟镛社		
本善乡			
螺阳社	螺阳社学	道光二十九年	同治番禺县志
安阳社	安阳社学		同治番禺县志
市桥乡			
乌洲局			
龙湾乡			
萝西局			
韦涌局			
平康社	平康社学	咸丰四年	同治番禺县志
同凤社	同凤社学		同治番禺县志
协恭社	协恭社学		同治番禺县志
亲仁社	亲仁社学	道光二十八年	同治番禺县志
同安社	同安社学	道光二十七年	同治番禺县志

说明：表中空置的内容，是笔者无法找到相应材料的地方。

（二）个案分析：南海西樵村落联盟的确立

南海县的情况因文献关系，在清末新政中乡镇如何划分并不明朗。1928 年南海县根据广东省西区善后管理委员会的部署，成立县事委员会，辖下也先后成立区、乡事委员会。这里有一份详细登记 1929 年南海县区乡委员会所在地的材料，仍然可以看见一些晚清办社学带来的村落联盟的影响，这里只摘录南海县第七区、第八区部分予以说明（表 2）。

表 2 1929 年南海区乡委会地址与中晚清村落联盟中心对照

分区	区、乡委会	地址	村落联盟中心	时间
第七区	区事委员会	西樵汔墟同人局	同人社学	咸丰四年
	俊云溪乡委会	横江墟		
	上金瓯堡乡委会	沙基墟	东乡书院	
	三乡民乐乡委会	民乐市社学	民乐三乡社学	嘉庆十九年
	南沙乡委会	南沙墟		
	百滘堡乡委会	大冈墟		
第八区	区事委员会	官山三元宫		
	官山市乡委会	官山墟		
	樵岭等乡委会	官山墟		
	海舟堡乡委会	海舟文澜书院	文澜书院	道光二十六年重修
	简村堡乡委会	官山墟高街		
	崇德乡委会	大岸乡崇德局	崇德社学	同治以前
	下金瓯堡乡委会	下金瓯儒村乡	金瓯乡约	同治以前
	鳌龙吉乡委会	杏市鳌头社学	古鳌社学	同治以前
	先登堡乡委会	太平墟牖民善堂		

资料来源：表格的前三项来自《南海县各区乡事委员会改为警察区署一览表》，《南海县政季报》1929 年第 1 期；后两项来自同治《南海县志》卷一《图说》和卷四《建置略》、宣统《南海县志》卷三《建置略》。

表格第一行所提及的"同人局"，始建于咸丰四年，是抵御红巾之乱的团练机构。有记载如下：

> 潘鑑瀁，号琴生，西城乡人。少好学，工文词，尤邃于《易》。年逾三十，始补县学生，屡试高等，卒不售。咸丰四年，红巾乱作，与康国熺联合三十二乡，开同人局，倡办乡团，筹饷练兵，机宜悉协。贼闻风远避，临近赖安，……[①]

[①] 宣统《南海县志》卷十九《列传六》，第 420 页。

三十二乡是如何组织起来的？如果从局址所在的迳墟看，市场起了一定的作用。但起更为直接的作用的，是士绅之间的关系网络。从支持开同人局的士绅黎芳的传记中可见：

> 黎芳，字泽芳，号信园，江浦司黎村乡人。弱冠试于有司，文名籍甚。道光十二年，学使李棠阶以第三人录进县庠，困于场屋，屡荐不售。咸丰四年，红巾煽乱，同人局绅康懿修倡办团练，虑乡邻无应者。芳知其谋，即与其兄泽充、泽棠亟筹守备应之。时贼所在麇聚，盖厂为营，胁从者声势甚张。芳约束乡人，谕以利害，……①

两则材料中的康国熺、康懿修是何关系，笔者并未找到材料。从此则材料看，黎家兄弟加入团练局是举足轻重的事件，只有黎芳这些士绅支持，康懿修等才可能成功组建团练，否则"乡邻无应"，是无法进行地方较大规模的联合的。

然而平定红巾之乱后，同人局并没有解散，只是渐渐不以团练的形式存在。1899年6月，广州《博闻报》报道，"西樵同人局绅董黄德华等，以土匪区赤肋申等纠党横行，具禀抚辕，请即派兵弹压。"广州巡抚鹿传霖批示，答应派兵弹压，但对地方局绅提出了要求："今匪党猖獗，为该绅等桑梓切肤之灾，亟应认真整顿团练，自卫乡里"②，这刚好说明了同人局在咸丰之后仍然在运作，却不组织团练了，因此鹿传霖才一再批示要自行组织武装对付盗匪。

再看看表格第四行中的民乐三乡社学。民乐三乡处于同人局的地域范围内，也是上面所提及的三十二乡的部分。但是三乡社学在嘉庆年间已经建立，说明团练机构往往是在地方原有组织基础上进行更大规模的联合。同治年间，三乡社学依旧是民乐地方最重要的机构。③ 从光绪年间梁氏祠堂的《重修祖祠碑记》可以看出其运作。碑刻记载该族重修祠堂时，所出捐出的经费将会分年三倍偿还，于是该族请了三乡局来作证：

> ……族人深思熟虑，恐代远年湮，风霜剥蚀，后人不知原因，致生异议，复于丙午年七月初二日集局，将前项情由，请局董及三乡绅耆知见，仍依宴会公议连本三倍递年摊还之说。此皆该族人众情允，无有异言，即日由局董及众绅耆等拟稿勒碑，以垂不朽，庶两人之义举可以表明，而后人亦不致历久而生异议也。是为之记。
>
> 三乡局董 罗启光
>
> 绅士 张伯龙 张荀龙 罗藻清 张金涛 张曰仁 张仕龙 罗葆熙 吴国可 张仕毅 关祺瀚 张铭恕 程友谦
>
> 三乡耆老 程鑑华 潘文森 潘协朝 罗启基 程湘华 程结新 程玲新 黎宽意 潘海山 黎明广 周德江 吴升浦 程汝华 潘文灿 关晴和 罗启流 张鐕廷 潘仪朝 关耀宗 潘廷誉 张华昌 罗启畴 潘钰球 吴焕昌 程焰华 梁树芳 梁合成 梁楚顺

---

① 宣统《南海县志》卷二十《列传七》，第426页。
② 《请兵弹压》，《申报》1899年6月30日第2版。
③ 同治《南海县志》卷一《舆地图》，第51页。

族老　饶蕃　殿安

　　……（个人捐银数略）

　　光绪三十二年岁次丙午十月吉日①

从碑刻中，我们可以看出三乡局大致的权力架构。最高的领导者为局董，之下为绅士和耆老，他们共同组成一个管理地方的组织。

到民国时候，三乡局就成了三乡民乐乡委会了。这种继承，不能仅仅视为传统公共财产的继承，也不能仅仅视为传统行政中心的延续。实际上，民乐乡委会还继承了"三乡民乐"的地域单位，这个单位在长期的历史发展中已经形成稳定的村落共同体。据当地村民告知，所谓三乡是"藻美、云滘、林村（儒林）"三乡，实际上包涵了二十四村，基本是一姓一村。二十四村都属于民乐，共同奉祀一个离民乐窦不远的北帝庙。尽管新中国成立后该地经历了多次政区变动，到如今，民乐三乡已经拆成民乐、联新两个行政村了，但是在村民的观念中，他们都会有"民乐"的归属感。这说明清代以来地方社会重组的格局，在观念上是延续至今的。

综上所述，民国时期"区—乡"的建置，实际是以晚清不同级别的公局组织为基础的，这种组织在该案例中表现为"同人局—民乐社学"的组织。这些组织统领村落，行使着地方部分的行政职权。民国的政策，只是把地方固有的组织正规化，从而建立了国家基层政权。

五、结　　论

本文着重论述堡与南海、顺德、番禺诸县的自然村落以上的组织之间的关系。

元代，对应后来的堡地域范围的单位往往被称为乡，常常是元末土豪进行军事割据的单位。乡有强有力的领导，有较大的组织规模，因而可以筑城、建营，在元末的乱世中保障一方。

明初由于压制土豪的政策与里甲制度对乡村社会结构的调整和重建，地方社会的权力把握在地方的耆老手中。然而耆老统治下的乡村组织规模远不如前，一堡往往由多股势力操控。

与此同时，里甲制度使堡成为了"统图"的赋役单位。在赋役制度的运作中，堡内的人负有一定程度的共同经济义务，堡不仅仅是赋役的会计单位，还是县级财政政策的单独载体。堡在赋役制度和簿籍制度中的意义，使堡成为明中期以来，地方势力与政府合作管理地方事务的单位。在这个意义上，堡能够把内部的村落组织起来，成为具有连带责任的地方单位。

---

① 梁氏祠堂的《重修祖祠碑记》，系笔者在西樵山田野考察中所得，现置于佛山南海西樵镇民乐福地村梁氏祠堂内。

除了堡以外，地方社会仍然可以在水利建设、宗教信仰等方面，建立起村落以上的组织。但是到了晚清，珠江三角洲地区经历多次动乱，村落更大规模、更广泛地组织起来。由于把持地方权力的大多为士人，因此他们以其关系圈为原则，以社学、乡约为中心，突破了堡的范围限制，组建了新的地方村落联盟。这种社学统领乡村的格局，在晚清新政和民国区乡行政改革中被确立了下来，因而建立了近代的基层行政。

由此，我们可以回到"中国传统的农村是如何被组织起来的"这个问题。尽管本文不能把南、番诸县农村组织的状况全面地描述出来，但堡毕竟提供了一个视角，去揭示地方社会组织的变迁。笔者以为，单单从国家政治制度出发，是无法把握好这个问题的。如果从政治制度的角度来看堡，我们只能归纳出从明初出现到清末消亡这样的过程。但是本文结合地方社会的发展，却能追溯堡所对应的单位在元代的形态，这种单位在明初被国家制度所借用；而晚清社学发展的成果，又被近代的制度所借用，替代了之前的堡，并完成了基层行政的建设。村落的组织方式，应该从地方社会发展的历史脉络中去追寻，而政治制度的因素，最终仅仅是有影响的一个变量。

编 后 记

现当代中国大陆历史学专业研究和教育，一直呈现为中国古代史、中国近现代史、世界史和考古学分立之学科结构和畛域格局。虽然官方屡以其立场规划调整，但历史学内部这一学科状况，短期内或未可变。诸学科虽意旨不一，短长互异，视域境界各自纷呈，然中国古代史与考古学多紧密相连，共究国史之赜，不唯能继传统之长，亦多借鉴西学为用，堪当近代以来中国学术之标志。

中山大学之中国古代史学科，自中山先生创校伊始便发轫立本，继有傅孟真、陈寅恪、岑仲勉、梁方仲诸先生奠定基础，养成传统，驰誉内外。学脉绵延，风气传布，于今滋盛有声。我辈忝列中大古代史教职，不独以此为荣，更宜克绍前贤之德。故街市虽功利盈耳，康乐园内仍心静如初。同事间不以论著数量为功，不以发表刊物高低相尚，唯以纯净学术、升华史识相砥砺。永芳堂内，镌立陈寅恪先生名言："士之读书治学，盖将以脱心志于俗谛之桎梏，真理因得以发扬。"系内同仁不唯以其心铭座右，更以之为研究教学之鹄的。经年累月，师与生颇多体古史滋味，乐享于书中真理者。

2010年，中山大学中国古代史名登国家精品课程之列，教育部、广东省先后给予资助。同仁们虽以此为虚名浮利，却亦须回馈政府关怀之雅意。迟疑辗转之间，思有以共勉回味之纪念，决定编辑往年本科生优秀论文集一册。该集由刘志伟教授主编，我等协助具体编务。论文遴选标准有二：一是曾获史学新秀奖，一是业已发表并产生良好影响者。然合此二条件者不在少数，却终因篇幅所限，或未能及时联系上作者，不得不割爱留憾，厘成十八篇为定稿。作者届别上起2004，下迄2013，整整十届，且俱为2000年后在珠海校区入学之毕业生。其中可为佳话者，2004届毕业生谢湜获首届史学新秀一等奖，2009年回本系任教，指导2013届张程娟撰写毕业论文，该文同样获此殊荣。师生二人文章俱入本集。

文稿选定后，先由我等初编初校，再由刘志伟教授统一审订，并定名作序。其间，本书论文作者之一、2011届毕业生宋哲文帮助整理初编稿并提出封面构想，中大出版社李海东老师帮助协调出版事宜，并作细致校对。谨深表感谢！当然，最应感谢者，是所有论文作者及其导师。有的作者已毕业多年，一时联系不上，便是由导师提供联系方式。当十八位作者接到用稿邀约后，无不慷慨应允，并按要求积极调整格式、校勘文字，及时发来。其与母校、母系之浓情洋溢其中。

曹家齐　黄国信
2016年9月于永芳堂